U0916112

江西统计年鉴

JIANGXI TONGJI NIANJIAN

1991

江西省统计局 编

中国统计出版社

江 西 统 计 年 鉴
JIANGXI TONGJI NIANJIAN
1 9 9 1
江 西 省 统 计 局 编
*
中 国 统 计 出 版 社 出 版
（北京三里河月坛南街38号 100826）
国营江西宜春资料印刷厂印刷
*
787×1092毫米 16开本 42.125印张 129万字
1991年7月第1版 1991年7月宜春第1次印刷
印数：1—1800
ISBN7—5037—0631—7／C・378
定 价：38.00元

《江西统计年鉴—1991》编辑委员会

《江西统计年鉴—1991》编辑工作人员

编 者 说 明

一、《江西统计年鉴—1991》是一本统计信息密集、综合性强的资料书。它通过统计数字，向广大读者系统地、全面地介绍江西省国民经济、科学技术和社会发展情况，为各级领导和有关部门研究我省经济发展战略、制订规划、管理经济提供有参考价值的统计数据；为农、工、商企业，外商，科研机构，大专院校组织生产，进行贸易，投资决策，科研教学提供较全面、翔实的经济信息。

二、本《年鉴》以编入1990年各项统计资料为主。全书内容分为综合，人口和计划生育，劳动力和职工工资，农业，工业，能源和物资，运输和邮电，建筑业，固定资产投资，商业，对外经济和旅游，财政、金融、保险，物价，人民生活，城市建设和环境保护，科学、教育、文化，卫生、体育、其他，市、县基本情况共18篇，各篇配有统计图，全书图、文、表并茂。篇末附有《主要统计指标解释》，对主要统计指标的含义、统计范围和统计方法以及历史上的变动情况，作了简要说明。

三、本《年鉴》在内容上能够全面、准确、系统地反映本地区经济、科技和社会发展情况，指标体系科学配套，资料完整适用，数据翔实可靠，既可与全国和其他地方统计年鉴配套使用，又具有地方特色。与上年《年鉴》相比，增加了许多反映江西经济和社会发展地方特色的资料，增加的有江西之最、市县之最、40个重点老区市县情况、18个扩权市县情况，42个山区市县情况、27个丘陵市县情况、21个平原市县情况、第四次人口普查资料、13个省属国营垦殖场情况、13个商品粮基地情况、获国家优质工业产品奖名单、大中型工业企业一览表、铁路重要车站、九江港主要指标、“七五”时期建成投产的大中型建设项目一览表、南昌百货大楼简介、南昌时装大厦简介、对外交流情况、江西与国外结为友好城市一览、投产（开业）“三资”企业一览、主要涉外旅游、宾馆、饭店、主要风景名胜一览、重点文物保护单位、工青妇组织情况、婚姻登记情况等内容。

四、为使本《年鉴》不断改进和完善，更好地满足社会各界的需要，希望广大读者提出宝贵的意见和建议。

使　用　说　明

为了使读者更方便地使用本《年鉴》，特作以下几点说明：

一、关于工、农业总产值的计算口径

工、农业总产值均按新口径计算，即村及村以下办工业产值计入工业总产值中。工业总产值中如不含村及村以下工业产值，表中一般另有注明。

二、关于计算价值指标的价格

国民生产总值、社会总产值、国民收入等价值指标的绝对数、构成（比重）、按人口平均数一般都列按当年价格计算的数字，其发展（或增长）速度均按可比价格计算。

工、农业总产值1990年年报中开始使用1990年不变价格。本《年鉴》中工、农业总产值除列有按1990年不变价格计算的产值外，还列有按当年价格和1980年不变价格计算的产值，但其增长速度均按可比价格计算。

三、关于"可比价格"和指数表的使用

国民生产总值、社会总产值、国民收入、工、农业总产值等价值指标，在计算发展（或增长）速度时，一般用可比价格计算。"可比价格"指在不同时期的价值指标对比时，扣除了价格变动因素，以确切表示物量的变化。按可比价格计算有两种方法：一种是直接按产品产量乘其不变价格计算，一种是用物价指数换算。而我们在实际工作中，一般利用指数表来计算。本《年鉴》中列有一些指数表，如22页、25页、28页、36页。这些指数表实际上是剔除了价格因素的发展速度表。利用他们，就可以很方便地计算发展（或增长）速度。举例说明：要计算国民生产总值1990年比1980年的发展（或增长）速度，则可查到22页的"历年国民生产总值指数"表，直接用"以1952年为100"的指数，1990年数与1980年数相除即可，即 $\frac{838.2}{361.7}\times100\%=231.7\%$，这就是国民生产总值1990年比1980年的发展速度，发展速度减去100%，则为增长速度（231.7%－100%＝131.7%）。若要进一步计算1981—1990年时期平均发展速度，用发展速度开n次方就可得出。n＝时期间隔年数，在上例中间隔期为10年（基期年—1980年不能计算在内）。上例平均发展速度为

$\sqrt[10]{\frac{838.2}{361.7}}\times100\%=\sqrt[10]{2.317}\times100\%=108.8\%$。相应的平均增长速度＝108.8%－100%＝8.8%。

四、关于计算按人口平均的指标

在计算按人口平均的指标时，是用总量指标比人口数。一般来说，总量指标是时期数，

应该使用年平均人口来计算，例如，计算按人口平均的国民生产总值、粮食生产量等；如果总量指标是时点数，则应该使用年末总人口来计算，例如，计算按人口平均的居民年末储蓄存款余额等。

五、关于计量单位

本《年鉴》均使用国家计量局颁布的法定计量单位（除耕地面积、播种面积仍使用习惯上的计量单位“亩”）。

有些指标的绝对数是放大了计量单位的，如社会商品零售总额、财政收入等用“亿元”为计量单位，但在计算发展（或增长）速度、结构（比重）时，一般是按该指标的原报表计量单位（小计量单位）计算的，因此，有关相对数与用表列绝对数直接计算求得的相对数，两者可能有尾数上的出入。

六、关于统计表中的符号使用

在统计表中，“…”表示数据不足本表最小计量单位数；“空格”表示该项统计指标数据不详；“—”表示无该项统计指标数据；“#”表示其中的主要项。

七、关于统计指标解释

本《年鉴》每一篇之后，都附有相应的主要统计指标解释，读者若有不明之处，统计指标解释可以给您提供帮助。

目录

一、综合

二、人口和计划生育

三、劳动力和职工工资

四、农　　业

五、工　　业

六、能源和物资

七、运输和邮电

八、建　筑　业

九、固定资产投资

十、商　　业

十一、对外经济和旅游

十二、财政、金融、保险

十三、物　　价

十四、人　民　生　活

十五、城市建设和环境保护

十六、科学、教育、文化

十七、卫生、体育、其他

十八、市、县基本情况

CONTENTS

Ⅰ. General Survey

Ⅱ. Population and Family Planning

Ⅲ. Labour Force and Wage

Ⅳ. Agriculture

V. Industry

Ⅵ. Energy and Materials

Ⅶ. Transport, Posts and Telecommunications

Ⅷ. Construction

Ⅸ. Investment in Fixed Assets

X. Domestic Trade

Ⅺ. Foreign Economy And Tourism

XⅡ. Public Finance,Banking and Insurance

XⅢ. Prices

XⅣ. People's Livelihood

XV. City Construction and Environmental Protection

XVI. Science, Education and Culture

XVⅡ. Public Health, Sports, Other

XVⅢ. Basic Indicators of Cities and Counties

一、综　　合

●全省面积16.69万平方公里，人口3 810.64万人。

●1990年，全省设6个省辖市，5个地区，10个县级市，74个县，15个市辖区。

●1990年，国民生产总值417.15亿元，国民收入354.03亿元，工农业总产值680.99亿元。

●1990年，平均每天创造：国民生产总值11 429万元，国民收入9 699万元，工农业总产值18 657万元。

●1990年，按人口平均：国民生产总值1 112元，国民收入943元，工农业总产值1 815元。

●“七五”时期平均每年增长速度：国民生产总值7.3%，国民收入7.5%，工农业总产值10.4%。

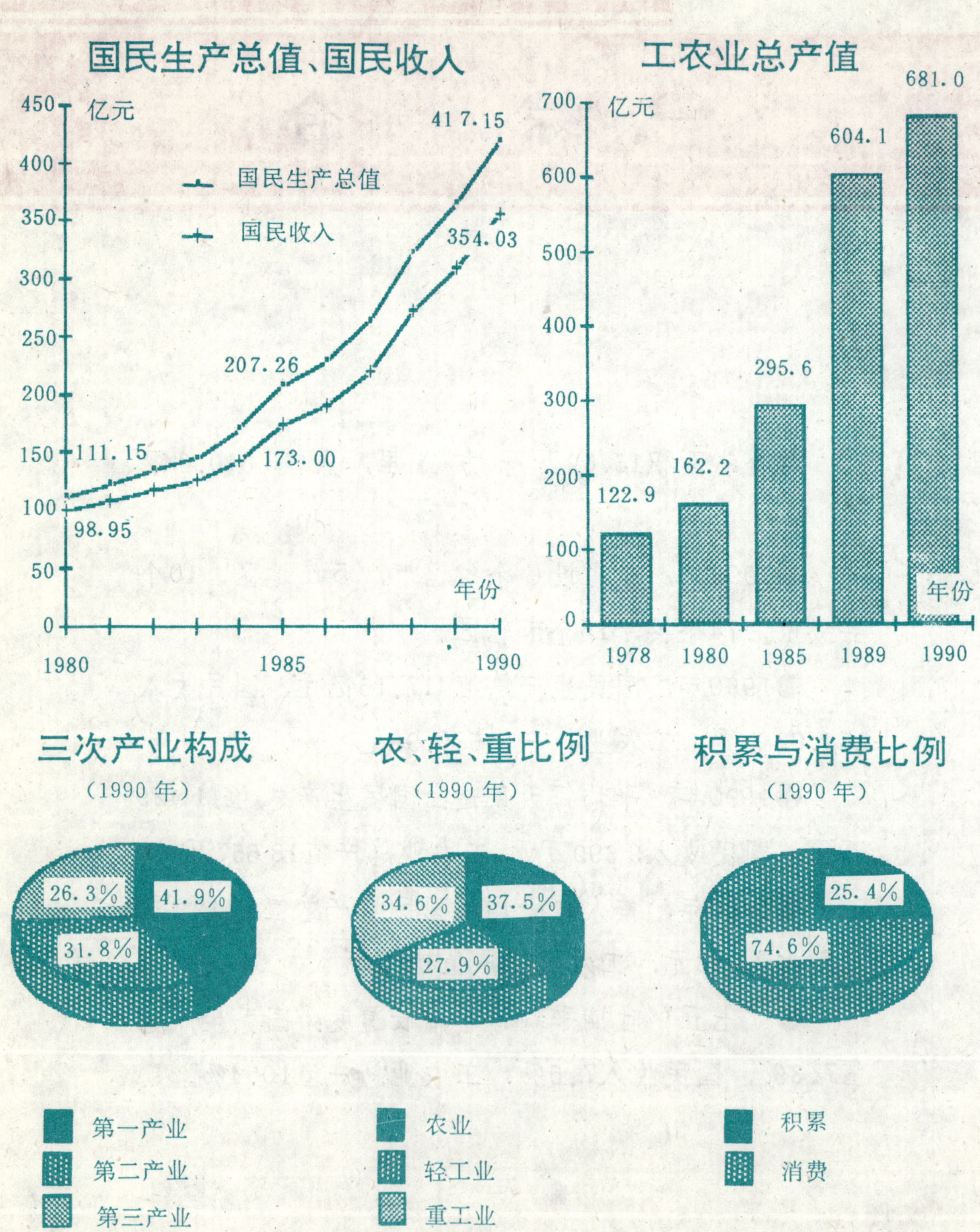
国民生产总值、国民收入
450
亿元
41 7.15
400
国民生产总值
350
国民收入
354.03
300
250
207.26
200
150
111.15
173.00
100
98.95
50
年份
0
1980
1985
1990
工农业总产值
681.0
700
亿元
604.1
600
500
400
295.6
300
200
162.2
122.9
100
年份
0
1978
1980
1985
1989
1990
三次产业构成
(1990年)
26.3%
41.9%
31.8%
农、轻、重比例
(1990年)
34.6%
37.5%
27.9%
积累与消费比例
(1990年)
25.4%
74.6%
第一产业
第二产业
第三产业
农业
轻工业
重工业
积累
消费

1990年暨“七五”计划时期江西省经济和社会发展情况

1990年，既是90年代的第一年，也是“七五”计划的最后一年。在这一年中，我省人民认真贯彻执行党的十三届四中、五中、六中全会和七届全国人大三次会议精神，坚持以经济建设为中心，坚持四项基本原则，坚持改革开放，治理整顿继续取得明显成效，全省国民经济在比较困难和复杂的条件下又有新发展，完成了全年经济工作任务，实现了“七五”计划规定的主要目标，各项社会事业也取得了新的成就。

一、整个国民经济保持了一定的增长速度，总体经济实力有所增强。1990年全省国民生产总产值为417.15亿元，国民收入354.03亿元，社会总值808.91亿元，工农业总产值680.99亿元，均已超额完成“七五”计划指标值。按可比价格计算，分别比上年增长4.9%、4.0%、4.6%和6.4%；比1985年分别增长41.9%、43.3%、58.5%和64.1%，五年平均增长率分别为7.3%、7.5%、9.7%和10.4%，国民生产总值提前两年实现了翻一番的第一步战略目标。这是继“六五”之后我省经济增长较快的又一个五年计划时期。

1990年，我省积极落实国务院调整宏观调控力度的措施，固定资产投资完成额逐月回升，一批能源、交通等重点项目建设进度较快。全省全民所有制单位固定资产投资完成47.16亿元，比上年增长18.5%，其中，基本建设投资26.01亿元，增长12.6%；更新改造投资17.52亿元，增长12.7%。“七五”时期累计，全社会固定资产投资完成额为334.24亿元，比“六五”时期增长1.2倍，平均每年增长14.3%。其中，全民所有制单位投资189.70亿元，年均增长13.4%；五年新增固定资产138.36亿元，是“六五”时期的2.3倍；建成投产的全民基建和更改项目总数达11 744个，其中大中型项目或单项工程81个。许多重点项目在1990年建成投产，如万安水电站一号机组已试车成功，并网发电；大沙铁路正式投入营运；德兴铜矿三期前3万吨采选工程和萍乡矿务局年产45万吨的白源矿井，均在年底前建成试生产，贵溪化肥厂、抚州造纸厂已基本建成。“七五”期间开工和续建的浙赣铁路复线、鹰厦铁路电气化工程、向吉铁路、南九公路、南昌大桥、九江大桥正在紧张施工，利用国外贷款开工建设的吉湖农业开发、九江化肥厂、江西第二化肥厂扩建工程进展顺利。随着这些项目的陆续建成，我省的基础设施状况将大为改善，经济发展后劲进一步增强。

1990年，财政收入在困难的情况下仍有较多增长，完成40.62亿元，比上年增长8.3%，比1985年增长91.7%，年均增长13.9%。

二、农业开发总体战成效显著，农业获得全面丰收。1990年，全省各地进一步加强了对农业生产的领导，注意稳定农村基本经济政策，在增加对农业投入的同时，努力挖掘农业内部潜力，积极组织实施“星火计划”和“丰收计划”，推广农业科技成果和实用技术，扎扎实实地打好农业开发总体战，加上气候条件比较好，促成了农业生产继1989年之后的全面丰收。

粮食生产再创历史新记录。据抽样调查统计，全省粮食总产量达1 658.2万吨，比创记录的1989年净增68.58万吨，增长4.3%，比1985年增长8.1%，五年平均增长1.6%。

经济作物生产发展步伐加快。全省各地在决不放松粮食生产的前提下，从农业开发入手，通过开垦宜农荒地和提高复种指数，大力发展经济作物生产，调整种植业内部结构。1990年全省经济作物种植面积达1 300万亩，比上年增长26.9%，占农作物总播面的比重由上年的12.3%上升到15.1%。主要经济作物产量均有较大幅度增加。棉花总产量5.7万吨，比上年增长13.9%；油料总产量54.89万吨，增长45.8%；甘蔗194.29万吨，增长30.0%；黄红麻1.88万吨，增长40.4%；烟叶2.31万吨，增长50.8%，其中烤烟1.72万吨，增长87.6%。与1985年相比，除棉花和甘蔗外，经济作物产量均有较大幅度增加。经济作物生产的发展，使我省轻工业农产品原料紧缺的状况，在一定程度上得到缓解，人民生活消费供应得到改善，特别是油菜籽的特大丰收，使我省食油由调进变为自给有余，提前一年实现了省定目标。

林牧渔业生产稳步发展。1990年，全省各地认真落实农业开发总体战的各项部署，采取各种有效措施综合治理山水，把长远利益与当前利益，绿化、美化环境与创造经济价值相结合，大力发展林木、水果及其他各种林产品生产。全省造林面积414.30万亩，比上年增长17.3%。全省水果总产量23.30万吨，增长1.4%，比1985年翻了一番多；茶叶1.94万吨，比上年增长1.5%。“蚕桑工程”初见成效，蚕茧产量为0.26万吨，比上年增长95.5%。畜牧业生产稳定增长。全省年末生猪存栏1 547.26万头，比上年增长4.1%；牛年末存栏323.66万头，增长4.4%；羊存栏14.13万头，增长4.6%。全年肉类总产量111.74万吨，增长7.4%。与1985年相比，各种畜产品产量均增加40%以上。渔业在连续十一年增产的基础上再创新记录，全年水产品总产量30.68万吨，比上年增长9.1%，比1985年增长91.5%，年均增长13.9%。

在农业各业都有较大发展的基础上，全省农业总产值达255.24亿元，按可比价格计算，比上年增长6.5%，比1985年增长28.9%，年均增长5.2%。

三、工业在困境中保持了一定的增长速度。由于市场疲软等方面影响，1990年我省工业遇到了前所未有的困难，年初工业生产一度出现负增长，工业产品大量积压。在严重的困难面前，全省各级领导、有关部门和工业战线广大职工，按照党中央、国务院关于经济稳定是一切稳定的基础指示精神，在国家宏观调控政策指导下，千方百计采取有效措施促进生产，重点抓产品结构调整，广开门路扩大产品销售，有针对性地投入启动资金，使工业下滑的势头被及时止住，逐步趋于正常。全省全年完成工业总产值425.75亿元，按可比价格计算，比上年增长6.4%，超过计划要求。不含村及村以下工业总产值完成358.24亿元，增长3.1%。1990年工业生产的特点：一是呈由差到好，回升逐渐加快的态势。从工业总产值分季增长速度看，一季度增长1.6%，二季度增长6.7%，三季度增长6.9%，四季度增长10.5%。二是结构调整有所进展。轻工业增长速度明显加快。在乡及乡以上工业总产值中，轻工业产值156.40亿元，比上年增长4.8%，比重工业增长速度快3.2个百分点。一批重点和适销对路产品保持了一定的增长速度。如彩色电视机增长25.0%，卷烟增长9.1%，生铁增长13.3%，优质钢材增长0.7%，十种有色金属增长3.9%，烧碱增长9.7%，小型拖拉机增长11.8%。三是乡镇工业、其他经济类型工业保持了较高的增长幅度。全省乡镇工业总产值为100.84亿元，比上年增长17.2%；其他经济类型工业总产值为32.23亿元，增长29.1%。四是出口工业产品生产形势较好。全年共完成出口工业产值22.98亿元，比上年增长9.5%。

“七五”是我省工业发展速度最快的一个五年计划时期，1990年与1985年相比，按可比价格计算，工业总产值增长84.4%，年均增长13.0%，不仅略高于“六五”时期，也略高于全国同期水平。五年间，原煤产量由1 938万吨增加到2 027万吨，增长4.6%；发电量由84亿千瓦小时增加到121亿千瓦小时，增长41.7%；钢由77万吨增加到112万吨，增长45.0%。列入“七五”计划的46种工业产品多数已完成计划，生铁、钢、化肥等10多种产品提前完成。“七五”期间，我省还重点发展了一批“拳头”产品，羽绒制品异军突起，产品在国内外市场上都有较高声誉；五十铃汽车1990年生产量4 501辆，仍供不应求；日用陶瓷、有色金属、四特酒等具有江西特色的产品，在生产数量、品种、质量等方面都有新的发展，江西工业产品在国内外市场的知名度和竞争能力进一步提高。

四、流通领域渐趋活跃，市场平稳，物价涨幅大幅度下降。1990年，我省为了搞活流通，促进销售，采取了一系列启动市场措施。制定了扩大销售的办法，撤销了阻碍正常流通的1 200多个公路检查站，合理地协调工商矛盾，鼓励商业部门扩大流通，发挥“蓄水池”作用，大力组织工业品下乡，举办各种形式的展销会和采用各种有效的促销手段，并按照国家的统一部署，调低了银行存款利率，调整了部分商品价格，积极引导群众合理消费，市场销售状况逐渐好转。全省社会商品零售总额3月份处于谷底，当月负增长7.6%，第二季度各月降幅逐步缩小，到7月份已走出了谷底，当月实现了正增长，以后各月均为正增长。全年社会商品零售总额为181.75亿元，与上年基本持平。尽管1990年市场处于疲软状态，但纵观整个“七五”时期，仍是繁荣兴旺景象。五年间，社会商品零售总额增长84.8%，平均每年增长13.1%，比“六五”年均增长率高0.7个百分点。

外贸出口取得了较大进展。全年外贸出口总额为5.61亿美元，比上年增长8.9%，与1985年相比，翻了一番多，年均增长16.9%。出口商品结构有所改善，农副产品深加工制成品、机电产品的出口有所增加，比重上升。

物价涨幅继续回落。从1990年分月的零售物价总指数看，1—5月上升幅度逐月缩小；进入下半年，物价总水平呈下降态势，从8月份起降幅开始缩小，全年上升1.3%，与“七五”期间物价上升幅度最高的1988年相比，涨幅回落了20.5个百分点。

五、科技、教育、文化、卫生、体育事业有新发展。

科技事业加速发展，1990年，全省全民所有制单位有专业技术工作人员64.23万人。其中，自然科学技术人员27.72万人，比上年增加1.23万人，比1985年增加10.83万人。1990年全省有108项科技成果获省科学技术进步奖，有12项优秀科技成果荣获国家科技奖。全省大中型企业技术开发机构189个，占大中型工业企业数的比重由上年的48.5%，提高到61.4%。

教育事业在调整、改革中前进。1990年普通高等学校有30所，比1985年增加4所，每万人口有在校大学生14.98人，比1985年增加1.94人。成人高等学校在校学生4.81万人，1990年参加高等教育自学考试取得大学单科合格证书的有7.92万人次，获得大专毕业证书的有3 764人。1990年各类中等职业技术学校的在校学生17.86万人，相当于普通中学高中阶段在校学生的比重由1985年的50.2%提高到68.1%。1990年学龄儿童入学率从1985年的96.9%提高到98.2%。

广播、电视、文化出版事业繁荣兴旺。1990年与1985年比，全省广播电台增加1座，达7座；电视台增加6座，达13座；广播人口覆盖率62.3%，电视人口覆盖率达82.0%。出版各种图书、杂志、报纸1 433种，发行图书、杂志21 929.6万册，发行报纸5.89亿份。

卫生事业得到加强。1990年与1985年比，全省新增医疗卫生机构94处，增长1.7%，新增医院病床0.74万张，增长9.8%，平均每千人口有医院病床2.17张；新增卫生技术人员1.46万人，增长14.3%，平均每年递增2.7%，平均每千人口有卫生技术人员由1985年2.95人增加到3.06人。

体育战线捷报频传。1986—1990年我省体育健儿在国际、国内的重大比赛中，共获金牌164枚；银牌182枚；铜牌160枚。其中1990年在亚运会上夺得金牌7枚，银牌5枚，铜牌7枚。群众体育活动进一步开展，1990年全省举办县级以上运动会2 757次，参加者达66.26万人次。

六、城镇居民实际收入有较大提高，农民收入有所增加。1990年国家在财政比较困难的情况下，提高了职工工资。城镇居民收入无论是从货币形态还是从实际收入看，都有明显提高。据抽样调查，全年城镇居民人均生活费收入1 094.24元，比上年增长9.8%，扣除价格上升因素，实际生活费收入增长8.2%。

由于农业获得全面丰收，农民收入也因农产品产量的增加而增加。据抽样调查统计，全省农民年人均纯收入669.90元，按上年同口径计算为579.61元，增长3.8%，扣除物价因素实际增长1.0%。

“七五”时期是城乡居民获得实惠最多的时期之一。1990年与1985年相比，城镇居民年生活费收入翻了一番，年均增长14.9%；农民人均纯收入增长53.6%，年均增长9.0%。五年间，人们的吃穿用住发生了很大的变化，城市居民生活已进入由温饱向小康过渡阶段，农村居民已进入温饱阶段，老区、贫困地区农民生活有了明显的提高。居民在生活消费水平提高的同时，收入还有一定的节余，1990年末全省城乡居民储蓄存款余额达142.79亿元，比上年末增长34.1%，比1985年增长3.1倍，年平均增长32.6%。

总的来看，1990年乃至整个“七五”时期，我省国民经济发展成就是巨大的，也是来之不易的，经济形势继续朝着好的方向发展。但是经济生活中一些深层次的矛盾还没有得到有效解决，经济发展中存在的问题还较多，当前经济形势仍然比较严峻。主要表现在市场销售和生产的回升不平衡，有相当一部分工农业产品仍销售不畅，价值无法实现；经济结构调整的进展比较缓慢；工业经济效益普遍下降；控制人口增长的任务十分艰巨。这些情况表明，我省国民经济治理整顿短期的、浅层次的目标已达到，长期的、深层次的目标尚未完成。要使国民经济走上持续、稳定、协调发展的轨道，还需要作长期的、艰巨的努力。在今后的经济工作中，要认真贯彻落实党的十三届七中全会确定的关于十年规划和“八五”计划的指导方针，振奋精神，坚定信心，齐心协力，艰苦奋斗，开拓前进，积极解决困难和问题，扎扎实实地抓好各项工作，争取国民经济发展的更大成就。

江 西 之 最

江西最长的河流——赣江，全长 751公里。

中国最大的淡水湖——鄱阳湖，湖口最高水位时面积4646.64平方公里。

江西最高的山峰——武夷山脉主峰黄岗山，海拔2157.7米。

江西最大的平原——鄱阳湖平原，面积约 2万平方公里。

江西11种矿产储量居全国第一——铜、银、金、钽、铷、铯、铳、熔剂白云岩、滑石、伴生硫铁矿、粉石英。

中国最大的钨矿——大吉山钨矿。

中国最大的钽铌矿——宜春钽铌矿。

世界最大的重稀土矿——龙南稀土矿。江西稀土资源丰富，产地众多，在国内、国际上占有独特的优势地位。

江西最大的铜矿——江西铜业公司德兴铜矿。

江西钨精矿产量和出口量居全国之首。

江西最大的钢铁生产基地——江西新余钢铁总厂。

江西最大的煤炭生产基地——萍乡市。

江西最大的水力发电厂——江西柘林水力发电厂。

江西最大的火力发电厂——江西贵溪火电厂。

江西最大的纺织印染联合企业——江西棉纺织印染厂。

江西羽绒制品居全国之首。江西共青羽绒厂羽绒服装（鸭鸭牌）产量居全国第一，出口量约占全国的三分之一。

新中国制造的第一架飞机是由南昌飞机制造公司（原洪都机械厂）于1954年 7月制造的。

中国生产规模最大的现代化铜冶炼厂——江西铜业公司贵溪冶炼厂，是我国第一座采用世界先进的闪炼技术炼铜厂。

江西唯一获部优称号的照相机——江西光学仪器厂生产的“凤凰 205”照相机。

江西境内第一家中外合资企业——洪海电子有限公司（1984年成立）。

江西最大的“三资企业”——赣新彩电有限公司。

江西最大的港口——九江港，是江西对外运输的主要门户。

江西最早的铁路——株萍铁路，1899年建。

华东最大的铁路编组站——鹰潭站，是南方最大的铁路枢纽之一。

江西开通的第一条省际航空线——南昌至上海航线，1957年通航。

中国开通最早的大容量、长距离数字微波——洪赣萍数字微波。

中国第一条公众长途光纤通信线路——南九光纤通信。

江西最大的水利工程——赣抚平原水利工程。

江西是建国以来每年保持上调国家粮食的两个省份之一。

中国最早获国际金奖的茶叶——遂川县狗牯脑茶和浮梁县祁红茶。

中国第一个农村革命根据地——井冈山，是中国革命的摇篮，是第一批国家重点名胜区之一。

中国人民解放军诞生地——南昌市，1927年8月1日爆发“八一南昌起义”，中国人民解放军从此诞生。

世界最大的候鸟越冬栖息地——鄱阳湖候鸟自然保护区（国家级）。

中国历史最长的植物园——庐山植物园，创建于1934年，是我国唯一的亚热带高山植物园。

中国旅游胜地——庐山，是国家重点风景名胜区之一。

中国瓷都——景德镇，有1000多年的陶瓷烧制历史，是中国古代四大名镇之一，是我国首批公布的24个历史文化名城之一。

中国药都——樟树，1700多年前，此地就为我国著名的中药材集散地和加工地。

中国古代江南三大名楼之一——滕王阁，重建于1983年，1989年主阁竣工，高57.5米，居三大名楼之首。

中国道教正乙派发源地——龙虎山，是第二批国家重点风景名胜区之一。

中国首次发现甲龙类化石——广昌县甘竹乡发掘的恐龙化石。

国内罕见的“战国粮仓”遗址——新干县出土的“战国粮仓”。

（下接第 7 页）

市、县 之 最

1990年全省10个县级市，74个县中：

土地面积最大——修水县，面积4 504平方公里。

土地面积最小——上饶市，面积65平方公里。

人口最多——波阳县，年末人口113.52万人。

人口最少——井冈山市，年末人口5.32万人。

人口密度最大——上饶市，每平方公里2 518人。

人口密度最小——资溪县，每平方公里78人。

少数民族人口最多——南康县，第四次人口普查时境内有少数民族人口3 963人。

国内生产总值最高——丰城市，12.91亿元。

人均国内生产总值最高——铜鼓县，1 882元。

国民收入最高——丰城市，11.46亿元。

人均国民收入最高——铜鼓县，1 690元。

工农业总产值最高——丰城市，20.97亿元。

人均工农业总产值最高——德安县，4 394元。

耕地面积最多——丰城市，131.63万亩。

农业总产值最高——丰城市，10.49亿元。

粮食产量最高——南昌县，80.15万吨。

棉花产量最高——彭泽县，1.48万吨。

油菜籽产量最高——都昌县，1.89万吨。

花生产量最高——波阳县，11 336吨。

芝麻产量最高——进贤县，4 552吨。

甘蔗产量最高——兴国县，23.70万吨。

烤烟产量最高——石城县，4 371吨。

黄红麻产量最高——余江县，3 625吨。

苎麻产量最高——瑞昌市，1 016吨。

茶叶产量最高——婺源县，5 504吨。

蚕茧产量最高——修水县，537吨。

柑桔产量最高——南丰县，2.49万吨。

油茶籽产量最高——宜春市，1.26万吨。

牛年末存栏最多——高安县，14.47万头。

羊年末存栏最多——广丰县，3.42万只。

肉类总产量最高——丰城市，4.61万吨。

水产品产量最高——南昌县，2.50万吨。

白莲产量最多——广昌县，1 205吨。

工业企业单位最多——临川市，451个。

工业总产值最高——贵溪县，13.45亿元。

全年用电量最多——丰城市，4.03亿千瓦小时。

社会商品零售总额最多——丰城市，5.45亿元。

社会农副产品收购总额最多——南昌县，3.28亿元。

粮食收购量最多——南昌县，34万吨。

猪和猪肉收购量最多——宜春市，22.71万头。

外贸收购总额最多——赣州市，2.09亿元。

地方财政预算内收入最高——赣州市，1.23亿元。

人均财政收入最高——上饶市，388元。

居民储蓄存款年末余额最多——南昌县，4.12亿元。

居民人均储蓄存款年末余额最高——上饶市，1 728元。

职工人数最多——赣州市，11.31万人。

职工工资总额最多——赣州市，2.09亿元。

职工年平均工资最高——丰城市，1 978元。

农民人均纯收入最高——上高县，776.17元。

学龄儿童入学率最高——上高县和宜丰县，99.9%。

公共图书馆藏书最多——吉安市，255千册。

（上接第6页）

新中国江西第一个少年大学生——宁铂（赣州市人）。

江西第一个体育运动世界冠军——体操运动员童非。

江西第一个奥运会冠军——跳水运动员许艳梅。

江西第一个亚运会冠军——400米栏运动员龚国华。

江西第一个全国运动会冠军——刘克珍。

全国第一个消灭血吸虫病的县——余江县。

江西境内人口最多的少数民族——畲族，是我省唯一的聚居性的少数民族。

自然、地理、资源

位　置

江西省，简称赣。位于长江中下游交接处的南岸。地处北纬24°29′～30°04′、东经113°34′～118°28′之间。东邻浙江、福建，南连广东，西接湖南，北毗湖北、安徽。北控长江，上接武汉三镇，下通南京、上海，南倚梅关，俯瞰岭南，沟通广州，与东南沿海开放城市相邻近。

地势、面积

全省东南西三面群山环绕，内侧丘陵广亘，中北部平原坦荡，整个地势，由外及里，自南而北，渐次向鄱阳湖倾斜，构成一个向北开口的巨大盆地。全省面积16.69万平方公里。全境以山地、丘陵为主，山地占全省总面积的36%，丘陵占42%，岗地、平原、水面占22%。

山脉、河流、湖泊

主要山脉分布于省境边陲，山峰一般海拔1 000米左右，少数海拔2 000余米。省境东和东北有蜿蜒于赣闽、赣浙之间的武夷山和怀玉山；南有逶迤于赣粤之间的大庾岭和九连山；西有耸峙于赣湘之间的罗霄山脉，雄伟的井冈山就在罗霄山脉的中段；西北有盘亘于赣鄂之间的幕阜山，庐山即是它向东延伸的余脉。

全省有大小河流2 400多条，总长约18 400公里。大部分河流汇向鄱阳湖，再注入长江。主要河流有5条，即赣江、抚河、信江、修河、饶河。赣江全长751公里，为本省第一大川，就水量而言为长江的第二大支流，它自南而北流贯全省，从赣州至湖口而入长江，通航里程600余公里。

鄱阳湖是全国最大的淡水湖，它是江西最大的聚水盆，长江水量的巨大调节器，也是沟通省内外各地航道的中转站。

气　候

江西气候具有亚热带湿润特色，四季变化分明。春季温暖多雨，夏季炎热湿润，秋季凉爽少雨，冬季寒冷干燥。年平均气温在16.2℃～19.7℃之间，年平均太阳总幅射量为97.0至114.5千卡/平方厘米，年平均降水量为1 341.4至1 934.4毫米，年平均无霜期为241至304天。

土地资源

全省土地面积16.69万平方公里，其中，耕地面积3 524.34万亩，在耕地面积中，有效灌溉面积2 755.1万亩，占78.2%。尚有1 000多万亩宜垦荒地，4 000多万亩宜林荒山，1 000多万亩草坡和草洲，近500万亩可养殖水面，均可供开发利用。

水力资源

全省河川迳流总量居全国第7位，水能理论蕴藏量在华东6省市中居第2位。可开发的水力资源610.89万千瓦，可开发的年发电量215.61亿千瓦小时。

森林资源

全省有林地面积8 988.6万亩，森林覆盖率35.9%，活立木蓄积量2.4亿立方米。毛竹9.6亿根，竹材产量居全国前列。油茶面积居全国第2位。

水产资源

全省有水面2 500万亩，占全国淡水总面积的9.34%，居第三位，鄱阳湖是有名的“鱼库”。全省有淡水鱼类171种，产量较多、经济价值较高的有鲤、鲫、青、鲢等30余种。名贵鱼类有荷包红鲤鱼、玻璃鲤鱼、银鱼、石鱼等。省内还有众多的水禽和珍禽，其中不少是受到世界性保护的珍禽。

地下矿藏资源

江西地下矿藏丰富，是我国矿产资源配套程度较高的省份之一。在目前已知的150多种矿产中，江西就有140多种。储量居全国前三位的有铜、钨、银、钽、钪、铀、铷、碲、铯、金、伴生硫、熔剂白云岩、蛇纹岩、岩盐、磷钇矿等。铜、钨、钽、稀土、铀被誉为江西的“五朵金花”。

行　政　区　划

（1990年末）

地　区	省辖市	地　区	县级市	县	市辖区	市、县、区名称
全　省	**6**	**5**	**10**	**74**	**15**	
南昌市	1	—	—	4	5	东湖区、西湖区、青云谱区、郊区、湾里区、南昌县、新建县、安义县、进贤县
景德镇市	1	—	—	2	2	珠山区、昌江区、乐平县、浮梁县
萍乡市	1	—	—	—	4	城关区、湘东区、上栗区、芦溪区
九江市	1	—	1	9	2	浔阳区、庐山区、九江县、瑞昌市、武宁县、修水县、永修县、德安县、星子县、都昌县、湖口县、彭泽县
新余市	1	—	—	1	1	渝水区、分宜县
鹰潭市	1	—	—	2	1	月湖区、贵溪县、余江县
赣州地区	—	1	1	17	—	赣州市、赣　县、南康县、信丰县、大余县、上犹县、崇义县、安远县、龙南县、定南县、全南县、宁都县、于都县、兴国县、瑞金县、会昌县、寻乌县、石城县
宜春地区	—	1	3	7	—	宜春市、丰城市、高安县、樟树市、奉新县、万载县、上高县、宜丰县、靖安县、铜鼓县
上饶地区	—	1	2	10	—	上饶市、上饶县、广丰县、玉山县、铅山县、横峰县、弋阳县、余干县、波阳县、万年县、德兴市、婺源县
吉安地区	—	1	2	12	—	吉安市、吉安县、吉水县、峡江县、新干县、永丰县、泰和县、遂川县、万安县、安福县、永新县、莲花县、宁冈县、井冈山市
抚州地区	—	1	1	10	—	临川市、南城县、黎川县、南丰县、崇仁县、乐安县、宜黄县、金溪县、资溪县、东乡县、广昌县

各市、县按水系流域划分

水系	市、县名称
赣江流域	新余市、分宜县 赣州市、赣县、南康县、信丰县、大余县、上犹县、崇义县、安远县（74%）、龙南县、定南县（29%）、全南县、宁都县、于都县、兴国县、瑞金县、会昌县、寻乌县（8%）、石城县 宜春市、丰城市、高安县、樟树市、万载县、上高县、宜丰县 吉安市、吉安县、吉水县、峡江县、新干县、永丰县、泰和县、遂川县、万安县、安福县、永新县、莲花县、宁冈县、井冈山市 乐安县（58%）
抚河流域	临川市、南城县、黎川县、南丰县、崇仁县、乐安县（42%）、宜黄县、金溪县（66%）、资溪县（41%）、东乡县、广昌县
信江流域	鹰潭市、贵溪县、余江县 上饶市、上饶县、广丰县、玉山县、铅山县、横峰县、弋阳县 金溪县（34%）、资溪县（59%）
饶河流域	景德镇市、乐平县、浮梁县 万年县、德兴市、婺源县
修河流域	安义县 武宁县、修水县、永修县 奉新县、靖安县、铜鼓县
鄱阳湖区	南昌市、南昌县、新建县、进贤县 德安县、星子县、都昌县、湖口县 余干县、波阳县
长江中游干流区间	九江市、九江县、瑞昌市
长江下游干流区间	彭泽县
洞庭湖水系湘江流域	萍乡市
珠江流域	安远县（26%）、定南县（71%）、寻乌县（92%）

市、县分类

分类	市、县名称
41个边界市、县	景德镇市、萍乡市、九江市、九江县、瑞昌市、武宁县、修水县、湖口县、彭泽县、鹰潭市、信丰县、大余县、上犹县、崇义县、龙南县、定南县、全南县、瑞金县、会昌县、寻乌县、石城县、宜春市、万载县、铜鼓县、上饶市、广丰县、玉山县、铅山县、波阳县、德兴市、婺源县、遂川县、永新县、莲花县、宁冈县、井冈山市、南城县、黎川县、南丰县、资溪县、广昌县
42个山区市、县	景德镇市、浮梁县、瑞昌市、武宁县、修水县、赣县、信丰县、大余县、上犹县、崇义县、安远县、龙南县、定南县、全南县、宁都县、于都县、兴国县、瑞金县、会昌县、寻乌县、石城县、奉新县、万载县、靖安县、铜鼓县、玉山县、铅山县、横峰县、德兴市、婺源县、永丰县、遂川县、安福县、莲花县、宁冈县、井冈山市、黎川县、南丰县、乐安县、宜黄县、资溪县、广昌县
27个丘陵市、县	乐平县、萍乡市、德安县、新余市、分宜县、贵溪县、余江县、南康县、宜春市、上高县、宜丰县、上饶市、上饶县、广丰县、弋阳县、万年县、吉安县、吉水县、峡江县、新干县、泰和县、万安县、永新县、南城县、崇仁县、金溪县、东乡县
21个平原市、县	南昌市、南昌县、新建县、安义县、进贤县、九江市、九江县、永修县、星子县、都昌县、湖口县、彭泽县、鹰潭市、赣州市、丰城市、高安县、樟树市、余干县、波阳县、吉安市、临川市
40个重点老区市、县	乐平县、萍乡市、修水县、贵溪县、上犹县、安远县、宁都县、于都县、兴国县、瑞金县、会昌县、寻乌县、石城县、万载县、铜鼓县、上饶县、广丰县、铅山县、横峰县、弋阳县、万年县、德兴市、婺源县、吉安县、吉水县、永丰县、泰和县、遂川县、万安县、安福县、永新县、莲花县、宁冈县、井冈山市、黎川县、南丰县、乐安县、宜黄县、资溪县、广昌县
18个扩权县、区	余江县、贵溪县、鹰潭市月湖区、上饶县、广丰县、玉山县、铅山县、吉安县、永丰县、遂川县、万安县、泰和县、黎川县、宜黄县、乐安县、资溪县、广昌县、南丰县
13个商品粮基地县	南昌县、德安县、宁都县、丰城市、高安县、奉新县、宜丰县、余干县、弋阳县、泰和县、安福县、吉水县、南城县

主要年份国民经济主要指标（一）

指　　　标	单　位	1952年	1978年	1980年	1985年	1989年	1990年
一、年末总人口	**万人**	**1 655.69**	**3 182.82**	**3 270.20**	**3 460.24**	**3 695.15**	**3 810.64**
二、年末社会劳动者人数	**万人**	**682.2**	**1 254.3**	**1 356.3**	**1 584.8**	**1 760.4**	**1 816.5**
#职工人数	万人	31.1	267.4	286.7	341.6	380.1	386.2
三、国民生产总值	**亿元**	**18.86**	**87.00**	**111.15**	**207.26**	**363.47**	**417.15**
四、社会总产值	**亿元**	**27.08**	**161.43**	**206.93**	**363.03**	**735.22**	**808.91**
#工农业总产值	亿元	22.32	122.86	162.16	295.60	604.09	680.99
五、国民收入	**亿元**	**17.10**	**76.60**	**98.95**	**173.00**	**308.65**	**354.03**
六、农　　业							
1.农业总产值	亿元	15.35	49.29	68.15	114.50	197.93	255.24
2.主要农产品产量							
粮　　食	万吨	575.07	1 125.74	1 240.04	1 533.54	1 589.62	1 658.2
棉　　花	万吨	1.36	3.48	4.30	6.22	5.01	5.70
油料折油	万吨	6.14	6.63	6.78	12.23	14.84	19.61
油　　料	万吨	17.54	13.49	13.76	28.88	37.65	54.89
黄红麻（熟麻）	万吨					1.34	1.88
甘　　蔗	万吨	22.45	68.29	85.74	197.10	149.49	194.29
烟　　叶	万吨	0.82	0.61	0.37	0.88	1.53	2.31
茶　　叶	万吨	0.38	0.89	1.04	1.43	1.91	1.94
蚕　　茧	吨	12	143	181	640	1 350	2 639
水　　果	万吨	2.55	2.92	5.61	10.75	22.97	23.30
水产品	万吨	4.14	5.93	7.55	16.02	28.12	30.68
肉类总产量	万吨	11.03	28.03	39.79	64.25	104.03	111.74
猪年末存栏	万头	283.5	944.3	1 018.0	1 232.5	1 486.5	1 547.3
当年出栏肉猪	万头	213.2	574.0	700.0	881.3	1 238.1	1 313.2
七、工　　业							
1.工业总产值	亿元	6.97	73.57	94.01	181.10	406.16	425.75
轻工业	亿元	4.64	32.91	45.85	77.12	178.22	189.77
重工业	亿元	2.33	40.66	48.16	103.98	227.94	235.98
2.主要工业产品产量							
化学纤维	万吨	—	0.42	1.33	1.30	1.95	2.00
布（混合数）	万米	4 291	20 173	30 011	26 009	32 015	30 566
机制纸及纸板	万吨	0.20	9.26	12.69	22.17	25.56	25.59
机制糖	万吨	0.09	4.09	7.14	13.32	10.09	10.59
自行车	万辆	—	0.30	3.39	30.65	58.27	27.74
手　　表	万只	—	10.01	28.03	80.05	88.44	98.43
照相机	万架	—	1.00	1.40	10.55	29.60	9.00
原　　煤	万吨	104.77	1 435.50	1 490.31	1 938.15	2 063.31	2 027.11
发电量	亿千瓦小时	0.35	45.31	57.21	83.75	119.71	121.41
化学肥料（折合100%）	万吨	—	15.97	25.73	19.41	30.48	31.07
化学农药（原药）	万吨	—	1.35	1.74	0.28	0.42	0.51

注：本表价值指标均按当年价格计算。

主要年份国民经济主要指标（二）

指　　标	单 位	1952年	1978年	1980年	1985年	1989年	1990年
钢	万吨	—	25.64	38.76	77.42	105.83	112.09
成品钢材	万吨	—	24.50	46.65	60.98	93.44	92.32
水　泥	万吨	—	155.56	201.00	354.19	504.54	469.13
木　材	万立方米	127.40	216.45	301.83	297.14	253.22	262.45
3.全民独立核算工业企业全员劳动生产率（1980年不变价格）	元／人	3 136	6 085	7 306	10 531	13 460	13 530
4.全民独立核算工业企业财务指标							
年末固定资产原值	亿元		69.59	80.53	131.62	210.99	233.85
资金总额	亿元		72.95	80.84	130.01	225.88	254.94
年末固定资产净值	亿元		49.56	55.22	89.35	144.40	158.18
定额流动资金全年平均余额	亿元		23.39	25.62	40.66	81.48	96.76
利润和税金总额	亿元		7.47	10.38	21.15	30.67	21.36
八、运输、邮电							
1.货物周转量（交通部门）	亿吨公里	11.56	136.96	147.67	196.62	241.24	241.44
铁　路	亿吨公里	9.82	108.48	118.68	156.61	198.07	204.48
公　路	亿吨公里	0.14	5.26	5.68	6.72	6.09	5.29
水　运	亿吨公里	1.60	23.21	23.31	33.29	37.07	31.67
空　运	万吨公里	—			19	62	56
2.旅客周转量（交通部门）	亿人公里		46.92	69.60	130.71	150.74	140.74
铁　路	亿人公里		26.73	39.49	69.52	85.85	74.65
公　路	亿人公里		16.83	25.41	54.42	57.67	59.93
水　运	亿人公里		3.35	4.69	6.66	6.56	5.42
空　运	万人公里	—			1 150	6 623	7 306
3.邮电业务总量（1980年不变价格）	万元	515	4 022	4 775	7 117	12 621	14 912
业务总收入	万元	551	2 386	3 339	7 008	15 805	20 065
报刊发行量	万份	4 208	37 075	42 334	64 274	44 885	46 842
九、固定资产投资							
1.完成投资额							
#全民单位基本建设	亿元	0.59	8.02	9.22	16.58	23.10	26.01
全民单位更新改造及其他	亿元			2.92	9.00	16.72	18.27
城镇集体	亿元		0.11	0.33	1.01	1.69	1.46
2.新增固定资产							
#全民单位基本建设	亿元	0.55	5.45	7.75	10.24	12.74	14.46
全民单位更新改造及其他	亿元			1.80	5.67	12.63	14.45
城镇集体	亿元		0.10	0.27	0.61	1.68	1.32
十、贸　易							
1.社会商品零售总额	亿元	7.33	41.30	54.86	98.33	181.64	181.75
2.主要商品社会零售量							
粮食（贸易粮）	万吨		133.67	138.57	264.05	228.71	219.24
食用植物油	万吨		1.44	1.87	7.73	9.26	9.50
猪和猪肉	万头		286.12	366.45	367.45	402.11	449.83

主要年份国民经济主要指标（三）

指　　　标	单位	1952年	1978年	1980年	1985年	1989年	1990年
棉　　布	万米		22 271	18 893	12 442	8 588	5 465
棉花化纤混纺布	万米		5 793	9 212	9 205	5 379	4 156
化　纤　布	万米				3 693	2 592	1 725
呢　　绒	万米		126	226	531	429	335
缝　纫　机	万架		9.06	12.43	19.61	18.37	14.96
手　　表	万只		35.16	65.57	138.20	90.19	70.01
自　行　车	万辆		18.48	26.99	77.76	76.64	64.15
电　视　机	万台		0.67	5.07	31.61	39.24	35.59
录　音　机	万台		0.09	1.38	11.59	19.61	13.25
洗　衣　机	万台				5.73	7.17	6.39
电　冰　箱	万台				1.77	6.01	7.06
3.外贸收购总额（实际价格）	亿元	0.60	4.31	6.48	8.32	24.73	27.01
4.商品出口额	万美元		5 088	9 274	25 725	51 578	56 147
5.商品进口额	万美元			830	4 860	7 149	6 971
十一、财　　政							
地方财政预算内收入	亿元	2.29	12.22	12.47	21.18	37.49	40.62
地方财政预算内支出	亿元	1.52	16.27	15.99	29.73	48.71	50.76
十二、物价指数（以上年价格为100）							
零售物价总指数	%	98.8	100.1	104.3	108.3	118.6	101.3
农副产品收购价格总指数	%	97.7	101.6	114.4	109.0	115.3	98.6
职工生活费用价格总指数	%			105.5	108.8	117.2	101.5
十三、教育、文化							
高等学校数	所	5	16	17	26	30	30
高等学校在校学生数	万人	0.32	2.18	3.56	4.49	5.34	5.66
中等专业学校在校学生数	万人	1.53	2.89	4.08	4.94	6.04	6.17
普通中学在校学生数	万人	6.22	169.20	154.86	155.53	175.67	181.06
小学在校学生数	万人	139.40	513.77	529.30	572.83	475.65	450.44
报纸出版数量	万份	3 091	14 453	17 048	30 698	36 259	58 930
杂志出版数量	万册	495	378	584	2 329	3 006	2 714
图书出版数量	万册	844	8 495	8 474	13 429	16 789	19 216
十四、卫　　生							
卫生机构数	个	1 517	5 178	5 373	5 538	5 613	5 632
卫生技术人员	人	17 380	70 247	79 014	102 209	114 402	116 786
#医　　生	人	12 312	30 430	32 675	43 322	50 525	51 994
病　床　数	张	7 714	72 289	76 924	84 134	92 194	92 274
十五、人 民 生 活							
全部职工年平均工资	元		552	713	997	1 562	1 729
城镇住户平均每人月生活费收入	元				45.44	83.08	91.19
农村住户平均每人年纯收入	元		140.70	181.24	377.31	558.64	579.61
城乡居民储蓄存款年末余额	亿元		4.16	7.71	34.85	106.50	142.79

注：1985年以后的全部职工年平均工资中含肉类等价格补贴。

主要年份国民经济主要指标发展速度(一)

指标	1990年为下列各年%					平均每年增长%		
	1952年	1978年	1980年	1985年	1989年	1953—1990年	1981—1990年	1986—1990年
一、年末总人口	**230.2**	**119.7**	**116.5**	**110.1**	**103.1**	**2.2**	**1.5**	**1.9**
二、年末社会劳动者人数	**266.3**	**144.8**	**133.9**	**114.6**	**103.2**	**2.6**	**3.0**	**2.8**
#职工人数		144.4	134.7	113.0	101.6		3.0	2.5
三、国民生产总值	**838.2**	**279.4**	**231.7**	**141.9**	**104.9**	**5.8**	**8.8**	**7.3**
四、社会总产值	**1 384.9**	**295.8**	**249.5**	**158.5**	**104.6**	**7.2**	**9.6**	**9.7**
#工农业总产值	1 565.7	317.8	267.7	164.1	106.4	7.5	10.3	10.4
五、国民收入	**806.4**	**250.7**	**219.4**	**143.3**	**104.0**	**5.6**	**8.2**	**7.5**
六、农业								
1.农业总产值	361.3	198.0	178.0	128.9	106.5	3.4	5.9	5.2
2.主要农产品产量								
粮食	288.3	147.3	133.7	108.1	104.3	2.8	2.9	1.6
棉花	419.1	163.8	132.4	91.6	113.9	3.8	2.8	−1.7
油料折油	319.4	295.9	289.2	160.4	132.2	3.1	11.2	9.9
油料	313.0	406.7	398.9	190.0	145.8	3.0	14.8	13.7
黄红麻(熟麻)					140.4			
甘蔗	865.3	284.5	226.6	98.6	130.0	5.8	8.5	−0.3
烟叶	280.9	376.4	623.4	262.9	150.8	2.8	20.1	21.3
茶叶	509.2	218.7	187.0	135.9	101.5	4.4	6.5	6.3
蚕茧	22 848.5	1 842.9	1 454.8	412.3	195.5	15.4	30.7	32.8
水果	914.4	797.1	415.1	216.6	101.4	6.0	15.3	16.7
水产品	7 420.2	517.8	406.3	191.5	109.1	12.0	15.1	13.9
肉类总产量	1 064.8	425.4	293.7	173.9	107.4	6.4	11.4	11.7
猪年末存栏	545.8	163.9	152.0	125.5	104.1	4.6	4.3	4.7
当年出栏肉猪	615.9	228.8	187.6	149.0	106.1	4.9	6.5	8.3
七、工业								
1.工业总产值	5 961.0	412.1	334.9	184.4	106.4	11.4	12.8	13.0
轻工业	4 143.3	458.6	341.6	197.2	108.5	10.3	13.1	14.5
重工业	9 492.6	374.0	328.0	173.7	104.4	12.7	12.6	11.7
2.主要工业产品产量								
化学纤维	—	479.5	150.0	154.1	102.8	4.1	9.0	
布(混合数)	712.3	151.5	101.8	117.5	95.5	5.3	0.2	3.3
机制纸及纸板	13 036.2	276.3	201.7	115.4	100.1	13.7	7.3	2.9
机制糖	12 116.7	258.9	148.4	79.5	105.0	13.5	4.0	−4.5
自行车	—	9 246.7	818.3	90.5	47.6		23.4	−2.0
手表	—	983.3	351.2	123.0	111.3		13.4	4.2
照相机	—	897.0	642.9	85.3	30.4		20.5	−3.1
原煤	1 934.8	141.2	136.0	104.6	98.2	8.1	3.1	0.9
发电量	34 688.6	268.0	212.2	145.0	101.4	16.6	7.8	7.7
化学肥料(折合100%)	—	194.6	120.8	160.1	101.9		1.9	9.9
化学农药(原药)	—	38.0	29.6	186.9	122.3		−11.5	13.3

注：本表价值指标增长速度按可比价格计算。

主要年份国民经济主要指标发展速度(二)

指标	1990年为下列各年%					平均每年增长%		
	1952年	1978年	1980年	1985年	1989年	1953—1990年	1981—1990年	1986—1990年
钢	—	437.2	289.2	144.8	105.9		11.2	7.7
成品钢材	—	376.8	197.9	151.4	98.8		7.1	8.6
水泥	—	301.6	233.4	132.5	93.0		8.8	5.8
木材	206.0	121.3	87.0	88.3	103.6	1.9	-1.4	-2.5
3.全民独立核算工业企业全员劳动生产率(1980年不变价格)	431.4	222.4	185.2	128.5	100.5	3.9	6.4	5.1
4.全民独立核算工业企业财务指标								
年末固定资产原值		336.0	290.4	177.7	110.8		11.3	12.2
资金总额		349.5	315.4	196.1	112.9		12.2	14.4
年末固定资产净值		319.1	286.5	177.0	109.5		11.1	12.1
定额流动资金全年平均余额		413.7	377.7	238.0	118.8		14.2	18.9
利润和税金总额		285.9	205.8	101.0	69.6		7.5	0.2
八、运输、邮电								
1.货物周转量(交通部门)	2089.1	176.3	163.5	122.8	100.1	8.3	5.0	4.2
铁路	2083.1	188.5	172.3	130.6	103.2	8.3	5.6	5.5
公路	3717.4	100.4	93.1	78.7	86.7	10.0	-0.7	-4.7
水运	1980.9	136.4	135.9	95.1	85.4	8.2	3.1	-1.0
空运	—			292.8	90.1	—		24.0
2.旅客周转量(交通部门)		300.0	202.2	107.7	93.4		7.3	1.5
铁路		279.2	189.0	107.4	87.0		6.6	1.4
公路		356.1	235.8	110.1	103.9		9.0	1.9
水运		161.8	115.5	81.5	82.7		1.5	-4.0
空运	—			635.3	110.3			44.7
3.邮电业务总量(1980年不变价格)	2895.5	370.8	312.3	209.5	118.2	9.3	12.1	15.9
业务总收入	3641.6	840.9	600.9	286.3	127.0	9.9	19.6	23.4
报刊发行量	1113.2	126.3	110.6	72.9	104.4	6.5	1.0	-6.1
九、固定资产投资								
1.完成投资额								
全民单位基本建设	4422.2	324.3	282.1	156.9	112.6	10.9	10.6	8.5
全民单位更新改造及其他			626.3	203.1	109.3		23.6	19.9
城镇集体		1308.8	438.1	144.4	86.2		22.2	18.2
2.新增固定资产								
全民单位基本建设	2635.5	265.3	186.5	141.2	113.6	9.7	6.4	11.9
全民单位更新改造及其他			801.8	254.7	114.4		25.4	23.9
城镇集体		1305.6	494.7	215.5	78.6		22.2	28.7
十、贸易								
1.社会商品零售总额	2480.4	440.1	331.3	184.8	100.1	8.8	12.7	13.1
2.主要商品社会零售量								
粮食(贸易粮)		164.0	158.2	83.0	95.9		4.7	-3.7
食用植物油		658.8	507.5	122.8	102.6		17.6	4.2
猪和猪肉		157.2	122.8	122.4	111.9		2.1	4.1

主要年份国民经济主要指标发展速度(三)

指标	1990年为下列各年%					平均每年增长%		
	1952年	1978年	1980年	1985年	1989年	1953—1990年	1981—1990年	1986—1990年
棉布		24.5	28.9	43.9	63.6		-11.7	-15.2
棉花化纤混纺布			63.8	45.1	77.3		-4.4	-14.7
化纤布				46.7	66.6			-14.1
呢绒			148.2	63.1	78.1		4.0	-8.8
缝纫机		165.1	120.4	76.3	81.5		1.9	-5.3
手表		199.1	106.8	50.7	77.6		0.7	-12.7
自行车		347.2	237.6	82.5	83.7		9.0	-3.8
电视机			701.9	112.6	90.7		21.5	2.4
录音机				114.3	67.6			2.7
洗衣机				111.4	89.1			2.2
电冰箱				398.6	117.4			31.9
3.外贸收购总额(实际价格)			416.7	324.7	109.2		15.3	26.6
4.商品出口额		1103.5	605.4	218.3	108.9		19.7	16.9
5.商品进口额			839.9	143.4	97.5		23.7	7.5
十一、财政								
地方财政预算内收入	1776.6	332.2	325.8	191.7	108.3	7.9	12.5	13.9
地方财政预算内支出	3336.8	312.0	317.5	170.7	104.2	9.7	12.2	11.3
十二、物价指数								
零售物价总指数	255.8	210.7	200.3	165.5	101.3	2.5	7.2	10.6
农副产品收购价格总指数	570.0	316.5	225.3	177.8	98.6	4.7	8.5	12.2
职工生活费用价格总指数		220.9	204.7	168.3	101.5		7.4	11.0
十三、教育、文化								
高等学校数								
高等学校在校学生数	1784.6	259.3	158.9	126.2	6.0	7.9	4.7	4.8
中等专业学校在校学生数	404.1	213.2	151.2	124.8	102.2	3.7	4.2	4.5
普通中学在校学生数	2910.9	107.0	116.9	116.4	103.1	9.3	1.6	3.1
小学在校学生数	323.1	87.7	85.1	78.6	94.7	3.1	-1.6	-4.7
报纸出版数量	1906.7	407.7	345.7	192.0	162.5	8.1	13.2	13.9
杂志出版数量	548.0	718.6	464.7	116.5	90.3	4.6	16.6	3.1
图书出版数量	2276.4	226.2	226.7	143.1	114.4	8.6	8.5	7.4
十四、卫生								
卫生机构数	371.3	108.8	104.8	101.7	100.3	3.5	0.5	0.3
卫生技术人员	672.0	166.3	147.8	114.3	102.1	5.1	4.0	2.7
#医生	422.3	170.9	159.1	120.0	102.9	3.9	4.8	3.7
病床数	1196.2	127.6	120.0	109.7	100.1	6.7	1.8	1.9
十五、人民生活								
全部职工年平均工资		313.2	242.5	173.4	110.7		9.3	11.6
城镇住户平均每人月生活费收入				200.7	109.8			14.9
农村住户平均每人年纯收入		411.9	319.8	153.6	103.8		12.3	9.0
城乡居民储蓄存款年末余额		3434.3	1851.4	409.7	134.1		33.9	32.6

注：1985年及以后的全部职工年平均工资中含肉类等价格补贴。

主要年份国民经济主要比例关系

单位：%

指　　　　标	1952年	1978年	1980年	1985年	1989年	1990年
国民生产总值中三次产业比例（当年价格）						
第一产业	65.6	41.6	43.5	40.6	36.3	41.9
第二产业	13.1	38.0	36.9	36.7	35.8	31.8
第三产业	21.3	20.4	19.6	22.7	27.9	26.3
国民收入生产额中五业比例（当年价格）						
农　　业	71.7	44.9	48.4	47.6	43.2	49.6
工　　业	13.5	29.7	30.7	33.7	37.3	34.0
建筑业	0.9	12.8	8.9	7.3	5.8	4.9
运输邮电业	2.3	3.6	4.0	4.2	4.5	4.5
商　　业	11.6	9.0	8.0	7.2	9.2	7.0
国民收入使用额中积累与消费比例(当年价格)						
积　　累	20.9	27.7	25.0	26.7	29.9	25.4
消　　费	79.1	72.3	75.0	73.3	70.1	74.6
工农业总产值中农轻重比例（当年价格）						
农　　业	68.8	40.1	42.0	38.7	32.8	37.5
轻工业	20.8	26.8	28.3	26.1	29.5	27.9
重工业	10.4	33.1	29.7	35.2	37.7	34.6
农业总产值中农林牧副渔比例（当年价格）						
种植业	63.9	70.9	66.8	59.1	48.8	53.5
林　　业	4.6	5.2	7.5	8.0	6.4	6.3
牧　　业	10.5	12.7	13.9	19.9	30.1	26.4
副　　业	20.3	9.9	10.6	9.9	10.6	9.8
渔　　业	0.7	1.3	1.2	3.1	4.1	4.0
工业总产值中轻重工业比例（当年价格）						
轻工业	66.6	44.7	48.8	42.6	43.9	44.6
重工业	33.4	55.3	51.2	57.4	56.1	55.4
基建投资中生产性与非生产性比例						
生产性建设	68.6	85.3	63.9	66.2	72.1	75.6
非生产性建设	31.4	14.7	36.1	33.8	27.9	24.4
基建投资中农轻重投资比例						
农　　业	4.3	13.9	10.3	3.4	5.9	4.3
轻工业	18.3	4.4	8.0	9.4	10.5	10.0
重工业	58.9	64.3	52.2	55.8	53.3	54.4
基建投资中能源交通投资比例						
能源工业	12.0	33.1	21.0	22.3	28.8	30.2
运输邮电业	5.2	4.6	3.9	3.2	6.6	11.0
基建拨款占财政支出的比例	**27.8**	**34.5**	**25.3**	**14.1**	**7.3**	**6.6**
文教科学卫生事业费占财政支出的比例	**22.8**	**18.0**	**25.4**	**27.9**	**26.2**	**26.6**

主要年份平均每天主要社会经济活动

指　　标	单　位	1952年	1978年	1980年	1985年	1989年	1990年
一、全省每天创造的财富							
国民生产总值（当年价格）	万元	517	2 384	3 045	5 678	9 958	11 429
社会总产值（当年价格）	万元	742	4 423	5 669	9 946	20 143	22 162
国民收入（当年价格）	万元	468	2 099	2 711	4 740	8 456	9 699
工农业总产值（当年价格）	万元	612	3 366	4 443	8 099	16 650	18 657
农业总产值	万元	421	1 350	1 867	3 137	5 423	6 993
工业总产值	万元	191	2 016	2 576	4 962	11 127	11 664
地方财政预算内收入	万元	63	335	342	580	1 027	1 113
布　产　量	万米	12	55	82	71	88	84
原煤产量	吨	2 870	39 329	40 830	53 100	56 529	55 537
发　电　量	万千瓦小时	10.0	1 241	1 567	2 295	3 280	3 326
钢　产　量	吨		702	1 062	2 121	2 899	3 071
二、全省每天消费量							
城乡居民消费总额	万元	347	1 558	1 875	3 450	5 672	6 705
平均每人消费额	元	0.21	0.50	0.58	1.00	1.55	1.79
粮食（生活用量）	吨			18 455	19 873	20 755	20 789
食用植物油（生活用量）	吨			211.86	362.79	475.55	530.74
猪肉（生活用量）	吨		550	932	1 122	1 647	1 943
食糖（生活用量）	吨			177	358	397	416
布（生活用量）	万米		50	52	50	67	43
自行车零售量	辆		506	740	2 130	2 100	1 758
缝纫机零售量	架		248	341	537	503	410
手表零售量	只		963	1 796	3 786	2 471	1 918
电视机零售量	台			139	866	1 075	975
三、全省每天其他活动							
各种运输工具客运量（不含市内）	万人次	1.01	18.05	27.44	50.98	68.35	68.67
出版图书	万册	2.31	23.27	23.22	36.79	46.00	52.64
出版杂志	万册	1.36	1.03	1.60	6.38	8.24	7.44
出版报纸	万份	8.47	39.60	46.71	84.10	99.34	161.45
邮寄函件	万件		20.20	24.56	42.39	54.01	47.02
电影观众人次	万人次		174.71	240.69	187.65	156.93	156.32
出生人数	人		2 331	1 653	1 575	2 313	2 546
死亡人数	人		637	568	548	628	781
结婚人数	对		437	406	637	776	917
离婚人数	对		20	15	13	17	18

注：粮食、食用植物油消费量是根据城镇住户和农村住户抽样调查资料推算的。

主要年份主要指标每人年平均水平

指　　　　　标	单　位	1952年	1978年	1980年	1985年	1989年	1990年
一、国民生产总值（当年价格）	元	114	276	342	602	992	1 112
二、社会总产值（当年价格）	元	164	512	637	1 055	2 006	2 155
三、国民收入（当年价格）	元	104	243	305	503	842	943
四、工农业总产值（当年价格）	元	135	390	499	859	1 649	1 815
农业总产值	元	93	156	210	333	540	680
工业总产值	元	42	234	289	526	1 109	1 135
五、地方财政预算内收入	元	14	39	38	62	102	108
六、主要农产品产量							
粮　　食	公斤	348.57	357.33	381.60	445.74	433.81	441.84
棉　　花	公斤	0.82	1.10	1.32	1.81	1.37	1.52
油料折油	公斤	3.72	2.10	2.09	3.55	4.05	5.23
甘　　蔗	公斤	13.61	21.68	26.38	57.29	40.80	51.77
柑　　桔	公斤	0.92	0.44	0.90	2.00	4.74	4.70
猪　　肉	公斤	5.70	7.89	11.15	17.34	25.83	26.95
牛　　奶	公斤		0.16	0.28	0.53	0.59	0.59
水 产 品	公斤	2.51	1.88	2.32	4.66	7.67	8.18
七、主要工业产品产量							
布	米	2.60	6.40	9.24	7.56	8.74	8.14
机 制 糖	公斤	0.05	1.30	2.20	3.87	2.75	2.82
饮 料 酒	公斤			2.06	5.44	7.16	8.36
成品钢材	公斤		7.78	14.36	17.72	25.50	24.60
发 电 量	千瓦小时	2.12	143.82	176.05	243.4	326.69	323.51
原　　煤	公斤	63.50	455.65	458.62	563.35	563.09	540.14
八、主要消费品生活消费量							
粮　　食	公斤			207.29	210.84	206.74	202.19
食用植物油	公斤			2.38	3.85	4.74	5.16
猪　　肉	公斤		6.50	9.65	11.91	16.41	18.90
鲜　　蛋	公斤			1.55	3.15	4.09	4.29
食　　糖	公斤			1.99	3.80	3.95	4.04
布	米		8.40	5.81	10.55	6.64	4.20

注：粮食、食用植物油消费量是根据城镇住户和农村住户抽样调查资料推算的。

主要年份国民生产总值和构成

（按当年价格计算）

年份	国民生产总值	第一产业	第二产业			第三产业				人均国民生产总值（元/人）
				工业	建筑业		#交通运输邮电业	#商业饮食业	#金融保险业	
一、绝对数（亿元）										
1949	9.09	6.24	0.85			2.00				69
1952	18.86	12.38	2.47			4.01				114
1957	27.73	15.45	5.13			7.15				152
1965	42.98	24.16	10.22			8.60				197
1970	58.37	30.03	17.15			11.19				229
1975	68.12	33.40	19.88			14.84				233
1978	87.00	36.18	33.08	23.16	9.92	17.74	2.54	4.91	1.18	276
1980	111.15	48.31	41.00	30.84	10.16	21.84	3.92	5.78	1.39	342
1985	207.26	84.06	76.05	63.13	12.92	47.15	8.75	10.90	5.85	602
1986	227.23	90.27	83.60	71.21	12.39	53.36	9.15	12.06	7.37	652
1987	261.83	104.63	92.44	79.33	13.11	64.76	10.24	12.85	12.03	741
1988	321.36	119.18	117.38	100.73	16.65	84.80	13.94	17.32	19.56	894
1989	363.47	133.19	131.23	111.91	19.32	102.45	14.94	16.38	26.82	992
1990	417.15	175.96	133.56	116.50	17.06	110.02	17.29	11.06	27.80	1 112
二、构成（%）										
1949		68.6	9.4			22.0				
1952		65.6	13.1			21.3				
1957		55.7	18.5			25.8				
1965		56.2	23.8			20.0				
1970		51.4	29.4			19.2				
1975		49.0	29.2			21.8				
1978		41.6	38.0	26.6	11.4	20.4	2.9	5.6	1.4	
1980		43.5	36.9	27.7	9.1	19.6	3.5	5.2	1.3	
1985		40.6	36.7	30.5	6.2	22.7	4.2	5.3	2.8	
1986		39.7	36.8	31.3	5.5	23.5	4.0	5.3	3.2	
1987		40.0	35.3	30.3	5.0	24.7	3.9	4.9	4.6	
1988		37.1	36.5	31.3	5.2	26.4	4.3	5.4	6.1	
1989		36.3	35.8	30.5	5.3	27.9	4.1	4.5	7.3	
1990		41.9	31.8	27.8	4.1	26.3	4.1	2.7	6.6	

注：一、二、三产业之和为国内生产总值，与国民生产总值的差额为省外净要素支出。

历年国民生产总值指数

（按可比价格计算）

年份	以1952年为100				以上年为100			
	合计	第一产业	第二产业	第三产业	合计	第一产业	第二产业	第三产业
1949	49.4	51.0	26.8	—				
1950	76.0	78.3	56.5	78.1	153.8	153.5	210.8	
1951	80.9	80.4	76.0	88.6	106.4	102.7	134.5	113.4
1952	100	100	100	100	123.6	124.4	131.6	112.9
1953	101.3	98.8	122.0	115.6	101.3	98.8	122.0	115.6
1954	103.1	98.0	140.2	136.7	101.8	99.2	114.9	118.3
1955	109.4	103.4	152.8	141.4	106.1	105.5	109.0	103.4
1956	107.3	97.5	194.3	157.0	98.1	94.3	127.2	111.0
1957	135.4	120.1	260.6	181.9	126.2	123.2	134.1	115.9
1958	148.5	123.3	324.0	235.9	109.7	102.7	124.3	129.7
1959	157.4	115.3	384.6	291.6	106.0	93.5	118.7	123.6
1960	163.8	115.4	457.3	329.5	104.1	100.1	118.9	113.0
1961	143.0	110.3	373.2	191.1	87.3	95.6	81.6	58.0
1962	130.6	109.4	300.0	175.9	91.3	99.2	80.4	92.0
1963	133.4	115.1	315.9	146.4	102.1	105.2	105.3	83.2
1964	143.4	120.8	361.0	159.9	107.5	104.9	114.3	109.2
1965	165.2	131.3	554.1	165.0	115.2	108.7	153.5	103.2
1966	176.0	136.4	568.7	218.6	106.5	103.9	102.6	132.5
1967	167.4	132.4	503.3	199.6	95.1	97.1	88.5	91.3
1968	174.1	138.6	542.3	384.4	104.0	104.7	107.7	192.6
1969	197.4	141.3	708.9	261.6	113.4	101.9	130.7	68.1
1970	212.8	148.0	888.2	473.0	107.8	104.7	125.3	180.8
1971	230.6	147.4	997.2	320.7	108.4	99.6	112.3	67.8
1972	241.2	153.7	1084.1	639.7	104.6	104.3	108.7	199.5
1973	239.8	149.0	1149.2	289.0	99.4	96.9	106.0	45.2
1974	230.7	155.0	948.8	603.8	96.2	104.0	82.6	208.9
1975	253.5	167.0	1017.9	393.2	109.9	107.7	107.3	65.1
1976	235.2	156.0	922.0	319.8	92.8	93.4	90.6	81.3
1977	264.9	165.6	1262.6	282.3	112.6	106.2	136.9	88.3
1978	300.0	165.3	1592.2	363.1	113.3	99.8	126.1	128.6
1979	347.3	190.7	1845.7	423.4	115.8	115.4	115.9	116.6
1980	361.7	192.3	2064.6	415.2	104.2	100.9	111.9	98.1
1981	382.0	211.9	2033.6	453.8	105.6	110.2	98.5	109.3
1982	417.4	237.9	2093.5	513.2	109.3	112.3	102.9	113.1
1983	445.8	238.1	2397.0	562.2	106.8	100.1	114.5	109.5
1984	514.4	260.6	2904.9	664.7	115.4	109.5	121.2	118.2
1985	590.5	279.0	3474.7	809.6	114.8	107.1	119.6	121.8
1986	630.1	282.1	3728.7	933.0	106.7	101.1	107.3	115.2
1987	682.4	307.9	3986.7	1018.1	108.3	109.1	106.9	109.1
1988	760.2	316.1	4639.2	1190.0	111.4	102.7	116.4	116.9
1989	799.0	328.4	4857.2	1322.1	105.1	103.9	104.7	111.1
1990	838.2	349.4	4978.6	1390.8	104.9	106.4	102.5	105.2

各地区国内生产总值和构成

（1990年）

地　区	国内生产总值	第一产业	第二产业	工　业	建筑业	第三产业	#运输邮电业	#商业饮食业	#金融保险业	人均国内生产总值（元／人）
一、绝对数（万元）										
全　省	**4 195 400**	**1 759 600**	**1 335 600**	**1 165 000**	**170 600**	**1 100 200**	**172 900**	**110 600**	**278 000**	**1 118**
南昌市	606 034	138 479	250 705	228 186	22 519	216 850	30 463	38 964	75 039	1647
景德镇市	188 585	44 378	91 671	81 516	10 155	52 536	8 717	12 321	11 464	1440
萍乡市	135 200	34 815	63 210	54 047	9 163	37 175	9 570	7 450	2 236	973
九江市	397 467	172 265	133 954	116 380	17 574	91 248	13 372	24 297	11 146	989
新余市	141 895	48 290	57 536	50 742	6 794	36 069	7 747	4 996	7 527	1478
鹰潭市	100 415	37 769	40 729	33 928	6 801	21 917	8 851	5 269	646	1057
赣州地区	591 380	305 829	168 399	144 612	23 787	117 152	17 375	13 773	26 865	839
#赣州市	68 341	9 502	35 874	32 643	3 231	22 965	3 129	8 366	5 935	1798
宜春地区	596 702	318 104	161 783	140 575	21 208	116 815	20 449	28 363	19 914	1303
#樟树市	73 223	39 078	20 980	17 740	3 240	13 165	3 597	1 129	2 467	1494
上饶地区	449 083	225 686	127 867	112 724	15 143	95 530	16 832	21 448	10 760	770
吉安地区	410 814	221 467	114 415	93 873	20 542	74 932	8 948	9 181	12 122	942
抚州地区	335 153	190 989	75 748	67 830	7 918	68 416	11 521	3 998	12 711	1034
#临川市	72 460	45 701	13 410	9 448	3 962	13 349	4 643	2 320	1 196	1081
二、构成（%）										
全　省	**100**	**41.9**	**31.8**	**27.8**	**4.1**	**26.3**	**4.1**	**2.6**	**6.6**	
南昌市	100	22.9	41.4	37.7	3.7	35.7	5.0	6.4	12.4	
景德镇市	100	23.5	48.6	43.2	5.4	27.9	4.6	6.5	6.1	
萍乡市	100	25.8	46.8	40.0	6.8	27.4	7.1	5.5	1.7	
九江市	100	43.3	33.7	29.3	4.4	23.0	3.4	6.1	2.8	
新余市	100	34.0	40.5	35.8	4.8	25.5	5.5	3.5	5.3	
鹰潭市	100	37.6	40.6	33.8	6.8	21.8	8.8	5.2	0.6	
赣州地区	100	51.7	28.5	24.5	4.0	19.8	2.9	2.3	4.5	
#赣州市	100	13.9	52.5	47.8	4.7	33.6	4.6	12.2	8.7	
宜春地区	100	53.3	27.1	23.6	3.6	19.6	3.4	4.8	3.3	
#樟树市	100	53.4	28.7	24.2	4.4	17.9	4.9	1.5	3.4	
上饶地区	100	50.3	28.5	25.1	3.4	21.2	3.7	4.8	2.4	
吉安地区	100	53.9	27.9	22.9	5.0	18.2	2.2	2.2	3.0	
抚州地区	100	57.0	22.6	20.2	2.4	20.4	3.4	1.2	3.8	
#临川市	100	63.1	18.5	13.0	5.5	18.4	6.4	3.2	1.7	

注：本表按当年价格计算。

主要年份社会总产值和构成

（按当年价格计算）

年　份	社会总产值	农　业	工　业	建筑业	运输邮电业	商　业
一、绝对数（亿元）						
1949	14.80	9.88	2.64		0.41	1.87
1952	27.08	15.35	6.97	0.52	0.69	3.55
1957	39.58	19.06	11.70	2.06	1.96	4.80
1965	70.88	31.96	24.10	7.01	2.61	5.20
1975	126.93	45.32	54.66	12.53	3.51	10.91
1978	161.43	49.29	73.57	22.32	5.63	10.62
1980	206.93	68.15	94.01	25.18	7.08	12.51
1985	363.03	114.50	181.10	36.62	12.41	18.40
1986	415.07	124.79	213.75	41.37	14.13	21.03
1987	490.51	144.35	258.95	46.27	16.14	24.80
1988	634.56	174.18	345.33	59.44	20.23	35.38
1989	735.22	197.93	406.16	60.81	24.79	45.53
1990	808.91	255.24	425.75	59.50	27.79	40.63
二、构成（%）						
1949	100	66.8	17.8		2.8	12.6
1952	100	56.7	25.7	1.9	2.6	13.1
1957	100	48.2	29.6	5.2	4.9	12.1
1965	100	45.1	34.0	9.9	3.7	7.3
1975	100	35.7	43.0	9.9	2.8	8.6
1978	100	30.5	45.6	13.8	3.5	6.6
1980	100	32.9	45.4	12.2	3.4	6.1
1985	100	31.5	49.9	10.1	3.4	5.1
1986	100	30.1	51.5	10.0	3.4	5.0
1987	100	29.4	52.8	9.4	3.3	5.1
1988	100	27.4	54.4	9.4	3.2	5.6
1989	100	26.9	55.2	8.3	3.4	6.2
1990	100	31.6	52.6	7.4	3.4	5.0

历年社会总产值指数

（按可比价格计算）

年份	以1952年为100						以上年为100					
	社会总产值	农业	工业	建筑业	运输邮电业	商业	社会总产值	农业	工业	建筑业	运输邮电业	商业
1949	58.5	65.3	36.7		60.3	52.9						
1950	73.2	77.3	58.5	29.6	84.9	72.9	125.1	118.3	159.2		140.8	137.8
1951	80.9	79.8	77.5	57.4	84.9	98.6	110.5	103.2	132.5	193.9	100.0	135.3
1952	100	100	100	100	100	100	123.6	125.4	129.0	174.2	117.8	101.4
1953	103.9	98.5	117.3	183.1	163.9	96.8	103.9	98.5	117.3	183.1	163.9	96.8
1954	109.7	98.0	130.5	269.2	212.4	111.0	105.6	99.5	111.3	147.0	129.6	114.7
1955	118.4	103.6	145.0	291.3	194.1	131.4	107.9	105.8	111.2	108.2	91.4	118.4
1956	129.1	109.3	186.1	298.8	240.5	116.9	109.0	105.5	128.3	102.6	123.9	89.0
1957	144.5	118.3	214.8	453.8	331.2	123.4	111.9	108.3	115.4	151.9	137.7	105.6
1958	183.5	116.3	342.9	1 262.5	564.4	167.0	127.0	98.3	159.6	278.2	170.4	135.3
1959	205.2	111.2	442.3	1 382.4	880.5	192.7	111.8	95.6	129.0	109.5	156.0	115.4
1960	217.3	106.6	503.2	1 620.2	1 053.1	178.8	105.9	95.8	113.8	117.2	119.6	92.8
1961	167.5	110.7	327.3	1 035.2	510.8	123.6	77.1	103.9	65.0	63.9	48.5	69.1
1962	153.6	111.7	278.1	630.5	393.3	116.7	91.7	100.9	85.0	60.9	77.0	94.4
1963	159.6	118.2	286.9	709.9	401.6	118.7	103.9	105.8	103.1	112.6	102.1	101.7
1964	174.9	125.7	341.0	753.2	413.2	134.6	109.6	106.3	118.9	106.1	102.9	113.4
1965	215.7	141.1	422.9	1 225.2	436.8	130.3	123.3	112.3	124.0	162.7	105.7	96.8
1966	230.6	149.0	492.8	1 664.0	435.1	138.0	106.9	105.6	116.5	135.8	99.6	105.9
1967	216.8	145.7	421.4	1 713.9	357.7	144.1	94.0	97.8	85.5	103.0	82.2	104.4
1968	233.9	153.5	478.9	1 703.6	571.2	136.6	107.9	105.4	113.6	99.4	159.7	94.8
1969	275.3	158.4	620.2	2 238.5	473.0	243.8	117.7	103.1	129.5	131.4	82.8	178.5
1970	317.4	168.6	817.7	2 825.0	504.7	290.4	115.3	106.5	131.8	126.2	106.7	119.1
1971	359.6	167.8	992.9	3 384.0	547.6	260.1	113.3	99.5	121.4	119.8	108.5	89.6
1972	357.4	170.5	1 004.6	3 194.9	580.5	252.0	99.4	101.6	101.2	94.4	106.0	96.9
1973	354.9	160.5	1 094.1	2 722.1	578.8	221.5	99.3	94.1	108.9	85.2	99.7	87.9
1974	338.2	166.4	924.9	2 662.2	545.8	271.3	95.3	103.7	84.5	97.8	94.3	122.5
1975	373.0	173.5	1 065.7	2 736.7	610.2	315.0	110.3	104.2	115.2	102.8	111.8	116.1
1976	356.2	168.6	944.0	2 813.3	544.9	394.4	95.5	97.2	88.6	102.8	89.3	125.2
1977	410.0	177.5	1 255.2	3 561.6	708.9	334.8	115.1	105.3	133.0	126.6	130.1	84.9
1978	468.2	182.5	1 446.4	4 658.6	980.4	275.2	114.2	102.8	115.2	130.8	138.3	82.2
1979	529.1	209.6	1 604.3	4 956.8	1 093.1	346.5	113.0	114.8	110.9	106.4	111.5	125.9
1980	555.0	203.0	1 780.0	5 393.0	1 234.1	375.3	104.9	96.9	111.0	108.8	112.9	108.3
1981	571.7	211.0	1 888.1	4 709.2	1 321.3	383.2	103.0	103.9	106.1	87.3	107.1	102.1
1982	611.6	232.6	2 005.3	4 831.8	1 418.9	419.6	107.0	110.2	106.2	102.6	107.4	109.5
1983	656.2	236.2	2 200.8	5 608.0	1 553.1	417.1	107.3	101.5	109.7	116.1	109.5	99.4
1984	738.6	261.6	2 531.5	6 037.6	1 816.3	443.5	112.6	110.8	115.0	108.6	116.9	106.3
1985	873.6	280.4	3 231.8	7 010.0	1 924.4	514.4	118.3	107.2	127.7	115.2	106.0	116.0
1986	964.0	287.8	3 715.7	7 680.9	2 126.6	571.6	110.3	102.6	115.0	109.6	110.5	111.1
1987	1 073.4	313.2	4 253.5	7 846.8	2 302.7	640.1	111.3	108.8	114.5	102.2	108.3	111.8
1988	1 230.5	321.8	5 108.2	8 601.6	2 651.3	814.4	114.6	102.7	120.1	109.6	115.1	127.2
1989	1 324.0	339.2	5 604.1	8 326.3	2 821.0	916.2	107.6	105.4	109.7	96.8	106.4	112.5
1990	1 384.9	361.3	5 961.0	8 093.2	2 984.6	806.3	104.6	106.5	106.4	97.2	105.8	88.0

各地区社会总产值和构成

（1990年）

地区	社会总产值	农业	工业	建筑业	运输邮电业	商业
一、绝对数（万元）						
全省	**8 089 100**	**2 552 400**	**4 257 500**	**595 000**	**277 900**	**406 300**
南昌市	1 408 112	236 518	934 964	75 198	49 584	111 848
景德镇市	370 972	64 232	246 115	23 830	12 390	24 405
萍乡市	320 864	48 789	211 671	27 073	14 731	18 600
九江市	940 491	255 474	554 476	62 336	17 958	50 247
新余市	412 993	75 893	292 375	20 925	11 987	11 813
鹰潭市	279 033	53 194	183 789	24 044	7 000	11 006
赣州地区	997 260	419 154	421 107	71 767	29 837	55 395
#赣州市	162 213	12 725	119 385	10 572	5 631	13 900
宜春地区	1 171 526	468 874	517 754	80 438	38 494	65 966
#樟树市	152 221	56 348	73 105	10 746	6 039	5 983
上饶地区	844 493	364 597	334 513	71 296	29 055	45 032
吉安地区	726 097	310 839	277 414	79 881	18 699	39 264
抚州地区	623 529	293 422	247 667	35 738	19 206	27 496
#临川市	134 372	72 284	37 413	11 344	6 810	6 521
二、构成（%）						
全省	**100**	**31.6**	**52.6**	**7.4**	**3.4**	**5.0**
南昌市	100	16.8	66.4	5.3	3.5	8.0
景德镇市	100	17.3	66.3	6.4	3.3	6.7
萍乡市	100	15.2	66.0	8.4	4.6	5.8
九江市	100	27.2	59.0	6.6	1.9	5.3
新余市	100	18.4	70.8	5.1	2.9	2.8
鹰潭市	100	19.1	65.9	8.6	2.5	3.9
赣州地区	100	42.0	42.2	7.2	3.0	5.6
#赣州市	100	7.8	73.6	6.5	3.5	8.6
宜春地区	100	40.0	44.2	6.9	3.3	5.6
#樟树市	100	37.0	48.0	7.1	4.0	3.9
上饶地区	100	43.1	39.6	8.4	3.4	5.5
吉安地区	100	42.8	38.2	11.0	2.6	5.4
抚州地区	100	47.1	39.7	5.7	3.1	4.4
#临川市	100	53.8	27.8	8.4	5.1	4.9

注：本表按当年价格计算。

主要年份国民收入和构成

（按当年价格计算）

年份	国民收入	农业	工业	建筑业	运输邮电业	商业	人均国民收入（元／人）
一、绝对数（亿元）							
1949	8.30	6.18	0.85		0.24	1.03	63
1952	17.10	12.26	2.30	0.16	0.40	1.98	104
1957	24.80	15.30	4.47	0.64	1.12	3.27	136
1965	38.19	23.92	7.72	2.47	1.46	2.62	175
1970	52.09	29.73	12.08	5.05	1.48	3.75	205
1975	61.10	33.07	15.58	4.25	1.86	6.34	209
1978	76.60	34.36	22.77	9.80	2.78	6.89	243
1980	98.95	47.93	30.33	8.80	4.01	7.88	305
1985	173.00	82.32	58.34	12.53	7.32	14.49	503
1986	189.34	89.45	66.62	12.39	7.82	13.06	543
1987	218.94	103.38	77.62	13.53	9.13	15.28	619
1988	270.75	118.99	101.15	17.03	11.37	22.21	753
1989	308.65	133.21	115.14	17.78	14.14	28.38	842
1990	354.03	175.68	120.39	17.26	15.80	24.90	943
二、构成（%）							
1949	100	74.5	10.2		2.9	12.4	
1952	100	71.7	13.5	0.9	2.3	11.6	
1957	100	61.7	18.0	2.6	4.5	13.2	
1965	100	62.6	20.2	6.5	3.8	6.9	
1970	100	57.1	23.2	9.7	2.8	7.2	
1975	100	54.1	25.5	7.0	3.0	10.4	
1978	100	44.9	29.7	12.8	3.6	9.0	
1980	100	48.4	30.7	8.9	4.0	8.0	
1985	100	47.6	33.7	7.3	4.2	7.2	
1986	100	47.2	35.2	6.6	4.1	6.9	
1987	100	47.2	35.5	6.2	4.2	6.9	
1988	100	43.9	37.4	6.3	4.2	8.2	
1989	100	43.2	37.3	5.8	4.5	9.2	
1990	100	49.6	34.0	4.9	4.5	7.0	

历 年 国 民 收 入 指 数

（按可比价格计算）

年份	以1952年为100						以上年为100					
	国民收入	农业	工业	建筑业	运输邮电业	商业	国民收入	农业	工业	建筑业	运输邮电业	商业
1949	49.3	51.0	28.6		60.0	52.3						
1950	75.9	77.5	58.9	25.0	87.5	76.1	154.0	152.0	205.9		145.8	145.5
1951	80.8	80.3	77.4	56.3	85.0	89.3	106.5	103.6	131.4	225.2	97.1	117.3
1952	100	100	100	100	100	100	123.8	124.5	129.2	177.6	117.6	112.0
1953	102.6	98.9	117.3	187.5	162.5	105.6	102.6	98.9	117.3	187.5	162.5	105.6
1954	105.4	98.0	131.0	275.1	212.6	116.7	102.7	99.1	111.7	146.7	130.8	110.5
1955	111.4	103.5	145.3	262.5	187.6	128.8	105.7	105.6	110.9	95.4	88.2	110.4
1956	111.8	97.4	181.0	387.5	220.0	145.1	100.4	94.1	124.6	147.6	117.3	112.7
1957	138.2	120.2	247.1	456.1	285.1	161.3	123.6	123.4	136.5	117.8	129.6	111.2
1958	151.4	123.2	260.7	1 228.7	502.7	178.6	109.6	102.5	105.5	269.4	176.3	110.7
1959	156.0	115.4	313.7	1 398.3	685.1	213.0	103.0	93.7	120.3	113.8	136.3	119.3
1960	161.8	115.4	348.2	2 023.3	822.9	226.7	103.7	100.0	111.0	144.7	120.1	106.4
1961	139.9	110.2	325.0	1 059.4	422.7	143.2	86.5	95.5	93.3	52.4	51.4	63.2
1962	130.0	109.3	267.9	765.1	320.2	127.5	92.9	99.2	82.4	72.2	75.8	89.0
1963	134.6	115.2	276.2	890.6	325.3	108.3	103.5	105.4	103.1	116.4	101.6	84.9
1964	144.4	120.9	318.5	971.6	335.4	124.4	107.3	104.9	115.3	109.1	103.1	114.9
1965	167.5	131.2	437.5	1 891.8	365.5	123.9	116.0	108.5	137.4	194.7	109.0	99.6
1966	178.2	136.4	472.0	1 957.9	348.0	179.4	106.4	104.0	107.9	103.5	95.2	144.8
1967	169.4	132.5	401.2	1 965.8	287.8	186.4	95.1	97.1	85.0	100.4	82.7	103.9
1968	176.4	138.5	449.4	1 877.3	325.2	167.6	104.1	104.5	112.0	95.5	113.0	89.9
1969	200.5	141.3	563.1	2 804.8	345.4	260.7	113.7	102.0	125.3	149.4	106.2	155.5
1970	216.8	148.1	697.6	3 629.4	375.4	203.1	108.1	104.8	123.9	129.4	108.7	77.9
1971	234.9	147.5	832.1	3 371.7	425.4	320.5	108.3	99.6	119.3	92.9	113.3	157.8
1972	247.2	153.9	885.1	3 944.9	447.9	310.9	105.2	104.3	106.4	117.0	105.3	97.0
1973	245.5	149.2	960.1	3 869.9	440.3	274.2	99.3	96.9	108.5	98.1	98.3	88.2
1974	236.1	155.1	817.9	2 832.8	415.2	312.0	96.2	104.0	85.2	73.2	94.3	113.8
1975	259.5	167.5	875.0	3 067.9	465.4	395.9	109.9	108.0	107.0	108.3	112.1	126.9
1976	240.1	156.2	755.4	3 319.5	437.9	364.3	92.5	93.3	86.3	108.2	94.1	92.0
1977	270.5	165.8	1 035.7	4 527.7	565.4	269.9	112.7	106.1	137.1	136.4	129.1	74.1
1978	321.7	173.5	1 298.8	7 099.5	695.5	367.9	118.9	104.6	125.4	156.8	123.0	136.3
1979	362.5	195.6	1 503.6	7 497.1	833.2	465.4	112.7	112.7	115.8	105.6	119.8	126.5
1980	367.6	192.6	1 757.7	6 477.8	1 003.4	403.4	101.4	98.5	116.9	86.4	120.4	86.7
1981	385.6	214.2	1 819.0	5 567.4	1 081.0	414.7	104.9	111.2	103.5	85.9	107.7	102.8
1982	415.4	238.5	1 899.4	5 687.8	1 166.1	416.8	107.7	111.3	104.4	102.2	107.9	100.5
1983	440.9	233.8	1 995.2	6 673.4	1 308.7	450.0	106.1	98.0	105.0	117.3	112.2	108.0
1984	491.6	254.0	2 523.2	7 824.5	1 583.9	510.5	111.5	108.6	126.5	117.2	121.0	113.4
1985	562.9	271.3	3 261.9	8 388.8	1 631.5	595.7	114.5	106.8	129.3	107.2	103.0	116.7
1986	597.9	277.6	3 589.9	9 186.3	1 741.6	663.4	106.2	102.3	110.1	109.5	106.7	111.4
1987	655.1	300.8	4 012.4	9 351.7	1 954.2	742.9	109.6	108.3	111.8	101.8	112.2	112.0
1988	726.0	308.8	4 739.8	9 885.9	2 327.0	897.6	110.8	102.7	118.1	105.7	119.1	120.8
1989	775.4	325.2	5 156.9	9 767.3	2 513.2	987.4	106.8	105.3	108.8	98.8	108.0	110.0
1990	806.4	346.3	5 456.0	9 386.4	2 653.9	869.9	104.0	106.5	105.8	96.1	105.6	88.1

各地区国民收入和构成

（1990年）

地区	国民收入	农业	工业	建筑业	运输邮电业	商业饮食业	人均国民收入（元/人）
一、绝对数（万元）							
全省	**3 540 300**	**1 756 800**	**1 203 900**	**172 600**	**158 000**	**249 000**	**943**
南昌市	519 592	158 321	249 064	23 064	24 325	64 818	1 412
景德镇市	161 641	44 781	83 149	10 010	7 671	16 030	1 238
萍乡市	114 920	33 974	54 839	9 021	7 755	9 331	829
九江市	354 767	176 183	121 502	18 159	9 365	29 558	883
新余市	122 136	48 140	52 673	6 371	6 893	8 059	1 010
鹰潭市	86 652	37 423	30 902	6 763	4 476	7 088	909
赣州地区	519 696	309 442	146 381	24 128	14 920	24 825	737
#赣州市	59 660	9 744	32 930	3 540	2 573	10 873	1 566
宜春地区	534 187	317 062	142 511	21 142	16 070	37 402	1 165
#樟树市	66 456	39 073	18 639	3 248	2 943	2 553	1 353
上饶地区	389 125	227 721	105 043	14 683	14 445	27 233	667
吉安地区	365 931	221 415	94 400	22 562	8 072	19 482	840
抚州地区	296 906	193 415	71 333	7 839	9 650	14 669	917
#临川市	68 765	45 276	10 476	4 175	4 665	4 173	1 033
二、构成（%）							
全省	**100**	**49.6**	**34.0**	**4.9**	**4.5**	**7.0**	
南昌市	100	30.5	47.9	4.4	4.7	12.5	
景德镇市	100	27.7	51.4	6.2	4.7	10.0	
萍乡市	100	29.6	47.7	7.8	6.7	8.2	
九江市	100	49.7	34.2	5.1	2.6	8.4	
新余市	100	39.4	43.1	5.2	5.6	6.7	
鹰潭市	100	43.2	35.7	7.8	5.2	8.1	
赣州地区	100	59.5	28.2	4.6	2.9	4.8	
#赣州市	100	16.3	55.2	5.9	4.3	18.3	
宜春地区	100	59.3	26.7	4.0	3.0	7.0	
#樟树市	100	58.8	28.0	4.9	4.4	3.9	
上饶地区	100	58.5	27.0	3.8	3.7	7.0	
吉安地区	100	60.5	25.8	6.2	2.2	5.3	
抚州地区	100	65.1	24.0	2.6	3.3	5.0	
#临川市	100	65.8	15.2	6.1	6.8	6.1	

注：本表按当年价格计算。

主要年份国民收入中消费和积累比例

（按当年价格计算）

年份	国民收入使用额（亿元）	消费额（亿元）	积累额（亿元）	消费率（%）	积累率（%）
1949	8.30	7.94	0.36	95.7	4.3
1952	16.32	12.91	3.41	79.1	20.9
1957	23.51	18.45	5.06	78.5	21.5
1965	37.65	30.03	7.62	79.8	20.2
1970	54.03	36.38	17.65	67.3	32.7
1975	62.48	50.21	12.27	80.4	19.6
1978	86.14	62.32	23.82	72.3	27.7
1980	100.83	75.64	25.19	75.0	25.0
1985	190.55	139.64	50.91	73.3	26.7
1986	206.46	151.86	54.60	73.6	26.4
1987	224.88	167.73	57.15	74.6	25.4
1988	278.22	198.07	80.15	71.2	28.8
1989	323.92	227.16	96.76	70.1	29.9
1990	362.18	270.01	92.17	74.6	25.4

主要年份国民收入消费额和构成

（按当年价格计算）

年份	消费额（亿元）	居民消费（亿元）	农业居民消费	非农业居民消费	社会消费（亿元）	以消费额为100：居民消费	以消费额为100：社会消费	以居民消费额为100：农业居民消费	以居民消费额为100：非农业居民消费
1949	7.94	7.83	6.14	1.69	0.11	98.6	1.4	78.4	21.6
1952	12.91	12.67	9.78	2.89	0.24	98.1	1.9	77.2	22.8
1957	18.45	17.68	13.46	4.22	0.77	95.8	4.2	76.1	23.9
1965	30.03	27.01	19.30	7.71	3.02	89.9	10.1	71.5	28.5
1970	36.38	31.78	22.38	9.40	4.60	87.4	12.6	70.4	29.6
1975	50.21	45.13	32.83	12.30	5.08	89.9	10.1	72.7	27.3
1978	62.32	56.88	42.22	14.66	5.44	91.3	8.7	74.2	25.8
1980	75.64	68.45	49.22	19.23	7.19	90.5	9.5	71.9	28.1
1985	139.64	125.92	90.49	35.43	13.72	90.2	9.8	71.9	28.1
1986	151.86	135.40	94.96	40.44	16.46	89.2	10.8	70.1	29.9
1987	167.73	150.05	103.05	47.00	17.68	89.5	10.5	68.7	31.3
1988	198.07	179.56	119.15	60.41	18.51	90.7	9.3	66.4	33.6
1989	227.16	207.03	136.71	70.32	20.13	91.1	8.9	66.0	34.0
1990	270.01	244.72	169.17	75.55	25.29	90.6	9.4	69.1	30.9

主要年份国民收入积累额和构成

（按当年价格计算）

年份	积累额	按用途分		按性能分	
		生产性积累	非生产性积累	固定资产积累	流动资产积累
一、绝对数（亿元）					
1952	3.41	2.21	1.20	2.03	1.38
1957	5.06	4.40	0.66	3.59	1.47
1965	7.62	6.25	1.37	5.78	1.84
1970	17.65	17.22	0.43	13.20	4.45
1975	12.27	10.33	1.94	8.56	3.71
1978	23.82	15.42	8.40	18.81	5.01
1980	25.19	12.96	12.23	20.13	5.06
1985	50.91	31.13	19.78	34.18	16.73
1986	54.60	35.48	19.12	44.05	10.55
1987	57.15	34.63	22.52	40.03	17.12
1988	80.15	45.72	34.43	34.32	45.83
1989	96.76	60.86	35.90	44.92	51.84
1990	92.17	56.97	35.20	45.07	47.10
二、构成（%）					
1952	100	64.8	35.2	59.5	40.5
1957	100	86.9	13.1	70.9	29.1
1965	100	82.0	18.0	75.9	24.1
1970	100	97.6	2.4	74.8	25.2
1975	100	84.2	15.8	69.8	30.2
1978	100	64.7	35.3	79.0	21.0
1980	100	51.4	48.6	79.9	20.1
1985	100	61.1	38.9	67.1	32.9
1986	100	65.0	35.0	80.7	19.3
1987	100	60.6	39.4	70.0	30.0
1988	100	57.0	43.0	42.8	57.2
1989	100	62.9	37.1	46.4	53.6
1990	100	61.8	38.2	48.9	51.1

各地区国民收入使用额

（1990年）

单位：万元

地区	国民收入使用额	消费额	居民消费	农业居民消费	非农业居民消费	社会消费
全省	**3 621 800**	**2 700 100**	**2 447 200**	**1 691 700**	**755 500**	**252 900**
南昌市	496 492	362 040	294 087	153 236	140 851	67 953
景德镇市	131 389	105 350	96 933	50 079	46 854	8 417
萍乡市	141 313	106 070	96 945	56 888	40 057	9 125
九江市	389 661	265 408	241 484	161 275	80 209	23 924
新余市	110 295	79 644	70 403	44 907	25 496	9 241
鹰潭市	81 463	50 229	47 366	29 257	18 109	2 863
赣州地区	555 819	469 233	438 076	347 537	90 539	31 157
#赣州市	55 787	40 416	33 539	10 570	22 969	6 877
宜春地区	537 647	357 973	336 519	245 447	91 072	21 454
#樟树市	65 533	42 186	37 776	28 571	9 205	4 410
上饶地区	424 088	347 098	324 831	241 302	83 529	22 267
吉安地区	394 271	285 610	271 984	213 806	58 178	13 626
抚州地区	348 717	240 362	229 651	173 687	55 964	10 711
#临川市	66 826	41 810	39 897	36 990	2 907	1 913

地区	积累额	按用途分		按性能分		积累率
		生产性积累	非生产性积累	固定资产积累	流动资产积累	(%)
全省	**921 700**	**569 700**	**352 000**	**450 700**	**471 000**	**25.4**
南昌市	134 452	77 792	56 660	49 048	85 404	27.1
景德镇市	26 039	14 953	11 086	13 295	12 744	19.8
萍乡市	35 243	21 823	13 420	15 771	19 472	24.9
九江市	124 253	85 372	38 881	45 582	78 671	31.9
新余市	30 651	21 686	8 965	13 140	17 511	27.8
鹰潭市	31 234	21 423	9 811	4 792	26 442	35.2
赣州地区	86 586	57 620	28 966	42 167	44 419	15.6
#赣州市	15 371	10 450	4 921	6 355	9 016	27.6
宜春地区	179 674	96 198	83 476	54 869	124 805	33.4
#樟树市	23 347	16 501	6 846	9 614	13 733	35.6
上饶地区	76 990	55 815	21 175	25 141	51 849	18.2
吉安地区	108 661	75 780	32 881	32 575	76 086	27.6
抚州地区	108 355	34 029	74 326	18 079	90 276	31.1
#临川市	25 016	20 880	4 136	3 617	21 399	37.4

注：本表按当年价格计算。

主要年份各部门物质消耗占总产值的比重

（以总产值为 100）　　　　　　　　　　单位：%

年份	物质生产部门	农业	工业	建筑业	运输邮电业	商业
1949	43.9	37.4	67.8		41.5	44.9
1952	36.9	20.1	67.0	69.2	42.0	44.2
1957	37.3	19.7	61.8	68.9	42.9	31.9
1965	46.1	25.2	68.0	64.8	44.1	49.6
1970	52.1	32.5	71.0	60.6	49.0	48.3
1975	51.9	27.0	71.5	66.1	47.0	41.9
1978	52.5	30.3	69.2	56.1	50.6	35.1
1980	52.2	29.6	67.7	65.1	43.4	37.0
1985	52.3	28.1	67.8	65.8	41.0	32.1
1986	54.4	28.3	68.8	70.1	44.7	37.9
1987	55.4	28.4	70.0	70.8	43.4	38.4
1988	57.3	31.7	70.7	71.3	43.8	37.2
1989	58.0	32.7	71.7	70.8	43.0	37.7
1990	56.2	31.2	71.7	71.0	43.1	38.7

社会产品最终使用构成和使用率

（1978—1990年）

年份	以社会总产值为100					社会产品最终使用率（%）
	补偿消耗掉的生产资料	为扩大再生产追加的固定资产和流动资产	为增加消费追加的固定资产和商品库存	社会集体消费	居民个人消费	
1978	52.5	9.6	5.2	3.4	35.2	43.8
1979	51.2	8.7	5.5	3.1	34.1	42.7
1980	52.2	6.3	5.9	3.5	33.1	42.5
1981	50.7	4.1	5.9	3.9	34.9	44.7
1982	50.1	5.6	6.3	3.7	37.8	47.8
1983	50.8	5.9	6.3	3.6	37.4	47.3
1984	51.3	8.7	4.0	3.5	36.3	43.8
1985	52.3	8.6	5.4	3.8	34.7	43.9
1986	54.4	8.5	4.6	4.0	32.6	41.2
1987	55.4	7.1	4.6	3.6	30.6	38.8
1988	57.3	7.2	5.4	2.9	28.3	36.6
1989	58.0	8.3	4.9	2.7	28.2	35.8
1990	56.2	7.0	4.4	3.1	30.3	37.8

每百元积累增加的国民收入

（1978—1990年）

年份	积累总额（亿元）	#生产性积累	新增国民收入（亿元）	每百元积累增加的国民收入（元）	#生产性积累增加
1978	23.82	15.42	9.73	40.8	63.1
1979	27.14	16.56	16.41	60.5	99.1
1980	25.19	12.96	5.94	23.6	45.8
1981	21.77	8.93	8.24	37.9	92.3
1982	27.72	13.04	9.63	34.7	73.8
1983	30.78	14.90	8.15	26.5	54.7
1984	36.88	25.22	16.67	45.2	66.1
1985	50.91	31.13	31.36	61.6	100.7
1986	54.60	35.48	16.34	29.9	46.1
1987	57.15	34.63	29.60	51.8	85.5
1988	80.15	45.72	51.81	64.6	113.3
1989	96.76	60.86	37.90	39.2	62.3
1990	92.17	56.97	45.38	49.2	79.7

每亿元国民收入使用额相应的工农业总产值、新增国民收入使用额

（1978—1990年）

单位：亿元

年份	每亿元消费总额相应的农业、轻工业总产值	每亿元积累总额相应的重工业总产值	新增国民收入使用额	用于消费	用于积累	占新增国民收入使用额的比重（%）用于消费	用于积累
1978	1.32	1.71	15.75	9.17	6.58	58.2	41.8
1979	1.46	1.70	11.84	8.52	3.32	72.0	28.0
1980	1.51	1.91	2.85	4.80	−1.95	168.4	−68.4
1981	1.51	2.18	5.18	8.60	−3.42	166.0	−66.0
1982	1.41	1.90	18.85	12.90	5.95	68.4	31.6
1983	1.36	1.99	10.11	7.05	3.06	69.7	30.3
1984	1.38	2.02	17.97	11.87	6.10	66.1	33.9
1985	1.37	2.04	37.61	23.58	14.03	62.7	37.3
1986	1.43	2.22	15.91	12.22	3.69	76.8	23.2
1987	1.54	2.53	18.42	15.87	2.55	86.2	13.8
1988	1.66	2.38	53.34	30.34	23.00	56.9	43.1
1989	1.66	2.36	45.70	29.09	16.61	63.7	36.3
1990	1.65	2.56	38.26	42.85	−4.59	112.0	−12.0

主要年份工农业总产值和构成

年份	绝对数（亿元）			构成（%）	
	工农业总产值	农业总产值	工业总产值	农业总产值	工业总产值
一、按当年价格计算					
1949	12.52	9.88	2.64	78.9	21.1
1952	22.32	15.35	6.97	68.8	31.2
1957	30.76	19.06	11.70	62.0	38.0
1962	40.65	23.70	16.95	58.3	41.7
1965	56.06	31.96	24.10	57.0	43.0
1970	85.66	44.04	41.62	51.4	48.6
1975	99.98	45.32	54.66	45.3	54.7
1978	122.86	49.29	73.57	40.1	59.9
1979	149.83	66.52	83.31	44.4	55.6
1980	162.16	68.15	94.01	42.0	58.0
1981	174.28	74.26	100.02	42.6	57.4
1982	190.06	83.15	106.91	43.7	56.3
1983	203.05	86.08	116.97	42.4	57.6
1984	234.87	98.35	136.52	41.9	58.1
1985	295.60	114.50	181.10	38.7	61.3
1986	338.54	124.79	213.75	36.9	63.1
1987	403.30	144.35	258.95	35.8	64.2
1988	519.51	174.18	345.33	33.5	66.5
1989	604.09	197.93	406.16	32.8	67.2
1990	680.99	255.24	425.75	37.5	62.5
二、按不变价格计算					
			（按1952年不变价格计算）		
1949	12.21	10.07	2.14	82.5	17.5
1952	21.24	15.42	5.82	72.6	27.4
1957	30.75	18.25	12.50	59.3	40.7
			（按1957年不变价格计算）		
1962	33.32	18.16	15.16	54.5	45.5
1965	45.99	22.95	23.04	49.9	50.1
1970	71.97	27.41	44.56	38.1	61.9
			（按1970年不变价格计算）		
1975	95.45	41.19	54.26	43.2	56.8
1978	116.98	43.35	73.63	37.1	62.9
1979	131.45	49.78	81.67	37.9	62.1
1980	138.84	48.22	90.62	34.7	65.3
1981	146.23	50.11	96.12	34.3	65.7
			（按1980年不变价格计算）		
1982	184.21	80.14	104.07	43.5	56.5
1983	195.59	81.37	114.22	41.6	58.4
1984	221.51	90.12	131.39	40.7	59.3
1985	264.34	96.61	167.73	36.5	63.5
1986	292.00	99.15	192.85	34.0	66.0
1987	328.68	107.92	220.76	32.8	67.2
1988	375.98	110.86	265.12	29.5	70.5
1989	407.71	116.85	290.86	28.7	71.3
1990	433.86	124.48	309.38	28.7	71.3
			（按1990年不变价格计算）		
1990	727.41	284.38	443.03	39.1	60.9

历年工农业总产值指数

(按可比价格计算)

年份	以1952年为100			以上年为100		
	工农业总产值	农业总产值	工业总产值	工农业总产值	农业总产值	工业总产值
1949	57.5	65.3	36.7			
1950	72.1	77.3	58.5	125.5	118.3	159.2
1951	79.1	79.8	77.5	109.7	103.2	132.5
1952	100	100	100	126.4	125.4	129.0
1953	103.6	98.5	117.3	103.6	98.5	117.3
1954	106.9	98.0	130.5	103.1	99.5	111.3
1955	115.0	103.6	145.0	107.6	105.8	111.2
1956	130.3	109.3	186.1	113.4	105.5	128.3
1957	144.8	118.3	214.8	111.1	108.3	115.4
1958	175.9	116.3	342.9	121.5	98.3	159.6
1959	197.3	111.2	442.3	112.2	95.6	129.0
1960	209.3	106.6	503.2	106.1	95.8	113.8
1961	167.7	110.7	327.3	80.1	103.9	65.0
1962	155.9	111.7	278.1	93.0	100.9	85.0
1963	163.1	118.2	286.9	104.6	105.8	103.1
1964	182.6	125.7	341.0	112.0	106.3	118.9
1965	215.2	141.1	422.9	117.9	112.3	124.0
1966	239.0	149.0	492.8	111.1	105.6	116.5
1967	218.3	145.7	421.4	91.3	97.8	85.5
1968	238.9	153.5	478.9	109.4	105.4	113.6
1969	278.6	158.4	620.2	116.6	103.1	129.5
1970	336.7	168.6	817.7	120.9	106.5	131.8
1971	380.7	167.8	992.9	113.1	99.5	121.4
1972	385.9	170.5	1 004.6	101.4	101.6	101.2
1973	395.1	160.5	1 094.1	102.4	94.1	108.9
1974	364.8	166.4	924.9	92.3	103.7	84.5
1975	402.0	173.5	1 065.7	110.2	104.2	115.2
1976	371.1	168.6	944.0	92.3	97.2	88.6
1977	446.7	177.5	1 255.2	120.4	105.3	133.0
1978	492.7	182.5	1 446.4	110.3	102.8	115.2
1979	553.7	209.6	1 604.3	112.4	114.8	110.9
1980	584.8	203.0	1 780.0	105.6	96.9	111.0
1981	615.9	211.0	1 888.1	105.3	103.9	106.1
1982	664.8	232.6	2 005.3	107.9	110.2	106.2
1983	705.8	236.2	2 200.8	106.2	101.5	109.7
1984	799.4	261.6	2 531.5	113.3	110.8	115.0
1985	953.9	280.4	3 231.8	119.3	107.2	127.7
1986	1 053.7	287.8	3 715.7	110.5	102.6	115.0
1987	1 186.1	313.2	4 253.5	112.6	108.8	114.5
1988	1 356.8	321.8	5 108.2	114.4	102.7	120.1
1989	1 471.3	339.2	5 604.1	108.4	105.4	109.7
1990	1 565.7	361.3	5 961.0	106.4	106.5	106.4

各地区工农业总产值

（1990年）

单位：万元

地区	工农业总产值	农业总产值	工业总产值	#乡镇工业产值	#村及村以下办工业产值
一、按当年价格计算					
全省	6809921	2552437	4257484	1008415	675074
南昌市	1171743	236518	935225	160233	119206
景德镇市	311087	64232	246855	28756	19915
萍乡市	260450	48789	211661	85242	55118
九江市	811863	255474	556389	88364	58889
新余市	368268	75893	292375	48484	36540
鹰潭市	237088	53194	183894	10851	6667
赣州地区	840112	419154	420958	116403	81357
#赣州市	132389	12725	119664	6722	3763
宜春地区	985840	468874	516966	243685	148353
#樟树市	128984	56348	72636	24333	17551
上饶地区	689145	324548	364597	87056	62444
吉安地区	590144	312339	277805	65386	41243
抚州地区	544181	293422	250759	73955	45342
#临川市	180895	78113	102782	28032	16383
二、按1980年不变价格计算					
全省	4338644	1244842	3093802	886197	610450
南昌市	842070	107456	734614	156287	118305
景德镇市	219155	30112	189043	22734	16282
萍乡市	170692	24760	145932	70912	47400
九江市	513020	123800	389220	80701	54578
新余市	201848	33361	168487	41267	32141
鹰潭市	141111	25846	115265	9805	6026
赣州地区	489533	199812	289721	93165	66076
#赣州市	86678	5493	81185	6379	3357
宜春地区	630707	230192	400515	209514	134732
#樟树市	73953	25021	48932	19257	14238
上饶地区	435985	171333	264652	77996	56268
吉安地区	358975	153238	205737	56437	36416
抚州地区	335548	144932	190616	67379	42226
#临川市	120301	39811	80490	24739	15543
三、按1990年不变价格计算					
全省	7274089	2843797	4430292	1017576	680407
南昌市	1225878	245786	980092	160499	119413
景德镇市	325303	72174	253129	27702	18913
萍乡市	266116	57308	208808	86981	56845
九江市	816605	282727	533878	86651	57930
新余市	381849	78451	303398	51737	39257
鹰潭市	266986	61203	205783	11428	7297
赣州地区	919473	469797	449676	121007	84364
#赣州市	138994	12316	126678	7695	4069
宜春地区	1044793	508164	536629	238092	140707
#樟树市	131842	56963	74879	22568	15756
上饶地区	775448	383134	392314	88880	63884
吉安地区	644354	351904	292450	61241	37169
抚州地区	597732	333149	264583	74070	45340
#临川市	198001	87626	110375	27772	16174

横向经济联合主要指标

（1985—1990年）

指　　标	单位	1985年	1986年	1987年	1988年	1989年	1990年
一、全省各类协作项目合计	项	1 739	6 159	5 285	5 809	5 031	4 638
意协书	项	890	3 736	2 036	1 103	291	90
合同书	项	849	2 423	3 249	4 706	4 740	4 548
在合同项目中							
省际间	项	573	1 221	1 720	2 470	2 455	2 627
省内	项	276	1 202	1 529	2 236	2 285	1 921
在合同项目中							
经济联合	项	247	1 323	1 550	2 577	2 865	2 496
技术协作	项	602	1 100	1 699	2 129	1 875	2 052
在合同项目中							
已投产项目	项	728	1 195	1 816	3 337	3 789	3 804
二、合同项目可能引进资金	万元	12 765	24 863	37 339	78 853	73 627	56 282
省际间	万元	11 114	14 265	24 944	43 924	45 704	38 826
省内	万元	1 651	10 598	12 395	34 929	27 923	17 456
合同项目实际引进资金	万元	11 900	12 482	24 079	46 754	52 905	37 880
省际间	万元	11 217	8 598	15 402	26 201	37 209	27 669
省内	万元	683	3 884	8 677	20 553	15 696	10 211
三、合同项目预计新增效益							
产值	万元	74 520	109 223	190 282	430 989	367 013	280 134
税利	万元	11 950	18 968	35 620	92 443	67 246	45 302
创收	万美元			737	3 647	941	1 704
四、人才引进	人	3 209	1 960	3 890	12 667	11 384	9 466
五、与外省结友好对子	对	68	64	75	105	33	
六、物资协进协出总金额	万元	2 617	33 216	109 897	387 281	628 783	726 842
七、实际引进资金30万元以上项目							
项目个数	项				359	238	
实际引进资金	万元				32 959	36 947	
省际间	万元				19 397	26 558	
省内	万元				13 562	10 389	

主要统计指标解释

社会总产值 也称社会总产品，是反映一个国家（或地区）在一定时期内物质生产总成果的重要指标。它是以货币表现的农业、工业、建筑业、运输邮电业、商业（包括饮食业和物资供销业）五个物质生产部门的总产值之和。在社会生产活动中，农业、工业、建筑业直接生产物质产品，运输邮电业和商业担负着产品生产过程继续的职能，也创造和追加一部分价值。

社会总产值，在实物形态上可分为生产资料和消费资料两大部类。在价值形态上可分为：（1）生产过程中消耗掉的生产资料转移的价值；（2）劳动者新创造的价值，其中包括相当于劳动报酬的那部分必要产品的价值和为社会创造的剩余产品的价值。

国民收入 反映经济发展水平、经济效益和分配关系的重要指标。它是从事物质资料生产的劳动者在一定时期内新创造的价值，也就是从社会总产值中扣除生产过程中消耗掉的生产资料价值后的净产值，农业、工业、建筑业、运输邮电业和商业净产值之和就是国民收入。我国计算国民收入的方法有二：（1）生产法。用各物质生产部门的总产值减去生产中的物质消耗价值（如用于生产的原材料、种籽、肥料、燃料、动力等的消耗，生产用固定资产折旧等）后的净产值相加。（2）分配法。从国民收入初次分配的角度出发，等于生产部门中劳动者的劳动报酬加利润、税金、利息等的总和。

物质消耗 物质生产部门在生产过程中消耗掉的生产资料价值。各部门的物质消耗大体包括三个部分：第一，产品生产过程中实际消耗的原料、材料、燃料、电力、种籽、饲料等；第二，生产过程中支付的外雇运输费、邮电费，以及委托其他生产企业进行的半成品加工费和修理费等；第三，生产性固定资产折旧。物质消耗的价值占总产值的比重称为物耗率。物耗是反映效益的一个重要指标。

国民生产总值 一个国家（或地区）在一定时期内所生产的最终产品和提供的劳务总量的货币表现。从生产角度来说，它是国民经济各部门的增加值之和；从分配角度来说，是这些部门的劳动者个人收入、税金、利润、利息和固定资产折旧等项目之和；从使用的角度来说，它是最终使用于消费、固定资产投资、增加库存及净出口的产品和劳务。

国民生产总值同社会总产值、国民收入的区别，从核算范围看，社会总产值和国民收入都是只计算物质生产部门的劳动成果，而国民生产总值除计算五大物质生产部门的劳动成果之外，还计算各种服务业、公用事业、文化教育卫生、科学研究以及金融保险等非物质生产部门的劳动成果。从这三个产值指标的价值构成来看，社会总产值计算了社会产品的全部价值，而国民生产总值则只计算在生产产品和提供劳务过程中增加的价值即增加值，不计算消耗的原料、燃料、动力等中间产品和支付其他部门的劳务费用等所谓中间投入的价值。国民收入除了不计算原材料、燃料、动力等中间产品之外，还要扣除固定资产折旧费，即只计算净产值。

国民收入使用额 国民收入生产额经过在全社会范围内进行分配和再分配，形成各物质生产部门非物质生产部门和居民个人的最终收入。最终收入一部分用于居民个人生活和社会公共需要，形成消费，即消费总额；另一部分用于扩大社会再生产、增加非生产部门的固定资产和各种储备，形成积累，即积累总额。消费总额和积累总额之和就是国民收入使用额。国民收入使用额与国民收入生产额的差别，主要是进出口差额（地区为流入、流出差额）影响。进口大于出口，国民收入使用额大于国民收入生产额，反之国民收入使用额小于国民收入生产额。此外，还受统计计算误差的影响。

消费 用于居民个人的生活消费和社会公共消费的那部分国民收入。其物质形态为一定时期内用于个人和社会消费的消费品总量以及非生产性固定资产（包括住宅）的磨损。

居民消费包括居民个人日常生活中消费的食品、衣着、鞋袜、家庭耐用消费品、日用杂品、文教卫生用品、水、电、燃料以及住房磨损等物质消费，还包括直接为居民服务的文化生活服务性企业

（如影剧院、理发馆、浴池、公共汽车公司等）的物质消费。

社会消费包括国家行政机关、国防单位、文教卫生科学研究事业单位、经济建设部门的事业单位人民团体等非生产性机构使用的燃料、电力、办公用品、图书和一般设备购置等物质消费和这些单位的房屋磨损。

积累 用于社会扩大再生产和非生产性建设以及增加社会生产性储备和非生产性储备的那部分国民收入。其物质形态为一定时期内物质生产部门和非物质生产部门新增加的固定资产（扣除固定资产磨损）和流动资产。积累按用途可分为生产性积累和非生产性积累；按性能可分为固定资产积累和流动资产积累。

生产性积累包括物质生产部门新增加的生产用固定资产（扣除固定资产磨损）以及各生产企业的原材料、燃料、半成品和属于生产资料的产品库存、商业库存、物资储备库存等流动资产的增加额。

非生产性积累包括新增加的各种非生产用固定资产和居民住宅（扣除磨损）以及生产消费品工业企业的产成品库存和商业部门消费品商品库存的增加额。

积累和消费在国民收入使用额中所占比重分别叫做积累率和消费率。

当年价格 指报告期的实际价格，如工厂的出厂价格，农产品的收购价格，商业的零售价格等。按当年价格计算，是指一些以货币表现的物量指标如社会总产值、工农业总产值、国民收入、国民生产总值等，按照当年的实际价格来计算总量。使用当年价格计算的数字，是为了使国民经济各项指标互相衔接，便于考察当年社会经济效益，便于对生产和流通、生产和分配、生产和消费进行经济核算和综合平衡。

按当年价格计算的价值指标，在不同年份之间进行对比时，因为包含有各年间价格变动因素，不能确切地反映实物量的增减变动。必须消除价格变动因素后，才能真实反映经济发展动态。因此，在计算增长速度时都使用按可比价格计算的数字。

可比价格 指在不同时期的价值指标对比时，扣除了价格变动的因素，以确切表示物量的变化。按可比价格计算有两种方法：一种是直接按产品产量乘其不变价格计算，一种是用物价指数换算。

不变价格 用某一时期的同类产品的平均价格作为固定价格，来计算各个时期的产品价值。新中国成立后，随着工农业产品价格水平的变化，国家统计局先后五次制定了全国统一的工业产品不变价格和农业产品不变价格。从1949年到1957年使用1952年工（农）业产品不变价格。从1957年到1971年使用1957年不变价格，从1971年到1981年使用1970年不变价格，从1981年开始使用1980年不变价格，从1990年开始使用1990年不变价格。

本《年鉴》所列“国民生产总值指数”、“社会总产值指数”、“工农业总产值指数”、“国民收入指数”等都是按可比价格计算的。如计算有关年份产值增长情况可用指数直接进行对比。

平均每年增长速度 在我国计算平均增长速度有两种方法，一种是习惯上经常使用的“水平法”又称几何平均法，是以间隔期最后一年的水平同基期水平对比来计算平均每年增长（或下降）速度。另一种是“累计法”，又称代数平均法或方程法，是以间隔期内各年水平的总和同基期水平对比来计算平均每年增长（或下降）速度。

在一般正常情况下，两种方法计算的平均每年增长速度比较接近，但在经济发展不平衡，出现大起大落时，两种方法计算的结果差别较大。

本《年鉴》内所列的平均每年增长速度，除固定资产投资用“累计法”计算外，都是用“水平法”计算的。从某年到某年平均增长速度的年份，均不包括基期年在内。如建国41年的平均增长速度是以1949年为基期计算的，则写为1950—1990年平均增长速度，余类推。

TONGJINIANJIAN

二、人口和计划生育

●1990年，全省年末总户数852.49万户，总人口3 810.64万人，人口密度每平方公里228人。

●全省总人口中，农业人口占81.4%，非农业人口占18.6%；市镇人口占41.6%，乡村人口占58.4%。

●1990年，人口出生率24.59‰，死亡率7.54‰，自然增长率17.05‰。

“七五”期间，总人口增加350万人，人口自然增长率上升6.15个千分点。

●1990年，全省计划生育率60.0%。

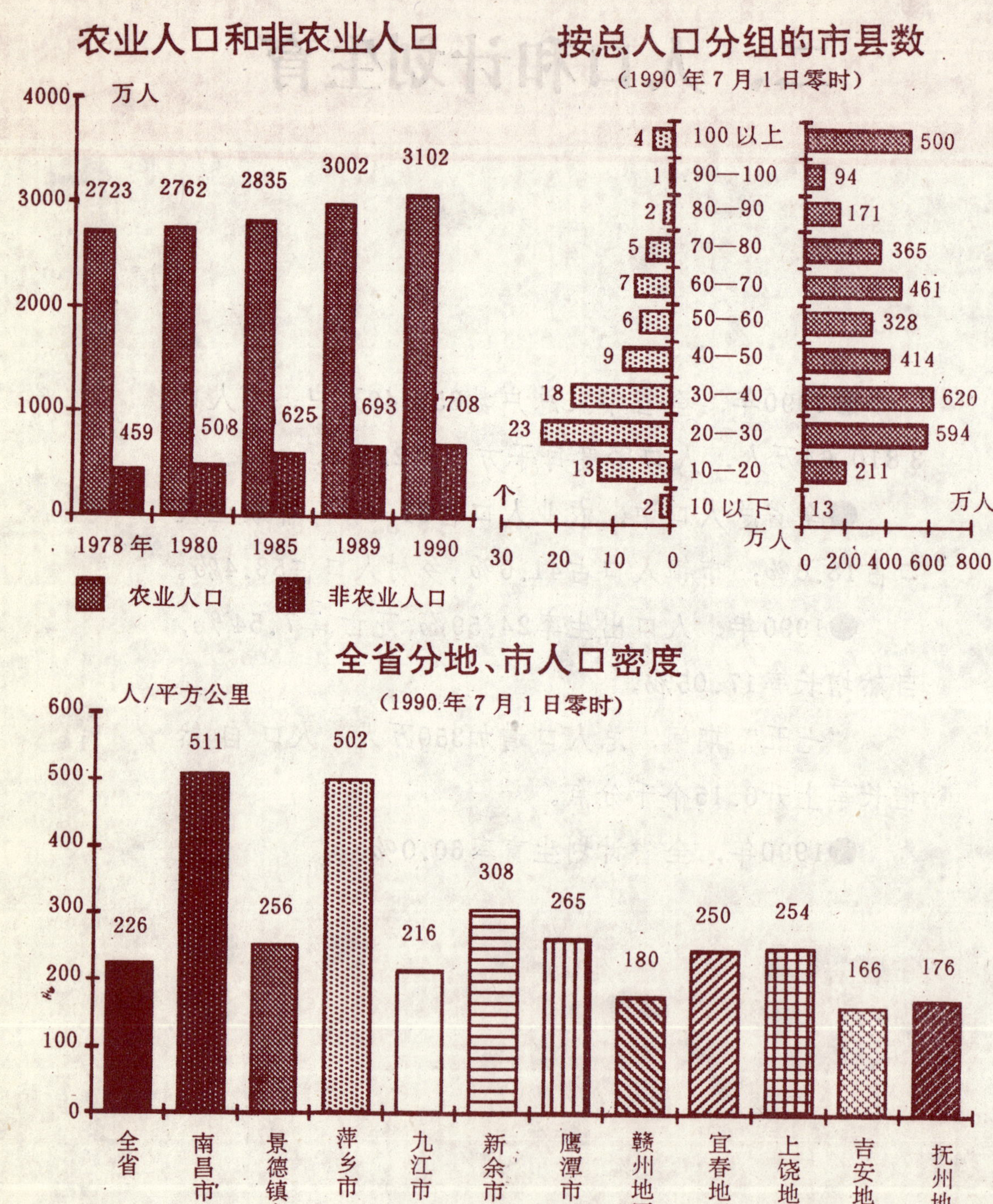
农业人口和非农业人口
万人
4000
3000
2000
1000
0
2723
459
2762
508
2835
625
3002
693
3102
708
1978年
1980
1985
1989
1990
农业人口
非农业人口
按总人口分组的市县数
(1990年7月1日零时)
4 100以上 500
1 90—100 94
2 80—90 171
5 70—80 365
7 60—70 461
6 50—60 328
9 40—50 414
18 30—40 620
23 20—30 594
13 10—20 211
2 10以下 13
个
万人
万人
30 20 10 0
0 200 400 600 800
全省分地、市人口密度
(1990年7月1日零时)
人/平方公里
600
500
400
300
200
100
0
226
511
256
502
216
308
265
180
250
254
166
176
全省
南昌市
景德镇市
萍乡市
九江市
新余市
鹰潭市
赣州地区
宜春地区
上饶地区
吉安地区
抚州地区

主要年份户数和人口数

指标	单位	1952年	1978年	1980年	1985年	1989年	1990年
年末总户数	万户	426.56	615.39	636.42	698.61	818.58	852.49
年末总人口	万人	1 655.69	3 182.82	3 270.20	3 460.24	3 695.15	3 810.64
#男	万人	851.23	1 642.78	1 686.68	1 789.89	1 911.73	1 969.88
女	万人	804.46	1 540.04	1 583.52	1 670.35	1 783.42	1 840.76
#非农业人口	万人	235.02	459.46	508.09	624.78	693.11	708.40
农业人口	万人	1 420.67	2 723.36	2 762.11	2 835.46	3 002.04	3 102.24
#市镇人口	万人	171.81	533.12	614.59	964.71	1 431.13	1 585.67
乡村人口	万人	1 483.88	2 649.70	2 655.60	2 495.53	2 264.02	2 224.97
年平均人口	万人	1 649.80	3 150.41	3 249.59	3 440.40	3 664.30	3 752.90
人口出生率	‰		27.01	18.57	16.71	23.04	24.59
人口死亡率	‰		7.39	6.38	5.81	6.26	7.54
人口自然增长率	‰		19.62	12.19	10.90	16.78	17.05
人口密度	人／平方公里	99	191	196	207	221	228

注：1990年年末总人口和出生率、死亡率、自然增长率为抽样调查资料，农业人口和乡村人口分别为年末总人口减去公安年报的非农业人口和市镇人口数而得。其他年份的数字均为公安年报数。

四次人口普查资料

指标	单位	第一次（1953年7月1日零时）	第二次（1964年7月1日零时）	第三次（1982年7月1日零时）	第四次（1990年7月1日零时）
一、总户数	户	4 450 149	4 855 540	6 533 049	8 398 607
二、总人口	人	16 772 865	21 068 019	33 185 471	37 710 281
#女性	人	8 196 061	10 193 178	16 071 218	18 216 296
按行政区划分					
市镇人口	人	1 740 543	3 654 493	6 452 917	15 285 881
乡村人口	人	15 032 322	17 413 526	26 732 554	22 424 400
按民族分					
汉族	人	16 769 216	21 058 559	33 163 337	37 609 926
少数民族	人	3 649	9 460	22 134	100 355

各地区户数和人口数

（1990年7月1日零时）

地区	户数（户）	人口数（人）	男	女	平均每户人口数（人）	人口密度（人／平方公里）
总计	**8 398 607**	**37 710 281**	**19 493 985**	**18 216 296**	**4.49**	**226**
南昌市	868 449	3 783 851	1 963 078	1 820 773	4.36	511
#市区	342 519	1 369 125	709 069	660 056	4.00	2 219
景德镇市	315 446	1 343 474	703 238	640 236	4.26	256
#市区	99 706	377 723	197 914	179 809	3.79	927
萍乡市	302 614	1 388 432	715 434	672 998	4.59	502
九江市	923 935	4 063 945	2 101 464	1 962 481	4.40	216
#市区	111 558	442 017	228 425	213 592	3.96	632
瑞昌市	83 605	375 176	195 193	179 983	4.49	264
新余市	234 563	973 249	510 440	462 809	4.15	308
#市区	165 037	677 462	355 825	321 637	4.10	382
鹰潭市	222 320	942 429	491 720	450 709	4.24	265
#市区	34 225	135 222	70 532	64 690	3.95	984
赣州地区	1 486 350	7 074 110	3 615 569	3 458 541	4.76	180
#赣州市	89 187	391 454	204 650	186 804	4.39	818
宜春地区	1 078 741	4 660 963	2 418 382	2 242 581	4.32	250
#宜春市	189 912	836 110	434 627	401 483	4.40	330
樟树市	115 048	489 178	250 805	238 373	4.25	380
丰城市	238 604	1 090 020	561 133	528 887	4.57	383
上饶地区	1 283 841	5 797 561	3 019 761	2 777 800	4.52	254
#上饶市	43 404	167 588	84 730	82 858	3.86	2 591
吉安地区	940 374	4 370 297	2 245 088	2 125 209	4.65	166
#吉安市	69 420	288 501	147 641	140 860	4.16	568
井冈山市	12 757	54 767	28 630	26 137	4.29	83
抚州地区	741 974	3 311 970	1 709 811	1 602 159	4.46	176
#临川市	200 320	872 621	452 232	420 389	4.36	411

注：从44页至52页为第四次人口普查资料。

各地区城乡人口数

(1990年7月1日零时)　　单位：人

地区	第一种口径			第二种口径		
	市人口	镇人口	县人口	市人口	镇人口	乡村人口
总　　计	**8 955 396**	**6 330 485**	**22 424 400**	**5 253 394**	**2 438 394**	**30 018 493**
南昌市	1 369 125	524 250	1 890 476	1 369 125	211 883	2 202 843
#市区	1 369 125	—	—	1 369 125	—	—
景德镇市	377 723	370 977	594 774	377 723	66 941	898 810
#市区	377 723	—	—	377 723	—	—
萍乡市	1 388 432	—	—	1 388 432	—	—
九江市	817 193	307 464	2 939 288	455 444	275 898	3 332 603
#市区	442 017	—	—	442 017	—	—
瑞昌市	375 176	—	—	13 427	54 375	307 374
新余市	677 462	173 865	121 922	677 462	53 357	242 430
#市区	677 462	—	—	677 462	—	—
鹰潭市	135 222	187 248	619 959	135 222	95 449	711 758
#市区	135 222	—	—	135 222	—	—
赣州地区	391 454	1 961 756	4 720 900	182 331	433 767	6 458 012
#赣州市	391 454	—	—	182 331	5 607	203 516
宜春地区	2 415 308	531 327	1 714 328	280 185	312 805	4 067 973
#宜春市	836 110	—	—	132 406	8 745	694 959
樟树市	489 178	—	—	76 669	16 244	396 265
丰城市	1 090 020	—	—	71 110	67 395	951 515
上饶地区	167 588	659 439	4 970 534	124 186	364 663	5 308 712
#上饶市	167 588	—	—	124 186	—	43 402
吉安地区	343 268	828 362	3 198 667	150 884	282 921	3 936 492
#吉安市	288 501	—	—	141 702	—	146 799
井冈山市	54 767	—	—	9 182	7 761	37 824
抚州地区	872 621	785 797	1 653 552	112 400	340 710	2 858 860
#临川市	872 621	—	—	112 400	34 807	725 414

注：1."第一种口径"：市人口是指市管辖区域内的全部人口（含市辖镇，不含市辖县）；镇人口是指县辖镇的全部人口（不含市辖镇）。

2."第二种口径"：市人口是指设区的市所辖的区人口和不设区的市所辖的街道人口；镇人口是指不设区的市所辖镇的居民委员会人口和县辖镇的居民委员会人口。

各地区人口自然变动情况

（1989年7月1日—1990年6月30日）

地区	平均人数	出生		死亡		自然增长	
		人数（人）	率（‰）	人数（人）	率（‰）	人数（人）	率（‰）
总计	**37 376 178**	**914 610**	**24.47**	**246 403**	**6.59**	**668 207**	**17.88**
南昌市	3 749 773	87 950	23.45	19 793	5.28	68 157	18.17
#市区	1 359 865	24 830	18.26	6 310	4.64	18 520	13.62
景德镇市	1 330 923	33 709	25.33	8 607	6.47	25 105	18.86
#市区	375 193	6 981	18.61	1 921	5.12	5 060	13.49
萍乡市	1 378 195	29 194	21.18	8 720	6.33	20 474	14.85
九江市	4 025 453	104 943	26.07	27 959	6.95	76 984	19.12
#市区	439 133	7 914	18.02	2 146	4.89	5 768	13.13
瑞昌市	372 015	8 958	24.08	2 635	7.08	6 323	17.00
新余市	966 600	18 779	19.43	5 482	5.67	13 297	13.76
#市区	673 091	12 599	18.72	3 856	5.73	8 743	12.99
鹰潭市	934 417	22 302	23.87	6 277	6.72	16 025	17.15
#市区	134 315	2 508	18.67	693	5.16	1 815	13.51
赣州地区	7 012 956	170 120	24.26	47 812	6.82	122 308	17.44
#赣州市	389 244	6 624	17.02	2 203	5.66	4 421	11.36
宜春地区	4 623 688	108 407	23.45	33 857	7.32	74 550	16.13
#宜春市	829 244	20 071	24.20	6 338	7.64	13 733	16.56
樟树市	485 265	11 148	22.97	3 321	6.84	7 827	16.13
丰城市	1 080 220	25 998	24.07	6 398	5.92	19 600	18.15
上饶地区	5 742 563	147 180	25.63	37 183	6.47	109 997	19.16
#上饶市	166 446	2 972	17.86	687	4.13	2 285	13.73
吉安地区	4 332 786	105 117	24.26	30 096	6.95	75 021	17.31
#吉安市	286 525	5 608	19.57	1 655	5.78	3 953	13.79
井冈山市	54 337	1 163	21.40	303	5.58	860	15.82
抚州地区	3 278 824	86 909	26.51	20 617	6.29	66 292	20.22
#临川市	865 397	19 555	22.60	5 107	5.90	14 448	16.70

各种文化程度人口数

文化程度	第四次人口普查（1990年7月1日零时）人数（人）	第四次人口普查（1990年7月1日零时）占总人口（%）	第三次人口普查（1982年7月1日零时）人数（人）	第三次人口普查（1982年7月1日零时）占总人口（%）
大学	373 675	1.0	159 046	0.5
#本科	133 807	0.4		
专科	239 868	0.6		
高中	2 676 482	7.1	1 827 007	5.5
初中	7 104 993	18.8	4 396 713	13.2
小学	15 337 632	40.7	12 813 087	38.6
文盲、半文盲人口（15及15周岁以上）	6 115 258	16.2	7 095 883	21.4

平均每万人口中拥有各种文化程度人口数

地区	大学		高中		初中		小学	
	第三次人口普查	第四次人口普查	第三次人口普查	第四次人口普查	第三次人口普查	第四次人口普查	第三次人口普查	第四次人口普查
全省	**48**	**99**	**551**	**710**	**1 325**	**1 884**	**3 861**	**4 067**
市	142	281	881	1 169	1 799	2 397	3 906	3 716
县	20	42	453	567	1 185	1 724	3 848	4 177
南昌市	177	344	811	1 088	1 741	2 260	3 504	3 367
景德镇市	71	141	674	825	1 430	1 906	3 257	3 840
萍乡市	31	85	597	809	1 842	2 645	4 604	4 350
九江市	42	93	580	759	1 338	1 904	3 878	3 891
新余市	36	122	678	973	1 467	2 265	4 075	3 715
鹰潭市	32	86	528	754	1 282	1 800	3 805	3 983
赣州地区	32	59	537	651	1 323	1 844	3 689	4 232
宜春地区	30	66	557	696	1 427	2 094	4 099	4 304
上饶地区	25	50	440	546	1 075	1 556	3 664	4 086
吉安地区	32	63	454	604	1 092	1 628	4 118	4 295
抚州地区	38	78	471	613	1 170	1 716	4 153	4 166

注：全省中“市”不包括市辖县；“县”含镇。

各种职业的人口数

(1990年7月1日零时)

职业	合计（人）	男	女	占总合计数比重（%）合计	男	女
总计	**2 066 408**	**1 141 254**	**925 154**	**100**	**55.2**	**44.8**
1.各类专业、技术人员	104 018	61 600	42 418	5.1	3.0	2.1
2.国家机关、党群组织、企事业单位负责人	31 453	28 777	2 676	1.5	1.4	0.1
3.办事人员和有关人员	30 553	23 393	7 160	1.4	1.1	0.3
4.商业工作人员	52 352	26 026	26 326	2.6	1.3	1.3
5.服务性工作人员	40 970	19 220	21 750	2.0	0.9	1.1
6.农林牧渔劳动者	1 517 728	782 269	735 459	73.4	37.8	35.6
7.生产工人、运输工人和有关人员	288 810	199 679	89 131	14.0	9.7	4.3
8.不便分类的其他劳动者	524	290	234	…	…	…

注：本表数字来自1990年人口普查10%提前抽样数据。

不在业人口状况

(1990年7月1日零时)

项目	合计（人）	男	女	占总合计数的比重（%）合计	男	女
总计	**546 375**	**205 610**	**340 765**	**100**	**37.6**	**62.4**
在校学生	116 670	78 717	37 953	21.4	14.4	7.0
料理家务	227 791	16 100	211 691	41.6	2.9	38.7
待升学	7 054	4 508	2 546	1.3	0.8	0.5
市镇待业	26 531	12 388	14 143	4.9	2.3	2.6
离休、退休、退职	58 271	38 693	19 578	10.7	7.1	3.6
丧失劳动能力	90 689	41 283	49 406	16.6	7.6	9.0
其他	19 369	13 921	5 448	3.5	2.5	1.0

注：本表数字来自1990年人口普查10%提前抽样数据。

育龄妇女生育率

（1989年）

年龄（岁）	生育率（‰）	年龄（岁）	生育率（‰）	年龄（岁）	生育率（‰）	年龄（岁）	生育率（‰）
15	1.21	24	266.03	33	25.32	42	4.71
16	5.64	25	219.30	34	20.21	43	2.53
17	21.04	26	172.20	35	16.84	44	2.77
18	54.63	27	140.26	36	14.98	45	2.09
19	114.72	28	95.80	37	10.03	46	1.24
20	195.40	29	77.47	38	8.74	47	0.96
21	254.59	30	59.28	39	6.69	48	0.60
22	286.26	31	44.81	40	5.75	49	1.41
23	287.05	32	35.23	41	4.69	总和生育率	2460

注：本表数字取自1990年人口普查10％提前抽样数据。

各地区育龄妇女生育孩次状况

（1989年）

单位：人

地区	合计	按生育孩次分				
		第一孩	第二孩	第三孩	第四孩	第五孩及以上
总计	**88 115**	**38 466**	**28 163**	**13 417**	**4 968**	**3 101**
南昌市	8 381	4 071	2 526	1 108	418	258
景德镇市	3 103	1 405	841	559	201	97
萍乡市	3 192	1 408	1 039	467	190	88
九江市	10 196	3 960	3 185	1 885	734	432
新余市	1 829	1 020	579	161	47	22
鹰潭市	2 031	1 037	618	234	85	57
赣州地区	15 820	7 265	5 190	2 105	720	540
宜春地区	10 665	4 842	3 533	1 445	527	318
上饶地区	14 414	5 817	4 537	2 479	966	615
吉安地区	10 149	4 063	3 370	1 669	642	405
抚州地区	8 335	3 578	2 745	1 305	438	269

注：本表数字取自1990年人口普查10％提前抽样调查数据。

15岁及15岁以上人口婚姻状况

单位：%

年龄别	男					女				
	合计	未婚	有配偶	丧偶	离婚	合计	未婚	有配偶	丧偶	离婚
15—60岁以上	100	30.72	64.85	3.50	0.93	100	21.76	69.03	8.96	0.25
15—19岁	100	98.56	1.43	—	0.01	100	93.01	6.96	0.01	0.02
20岁	100	87.35	12.59	0.01	0.05	100	59.87	40.02	0.03	0.08
21岁	100	74.12	25.77	0.03	0.08	100	41.24	58.58	0.06	0.12
22岁	100	60.71	39.08	0.08	0.13	100	28.00	71.74	0.11	0.15
23岁	100	46.30	53.40	0.11	0.19	100	16.41	83.34	0.10	0.15
24岁	100	33.83	65.75	0.14	0.28	100	9.77	89.91	0.12	0.20
25岁	100	25.33	74.04	0.23	0.40	100	5.76	93.83	0.15	0.26
26岁	100	17.92	81.37	0.24	0.47	100	3.31	96.22	0.19	0.28
27岁	100	12.23	86.95	0.29	0.53	100	1.93	97.52	0.24	0.31
28岁	100	9.11	89.95	0.31	0.63	100	1.18	98.19	0.27	0.36
29岁	100	7.58	91.38	0.30	0.74	100	0.83	98.41	0.35	0.41
30—34岁	100	5.00	93.48	0.56	0.96	100	0.32	98.85	0.53	0.30
35—39岁	100	3.48	94.32	0.97	1.23	100	0.14	98.34	1.17	0.35
40—44岁	100	2.95	93.71	1.76	1.58	100	0.13	96.74	2.75	0.38
45—49岁	100	2.69	92.45	3.02	1.84	100	0.09	93.94	5.65	0.32
50—59岁	100	2.16	89.22	6.50	2.12	100	0.09	84.64	14.97	0.30
60岁以上	100	1.07	74.48	22.68	1.77	100	0.09	44.06	55.50	0.35

注：本表数字来自1990年人口普查10%提前抽样数据。

各种特殊年龄人口构成

项目	第四次人口普查（1990年7月1日零时）		第三次人口普查（1982年7月1日零时）	
	人数（人）	比重（%）	人数（人）	比重（%）
全省	**37 710 281**	**100**	**33 185 471**	**100**
一、按我国现行标准划分				
1.少年儿童（0～15岁）	12 937 790	34.31	13 658 511	41.16
#男性	6 723 968		7 063 971	
2.劳动年龄人口	21 313 459	56.52	16 608 983	50.05
男（16～59岁）	11 393 842		8 955 603	
女（16～54岁）	9 919 617		7 653 380	
3.超过劳动年龄人口	3 459 032	9.17	2 917 977	8.79
男（60～60岁以上）	1 376 175		1 094 679	
女（55～55岁以上）	2 082 857		1 823 298	
二、其他特殊年龄组				
1.婴幼儿（0～3岁）	3 402 514	9.02	2 766 634	8.34
2.学龄前儿童（4～6岁）	2 266 380	6.01	2 829 469	8.53
3.中小学学龄人口（7～18岁）	9 977 317	26.46	10 445 476	31.48
4.兵役年龄（18～22岁）	4 255 601	11.28	2 945 034	8.87
#男性	2 189 394		1 490 435	
5.育龄妇女（15～49岁）	9 738 553	25.82	7 496 000	22.59

注：1.表列年龄均为周岁即实足年龄。

2.全省总人口包括“年龄不详者”，1982年为22人（男14人，女8人）。

各民族人口数

民族别	第四次人口普查（1990年7月1日零时）	第三次人口普查（1982年7月1日零时）	民族别	第四次人口普查（1990年7月1日零时）	第三次人口普查（1982年7月1日零时）
总计	**37 710 281**	**33 185 471**	拉祜族	4	2
汉族	37 609 926	33 163 337	水族	62	34
蒙古族	1 149	456	东乡族	1	—
回族	9 331	7 954	纳西族	26	15
藏族	387	39	景颇族	2	1
维吾尔族	18	7	土族	30	11
苗族	1 438	710	达斡尔族	13	7
彝族	256	82	仫佬族	24	8
壮族	2 840	1 908	羌族	27	9
布依族	229	109	布朗族	1	1
朝鲜族	153	133	毛南族	37	20
满族	4 206	1 864	仡佬族	35	3
侗族	807	305	锡伯族	63	14
瑶族	1 028	552	俄罗斯族	3	1
白族	260	95	德昂族	2	—
土家族	819	123	保安族	1	—
哈尼族	22	10	裕固族	—	3
哈萨克族	2	—	京族	50	3
傣族	51	31	独龙族	2	3
黎族	133	76	门巴族	5	—
傈僳族	14	7	基诺族	1	1
佤族	1	—	其他未识别的民族	119	67
畲族	76 607	7 411	外国人加入中国籍	21	15
高山族	75	44			

按总人口划分的市、县人口规模

（1990年7月1日零时）

人口规模	单位数（个）	人口数（人）	占人口总数比重（%）	市、县名称（按人口多少为序）
总　计	**90**	**37 710 281**	**100**	
10万人以下	2	132 253	0.3	宁冈县、井冈山市
10～20万人	13	2 110 003	5.6	崇义县、广昌县、宜黄县、横峰县、全南县、德安县、定南县、上饶市、峡江县、鹰潭市、铜鼓县、靖安县、资溪县
20～30万人	23	5 941 706	15.8	分宜县、德兴市、安远县、吉安市、新干县、崇仁县、南城县、浮梁县、奉新县、宜丰县、龙南县、万安县、大余县、上犹县、石城县、寻乌县、金溪县、南丰县、湖口县、安义县、莲花县、黎川县、星子县
30～40万人	18	6 201 256	16.4	赣州市、景德镇市、铅山县、瑞昌市、东乡县、永丰县、会昌县、安福县、武宁县、永修县、弋阳县、乐安县、婺源县、彭泽县、万年县、上高县、余江县、九江县
40～50万人	9	4 140 535	11.0	玉山县、樟树市、赣县、遂川县、泰和县、九江市、吉水县、万载县、永新县
50～60万人	6	3 282 381	8.7	都昌县、兴国县、信丰县、吉安县、瑞金县、贵溪县
60～70万人	7	4 605 799	12.2	乐平县、南康县、新余市、广丰县、进贤县、宁都县、新建县
70～80万人	5	3 652 621	9.7	余干县、上饶县、于都县、高安县、修水县
80～90万人	2	1 708 731	4.5	临川市、宜春市
90～100万人	1	936 019	2.5	南昌县
100万人以上	4	4 998 977	13.3	萍乡市、南昌市、波阳县、丰城市

育龄妇女节育情况

（1990年）

单位：万人

地　　区	已婚育龄妇女人数	采取节育措施育龄妇女人数	节育率（%）
总　计	**6 509 949**	**5 822 028**	**89.43**
一、按城乡分			
城　市	1 145 012	1 043 306	91.12
县　镇	1 003 231	894 478	89.16
农　村	4 361 706	3 884 244	89.05
二、按地区分			
南昌市	657 153	581 505	88.49
景德镇市	223 718	197 535	88.30
萍乡市	239 556	217 566	90.82
九江市	701 465	619 811	88.36
新余市	182 548	160 267	87.79
鹰潭市	177 268	159 282	89.85
赣州地区	1 233 880	1 115 505	90.41
宜春地区	812 512	735 490	90.52
上饶地区	968 971	852 053	87.93
吉安地区	715 722	646 789	90.37
抚州地区	597 156	536 225	89.80

计划生育情况

（1990年）

地　　区	现有一孩育龄妇女人数（万人）	现有一孩育龄妇女占已婚育龄妇女比重（%）	领取独生子女证人数占一孩育龄妇女比重（%）	计划生育率（%）
总　计	**1 225 314**	**18.82**	**35.02**	**60.00**
一、按城乡分				
城　市	391 877	34.22	63.10	65.07
县　镇	245 604	24.48	47.66	62.52
农　村	587 833	13.48	11.02	58.30
二、按地区分				
南昌市	178 740	27.20	59.86	72.32
景德镇市	54 506	24.36	54.80	61.49
萍乡市	46 691	19.49	42.31	60.00
九江市	136 164	19.41	37.95	56.80
新余市	50 113	27.45	39.18	79.30
鹰潭市	34 743	19.60	40.16	60.90
赣州地区	190 711	15.46	25.98	58.40
宜春地区	167 619	20.63	27.02	62.06
上饶地区	158 698	16.38	24.71	57.71
吉安地区	104 561	14.61	24.92	56.44
抚州地区	102 768	17.21	26.38	56.08

主要统计指标解释

人口数 指一定时点、一定地区范围内的有生命的个人的总和。

第四次人口普查人口数是指1990年7月1日零时总人口（不包括中国人民解放军现役军人）

市镇人口 指市、镇辖区内的全部人口。包括市（镇）区与郊区、农业与非农业人口，但不包括市辖县人口。

乡村人口 指县（不含镇）的全部人口。

市 是指经国家批准成立“市”建制的城市。

镇 是指经省正式批准了行政建制的城镇。其标准，1963年以前为常住人口在2 000人以上，非农业人口占50%以上的。1964年起改为常住人口在3 000人以上，非农业人口占70%以上，或常住人口在2 500人以上，不满3 000人，非农业人口占85%以上的。1984年后又调整为，凡县级地方国家机关所在地；或总人口在20 000人以下的乡，乡政府驻地非农业人口超过2 000人的，或总人口在20 000人以上的乡，乡政府驻地非农业人口占全乡人口10%以上，或少数民族地区，人口稀少的边远地区、山区和小型工矿区、小港口、风景旅游、边境口岸等地，非农业人口虽不足2 000人，确有必要，也可建镇。

性别比 反映两性人口间比例的指标。指男性人数与女性人数之比。通常以每100个女性人口相应有多少男性人口表示，它是反映人口性别构成的指标之一。其计算公式为：

$$性别比=\frac{男性人口}{女性人口}\times 100$$

人口密度 指一定时点一定地区的人口数与该地区的面积数之比，即一定时点的单位土地面积上的人口数，通常以每平方公里的居住人数来表示：

$$人口密度=\frac{该地区的人口数}{一定地区的土地面积}$$

出生率 （**又称总出生率或粗出生率**） 指在一定时期内（通常为一年内）出生人数与同期人口总数之比。它反映人口的出生水平，一般以千分率即平均每千人所出生的人数来表示，计算公式为：

$$出生率=\frac{年出生人数}{年平均人口数}\times 1000‰$$

死亡率 指在一定时期内（通常为在一年内）一定地区的死亡人数与同期平均人口数（或期中人口数）之比。一般以千分率表示。计算公式为：

$$死亡率=\frac{年死亡人数}{年平均人口数}\times 1000‰$$

人口自然增长率 指在一定时期内（通常为在一年内）一定地区人口自然增加数（即出生人数减死亡人数）与平均人口数（或期中人口数）之比，一般以千分率表示。计算公式为：

$$人口自然增长率=\frac{本年出生人口数-本年死亡人口数}{年平均人口数}\times 1000‰$$

也可直接用出生率减死亡率求得。

育龄妇女 指在生育年龄范围内的妇女，通常是指15～49岁的妇女，不论是否结婚。

总和生育率 是指某一年度15岁至49岁各年龄组的妇女生育率的合计数。说明每千名育龄妇女按照某一年度的各年龄组妇女生育水平度过其一生的生育过程可能生育的婴儿数。

在业人口 指从事社会劳动并取得劳动报酬或经营收入的人口。

职业 指在业人口所从事工作的种类，即所做的具体工作。目前使用的国家标准《职业分类和代码》（GB6565—86）共分8个大类，63个中类，303个小类。

三、劳动力和职工工资

●1990年，全省社会劳动者1 816.5万人，其中，城镇个体劳动者24.8万人。

●1990年，职工人数386.2万人，职工工资总额65.7亿元，职工年平均工资1 729元。

●“七五”时期，职工工资总额平均每年增长14.8%，职工年平均工资每年增长11.6%。

●“七五”期间，全省城镇新增就业者105.33万人。

●1990年，城镇待业人员10.26万人，待业率2.44%。

按三次产业分的社会劳动者人数

（年末数）

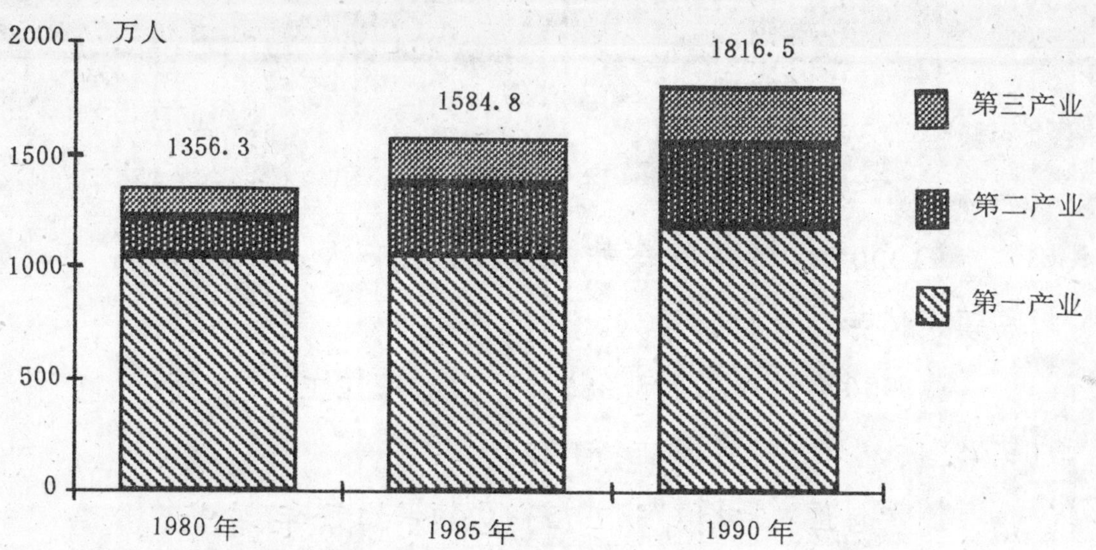

按经济类型分的职工年平均工资

(1990年)

元/人

2500
2000
1500
1000
500
0

1843
1300
2079

全 民 所有制单位
城镇集体 所有制单位
其他各种 所有制单位

全民所有制单位职工年平均工资

(1990年)

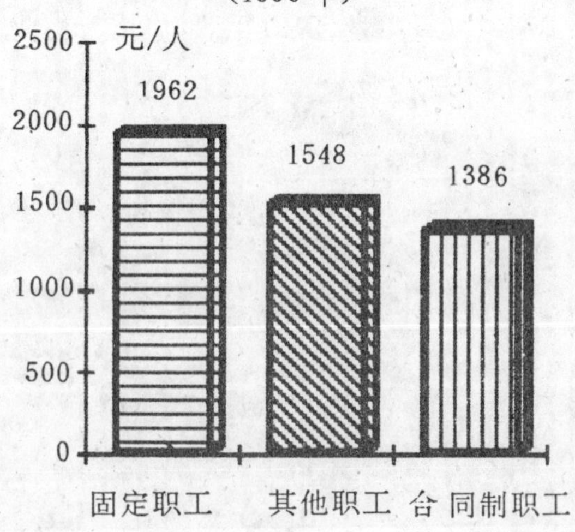

主要年份劳动力资源总数

（年　末　数）　　　　单位：万人

年　份	劳动力资源总数	社会劳动者	职工人数	全民所有制	城镇集体所有制	其他各种所有制	劳动力资源总数占人口数的%	劳动力资源利用率(%)
1952	918.1	682.2	31.1	30.5	0.6	—	55.5	74.3
1957	1004.1	789.8	74.4	58.5	15.9	—	54.2	78.7
1962	1059.9	895.3	147.2	106.1	41.1	—	52.0	84.5
1965	1075.1	923.7	148.3	110.8	37.5	—	48.7	85.9
1970	1218.3	1057.3	183.5	151.8	31.7	—	47.1	86.8
1975	1381.9	1191.8	222.9	179.7	43.2	—	46.6	86.2
1978	1448.1	1254.3	267.4	221.0	46.4	—	45.5	86.6
1980	1559.6	1356.3	286.7	233.0	53.7	—	47.7	87.0
1985	1887.1	1584.8	341.6	261.4	80.1	0.1	54.5	84.0
1986	1934.6	1622.6	351.9	269.4	82.3	0.2	55.1	83.9
1987	1981.4	1668.4	365.3	281.4	83.7	0.2	55.7	84.2
1988	2055.3	1723.0	379.2	293.8	85.0	0.4	56.6	83.8
1989	2107.2	1760.4	380.1	298.3	81.3	0.5	57.0	83.5
1990	2175.3	1816.5	386.2	304.0	81.6	0.6	57.1	83.5

社会劳动者人数

（1990年末）　　　　单位：万人

指　标	合　计	城　镇	乡　村
总　计	**1816.5**	**411.0**	**1405.5**
一、按经济类型分			
全民所有制单位职工	304.0	304.0	—
城镇集体所有制单位职工	81.6	81.6	—
其他各种所有制单位职工	0.6	0.6	—
农村乡（社）劳动者	1405.5	—	1405.5
城镇个体劳动者	24.8	24.8	—
二、按国民经济行业分			
农、林、牧、渔、水利业	1193.1	39.7	1153.4
工　业	313.4	171.3	142.1
地质普查和勘探业	3.4	3.4	—
建　筑　业	55.2	20.3	34.9
交通运输、邮电通讯业	37.2	21.2	16.0
商业、公共饮食业、物资供销和仓储业	79.3	63.5	15.8
房地产管理、公用事业、居民服务和咨询服务业	24.6	9.4	15.2
卫生、体育和社会福利事业	16.3	11.6	4.7
教育、文化艺术和广播电视事业	46.4	34.3	12.1
科学研究和综合技术服务事业	4.2	3.4	0.8
金融、保险业	6.4	5.7	0.7
国家机关、政党机关和社会团体	37.0	27.2	9.8

主要年份物质生产部门和非物质生产部门社会劳动者人数

（年　末　数）

年　份	合　计（万人）			构成（以合计数为100）	
		物质生产部门	非物质生产部门	物质生产部门	非物质生产部门
1952	682.2	667.6	14.6	97.9	2.1
1957	789.8	770.8	19.0	97.6	2.4
1962	895.3	863.7	31.6	96.5	3.5
1965	923.7	890.6	33.1	96.4	3.6
1970	1057.3	1013.6	43.7	95.9	4.1
1975	1191.8	1136.9	54.9	95.4	4.6
1978	1254.3	1188.5	65.8	94.8	5.2
1980	1356.3	1286.3	70.0	94.8	5.2
1985	1584.8	1483.3	101.5	93.6	6.4
1986	1622.6	1508.9	113.7	93.0	7.0
1987	1668.4	1548.1	120.3	92.8	7.2
1988	1723.0	1597.6	125.4	92.7	7.3
1989	1760.4	1630.5	129.9	92.6	7.4
1990	1816.5	1681.6	134.9	92.6	7.4

主要年份按三次产业分的社会劳动者人数

（年　末　数）

年　份	合　计（万人）				构成（以合计数为100）		
		第一产业	第二产业	第三产业	第一产业	第二产业	第三产业
1952	682.2	600.4	36.9	44.9	88.0	5.4	6.6
1957	789.8	706.7	40.3	42.8	89.5	5.1	5.4
1962	895.3	765.8	63.5	66.0	85.5	7.1	7.4
1965	923.7	784.9	65.6	73.2	85.5	7.1	7.4
1970	1057.3	859.4	114.8	83.1	81.3	10.9	7.8
1975	1191.8	954.9	134.0	102.9	80.1	11.2	8.7
1978	1254.3	968.7	163.4	122.2	77.2	13.0	9.8
1980	1356.3	1053.8	166.9	135.6	77.7	12.3	10.0
1985	1584.8	1057.2	320.5	207.1	66.7	20.2	13.1
1986	1622.6	1068.1	330.6	223.9	65.8	20.4	13.8
1987	1668.4	1098.3	339.3	230.8	65.8	20.4	13.8
1988	1723.0	1111.6	368.1	243.3	64.5	21.4	14.1
1989	1760.4	1146.4	367.0	247.0	65.1	20.9	14.0
1990	1816.5	1193.1	368.6	254.8	65.7	20.3	14.0

城镇社会劳动者人数

（1990年末）

单位：人

地区	合计	职工人数	个体劳动者
全省	**4 109 923**	**3 861 300**	**248 623**
南昌市	853 496	816 834	36 662
景德镇市	269 620	257 397	12 223
萍乡市	215 560	204 479	11 081
九江市	466 510	442 439	24 071
新余市	153 901	148 793	5 108
鹰潭市	115 895	109 135	6 760
赣州地区	494 895	435 230	59 665
#赣州市	129 545	113 073	16 472
宜春地区	420 515	393 626	26 889
#樟树市	46 711	42 970	3 741
上饶地区	456 577	435 728	20 849
吉安地区	342 190	322 471	19 719
抚州地区	284 299	258 703	25 596
未分地市中央单位	36 465	36 465	—

主要年份城镇新增就业人数

单位：万人

年份	合计	全民所有制单位	城镇集体所有制单位	从事个体劳动
1978	6.18	3.30	2.78	0.10
1980	17.00	11.65	5.08	0.27
1985	20.74	8.89	9.59	2.26
1986	20.10	8.89	9.76	1.45
1987	22.73	12.13	9.15	1.45
1988	20.84	8.37	10.74	1.73
1989	21.21	8.92	10.63	1.66
1990	20.45	7.81	10.93	1.71

主要年份城镇待业人数及待业率

年份	城镇待业人数（万人）	#待业青年	占城镇待业人数（%）	待业率（%）
1978	21.38	—	—	7.39
1980	17.03	14.43	84.7	5.59
1985	5.21	4.74	91.0	1.45
1986	5.42	4.98	91.9	1.46
1987	5.56	4.83	86.9	1.45
1988	6.17	5.57	90.3	1.53
1989	6.95	6.60	95.0	1.69
1990	10.26	9.60	93.6	2.44

职 工 年 末 人 数

单位：人

指　　　标	1989年	1990年	1990年比1989年增长%
总　　计	**3 801 080**	**3 861 300**	**1.6**
一、按经济类型分			
全民所有制单位	2 983 058	3 039 940	1.9
固定职工	2 270 991	2 303 172	1.4
合同制职工	315 390	337 064	6.9
其他职工	396 677	399 704	0.8
#计划外用工	186 662	209 656	12.3
城镇集体所有制单位	812 910	815 733	0.3
其他各种所有制单位	5 112	5 627	10.1
二、按隶属关系分			
中　　央	417 591	409 916	-1.8
地　　方	3 383 489	3 451 384	2.0
三、按企、事业机关分			
企　　业	2 952 508	2 919 226	-1.1
#地方单位	2 596 941	2 564 983	-1.2
事业机关	848 572	942 074	11.0
#地方单位	786 548	886 401	12.7
四、按国民经济行业分			
农、林、牧、渔、水利业	394 120	397 133	0.8
工　　业	1 659 024	1 679 368	1.2
地质普查和勘探业	35 807	34 309	-4.2
建筑业	207 104	201 822	-2.6
交通运输、邮电通讯业	197 300	201 723	2.2
商业、公共饮食业、物资供销和仓储业	458 029	461 027	0.7
房地产管理、公用事业、居民服务和咨询服务业	59 530	65 251	9.6
卫生、体育和社会福利事业	111 577	114 736	2.8
教育、文化艺术和广播电视事业	335 251	341 712	1.9
科学研究和综合技术服务事业	35 200	34 397	-2.3
金融、保险业	53 655	57 064	6.4
国家机关、政党机关和社会团体	254 483	272 758	7.2
五、按地区分			
南昌市	807 809	816 834	1.1
景德镇市	257 662	257 397	-0.1
萍乡市	198 751	204 479	2.9
九江市	437 699	442 439	1.1
新余市	141 076	148 793	5.5
鹰潭市	105 317	109 135	3.6
赣州地区	432 182	435 230	0.7
#赣州市	112 147	113 073	0.8
宜春地区	388 259	393 626	1.4
#樟树市	42 416	42 970	1.3
上饶地区	427 199	435 728	2.0
吉安地区	319 586	322 471	0.9
抚州地区	250 695	258 703	3.2
未分地市中央单位	34 845	36 465	4.6

各种分组的职工人数(一)

（1990年末）

单位：人

指标	合计	全民所有制单位	城镇集体所有制单位	其他各种所有制单位
总计	**3 861 300**	**3 039 940**	**815 733**	**5 627**
一、按企、事业机关分				
企业	2 919 226	2 121 666	791 933	5 627
#地方单位	2 564 983	1 767 423	791 933	5 627
事业	665 201	646 541	18 660	—
#地方单位	615 545	596 885	18 660	—
机关	276 873	271 733	5 140	—
#地方单位	270 856	265 716	5 140	—
二、按国民经济行业分				
(一) 农、林、牧、渔、水利业	397 133	391 275	5 858	—
农业	272 966	271 259	1 707	—
林业	81 617	81 035	582	—
畜牧业	11 219	10 276	943	—
渔业	9 199	8 370	829	—
水利业	14 310	14 245	65	—
农、林、牧、渔、水利服务业	7 822	6 090	1 732	—
(二) 工业	1 679 368	1 241 854	433 312	4 202
(三) 地质普查和勘探业	34 309	34 174	135	—
(四) 建筑业	201 822	123 681	78 141	—
土木工程建筑业	177 644	102 188	75 456	—
线路管道和设备安装业	16 919	14 443	2 476	—
勘察设计业	7 259	7 050	209	—
(五) 交通运输、邮电通讯业	201 723	151 777	49 777	169
交通运输业	177 983	128 163	49 651	169
铁路运输业	49 541	49 541	—	—
公路运输业	79 403	62 356	16 878	169
水上运输业	33 730	14 389	19 341	—
民航运输业	945	945	—	—
装卸搬运业	14 364	932	13 432	—

各种分组的职工人数(二)

（1990年末）　　单位：人

指标	合计	全民所有制单位	城镇集体所有制单位	其他各种所有制单位
邮电通讯业	23 740	23 614	126	—
(六) 商业、公共饮食业、物资供销和仓储业	461 027	261 681	199 294	52
商　业	393 321	215 691	177 630	—
#对外贸易业	7 737	7 737	—	—
公共饮食业	21 222	11 818	9 352	52
物资供销业	36 889	24 577	12 312	—
仓储业	9 595	9 595	—	—
(七) 房地产管理、公用事业、居民服务和咨询服务业	65 251	42 665	21 382	1 204
房地产管理业	8 553	6 583	1 970	
公用事业	27 732	20 948	6 784	—
#市内公共交通业	9 476	7 714	1 762	—
园林绿化业	4 592	4 049	543	—
清洁卫生业	7 267	4 243	3 024	—
市政工程业	4 681	3 661	1 020	—
居民服务业	28 375	14 598	12 573	1 204
#旅游业	647	594	53	—
旅馆业	17 792	12 655	3 933	1 204
咨询服务业	591	536	55	—
(八) 卫生、体育和社会福利事业	114 736	105 069	9 667	—
卫生事业	110 843	101 309	9 534	—
体育事业	1 580	1 580	—	—
社会福利事业	2 313	2 180	133	—
(九) 教育、文化艺术和广播电视事业	341 712	341 176	536	—
教育事业	318 244	318 151	93	—
#普通高等学校	27 213	27 213	—	—
普通中学	117 387	117 387	—	—
小学	136 751	136 742	9	—
文化艺术事业	18 042	17 759	283	—
广播电视事业	5 426	5 266	160	—

各种分组的职工人数(三)

(1990年末)　　单位：人

指　　标	合　计	全民所有制单位	城镇集体所有制单位	其他各种所有制单位
(十)科学研究和综合技术服务事业	34 397	34 191	206	—
科学研究事业	27 947	27 934	13	—
自然科学研究事业	26 542	26 542	—	—
社会科学研究事业	569	556	13	—
综合科学研究事业	836	836	—	—
综合技术服务事业	6 450	6 257	193	—
#气象事业	2 025	2 025	—	—
地震事业	90	90	—	—
测绘事业	739	739	—	—
环境保护事业	686	686	—	—
(十一)金融、保险业	57 064	44 779	12 285	—
金融业	54 334	42 049	12 285	—
保险业	2 730	2 730	—	—
(十二)国家机关、政党机关和社会团体	272 758	267 618	5 140	—
三、按地区分				
南昌市	816 834	601 613	213 470	1 751
景德镇市	257 397	184 487	71 923	987
萍乡市	204 479	133 641	70 822	16
九江市	442 439	361 836	80 054	549
新余市	148 793	132 114	16 464	215
鹰潭市	109 135	91 709	17 364	62
赣州地区	435 230	359 656	74 974	600
#赣州市	113 073	94 180	18 709	184
宜春地区	393 626	315 223	77 941	462
#樟树市	42 970	33 334	9 619	17
上饶地区	435 728	347 490	87 757	481
吉安地区	322 471	271 226	50 751	494
抚州地区	258 703	208 167	50 526	10
未分地市中央单位	36 465	32 778	3 687	—

各种分组的女职工人数(一)

（1990年末）　　单位：人

指　　标	合　计	全民所有制单　位	城镇集体所有制单位	其他各种所有制单位
总　　计	**1 415 056**	**996 220**	**416 096**	**2 740**
一、按企、事业机关分				
企　　业	1 131 772	724 703	404 329	2 740
#地方单位	1 030 103	623 034	404 329	2 740
事　　业	232 215	222 667	9 548	—
#地方单位	216 821	207 273	9 548	—
机　　关	51 069	48 850	2 219	—
#地方单位	48 513	46 294	2 219	—
二、按国民经济行业分				
(一) 农、林、牧、渔、水利业	160 538	158 505	2 033	—
农　　业	117 701	116 864	837	—
林　　业	29 511	29 302	209	—
畜 牧 业	4 562	4 242	320	—
渔　　业	3 518	3 193	325	—
水 利 业	3 386	3 364	22	—
农、林、牧、渔、水利服务业	1 860	1 540	320	—
(二) 工　　业	666 254	412 859	251 230	2 165
(三) 地质普查和勘探业	9 168	9 097	71	—
(四) 建 筑 业	46 966	25 729	21 237	—
土木工程建筑业	41 835	21 448	20 387	—
线路管道和设备安装业	3 145	2 329	816	—
勘察设计业	1 986	1 952	34	—
(五) 交通运输、邮电通讯业	48 865	33 230	15 577	58
交通运输业	42 050	26 513	15 479	58
铁路运输业	10 447	10 447	—	—
公路运输业	18 390	12 794	5 538	58
水上运输业	8 452	2 886	5 566	—
民航运输业	250	250	—	—
装卸搬运业	4 511	136	4 375	—
邮电通讯业	6 815	6 717	98	—
(六) 商业、公共饮食业、物资供销和仓储业	205 756	104 197	101 526	33
商　　业	176 525	86 579	89 946	—
#对外贸易业	2 374	2 374	—	—
公共饮食业	12 945	6 604	6 308	33
物资供销业	13 152	7 880	5 272	—
仓 储 业	3 134	3 134	—	—
(七) 房地产管理、公用事业、居民服务和咨询服务业	32 528	19 659	12 385	484
房地产管理业	3 151	2 240	911	—
公用事业	13 114	9 102	4 012	—
#市内公共交通业	4 863	3 760	1 103	—
园林绿化业	2 134	1 787	347	—
清洁卫生业	3 957	2 288	1 669	—
市政工程业	1 607	1 047	560	—
居民服务业	16 084	8 162	7 438	484

各种分组的女职工人数(二)

（1990年末）　　　　单位：人

指　　标	合　计	全民所有制单位	城镇集体所有制单位	其他各种所有制单位
#旅游业	226	188	38	—
旅馆业	10 521	7 143	2 894	484
咨询服务业	179	155	24	—
(八) 卫生、体育和社会福利事业	57 803	53 533	4 270	—
卫生事业	56 363	52 192	4 171	—
体育事业	494	494	—	—
社会福利事业	946	847	99	—
(九) 教育、文化艺术和广播电视事业	106 816	106 501	315	—
教育事业	99 031	98 944	87	—
#普通高等学校	8 979	8 979	—	—
普通中学	28 685	28 685	—	—
小学	48 475	48 466	9	—
文化艺术事业	6 292	6 110	182	—
广播电视事业	1 493	1 447	46	—
(十) 科学研究和综合技术服务事业	12 215	12 105	110	—
科学研究事业	10 314	10 306	8	—
自然科学研究事业	9 849	9 849	—	—
社会科学研究事业	178	170	8	—
综合科学研究事业	287	287	—	—
综合技术服务事业	1 901	1 799	102	—
#气象事业	538	538	—	—
地震事业	27	27	—	—
测绘事业	217	217	—	—
环境保护事业	222	222	—	—
(十一) 金融、保险业	19 696	14 573	5 123	—
金融业	19 058	13 935	5 123	—
保险业	638	638	—	—
(十二) 国家机关、政党机关和社会团体	48 451	46 232	2 219	—
三、按地区分				
南昌市	339 968	218 666	120 442	860
景德镇市	103 563	62 793	40 398	372
萍乡市	74 176	39 901	34 268	7
九江市	168 236	131 406	36 569	261
新余市	52 622	42 806	9 749	67
鹰潭市	38 162	30 059	8 067	36
赣州地区	125 689	92 587	32 893	209
#赣州市	42 452	31 810	10 582	60
宜春地区	142 091	98 077	43 753	261
#樟树市	15 933	10 555	5 372	6
上饶地区	156 848	113 896	42 545	407
吉安地区	105 496	83 725	21 513	258
抚州地区	96 100	72 493	23 605	2
未分地市中央单位	12 105	9 811	2 294	—

全民所有制单位职工人数(一)

（1990年末） 单位：人

指　　标	合　计	固定职工	合同制职工	其他职工
总　　计	**3 039 940**	**2 303 172**	**337 064**	**399 704**
一、按隶属关系分				
中央直属单位	409 916	340 980	48 717	20 219
省属单位	618 552	473 808	78 364	66 380
地、市属单位	744 120	564 613	98 282	81 225
地辖市属单位	218 113	155 664	27 598	34 851
县及县以下单位	1 049 239	768 107	84 103	197 029
二、按企、事业机关分				
企　业	2 121 666	1 525 557	290 953	305 156
#地方单位	1 767 423	1 231 819	247 385	288 219
#省属单位	487 141	361 606	69 855	55 680
地、市属单位	585 948	426 277	91 976	67 695
事　业	646 541	545 581	35 131	65 829
#地方单位	596 885	502 187	30 477	64 221
#省属单位	94 814	79 823	7 139	7 852
地、市属单位	108 140	93 237	5 189	9 714
机　关	271 733	232 034	10 980	28 719
#地方单位	265 716	228 186	10 485	27 045
#省属单位	36 597	32 379	1 370	2 848
地、市属单位	50 032	45 099	1 117	3 816
三、按国民经济行业分				
(一)农、林、牧、渔、水利业	391 275	343 923	4 785	42 567
农　业	271 259	240 436	1 536	29 287
林　业	81 035	71 499	1 341	8 195
畜牧业	10 276	8 548	233	1 495
渔　业	8 370	7 757	62	551
水利业	14 245	10 524	1 187	2 534
农、林、牧、渔、水利服务业	6 090	5 159	426	505
(二)工　业	1 241 854	840 674	217 433	183 747
(三)地质普查和勘探业	34 174	29 385	4 160	629
(四)建筑业	123 681	78 811	12 876	31 994
土木工程建筑业	102 188	63 083	10 692	28 413
线路管道和设备安装业	14 443	9 657	1 563	3 223

全民所有制单位职工人数(二)

(1990年末) 单位:人

指标	合计	固定职工	合同制职工	其他职工
勘察设计业	7 050	6 071	621	358
(五)交通运输、邮电通讯业	151 777	122 148	20 426	9 203
交通运输业	128 163	102 629	16 637	8 897
铁路运输业	49 541	43 235	6 013	293
公路运输业	62 356	46 165	8 558	7 633
水上运输业	14 389	11 937	1 888	564
民航运输业	945	734	111	100
装卸搬运业	932	558	67	307
邮电通讯业	23 614	19 519	3 789	306
(六)商业、公共饮食业、物资供销和仓储业	261 681	179 746	33 482	48 453
商业	215 691	145 590	27 546	42 555
#对外贸易业	7 737	6 018	883	836
公共饮食业	11 818	8 593	1 825	1 400
物资供销业	24 577	18 674	2 975	2 928
仓储业	9 595	6 889	1 136	1 570
(七)房地产管理、公用事业、居民服务和咨询服务业	42 665	27 848	6 335	8 482
房地产管理业	6 583	4 477	830	1 276
公用事业	20 948	14 160	2 726	4 062
#市内公共交通业	7 714	5 696	967	1 051
园林绿化业	4 049	2 586	466	997
清洁卫生业	4 243	2 072	707	1 464
市政工程业	3 661	2 814	491	356
居民服务业	14 598	8 805	2 732	3 061
#旅游业	594	332	61	201
旅馆业	12 655	7 656	2 390	2 609
咨询服务业	536	406	47	83
(八)卫生、体育和社会福利事业	105 069	83 037	5 030	17 002
卫生事业	101 309	80 156	4 769	16 384
体育事业	1 580	1 175	61	344
社会福利事业	2 180	1 706	200	274
(九)教育、文化艺术和广播电视事业	341 176	299 026	15 965	26 185
教育事业	318 151	280 627	13 503	24 021
#普通高等学校	27 213	23 838	1 559	1 816

全民所有制单位职工人数(三)

（1990年末）　　单位：人

指标	合计	固定职工	合同制职工	其他职工
普通中学	117 387	108 403	2 765	6 219
小学	136 742	117 203	6 856	12 683
文化艺术事业	17 759	14 369	1 984	1 406
广播电视事业	5 266	4 030	478	758
(十) 科学研究和综合技术服务事业	34 191	30 878	1 795	1 518
科学研究事业	27 934	25 409	1 280	1 245
自然科学研究事业	26 542	24 152	1 192	1 198
社会科学研究事业	556	504	33	19
综合科学研究事业	836	753	55	28
综合技术服务事业	6 257	5 469	515	273
#气象事业	2 025	1 777	198	50
地震事业	90	76	5	9
测绘事业	739	666	54	19
环境保护事业	686	623	50	13
(十一) 金融、保险业	44 779	39 165	3 927	1 687
金融业	42 049	36 655	3 792	1 602
保险业	2 730	2 510	135	85
(十二) 国家机关、政党机关和社会团体	267 618	228 531	10 850	28 237
四、按地区分				
南昌市	601 613	479 841	63 689	58 083
景德镇市	184 487	139 405	22 482	22 600
萍乡市	133 641	97 278	19 791	16 572
九江市	361 836	272 414	40 549	48 873
新余市	132 114	92 706	22 576	16 832
鹰潭市	91 709	68 644	9 355	13 710
赣州地区	359 656	276 543	36 974	46 139
#赣州市	94 180	73 508	11 302	9 370
宜春地区	315 223	224 599	38 529	52 095
#樟树市	33 334	25 452	4 152	3 730
上饶地区	347 490	277 530	27 467	42 493
吉安地区	271 226	194 389	29 182	47 655
抚州地区	208 167	153 843	21 549	32 775
未分地市中央单位	32 778	25 980	4 921	1 877

全民所有制工业企业职工人数

（1990年末）　　单位：人

行业	合计	合计中	
		合同制职工	工程技术人员
工业合计	**1 241 854**	**217 433**	**68 790**
#地方工业	1 057 964	192 109	49 615
一、按轻、重工业分			
轻工业	377 191	79 613	14 547
重工业	864 663	137 820	54 243
二、按工业行业分			
（一）采掘业	306 563	50 097	9 890
矿业	251 545	41 927	8 017
#煤炭采选业	141 813	25 968	3 366
黑色金属矿采选业	5 179	677	321
有色金属矿采选业	80 226	11 082	3 227
木材及竹材采运业	48 184	6 933	1 530
自来水生产和供应业	6 834	1 237	343
（二）制造业	935 291	167 336	58 900
食品、饮料和烟草制造业	90 121	13 133	3 621
饲料工业	4 982	607	178
纺织业	111 211	34 816	2 619
缝纫业	1 881	270	54
皮革、毛皮及其制品业	4 098	795	153
木材加工及竹、藤、棕、草制品业	11 812	2 312	453
家具制造业	768	110	22
造纸及纸制品业	19 438	3 645	816
印刷业	19 071	3 167	488
文教体育用品制造业	431	73	3
工艺美术品制造业	802	246	15
电力、蒸汽、热水生产和供应业	49 924	8 256	3 840
石油加工业	5 311	509	770
炼焦、煤气及煤制品业	3 484	660	223
化学工业	74 650	12 099	4 253
医药工业	21 668	2 544	1 852
化学纤维工业	11 968	3 874	475
橡胶制品工业	7 615	1 404	290
塑料制品工业	4 078	655	203
建筑材料及其他非金属矿物制品业	101 130	18 919	3 631
黑色金属冶炼及压延加工业	66 755	13 140	2 774
有色金属冶炼及压延加工业	21 928	3 763	1 671
金属制品业	6 111	1 102	386
机械、电气、电子设备制造业	291 091	40 763	29 933
机械工业	179 463	25 009	12 765
交通运输设备制造业	56 131	8 035	11 194
电气机械及器材制造业	12 271	1 814	858
电子及通信设备制造业	32 172	4 461	3 939
仪器仪表及其他计量器具制造业	11 054	1 444	1 177
其他工业	4 963	474	177

各地区全民所有制单位职工人数(一)

（1990年末）　　　　单位：人

行　　业	全　省	南昌市	景德镇市	萍乡市	九江市	新余市	鹰潭市
总　　计	**3 039 940**	**601 613**	**184 487**	**133 641**	**361 836**	**132 114**	**91 709**
一、按隶属关系分							
中央直属单位	409 916	101 626	22 388	8 667	61 202	13 814	33 951
省属单位	618 552	183 592	42 287	55 592	50 030	61 872	8 952
地、市属单位	744 120	243 041	86 299	69 382	104 451	43 983	21 038
地辖市属单位	218 113	—	—	—	17 736	—	—
县及县以下单位	1 049 239	73 354	33 513	—	128 417	12 445	27 768
二、按企、事业机关分							
企　　业	2 121 666	444 324	147 576	103 983	265 327	109 382	64 163
#地方单位	1 767 423	361 915	128 230	95 865	209 570	97 666	32 077
#省属单位	487 141	116 426	38 086	53 273	43 212	60 039	3 607
地、市属单位	585 948	208 174	69 679	42 592	83 569	30 936	14 928
事　　业	646 541	120 392	26 402	21 946	66 983	15 528	19 911
#地方单位	596 885	102 056	23 383	21 397	61 846	13 438	18 046
#省属单位	94 814	52 845	2 415	1 812	4 897	1 441	4 852
地、市属单位	108 140	23 322	12 135	19 585	14 198	8 084	3 199
机　　关	271 733	36 897	10 509	7 712	29 526	7 204	7 635
#地方单位	265 716	36 016	10 486	7 712	29 218	7 196	7 635
#省属单位	36 597	14 321	1 786	507	1 921	392	493
地、市属单位	50 032	11 545	4 485	7 205	6 684	4 963	2 911
三、按国民经济行业分							
农、林、牧、渔、水利业	391 275	61 166	17 016	6 672	64 709	5 699	13 383
工　　业	1 241 854	243 997	106 392	76 120	141 090	81 773	22 482
地质普查和勘探业	34 174	6 950	829	713	2 451	1 410	1 767
建筑业	123 681	48 226	3 422	4 601	11 468	10 428	15 037
交通运输、邮电通讯业	151 777	35 761	8 918	7 624	16 091	5 429	10 179
商业、公共饮食业、物资供销和仓储业	261 681	54 253	11 650	8 565	32 962	6 571	7 631
房地产管理、公用事业、居民服务和咨询服务业	42 665	14 646	3 565	2 525	5 134	977	1 300
卫生、体育和社会福利事业	105 069	21 301	5 223	3 524	11 350	2 355	2 425
教育、文化艺术和广播电视事业	341 176	58 474	12 224	13 232	36 658	7 283	7 699
科学研究和综合技术服务事业	34 191	12 119	3 440	483	4 921	1 354	484
金融、保险业	44 779	7 823	2 068	1 699	5 038	1 415	1 536
国家机关、政党机关和社会团体	267 618	36 897	9 740	7 883	29 964	7 420	7 786

各地区全民所有制单位职工人数(二)

（1990年末）　　　　　　　　　　　　　　　　单位：人

行业	赣州地区	#赣州市	宜春地区	#樟树市	上饶地区	吉安地区	抚州地区	未分地市中央单位
总计	**359 656**	**94 180**	**315 223**	**33 334**	**347 490**	**271 226**	**208 167**	**32 778**
一、按隶属关系分								
中央直属单位	56 870	12 637	11 362	2 102	41 616	14 743	10 899	32 778
省属单位	23 119	11 116	89 073	11 109	37 869	38 583	27 583	—
地、市属单位	38 393	28 100	22 728	58	50 625	35 239	28 941	—
地辖市属单位	43 050	42 327	85 259	20 065	19 117	34 788	18 163	—
县及县以下单位	198 224	—	106 801	—	198 263	147 873	122 581	—
二、按企、事业机关分								
企业	217 856	70 699	213 951	19 520	246 027	162 257	129 733	17 087
#地方单位	165 326	61 350	203 068	17 439	206 639	147 844	119 223	—
#省属单位	13 686	7 773	74 258	6 058	30 999	30 903	22 652	—
地、市属单位	28 119	20 525	15 085	—	43 796	26 629	22 441	—
事业	96 309	17 360	69 905	11 044	66 890	78 143	53 027	11 105
#地方单位	92 120	14 223	69 432	11 023	64 670	77 846	52 651	—
#省属单位	6 273	2 625	10 395	4 882	1 021	5 618	3 245	—
地、市属单位	7 397	4 701	5 018	58	4 339	6 450	4 413	—
机关	45 491	6 121	31 367	2 770	34 573	30 826	25 407	4 586
#地方单位	45 340	5 970	31 361	2 770	34 565	30 793	25 394	—
#省属单位	3 160	718	4 420	169	5 849	2 062	1 686	—
地、市属单位	2 877	2 874	2 625	—	2 490	2 160	2 087	—
三、按国民经济行业分								
农、林、牧、渔、水利业	19 906	530	32 960	4 759	106 600	32 880	30 284	—
工业	146 113	45 141	141 026	11 230	96 461	100 345	69 913	16 142
地质普查和勘探业	2 633	773	3 340	1 621	1 497	1 520	1 175	9 889
建筑业	7 977	7 651	8 712	603	6 812	3 069	3 929	—
交通运输、邮电通讯业	15 055	6 037	14 020	2 848	15 267	13 922	8 566	945
商业、公共饮食业、物资供销和仓储业	34 198	10 312	29 408	3 052	27 833	25 517	23 093	—
房地产管理、公用事业、居民服务和咨询服务业	4 245	2 348	2 004	457	2 503	3 680	2 086	—
卫生、体育和社会福利事业	14 249	3 433	12 811	1 356	11 944	11 751	8 136	—
教育、文化艺术和广播电视事业	58 539	8 845	35 753	4 109	40 215	40 658	29 553	888
科学研究和综合技术服务事业	3 794	1 521	1 757	92	2 707	1 619	1 185	328
金融、保险业	6 607	1 401	4 533	437	4 777	4 827	4 456	—
国家机关、政党机关和社会团体	46 340	6 188	28 899	2 770	30 874	31 438	25 791	4 586

各地区全民所有制工业企业职工人数（1—1）

（1990年末）　　单位：人

行业	全省	南昌市	景德镇市	萍乡市	九江市	新余市	鹰潭市
工业合计	**1 241 854**	**243 997**	**106 392**	**76 120**	**141 090**	**81 773**	**22 482**
一、按隶属关系分							
中央工业	183 890	33 997	11 887	1 767	34 329	4 509	6 582
地方工业	1 057 964	210 000	94 505	74 353	106 761	77 264	15 900
省属工业	325 238	54 809	36 695	48 607	19 708	51 343	2 646
地、市属工业	355 176	142 370	50 654	25 746	50 203	21 035	6 581
地辖市属工业	103 596	—	—	—	6 371	—	—
县及县以下工业	273 954	12 821	7 156	—	30 479	4 886	6 673
二、按轻、重工业分							
轻工业	377 191	92 289	45 944	5 383	51 725	12 146	6 831
重工业	864 663	151 708	60 448	70 737	89 365	69 627	15 651
三、按工业行业分							
（一）采掘业	306 563	2 897	21 185	42 745	16 557	8 822	2 346
矿业	251 545	601	19 884	42 084	12 930	8 168	74
#煤炭采选业	141 813	601	17 971	42 084	1 359	5 731	—
黑色金属矿采选业	5 179	—	196	—	547	1 870	—
有色金属矿采选业	80 226	—	112	—	7 127	341	—
木材及竹材采运业	48 184	896	898	428	2 614	450	2 011
自来水生产和供应业	6 834	1 400	403	233	1 013	204	261
（二）制造业	935 291	241 100	85 207	33 375	124 533	72 951	20 136
食品、饮料和烟草制造业	90 121	13 929	2 686	1 511	7 488	2 092	2 654
饲料工业	4 982	360	—	101	565	79	193
纺织业	111 211	28 790	1 609	1 750	29 258	7 802	235
缝纫业	1 881	91	—	334	405	—	—
皮革、毛皮及其制品业	4 098	1 127	—	—	447	281	—

各地区全民所有制工业企业职工人数(1—2)

(1990年末)　　单位：人

行业	赣州地区	#赣州市	宜春地区	#樟树市	上饶地区	吉安地区	抚州地区	未分地市中央单位
工业合计	**146 113**	**45 141**	**141 026**	**11 230**	**96 461**	**100 345**	**69 913**	**16 142**
一、按隶属关系分								
中央工业	42 108	7 212	1 851	—	20 670	6 110	3 938	16 142
地方工业	104 005	37 929	139 175	11 230	75 791	94 235	65 975	—
省属工业	6 529	6 096	63 513	4 688	13 509	20 076	7 803	—
地、市属工业	10 641	5 735	7 482	—	10 763	14 021	15 680	—
地辖市属工业	26 821	26 098	32 803	6 542	10 272	17 467	9 862	—
县及县以下工业	60 014	—	35 377	—	41 247	42 671	32 630	—
二、按轻、重工业分								
轻工业	36 985	16 142	31 111	6 014	26 193	35 413	33 171	—
重工业	109 128	28 999	109 915	5 216	70 268	64 932	36 742	16 142
三、按工业行业分								
(一)采掘业	61 097	2 390	67 624	2 599	34 117	25 089	9 751	14 333
矿业	45 180	—	58 014	1 216	30 690	15 623	3 964	14 333
#煤炭采选业	5 222	—	52 891	—	7 609	7 789	556	—
黑色金属矿采选业	—	—	1 122	—	—	1 444	—	—
有色金属矿采选业	39 764	—	2 699	—	21 070	6 001	3 112	—
木材及竹材采运业	15 119	2 181	8 953	1 324	2 824	8 852	5 139	—
自来水生产和供应业	798	209	657	59	603	614	648	—
(二)制造业	85 016	42 751	73 402	8 631	62 344	75 256	60 162	1 809
食品、饮料和烟草制造业	17 892	3 596	11 994	3 492	9 058	12 453	8 364	—
饲料工业	848	—	1 150	241	474	601	611	—
纺织业	3 673	2 841	7 183	—	7 158	8 523	15 230	—
缝纫业	376	376	—	—	470	—	205	—
皮革、毛皮及其制品	541	541	99	99	—	1 370	233	—

各地区全民所有制工业企业职工人数(2—1)

（1990年末）

单位：人

行　　业	全　省	南昌市	景德镇市	萍乡市	九江市	新余市	鹰潭市
木材加工及竹、藤、棕、草制品业	11 812	1 424	94	109	832	—	603
家具制造业	768	—	—	—	350	—	—
造纸及纸制品业	19 438	4 301	263	437	1 575	446	100
印　刷　业	19 071	6 673	624	476	1 781	317	429
文教体育用品制造业	431	21	—	—	94	—	—
工艺美术品制造业	802	427	—	—	—	—	—
电力、蒸汽、热水生产和供应业	49 924	5 784	3 797	2 370	6 102	4 380	2 699
石油加工业	5 311	159	—	—	5 152	—	—
炼焦、煤气及煤制品业	3 484	719	1 636	—	186	116	38
化　学　工　业	74 650	14 486	5 264	1 461	12 231	2 800	4 983
医　药　工　业	21 668	6 527	4 182	645	1 047	49	509
化学纤维工业	11 968	7 788	—	—	3 818	—	—
橡胶制品工业	7 615	4 106	—	—	1 450	—	783
塑料制品工业	4 078	1 034	—	151	—	384	964
建筑材料及其他非金属矿物制品业	101 130	13 225	37 231	1 303	13 636	2 309	—
黑色金属冶炼及压延加工业	66 755	14 403	—	11 174	1 138	39 330	—
有色金属冶炼及压延加工业	21 928	2 647	—	1 225	1 723	805	4 098
金属制品业	6 111	2 147	1 182	—	1 621	—	—
机械、电气、电子设备制造业	291 091	108 497	26 598	10 224	32 065	11 761	1 848
机　械　工　业	179 463	63 659	11 304	4 071	16 873	11 345	1 848
交通运输设备制造业	56 131	35 221	252	2 544	7 129	85	—
电气机械及器材制造业	12 271	237	2 725	2 332	294	145	—
电子及通信设备制造业	32 172	8 277	12 020	1 277	3 175	—	—
仪器仪表及其他计量器具制造业	11 054	1 103	297	—	4 594	186	—
其　他　工　业	4 963	2 435	41	104	1 569	—	—

各地区全民所有制工业企业职工人数(2—2)

(1990年末)

单位：人

行业	赣州地区	#赣州市	宜春地区	#樟树市	上饶地区	吉安地区	抚州地区	未分地市中央单位
木材加工及竹、藤、棕、草制品业	2 317	1 603	2 557	—	1 970	819	1 087	—
家具制造业	22	22	121	—	—	87	188	—
造纸及纸制品业	3 610	2 721	1 946	—	1 630	3 799	1 331	—
印刷业	2 391	1 094	1 739	143	1 408	1 998	1 235	—
文教体育用品制造业	—	—	—	—	—	172	144	—
工艺美术品制造业	213	—	99	—	—	63	—	—
电力、蒸汽、热水生产和供应业	7 728	1 622	3 856	210	3 960	5 945	3 303	—
石油加工业	—	—	—	—	—	—	—	—
炼焦、煤气及煤制品业	13	—	433	—	32	157	154	—
化学工业	7 654	4 144	7 314	1 095	1 947	9 107	7 403	—
医药工业	1 523	1 110	1 691	764	1 672	2 234	1 589	—
化学纤维工业	100	—	—	—	—	—	262	—
橡胶制品工业	431	—	524	—	—	321	—	—
塑料制品工业	399	263	204	—	509	367	66	—
建筑材料及其他非金属矿物制品业	5 427	943	9 192	1 151	9 969	6 372	2 466	—
黑色金属冶炼及压延加工业	—	—	304	—	—	406	—	—
有色金属冶炼及压延加工业	7 737	6 877	52	—	3 641	—	—	—
金属制品业	156	—	828	—	—	177	—	—
机械、电气、电子设备制造业	21 566	14 671	22 052	1 436	18 446	20 156	16 069	1 809
机械工业	18 123	13 105	20 633	1 436	10 995	8 796	10 007	1 809
交通运输设备制造业	2 999	1 566	241	—	1 959	1 647	4 054	—
电气机械及器材制造业	417	—	895	—	836	3 389	1 001	—
电子及通信设备制造业	27	—	283	—	316	6 104	693	—
仪器仪表及其他计量器具制造业	—	—	—	—	4 340	220	314	—
其他工业	399	327	64	—	—	129	222	—

全民所有制单位固定职工和合同制职工增减变动情况

（1990年）

单位：人

指　　标	合　计	中央单位	地方单位
一、本年增加来源	**101 167**	**13 265**	**87 902**
1.新增职工人数	98 021	12 299	85 722
企　　业	61 732	10 686	51 046
事　　业	26 292	1 316	24 976
机　　关	9 997	297	9 700
从农村招收的人员	5 044	501	4 543
从城镇招收的人员	20 214	2 483	17 731
#社会青年	12 436	1 569	10 867
统一分配的复员军人	10 073	2 410	7 663
统一分配的转业军人	1 510	190	1 320
统一分配的大学毕业生	14 551	2 311	12 240
统一分配的中专毕业生	18 043	1 655	16 388
统一分配的技校毕业生	9 976	1 907	8 069
停薪留职人员复职	1 060	93	967
临时工转固定工和合同制职工	2 227	193	2 034
由城镇集体单位转入人员	1 575	107	1 468
其　　他	13 748	449	13 299
2.由外省、市、自治区调入	3 146	966	2 180
二、本年减少去向	**47 312**	**11 392**	**35 920**
1.减少的职工人数	43 239	9 861	33 378
企　　业	27 338	8 895	18 443
事　　业	9 886	752	9 134
机　　关	6 015	214	5 801
退　　休	22 158	3 250	18 908
离　　休	3 013	421	2 592
退　　职	467	27	440
停薪留职	2 207	63	2 144
参　　军	375	20	355
转入城镇集体单位	672	113	559
除　　名	722	153	569
开　　除	1 433	269	1 164
辞　　退	735	56	679
合同制职工终止合同解除合同	1 465	172	1 293
死　　亡	3 829	646	3 183
其　　他	6 163	4 671	1 492
2.调到外省、市、自治区	4 073	1 531	2 542

各地区城镇集体所有制单位职工人数

（1990年末）

单位：人

行业	全省	南昌市	景德镇市	萍乡市	九江市	新余市	鹰潭市
总计	**815 733**	**213 470**	**71 923**	**70 822**	**80 054**	**16 464**	**17 364**
一、按企、事业机关分							
企业	791 933	206 970	71 421	68 463	78 119	16 231	17 055
事业机关	23 800	6 500	502	2 359	1 935	233	309
二、按国民经济行业分							
农、林、牧、渔、水利业	5 858	1 144	22	438	859	147	269
工业	433 312	137 733	50 608	46 394	35 306	8 356	8 198
地质普查和勘探业	135	—	—	—	—	—	61
建筑业	78 141	21 739	5 661	5 793	10 029	1 754	2 296
交通运输、邮电通讯业	49 777	12 117	3 465	2 163	6 977	109	1 584
商业、公共饮食业、物资供销和仓储业	199 294	31 297	8 074	9 425	23 021	4 747	3 975
房地产管理、公用事业、居民服务和咨询服务业	21 382	5 986	3 624	3 788	659	788	247
卫生、体育和社会福利事业	9 667	972	100	1 142	1 160	134	269
教育、文化艺术和广播电视事业	536	165	—	64	12	7	11
科学研究和综合技术服务事业	206	119	—	—	8	—	—
金融、保险业	12 285	1 245	369	462	1 548	337	425
国家机关、政党机关和社会团体	5 140	953	—	1 153	475	85	29

行业	赣州地区	#赣州市	宜春地区	#樟树市	上饶地区	吉安地区	抚州地区	未分地市中央单位
总计	**74 974**	**18 709**	**77 941**	**9 619**	**87 757**	**50 751**	**50 526**	**3 687**
一、按企、事业机关分								
企业	72 721	18 682	74 279	9 047	85 599	49 041	48 347	3 687
事业机关	2 253	27	3 662	572	2 158	1 710	2 179	—
二、按国民经济行业分								
农、林、牧、渔、水利业	163	113	864	118	348	915	689	—
工业	30 709	11 088	37 768	3 784	34 597	19 316	21 251	3 076
地质普查和勘探业	—	—	74	—	—	—	—	—
建筑业	7 784	1 818	4 149	521	8 774	5 536	4 626	—
交通运输、邮电通讯业	4 674	2 096	3 702	1 400	6 740	5 005	3 241	—
商业、公共饮食业、物资供销和仓储业	26 357	2 918	26 744	3 120	32 374	16 574	16 706	—
房地产管理、公用事业、居民服务和咨询服务业	1 003	396	1 597	268	1 497	802	780	611
卫生、体育和社会福利事业	1 767	139	1 344	201	1 174	561	1 044	—
教育、文化艺术和广播电视事业	5	—	69	—	30	97	76	—
科学研究和综合技术服务事业	—	—	—	—	22	—	57	—
金融、保险业	2 014	114	1 274	173	1 618	1 500	1 493	—
国家机关、政党机关和社会团体	498	27	356	34	583	445	563	—

各地区城镇集体所有制工业企业职工人数（一）

（1990年末）　　单位：人

行业	全省	南昌市	景德镇市	萍乡市	九江市	新余市	鹰潭市
合计	**433 312**	**137 733**	**50 608**	**46 394**	**35 306**	**8 356**	**8 198**
一、按轻、重工业分							
轻工业	274 853	91 539	38 562	22 043	26 112	3 242	6 355
重工业	158 459	46 194	12 046	24 351	9 194	5 114	1 843
二、按工业行业分							
（一）采掘业	29 544	892	2 066	6 224	1 903	252	—
矿业	27 891	892	2 066	6 183	1 898	252	—
#煤炭采选业	16 456	—	2 066	6 183	226	91	—
黑色金属矿采选业	18	—	—	—	—	18	—
有色金属矿采选业	8 720	—	—	—	772	—	—
木材及竹材采运业	1 567	—	—	—	—	—	—
自来水生产和供应业	86	—	—	41	5	—	—
（二）制造业	403 768	136 841	48 542	40 170	33 403	8 104	8 198
食品、饮料和烟草制造业	13 948	4 065	510	704	610	146	795
饲料工业	1 800	—	28	25	5	4	—
纺织业	35 808	14 293	880	773	7 120	933	150
缝纫业	22 349	6 677	1 013	1 426	2 622	457	218
皮革、毛皮及其制品业	12 202	4 330	785	713	738	32	146
木材加工及竹、藤、棕、草制品业	10 974	587	452	1 138	378	18	1 404
家具制造业	9 440	1 763	526	304	1 420	93	93
造纸及纸制品业	10 164	1 326	1 735	1 588	956	342	211
印刷业	13 825	7 967	343	800	576	185	100
文教体育用品制造业	2 396	572	249	—	151	—	23
工艺美术品制造业	17 721	1 508	2 159	5 996	1 061	83	73
电力、蒸汽、热水生产和供应业	1 300	—	—	168	76	408	44
石油加工业	495	—	—	—	—	—	—
炼焦、煤气及煤制品业	586	31	131	209	22	—	24
化学工业	6 601	1 669	418	259	563	159	360
医药工业	3 503	1 640	—	33	—	—	10
化学纤维工业	997	351	—	646	—	—	—
橡胶制品工业	8 079	3 742	514	481	1 654	—	546
塑料制品工业	16 226	5 557	820	1 943	2 220	532	496
建筑材料及其他非金属矿物制品业	57 533	5 964	30 849	6 834	3 485	249	375
黑色金属冶炼及压延加工业	2 802	2 506	—	40	—	—	82
有色金属冶炼及压延加工业	830	152	—	—	—	40	129
金属制品业	23 557	8 009	899	353	1 109	3 109	447
机械、电气、电子设备制造业	85 137	39 819	5 366	9 078	5 238	1 141	1 989
机械工业	50 168	24 673	2 527	5 378	5 049	1 031	—
交通运输设备制造业	14 079	7 697	400	735	71	—	778
电气机械及器材制造业	8 635	2 754	354	1 238	100	110	246
电子及通信设备制造业	8 405	3 823	1 124	1 290	18	—	26
仪器仪表及其他计量器具制造业	3 850	872	961	437	—	—	939
其他工业	45 495	24 313	865	6 659	3 399	173	483

各地区城镇集体所有制工业企业职工人数（二）

（1990年末）　　　　单位：人

行业	赣州地区	#赣州市	宜春地区	#樟树市	上饶地区	吉安地区	抚州地区	未分地市中央单位
合计	**30 709**	**11 088**	**37 768**	**3 784**	**34 597**	**19 316**	**21 251**	**3 076**
一、按轻、重工业分								
轻工业	19 317	7 988	19 239	2 823	20 059	14 461	13 578	346
重工业	11 392	3 100	18 529	961	14 538	4 855	7 673	2 730
二、按工业行业分								
（一）采掘业	3 909	—	8 774	141	4 624	603	297	—
矿业	3 635	—	8 062	141	4 066	570	267	—
#煤炭采选业	—	—	7 890	—	—	—	—	—
黑色金属矿采选业	—	—	—	—	—	—	—	—
有色金属矿采选业	3 571	—	—	—	3 867	314	196	—
木材及竹材采运业	274	—	712	—	518	33	30	—
自来水生产和供应业	—	—	—	—	40	—	—	—
（二）制造业	26 800	11 088	28 994	3 643	29 973	18 713	20 954	3 076
食品、饮料和烟草制造业	1 342	437	1 822	791	1 474	1 513	967	—
饲料工业	141	132	28	—	90	47	1 432	—
纺织业	2 029	862	3 447	625	2 004	2 299	1 880	—
缝纫业	3 815	1 492	1 799	249	1 720	1 582	986	34
皮革、毛皮及其制品业	875	244	1 291	7	1 710	1 180	402	—
木材加工及竹、藤、棕、草制品业	1 445	168	1 506	215	1 586	986	1 474	—
家具制造业	1 304	353	785	78	1 293	1 026	808	25
造纸及纸制品业	1 568	1 111	615	243	607	695	521	—
印刷业	805	585	1 077	140	1 075	490	407	—
文教体育用品制造业	477	167	206	—	575	143	—	—
工艺美术品制造业	169	—	3 126	—	2 215	616	715	—
电力、蒸汽、热水生产和供应业	261	—	139	—	169	—	35	—
石油加工业	455	88	40	—	—	—	—	—
炼焦、煤气及煤制品业	—	—	56	—	85	—	28	—
化学工业	153	—	1 138	245	751	691	440	—
医药工业	37	—	167	—	429	736	451	—
化学纤维工业	—	—	—	—	—	—	—	—
橡胶制品工业	—	—	709	—	239	64	130	—
塑料制品工业	761	285	1 036	234	1 074	776	1 011	—
建筑材料及其他非金属矿物制品业	1 847	603	1 562	224	2 886	1 279	2 203	—
黑色金属冶炼及压延加工业	174	—	—	—	—	—	—	—
有色金属冶炼及压延加工业	57	57	—	—	390	62	—	—
金属制品业	2 375	1 427	1 639	223	2 654	915	2 048	—
机械、电气、电子设备制造业	4 268	1 733	6 125	204	5 376	1 991	4 278	468
机械工业	1 693	443	4 034	194	1 546	1 533	2 523	181
交通运输设备制造业	1 170	59	917	—	1 540	236	437	98
电气机械及器材制造业	71	—	516	—	1 670	156	1 231	189
电子及通信设备制造业	1 325	1 231	621	—	162	—	16	—
仪器仪表及其他计量器具制造业	9	—	37	10	458	66	71	—
其他工业	2 442	1 344	681	165	1 571	1 622	738	2 549

职工工资总额

单位：万元

指标	1989年	1990年	1990年比1989年增长%
总计	**583499.2**	**656974.5**	**12.6**
一、按经济类型分			
全民所有制单位	486784.9	551601.8	13.3
固定职工	396200.9	447881.2	13.0
合同制职工	41160.2	50515.4	22.7
其他职工	49423.8	53205.2	7.7
#计划外用工	22873.1	26538.9	16.0
城镇集体所有制单位	95916.6	104212.6	8.6
其他各种所有制单位	797.7	1160.1	45.4
二、按隶属关系分			
中央	86774.6	94442.8	8.8
地方	496724.6	562531.7	13.2
三、按企、事业机关分			
企业	448796.6	491317.3	9.5
#地方单位	374320.8	409322.2	9.4
事业机关	134702.6	165657.2	23.0
#地方单位	122403.8	153209.5	25.2
四、按国民经济行业分			
农、林、牧、渔、水利业	43803.3	48987.4	11.8
工业	266771.5	295757.2	10.9
地质普查和勘探业	7057.0	7889.5	11.8
建筑业	34376.1	38791.0	12.8
交通运输、邮电通讯业	36249.0	40281.6	11.1
商业、公共饮食业、物资供销和仓储业	61994.4	68775.7	10.9
房地产管理、公用事业、居民服务和咨询服务业	8482.2	10222.8	20.5
卫生、体育和社会福利事业	18627.7	21334.6	14.5
教育、文化艺术和广播电视事业	52854.3	60737.3	14.9
科学研究和综合技术服务事业	5398.0	6035.2	11.8
金融、保险业	8212.0	9933.0	21.0
国家机关、政党机关和社会团体	39673.7	48229.2	21.6
五、按地区分			
南昌市	127364.5	144589.9	13.5
景德镇市	39744.8	43702.4	10.0
萍乡市	32799.3	37707.6	15.0
九江市	63613.0	71318.9	12.1
新余市	26520.6	30910.9	16.6
鹰潭市	16742.0	19321.7	15.4
赣州地区	65359.0	73212.4	12.0
#赣州市	18769.0	20931.6	11.5
宜春地区	61235.5	68047.3	11.1
#樟树市	6606.6	7342.6	11.1
上饶地区	59548.0	67506.1	13.4
吉安地区	47270.0	53118.1	12.4
抚州地区	34242.8	39921.9	16.6
未分地市中央单位	6140.7	7617.3	24.0

各种分组的职工工资总额(一)

（1990年）　　　　单位：万元

指标	合计	全民所有制单位	城镇集体所有制单位	其他各种所有制单位
总计	**656974.5**	**551601.8**	**104212.6**	**1160.1**
一、按企、事业机关分				
企业	491317.3	389360.8	100796.4	1160.1
#地方单位	409322.2	307365.7	100796.4	1160.1
事业	116690.1	114036.1	2654.0	—
#地方单位	105427.4	102773.4	2654.0	—
机关	48967.1	48204.9	762.2	—
#地方单位	47782.1	47019.9	762.2	—
二、按国民经济行业分				
（一）农、林、牧、渔、水利业	48987.4	48318.3	669.1	—
农业	32754.5	32560.5	194.0	—
林业	10494.6	10436.6	58.0	—
畜牧业	1447.4	1310.2	137.2	—
渔业	1101.3	1025.0	76.3	—
水利业	2039.1	2030.1	9.0	—
农、林、牧、渔、水利服务业	1150.5	955.9	194.6	—
（二）工业	295757.2	241348.2	53483.5	925.5
（三）地质普查和勘探业	7889.5	7873.2	16.3	—
（四）建筑业	38791.0	27626.6	11164.4	—
土木工程建筑业	33225.9	22476.8	10749.1	—
线路管道和设备安装业	4029.1	3644.4	384.7	—
勘察设计业	1536.0	1505.4	30.6	—
（五）交通运输、邮电通讯业	40281.6	33652.0	6586.4	43.2
交通运输业	34934.1	28322.6	6568.3	43.2
铁路运输业	13354.7	13354.7	—	—
公路运输业	13928.6	11484.3	2401.1	43.2
水上运输业	5201.4	2952.9	2248.5	—
民航运输业	350.9	350.9	—	—
装卸搬运业	2098.5	179.8	1918.7	—
邮电通讯业	5347.5	5329.4	18.1	—
（六）商业、公共饮食业、物资供销和仓储业	68775.7	43471.7	25296.8	7.2
商业	58103.3	35536.1	22567.2	—
#对外贸易业	1565.6	1565.6	—	—
公共饮食业	2820.9	1734.7	1079.0	7.2
物资供销业	6128.4	4477.8	1650.6	—
仓储业	1723.1	1723.1	—	—
（七）房地产管理、公用事业、居民服务和咨询服务业	10222.8	7307.2	2731.4	184.2
房地产管理业	1314.1	1070.3	243.8	—
公用事业	4722.9	3813.9	909.0	—
#市内公共交通业	1681.9	1453.2	228.7	—
园林绿化业	716.5	648.2	68.3	—
清洁卫生业	1183.6	767.2	416.4	—
市政工程业	833.7	706.7	127.0	—
居民服务业	4078.2	2321.5	1572.5	184.2

各种分组的职工工资总额(二)

(1990年)

单位：万元

指标	合计	全民所有制单位	城镇集体所有制单位	其他各种所有制单位
#旅游业	93.2	87.9	5.3	—
旅馆业	2657.6	2027.5	445.9	184.2
咨询服务业	107.6	101.5	6.1	—
(八)卫生、体育和社会福利事业	21334.6	19809.8	1524.8	—
卫生事业	20683.2	19176.8	1506.4	—
体育事业	244.2	244.2	—	—
社会福利事业	407.2	388.8	18.4	—
(九)教育、文化艺术和广播电视事业	60737.3	60673.1	64.2	—
教育事业	56563.6	56550.0	13.6	—
#普通高等学校	5096.8	5096.8	—	—
普通中学	20929.9	20929.9	—	—
小学	23476.0	23475.3	0.7	—
文化艺术事业	3265.6	3236.2	29.4	—
广播电视事业	908.1	886.9	21.2	—
(十)科学研究和综合技术服务事业	6035.2	6011.7	23.5	—
科学研究事业	4844.8	4843.3	1.5	—
自然科学研究事业	4601.6	4601.6	—	—
社会科学研究事业	102.0	100.5	1.5	—
综合科学研究事业	141.2	141.2	—	—
综合技术服务事业	1190.4	1168.4	22.0	—
#气象事业	374.9	374.9	—	—
地震事业	19.0	19.0	—	—
测绘事业	151.0	151.0	—	—
环境保护事业	121.0	121.0	—	—
(十一)金融、保险业	9933.0	8043.0	1890.0	—
金融业	9442.3	7552.3	1890.0	—
保险业	490.7	490.7	—	—
(十二)国家机关、政党机关和社会团体	48229.2	47467.0	762.2	—
三、按地区分				
南昌市	144589.9	116908.7	27318.7	362.5
景德镇市	43702.4	33391.7	10100.4	210.3
萍乡市	37707.6	28270.2	9434.9	2.5
九江市	71318.9	61090.2	10128.5	100.2
新余市	30910.9	28393.7	2469.6	47.6
鹰潭市	19321.7	17091.4	2222.1	8.2
赣州地区	73212.4	63631.1	9468.0	113.3
#赣州市	20931.6	18325.7	2554.9	51.0
宜春地区	68047.3	58035.1	9953.9	58.3
#樟树市	7342.6	6098.5	1242.4	1.7
上饶地区	67506.1	56921.1	10540.0	45.0
吉安地区	53118.1	46509.1	6411.3	197.7
抚州地区	39921.9	33933.2	5974.2	14.5
未分地市中央单位	7617.3	7426.3	191.0	—

全民所有制单位职工工资总额（一）

（1990年）　　　　单位：万元

指　　　　标	合　计	固定职工	合同制职工	其他职工
总　　　计	**551 601.8**	**447 881.2**	**50 515.4**	**53 205.2**
一、按隶属关系分				
中央直属单位	94 442.8	83 460.7	8 098.3	2 883.8
省属单位	126 855.1	101 666.7	14 424.2	10 764.2
地、市属单位	131 681.6	106 941.8	13 463.9	11 275.9
地辖市属单位	37 627.9	29 368.5	3 848.7	4 410.7
县及县以下单位	160 994.4	126 443.5	10 680.3	23 870.6
二、按企、事业机关分				
企　　业	389 360.8	302 979.9	43 998.7	42 382.2
#地方单位	307 365.7	230 695.3	36 754.7	39 915.7
#省属单位	102 964.1	80 241.5	13 173.3	9 549.3
地、市属单位	101 509.2	79 433.2	12 542.5	9 533.5
事　　业	114 036.1	101 563.4	4 931.5	7 541.2
#地方单位	102 773.4	91 273.4	4 161.5	7 338.5
#省属单位	17 367.1	15 360.5	1 051.9	954.7
地、市属单位	20 429.9	18 444.9	733.3	1 251.7
机　　关	48 204.9	43 337.9	1 585.2	3 281.8
#地方单位	47 019.9	42 451.8	1 500.9	3 067.2
#省属单位	6 523.9	6 064.7	199.0	260.2
地、市属单位	9 742.5	9 063.7	188.1	490.7
三、按国民经济行业分				
（一）农、林、牧、渔、水利业	48 318.3	43 240.2	546.7	4 531.4
农　　业	32 560.5	29 343.1	174.3	3 043.1
林　　业	10 436.6	9 318.7	133.1	984.8
畜牧业	1 310.2	1 162.8	23.2	124.2
渔　　业	1 025.0	961.9	6.2	56.9
水利业	2 030.1	1 611.9	152.4	265.8
农、林、牧、渔、水利服务业	955.9	841.8	57.5	56.6
（二）工　　业	241 348.2	182 090.3	33 382.3	25 875.6
（三）地质普查和勘探业	7 873.2	7 057.8	719.1	96.3
（四）建筑业	27 626.6	19 743.8	2 036.8	5 846.0
土木工程建筑业	22 476.8	15 419.5	1 651.3	5 406.0
线路管道和设备安装业	3 644.4	2 954.9	300.8	388.7

全民所有制单位职工工资总额(二)

(1990年)　　单位：万元

指　标	合　计	固定职工	合同制职工	其他职工
勘察设计业	1505.4	1369.4	84.7	51.3
(五)交通运输、邮电通讯业	33652.0	29312.8	3115.4	1223.8
交通运输业	28322.6	24690.3	2452.0	1180.3
铁路运输业	13354.7	12383.0	938.7	33.0
公路运输业	11484.3	9284.6	1204.4	995.3
水上运输业	2952.9	2634.8	262.7	55.4
民航运输业	350.9	298.4	38.5	14.0
装卸搬运业	179.8	89.5	7.7	82.6
邮电通讯业	5329.4	4622.5	663.4	43.5
(六)商业、公共饮食业、物资供销和仓储业	43471.7	32770.0	4619.8	6081.9
商　业	35536.1	26382.4	3803.4	5350.3
#对外贸易业	1565.6	1297.2	150.0	118.4
公共饮食业	1734.7	1353.0	219.2	162.5
物资供销业	4477.8	3690.1	425.8	361.9
仓储业	1723.1	1344.5	171.4	207.2
(七)房地产管理、公用事业、居民服务和咨询服务业	7307.2	5238.6	909.9	1158.7
房地产管理业	1070.3	751.9	107.4	211.0
公用事业	3813.9	2828.2	411.6	574.1
#市内公共交通业	1453.2	1217.5	117.4	118.3
园林绿化业	648.2	462.6	73.8	111.8
清洁卫生业	767.2	387.3	127.9	252.0
市政工程业	706.7	564.3	77.4	65.0
居民服务业	2321.5	1574.6	384.9	362.0
#旅游业	87.9	54.2	7.3	26.4
旅馆业	2027.5	1386.1	337.2	304.2
咨询服务业	101.5	83.9	6.0	11.6
(八)卫生、体育和社会福利事业	19809.8	16666.6	710.5	2432.7
卫生事业	19176.8	16140.1	673.7	2363.0
体育事业	244.2	201.9	7.4	34.9
社会福利事业	388.8	324.6	29.4	34.8
(九)教育、文化艺术和广播电视事业	60673.1	56275.6	2115.2	2282.3
教育事业	56550.0	52702.1	1793.1	2054.8
#普通高等学校	5096.8	4691.3	241.0	164.5

全民所有制单位职工工资总额(三)

(1990年)　　单位：万元

指　　标	合　计	固定职工	合同制职工	其他职工
普通中学	20929.9	19974.9	377.8	577.2
小　　学	23475.3	21616.2	897.7	961.4
文化艺术事业	3236.2	2821.9	255.4	158.9
广播电视事业	886.9	751.6	66.7	68.6
(十)科学研究和综合技术服务事业	6011.7	5556.7	220.9	234.1
科学研究事业	4843.3	4488.6	154.4	200.3
自然科学研究事业	4601.6	4261.6	144.5	195.5
社会科学研究事业	100.5	95.0	3.7	1.8
综合科学研究事业	141.2	132.0	6.2	3.0
综合技术服务事业	1168.4	1068.1	66.5	33.8
#气象事业	374.9	341.8	27.5	5.6
地震事业	19.0	16.6	0.9	1.5
测绘事业	151.0	141.6	6.8	2.6
环境保护事业	121.0	113.0	5.8	2.2
(十一)金融、保险业	8043.0	7233.9	592.7	216.4
金融业	7552.3	6774.6	572.7	205.0
保险业	490.7	459.3	20.0	11.4
(十二)国家机关、政党机关和社会团体	47467.0	42694.9	1546.1	3226.0
四、按地区分				
南昌市	116908.7	98732.6	9461.6	8714.5
景德镇市	33391.7	27339.0	3086.5	2966.2
萍乡市	28270.2	21806.4	3750.2	2713.6
九江市	61090.2	49672.4	5719.0	5698.8
新余市	28393.7	21765.4	3989.6	2638.7
鹰潭市	17091.4	13944.7	1372.2	1774.5
赣州地区	63631.1	52560.7	5157.1	5913.3
#赣州市	18325.7	15473.2	1659.8	1192.7
宜春地区	58035.1	44218.2	6237.7	7579.2
#樟树市	6098.5	4956.9	705.8	435.8
上饶地区	56921.1	47792.9	3933.8	5194.4
吉安地区	46509.1	36516.4	4037.3	5955.4
抚州地区	33933.2	27195.8	2926.4	3811.0
未分地市中央单位	7426.3	6336.7	844.0	245.6

各地区全民所有制单位职工工资总额（一）

（1990年）

单位：万元

行业	全省	南昌市	景德镇市	萍乡市	九江市	新余市	鹰潭市
总计	**551 601.8**	**116 908.7**	**3 3391.7**	**28 270.2**	**61 090.2**	**28 393.7**	**17 091.4**
一、按隶属关系分							
中央直属单位	94 442.8	24 334.5	5 167.6	2 171.4	13 928.9	3 428.3	8 280.2
省属单位	126 855.1	36 508.6	8 984.5	14 110.4	7 742.7	15 581.8	1 304.0
地、市属单位	131 681.6	45 125.5	14 831.7	11 988.4	17 985.6	7 365.6	3 309.9
地辖市属单位	37 627.9	—	—	—	2 455.5	—	—
县及县以下单位	160 994.4	10 940.1	4 407.9	—	18 977.5	2 018.0	4 197.3
二、按企、事业机关分							
企业	389 360.8	86 200.6	26 450.3	22 848.0	44 682.5	24 423.5	12 389.6
#地方单位	307 365.7	66 249.4	22 022.2	20 806.5	31 951.8	21 390.3	4 574.7
#省属单位	102 964.1	23 892.4	8 181.7	13 655.4	6 596.8	15 244.6	480.3
地、市属单位	101 509.2	37 664.7	11 679.8	7 151.1	14 121.6	5 097.5	2 168.5
事业	114 036.1	23 214.8	5 064.7	4 056.6	11 405.4	2 714.7	3 374.9
#地方单位	102 773.4	19 040.4	4 329.9	3 926.7	10 [illegible]73.8	2 320.8	2 909.6
#省属单位	17 367.1	9 749.1	496.4	354.9	862.0	277.2	741.1
地、市属单位	20 429.9	4 977.0	2 267.3	3 571.8	2 601.5	1 390.3	606.2
机关	48 204.9	7 493.3	1 876.7	1 365.6	5 002.3	1 255.5	1 326.9
#地方单位	47 019.9	7 284.4	1 872.0	1 365.6	4 935.7	1 254.3	1 326.9
#省属单位	6 523.9	2 867.1	306.4	100.1	283.9	60.0	82.6
地、市属单位	9 742.5	2 483.8	884.6	1 265.5	1 262.5	877.8	535.2
三、按国民经济行业分							
农、林、牧、渔、水利业	48 318.3	7 591.4	1 668.1	888.8	7 753.4	768.3	1 480.8
工业	241 348.2	48 066.0	20 248.6	17 524.9	25 451.9	18 582.3	4 361.7
地质普查和勘探业	7 873.2	1 582.2	219.6	139.9	543.8	311.8	426.3
建筑业	27 626.6	11 289.7	562.0	1 059.3	2 859.0	2 676.7	3 381.5
交通运输、邮电通讯业	33 652.0	9 028.0	1 964.7	1 745.6	3 354.0	1 239.1	2 424.5
商业、公共饮食业、物资供销和仓储业	43 471.7	9 881.3	1 884.2	1 529.6	5 171.0	1 159.2	1 217.1
房地产管理、公用事业、居民服务和咨询服务业	7 307.2	2 628.6	626.9	438.5	864.7	167.7	213.9
卫生、体育和社会福利业	19 809.8	4 447.7	941.9	630.9	2 084.2	487.4	494.7
教育、文化艺术和广播电视事业	60 673.1	11 169.6	2 385.8	2 540.7	6 287.7	1 247.8	1 381.6
科学研究和综合技术服务事业	6 011.7	2 256.2	773.1	82.3	769.9	215.0	85.1
金融、保险业	8 043.0	1 474.7	358.6	308.2	885.1	251.5	271.3
国家机关、政党机关和社会团体	47 467.0	7 493.3	1 758.2	1 381.5	5 065.5	1 286.9	1 352.9

各地区全民所有制单位职工工资总额(二)

(1990年)

单位：万元

行业	赣州地区	#赣州市	宜春地区	#樟树市	上饶地区	吉安地区	抚州地区	未分地市中央单位
总计	**63 631.1**	**18 325.7**	**58 035.1**	**6 098.5**	**56 921.1**	**46 509.1**	**33 933.2**	**7 426.3**
一、按隶属关系分								
中央直属单位	11 833.8	2 813.1	2 408.5	507.0	10 193.3	2 944.9	2 325.1	7 426.3
省属单位	4 613.6	2 480.3	19 605.7	2 078.5	6 684.8	7 275.5	4 443.5	—
地、市属单位	7 279.1	5 401.8	4 111.8	10.6	8 009.7	6 214.8	5 459.5	—
地辖市属单位	7 754.5	7 630.5	14 965.0	3 502.4	3 072.0	6 082.4	3 298.5	—
县及县以下单位	32 150.1	—	16 944.1	—	28 961.3	23 991.5	18 406.6	—
二、按企、事业机关分								
企业	39 106.4	13 633.8	40 517.7	3 728.8	39 994.6	27 711.0	21 010.0	4 026.6
#地方单位	28 274.9	11 597.0	38 201.1	3 225.6	30 299.9	24 841.8	18 753.1	—
#省属单位	2 887.2	1 835.2	16 999.8	1 218.9	5 570.2	5 877.4	3 578.3	—
地、市属单位	5 298.0	3 888.0	2 694.6	—	6 694.9	4 671.2	4 267.3	—
事业	16 689.5	3 445.7	11 893.4	1 891.9	11 047.2	13 306.5	8 712.3	2 556.1
#地方单位	15 716.3	2 698.5	11 802.5	1 888.1	10 549.9	13 257.5	8 646.0	—
#省属单位	1 208.9	508.7	1 885.3	828.9	153.0	1 051.0	588.2	—
地、市属单位	1 383.8	917.0	895.5	10.6	822.4	1 134.3	779.8	—
机关	7 835.2	1 246.2	5 624.0	477.8	5 879.3	5 491.6	4 210.9	843.6
#地方单位	7 806.1	1 217.1	5 623.0	477.8	5 878.0	5 464.9	4 209.0	—
#省属单位	517.5	136.4	720.6	30.7	961.6	347.1	277.0	—
地、市属单位	597.3	596.8	521.7	—	492.4	409.3	412.4	—
三、按国民经济行业分								
农、林、牧、渔、水利业	3 012.1	88.4	4 073.7	615.3	12 942.1	4 425.2	3 714.4	—
工业	26 895.5	8 663.9	28 558.0	2 128.0	18 212.1	17 714.1	12 057.4	3 675.7
地质普查和勘探业	643.6	219.7	760.6	352.7	327.0	346.2	269.9	2 302.3
建筑业	1 378.7	1 313.3	1 771.3	117.9	1 405.1	522.1	721.2	—
交通运输、邮电通讯业	2 924.6	1 333.0	2 784.0	668.0	3 523.3	2 666.6	1 646.7	350.9
商业、公共饮食业、物资供销和仓储业	5 630.8	2 054.9	4 875.1	574.5	4 386.5	4 180.0	3 556.9	—
房地产管理、公用事业、居民服务和咨询服务业	727.4	434.1	340.0	80.9	389.7	595.3	314.5	—
卫生、体育和社会福利事业	2 632.1	684.2	2 342.8	243.5	2 114.9	2 108.7	1 524.5	—
教育、文化艺术和广播电视事业	9 978.4	1 727.7	6 261.9	746.5	7 096.8	7 218.0	4 914.7	190.1
科学研究和综合技术服务事业	673.7	302.9	276.1	14.3	355.3	278.6	182.7	63.7
金融、保险业	1 171.6	255.1	794.4	79.1	894.1	860.9	772.6	—
国家机关、政党机关和社会团体	7 962.6	1 248.5	5 197.2	477.8	5 274.2	5 593.4	4 257.7	843.6

各地区全民所有制工业企业职工工资总额（1—1）

（1990年）

单位：万元

行业	全省	南昌市	景德镇市	萍乡市	九江市	新余市	鹰潭市
工业合计	**241 348.2**	**48 066.0**	**20 248.6**	**17 524.9**	**25 451.9**	**18 582.3**	**4 361.7**
一、按隶属关系分							
中央工业	42 466.3	7 676.3	2 708.6	457.1	7 629.0	1 233.5	1 898.4
地方工业	198 881.9	40 389.7	17 540.0	17 067.8	17 822.9	17 348.8	2 463.3
省属工业	74 512.3	11 871.7	7 901.6	12 552.8	3 607.2	13 057.3	314.0
地、市属工业	63 844.3	26 731.2	8 757.8	4 515.0	8 786.4	3 521.9	1 079.2
地辖市属工业	17 998.4	—	—	—	814.7	—	—
县及县以下工业	42 526.9	1 786.8	880.6	—	4 614.6	769.6	1 070.1
二、按轻、重工业分							
轻工业	63 622.4	17 768.2	7 947.9	1 013.7	8 328.3	1 960.5	1 097.5
重工业	177 725.8	30 297.8	12 300.7	16 511.2	17 123.6	16 621.8	3 264.2
三、按工业行业分							
（一）采掘业	67 359.3	514.9	4 557.8	11 026.4	3 207.3	2 061.4	316.7
矿业	57 875.0	90.6	4 352.0	10 904.9	2 593.2	1 934.0	10.9
#煤炭采选业	34 056.3	90.6	3 988.5	10 904.9	263.9	1 387.6	—
黑色金属矿采选业	1 181.1	—	44.9	—	93.8	417.0	—
有色金属矿采选业	17 671.8	—	13.4	—	1 590.5	64.1	—
木材及竹材采运业	8 188.0	110.9	131.0	76.3	422.3	86.6	270.3
自来水生产和供应业	1 296.3	313.4	74.8	45.2	191.8	40.8	35.5
（二）制造业	173 988.9	47 551.1	15 690.8	6 498.5	22 244.6	16 520.9	4 045.0
食品、饮料和烟草制造业	14 231.9	2 405.7	369.5	229.6	1 139.0	339.4	466.0
饲料工业	786.6	70.0	—	11.7	81.2	11.9	32.6
纺织业	18 168.2	5 646.6	181.7	249.5	4 688.9	1 075.8	26.4
缝纫业	264.3	13.5	—	44.4	49.2	—	—
皮革、毛皮及其制品业	638.6	176.3	—	—	90.4	56.4	—

各地区全民所有制工业企业职工工资总额（1—2）

（1990年）

单位：万元

行业	赣州地区	#赣州市	宜春地区	#樟树市	上饶地区	吉安地区	抚州地区	未分地市中央单位
工业合计	**26 895.5**	**8 663.9**	**28 558.0**	**2 128.0**	**18 212.1**	**17 714.1**	**12 057.4**	**3 675.7**
一、按隶属关系分								
中央工业	8 883.6	1 582.5	499.9	—	5 465.2	1 306.0	1 033.0	3 675.7
地方工业	18 011.9	7 081.4	28 058.1	2 128.0	12 746.9	16 408.1	11 024.4	—
省属工业	1 548.9	1 488.1	15 217.6	920.2	2 886.9	4 239.8	1 314.5	—
地、市属工业	1 869.8	931.9	1 288.1	—	2 094.2	2 384.1	2 816.6	—
地辖市属工业	4 785.4	4 661.4	5 887.0	1 207.8	1 505.3	3 040.7	1 965.3	—
县及县以下工业	9 807.8	—	5 665.4	—	6 260.5	6 743.5	4 928.0	—
二、按轻、重工业分								
轻工业	5 865.2	2 765.5	4 865.7	1 206.5	3 831.7	5 422.3	5 521.4	—
重工业	21 030.3	5 898.4	23 692.3	921.5	14 380.4	12 291.8	6 536.0	3 675.7
三、按工业行业分								
（一）采掘业	11 843.4	383.9	15 765.8	456.3	7 778.5	5 185.7	1 899.3	3 202.1
矿业	8 926.9	—	14 137.0	260.6	7 262.6	3 478.5	982.3	3 202.1
#煤炭采选业	1 076.8	—	13 026.8	—	1 347.2	1 843.5	126.5	—
黑色金属矿采选业	—	—	285.9	—	—	339.5	—	—
有色金属矿采选业	7 811.2	—	551.9	—	5 565.6	1 255.9	819.2	—
木材及竹材采运业	2 770.2	341.0	1 507.9	183.0	415.5	1 595.9	801.1	—
自来水生产和供应业	146.3	42.9	120.9	12.7	100.4	111.3	115.9	—
（二）制造业	15 052.1	8 280.0	12 792.2	1 671.7	10 433.6	12 528.4	10 158.1	473.6
食品、饮料和烟草制造业	2 726.3	536.3	2 093.9	716.8	1 311.9	1 932.5	1 218.1	—
饲料工业	116.8	—	195.7	36.6	73.9	92.7	100.1	—
纺织业	545.3	453.9	811.2	—	892.0	1 234.2	2 816.6	—
缝纫业	56.5	56.5	—	—	72.5	—	28.2	—
皮革、毛皮及其制品业	96.7	96.7	18.4	18.4	—	169.5	30.9	—

各地区全民所有制工业企业职工工资总额(2—1)

(1990年)　　单位：万元

行　　业	全　省	南昌市	景德镇市	萍乡市	九江市	新余市	鹰潭市
木材加工及竹、藤、棕、草制品业	1 899.7	205.4	11.0	13.4	138.2	—	168.7
家具制造业	99.7	—	—	—	45.0	—	—
造纸及纸制品业	3 195.0	818.7	27.5	76.4	222.5	56.0	12.2
印　刷　业	3 096.5	1 129.7	86.6	68.5	265.3	48.5	64.4
文教体育用品制造业	68.5	2.5	—	—	10.1	—	—
工艺美术品制造业	107.0	76.3	—	—	—	—	—
电力、蒸汽、热水生产和供应业	11 124.4	1 504.7	1 015.9	507.4	1 444.1	1 183.6	704.9
石油加工业	1 252.6	26.2	—	—	1 226.4	—	—
炼焦、煤气及煤制品业	702.5	153.5	325.7	—	36.6	20.4	6.5
化　学　工　业	14 002.3	2 990.8	1 033.9	248.2	2 211.7	707.0	798.6
医　药　工　业	4 003.3	1 580.7	755.9	108.1	145.9	9.8	56.3
化学纤维工业	2 605.6	1 814.8	—	—	739.3	—	—
橡胶制品工业	1 269.4	719.8	—	—	243.8	—	94.1
塑料制品工业	670.2	204.2	—	24.2	—	71.0	122.1
建筑材料及其他非金属矿物制品业	16 758.7	2 152.4	6 340.0	223.0	2 174.1	326.7	—
黑色金属冶炼及压延加工业	16 687.7	3 439.1	—	2 758.2	215.9	10 131.0	—
有色金属冶炼及压延加工业	5 239.6	610.6	—	239.2	344.5	209.5	1 168.6
金属制品业	1 080.1	419.9	185.2	—	289.4	—	—
机械、电气、电子设备制造业	55 284.9	21 063.9	5 351.7	1 681.0	6 158.8	2 273.9	323.6
机　械　工　业	33 403.9	12 091.1	2 152.2	658.5	3 102.9	2 206.5	323.6
交通运输设备制造业	11 379.2	7 387.4	39.1	525.4	1 405.2	15.2	—
电气机械及器材制造业	2 184.1	28.9	489.9	345.1	29.6	20.1	—
电子及通信设备制造业	6 294.6	1 389.0	2 633.4	152.0	600.0	—	—
仪器仪表及其他计量器具制造业	2 023.1	167.5	37.1	—	1 021.1	32.1	—
其　他　工　业	751.6	325.8	6.2	15.7	284.3	—	—

各地区全民所有制工业企业职工工资总额（2—2）

（1990年）

单位：万元

行业	赣州地区	#赣州市	宜春地区	#樟树市	上饶地区	吉安地区	抚州地区	未分地市中央单位
木材加工及竹、藤、棕、草制品业	390.7	293.3	384.0	—	368.6	79.9	139.8	—
家具制造业	3.5	3.5	18.6	—	—	8.9	23.7	—
造纸及纸制品业	637.8	514.4	280.4	—	225.7	634.1	203.7	—
印刷业	406.3	209.4	298.9	25.4	226.6	307.6	194.1	—
文教体育用品制造业	—	—	—	—	—	33.5	22.4	—
工艺美术品制造业	22.9	—	5.4	—	—	2.4	—	—
电力、蒸汽、热水生产和供应业	1 565.4	430.4	742.0	50.6	670.4	1 159.8	626.2	—
石油加工业	—	—	—	—	—	—	—	—
炼焦、煤气及煤制品业	2.1	—	100.2	—	5.4	27.9	24.2	—
化学工业	1 449.3	875.3	1 312.9	234.9	304.3	1 613.0	1 332.6	—
医药工业	287.3	230.4	268.6	136.2	224.3	319.0	247.4	—
化学纤维工业	12.5	—	—	—	—	—	39.0	—
橡胶制品工业	63.3	—	106.6	—	—	41.8	—	—
塑料制品工业	63.7	47.2	36.7	—	88.8	49.3	10.2	—
建筑材料及其他非金属矿物制品业	949.5	158.6	1 403.4	141.5	1 852.6	957.0	380.0	—
黑色金属冶炼及压延加工业	—	—	56.7	—	—	86.8	—	—
有色金属冶炼及压延加工业	1 733.5	1 611.1	8.3	—	925.4	—	—	—
金属制品业	25.0	—	134.2	—	—	26.4	—	—
机械、电气、电子设备制造业	3 844.4	2 716.9	4 506.9	311.3	3 191.2	3 732.2	2 683.7	473.6
机械工业	3 302.5	2 462.6	4 257.9	311.3	1 824.4	1 456.4	1 554.3	473.6
交通运输设备制造业	469.8	254.3	35.1	—	437.4	268.0	796.6	—
电气机械及器材制造业	69.6	—	175.8	—	200.1	655.0	170.0	—
电子及通信设备制造业	2.5	—	38.1	—	49.4	1 317.0	113.2	—
仪器仪表及其他计量器具制造业	—	—	—	—	679.9	35.8	49.6	—
其他工业	53.3	46.1	9.2	—	—	19.9	37.2	—

全民所有制工业企业职工工资总额

单位：万元

行业	1989年	1990年	1990年比1989年增长%
工业合计	**215573.8**	**241348.2**	**12.0**
#地方工业	177882.2	198881.9	11.8
一、按轻、重工业分			
轻工业	57319.4	63622.4	11.0
重工业	158254.4	177725.8	12.3
二、按工业行业分			
（一）采掘业	61996.1	67359.3	8.7
矿业	52880.9	57875.0	9.4
#煤炭采选业	30881.9	34056.3	10.3
黑色金属矿采选业	1279.7	1181.1	-7.7
有色金属矿采选业	16661.4	17671.8	6.1
木材及竹材采运业	7991.4	8188.0	2.5
自来水生产和供应业	1123.8	1296.3	15.3
（二）制造业	153577.7	173988.9	13.3
食品、饮料和烟草制造业	12572.6	14231.9	13.2
饲料工业	713.8	786.6	10.2
纺织业	16248.3	18168.2	11.8
缝纫业	234.3	264.3	12.8
皮革、毛皮及其制品业	577.9	638.6	10.5
木材加工及竹、藤、棕、草制品业	1659.3	1899.7	14.5
家具制造业	123.9	99.7	-19.5
造纸及纸制品业	2901.7	3195.0	10.1
印刷业	2644.8	3096.5	17.1
文教体育用品制造业	56.3	68.5	21.7
工艺美术品制造业	64.3	107.0	66.4
电力、蒸汽、热水生产和供应业	8911.6	11124.4	24.8
石油加工业	1120.0	1252.6	11.8
炼焦、煤气及煤制品业	525.7	702.5	33.6
化学工业	12899.5	14002.3	8.5
医药工业	3511.1	4003.3	14.0
化学纤维工业	2054.0	2605.6	26.9
橡胶制品工业	1265.9	1269.4	0.3
塑料制品工业	403.9	670.2	65.9
建筑材料及其他非金属矿物制品业	15119.5	16758.7	10.8
黑色金属冶炼及压延加工业	14526.2	16687.7	14.9
有色金属冶炼及压延加工业	4335.0	5239.6	20.9
金属制品业	1171.3	1080.1	-7.8
机械、电气、电子设备制造业	47233.6	55284.9	17.0
机械工业	30384.2	33403.9	9.9
交通运输设备制造业	—	11379.2	—
电气机械及器材制造业	—	2184.1	—
电子及通信设备制造业	—	6294.6	—
仪器仪表及其他计量器具制造业	—	2023.1	—
其他工业	2703.2	751.6	-72.2

全民所有制单位职工工资总额构成

项　　　目	1989年	1990年	1990年比1989年增长%
一、工资总额（万元）	**486784.9**	**551601.8**	**13.3**
计时工资	246226.3	292099.1	18.6
计件工资	40038.4	42352.3	5.8
#超额工资	7174.7	7030.9	-0.2
各种奖金	72635.6	74993.3	3.2
#节约奖	2631.5	4106.5	56.1
津贴和补贴	109950.0	114312.0	4.0
#年功性津贴	10835.6	13490.0	24.5
物价补贴	46180.2	47858.1	3.6
加班加点工资	11726.6	12850.5	9.6
其　他	6208.0	14994.6	141.5
二、工资总额构成（%）	**100.0**	**100.0**	—
计时工资	50.6	53.0	2.4
计件工资	8.2	7.7	-0.5
#超额工资	1.5	1.3	-0.2
各种奖金	14.9	13.6	-1.3
#节约奖	0.5	0.7	0.2
津贴和补贴	22.6	20.7	-1.9
#年功性津贴	2.2	2.4	0.2
物价补贴	9.5	8.7	-0.8
加班加点工资	2.4	2.3	-0.1
其　他	1.3	2.7	1.4

各地区全民所有制单位职工工资总额构成（一）

（1990年）

单位：万元

指　　标	合　计	计时工资	计件工资	#超额工资	各种奖金	#发放上年奖金
总　　计	**551601.8**	**292099.1**	**42352.3**	**7030.9**	**74993.3**	**6949.7**
一、按隶属关系分						
中央直属单位	94442.8	49325.2	5456.7	1078.2	15741.8	559.8
省属单位	126855.1	62346.8	11193.2	3066.1	19306.2	1832.7
地、市属单位	131681.6	70378.7	9741.5	1193.8	15842.5	1356.5
地辖市属单位	37627.9	19881.6	2409.5	307.2	5174.6	578.0
县及县以下单位	160994.4	90166.8	13551.4	1385.6	18928.2	2622.7
二、按企、事业机关分						
企　业	389360.8	195444.4	40647.3	6946.8	53139.6	5244.7
#地方单位	307365.7	152878.6	35247.1	5868.6	39251.6	4788.9
#省属单位	102964.1	48819.0	10865.6	3066.1	15934.1	1386.4
地、市属单位	101509.2	52531.2	9492.2	1145.0	11766.8	957.6
事　业	114036.1	67446.1	1691.0	83.8	15300.2	1228.6
#地方单位	102773.4	61295.8	1634.5	83.8	13613.0	1151.1
#省属单位	17367.1	9576.3	320.0	—	2447.9	371.5
地、市属单位	20429.9	12104.7	249.3	48.8	2814.5	316.5
机　关	48204.9	29208.6	14.0	0.3	6553.5	476.4
#地方单位	47019.9	28599.5	14.0	0.3	6386.9	449.9
#省属单位	6523.9	3951.5	7.6	—	924.2	74.8
地、市属单位	9742.5	5742.8	—	—	1261.2	82.4
三、按地区分						
南昌市	116908.7	62995.9	6422.4	972.6	17367.0	1164.3
景德镇市	33391.7	16692.8	3450.3	866.3	4725.7	428.7
萍乡市	28270.2	13814.5	3090.5	693.0	4170.4	257.9
九江市	61090.2	33792.8	3946.9	782.0	7476.2	845.2
新余市	28393.7	15599.3	1417.4	325.0	4593.1	363.4
鹰潭市	17091.4	8975.0	1054.0	131.2	2912.7	218.3
赣州地区	63631.1	35068.3	3860.4	329.0	7973.9	1067.9
#赣州市	18325.7	9571.6	936.4	79.1	2405.5	170.2
宜春地区	58035.1	28472.9	6575.6	1403.8	7655.2	780.6
#樟树市	6098.5	3310.5	320.3	79.3	856.9	62.6
上饶地区	56921.1	29714.1	6779.9	919.3	6417.4	629.0
吉安地区	46509.1	24703.8	3234.3	297.0	6416.1	798.8
抚州地区	33933.2	18336.2	2520.6	311.7	4627.7	360.2
未分地市中央单位	7426.3	3933.5	—	—	657.9	35.4

各地区全民所有制单位职工工资总额构成（二）

（1990年）

单位：万元

指　　标	津贴和补贴	#年功性津贴	#物价补贴	加班工资	其　他
总　计	**114 312.0**	**13 490.0**	**47 858.1**	**12 850.5**	**14 994.6**
一、按隶属关系分					
中央直属单位	20 250.9	1 739.7	7 748.2	2 316.3	1 351.9
省属单位	26 621.3	2 541.4	9 898.3	3 260.4	4 127.2
地、市属单位	28 000.3	2 411.4	13 409.4	4 146.0	3 572.6
地辖市属单位	8 199.7	1 224.8	3 590.7	845.8	1 116.7
县及县以下单位	31 239.8	5 572.7	13 211.5	2 282.0	4 826.2
二、按企、事业机关分					
企　业	78 282.7	3 680.9	35 392.7	11 953.7	9 893.1
#地方单位	61 342.5	2 471.7	28 560.1	9 748.6	8 897.3
#省属单位	21 070.9	1 155.1	8 052.5	3 027.8	3 246.7
地、市属单位	21 095.2	662.2	10 842.9	3 904.1	2 719.7
事　业	25 512.5	7 077.5	8 758.7	701.1	3 385.2
#地方单位	22 450.7	6 592.5	7 946.1	634.1	3 145.3
#省属单位	4 189.0	1 053.2	1 313.5	212.2	621.7
地、市属单位	4 553.1	1 261.2	1 860.5	176.5	531.8
机　关	10 516.8	2 731.6	3 706.7	195.7	1 716.3
#地方单位	10 267.9	2 686.1	3 603.7	151.5	1 600.1
#省属单位	1 361.4	333.1	532.3	20.4	258.8
地、市属单位	2 352.0	488.0	706.0	65.4	321.1
三、按地区分					
南昌市	23 416.4	2 116.5	10 769.3	3 196.3	3 510.7
景德镇市	6 874.7	616.3	3 234.1	1 155.3	492.9
萍乡市	5 967.2	646.2	1 781.9	643.0	584.6
九江市	12 716.3	1 325.3	5 116.9	1 383.6	1 774.4
新余市	5 338.1	362.4	2 474.3	981.6	464.2
鹰潭市	3 365.9	434.2	1 214.0	297.6	486.2
赣州地区	14 202.0	1 646.0	6 124.4	962.4	1 564.1
#赣州市	4 657.8	295.9	2 085.9	360.6	393.8
宜春地区	12 645.0	1 422.0	4 540.0	1 071.8	1 614.6
#樟树市	1 379.0	151.2	639.4	112.0	119.8
上饶地区	10 925.8	1 533.7	5 107.3	1 349.1	1 734.8
吉安地区	9 807.2	2 345.6	4 065.8	935.8	1411.9
抚州地区	6 693.9	897.6	2 742.1	690.2	1 064.6
未分地市中央单位	2 359.5	144.2	688.0	183.8	291.6

各地区城镇集体所有制单位职工工资总额

（1990年）

单位：万元

行业	全省	南昌市	景德镇市	萍乡市	九江市	新余市	鹰潭市
总计	**104 212.6**	**27 318.7**	**10 100.4**	**9 434.9**	**10 128.5**	**2 469.6**	**2 222.1**
一、按企、事业机关分							
企业	100 796.4	26 465.2	10 034.0	9 099.3	9 811.2	2 433.3	2 182.0
事业机关	3 416.2	853.5	66.4	335.6	317.3	36.3	40.1
二、按国民经济行业分							
农、林、牧、渔、水利业	669.1	158.6	2.3	44.7	93.5	17.1	25.8
工业	53 483.5	17 239.1	6 925.1	6 230.2	4 260.4	1 250.3	927.3
地质普查和勘探业	16.3	—	—	—	—	—	3.8
建筑业	11 164.4	3 224.6	1 042.2	704.1	1 138.8	301.6	498.2
交通运输、邮电通讯业	6 586.4	1 711.4	464.6	306.3	1 004.9	16.4	176.7
商业、公共饮食业、物资供销和仓储业	25 296.8	3 777.5	1 069.0	1 210.9	3 032.4	661.4	456.2
房地产管理、公用事业、居民服务和咨询服务业	2 731.4	687.6	530.1	535.7	81.9	137.2	35.1
卫生、体育和社会福利事业	1 524.8	153.9	12.7	181.4	193.4	22.1	36.5
教育、文化艺术和广播电视事业	64.2	16.8	—	10.2	1.7	1.2	1.8
科学研究和综合技术服务事业	23.5	16.6	—	—	1.2	—	—
金融、保险业	1 890.0	195.3	54.4	67.4	244.1	50.4	55.9
国家机关、政党机关和社会团体	762.2	137.3	—	144.0	76.2	11.9	4.8

行业	赣州地区	#赣州市	宜春地区	#樟树市	上饶地区	吉安地区	抚州地区	未分地市中央单位
总计	**9 468.0**	**2 554.9**	**9 953.9**	**1 242.4**	**10 540.0**	**6 411.3**	**5 974.2**	**191.0**
一、按企、事业机关分								
企业	9 104.8	2 549.3	9 423.9	1 152.4	10 231.9	6 137.5	5 682.3	191.0
事业机关	363.2	5.6	530.0	90.0	308.1	273.8	291.9	—
二、按国民经济行业分								
农、林、牧、渔、水利业	18.5	13.5	96.7	17.8	41.2	97.3	73.4	—
工业	3 669.6	1 486.8	4 438.3	379.5	3 870.2	2 285.3	2 246.9	140.8
地质普查和勘探业	—	—	12.5	—	—	—	—	—
建筑业	1 082.4	290.5	555.5	89.7	1 274.4	741.6	601.0	—
交通运输、邮电通讯业	550.9	282.4	441.3	162.8	865.8	561.0	487.1	—
商业、公共饮食业、物资供销和仓储业	3 323.1	385.7	3 717.3	485.2	3 840.5	2 180.2	2 028.3	—
房地产管理、公用事业、居民服务和咨询服务业	114.1	45.8	226.9	40.4	114.2	132.0	86.4	50.2
卫生、体育和社会福利事业	280.9	21.7	220.2	34.8	177.1	92.1	154.5	—
教育、文化艺术和广播电视事业	0.8	—	7.6	—	1.8	14.5	7.8	—
科学研究和综合技术服务事业	—	—	—	—	3.0	—	2.7	—
金融、保险业	342.2	22.9	178.4	25.7	271.0	224.5	206.4	—
国家机关、政党机关和社会团体	85.5	5.6	59.2	6.5	80.8	82.8	79.7	—

各地区城镇集体所有制工业企业职工工资总额（一）

（1990年）　　　　单位：万元

行业	全省	南昌市	景德镇市	萍乡市	九江市	新余市	鹰潭市
合计	53 483.5	17 239.1	6 925.1	6 230.2	4 260.4	1 250.3	927.3
一、按轻、重工业分							
轻工业	32 919.6	11 405.6	5 133.7	2 738.8	3 050.9	443.3	715.6
重工业	20 563.9	5 833.5	1 791.4	3 491.4	1 209.5	807.0	211.7
二、按工业行业分							
（一）采掘业	4 153.1	54.8	403.9	1 037.7	245.2	53.3	—
矿业	3 971.9	54.8	403.9	1 034.7	244.8	53.3	—
#煤炭采选业	2 573.1	—	403.9	1 034.7	29.8	32.0	—
黑色金属矿采选业	1.0	—	—	—	—	1.0	—
有色金属矿采选业	1 142.4	—	—	—	122.5	—	—
木材及竹材采运业	173.1	—	—	—	—	—	—
自来水生产和供应业	8.1	—	—	3.0	0.4	—	—
（二）制造业	49 330.4	17 184.3	6 521.2	5 192.5	4 015.2	1 197.0	927.3
食品、饮料和烟草制造业	1 580.0	558.8	46.0	40.1	62.9	21.5	79.0
饲料工业	251.8	—	3.1	1.1	0.8	0.6	—
纺织业	4 226.3	1 937.3	83.7	100.1	728.0	118.8	10.2
缝纫业	2 560.1	790.5	127.7	227.5	349.2	52.5	18.7
皮革、毛皮及其制品业	1 342.9	505.6	90.8	81.1	70.0	3.0	17.5
木材加工及竹、藤、棕、草制品业	1 067.7	64.3	43.3	91.9	36.0	2.6	174.5
家具制造业	1 055.0	224.6	76.7	21.5	164.3	7.5	6.8
造纸及纸制品业	1 232.8	159.8	239.4	159.7	128.8	52.6	18.1
印刷业	1 718.3	1 016.6	38.1	107.6	68.8	28.5	17.4
文教体育用品制造业	273.6	57.0	23.5	—	23.9	—	2.9
工艺美术品制造业	2 287.6	177.8	373.1	848.6	117.9	14.1	5.9
电力、蒸汽、热水生产和供应业	156.3	—	—	16.0	13.6	57.2	2.2
石油加工业	44.9	—	—	—	—	—	—
炼焦、煤气及煤制品业	66.7	3.8	16.1	20.5	2.2	—	3.6
化学工业	741.5	174.8	69.3	27.2	48.6	25.3	43.6
医药工业	481.9	217.9	—	4.3	—	—	1.0
化学纤维工业	137.9	33.4	—	104.5	—	—	—
橡胶制品工业	992.9	486.3	68.7	71.3	180.5	—	46.4
塑料制品工业	2 104.6	747.1	102.1	291.1	314.1	81.8	53.4
建筑材料及其他非金属矿物制品业	7 231.3	635.8	4 097.7	923.9	412.1	26.0	53.1
黑色金属冶炼及压延加工业	452.7	423.3	—	8.2	—	—	8.5
有色金属冶炼及压延加工业	140.5	20.2	—	—	—	3.4	21.9
金属制品业	3 064.1	1 043.3	136.2	43.4	150.8	542.1	46.2
机械、电气、电子设备制造业	11 065.4	5 162.4	726.1	1 221.7	746.5	139.5	235.4
机械工业	6 556.4	3 203.6	305.2	747.2	720.3	126.5	—
交通运输设备制造业	1 689.7	978.7	51.7	89.9	9.9	—	87.8
电气机械及器材制造业	1 152.0	375.4	69.0	157.2	13.5	13.0	25.6
电子及通信设备制造业	1 157.3	505.2	163.9	172.5	2.8	—	2.0
仪器仪表及其他计量器具制造业	510.0	99.5	136.3	54.9	—	—	120.0
其他工业	5 053.6	2 743.7	159.6	781.2	396.2	20.0	61.0

各地区城镇集体所有制工业企业职工工资总额（二）

（1990年）

单位：万元

行业	赣州地区	#赣州市	宜春地区	#樟树市	上饶地区	吉安地区	抚州地区	未分地市中央单位
合计	**3669.6**	**1486.8**	**4438.3**	**379.5**	**3870.2**	**2285.3**	**2246.9**	**140.8**
一、按轻、重工业分								
轻工业	2240.8	1054.0	2016.3	288.3	2202.2	1616.1	1327.0	29.3
重工业	1428.8	432.8	2422.0	91.2	1668.0	669.2	919.9	111.5
二、按工业行业分								
（一）采掘业	501.5	—	1156.6	11.4	539.6	124.3	36.2	—
矿业	462.7	—	1090.2	11.4	472.7	120.3	34.5	—
#煤炭采选业	—	—	1072.7	—	—	—	—	—
黑色金属矿采选业	—	—	—	—	—	—	—	—
有色金属矿采选业	453.3	—	—	—	451.1	96.3	19.2	—
木材及竹材采运业	38.8	—	66.4	—	62.2	4.0	1.7	—
自来水生产和供应业	—	—	—	—	4.7	—	—	—
（二）制造业	3168.1	1486.8	3281.7	368.1	3330.6	2161.0	2210.7	140.8
食品、饮料和烟草制造业	171.7	56.5	192.4	89.2	124.2	185.0	98.4	—
饲料工业	19.8	18.2	4.9	—	9.1	6.8	205.6	—
纺织业	245.1	127.4	357.1	54.9	216.5	244.5	185.0	—
缝纫业	465.3	158.5	158.2	25.4	167.7	151.5	48.4	2.9
皮革、毛皮及其制品业	101.8	35.6	143.3	0.3	164.2	131.2	34.4	—
木材加工及竹、藤、棕、草制品业	141.6	31.1	158.7	11.7	139.3	80.1	135.4	—
家具制造业	143.6	50.8	78.2	9.9	138.3	124.1	67.2	2.2
造纸及纸制品业	209.8	178.6	66.0	27.5	65.6	87.8	45.2	—
印刷业	89.9	65.6	125.6	16.6	121.6	61.8	42.4	—
文教体育用品制造业	66.0	28.2	18.0	—	61.4	20.9	—	—
工艺美术品制造业	15.2	—	345.4	—	274.7	54.9	60.0	—
电力、蒸汽、热水生产和供应业	27.5	—	11.5	—	23.3	—	5.0	—
石油加工业	39.4	15.1	5.5	—	—	—	—	—
炼焦、煤气及煤制品业	—	—	5.5	—	12.7	—	2.3	—
化学工业	13.1	—	128.9	25.5	88.8	81.7	40.2	—
医药工业	4.6	—	17.4	—	64.5	129.3	42.9	—
化学纤维工业	—	—	—	—	—	—	—	—
橡胶制品工业	—	—	102.4	—	20.8	7.4	9.1	—
塑料制品工业	101.0	45.7	98.0	26.4	116.1	87.4	112.5	—
建筑材料及其他非金属矿物制品业	216.2	78.7	170.2	10.1	293.5	156.0	246.8	—
黑色金属冶炼及压延加工业	12.7	—	—	—	—	—	—	—
有色金属冶炼及压延加工业	6.8	6.8	—	—	81.0	7.2	—	—
金属制品业	283.6	166.5	188.5	29.2	291.3	112.7	226.0	—
机械、电气、电子设备制造业	489.9	259.3	847.2	26.2	691.3	239.6	519.9	45.9
机械工业	181.2	74.9	574.6	25.1	205.8	175.4	294.9	21.7
交通运输设备制造业	112.6	6.2	103.5	—	186.3	31.2	29.8	8.3
电气机械及器材制造业	7.4	—	63.0	—	200.3	24.6	187.1	15.9
电子及通信设备制造业	187.3	178.2	102.5	—	19.5	—	1.6	—
仪器仪表及其他计量器具制造业	1.4	—	3.6	1.1	79.4	8.4	6.5	—
其他工业	303.5	164.2	58.8	15.2	164.7	191.1	84.0	89.8

各地区城镇集体所有制单位职工工资总额构成（一）

（1990年）　　单位：万元

指　　标	合　计	计时工资	计件工资	#超额工资	各种奖金
总　　计	**104 212.6**	**51 286.2**	**24 906.5**	**2 709.9**	**7 237.4**
一、按企、事业机关分					
企　　业	100 796.4	49 116.5	24 866.4	2 705.7	6 850.7
事业机关	3 416.2	2 169.7	40.1	4.2	386.7
二、按国民经济行业分					
农、林、牧、渔、水利业	669.1	420.2	86.1	9.4	45.1
工　　业	53 483.5	23 599.0	15 821.7	1 688.2	3 177.4
地质普查和勘探业	16.3	11.0	—	—	1.4
建筑业	11 164.4	4 003.1	5 405.0	768.4	424.7
交通运输、邮电通讯业	6 586.4	2 882.3	2 381.4	174.2	237.8
商业、公共饮食业、物资供销和仓储业	25 296.8	16 114.4	957.5	48.8	2 474.7
房地产管理、公用事业、居民服务和咨询服务业	2 731.4	1 670.7	254.1	20.7	328.3
卫生、体育和社会福利事业	1 524.8	926.6	—	—	199.9
教育、文化艺术和广播电视事业	64.2	42.4	0.1	—	7.9
科学研究和综合技术服务事业	23.5	14.1	0.6	0.2	3.1
金融、保险业	1 890.0	1 120.7	—	—	226.4
国家机关、政党机关和社会团体	762.2	481.7	—	—	110.7
三、按地区分					
南昌市	27 318.7	15 304.2	4 328.3	576.1	1 642.5
景德镇市	10 100.4	4 367.8	3 149.4	444.1	621.7
萍乡市	9 434.9	3 705.5	3 572.0	310.9	676.8
九江市	10 128.5	5 525.5	2 076.1	174.0	632.3
新余市	2 469.6	1 074.6	513.7	86.0	340.2
鹰潭市	2 222.1	881.4	765.4	55.6	112.6
赣州地区	9 468.0	4 294.5	2 641.5	298.4	711.4
#赣州市	2 554.9	983.0	850.4	70.3	197.5
宜春地区	9 953.9	4 519.1	2 481.5	200.9	821.1
#樟树市	1 242.4	610.2	242.5	51.2	102.1
上饶地区	10 540.0	5 404.2	2 233.1	215.6	717.6
吉安地区	6 411.3	3 186.7	1 438.3	202.7	552.6
抚州地区	5 974.2	2 838.9	1 707.2	145.6	403.3
未分地市中央单位	191.0	183.8	—	—	5.3

各地区城镇集体所有制单位职工工资总额构成（二）

（1990年）　　　　　　　　　　单位：万元

指　　标	津贴和补贴	#物价补贴	加班工资	其　　他
总　　计	**15 860.8**	**9 201.3**	**2 353.5**	**2 568.2**
一、按企、事业机关分				
企　业	15 199.0	8 894.3	2 298.4	2 465.4
事业机关	661.8	307.0	55.1	102.8
二、按国民经济行业分				
农、林、牧、渔、水利业	85.3	40.7	10.0	22.4
工　业	8 292.2	5 183.1	1 192.5	1 400.7
地质普查和勘探业	3.8	1.5	0.1	—
建 筑 业	941.5	520.5	193.3	196.8
交通运输、邮电通讯业	850.2	423.2	102.6	132.1
商业、公共饮食业、物资供销和仓储业	4 463.0	2 486.4	701.3	585.9
房地产管理、公用事业、居民服务和咨询服务业	375.1	187.8	63.8	39.4
卫生、体育和社会福利事业	335.9	117.6	12.5	49.9
教育、文化艺术和广播电视事业	12.7	8.1	0.4	0.7
科学研究和综合技术服务事业	3.4	1.4	0.1	2.2
金融、保险业	356.4	157.2	71.8	114.7
国家机关、政党机关和社会团体	141.3	73.8	5.1	23.4
三、按地区分				
南 昌 市	4 333.7	2 937.6	825.6	884.4
景德镇市	1 478.8	838.3	193.3	289.4
萍 乡 市	1 102.7	631.5	189.4	188.5
九 江 市	1 474.6	696.5	173.3	246.7
新 余 市	422.4	213.8	79.0	39.7
鹰 潭 市	312.8	162.0	36.0	113.9
赣州地区	1 492.9	819.4	149.8	177.9
#赣州市	444.9	277.5	34.0	45.1
宜春地区	1 765.3	906.2	223.7	143.2
#樟树市	240.2	137.4	37.6	9.8
上饶地区	1 763.6	1 042.9	229.4	192.1
吉安地区	925.1	510.6	139.0	169.6
抚州地区	787.0	440.6	115.0	122.8
未分地市中央单位	1.9	1.9	—	—

职工各种奖金和计件超额工资

（1990年）　　单位：万元

行　　业	合　计	全　民 所有制单位	城镇集体 所有制单位	其他各种 所有制单位
总　　计	**92 163.9**	**82024.2**	**9 947.3**	**192.4**
农、林、牧、渔、水利业	4 574.0	4 519.5	54.5	—
工　业	42 093.9	37 069.8	4 865.6	158.5
地质普查和勘探业	873.8	872.4	1.4	—
建　筑　业	5 972.0	4 778.9	1 193.1	—
交通运输、邮电通讯业	7 051.1	6 638.2	412.0	0.9
商业、公共饮食业、物资供销和仓储业	9 349.7	6 826.2	2 523.5	—
房地产管理、公用事业、居民服务和咨询服务业	1 408.2	1 026.2	349.0	33.0
卫生、体育和社会福利事业	3 638.3	3 438.4	199.9	—
教育、文化艺术和广播电视事业	7 792.7	7 784.8	7.9	—
科学研究和综合技术服务事业	882.4	879.1	3.3	—
金融、保险业	1 854.6	1 628.2	226.4	—
国家机关、政党机关和社会团体	6 673.2	6 562.5	110.7	—

职工津贴和补贴

（1990年）　　单位：万元

行　　业	合　计	全　民 所有制单位	城镇集体 所有制单位	其他各种 所有制单位
总　　计	**130 385.5**	**114 312.0**	**15 860.8**	**212.7**
农、林、牧、渔、水利业	7630.3	7 545.0	85.3	—
工　业	58 436.6	49 981.0	8 292.2	163.4
地质普查和勘探业	2 854.1	2 850.3	3.8	—
建　筑　业	5 766.0	4 824.5	941.5	—
交通运输、邮电通讯业	8 550.2	7 684.7	850.2	15.3
商业、公共饮食业、物资供销和仓储业	13 115.2	8 651.0	4 463.0	1.2
房地产管理、公用事业、居民服务和咨询服务业	2 137.2	1 729.3	375.1	32.8
卫生、体育和社会福利事业	4 771.8	4 435.9	335.9	—
教育、文化艺术和广播电视事业	13 384.4	13 371.7	12.7	—
科学研究和综合技术服务事业	1 263.3	1 259.9	3.4	—
金融、保险业	2 112.0	1 755.6	356.4	—
国家机关、政党机关和社会团体	10 364.4	10 223.1	141.3	—

各地区职工奖金和计件超额工资

（1990年）

地区	各种奖金和计件超额工资（万元）				年平均奖金和计件超额工资(元/人)			
	合计	全民所有制单位	城镇集体所有制单位	其他各种所有制单位	合计	全民所有制单位	城镇集体所有制单位	其他各种所有制单位
全省	**92 163.9**	**82 024.2**	**9 947.3**	**192.4**	**243**	**274**	**124**	**345**
南昌市	20 606.7	18 339.6	2 218.6	48.5	256	309	106	284
景德镇市	6 692.2	5 592.0	1 065.8	34.4	263	307	148	346
萍乡市	5 851.1	4 863.4	987.7	—	292	372	141	—
九江市	9 084.6	8 258.2	806.3	20.1	208	231	103	361
新余市	5 355.0	4 918.1	426.2	10.7	367	380	266	507
鹰潭市	3 213.5	3 043.9	168.2	1.4	299	338	97	255
赣州地区	9 313.6	8 302.9	1 009.8	0.9	218	235	139	15
#赣州市	2 752.4	2 484.6	267.8	—	248	268	146	—
宜春地区	10 081.8	9 059.0	1 022.0	0.8	261	293	132	19
#樟树市	1 089.5	936.2	153.3	—	257	284	164	—
上饶地区	8 275.5	7 336.7	933.2	5.6	193	214	109	132
吉安地区	7 538.4	6 713.1	755.3	70.0	237	252	150	1 443
抚州地区	5 488.3	4 939.4	548.9	—	218	243	114	—
未分地市中央单位	663.2	657.9	5.3	—	—	—	—	—

各地区职工津贴和补贴

（1990年）

地区	津贴和补贴（万元）				年平均津贴和补贴（元／人）			
	合计	全民所有制单位	城镇集体所有制单位	其他各种所有制单位	合计	全民所有制单位	城镇集体所有制单位	其他各种所有制单位
全省	**130 385.5**	**114 312.0**	**15 860.8**	**212.7**	**343**	**382**	**198**	**381**
南昌市	27 783.0	23 416.4	4 333.7	32.9	345	394	206	193
景德镇市	8 425.3	6 874.7	1 478.8	71.8	331	378	206	722
萍乡市	7 070.4	5 967.2	1 102.7	0.5	352	457	158	294
九江市	14 206.9	12 716.3	1 474.6	16.0	325	355	188	287
新余市	5 768.1	5 338.1	422.4	7.6	396	412	264	360
鹰潭市	3 680.2	3 365.9	312.8	1.5	343	374	181	273
赣州地区	15 723.2	14 202.0	1 492.9	28.3	369	402	205	459
#赣州市	5 118.0	4 657.8	444.9	15.3	461	503	243	683
宜春地区	14 422.2	12 645.0	1 765.3	11.9	373	410	227	284
#樟树市	1 619.6	1 379.0	240.2	0.4	383	419	257	235
上饶地区	12 699.6	10 925.8	1 763.6	10.2	296	318	205	240
吉安地区	10 764.3	9 807.2	925.1	32.0	339	367	184	660
抚州地区	7 480.9	6 693.9	787.0	—	297	329	163	—
未分地市中央单位	2 361.4	2 359.5	1.9	—	—	—	—	—

职工年平均工资

单位：元

指标	1989年	1990年	1990年比1989年增长%
总计	1562	**1729**	**10.7**
一、按经济类型分			
全民所有制单位	1658	1843	11.2
固定职工	1758	1962	11.6
合同制职工	1377	1548	12.4
其他职工	1288	1386	7.6
#计划外用工	1261	1412	12.0
城镇集体所有制单位	1205	1300	7.9
其他各种所有制单位	1809	2079	14.9
二、按隶属关系分			
中央	2116	2318	9.5
地方	1493	1658	11.1
三、按企、事业机关分			
企业	1548	1712	10.6
#地方单位	1468	1623	10.7
事业机关	1608	1784	10.9
#地方单位	1577	1754	11.2
四、按国民经济行业分			
农、林、牧、渔、水利业	1119	1248	11.5
工业	1641	1792	9.2
地质普查和勘探业	1961	2295	17.0
建筑业	1720	1975	14.8
交通运输、邮电通讯业	1849	2023	9.4
商业、公共饮食业、物资供销和仓储业	1376	1508	9.6
房地产管理、公用事业、居民服务和咨询服务业	1451	1605	10.6
卫生、体育和社会福利事业	1696	1893	11.6
教育、文化艺术和广播电视事业	1611	1806	12.1
科学研究和综合技术服务事业	1540	1763	14.5
金融、保险业	1566	1791	14.4
国家机关、政党机关和社会团体	1567	1799	14.8
五、按地区分			
南昌市	1608	1794	11.6
景德镇市	1562	1715	9.8
萍乡市	1664	1879	12.9
九江市	1471	1633	11.0
新余市	1922	2120	10.3
鹰潭市	1621	1800	11.0
赣州地区	1537	1717	11.7
#赣州市	1659	1884	13.6
宜春地区	1609	1759	9.3
#樟树市	1581	1735	9.7
上饶地区	1413	1571	11.2
吉安地区	1512	1672	10.6
抚州地区	1397	1585	13.5
未分地市中央单位	1778	2135	20.1

各种分组的职工年平均工资(一)

（1990年）

单位：元

指标	合计	全民所有制单位	城镇集体所有制单位	其他各种所有制单位
总计	1729	1843	1300	2079
一、按企、事业机关分				
企业	1712	1865	1297	2079
#地方单位	1623	1768	1297	2079
事业	1778	1789	1391	—
#地方单位	1737	1748	1391	—
机关	1798	1803	1514	—
#地方单位	1793	1798	1514	—
二、按国民经济行业分				
(一) 农、林、牧、渔、水利业	1248	1250	1149	—
农业	1210	1211	1132	—
林业	1309	1312	995	—
畜牧业	1334	1337	1302	—
渔业	1225	1238	1076	—
水利业	1447	1448	1250	—
农、林、牧、渔、水利服务业	1492	1588	1151	—
(二) 工业	1792	1977	1257	2210
(三) 地质普查和勘探业	2295	2299	1244	—
(四) 建筑业	1975	2298	1465	—
土木工程建筑业	1915	2248	1461	—
线路管道和设备安装业	2577	2762	1578	—
勘察设计业	2127	2147	1464	—
(五) 交通运输、邮电通讯业	2023	2244	1345	2717
交通运输业	1991	2240	1345	2717
铁路运输业	2753	2753	—	—
公路运输业	1771	1858	1437	2717
水上运输业	1546	2053	1168	—
民航运输业	4143	4143	—	—
装卸搬运业	1522	1961	1490	—
邮电通讯业	2263	2268	1371	—
(六) 商业、公共饮食业、物资供销和仓储业	1508	1679	1283	1565
商业	1494	1666	1284	—
#对外贸易业	2074	2074	—	—
公共饮食业	1323	1445	1164	1565
物资供销业	1690	1863	1351	—
仓储业	1810	1810	—	—
(七) 房地产管理、公用事业、居民服务和咨询服务业	1605	1729	1349	1553
房地产管理业	1560	1667	1215	—
公用事业	1722	1838	1360	—
#市内公共交通业	1799	1894	1365	—
园林绿化业	1581	1625	1258	—
清洁卫生业	1651	1827	1402	—
市政工程业	1827	1948	1360	—
居民服务业	1497	1595	1367	1553

各种分组的职工年平均工资(二)

(1990年)

单位：元

指标	合计	全民所有制单位	城镇集体所有制单位	其他各种所有制单位
#旅游业	1447	1467	1178	—
旅馆业	1496	1610	1121	1553
咨询服务业	1824	1894	1130	—
(八)卫生、体育和社会福利事业	1893	1921	1587	—
卫生事业	1900	1929	1590	—
体育事业	1552	1552	—	—
社会福利事业	1788	1814	1373	—
(九)教育、文化艺术和广播电视事业	1806	1807	1174	—
教育事业	1807	1807	1214	—
#普通高等学校	1897	1897	—	—
普通中学	1822	1822	—	—
小学	1743	1743	700	—
文化艺术事业	1814	1826	1069	—
广播电视事业	1698	1710	1325	—
(十)科学研究和综合技术服务事业	1763	1766	1152	—
科学研究事业	1739	1740	1071	—
自然科学研究事业	1738	1738	—	—
社会科学研究事业	1815	1834	1071	—
综合科学研究事业	1716	1716	—	—
综合技术服务事业	1865	1886	1158	—
#气象事业	1850	1850	—	—
地震事业	2043	2043	—	—
测绘事业	2054	2054	—	—
环境保护事业	1803	1803	—	—
(十一)金融、保险业	1791	1850	1578	—
金融业	1788	1850	1578	—
保险业	1845	1845	—	—
(十二)国家机关、政党机关和社会团体	1799	1805	1514	—
三、按地区分				
南昌市	1794	1967	1300	2122
景德镇市	1715	1835	1405	2114
萍乡市	1879	2163	1348	1471
九江市	1633	1707	1294	1799
新余市	2120	2192	1542	2256
鹰潭市	1800	1899	1285	1491
赣州地区	1717	1802	1302	1836
#赣州市	1884	1980	1396	2277
宜春地区	1759	1880	1282	1391
#樟树市	1735	1851	1328	1000
上饶地区	1571	1658	1228	1059
吉安地区	1672	1743	1275	4076
抚州地区	1585	1667	1239	1611
未分地市中央单位	2135	2282	610	—

全民所有制单位职工年平均工资（一）

（1990年）

单位：元

指　　标	合　计	固定职工	合同制职工	其他职工
总　　计	**1843**	**1962**	**1548**	**1386**
一、按隶属关系分				
中央直属单位	2336	2464	1757	1478
省属单位	2076	2161	1907	1653
地、市属单位	1794	1906	1404	1468
地辖市属单位	1754	1909	1439	1301
县及县以下单位	1565	1668	1305	1266
二、按企、事业机关分				
企　业	1865	2000	1563	1453
#地方单位	1768	1886	1529	1451
#省属单位	2140	2239	1957	1719
地、市属单位	1757	1871	1397	1502
事　业	1789	1884	1444	1174
#地方单位	1748	1843	1405	1168
#省属单位	1849	1926	1502	1333
地、市属单位	1914	2001	1449	1314
机　关	1803	1895	1485	1172
#地方单位	1798	1888	1469	1162
#省属单位	1810	1876	1498	1093
地、市属单位	1973	2038	1710	1289
三、按国民经济行业分				
(一) 农、林、牧、渔、水利业	1250	1271	1180	1087
农　业	1211	1232	1144	1041
林　业	1312	1325	1014	1243
畜牧业	1337	1362	1074	1186
渔　业	1238	1247	1000	1122
水利业	1448	1545	1378	1071
农、林、牧、渔、水利服务业	1588	1644	1386	1167
(二) 工　业	1977	2179	1589	1476
(三) 地质普查和勘探业	2299	2378	1755	2067
(四) 建筑业	2298	2508	1594	2037
土木工程建筑业	2248	2448	1544	2054
线路管道和设备安装业	2762	3056	2038	1896

全民所有制单位职工年平均工资（二）

（1990年）　　　　单位：元

指　　标	合　计	固定职工	合同制职工	其他职工
勘察设计业	2147	2253	1391	1583
（五）交通运输、邮电通讯业	2244	2414	1590	1370
交通运输业	2240	2420	1549	1371
铁路运输业	2753	2889	1740	1320
公路运输业	1858	2022	1436	1329
水上运输业	2053	2189	1398	1181
民航运输业	4143	4577	4096	1386
装卸搬运业	1961	1624	1149	2763
邮电通讯业	2268	2381	1762	1338
（六）商业、公共饮食业、物资供销和仓储业	1679	1831	1411	1290
商　　业	1666	1819	1411	1296
#对外贸易业	2074	2188	1738	1564
公共饮食业	1445	1557	1202	1093
物资供销业	1863	2008	1487	1292
仓　储　业	1810	1957	1574	1330
（七）房地产管理、公用事业、居民服务和咨询服务业	1729	1888	1453	1403
房地产管理业	1667	1720	1329	1700
公用事业	1838	2007	1522	1453
#市内公共交通业	1894	2136	1225	1167
园林绿化业	1625	1815	1584	1148
清洁卫生业	1827	1866	1804	1782
市政工程业	1948	2026	1612	1791
居民服务业	1595	1775	1422	1215
#旅　游　业	1467	1668	1197	1239
旅　馆　业	1610	1796	1425	1211
咨询服务业	1894	2056	1429	1349
（八）卫生、体育和社会福利事业	1921	2041	1448	1472
卫生事业	1929	2047	1449	1486
体育事业	1552	1715	1175	1048
社会福利事业	1814	1966	1492	1180
（九）教育、文化艺术和广播电视事业	1807	1912	1373	875
教育事业	1807	1910	1379	859
#普通高等学校	1897	1986	1606	943

全民所有制单位职工年平均工资(三)

(1990年)

单位：元

指　　标	合　计	固定职工	合同制职工	其他职工
普通中学	1822	1881	1406	963
小　　学	1743	1881	1300	748
文化艺术事业	1826	1963	1314	1129
广播电视事业	1710	1886	1456	921
(十)科学研究和综合技术服务事业	1766	1809	1272	1485
科学研究事业	1740	1773	1259	1543
自然科学研究事业	1738	1770	1263	1565
社会科学研究事业	1834	1908	1194	947
综合科学研究事业	1716	1779	1216	1000
综合技术服务事业	1886	1976	1301	1216
#气象事业	1850	1916	1389	1244
地震事业	2043	2128	1800	1500
测绘事业	2054	2129	1283	1529
环境保护事业	1803	1831	1381	1833
(十一)金融、保险业	1850	1894	1647	1280
金　融　业	1850	1895	1646	1284
保　险　业	1845	1876	1681	1226
(十二)国家机关、政党机关和社会团体	1805	1897	1476	1171
四、按地区分				
南　昌　市	1967	2070	1518	1584
景德镇市	1835	1973	1413	1375
萍　乡　市	2163	2282	1957	1698
九　江　市	1707	1841	1450	1171
新　余　市	2192	2368	1870	1619
鹰　潭　市	1899	2050	1593	1330
赣州地区	1802	1915	1436	1388
#赣州市	1980	2111	1513	1443
宜春地区	1880	1995	1700	1504
#樟树市	1851	1978	1732	1143
上饶地区	1658	1739	1457	1251
吉安地区	1743	1898	1430	1287
抚州地区	1667	1788	1392	1254
未分地市中央单位	2282	2441	1792	1313

各地区全民所有制单位职工年平均工资(一)

(1990年)

单位：元

行业	全省	南昌市	景德镇市	萍乡市	九江市	新余市	鹰潭市
总计	**1843**	**1967**	**1835**	**2163**	**1707**	**2192**	**1899**
一、按隶属关系分							
中央直属单位	2336	2450	2362	2568	2307	2523	2464
省属单位	2076	2013	2080	2611	1531	2538	1614
地、市属单位	1794	1873	1769	1758	1732	1740	1596
地辖市属单位	1754	—	—	—	1431	—	—
县及县以下单位	1565	1505	1334	—	1507	1648	1523
二、按企、事业机关分							
企业	1865	1965	1818	2253	1702	2276	1970
#地方单位	1768	1849	1740	2226	1540	2232	1469
#省属单位	2140	2077	2098	2639	1505	2559	1720
地、市属单位	1757	1825	1731	1713	1698	1716	1466
事业	1789	1951	1943	1866	1719	1785	1722
#地方单位	1748	1888	1877	1853	1678	1769	1640
#省属单位	1849	1869	2055	1967	1771	1929	1544
地、市属单位	1914	2154	1898	1843	1845	1783	1959
机关	1803	2044	1799	1805	1723	1786	1772
#地方单位	1798	2035	1798	1805	1718	1786	1772
#省属单位	1810	2019	1711	2002	1512	1579	1693
地、市属单位	1973	2174	1999	1791	1911	1813	1881
三、按国民经济行业分							
农、林、牧、渔、水利业	1250	1255	994	1376	1203	1390	1115
工业	1977	1984	1930	2360	1825	2322	2025
地质普查和勘探业	2299	2343	2639	1984	2231	2190	2425
建筑业	2298	2454	1672	2431	2475	2541	2269
交通运输、邮电通讯业	2244	2565	2229	2333	2113	2324	2417
商业、公共饮食业、物资供销和仓储业	1679	1842	1635	1796	1590	1798	1601
房地产管理、公用事业、居民服务和咨询服务业	1729	1810	1767	1744	1678	1784	1684
卫生、体育和社会福利事业	1921	2122	1867	1824	1864	2129	2067
教育、文化艺术和广播电视事业	1807	1920	1973	1939	1747	1755	1811
科学研究和综合技术服务事业	1766	1869	2259	1711	1557	1591	1758
金融、保险业	1850	1966	1803	1878	1818	1863	1833
国家机关、政党机关和社会团体	1805	2044	1821	1786	1723	1779	1777

各地区全民所有制单位职工年平均工资（二）

（1990年）

单位：元

行业	赣州地区	#赣州市	宜春地区	#樟树市	上饶地区	吉安地区	抚州地区	未分地市中央单位
总计	**1802**	**1980**	**1880**	**1851**	**1658**	**1743**	**1667**	**2282**
一、按隶属关系分								
中央直属单位	2081	2198	2134	2427	2483	2021	2158	2282
省属单位	2018	2272	2257	1895	1783	1903	1643	—
地、市属单位	1927	1961	1847	1767	1595	1761	1912	—
地辖市属单位	1846	1848	1785	1767	1610	1768	1834	—
县及县以下单位	1661	—	1621	—	1481	1662	1545	—
二、按企、事业机关分								
企业	1838	1973	1938	1918	1644	1726	1658	2363
#地方单位	1761	1937	1927	1856	1482	1697	1612	—
#省属单位	2133	2407	2357	2036	1803	1923	1615	—
地、市属单位	1922	1939	1847	—	1543	1742	1921	—
事业	1747	1975	1733	1747	1678	1746	1670	2318
#地方单位	1726	1924	1731	1747	1659	1746	1669	—
#省属单位	1948	1966	1826	1722	1487	1864	1824	—
地、市属单位	1877	1965	1792	1767	1926	1780	1803	—
机关	1752	2075	1811	1790	1718	1826	1713	1886
#地方单位	1752	2078	1811	1790	1718	1819	1713	—
#省属单位	1658	1940	1636	1785	1729	1697	1662	—
地、市属单位	2111	2112	1950	—	1936	1950	2045	—
三、按国民经济行业分								
农、林、牧、渔、水利业	1510	1690	1270	1315	1223	1358	1273	—
工业	1891	1955	2073	1894	1914	1803	1753	2270
地质普查和勘探业	2223	2117	2262	2165	2151	2264	2238	2345
建筑业	1837	1832	2056	1936	2059	1682	2093	—
交通运输、邮电通讯业	1960	2234	1992	2354	2343	1906	1952	4143
商业、公共饮食业、物资供销和仓储业	1669	2021	1692	1918	1588	1634	1559	—
房地产管理、公用事业、居民服务和咨询服务业	1751	1901	1709	1806	1558	1633	1552	—
卫生、体育和社会福利事业	1888	2045	1850	1820	1829	1823	1895	—
教育、文化艺术和广播电视事业	1722	1961	1795	1877	1806	1823	1691	2155
科学研究和综合技术服务事业	1791	1998	1590	1571	1319	1743	1566	1972
金融、保险业	1811	1888	1808	1818	1900	1820	1775	—
国家机关、政党机关和社会团体	1750	2060	1823	1790	1724	1822	1705	1886

全民所有制工业企业职工年平均工资

单位：元

行　业	1989年	1990年	1990年比1989年增长 %
工　业　合　计	1792	1977	10.3
#地方工业	1738	1914	10.1
一、按轻、重工业分			
轻　工　业	1556	1724	10.8
重　工　业	1896	2087	10.1
二、按工业行业分			
（一）采　掘　业	2034	2218	9.0
矿　　业	2138	2327	8.8
#煤炭采选业	2224	2425	9.0
黑色金属矿采选业	2217	2323	4.8
有色金属矿采选业	2168	2236	3.1
木材及竹材采运业	1569	1692	7.8
自来水生产和供应业	1730	1936	11.9
（二）制　造　业	1709	1897	11.0
食品、饮料和烟草制造业	1470	1661	13.0
饲料工业	1400	1589	13.5
纺　织　业	1512	1642	8.6
缝　纫　业	1139	1401	23.0
皮革、毛皮及其制品业	1419	1563	10.1
木材加工及竹、藤、棕、草制品业	1598	1665	4.2
家具制造业	1122	1278	13.9
造纸及纸制品业	1580	1673	5.9
印　刷　业	1456	1654	13.6
文教体育用品制造业	1357	1671	23.1
工艺美术品制造业	1225	1533	25.1
电力、蒸汽、热水生产和供应业	1939	2291	18.2
石油加工业	2301	2449	6.4
炼焦、煤气及煤制品业	1869	2047	9.5
化学工业	1784	1917	7.5
医药工业	1797	1927	7.2
化学纤维工业	1710	2163	26.5
橡胶制品工业	1566	1669	6.6
塑料制品工业	1669	1652	-1.0
建筑材料及其他非金属矿物制品业	1597	1710	7.1
黑色金属冶炼及压延加工业	2250	2536	12.7
有色金属冶炼及压延加工业	2188	2431	11.1
金属制品业	1486	1794	20.7
机械、电气、电子设备制造业	1725	1917	11.1
机械工业	1724	1869	8.4
交通运输设备制造业	—	2045	—
电气机械及器材制造业	—	1767	—
电子及通信设备制造业	—	2046	—
仪器仪表及其他计量器具制造业	—	1858	—
其他工业	1642	1732	5.5

各地区全民所有制工业企业职工年平均工资 (1—1)

(1990年)

单位：元

行业	全省	南昌市	景德镇市	萍乡市	九江市	新余市	鹰潭市
工业合计	**1 977**	**1 984**	**1 930**	**2 360**	**1 825**	**2 322**	**2 025**
一、按隶属关系分							
中央工业	2 334	2 291	2 342	2 633	2 259	2 795	2 892
地方工业	1 914	1 935	1 879	2 354	1 686	2 295	1 645
省属工业	2 324	2 188	2 100	2 652	1 827	2 574	1 707
地、市属工业	1 825	1 883	1 800	1 793	1 763	1 752	1 672
地辖市属工业	1 767	—	—	—	1 345	—	—
县及县以下工业	1 595	1 423	1 250	—	1 534	1 615	1 601
二、按轻、重工业分							
轻工业	1 724	1 909	1 805	1 882	1 599	1 734	1 634
重工业	2 087	2 031	2 022	2 398	1 959	2 419	2 202
三、按工业行业分							
(一) 采掘业	2 218	1 757	2 052	2 633	1 976	2 398	1 347
矿业	2 327	1 493	2 075	2 646	2 055	2 433	1 473
#煤炭采选业	2 425	1 493	2 093	2 646	1 882	2 494	—
黑色金属矿采选业	2 323	—	2 256	—	1 750	2 258	—
有色金属矿采选业	2 236	—	1 241	—	2 309	2 028	—
木材及竹材采运业	1 692	1 205	1 556	1 766	1 615	1 920	1 341
自来水生产和供应业	1 936	2 232	1 898	1 991	1 916	2 103	1 360
(二) 制造业	1 897	1 987	1 898	2 008	1 805	2 313	2 108
食品、饮料和烟草制造业	1 661	1 747	1 341	1 525	1 502	1 726	1 803
饲料工业	1 589	1 763	—	1 158	1 395	1 630	1 791
纺织业	1 642	1 944	1 120	1 433	1 592	1 499	1 163
缝纫业	1 401	1 570	—	1 310	1 142	—	—
皮革、毛皮及其制品业	1 563	1 540	—	—	2 036	2 022	—

各地区全民所有制工业企业职工年平均工资（1—2）

（1990年）

单位：元

行业	赣州地区	#赣州市	宜春地区	#樟树市	上饶地区	吉安地区	抚州地区	未分地市中央单位
工业合计	**1 891**	**1 955**	**2 073**	**1 894**	**1 914**	**1 803**	**1 753**	**2 270**
一、按隶属关系分								
中央工业	2 116	2 212	2 556	—	2 697	2 162	2 622	2 270
地方工业	1 797	1 906	2 066	1 894	1 702	1 779	1 700	—
省属工业	2 441	2 506	2 449	1 993	2 175	2 161	1 706	—
地、市属工业	1 777	1 642	1 773	—	1 961	1 735	1 822	—
地辖市属工业	1 822	1 825	1 829	1 825	1 444	1 778	2 004	—
县及县以下工业	1 717	—	1 656	—	1 546	1 615	1 546	—
二、按轻、重工业分								
轻工业	1 738	1 772	1 589	1 954	1 488	1 594	1 708	—
重工业	1 939	2 055	2 212	1 821	2 072	1 914	1 792	2 270
三、按工业行业分								
(一)采掘业	1 936	1 613	2 389	1 773	2 345	2 072	1 937	2 226
矿业	1 981	—	2 500	2 197	2 439	2 250	2 454	2 226
#煤炭采选业	2 049	—	2 528	—	1 813	2 368	2 271	—
黑色金属矿采选业	—	—	2 642	—	—	2 391	—	—
有色金属矿采选业	1 971	—	2 097	—	2 735	2 102	2 604	—
木材及竹材采运业	1 806	1 567	1 708	1 373	1 480	1 780	1 550	—
自来水生产和供应业	1 915	2 103	1 934	2 352	1 696	1 855	1 825	—
(二)制造业	1 857	1 975	1 783	1 930	1 684	1 711	1 722	2 621
食品、饮料和烟草制造业	1 792	1 644	1 724	1 905	1 501	1 641	1 596	—
饲料工业	1 414	—	1 752	1 591	1 593	1 571	1 617	—
纺织业	1 536	1 603	1 194	—	1 236	1 430	1 856	—
缝纫业	1 548	1 548	—	—	1 566	—	1 396	—
皮革、毛皮及其制品业	1 807	1 807	1 859	1 859	—	1 257	1 315	—

各地区全民所有制工业企业职工年平均工资 (2—1)

(1990年)

单位：元

行业	全省	南昌市	景德镇市	萍乡市	九江市	新余市	鹰潭市
木材加工及竹、藤、棕、草制品业	1665	1428	1146	1301	1659	—	2816
家具制造业	1278	—	—	—	1286	—	—
造纸及纸制品业	1673	1944	1030	1760	1317	1244	1052
印刷业	1654	1751	1386	1424	1507	1633	1519
文教体育用品制造业	1671	1190	—	—	1148	—	—
工艺美术品制造业	1533	2013	—	—	—	—	—
电力、蒸汽、热水生产和供应业	2291	2646	2712	2531	2455	2762	2634
石油加工业	2449	1658	—	—	2475	—	—
炼焦、煤气及煤制品业	2047	2153	2034	—	1989	1759	1585
化学工业	1917	2075	1983	1631	1854	2597	1861
医药工业	1927	2470	1820	1643	1421	2000	1156
化学纤维工业	2163	2309	—	—	1934	—	—
橡胶制品工业	1669	1728	—	—	1697	—	1364
塑料制品工业	1652	1965	—	1582	—	1854	1260
建筑材料及其他非金属矿物制品业	1710	1658	1786	1768	1611	1425	—
黑色金属冶炼及压延加工业	2536	2398	—	2587	1984	2597	—
有色金属冶炼及压延加工业	2431	2342	—	1983	2038	2642	2857
金属制品业	1794	2002	1602	—	1812	—	—
机械、电气、电子设备制造业	1917	1959	2066	1663	1927	1972	1785
机械工业	1869	1889	1961	1582	1838	1985	1785
交通运输设备制造业	2045	2115	1564	2179	1979	1810	—
电气机械及器材制造业	1767	1214	1841	1504	1042	1386	—
电子及通信设备制造业	2046	1919	2246	1226	1893	—	—
仪器仪表及其他计量器具制造业	1858	1514	1258	—	2260	1745	—
其他工业	1732	1346	1722	1764	2907	—	—

各地区全民所有制工业企业职工年平均工资（2—2）

（1990年）

单位：元

行业	赣州地区	#赣州市	宜春地区	#樟树市	上饶地区	吉安地区	抚州地区	未分地市中央单位
木材加工及竹、藤、棕、草制品业	1 774	1 869	1 618	—	1 895	1 067	1 308	—
家具制造业	1 667	1 667	1 550	—	—	918	1 234	—
造纸及纸制品业	1 814	1 893	1 444	—	1 375	1 771	1 639	—
印刷业	1 730	1 923	1 729	1 827	1 642	1 545	1 574	—
文教体育用品制造业	—	—	—	—	—	1 948	1 736	—
工艺美术品制造业	1 162	—	540	—	—	1 091	—	—
电力、蒸汽、热水生产和供应业	2 066	2 687	1 968	2 456	1 722	1 994	1 947	—
石油加工业	—	—	—	—	—	—	—	—
炼焦、煤气及煤制品业	1 615	—	2 358	—	1 688	1 788	1 603	—
化学工业	1 929	2 121	1 822	2 241	1 492	1 828	1 805	—
医药工业	1 995	2 192	1 731	1 937	1 481	1 631	1 612	—
化学纤维工业	1 225	—	—	—	—	—	1 477	—
橡胶制品工业	1 489	—	1 789	—	—	1 432	—	—
塑料制品工业	1 617	1 822	1 624	—	1 866	1 377	1 729	—
建筑材料及其他非金属矿物制品业	1 773	1 659	1 612	1 339	1 872	1 568	1 561	—
黑色金属冶炼及压延加工业	—	—	1 942	—	—	2 082	—	—
有色金属冶炼及压延加工业	2 290	2 396	1 660	—	2 607	—	—	—
金属制品业	1 603	—	1 625	—	—	1 404	—	—
机械、电气、电子设备制造业	1 801	1 872	2 085	2 197	1 705	1 863	1 678	2 621
机械工业	1 838	1 893	2 110	2 197	1 644	1 661	1 568	2 621
交通运输设备制造业	1 600	1 685	1 330	—	2 244	1 603	1 972	—
电气机械及器材制造业	1 673	—	1 993	—	1 801	1 973	1 685	—
电子及通信设备制造业	893	—	1 305	—	1 563	2 177	1 601	—
仪器仪表及其他计量器具制造业	—	—	—	—	1 603	1 627	1 531	—
其他工业	1 377	1 492	1 373	—	—	1 496	1 624	—

各地区城镇集体所有制单位职工年平均工资

（1990年）

单位：元

行业	全省	南昌市	景德镇市	萍乡市	九江市	新余市	鹰潭市
总计	**1 300**	**1 300**	**1 405**	**1 348**	**1 294**	**1 542**	**1 285**
一、按企、事业机关分							
企业	1 297	1 299	1 405	1 359	1 285	1 541	1 283
事业机关	1 417	1 336	1 358	1 094	1 656	1 658	1 383
二、按国民经济行业分							
农、林、牧、渔、水利业	1 149	1 379	1 150	1 037	1 072	1 155	1 045
工业	1 257	1 261	1 356	1 352	1 258	1 546	1 144
地质普查和勘探业	1 244	—	—	—	—	—	623
建筑业	1 465	1 571	1 842	1 211	1 170	1 820	2 096
交通运输、邮电通讯业	1 345	1 469	1 349	1 421	1 425	1 505	1 112
商业、公共饮食业、物资供销和仓储业	1 283	1 219	1 336	1 312	1 321	1 408	1 152
房地产管理、公用事业、居民服务和咨询服务业	1 349	1 215	1 631	1 538	1 256	1 754	1 439
卫生、体育和社会福利事业	1 587	1 590	1 309	1 530	1 692	1 857	1 372
教育、文化艺术和广播电视事业	1 174	1 063	—	1 229	1 417	1 714	1 636
科学研究和综合技术服务事业	1 152	1 469	—	—	1 500	—	—
金融、保险业	1 578	1 619	1 537	1 465	1 621	1 580	1 367
国家机关、政党机关和社会团体	1 514	1 470	—	1 311	1 653	1 384	1 600

行业	赣州地区	#赣州市	宜春地区	#樟树市	上饶地区	吉安地区	抚州地区	未分地市中央单位
总计	**1 302**	**1 396**	**1 282**	**1 328**	**1 228**	**1 275**	**1 239**	**610**
一、按企、事业机关分								
企业	1 292	1 395	1 273	1 311	1 222	1 263	1 233	610
事业机关	1 627	1 931	1 473	1 601	1 471	1 640	1 361	—
二、按国民经济行业分								
农、林、牧、渔、水利业	1 135	1 195	1 121	1 496	1 201	1 082	1 070	—
工业	1 248	1 388	1 175	1 050	1 162	1 197	1 158	556
地质普查和勘探业	—	—	1 786	—	—	—	—	—
建筑业	1 465	1 586	1 316	1 823	1 412	1 418	1 316	—
交通运输、邮电通讯业	1 205	1 337	1 206	1 191	1 333	1 106	1 537	—
商业、公共饮食业、物资供销和仓储业	1 280	1 344	1 401	1 567	1 208	1 314	1 232	—
房地产管理、公用事业、居民服务和咨询服务业	1 156	1 174	1 432	1 525	775	1 650	1 185	838
卫生、体育和社会福利事业	1 606	1 561	1 654	1 812	1 532	1 687	1 474	—
教育、文化艺术和广播电视事业	1 600	—	1 101	—	600	1 495	1 040	—
科学研究和综合技术服务事业	—	—	—	—	1 304	—	450	—
金融、保险业	1 727	2 120	1 522	1 503	1 677	1 501	1 414	—
国家机关、政党机关和社会团体	1 710	1 931	1 635	1 912	1 453	1 861	1 418	—

各地区城镇集体所有制工业企业职工年平均工资（一）

（1990年）

单位：元

行业	全省	南昌市	景德镇市	萍乡市	九江市	新余市	鹰潭市
合　　计	**1 257**	**1 261**	**1 356**	**1 352**	**1 258**	**1 546**	**1 144**
一、按轻、重工业分							
轻　工　业	1 223	1 250	1 336	1 272	1 245	1 356	1 018
重　工　业	1 316	1 282	1 416	1 423	1 291	1 675	1 971
二、按工业行业分							
（一）采　掘　业	1 349	652	1 485	1 494	1 301	2 307	—
矿　　业	1 361	652	1 485	1 498	1 302	2 307	—
#煤炭采选业	1 392	—	1 485	1 498	1 355	3 721	—
黑色金属矿采选业	556	—	—	—	—	556	—
有色金属矿采选业	1 412	—	—	—	1 608	—	—
木材及竹材采运业	1 143	—	—	—	—	—	—
自来水生产和供应业	988	—	—	750	800	—	—
（二）制　造　业	1 250	1 264	1 348	1 327	1 255	1 523	1 144
食品、饮料和烟草制造业	1 167	1 410	947	665	1 006	1 433	1 013
饲　料　工　业	1456	—	1 148	440	1 333	1 500	—
纺　织　业	1 229	1 377	984	1 390	1 177	1 269	630
缝　纫　业	1 213	1 238	1 276	1 685	1 347	1 224	820
皮革、毛皮及其制品业	1 122	1 166	1 185	1 180	1 006	968	1 241
木材加工及竹、藤、棕、草制品业	1 021	1 103	954	799	950	1 444	1 225
家具制造业	1 156	1 290	1 489	721	1 148	798	731
造纸及纸制品业	1 254	1 210	1 422	1 017	1 383	1 543	879
印　刷　业	1 281	1 312	1 104	1 332	1 218	1 541	1 891
文教体育用品制造业	1 196	1 152	996	—	1 583	—	1 261
工艺美术品制造业	1 337	1 228	1 723	1 448	1 178	1 831	808
电力、蒸汽、热水生产和供应业	1201	—	—	952	1 789	1 382	500
石油加工业	877	—	—	—	—	—	—
炼焦、煤气及煤制品业	1 164	1 226	1 364	962	1 000	—	1 500
化　学　工　业	1 175	1 076	1 654	1 075	1 013	1 687	1 221
医　药　工　业	1403	1 368	—	1 132	—	—	1 000
化学纤维工业	1 483	1 047	—	1 710	—	—	—
橡胶制品工业	1 290	1 355	1 352	1 501	1 183	—	945
塑料制品工业	1 324	1 366	1 329	1 537	1 419	1 549	1 083
建筑材料及其他非金属矿物制品业	1 255	1 089	1 318	1 358	1 165	1 004	1 424
黑色金属冶炼及压延加工业	1 644	1 693	—	2 050	—	—	1 133
有色金属冶炼及压延加工业	1 756	1 443	—	—	—	850	1 698
金属制品业	1 333	1 310	1 523	1 352	1 377	1 773	1 055
机械、电气、电子设备制造业	1 331	1 318	1 398	1 381	1 448	1 401	1 210
机械工业	1 331	1 297	1 272	1 411	1 450	1 428	—
交通运输设备制造业	1 257	1 355	1 292	1 375	1 394	—	1 127
电气机械及器材制造业	1 351	1 383	1 944	1 290	1 337	1 182	1 085
电子及通信设备制造业	1 393	1 339	1 483	1 314	1 556	—	800
仪器仪表及其他计量器具制造业	1 410	1 294	1 462	1 500	—	—	1 325
其他工业	1 104	1 073	1 921	1 224	1 194	1 361	1 213

各地区城镇集体所有制工业企业职工年平均工资（二）

（1990年）　　　　　　　　　　　　　　　　　　　　　　单位：元

行业	赣州地区	#赣州市	宜春地区	#樟树市	上饶地区	吉安地区	抚州地区	未分地市中央单位
合　　计	**1 248**	**1 388**	**1 175**	**1 050**	**1 162**	**1 197**	**1 158**	**556**
一、按轻、重工业分								
轻工业	1 216	1 360	1 073	1 036	1 130	1 131	1 116	864
重工业	1 302	1 461	1 277	1 095	1 207	1 394	1 224	508
二、按工业行业分								
(一) 采掘业	1 303	—	1 232	809	1 335	2 110	1 223	—
矿业	1 295	—	1 249	809	1 356	2 164	1 297	—
#煤炭采选业	—	—	1 254	—	—	—	—	—
黑色金属矿采选业	—	—	—	—	—	—	—	—
有色金属矿采选业	1 294	—	—	—	1 370	2 866	985	—
木材及竹材采运业	1 396	—	1 015	—	1 198	1 212	567	—
自来水生产和供应业	—	—	—	—	1 270	—	—	—
(二) 制造业	1 240	1 388	1 157	1 059	1 138	1 168	1 157	556
食品、饮料和烟草制造业	1 304	1 329	1 080	1 163	880	1 247	1 054	—
饲料工业	1 435	1 411	1 750	—	978	1 511	1 508	—
纺织业	1 233	1 481	1 020	888	1 105	1 085	1 049	—
缝纫业	1 323	1 185	885	1 076	1 018	1 014	768	853
皮革、毛皮及其制品业	1 171	1 418	1 153	429	970	1 144	945	—
木材加工及竹、藤、棕、草制品业	1 086	1 840	1 056	542	1 029	835	1 023	—
家具制造业	1 149	1 443	1 020	1 286	1 106	1 205	1 063	880
造纸及纸制品业	1 391	1 658	1 096	1 136	1 090	1 282	1 186	—
印刷业	1 188	1 204	1 166	1 186	1 166	1 296	1 338	—
文教体育用品制造业	1 410	1 659	896	—	1 075	1 472	—	—
工艺美术品制造业	1 013	—	1 172	—	1 244	909	1 045	—
电力、蒸汽、热水生产和供应业	1 087	—	804	—	1 379	—	1 471	—
石油加工业	837	1 716	1 341	—	—	—	—	—
炼焦、煤气及煤制品业	—	—	982	—	1 568	—	821	—
化学工业	923	—	1 215	1 364	1 184	1 212	1 010	—
医药工业	1 243	—	1 152	—	1 612	1 686	979	—
化学纤维工业	—	—	—	—	—	—	—	—
橡胶制品工业	—	—	1 444	—	904	1 121	910	—
塑料制品工业	1 354	1 615	987	1 128	1 108	1 140	1 161	—
建筑材料及其他非金属矿物制品业	1 194	1 318	1 131	656	1 036	1 195	1 092	—
黑色金属冶炼及压延加工业	920	—	—	—	—	—	—	—
有色金属冶炼及压延加工业	1 333	1 333	—	—	2 126	1 220	—	—
金属制品业	1 275	1 253	1 156	1 315	1 104	1 229	1 256	—
机械、电气、电子设备制造业	1 227	1 542	1 418	1 284	1 295	1 205	1 267	1 027
机械工业	1 219	1 687	1 476	1 294	1 340	1 116	1 246	1 299
交通运输设备制造业	972	1 051	1 141	—	1 220	1 625	683	865
电气机械及器材制造业	1 057	—	1 228	—	1 212	1 547	1 540	864
电子及通信设备制造业	1 476	1 511	1 645	—	1 196	—	1 000	—
仪器仪表及其他计量器具制造业	1 556	—	923	1 100	1 734	1 273	915	—
其他工业	1 252	1 201	878	889	1 050	1 167	1 203	443

其他各种所有制单位职工人数、工资总额及年平均工资

（1990年）

指标	年末人数（人）	工资总额（万元）	#奖金和计件超额工资	#津贴和补贴	平均工资（元）
总计	**5 627**	**1 160.1**	**192.4**	**212.7**	**2 079**
一、按经济类型分					
全民与集体合营	17	1.7	—	0.4	1 000
中外合营	5 610	1 158.4	192.4	212.3	2 083
二、按国民经济行业分					
工业—制造工业	4 202	925.5	158.5	163.4	2 210
轻工业	2 764	595.8	107.7	79.6	2 151
重工业	1 438	329.7	50.8	83.8	2 325
缝纫业	581	67.7	7.7	13.1	1 290
皮革、毛皮及其制品业	177	32.7	1.0	5.0	2 287
木材加工及竹、藤、棕、草制品业	137	13.3	—	1.4	978
印刷业	54	29.2	5.6	1.0	541
工艺美术品制造业	176	49.1	8.3	2.9	1 626
化学工业	79	9.8	1.8	2.2	1 225
塑料制品工业	753	116.9	7.1	10.4	1 612
建筑材料及其他非金属矿物制品业	17	1.7	—	0.4	1 000
有色金属冶炼及压延加工业	416	62.3	—	13.0	1 585
金属制品业	227	53.6	9.9	8.0	2 414
机械、电气、电子设备制造业	1 585	489.2	117.1	106.0	3 075
交通运输设备制造业	714	194.9	33.2	62.3	2 677
电子及通信设备制造业	871	294.3	83.9	43.7	3 410
公路运输业	169	43.2	0.9	15.3	2 717
公共饮食业	52	7.2		1.2	1 565
居民服务—旅馆业	1 204	184.2	33.0	32.8	1 553

城镇个体劳动者年末人数

单位：人

行业	1989年	1990年	1990年比1989年增长%
总计	**232 828**	**248 623**	**6.8**
农、林、牧、渔、水利业	19	—	—
工业	27 566	32 464	17.8
地质普查和勘探业	—	—	—
建筑业	390	634	62.6
交通运输、邮电通讯业	7 895	9 728	23.2
商业、公共饮食业、物资供销和仓储业	169 073	174 551	3.2
房地产管理、公用事业、居民服务和咨询服务业	26 051	29 631	13.7
卫生、体育和社会福利事业	1 254	1 064	-15.2
教育、文化艺术和广播电视事业	580	551	-5.0
科学研究和综合技术服务事业	—	—	—
其他	—	—	—

主要年份职工保险福利费用

单位：万元

年份	合计	*全民所有制单位	单位支付	民政部门支付	保险福利费用总额相当于工资总额的%
1980	31 046.9	28 666.1	27 247.0	1 419.1	15.5
1985	73 695.4	64 431.8	63 405.0	1 026.8	22.3
1986	88 916.7	77 586.8	76 362.1	1 224.7	22.5
1987	112 191.1	98 938.3	97 590.0	1 348.3	26.0
1988	142 757.8	125 400.6	123 854.0	1 546.6	26.8
1989	155 086.0	135 315.6	133 676.5	1 639.1	26.6
1990	192 313.2	171 617.0	169 705.7	1 911.3	29.3

全民所有制单位在职职工保险福利费用

行业	1989年	1990年	1990年比1989年增长%
一、保险福利费用总额（万元）	**66 660.8**	**84 399.0**	**26.6**
农、林、牧、渔、水利业	4 467.0	5 551.7	24.3
工业	29 403.8	34 600.2	17.7
地质普查和勘探业	580.5	806.8	39.0
建筑业	2 475.8	2 886.1	16.6
交通运输、邮电通讯业	3 170.1	3 936.5	24.2
商业、公共饮食业、物资供销和仓储业	6 390.1	8 537.5	33.6
房地产管理、公用事业、居民服务和咨询服务业	1 230.1	1 176.5	-4.4
卫生、体育和社会福利事业	3 216.4	4 447.8	38.3
教育、文化艺术和广播电视事业	5 360.0	8 013.8	49.5
科学研究和综合技术服务事业	706.8	906.6	28.3
金融、保险业	1 413.5	1 963.2	38.9
国家机关、政党机关和社会团体	8 133.2	10 919.7	34.3
其他	113.5	652.6	475.0
二、年平均保险福利费用（元／人）	**227**	**282**	**24.2**
农、林、牧、渔、水利业	116	144	24.1
工业	244	283	16.0
地质普查和勘探业	167	236	41.3
建筑业	208	240	15.4
交通运输、邮电通讯业	218	263	20.6
商业、公共饮食业、物资供销和仓储业	250	330	32.0
房地产管理、公用事业、居民服务和咨询服务业	300	278	-7.3
卫生、体育和社会福利事业	321	431	34.3
教育、文化艺术和广播电视事业	164	239	45.7
科学研究和综合技术服务事业	203	266	31.0
金融、保险业	342	451	31.9
国家机关、政党机关和社会团体	328	415	26.5

全民所有制单位在职职工保险福利费用构成

项目	绝对数(万元)		构成(%)	
	1989年	1990年	1989年	1990年
保险福利费用总额	**66 660.8**	**84 399.0**	**100**	**100**
医疗卫生费	23 956.2	33 836.1	35.9	40.1
丧葬、抚恤救济费	1 253.1	1 741.9	1.9	2.1
生活困难补助	3 197.2	2 769.3	4.8	3.3
文体宣传费	2 130.5	2 243.1	3.2	2.7
集体福利事业补助费	6 199.5	7 705.5	9.3	9.1
集体福利设施费	5 480.5	5 783.4	8.2	6.8
计划生育补贴	1 781.6	2 318.3	2.7	2.7
上下班交通费补贴	3 181.4	6 220.5	4.8	7.4
洗理卫生费	11 329.6	12 126.1	17.0	14.4
其他	8 151.2	9 654.8	12.2	11.4

全民所有制单位非在职职工保险福利费用构成

项目	绝对数(万元)		构成(%)	
	1989年	1990年	1989年	1990年
保险福利费用总额	**67 015.7**	**85 306.7**	**100**	**100**
离休金	4 480.7	5 632.2	6.7	6.6
退休金	41 083.8	48 723.5	61.3	57.1
退职生活费	566.5	733.7	0.8	0.9
医疗卫生费	8 944.3	10 854.6	13.4	12.7
护理费	160.1	210.7	0.2	0.2
生活补贴	5 108.1	5 873.4	7.6	6.9
交通费补贴	283.0	671.7	0.4	0.8
丧葬抚恤救济费	1 445.8	1 519.3	2.2	1.8
其他	4 943.4	11 087.6	7.4	13.0

主要年份离休、退休及退职职工人数

（年末数）

年份	合计	#全民所有制单位	单位支付	民政部门支付
一、绝对数（人）				
1980	202 137	173 804	149 736	24 068
1985	401 537	308 203	297 241	10 962
1986	479 475	373 952	363 686	10 266
1987	531 586	419 711	409 530	10 181
1988	558 982	439 018	429 307	9 711
1989	581 052	452 309	443 287	9 022
1990	616 583	483 687	475 053	8 634
二、离休、退休、退职职工人数与在职职工人数之比（以离休、退休、退职职工人数为1）				
1980	14.18	13.41		
1985	8.51	8.48		
1986	7.34	7.20		
1987	6.87	6.70		
1988	6.78	6.69		
1989	6.54	6.60		
1990	6.26	6.28		

主要年份离休、退休及退职职工保险福利费用总额

年份	合计	#全民所有制单位	单位支付	民政部门支付
一、费用总额（万元）				
1980	11 994.1	11 144.1	9 725.0	1 419.1
1985	33 486.8	28 455.8	27 429.0	1 026.8
1986	42 118.7	36 005.3	34 780.6	1 224.7
1987	58 998.7	51 362.5	50 014.2	1 348.3
1988	72 740.2	62 320.0	60 773.4	1 546.6
1989	79 998.1	68 654.8	67 015.7	1 639.1
1990	99 433.7	87 218.0	85 306.7	1 911.3
二、平均每人费用（元／人）				
1980	593	641	649	590
1985	834	923	923	937
1986	878	963	956	1 193
1987	1 110	1 224	1 221	1 324
1988	1 301	1 420	1 416	1 593
1989	1 377	1 518	1 512	1 817
1990	1 613	1 803	1 796	2 214

主要统计指标解释

社会劳动者 指从事一定社会劳动并取得劳动报酬或经济收入的全部劳动力。它包括全民所有制单位、各种合营单位、城镇集体所有制单位的全部职工，城镇个体劳动者，农村集体和个体劳动者。从事家庭副业，其收入相当于当地一个社会劳动者最低收入水平或参加社会劳动累计在三个月以上的乡村劳动者以及保留“三招权”（即招工、参军、入学）临时安排工作，工资收入达到当地一级工工资水平的城镇青年，也包括在社会劳动者人数中。

职工 指在全民所有制、城镇集体所有制、全民与集体合营、全民与私人合营、集体与私人合营、中外合营、华侨或港澳工商业者经营、外资经营企业、事业、机关及其附属机构中工作，并由其支付工资的各种人员。

全民所有制单位职工 指在各级党政机关、人民团体及其所属全民所有制企业、事业单位工作，并由其支付工资的各种人员。具体包括：固定职工、合同制职工、临时职工和计划外用工。

固定职工 指经国家劳动部门或组织部门正式分配、安排和批准招收为固定职工的人员。包括出勤的，因故未出勤的，编制内的，编制外的，在国外工作的，试用期间的以及临时借到其他单位工作，但仍由原来单位支付工资的人员。

合同制职工 指用工制度改革后在国家劳动计划以内，通过签订劳动合同，考核录用的职工。包括矿山、交通铁路部门使用的农民轮换工和建筑业使用的农民合同制工人，不包括“文化大革命”以前招用的合同工和“文化大革命”后不按照合同制规定办法招用的合同工。

其他职工 包括临时职工和计划外用工。

城镇集体所有制单位职工 指在城镇集体所有制企业、事业及其管理部门中工作，并由其支付工资的各种人员。包括固定职工、临时职工、季节工、轮换工等。

其他各种所有制单位职工 指在全民与集体合营、全民与私人合营、集体与私人合营、中外合营、华侨或港澳工商业者经营、外资经营企业、事业单位中工作，并由其支付工资的人员。全民与集体合营单位包括与乡村集体所有制单位合营，在统计职工人数时，包括参加劳动的乡村劳动力。中外合营、华侨或港澳工商业者经营和外资经营单位职工人数中不包括外籍职工和港澳职工。

工资总额 指国家在一定时期内实际支付给全部职工的劳动报酬。

凡是各单位根据职工劳动的数量和质量支付给职工个人的劳动报酬及其他根据国家法令、政策规定支付的工资津贴，不论是由工资科目开支的，还是工资科目以外的其它各项经费科目（如搬运费、材料费、加工费、职工福利基金、企业基金、企业利润留成与附属机构的业务收入等）开支的。也不论是货币形式或实物形式支付的，均包括在工资总额内。包括范围是：

（1）计时工资：指按照计时工资标准支付给职工的劳动报酬。包括对已做工作按照计时工资标准支付的计时工资，因病、工伤、产假、计划生育假、事假、探亲假、定期休假、停工、学习、执行国家或社会义务等原因按计时工资标准或计时工资标准的一定比例支付的工资以及支付给学徒的生活津贴。

（2）基础工资：指按照1985年机关、事业单位工资改革的规定，以“大体维持工作人员本人的基本生活费”确定的工资。企业在工资改革试点中试行的结构工资制的“基础工资”也包括在内。

（3）职务工资：指按照1985年机关、事业单位工资改革的规定，“按照工作人员的职务高低、责任大小、工作繁简和业务技术水平确定”的工资包括实行结构工资制的工人的岗位（技术）工资和企业在工资改革试点中试行织构工资制的职务工资。

（4）计件工资：指对已做工作按计件单价支付给职工的劳动报酬。

其中：计件超额工资：指计件工人超过定额后所得的工资，即计件工人实得的全部计件工资减去应得的计件标准工资后的数额。某些企业的工人由于从事生产的工作物等级高于本人工资等级，因而其计件标准工资高于本人标准工资，其超额工资也用全部工资减去应得的计件标准工资求得。

（5）各种奖金：是对职工超额劳动的一种奖励。为了鼓励先进，对在生产、工作中有优良成绩的职工，在标准工资以外支付给职工的劳动报酬。

（6）各种津贴：指为了补偿职工额外或特殊的劳动消耗，以及为了保证职工的工资水平不受特殊条件影响，而以津贴形式支付给职工的劳动报酬。

（7）加班工资：指对在法定节假日和公休假日工作的职工发给的劳动报酬。

（8）其他工资：指其他根据国家规定支付的工资。如保留工资、附加工资、调整工资补发上年的工资等。

全民所有制单位由企业奖励基金支付给职工的工资，视其使用情况，分别包括在工资总额各项构成中。

劳保福利费用总额 指各单位在工资以外实际支付给职工个人和用于集体的劳动保险和福利费用，不包括用于职工的劳动保护费用。从企业来讲劳保福利费不仅包括由职工福利基金支出的部分，而且还包括由企业营业外支出，企业基金或利润留成、工会文教费、企业管理费支出的部分。预算单位包括由职工福利费、公务费、差额补助费等支出部分。具体包括范围是：

（1）退休离休退职费：包括退休人员的退休费、离休人员的工资和生活补贴、退职人员的退职生活费、因工致伤退休离休人员护理费、易地安家退休离休退职人员的安家补助费，对退休离休退职人员的副食品价格补贴、宿舍取暖的补贴、医药费、困难补助以及根据国务院规定，支付给离休退休人员生活补贴费等。

（2）医疗卫生费：包括实行公费医疗企业的职工及其供养的直系亲属的医药费、医务经费、职工因工负伤就医路费等。卫生部门开支的事业费及机关职工的公费医疗经费，以及未参加公费医疗的企业、事业、机关职工的医药费，也包括在内。

（3）职工死亡丧葬费和职工因病或非因工死亡的丧葬补助费、供养直系亲属的抚恤费、救济费和供养直系亲属的死亡丧葬补助费、救济费等。

（4）职工生活困难补助：指对生活困难的职工，实际支付的定期补助和临时性补助。

（5）文娱体育宣传费：包括企业、事业及机关实际支付的文娱体育宣传费，不包括学习费。

（6）集体福利事业的补贴费：指对职工浴室、理发室、洗衣房、哺乳室、托儿所等集体福利设施各项支出与收入相抵后的差额补助费。

（7）集体福利设施费：指按照国家规定开支的集体福利设施费用。如职工食堂炊事用具的购置修理费用、职工宿舍的修缮费用。不包括由企业、事业、机关自筹经费开支的职工福利设施的基本建设费用。

城镇个体劳动者 指个人参加生产劳动，生产资料和产品（或收入）归个人所有，经工商行政管理部门批准并领取“个体营业执照”的城镇劳动者。

乡村劳动者 指乡村人口中经常参加社会劳动并取得劳动报酬的整、半劳动力。包括在乡镇企业及其他集体经济组织和农户中参加各项生产的劳动者及外出从事个体经营的劳动者。从事家庭副业，其收入相当于当地一个社会劳动者最低收入水平或参加社会劳动累计在三个月以上的劳动者，也包括在内。

城镇待业人员 一般指在劳动年龄以内，有劳动能力无业而要求就业并在城镇基层政权组织进行登记的人员。包括城镇年满16岁至25岁的初高中毕业生中未能升学、参军的社会青年和年龄在25岁至男50岁、女45岁以下的其他待业人员。

城镇待业率 是反映城镇劳动者就业程度的指标。它的计算公式：

$$\text{城镇待业率} = \frac{\text{城镇待业人员}}{\text{城镇社会劳动者} + \text{城镇待业人员}} \times 100\%$$

物质生产部门 指农、林、牧、渔、水利业，工业，地质普查和勘探业，建筑业，交通运输、邮电通讯业，商业、公共饮食业、物资供销和仓储业。

非物质生产部门 指除物质生产部门以外的其它国民经济行业。

第一产业 指农业（包括林、牧、渔业等）。

第二产业 指工业和建筑业。

第三产业 指上述第一、第二产业以外的其他行业。

四、农　　业

●1990年，乡（镇）总户数656万户，总人口3 044万人，劳动力1 394万人。

●1990年，农村社会总产值409.98亿元，其中非农业产值占37.7%。

●1990年，农业总产值255.24亿元，其中林牧副渔产值占46.5%。“七五”时期，农业总产值平均每年增长5.2%。

●1990年，农业商品产值137.23亿元，农业商品率为64.7%，比1985年上升15.2个百分点。

●1990年粮食总产量1 658.2万吨，棉花产量5.70万吨，油料产量54.89万吨，肉类总产量111.74万吨。

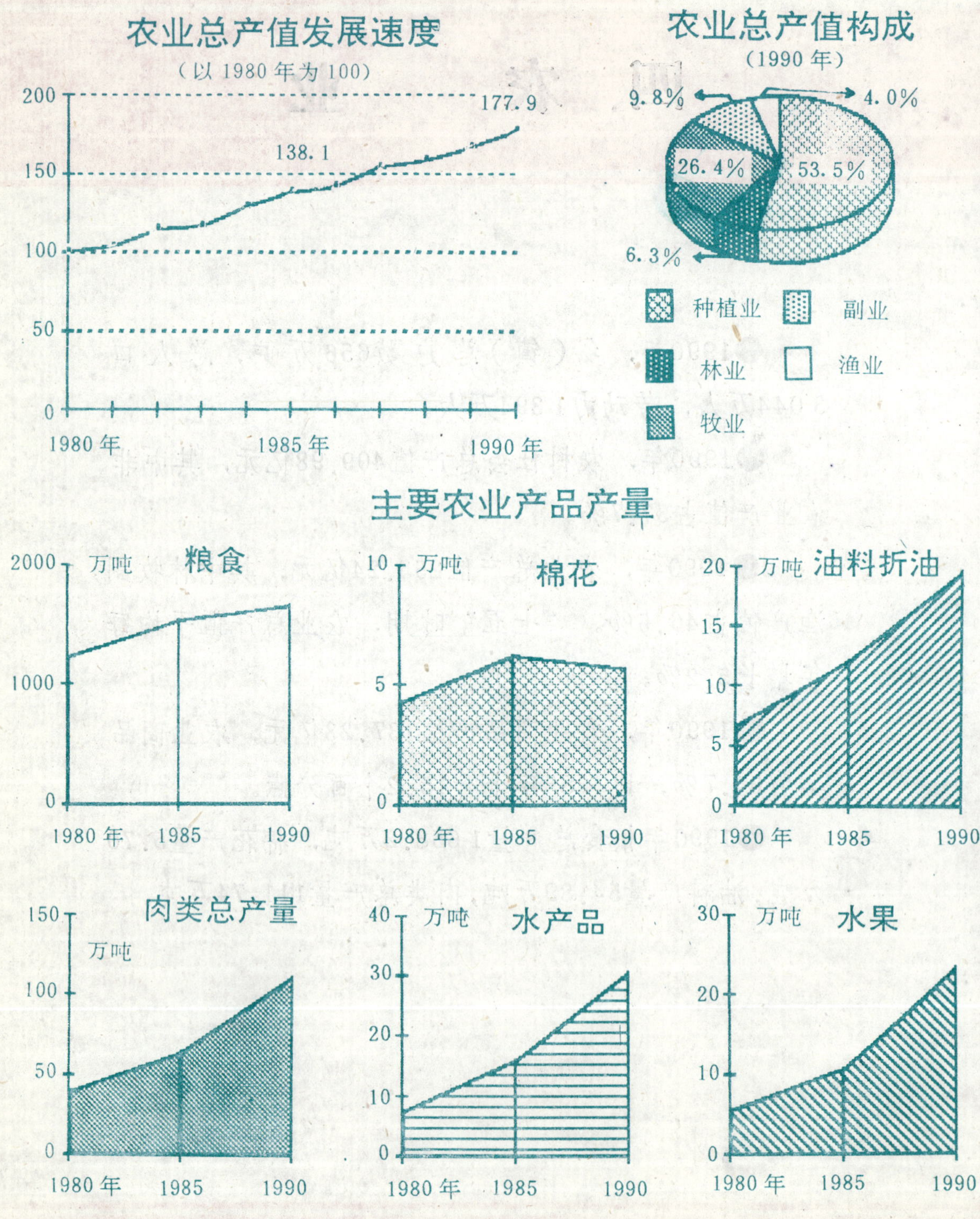

农业总产值发展速度
（以1980年为100）
200
150
100
50
0
177.9
138.1
1980年
1985年
1990年
农业总产值构成
（1990年）
9.8%
4.0%
26.4%
53.5%
6.3%
种植业
副业
林业
渔业
牧业
主要农业产品产量
粮食
万吨
2000
1000
0
1980年
1985
1990
棉花
万吨
10
5
0
1980年
1985
1990
油料折油
万吨
20
15
10
5
0
1980年
1985
1990
肉类总产量
万吨
150
100
50
0
1980年
1985
1990
水产品
万吨
40
30
20
10
0
1980年
1985
1990
水果
万吨
30
20
10
0
1980年
1985
1990

农村乡(镇)组织情况

(1990年)

指标	单位	原公社范围	国营农场挂钩集体部分
一、乡(镇)政府	个	1 779	43
#镇政府	个	258	
二、村民委员会	个	20 475	334
三、村民小组	万个	19.88	0.21
四、乡(镇)总户数	万户	656.11	6.37
五、乡(镇)总人口	万人	3 043.78	28.64
六、乡(镇)劳动力	万人	1 394.18	13.20
#女劳动力	万人	659.89	6.11

各地区乡(镇)组织情况

(1990年)

地区	乡(镇)政府个数(个)	#镇政府	村民委员会(个)	村民小组(万个)	乡(镇)总户数(万户)	乡(镇)总人口(万人)
全省	**1 779**	**258**	**20 475**	**19.88**	**656.11**	**3 043.78**
南昌市	90	15	1 173	0.84	50.80	237.22
景德镇市	52	13	608	0.35	19.22	86.30
萍乡市	41	10	607	0.86	23.05	108.76
九江市	237	7	2 355	2.57	71.28	322.95
新余市	33	12	442	0.49	16.52	72.04
鹰潭市	44	5	393	0.37	16.22	73.47
赣州地区	362	76	4 279	4.97	128.79	621.34
#赣州市	9	2	93	0.11	3.47	16.50
宜春地区	175	22	2 476	2.54	86.29	379.70
#樟树市	16	4	262	0.23	9.06	39.67
上饶地区	267	23	2 877	2.46	107.94	497.87
吉安地区	273	32	3 342	2.80	77.57	374.97
抚州地区	205	43	1 923	1.63	58.43	269.16
#临川市	37	7	432	0.32	15.73	69.64

各地区乡（镇）劳动力

（1990年）

单位：万人

地区	合计	农、林、牧、副、渔业	工业	建筑业	交通运输、邮电通讯业	商业、饮食业、物资供销和仓储业	房地产管理、公用事业、居民服务和咨询服务业
全省	**1394.2**	**1152.7**	**98.5**	**34.7**	**11.7**	**15.7**	**15.0**
南昌市	111.2	86.5	12.6	3.5	1.4	1.3	0.8
景德镇市	38.2	31.4	2.7	0.7	0.4	0.4	0.6
萍乡市	51.9	32.6	10.2	1.9	0.6	0.7	1.3
九江市	145.3	123.4	5.0	4.6	1.5	1.3	2.4
新余市	34.1	27.1	3.1	1.1	0.3	0.4	0.3
鹰潭市	32.3	27.8	0.9	0.9	0.3	0.3	0.5
赣州地区	293.4	251.9	14.8	5.6	1.4	3.7	3.6
#赣州市	8.0	6.1	0.4	0.8	0.1	0.1	0.1
宜春地区	173.1	134.9	21.1	4.1	2.0	2.3	1.6
#樟树市	18.5	14.8	1.8	0.5	0.3	0.2	0.2
上饶地区	217.3	179.8	11.8	5.2	1.5	2.1	2.2
吉安地区	171.4	149.3	9.8	2.3	1.3	2.0	0.8
抚州地区	126.0	108.0	6.5	4.8	1.0	1.2	0.9
#临川市	33.3	24.8	3.1	3.2	0.3	0.4	0.3

地区	卫生、体育和社会福利事业	教育、文化艺术和广播电视事业	科学研究和综合技术服务事业	金融、保险业	乡经济组织管理	其他
全省	**4.7**	**12.0**	**0.8**	**0.7**	**9.6**	**38.1**
南昌市	0.4	1.2	0.1	…	0.7	2.7
景德镇市	0.1	0.3	…	…	0.4	1.1
萍乡市	0.2	0.5	…	…	0.5	3.4
九江市	0.5	1.4	0.1	…	1.0	4.1
新余市	0.1	0.3	…	…	0.2	1.1
鹰潭市	0.1	0.3	…	…	0.2	1.0
赣州地区	1.0	2.0	0.2	0.1	1.9	7.2
#赣州市	…	0.1	…	…	…	0.3
宜春地区	0.7	1.9	0.1	0.1	1.6	2.8
#樟树市	0.1	0.2	…	…	0.1	0.3
上饶地区	0.8	1.9	0.2	0.2	1.5	10.2
吉安地区	0.4	1.1	…	0.1	1.0	3.2
抚州地区	0.4	1.1	0.1	0.1	0.6	1.3
#临川市	0.1	0.3	…	…	0.2	0.6

耕地面积变动情况

单位：亩

指　　标	1989年	1990年	1990年比1989年增、减	
			绝对数	%
一、当年增加耕地面积	**19 510**	**14 909**	**-4 601**	**-23.6**
新开荒地	8 143	10 302	2 159	26.5
改造利用废弃地	4 897	1 670	-3 227	-65.9
其他农业用地调整为耕地	6 470	2 937	-3 533	-54.6
二、当年减少的耕地面积	**66 829**	**103 891**	**37 062**	**55.5**
国家基建占地	37 816	34 746	-3 070	-8.1
乡村集体基建占地	5 182	4 693	-489	-9.4
农民个人建房占地	4 115	4 344	229	5.6
退耕造林	4 840	52 654	47 814	987.9
退耕改牧	1 827	1 185	-642	-35.1
退耕改园	—	1 657	1 657	
退耕改塘	—	1 196	1 196	
水毁地	13 049	3 416	-9 633	-73.8

各地区耕地面积变动情况

（1990年）

单位：万亩

地　区	年初实有耕地面积	当年增加耕地面积	当年减少耕地面积	年末实有耕地面积	水　田	旱　地
全　省	**3 533.24**	**1.49**	**10.39**	**3 524.34**	**2 989.22**	**535.12**
南昌市	323.85	0.25	0.48	323.63	265.80	57.83
景德镇市	96.43	0.05	0.04	96.43	80.52	15.91
萍乡市	58.66	0.26	0.28	58.64	50.91	7.73
九江市	354.26	0.06	1.56	352.76	221.30	131.46
新余市	97.42	—	0.02	97.41	76.12	21.29
鹰潭市	91.53	0.03	0.16	91.40	82.71	8.69
赣州地区	533.31	0.17	0.40	533.08	476.85	56.23
#赣州市	12.11	—	0.04	12.07	9.22	2.85
宜春地区	544.32	0.24	1.02	543.53	459.79	83.74
#樟树市	63.70	0.08	0.31	63.47	51.92	11.55
上饶地区	469.46	0.19	3.82	465.82	398.62	67.20
吉安地区	577.39	0.12	2.39	575.12	521.19	53.93
抚州地区	386.61	0.12	0.22	386.52	355.41	31.11
#临川市	84.67	0.02	0.02	84.67	79.57	5.10

主要年份农村社会总产值

(按当年价格计算)　　单位：亿元

年份	农村社会总产值	农业总产值	农村工业总产值	农村建筑业总产值	农村运输业总产值	农村商业饮食业总产值
1949	10.45	9.88	0.25	…	0.12	0.20
1952	16.90	15.35	0.48	0.31	0.20	0.56
1957	21.59	19.06	0.72	0.77	0.21	0.83
1962	25.82	23.70	0.53	0.77	0.25	0.57
1965	35.75	31.96	0.79	1.90	0.28	0.82
1975	55.80	45.32	4.87	4.37	0.68	0.56
1978	68.63	49.29	7.51	10.39	0.85	0.59
1980	92.79	68.15	10.65	11.18	1.72	1.09
1984	136.49	98.35	19.29	10.90	3.88	4.07
1985	164.73	114.50	28.76	11.62	4.97	4.88
1986	191.26	124.79	38.03	15.44	6.36	6.64
1987	223.17	144.35	42.87	18.07	7.97	9.91
1988	278.99	174.18	59.66	21.48	10.31	13.36
1989	332.87	197.93	85.28	20.91	13.26	15.49
1990	366.64	211.90	99.69	22.40	14.63	18.02

注：本表1990年农业总产值按老计价方法计算，即农民自产自用的农产品按国家统(收)购牌价进行计算。

农村社会总产值

(按当年价格计算)

行业	绝对数(万元)			构成(%)		
	1989年	1990年		1989年	1990年	
	老计价方法	老计价方法	新计价方法	老计价方法	老计价方法	新计价方法
总计	**3 328 727**	**3 666 376**	**4 099 758**	**100**	**100**	**100**
农业总产值	1 979 302	2 119 055	2 552 437	59.5	57.8	62.2
#国营	82 127	104 437	115 629	2.5	2.8	2.8
农村工业产值	852 830	996 890	996 890	25.6	27.2	24.3
农村建筑业产值	209 051	223 984	223 984	6.3	6.1	5.5
#兴建房屋工程	158 740	143 668	143 668	4.8	3.9	3.5
农田水利工程	44 942	70 542	70 542	1.4	1.9	1.7
农村运输业产值	132 657	146 250	146 250	4.0	4.0	3.6
农村商业、饮食业总产值	154 887	180 197	180 197	4.6	4.9	4.4
1.商业产值	119 480	135 776	135 776	3.6	3.7	3.3
#基层供销合作社	36 910	43 915	43 915	1.1	1.2	1.1
乡镇商业企业	82 570	91 861	91 861	2.5	2.5	2.2
2.饮食业产值	35 407	44 421	44 421	1.0	1.2	1.1
#基层供销合作社	2 879	5 908	5 908	0.1	0.2	0.2
乡镇饮食业企业	32 528	38 513	38 513	0.9	1.0	0.9

注：1."新计价方法"指农民自产自用农产品按国家合同定购综合平均价计算。2."老计价方法"指农民自产自用农产品按国家统(收)购牌价计算(后同)。

各地区农村社会总产值

（1990年）

单位：万元

地区	农村社会总产值	农业	农村工业	农村建筑业	农村运输业	农村商业、饮食业
全省	**4 099 758**	**2 552 437**	**996 890**	**223 984**	**146 250**	**180 197**
南昌市	461 026	236 518	159 104	27 768	16 737	20 899
景德镇市	108 761	64 232	29 588	5 999	3 970	4 972
萍乡市	155 982	48 789	85 191	10 039	6 026	5 937
九江市	408 407	255 474	88 944	27 478	18 628	17 883
新余市	139 493	75 893	44 530	8 338	5 387	5 345
鹰潭市	78 544	53 194	10 173	5 213	3 539	6 425
赣州地区	622 453	419 154	115 495	31 023	20 614	36 167
#赣州市	22 978	12 725	6 380	737	930	2 206
宜春地区	787 388	468 874	241 593	33 250	19 181	24 490
#樟树市	88 376	56 348	23 173	4 941	2 099	1 815
上饶地区	481 468	324 548	90 878	28 936	19 181	17 925
吉安地区	432 139	312 339	62 574	23 822	15 362	18 042
抚州地区	424 097	293 422	68 820	22 118	17 625	22 112
#临川市	128 075	78 113	25 218	10 453	6 829	7 462

注：本表采用新计价方法，按当年价格计算。

各地区农村社会总产值

（1990年）

单位：万元

地区	农村社会总产值	农业	农村工业	农村建筑业	农村运输业	农村商业、饮食业
全省	**3 666 376**	**2 119 055**	**996 890**	**223 984**	**146 250**	**180 197**
南昌市	422 048	197 540	159 104	27 768	16 737	20 899
景德镇市	90 690	46 161	29 588	5 999	3 970	4 972
萍乡市	147 525	40 332	85 191	10 039	6 026	5 937
九江市	367 079	214 146	88 944	27 478	18 628	17 883
新余市	130 965	67 365	44 530	8 338	5 387	5 345
鹰潭市	72 079	46 729	10 173	5 213	3 539	6 425
赣州地区	524 176	320 877	115 495	31 023	20 614	36 167
#赣州市	19 483	9 230	6 380	737	930	2 206
宜春地区	716 582	398 068	241 593	33 250	19 181	24 490
#樟树市	80 370	48 342	23 173	4 941	2 099	1 815
上饶地区	433 018	276 098	90 878	28 936	19 181	17 925
吉安地区	386 928	267 128	62 574	23 822	15 362	18 042
抚州地区	375 286	244 611	68 820	22 118	17 625	22 112
#临川市	111 551	61 589	25 218	10 453	6 829	7 462

注：本表采用老计价方法，按当年价格计算。

主要年份农业总产值和商品产值

（按当年价格计算）　　单位：万元

年份	农业总产值	种植业产值	林业产值	牧业产值	副业产值	渔业产值	农业商品产值	农业商品率（%）
1949	98756	63482	378	13185	21208	503		
1952	153500	98127	7044	16073	31228	1028	53751	35.0
1957	190600	117612	9259	26960	34564	2205	83490	43.8
1962	237044	154642	8399	32726	36974	4303		
1965	319645	225904	11864	46318	31553	4006	126345	39.5
1975	453168	329854	17754	61183	40561	3816	175481	38.7
1978	492900	349600	25600	62600	48700	6400	175842	35.7
1980	681508	455308	51200	94600	72500	7900	279874	41.1
1985	1145040	677053	91823	227764	113300	35100	566795	49.5
1986	1247893	697010	96594	291047	120565	42677	646039	51.8
1987	1443474	797593	108665	343306	141593	52317	803109	55.6
1988	1741810	827968	129894	518021	193671	72256	1042194	59.8
1989	1979302	965339	127906	595873	209081	81103	1210169	61.1
1990	2119055	1040542	133461	619019	225570	100463	1372256	64.7

注：1990年农业总产值按老计价方法计算，即农民自产自用的农产品按国家统（收）购牌价进行计算。

主要年份农业总产值

（按不变价格计算）　　单位：万元

年份	农业总产值	种植业产值	林业产值	牧业产值	副业产值	渔业产值
			按1952年不变价格计算			
1949	100674	67073	378	11664	21208	351
1952	154173	104032	5056	12980	31268	837
			按1957年不变价格计算			
1957	192423	123668	9160	22292	34564	2739
1962	181636	117170	7601	16663	36974	3228
1965	229475	156127	10953	27883	31354	3158
			按1970年不变价格计算			
1975	411923	316289	16449	44822	30547	3816
1978	433466	329300	19352	48557	32779	3478
1980	482152	361004	21772	58957	35987	4432
			按1980年不变价格计算			
1985	966049	610697	62505	161355	110782	20710
1986	991523	596414	62605	188009	120525	23970
1987	1079177	640545	69055	199632	142391	27554
1988	1108590	611880	71577	227993	165520	31620
1989	1168498	645724	72025	239059	177213	34477
1990	1244842	694503	75988	254763	181792	37796

历年农业总产值指数(一)

(以1952年为 100)

年份	农业总产值	种植业产值	林业产值	牧业产值	副业产值	渔业产值
1949	65.3	64.5	7.5	89.9	67.8	41.9
1950	77.3	76.3	62.4	81.3	81.3	73.0
1951	79.8	75.5	77.5	96.1	87.2	93.1
1952	100	100	100	100	100	100
1953	98.5	97.8	109.6	103.1	97.6	83.6
1954	98.0	97.1	121.2	92.9	98.7	117.7
1955	103.6	105.6	124.7	87.1	100.4	103.8
1956	109.3	111.2	146.7	94.7	103.0	105.9
1957	118.3	115.6	152.4	155.0	106.1	142.5
1958	116.3	120.3	153.7	161.2	78.0	131.0
1959	111.2	117.4	149.4	119.8	81.3	130.4
1960	106.6	112.5	140.6	101.0	83.8	138.5
1961	110.7	111.8	165.8	89.6	106.3	153.6
1962	111.7	109.5	126.5	115.9	113.5	168.0
1963	118.2	118.1	132.4	157.2	99.9	140.9
1964	125.7	126.8	132.9	175.0	100.1	157.3
1965	141.1	145.9	182.2	193.9	96.3	164.3
1966	149.0	155.4	220.8	194.9	98.4	139.9
1967	145.7	149.9	202.9	200.1	101.4	135.5
1968	153.5	160.4	223.4	199.0	104.3	105.7
1969	158.4	166.9	199.6	217.6	104.5	84.2
1970	168.6	183.2	212.2	195.8	104.7	158.9
1971	167.8	181.1	253.3	188.3	105.1	132.4
1972	170.5	185.2	222.8	214.8	92.9	131.7
1973	160.5	172.3	234.9	199.8	92.8	138.8
1974	166.4	180.8	242.8	196.9	93.1	133.3
1975	173.5	190.8	214.7	204.8	93.8	148.9
1976	168.6	185.2	185.3	201.6	97.4	127.9
1977	177.5	195.3	231.9	206.2	96.5	137.2
1978	182.5	198.7	252.6	221.9	100.6	135.7
1979	209.6	228.5	290.6	258.5	111.4	154.1
1980	203.0	217.8	284.2	269.4	110.5	172.9
1981	211.0	222.7	366.7	276.6	116.9	204.5
1982	232.6	246.8	355.4	335.9	118.1	230.6
1983	236.2	248.0	370.8	346.1	119.5	289.2
1984	261.6	271.6	430.5	383.1	137.6	326.8
1985	280.4	278.2	458.2	456.6	162.9	395.5
1986	287.8	271.6	458.9	532.0	177.2	457.8
1987	313.2	291.8	506.2	564.9	209.4	526.2
1988	321.8	278.7	524.7	645.2	243.4	603.9
1989	339.2	294.1	528.0	676.5	260.6	658.5
1990	361.3	316.3	557.1	720.9	267.3	721.9

注：本表按可比价格计算。

历年农业总产值指数(二)

(以上年为 100)

年份	农业总产值	种植业产值	林业产值	牧业产值	副业产值	渔业产值
1950	118.3	118.4	834.7	90.5	119.8	174.1
1951	103.2	98.9	124.2	118.2	107.3	127.5
1952	125.4	132.5	129.0	104.1	114.7	107.4
1953	98.5	97.8	109.6	103.1	97.6	83.6
1954	99.5	99.3	110.6	90.1	101.0	140.7
1955	105.8	108.7	102.9	93.8	101.8	88.2
1956	105.5	105.3	117.6	108.7	102.5	102.0
1957	108.3	103.9	103.9	163.7	103.1	134.7
1958	98.3	104.1	101.0	104.4	73.5	91.9
1959	95.6	97.6	97.2	74.3	104.2	99.5
1960	95.8	95.8	94.1	84.3	103.1	106.2
1961	103.9	99.4	117.9	88.7	126.9	110.9
1962	100.9	98.0	76.3	129.4	106.8	109.3
1963	105.8	107.9	104.7	135.6	88.0	83.9
1964	106.3	107.3	100.4	111.3	100.2	111.7
1965	112.3	115.1	137.1	110.8	96.1	104.5
1966	105.6	106.5	121.1	100.5	102.3	85.1
1967	97.8	96.4	91.9	102.6	103.0	96.9
1968	105.4	107.0	110.1	99.5	102.9	78.0
1969	103.1	104.1	89.4	109.3	100.2	79.7
1970	106.5	109.8	106.3	90.0	100.2	188.6
1971	99.5	98.8	119.4	96.2	100.4	83.3
1972	101.6	102.3	88.0	114.0	88.4	99.4
1973	94.1	93.0	105.4	93.0	99.9	105.4
1974	103.7	105.0	103.4	98.6	100.3	96.0
1975	104.2	105.5	88.4	104.0	100.7	111.7
1976	97.2	97.1	86.3	98.4	103.9	85.9
1977	105.3	105.4	125.1	102.3	99.1	107.3
1978	102.8	101.7	108.9	107.6	104.3	98.9
1979	114.8	115.0	115.0	116.5	110.7	113.6
1980	96.9	95.3	97.8	104.2	99.2	112.2
1981	103.9	102.2	129.0	102.7	105.8	118.3
1982	110.2	110.8	96.9	121.5	101.0	112.8
1983	101.5	100.5	104.3	103.1	101.2	125.4
1984	110.8	109.6	116.1	110.7	115.2	112.9
1985	107.2	102.4	106.4	119.2	118.4	121.0
1986	102.6	102.4	106.5	119.2	118.4	115.7
1987	108.8	97.7	100.2	116.5	108.8	115.0
1988	102.7	107.4	110.3	106.2	118.1	114.8
1989	105.4	105.5	100.6	104.9	107.1	109.0
1990	106.5	107.6	105.5	106.6	102.6	109.6

注：本表按可比价格计算。

分五业的农业总产值(一)

（按当年价格计算）

行业	绝对数（万元）			构成（%）		
	1989年	1990年		1989年	1990年	
	老计价方法	老计价方法	新计价方法	老计价方法	老计价方法	新计价方法
农业总产值	**1979302**	**2119055**	**2552437**	**100**	**100**	**100**
一、农作物种植业产值	**965339**	**1040542**	**1364881**	**48.8**	**49.1**	**53.5**
（一）主产品产值	892777	968149	1292488	45.1	45.7	50.6
粮食作物	574128	616922	834534	29.0	29.1	32.7
经济作物	102780	145943	167726	5.2	6.9	6.6
蔬菜、瓜类	156349	147188	217174	7.9	6.9	8.5
茶、桑、果	32405	33621	36741	1.6	1.6	1.4
饲料、绿肥作物	14458	13058	23796	0.7	0.6	0.9
其他农作物	12657	11417	12517	0.7	0.5	0.5
（二）副产品产值	72562	72393	72393	3.7	3.4	2.9
粮食作物	66311	62709	62709	3.4	3.0	2.5
经济作物	6251	9684	9684	0.3	0.4	0.4
二、林业产值	**127906**	**133461**	**160118**	**6.4**	**6.4**	**6.3**
（一）农村竹木采伐	46049	54538	60734	2.3	2.6	2.4
（二）林产品	47923	43500	46080	2.4	2.1	1.8
（三）人工种植林木生长	33934	35423	53304	1.8	1.7	2.1
三、牧业产值	**595873**	**619019**	**673432**	**30.1**	**29.2**	**26.4**
（一）牲畜繁殖、增长、增重	479600	498213	525821	24.2	23.5	20.6
猪	456351	471775	491895	23.1	22.3	19.3
大牲畜	22676	25770	33258	1.1	1.2	1.3
羊	573	668	668	…	…	…
（二）家禽饲养	53496	54619	60614	2.7	2.6	2.4
（三）活的畜禽产品	58026	59408	78518	2.9	2.8	3.1
（四）其他动物饲养	4751	6779	8479	0.3	0.3	0.3
四、副业产值	**209081**	**225570**	**250543**	**10.6**	**10.6**	**9.8**
（一）采集	87121	87324	112297	4.4	4.1	4.4
（二）捕猎	1493	1332	1332	…	…	…
（三）农民家庭兼营工业	120467	136914	136914	6.1	6.5	5.4
五、渔业产值	**81103**	**100463**	**103463**	**4.1**	**4.7**	**4.0**

分五业的农业总产值(二)

(按不变价格计算)

行业	绝对数(万元)			构成(%)		
	1989年	1990年		1989年	1990年	
	1980年不变价格	1980年不变价格	1990年不变价格	1980年不变价格	1980年不变价格	1990年不变价格
农业总产值	**1 168 498**	**1 244 842**	**2 843 797**	**100**	**100**	**100**
一、农作物种植业产值	**645 724**	**694 503**	**1 512 732**	**55.3**	**55.8**	**53.2**
(一)主产品产值	584 782	630 740	1 445 313	50.1	50.7	50.8
粮食作物	412 463	436 429	949 081	35.3	35.1	33.4
经济作物	67 341	89 598	171 216	5.8	7.2	6.0
蔬菜、瓜类	73 595	73 567	239 802	6.3	5.9	8.4
茶、桑、果	14 254	15 000	42 492	1.2	1.2	1.5
饲料、绿肥作物	11 072	10 837	30 800	0.9	0.9	1.1
其他农作物	6 057	5 309	11 922	0.6	0.4	0.4
(二)副产品产值	60 942	63 763	67 419	5.2	5.1	2.4
粮食作物	55 186	55 984	56 746	4.7	4.5	2.0
经济作物	5 756	7 779	10 673	0.5	0.6	0.4
二、林业产值	**72 025**	**75 988**	**217 588**	**6.2**	**6.1**	**7.6**
(一)农村竹木采伐	13 862	22 011	97 530	1.2	1.8	3.4
(二)林产品	29 379	23 912	55 737	2.5	1.9	1.9
(三)人工种植林木生长	28 784	30 065	64 321	2.5	2.4	2.3
三、牧业产值	**239 059**	**254 763**	**674 881**	**20.4**	**20.5**	**23.7**
(一)牲畜繁殖、增长、增重	183 544	197 567	531 081	15.7	15.9	18.7
猪	168 437	181 061	490 633	14.4	14.5	17.3
大牲畜	14 941	16 306	40 096	1.3	1.4	1.4
羊	166	200	352	…	…	…
(二)家禽饲养	21 753	22 721	56 371	1.9	1.8	2.0
(三)活的畜禽产品	31 264	31 577	79 433	2.6	2.5	2.8
(四)其他动物饲养	2 498	2 898	7 996	0.2	0.3	0.2
四、副业产值	**177 213**	**181 792**	**308 661**	**15.2**	**14.6**	**10.9**
(一)采集	69 319	69 266	170 353	6.0	5.6	6.0
(二)捕猎	859	851	1 394	…	0.1	…
(三)农民家庭兼营工业	107 035	111 675	136 914	9.2	8.9	4.9
五、渔业产值	**34 477**	**37 796**	**129 935**	**2.9**	**3.0**	**4.6**

各地区农业总产值

（1990年）

单位：万元

地区	按新计价方法计算					
	农业总产值	种植业产值	林业产值	牧业产值	副业产值	渔业产值
全省	**2 552 437**	**1 364 881**	**160 118**	**673 432**	**250 543**	**103 463**
南昌市	236 518	131 529	2 533	73 757	13 548	15 151
景德镇市	64 232	38 546	2 519	15 660	5 984	1 523
萍乡市	48 789	25 653	3 069	13 922	4 513	1 632
九江市	255 474	143 522	11 603	64 085	20 090	16 174
新余市	75 893	39 949	3 425	18 310	12 323	1 886
鹰潭市	53 194	29 995	2 183	16 327	3 213	1 476
赣州地区	419 154	214 927	36 401	115 929	36 255	15 642
#赣州市	12 725	6 913	293	3 273	1 439	807
宜春地区	468 874	238 984	34 503	131 667	46 799	16 911
#樟树市	56 348	29 707	902	19 668	3 575	2 496
上饶地区	324 548	168 644	21 002	77 011	44 717	13 174
吉安地区	312 339	175 582	25 127	67 548	31 362	12 720
抚州地区	293 422	157 550	17 753	79 206	31 739	7 174
#临川市	78 113	39 950	1 306	26 282	9 242	1 333

注：本表按当年价格计算。

各地区农业总产值

（1990年）

单位：万元

地区	农业总产值	种植业产值	林业产值	牧业产值	副业产值	渔业产值
全省	**1 244 842**	**694 503**	**75 988**	**254 763**	**181 792**	**37 796**
南昌市	107 456	63 727	1 324	25 461	10 148	6 796
景德镇市	30 112	19 350	1 157	5 546	3 435	624
萍乡市	24 760	13 266	1 595	6 115	3 252	532
九江市	123 800	76 473	5 633	24 098	11 860	5 736
新余市	33 361	19 189	1 560	6 865	5 096	651
鹰潭市	25 846	15 606	800	6 406	2 380	654
赣州地区	199 812	105 740	18 140	40 938	30 557	4 437
#赣州市	5 493	2 776	148	1 105	1 253	211
宜春地区	230 192	121 280	14 614	50 545	38 256	5 497
#樟树市	25 021	14 350	468	6 940	2 463	800
上饶地区	171 333	91 836	10 385	30 931	32 583	5 598
吉安地区	153 238	87 267	13 341	26 616	21 648	4 366
抚州地区	144 932	80 769	7 439	31 242	22 577	2 905
#临川市	39 811	21 002	672	10 834	6 616	687

注：本表按1980年不变价格计算。

各 地 区 农 业 总 产 值

（1990年）

单位：万元

地　区	农业总产值	种植业产值	林业产值	牧业产值	副业产值	渔业产值
全　省	**2 843 797**	**1 512 732**	**217 588**	**674 881**	**308 661**	**129 935**
南昌市	245 786	138 065	3 123	66 759	13 739	24 100
景德镇市	72 174	43 675	3 768	14 579	8 023	2 129
萍乡市	57 308	30 281	4 098	16 360	4 774	1 795
九江市	282 727	157 887	15 942	63 807	24 893	20 198
新余市	78 451	41 101	3 930	18 291	12 876	2 253
鹰潭市	61 203	34 323	2 413	17 014	5 215	2 238
赣州地区	469 797	241 154	52 367	110 073	51 070	15 133
#赣州市	12 316	6 903	292	2 945	1 487	689
宜春地区	508 164	260 729	40 858	134 232	52 951	19 394
#樟树市	56 963	30 851	1 084	18 468	3 674	2 886
上饶地区	383 134	198 650	29 986	80 680	54 253	19 565
吉安地区	351 904	190 491	37 325	70 433	38 750	14 905
抚州地区	333 149	176 376	23 778	82 653	42 117	8 225
#临川市	87 626	45 844	1 472	28 630	9 932	1 748

注：本表按1990年不变价格计算。

各地区粮食作物和多种经营产值

（1990年）

单位：万元

地　区	按1980年不变价计算				按1990年不变价计算			
	农业总产值	粮食作物	多种经营	#经济作物	农业总产值	粮食作物	多种经营	#经济作物
全　省	**1 244 842**	**492 413**	**752 429**	**97 377**	**2843 797**	**1 005 827**	**1 837 970**	**181 889**
南昌市	107 456	50 305	57 151	4 698	245 786	102 174	143 612	7 817
景德镇市	30 112	13 307	16 805	1 906	72 174	27 324	44 850	3 299
萍乡市	24 760	10 715	14 045	317	57 308	22 109	35 199	496
九江市	123 800	40 922	82 878	26 586	282 727	82 658	200 069	46 387
新余市	33 361	13 197	20 164	3 608	78 451	26 912	51 539	6 433
鹰潭市	25 846	11 787	14 059	1 439	61 203	24 120	37 083	2 566
赣州地区	199 812	70 617	129 195	17 282	469 797	143 649	326 148	37 838
#赣州市	5 493	1 455	4 038	489	12 316	2 967	9 349	1 055
宜春地区	230 192	87 639	142 553	15 931	508 164	177 770	330 394	29 191
#樟树市	25 021	10 243	14 778	1 923	56 963	20 692	36 271	3 273
上饶地区	171 333	65 931	105 402	10 565	383 134	134 683	248 451	18 955
吉安地区	153 238	66 394	86 844	9 281	351 904	135 568	216 336	17 984
抚州地区	144 932	63 192	81 740	5 764	333 149	128 860	204 289	10 923
#临川市	39 811	15 311	24 500	2 246	87 626	31 221	56 405	4 288

注：本表按不变价格计算，1980年不变价的粮食作物和多种经营产值省计算数与地区汇总数不一致。

各地区粮食作物和多种经营产值

（1990年）

地区	绝对数（万元）				构成（%）			
	农业总产值	粮食作物	多种经营	#经济作物	农业总产值	粮食作物	多种经营	#经济作物
全省	**2 552 437**	**897 243**	**1 655 194**	**177 410**	**100**	**35.2**	**64.8**	**7.0**
南昌市	236 518	96 015	140 503	7 932	100	40.6	59.4	3.4
景德镇市	64 232	24 062	40 170	2 865	100	37.5	62.5	4.5
萍乡市	48 789	18 396	30 393	427	100	37.7	62.3	0.9
九江市	255 474	70 850	184 624	45 177	100	27.7	72.3	17.7
新余市	75 893	24 602	51 291	6 589	100	32.4	67.6	8.7
鹰潭市	53 194	21 005	32 189	2 619	100	39.5	60.5	4.9
赣州地区	419 154	125 495	293 659	37 468	100	29.9	70.1	8.9
#赣州市	12 725	2 665	10 060	997	100	20.9	79.1	7.8
宜春地区	468 874	163 636	305 238	26 709	100	34.9	65.1	5.7
#樟树市	56 348	19 454	36 894	3 540	100	34.5	65.5	6.3
上饶地区	324 548	117 779	206 769	17 168	100	36.3	63.7	5.3
吉安地区	312 339	123 514	188 825	19 548	100	39.5	60.5	6.3
抚州地区	293 422	111 889	181 533	10 908	100	38.1	61.9	3.7
#临川市	78 113	26 073	52 040	4 133	100	33.4	66.6	5.3

注：本表采用新计价方法按当年价格计算。

各地区粮食作物和多种经营产值

（1990年）

地区	绝对数（万元）			构成（%）		
	农业总产值	粮食作物	多种经营	农业总产值	粮食作物	多种经营
全省	**2 119 055**	**679 631**	**1 439 424**	**100**	**32.1**	**67.9**
南昌市	197 540	74 826	122 714	100	37.8	62.2
景德镇市	46 161	17 545	28 616	100	38.0	62.0
萍乡市	40 332	12 460	27 872	100	30.9	69.1
九江市	214 146	52 094	162 052	100	24.3	75.7
新余市	67 365	18 660	48 705	100	27.8	72.2
鹰潭市	46 729	15 787	30 942	100	33.8	66.2
赣州地区	320 877	82 783	238 094	100	25.8	74.2
#赣州市	9 230	1 595	7 635	100	17.3	82.7
宜春地区	398 068	131 162	266 906	100	32.9	67.1
#樟树市	48 342	14 407	33 935	100	29.8	70.2
上饶地区	276 098	89 598	186 500	100	32.5	67.5
吉安地区	267 128	95 033	172 095	100	35.6	64.4
抚州地区	244 611	89 683	154 928	100	36.7	63.3
#临川市	61 589	20 215	41 374	100	32.8	67.2

注：本表采用老计价方法按当年价格计算。

农业总产值、物质消耗及净产值

（按当年价格计算）

指标	绝对数（万元）		构成（%）	
	1989年	1990年	1989年	1990年
一、农业总产值	**1 979 302**	**2 552 437**	**100**	**100**
种植业	965 339	1 364 881	48.8	53.5
林业	127 906	160 118	6.5	6.3
牧业	595 873	673 432	30.1	26.4
副业	209 081	250 543	10.5	9.8
渔业	81 103	103 463	4.1	4.0
二、农业物质消耗	**647 223**	**795 616**	**100**	**100**
种植业	314 946	389 108	48.7	48.9
林业	19 158	24 758	2.9	3.1
牧业	234 113	288 975	36.2	36.3
副业	68 394	80 849	10.6	10.2
渔业	10 612	11 926	1.6	1.5
三、农业净产值	**1 332 079**	**1 756 821**	**100**	**100**
种植业	650 393	975 773	48.8	55.5
林业	108 748	135 360	8.1	7.7
牧业	361 760	384 457	27.2	21.9
副业	140 687	169 694	10.6	9.7
渔业	70 491	91 537	5.3	5.2

农业物质消耗

（按当年价格计算）

项目	绝对数（万元）		构成（%）	
	1989年	1990年	1989年	1990年
农业物质消耗总计	**647 223**	**795 616**	**100**	**100**
农林业用种	42 020	70 231	6.5	8.8
饲料	214 761	267 023	33.2	33.6
种蛋种茧	2 706	3 292	0.4	0.4
畜禽防疫、配种	6 172	6 820	0.9	0.9
肥料	187 256	214 570	28.9	27.0
燃料	37 645	42 805	5.8	5.4
农药	17 770	27 706	2.8	3.5
用电量	9 059	11 089	1.4	1.4
小农具购置费	14 125	19 359	2.2	2.4
生产用固定资产折旧	34 088	36 887	5.3	4.6
副业生产原材料消耗	50 801	52 080	7.8	6.5
生产性劳动服务支出	19 319	24 652	3.0	3.1
其他物质消耗	11 501	19 102	1.8	2.4

各地区农业总产值、物质消耗及净产值

（1990年）　　单位：万元

地区	农业总产值	农业物质消耗	农业净产值	占农业总产值比重（%）	
				物质消耗	净产值
全省	**2552437**	**795616**	**1756821**	**31.2**	**68.8**
南昌市	236518	78197	158321	33.1	66.9
景德镇市	64232	19451	44781	30.3	69.7
萍乡市	48789	14815	33974	30.4	69.6
九江市	255474	79291	176183	31.0	69.0
新余市	75893	27753	48140	36.6	63.4
鹰潭市	53194	15771	37423	29.6	70.4
赣州地区	419154	109712	309442	26.2	73.8
#赣州市	12725	2981	9744	23.4	76.6
宜春地区	468874	151812	317062	32.4	67.6
#樟树市	56348	17275	39073	30.7	69.3
上饶地区	324548	109383	215165	33.7	66.3
吉安地区	312339	89424	222915	28.6	71.4
抚州地区	293422	100007	193415	34.1	65.9
#临川市	78113	28670	49443	36.7	63.3

注：本表按当年价格计算。

各地区分部门农业物质消耗率

（1990年）　　单位：%

地区	种植业	林业	牧业	副业	渔业
全省	**28.5**	**15.5**	**42.9**	**32.3**	**11.5**
南昌市	33.0	33.0	35.1	43.4	14.5
景德镇市	30.5	19.9	36.7	19.8	18.1
萍乡市	26.3	20.0	43.4	24.8	18.4
九江市	27.8	13.0	48.7	28.5	6.1
新余市	31.8	11.5	51.7	40.4	10.3
鹰潭市	27.1	18.8	37.0	30.4	15.0
赣州地区	27.0	10.5	33.0	24.8	3.8
#赣州市	20.6	38.9	28.2	34.1	7.7
宜春地区	25.6	15.3	47.2	42.9	18.6
#樟树市	26.8	12.3	38.0	43.6	6.7
上饶地区	29.5	24.8	45.4	38.4	16.6
吉安地区	26.9	12.3	47.7	19.5	6.6
抚州地区	32.1	17.2	46.5	28.1	9.9
#临川市	31.6	53.1	46.0	32.8	16.3

注：本表按当年价格计算。

农业商品产值和商品率

(按当年价格计算)

行业	农业商品产值(万元)		农业商品率(%)		
	1989年	1990年	1989年	1990年	
			按老计价方法算	按老计价方法算	按新计价方法算
合计	**1 210 169**	**1 372 256**	**61.1**	**64.7**	**53.8**
#粮食作物	301 175	346 313	47.0	50.9	38.6
多种经营	908 994	1 025 943	67.9	71.3	62.0
#经济作物	80 001	113 901	73.4	73.2	64.2
种植业	502 581	593 995	52.1	57.1	43.5
林业	65 849	73 952	51.5	55.4	46.2
牧业	429 138	463 681	72.0	74.9	68.9
副业	143 612	158 145	68.7	70.1	63.1
渔业	68 989	82 483	85.1	82.1	79.7

各地区农业商品产值和商品率

(1990年)

地区	农业商品产值(万元)	种植业	林业	牧业	副业	渔业	农业商品率(%)	
							按新计价方法算	按老计价方法算
全省	**1 372 256**	**593 995**	**73 952**	**463 681**	**158 145**	**82 483**	**53.8**	**64.7**
南昌市	142 005	65 348	595	52 544	10 510	13 008	60.0	71.9
景德镇市	28 987	14 630	1 110	10 837	1 617	793	45.1	62.8
萍乡市	25 868	8 086	1 392	11 110	3 910	1 370	53.0	64.1
九江市	139 423	69 044	4 595	40 621	11 886	13 277	54.6	65.1
新余市	42 747	18 036	1 040	11 703	10 352	1 616	56.3	63.5
鹰潭市	28 046	12 610	1 096	11 584	1 550	1 206	52.7	60.0
赣州地区	207 610	70 870	18 278	85 708	19 586	13 168	49.5	64.7
#赣州市	6 890	3 059	12	2 108	1 028	683	54.1	74.6
宜春地区	272 676	119 416	17 014	89 056	34 411	12 779	58.2	68.5
#樟树市	36 497	16 089	296	15 228	3 031	1 853	64.8	75.5
上饶地区	165 598	68 989	7 231	51 227	28 093	10 058	51.0	60.0
吉安地区	156 809	70 916	11 748	47 492	17 029	9 621	50.2	58.7
抚州地区	162 490	76 050	9 853	51 799	19 201	5 587	55.4	66.4
#临川市	39 698	15 364	210	16 137	6 912	1 075	50.8	64.5

注：本表按当年价格计算。

农作物播种面积和产量

品名	播种面积（万亩）		单位播种面积产量（公斤／亩）		总产量（粮食作物：万吨）（经济作物：吨）		
	1989年	1990年	1989年	1990年	1989年	1990年	1990年比1989年增长%
合计	**8 333.01**	**8 639.70**					
一、粮食作物	**5 540.76**	**5 551.4**	**287**	**299**	**1 589.62**	**1 658.2**	**4.3**
稻谷	4 946.46	4 929.9	309	322	1 529.56	1 587.7	3.8
早稻	2 345.47	2 344.4	290	319	680.73	746.9	9.7
中稻	31.74	31.6	339	293	10.75	9.3	-13.5
一晚	337.21	328.5	333	316	112.36	103.8	-7.6
二晚	2 232.04	2 225.4	325	327	725.72	727.7	0.3
小麦	117.31	112.4	61	72	7.17	8.1	13.0
薯类	179.67	204.3	172	186	30.92	38.0	22.9
杂粮	90.90	98.1	64	77	5.83	7.5	28.8
大豆	206.42	206.7	78	82	16.14	16.9	4.7
二、经济作物	**1024.13**	**1 300.09**					
#棉花	99.07	105.41	51	54	50 050	56 995	13.9
油料折油（含油茶籽）					148 397	196 114	32.2
油料合计	760.61	1 029.80	50	53	376 519	548 851	45.8
花生	137.78	137.49	109	110	150 739	151 909	0.8
油菜籽	538.46	811.34	37	46	198 755	371 383	86.9
芝麻	84.37	80.97	32	32	27 025	25 559	-5.4
麻类合计	29.53	22.25	81	112	24 004	24 885	3.7
黄红麻	11.58	12.37	116	152	13 423	18 846	40.4
苎麻	17.95	9.88	59	61	10 581	6 039	-42.9
甘蔗	47.69	53.36	3 134	3 641	1494 895	1 942 913	30.0
烟叶合计	25.64	31.03	60	74	15 328	23 117	50.8
烤烟	15.66	22.15	58	78	9 155	17 175	87.6
晒烟	9.98	8.88	62	67	6 173	5 942	-3.7
中药材	4.78	4.33					
席草	0.78	0.73	441	475	3 460	3 481	0.6
荸荠	4.35	4.22	1 279	1 328	55 609	56 063	0.8
瓜子	12.25	10.68	22	30	2 703	3 231	19.5
莲子	12.43	8.81	36	45	4 527	3 985	-12.0
莴头	2.84	2.29	600	581	17 055	13 318	-21.9
三、其他农作物	**1 768.12**	**1 788.21**					
#绿肥	1 291.21	1 275.11					

注：本表1990年粮食作物数为农产量抽样调查推算数。

各地区农作物播种面积(一)

（1990年）

单位：万亩

品名	全省	南昌市	景德镇市	萍乡市	九江市	新余市	鹰潭市
合计	**8639.70**	**866.52**	**236.01**	**138.47**	**846.01**	**243.18**	**248.05**
一、粮食作物	**5551.4**	**542.33**	**153.07**	**97.61**	**483.97**	**145.28**	**152.90**
稻谷	4929.9	482.15	143.75	87.57	382.30	131.70	145.84
早稻	2344.4	227.90	67.55	39.55	177.59	66.17	71.02
中稻	31.6	—	6.79	4.86	7.57	—	…
一晚	328.5	26.47	2.14	0.02	24.85	3.68	4.13
二晚	2225.4	227.78	67.27	43.14	172.29	61.85	70.69
小麦	112.4	17.78	1.60	1.53	31.88	0.25	0.50
薯类	204.3	7.70	2.82	6.92	32.45	4.88	2.75
杂粮	98.1	3.37	1.12	1.21	19.56	3.85	2.36
大豆	206.7	31.33	3.78	0.38	17.78	4.60	1.45
二、经济作物	**1300.09**	**101.22**	**29.00**	**5.74**	**240.21**	**42.40**	**21.77**
#棉花	105.41	4.10	2.96	—	55.58	8.14	0.01
油料合计	1029.80	91.74	24.60	4.93	176.64	32.66	19.36
花生	137.49	14.45	1.49	0.06	12.21	4.85	3.28
油菜籽	811.34	54.82	19.65	4.87	155.17	27.02	14.78
芝麻	80.97	22.47	3.46	…	9.26	0.79	1.30
麻类合计	22.25	0.22	0.03	…	2.82	0.92	1.64
黄红麻	12.37	…	…	…	…	…	1.58
苎麻	9.88	0.22	0.03	…	2.82	0.92	0.06
甘蔗	53.36	0.73	0.78	…	0.27	0.12	0.56
烟叶合计	31.03	—	—	0.20	0.16	—	0.01
烤烟	22.15	—	—	—	0.10	—	—
晒烟	8.88	—	—	0.20	0.06	—	0.01
中药材	4.33	1.28	—	0.26	0.28	0.09	0.02
席草	0.73	—	…	—	…	0.03	0.05
荸荠	4.22	1.47	…	…	0.07	0.12	0.03
瓜子	10.68	0.76	0.03	…	0.87	0.08	—
莲子	8.81	0.24	0.03	—	…	—	…
莴头	2.29	0.52	0.06	0.03	0.04	0.02	0.03
三、其他农作物	**1788.21**	**222.97**	**53.94**	**35.12**	**121.83**	**55.50**	**73.38**
#绿肥	1275.11	184.65	41.44	18.16	65.57	37.21	61.84

注：本表全省粮食作物数为农产量抽样调查推算数。

各地区农作物播种面积(二)

（1990年）　　　　单位：万亩

品　　名	赣州地区	#赣州市	宜春地区	#樟树市	上饶地区	吉安地区	抚州地区	#临川市
合　　计	**1 245.69**	**29.55**	**1 447.06**	**182.32**	**1 202.17**	**1 229.66**	**934.28**	**227.96**
一、粮食作物	**830.45**	**17.19**	**895.08**	**107.30**	**782.80**	**862.89**	**602.42**	**137.15**
稻　　谷	730.41	13.66	772.89	92.59	694.20	803.14	564.98	129.18
早　　稻	343.27	6.59	352.61	44.30	336.81	398.77	265.08	64.67
中　　稻	—	—	0.20	…	1.10	6.57	4.56	…
一　　晚	47.62	0.27	68.51	5.16	30.80	69.07	51.00	4.78
二　　晚	339.52	6.80	351.57	43.13	325.49	328.73	244.34	59.73
小　　麦	0.48	—	27.48	1.76	30.26	0.15	0.33	0.22
薯　　类	42.16	1.14	33.22	4.92	21.19	22.43	14.95	2.64
杂　　粮	25.01	2.07	19.13	0.94	14.70	6.58	2.75	0.45
大　　豆	32.39	0.32	42.36	7.09	22.45	30.59	19.41	4.66
二、经济作物	**216.74**	**6.50**	**216.10**	**31.19**	**164.76**	**178.37**	**83.78**	**23.29**
#棉　　花	0.01	—	16.86	1.56	13.47	0.23	4.05	2.09
油料合计	156.18	4.84	178.65	28.88	134.52	147.59	62.93	18.48
花　　生	31.56	1.82	25.88	6.90	13.34	23.44	6.93	1.98
油菜籽	124.04	2.98	133.03	19.42	107.09	117.20	53.67	15.67
芝　　麻	0.58	0.04	19.74	2.56	14.09	6.95	2.33	0.83
麻类合计	0.72	—	4.34	0.07	1.83	5.78	3.95	0.92
黄红麻	0.43	—	0.92	—	0.54	5.49	3.41	0.73
苎　　麻	0.29	—	3.42	0.07	1.29	0.29	0.54	0.19
甘　　蔗	30.80	0.88	1.76	0.21	4.90	8.79	4.65	1.38
烟叶合计	16.73	0.05	1.60	…	4.41	4.96	2.96	0.12
烤　　烟	14.45	…	0.74	…	2.13	4.47	0.26	0.04
晒　　烟	2.28	0.05	0.86	—	2.28	0.49	2.70	0.08
中药材	0.24	—	0.66	0.10	0.05	0.98	0.47	0.01
席　　草	0.46	…	0.02	…	0.11	0.06	…	—
荸　　荠	0.96	0.03	0.94	…	0.27	0.27	0.09	0.06
瓜　　子	1.30	0.24	1.51	0.19	1.26	4.50	0.37	0.02
莲　　子	3.77	—	0.02	0.01	0.84	0.06	3.85	…
藠　　头	0.47	—	0.57	…	0.18	0.33	0.04	0.01
三、其他农作物	**198.50**	**5.86**	**335.88**	**43.83**	**254.61**	**188.40**	**248.08**	**67.52**
#绿　　肥	118.65	1.39	245.63	30.78	188.10	121.56	192.30	54.37

各地区主要农作物单位播种面积产量(一)

（1990年）

单位：公斤

品　　名	全　省	南昌市	景德镇市	萍乡市	九江市	新余市	鹰潭市
一、粮食作物总计	**299**	**315**	**303**	**381**	**285**	**308**	**267**
稻　谷	322	345	316	410	330	331	274
早　稻	319	342	288	408	328	329	272
中　稻	293	—	350	377	348	—	275
一　晚	316	339	301	323	398	312	251
二　晚	327	349	341	414	322	334	277
小　麦	72	58	91	75	78	40	51
薯　类	186	141	166	150	193	136	173
杂　粮	77	50	73	76	72	39	65
大　豆	82	74	77	177	83	68	133
二、经济作物							
棉　花	54	27	39	—	68	60	45
油料合计	53	44	55	54	63	47	62
花　生	110	108	90	76	103	81	113
油菜籽	46	36	54	53	62	41	52
芝　麻	32	24	45	—	39	32	51
麻类合计	112	22	110	63	61	51	229
黄红麻	152	93	140	67	—	167	235
苎　麻	61	18	77	57	61	51	67
甘　蔗	3 641	3 048	2 805	2 344	1 339	1 823	2 722
烟叶合计	74	—	—	48	63	—	116
烤　烟	78	—	—	—	59	—	—
晒　烟	67	—	—	48	66	—	116
席　草	475	—	537	—	667	579	359
荸　荠	1 328	1 749	757	1 154	767	1 109	1 278
瓜　子	30	27	27	—	15	29	—
莲　子	45	77	50	—	55	—	22
藠　头	581	1 372	847	256	1 125	362	318

注：本表全省粮食作物数为农产量抽样调查推算数。

各地区主要农作物单位播种面积产量（二）

（1990年）

单位：公斤

品名	赣州地区	#赣州市	宜春地区	#樟树市	上饶地区	吉安地区	抚州地区	#临川市
一、粮食作物总计	**286**	**293**	**329**	**319**	**289**	**263**	**359**	**380**
稻谷	312	353	364	356	311	277	373	390
早稻	323	374	349	343	297	294	352	370
中稻	—	—	243	350	343	302	350	—
一晚	304	268	375	389	342	275	405	400
二晚	302	337	377	365	323	257	390	420
小麦	66	—	70	50	79	55	57	40
薯类	128	107	198	134	236	103	227	260
杂粮	48	30	70	50	79	51	77	130
大豆	77	64	83	73	83	56	89	110
二、经济作物								
棉花	98	—	38	16	27	35	48	60
油料合计	54	64	53	60	58	45	49	60
花生	134	132	104	112	132	86	113	120
油菜籽	33	23	46	44	52	37	41	50
芝麻	57	32	28	41	33	34	53	60
麻类合计	93	—	84	36	93	123	145	161
黄红麻	119	—	159	—	168	125	158	187
苎麻	59	—	64	36	62	90	61	59
甘蔗	3 969	4 031	3 699	3 151	3 062	3 052	3 701	4 708
烟叶合计	80	66	71	…	58	71	78	181
烤烟	80	111	61	…	73	72	110	195
晒烟	78	62	81	—	44	57	75	164
席草	500	655	895	850	434	279	600	—
荸荠	1 006	1 825	1 348	167	911	794	1 204	1 264
瓜子	44	49	34	34	37	27	30	32
莲子	46	—	92	129	59	27	39	125
藠头	503	—	277	333	291	186	520	895

各地区主要农作物总产量(一)

（1990年）

单位：粮食作物：万吨
经济作物：吨

品名	全省	南昌市	景德镇市	萍乡市	九江市	新余市	鹰潭市
一、粮食作物总计	**1658.2**	**170.81**	**46.38**	**37.18**	**137.96**	**44.71**	**40.77**
稻谷	1587.7	166.22	45.39	35.87	126.33	43.58	39.93
早稻	746.9	77.84	19.42	16.16	58.28	21.78	19.31
中稻	9.3	—	2.37	1.84	2.63	—	…
一晚	103.8	8.98	0.65	…	9.89	1.15	1.04
二晚	727.7	79.40	22.95	17.87	55.53	20.65	19.58
小麦	8.1	1.02	0.15	0.12	2.48	0.01	0.02
薯类	38.0	1.08	0.47	1.04	6.25	0.66	0.48
杂粮	7.5	0.17	0.08	0.09	1.41	0.14	0.15
大豆	16.9	2.32	0.29	0.06	1.49	0.32	0.19
二、经济作物							
棉花	56995	1093	1099	—	37695	4914	6
油料折油（含油茶籽）	196114	13008	4595	2336	37057	5873	3819
油料合计	548851	40413	13522	2647	111862	15386	12033
花生	151909	15586	1349	47	12525	3946	3706
油菜籽	371383	19471	10605	2600	95739	11190	7666
芝麻	25559	5356	1568	—	3598	250	661
麻类合计	24885	49	33	5	1709	468	3754
黄红麻	18846	9	8	3	—	2	3713
苎麻	6039	40	25	2	1709	466	41
甘蔗	1942913	22173	21746	143	3571	2257	15206
烟叶合计	23117	—	—	95	101	—	17
烤烟	17175	—	—	—	61	—	—
晒烟	5942	—	—	95	40	—	17
席草	3481	—	36	—	2	194	168
荸荠	56063	25695	53	45	656	1369	382
瓜子	3231	203	9	—	129	23	—
莲子	3985	185	17	—	4	—	1
藠头	13318	7134	550	68	108	75	90

注：本表全省粮食作物数为抽样调查推算数。

各地区主要农作物总产量(二)

（1990年）

单位：粮食作物：万吨
经济作物：吨

品名	赣州地区	#赣州市	宜春地区	#樟树市	上饶地区	吉安地区	抚州地区	#临川市
一、粮食作物总计	**237.16**	**5.03**	**294.41**	**34.25**	**226.26**	**227.02**	**216.34**	**52.46**
稻谷	228.03	4.83	281.06	32.94	215.85	222.65	210.98	51.23
早稻	110.99	2.47	122.93	15.18	99.88	117.22	93.34	24.20
中稻	—	—	0.05	…	0.38	1.99	1.59	—
一晚	14.48	0.07	25.68	2.01	10.54	18.99	20.65	1.92
二晚	102.56	2.29	132.40	15.75	105.05	84.45	95.40	25.11
小麦	0.03	—	1.93	0.09	2.38	0.01	0.02	0.01
薯类	5.39	0.12	6.58	0.68	5.00	2.31	3.39	0.71
杂粮	1.20	0.06	1.34	0.04	1.17	0.34	0.21	0.06
大豆	2.51	0.02	3.50	0.52	1.86	1.71	1.74	0.45
二、经济作物								
棉花	9	—	6 482	255	3 684	83	1 930	1 284
油料折油(含油茶籽)	30 285	909	35 509	5 853	27 955	25 334	10 343	4 046
油料合计	83 624	3 114	94 158	17 401	78 476	65 912	30 818	11 506
花生	42 355	2 403	26 857	7 738	17 590	20 138	7 810	2 389
油菜籽	40 939	697	61 799	8 612	56 170	43 438	21 766	8 595
芝麻	330	14	5 502	1 051	4 716	2 336	1 242	522
麻类合计	670	—	3 661	27	1 695	7 119	5 722	1 480
黄红麻	500	—	1 465	—	897	6 855	5 394	1 368
苎麻	170	—	2 196	27	798	264	328	112
甘蔗	1 222 343	35 413	65 066	6 659	150 182	268 317	171 909	64 964
烟叶合计	13 369	33	1 138	—	2 574	3 508	2 315	217
烤烟	11 597	1	448	—	1 558	3 230	281	82
晒烟	1 772	32	690	—	1 016	278	2 034	135
席草	2 304	19	128	17	480	166	3	
荸荠	9 686	635	12 632	2	2 433	2 091	1 021	765
瓜子	572	116	518	64	469	1 199	109	5
莲子	1 745	—	17	11	495	15	1 506	1
藠头	2 346	—	1 588	9	516	618	225	895

各地区优质稻谷播种面积和产量

（1990年）

地区	播种面积（万亩）	亩产（公斤）	总产量（万吨）	播种面积占稻谷总播种面积比重（%）	产量占稻谷总产量比重（%）
全省	**3 140.29**	**354**	**1 111.27**	**63.7**	**70.0**
南昌市	406.83	349	141.95	84.4	85.4
景德镇市	69.84	346	24.15	48.6	53.2
萍乡市	70.25	417	29.29	80.2	81.7
九江市	270.27	348	93.97	70.7	74.4
新余市	93.03	344	31.98	70.6	73.4
鹰潭市	72.75	309	22.49	49.9	56.3
赣州地区	462.95	331	153.25	63.4	67.2
#赣州市	9.24	375	3.46	67.6	71.6
宜春地区	604.02	373	225.55	78.2	80.2
#樟树市	83.62	363	30.37	90.3	90.2
上饶地区	309.73	359	111.14	44.6	51.5
吉安地区	407.63	317	129.22	50.8	58.0
抚州地区	372.99	398	148.28	66.0	70.3
#临川市	113.74	405	46.02	88.0	89.8

各地区杂交稻栽培面积和产量

（1990年）

地区	播种面积（万亩）	亩产（公斤）	总产量（万吨）	播种面积占稻谷总播种面积比重（%）	产量占稻谷总产量比重（%）
全省	**2 352.05**	**376**	**884.69**	**47.7**	**55.7**
南昌市	222.40	381	84.66	46.1	50.9
景德镇市	58.65	366	21.45	40.8	47.3
萍乡市	31.73	580	18.41	36.2	51.3
九江市	223.07	359	80.07	58.3	63.4
新余市	64.98	358	23.29	49.3	53.4
鹰潭市	48.83	331	16.18	33.5	40.5
赣州地区	437.62	335	146.73	59.9	64.3
#赣州市	9.13	375	3.43	66.8	71.0
宜春地区	447.40	418	186.96	57.9	66.5
#樟树市	62.49	391	24.45	67.5	74.2
上饶地区	212.92	378	80.58	30.7	37.3
吉安地区	316.36	337	106.77	39.4	48.0
抚州地区	288.09	415	119.59	51.0	56.7
#临川市	75.96	419	31.81	58.8	62.1

茶叶、蚕茧、水果生产情况

指　　　标	单　位	1989年	1990年	1990年比1989年增长%
一、产　量				
茶　叶	吨	19 124	19 415	1.5
#红毛茶	吨	4 328	4 623	6.8
绿毛茶	吨	14 353	14 388	0.2
蚕　茧	吨	1 350	2 639	95.5
水　果	吨	229 708	232 983	1.4
#柑桔	吨	173 611	176 263	1.5
梨	吨	17 402	16 382	-5.9
桃	吨	9 202	10 087	9.6
李	吨	13 092	12 699	-3.0
葡萄	吨	1 483	1 458	-1.7
红枣	吨	2 566	3 113	21.3
柿子	吨	4 657	5 536	18.9
杨梅	吨	985	984	-0.1
草莓	吨	100	20	-80.0
猕猴桃	吨	621	672	8.2
枇杷	吨	1 045	1 086	3.9
罗汉果	吨	237	437	84.4
二、面　积				
年末茶园面积	万亩	86.57	86.83	0.3
#当年新增	万亩	3.33	2.97	-10.8
当年采摘	万亩	64.94	64.94	平
年末桑园面积	万亩	5.64	12.51	121.8
#当年新增	万亩	2.42	7.45	207.9
年末果园面积	万亩	123.62	131.41	6.3
#当年新增	万亩	17.49	13.73	-21.5
当年产果	万亩	41.19	47.14	14.4
三、年末实有零星桑树	万株	365.40	3 087.20	744.9
四、年末实有零星柑桔	万株	1 528.30	1 688.60	10.5
#产果	万株	455.90	529.30	16.1
五、年末实有零星果树	万株	379.70	421.50	11.0
#产果	万株	199.80	215.10	7.7

各地区茶叶、蚕茧、水果产量

（1990年）

单位：吨

地区	茶叶	#红毛茶	#绿毛茶	蚕茧	水果	#柑桔	#梨
全省	**19 415**	**4 623**	**14 388**	**2 639**	**232 983**	**176 263**	**16 382**
南昌市	698	57	641	19	9 350	6 501	1 278
景德镇市	2 734	2 497	237	48	1 893	1 052	301
萍乡市	84	—	84	2	1 699	1 449	99
九江市	3 115	1 385	1 557	574	9 675	5 049	1 598
新余市	41	2	36	—	7 937	7 280	275
鹰潭市	167	54	113	1	3 322	2 539	265
赣州地区	1 469	—	1 469	625	58 986	36 468	4 117
#赣州市	4	—	4	—	1 214	712	21
宜春地区	1 538	112	1 269	101	32 357	23 240	2 544
#樟树市	209	—	209	3	10 503	8 915	99
上饶地区	8 052	398	7 633	727	12 686	7 563	1 609
吉安地区	883	38	795	450	46 743	40 489	2 638
抚州地区	634	80	554	92	48 335	44 633	1 658
#临川市	28	10	18	—	4 401	3 539	357

各地区茶园、桑园、果园面积

（1990年）

单位：万亩

地区	一、年末茶园面积	二、年末桑园面积	三、年末果园面积	#柑桔	#梨
全省	**86.83**	**12.51**	**131.41**	**108.10**	**6.83**
南昌市	1.34	0.10	4.19	3.12	0.58
景德镇市	10.46	0.85	1.43	0.82	0.15
萍乡市	0.59	0.03	1.78	1.67	0.07
九江市	14.46	3.14	8.75	6.00	0.60
新余市	0.28	—	5.90	5.57	0.14
鹰潭市	0.70	0.01	3.34	2.77	0.15
赣州地区	8.31	1.43	36.19	29.90	2.10
#赣州市	0.03	—	0.73	0.40	0.02
宜春地区	5.57	0.50	21.05	16.06	1.00
#樟树市	0.38	—	4.26	4.04	0.04
上饶地区	36.55	2.43	7.87	6.11	0.42
吉安地区	4.24	2.06	19.92	17.93	0.94
抚州地区	4.33	1.96	20.99	18.15	0.68
#临川市	0.47	0.01	3.18	2.98	0.10

林 业 生 产 情 况

指　　标	单　位	1989年	1990年	1990年比1989年增长%
一、当年造林总面积	万亩	353.21	414.28	17.3
(一)按造林方式分				
人工造林面积	万亩	256.48	301.14	17.4
#工程造林	万亩	123.84	164.65	32.9
飞机播种造林	万亩	96.73	113.14	16.9
(二)按所有制分				
国营造林	万亩	55.45	49.94	-9.9
国社合作造林	万亩	53.98	55.14	2.1
集体造林	万亩	191.53	283.52	48.0
个人造林	万亩	52.25	25.68	-50.9
(三)按主要林种用途分				
用材林	万亩	230.47	278.55	20.9
#速生用材林	万亩	56.71	56.70	平
毛竹林	万亩	0.32	2.48	675.0
经济林	万亩	22.29	18.86	-15.4
#油茶林	万亩	6.84	3.01	-56.0
油桐林	万亩	1.54	0.57	-63.0
防护林	万亩	7.64	16.60	117.3
#农田防护林	万亩	2.24	1.23	-45.1
薪炭林	万亩	86.78	96.91	11.7
其他林	万亩	6.03	3.36	-44.3
二、迹地更新	万亩	44.60	47.77	7.1
#人工更新	万亩	38.61	46.32	20.0
三、封山育林面积	万亩	3 884.95	3 168.67	-18.4
#本年新封	万亩	595.78	654.33	9.8
四、零星(四旁)植树	万株	4 794.95	5 724.62	19.4
五、林木种子采集量	吨	336.28	272.04	-19.1
六、育苗面积	万亩	3.74	3.64	-2.7
#本年新育	万亩	3.24	3.26	0.6
七、幼林抚育实际面积	万亩	889.54	895.37	0.7
八、幼林抚育作业面积	万亩次	1 183.57	1 181.72	-0.2
九、成林抚育面积	万亩	196.74	220.28	12.0
十、低产林改造面积	万亩	46.16	42.21	-8.6
十一、抚育改造出材量	万m^3	31.00	47.14	52.1
十二、年末实有母树林面积	万亩	7.29	8.82	21.0
十三、年末实有种子园				
个数	个	109	103	-5.5
面积	万亩	2.53	3.37	33.2
十四、森林采伐面积	万亩	167.10	237.62	42.2

主要林产品产量

单位：吨

品名	1989年	1990年	1990年比1989年增长%
一、林产品产量			
生漆	14	17	21.4
油桐籽	5916	6295	6.4
油茶籽	172038	136402	-20.7
乌柏籽	860	874	1.6
五倍籽	4	2	-50.0
棕片	1641	1914	16.6
松脂	38821	43370	11.7
竹笋干	5077	5451	7.4
板栗	1753	2607	48.7
紫胶	52	56	7.7
香菇	2160	2130	-1.4
木耳	987	742	-24.8
二、村及村以下竹木采伐			
木材(万立方米)	158.25	153.60	-2.9
竹材(万根)	1945.24	2014.50	3.6

各地区林木迹地更新、封山育林及零星植树

（1990年）

地区	迹地更新（万亩）	#人工更新	封山育林面积（万亩）	#本年新封	零星(四旁)植树（万株）
全省	**47.77**	**46.32**	**3618.67**	**654.33**	**5724.62**
南昌市	0.02	0.02	61.20	9.10	414.00
景德镇市	0.71	0.71	184.10	33.20	120.00
萍乡市	0.12	0.12	49.18	19.34	72.27
九江市	0.52	0.52	519.76	49.44	640.65
新余市	0.28	0.28	78.00	11.00	117.00
鹰潭市	0.28	0.28	19.36	10.40	116.49
赣州地区	30.01	30.01	849.62	160.95	1502.40
#赣州市	0.02	0.02	1.40	0.75	67.00
宜春地区	4.75	4.01	284.70	33.53	952.15
#樟树市	0.15	—	4.50	1.35	90.11
上饶地区	1.78	1.58	620.73	65.47	800.29
吉安地区	5.93	5.42	448.37	59.32	670.92
抚州地区	3.37	3.37	503.65	202.58	318.45
#临川市	—	—	73.90	37.00	80.90

各地区主要林产品产量

（1990年）

单位：吨

地区	生漆	油桐子	油茶子	乌桕子	五倍子	棕片	松脂
全省	**17**	**6 295**	**136 402**	**874**	**2**	**1 914**	**43 370**
南昌市	—	144	1 817	40	—	7	25
景德镇市	3	87	633	14	—	24	480
萍乡市	—	72	7 461	—	—	5	—
九江市	—	546	7 989	102	1	316	1 337
新余市	—	91	5 946	5	—	31	419
鹰潭市	1	32	645	15	—	9	60
赣州地区	2	2 756	32 204	175	—	517	21 151
#赣州市	—	77	323	5	—	6	—
宜春地区	10	1 466	32 164	296	—	676	1 992
#樟树市	—	161	1 741	123	—	50	5
上饶地区	1	588	16 829	143	1	158	358
吉安地区	—	322	26 504	67	—	89	12 769
抚州地区	—	191	4 210	17	…	82	4 779
#临川市	—	3	648	—	—	—	—

地区	竹笋干（吨）	板栗（吨）	紫胶（吨）	香菇（吨）	木耳（吨）	村及村以下采伐 木材（万立方米）	村及村以下采伐 竹材（万根）
全省	**5 451**	**2 607**	**56**	**2 130**	**742**	**153.6**	**2 014.5**
南昌市	1	5	—	2	—	0.2	14.7
景德镇市	10	76	—	42	3	4.4	32.5
萍乡市	11	170	—	7	3	1.2	14.1
九江市	563	197	—	116	8	10.0	160.1
新余市	23	43	—	19	17	1.9	38.2
鹰潭市	15	79	—	16	1	1.6	63.0
赣州地区	1 648	335	56	1 209	432	42.6	264.1
#赣州市	—	1	—	—	—	0.01	0.69
宜春地区	1 467	923	—	431	207	26.4	957.0
#樟树市	34	52	—	1	…	…	4.0
上饶地区	260	445	—	29	18	15.5	115.2
吉安地区	259	68	—	58	27	26.1	114.7
抚州地区	1 194	266	—	201	26	23.7	240.9
#临川市	—	—	—	—	—	0.1	15.2

各地区造林面积

（1990年）

单位：万亩

地区	当年造林面积	#工程造林	1.用材林	#毛竹林	2.经济林	#油茶林
全省	**414.28**	**164.65**	**278.55**	**2.48**	**18.86**	**3.01**
南昌市	7.66	6.17	5.01	—	0.65	—
景德镇市	9.67	2.00	9.17	0.01	0.08	—
萍乡市	9.29	3.74	9.13	—	0.16	0.11
九江市	30.68	11.61	23.60	0.09	4.27	0.32
新余市	8.06	3.60	7.89	—	0.17	—
鹰潭市	11.32	3.14	7.15	—	0.04	—
赣州地区	140.05	37.41	64.05	—	3.94	0.31
#赣州市	3.13	0.86	1.11	—	0.41	0.02
宜春地区	24.11	16.39	22.87	0.08	1.15	0.18
#樟树市	1.85	1.34	1.32	—	0.53	—
上饶地区	47.73	20.47	39.29	1.87	2.91	1.22
吉安地区	64.34	44.19	52.73	0.03	1.08	0.67
抚州地区	61.37	15.93	37.66	0.40	4.41	0.20
#临川市	6.05	4.24	5.29	—	0.65	—

地区	3.防护林	#农田防护林	4.薪炭林	5.其他林	森林采伐面积
全省	**16.60**	**1.23**	**96.91**	**3.36**	**237.62**
南昌市	1.45	0.30	0.30	0.25	0.43
景德镇市	0.10	0.10	—	0.32	0.35
萍乡市	—	—	—	—	0.83
九江市	2.11	0.32	0.68	0.02	56.99
新余市	—	—	—	—	2.01
鹰潭市	—	—	3.95	0.18	6.47
赣州地区	7.06	0.08	63.29	1.71	33.75
#赣州市	—	—	—	1.61	—
宜春地区	0.03	0.01	0.06	—	14.67
#樟树市	—	—	—	—	0.34
上饶地区	2.40	0.42	2.55	0.58	22.85
吉安地区	1.15	—	9.25	0.13	32.30
抚州地区	2.30	—	16.83	0.17	66.97
#临川市	0.01	—	0.10	—	0.21

各地区有林地抚育改造情况

（1990年）

地区	幼林抚育实际面积（万亩）	幼林抚育作业面积（万亩次）	成林抚育面积（万亩）	低产林改造面积（万亩）	抚育改造出材量（万立方米）	油茶林垦复面积（万亩）
全省	**895.37**	**1 181.72**	**220.28**	**42.21**	**47.14**	**542.00**
南昌市	9.81	16.60	3.16	0.51	0.27	2.54
景德镇市	30.00	46.05	3.52	1.17	2.12	2.44
萍乡市	30.47	30.47	2.10	0.87	0.21	14.88
九江市	79.44	114.13	19.82	7.16	9.76	9.64
新余市	17.30	28.20	3.46	1.70	1.00	13.88
鹰潭市	12.60	22.70	3.42	0.17	0.87	0.43
赣州地区	182.72	196.51	59.74	6.45	4.29	184.49
#赣州市	1.05	1.62	0.01	0.02	—	0.88
宜春地区	104.63	157.44	48.58	11.16	6.76	104.80
#樟树市	6.10	6.76	6.76	0.06	0.13	1.85
上饶地区	116.17	176.84	25.36	2.99	3.56	43.14
吉安地区	195.17	247.09	32.54	5.32	14.84	155.18
抚州地区	117.06	145.69	18.58	4.71	3.46	10.58
#临川市	14.30	14.70	5.35	0.30	0.11	2.23

各地区林木种园、种籽、育苗情况

（1990年）

地区	年末实有母树林面积（万亩）	年末实有种子园		林木种籽采集量（吨）	育苗面积（万亩）	
		个数（个）	面积（万亩）			#本年新育
全省	**8.82**	**103**	**3.37**	**272.04**	**3.64**	**3.26**
南昌市	0.11	1	0.10	2.60	0.24	0.14
景德镇市	0.47	7	0.11	0.71	0.11	0.07
萍乡市	—	—	—	6.93	0.07	0.07
九江市	3.52	4	0.14	22.33	0.42	0.34
新余市	—	—	—	3.20	0.08	0.07
鹰潭市	—	—	—	2.50	0.07	0.07
赣州地区	0.94	31	0.91	61.78	0.65	0.65
#赣州市	0.02	2	0.01	0.20	0.02	0.02
宜春地区	0.46	25	0.50	63.51	0.45	0.39
#樟树市	0.15	1	0.07	12.85	0.01	0.01
上饶地区	0.81	4	0.07	44.05	0.46	0.40
吉安地区	2.44	22	0.46	59.06	0.73	0.73
抚州地区	0.07	9	1.08	5.37	0.36	0.33
#临川市	—	—	—	—	0.03	0.03

牧业生产情况

指　　　标	单　位	1989年	1990年	1990年比1989年增长%
一、当年出栏肉猪	万头	1 238.06	1 313.18	6.1
二、当年出售和自宰的肉用牛	万头	10.90	13.39	22.8
当年出售和自宰的肉用羊	万只	10.06	8.73	-13.2
当年出售和自宰的肉用兔	万只	20.64	31.32	51.7
当年出售和自宰的肉用禽	万只	6 516.00	7 276.30	11.7
三、肉类总产量	吨	1 040 340	1 117 438	7.4
1.猪　　肉	吨	946 565	1 011 566	6.9
2.牛　　肉	吨	10 079	12 563	24.6
3.羊　　肉	吨	1 140	1 115	-2.2
4.兔　　肉	吨	295	554	87.8
5.禽　　肉	吨	82 261	91 640	11.4
四、牛、羊奶产量	吨	21 712	22 214	2.3
#牛　　奶	吨	21 654	22 160	2.3
五、兔、羊毛产量	公斤	33 199	39 025	17.5
#兔　　毛	公斤	20 863	12 250	-41.3
六、禽蛋产量	吨	156 100	167 530	7.3
七、蜂蜜产量	吨	6 545	7 348	12.3
八、牛年末头数	万头	309.88	323.66	4.4
#从事农事劳役的	万头	241.38	252.63	4.7
能繁殖的母牛	万头	128.21	135.02	5.3
当年生仔牛	万头	45.05	47.52	5.5
黄　　牛	万头	192.16	203.38	5.8
水　　牛	万头	116.39	118.99	2.2
良种及改良种乳牛	万头	1.33	1.29	-3.0
九、生猪年末头数	万头	1 486.52	1 547.26	4.1
#能繁殖的母猪	万头	91.59	89.76	-2.0
十、羊年末只数	万只	13.51	14.13	4.6
十一、兔年末只数	万只	41.60	44.61	7.2
十二、家禽年末只数	万只	8 875.40	9 556.00	7.7
十三、养蜂年末箱数	万箱	25.81	25.59	-0.9

各地区牧业生产情况(一)

（1990年）

指　　标	单位	全　省	南昌市	景德镇市	萍乡市	九江市	新余市	鹰潭市
一、当年出栏肉猪	万头	1313.18	104.98	26.93	36.50	143.71	34.31	38.89
二、当年出售和自宰的肉用牛	万头	13.39	0.71	0.05	0.08	0.55	1.07	0.23
当年出售和自宰的肉用羊	万只	8.73	0.01	…	2.50	0.51	0.18	0.01
当年出售和自宰的肉用兔	万只	31.32	…	…	0.08	0.02	0.53	…
当年出售和自宰的肉用禽	万只	7276.30	1061.70	74.90	84.40	375.70	184.00	66.90
三、肉类总产量	吨	1117438	102269	23850	30199	100534	30950	27983
1.猪　　肉	吨	1011566	89872	22552	28681	95479	27078	26845
2.牛　　肉	吨	12563	864	77	118	619	1070	339
3.羊　　肉	吨	1115	2	—	352	54	27	3
4.兔　　肉	吨	554	…	—	2	—	8	—
5.禽　　肉	吨	91640	11531	1221	1046	4382	2767	796
四、牛、羊奶产量	吨	22214	12885	630	110	2193	174	125
#牛　　奶	吨	22160	12885	630	110	2139	174	125
五、兔、羊毛产量	公斤	39025	35	30	24452	422	—	9
#兔　　毛	公斤	12250	35	30	195	404	—	9
六、禽蛋产量	吨	167530	26086	5281	2226	17138	4325	3768
七、蜂蜜产量	吨	7348	309	29	26	420	265	158
八、牛年末头数	万头	323.66	21.54	6.02	3.98	22.15	11.91	6.21
#从事农事劳役的	万头	252.63	17.32	4.60	3.21	17.60	8.71	4.89
能繁殖的母牛	万头	135.02	9.29	2.83	1.45	7.59	6.28	3.48
当年生仔牛	万头	47.52	2.96	0.78	0.37	2.86	2.85	1.13
黄　　牛	万头	203.38	9.31	1.86	2.97	6.26	8.55	2.90
水　　牛	万头	118.99	11.76	4.10	1.00	15.77	3.35	3.29
良种及改良种乳牛	万头	1.29	0.47	0.06	0.01	0.12	0.01	0.02
九、生猪年末头数	万头	1547.26	121.56	37.18	40.44	200.40	44.37	44.85
#能繁殖的母猪	万头	89.76	5.84	1.90	1.30	9.85	3.00	3.26
十、羊年末只数	万只	14.13	0.01	0.02	3.97	0.83	0.21	0.01
十一、兔年末只数	万只	44.61	0.11	0.05	0.10	0.09	0.36	0.01
十二、家禽年末只数	万只	9556.00	909.20	182.40	148.00	865.10	268.70	130.60
十三、养蜂年末箱数	万箱	25.59	0.67	0.78	0.34	2.11	0.50	0.46

各地区牧业生产情况(二)

（1990年）

指标	单位	赣州地区	#赣州市	宜春地区	#樟树市	上饶地区	吉安地区	抚州地区	#临川市
一、当年出栏肉猪	万头	195.68	5.62	255.04	37.34	156.33	153.62	167.19	51.96
二、当年出售和自宰的肉用牛	万头	3.15	0.05	3.03	0.43	0.99	2.67	0.86	0.16
当年出售和自宰的肉用羊	万只	0.24	…	1.78	0.01	3.46	0.04	…	—
当年出售和自宰的肉用兔	万只	8.23	…	20.06	0.11	1.01	1.21	0.18	—
当年出售和自宰的肉用禽	万只	2 206.20	51.1	1 166.40	189.20	515.20	933.50	607.40	230.0
三、肉类总产量	吨	195 703	4 887	218 735	31 370	127 039	121 543	138 633	47 394
1.猪肉	吨	159 512	4 206	200 848	28 750	118 601	110 326	131 772	44 731
2.牛肉	吨	2 151	55	2 954	444	1 199	2 278	894	209
3.羊肉	吨	37	—	217	2	417	6	—	—
4.兔肉	吨	120	—	377	2	28	17	2	—
5.禽肉	吨	33 883	626	14 339	2 172	6 794	8 916	5 965	2 454
四、牛、羊奶产量	吨	253	221	97	12	456	464	4 827	75
#牛奶	吨	253	221	97	12	456	464	4 827	75
五、兔、羊毛产量	公斤	603	—	2 208	1 005	10 994	40	232	196
#兔毛	公斤	603	—	561	155	10 141	40	232	196
六、禽蛋产量	吨	24 003	653	39 670	3 701	19 450	8 304	17 279	7 414
七、蜂蜜产量	吨	693	18	2 045	450	1 189	960	1 254	1 004
八、牛年末头数	万头	57.13	1.27	60.41	6.86	34.21	65.82	34.28	7.80
#从事农事劳役的	万头	44.75	0.99	47.47	5.38	26.55	50.13	27.40	6.39
能繁殖的母牛	万头	24.60	0.52	26.27	3.41	15.41	24.60	13.22	2.66
当年生仔牛	万头	6.86	0.17	9.78	1.18	4.81	10.85	4.27	0.91
黄牛	万头	40.05	1.19	39.24	4.00	15.56	59.13	17.55	4.49
水牛	万头	17.06	0.07	21.16	2.86	18.62	6.36	16.52	3.30
良种及改良种乳牛	万头	0.02	0.01	0.01	…	0.03	0.33	0.21	0.01
九、生猪年末头数	万头	201.65	4.58	274.95	29.63	211.07	187.20	183.59	52.99
#能繁殖的母猪	万头	15.20	0.22	14.76	1.98	12.71	12.24	9.70	2.10
十、羊年末只数	万只	0.19	…	4.89	0.06	3.89	0.09	0.02	—
十一、兔年末只数	万只	7.07	—	29.86	0.18	4.80	1.80	0.36	0.10
十二、家禽年末只数	万只	2 018.10	43.8	1 873.80	245.0	1 170.20	1 094.10	895.80	333.00
十三、养蜂年末箱数	万箱	5.29	0.10	6.29	1.40	4.01	2.90	2.24	1.47

渔业生产情况

指标	单位	1989年	1990年	1990年比1989年增长%
一、渔业乡	个	2	3	50.0
二、渔业村	个	272	277	1.8
三、渔业户	户	55 504	66 052	19.0
四、渔业人口	万人	31.43	50.10	59.4
五、渔业劳动力	万人	49.66	53.00	6.7
专业劳动力	万人	9.25	10.56	14.2
捕捞专业劳动力	万人	3.22	3.17	-2.5
养殖专业劳动力	万人	5.32	6.57	23.5
后勤专业劳动力	万人	0.71	0.82	15.5
兼业劳动力	万人	40.41	42.44	5.0
六、已养殖面积	万亩	389.12	391.91	0.7
#池塘	万亩	117.62	118.41	0.7
水库	万亩	158.49	160.21	1.1
湖泊	万亩	98.17	98.03	-0.1
七、养殖亩产	公斤／亩	56	62	10.7
#池塘	公斤／亩	135	150	11.1
水库	公斤／亩	22	24	9.1
湖泊	公斤／亩	16	18	12.5
八、水产品总产量	吨	281213	306 824	9.1
#养殖产量	吨	223 124	249 076	11.6
#池塘	吨	158 805	177 188	11.6
水库	吨	34 265	37 743	10.2
湖泊	吨	15 850	17 837	12.5
1.鱼类	吨	267 477	292 692	9.4
2.虾蟹类	吨	7 458	7 308	-2.0
3.贝类	吨	6 278	6 824	8.7
九、珍珠产量	公斤	1 737	1 641	-5.5
十、鱼苗产量数	万尾	682 890	690 799	1.2
十一、鱼种产量数	万尾	130 810	137 965	5.5

各地区渔业生产情况

（1990年）

地区	渔业劳动力（万人）	一、专业劳动力	捕捞劳动力	养殖劳动力	后勤劳动力	二、兼业劳动力	养殖面积（万亩）	养殖亩产（公斤/亩）
全省	**53.0**	**10.6**	**3.2**	**6.6**	**0.8**	**42.4**	**391.91**	**62**
南昌市	4.0	1.6	0.7	0.7	0.2	2.4	67.77	64
景德镇市	0.4	0.1	0.1	…	…	0.3	8.50	49
萍乡市	1.9	0.3	0.1	0.2	…	1.6	3.39	121
九江市	4.0	1.3	0.7	0.5	0.1	2.7	69.25	47
新余市	0.9	0.1	…	0.1	…	0.8	12.62	41
鹰潭市	0.5	0.2	0.1	0.1	…	0.3	7.90	50
赣州地区	18.4	2.8	0.3	2.4	0.1	15.6	37.59	84
#赣州市	1.0	0.3	…	0.3	…	0.7	1.00	167
宜春地区	6.9	1.5	0.3	1.0	0.2	5.4	48.22	73
#樟树市	1.0	0.2	…	0.2	…	0.8	6.26	92
上饶地区	6.2	1.5	0.7	0.7	0.1	4.7	60.31	51
吉安地区	4.1	0.6	0.1	0.4	0.1	3.5	41.45	74
抚州地区	5.7	0.6	0.1	0.5	…	5.1	34.91	56
#临川市	0.8	0.1	…	0.1	…	0.7	5.84	68

地区	水产品总产量（吨）	#养殖产量（吨）	1.鱼类（吨）	2.虾蟹类（吨）	3.贝类（吨）	珍珠产量（公斤）	鱼苗产量数（万尾）	鱼种产量数（万尾）
全省	**306 824**	**249 076**	**292 692**	**7 308**	**6 824**	**1 641**	**690 799**	**137 965**
南昌市	55 152	43 387	52 123	1 992	1 037	232	104 057	15 677
景德镇市	5 081	4 158	4 981	52	48	14	9 775	2 466
萍乡市	4 313	4 197	4 260	41	12	—	20 136	920
九江市	46 268	32 594	44 239	1 520	509	394	64 608	15 847
新余市	5 873	5 162	5 519	128	226	—	18 950	2 955
鹰潭市	5 504	4 000	5 126	64	314	15	9 980	1 845
赣州地区	36 310	34 470	35 621	386	303	5	155 018	27 975
#赣州市	1 693	1 668	1 661	18	14	—	10 850	826
宜春地区	45 146	37 086	42 683	1 407	1 056	15	99 985	22 194
#樟树市	6 603	5 936	6 097	244	262	—	17 619	4 395
上饶地区	44 758	30 787	41 961	964	1 833	608	43 335	12 056
吉安地区	35 537	31 986	33 945	574	1 018	131	104 353	21 619
抚州地区	22 882	21 254	22 234	180	468	227	60 602	14 411
#临川市	4 796	4 061	4 565	103	128	169	6 939	1 327

按人口平均的主要农产品产量

（1990年）

地区	粮食（公斤/人）	棉花（公斤/人）	油料折油（公斤/人）	花生（公斤/人）	油菜籽（公斤/人）	芝麻（公斤/人）
全省	**441.85**	**1.52**	**5.23**	**4.05**	**9.90**	**0.68**
南昌市	458.46	0.29	3.49	4.18	5.23	1.44
景德镇市	352.88	0.84	3.50	1.03	8.07	1.19
萍乡市	266.15	—	1.67	0.03	1.86	—
九江市	340.44	9.30	9.14	3.09	23.63	0.89
新余市	461.99	5.08	6.07	4.08	11.56	0.26
鹰潭市	424.87	0.01	3.98	3.86	7.99	0.69
赣州地区	333.78	—	4.26	5.96	5.76	0.05
#赣州市	131.39	—	2.34	6.27	1.82	0.04
宜春地区	635.65	1.40	7.67	5.80	13.34	1.19
#樟树市	693.00	0.52	11.19	15.65	17.42	2.13
上饶地区	388.04	0.63	4.79	3.02	9.63	0.81
吉安地区	520.62	0.02	5.81	4.62	9.96	0.54
抚州地区	661.77	0.59	3.16	2.39	6.66	0.38
#临川市	607.21	1.49	4.31	2.77	9.95	0.60

地区	生猪存栏（头/人）	肉猪出栏（头/人）	肉类总产量（公斤/人）	水产品产量（公斤/人）	水果产量（公斤/人）	#柑桔（公斤/人）
全省	**0.41**	**0.35**	**29.78**	**8.18**	**6.21**	**4.70**
南昌市	0.33	0.28	27.45	14.80	2.51	1.74
景德镇市	0.28	0.20	18.15	3.87	1.44	0.80
萍乡市	0.29	0.26	21.62	3.09	1.22	1.04
九江市	0.49	0.35	24.81	11.42	2.39	1.25
新余市	0.46	0.36	31.98	6.07	8.20	7.52
鹰潭市	0.47	0.41	29.16	5.74	3.46	2.65
赣州地区	0.28	0.28	27.54	5.11	8.30	5.13
#赣州市	0.12	0.15	12.76	4.42	3.17	1.86
宜春地区	0.59	0.55	47.23	9.75	6.99	5.02
#樟树市	0.60	0.76	63.46	13.36	21.25	18.04
上饶地区	0.36	0.27	21.79	7.68	2.18	1.30
吉安地区	0.43	0.35	27.87	8.15	10.72	9.29
抚州地区	0.56	0.51	42.41	7.00	14.79	13.65
#临川市	0.61	0.60	54.86	5.55	5.09	4.10

农村经济收入和分配情况

指标	绝对数（万元）			比重（%）	
	1989年	1990年	1990年比1989年增长%	1989年	1990年
一、农村经济总收入	**3 115 080**	**3 688 682**	**18.4**	**100**	**100**
（一）按层次分					
乡村办企业	674 018	717 521	6.5	21.6	19.5
集体统一经营和联户企业	182 957	222 943	21.9	5.9	6.0
农民家庭经营	2 258 105	2 748 218	21.7	72.5	74.5
（二）按行业分					
农业总收入	1 741 265	2 215 831	27.3	55.9	60.0
种植业	918 044	1 237 790	34.8	29.5	33.5
#粮食	595 208	834 436	40.2	19.1	22.6
林业	83 087	94 856	14.2	2.7	2.6
牧业	577 233	670 304	16.1	18.5	18.2
副业	83 196	113 629	36.6	2.7	3.1
渔业	79 705	99 252	24.5	2.5	2.7
工业	902 869	902 195	-0.1	29.0	24.5
交通运输业	145 463	156 993	7.9	4.7	4.3
建筑业	135 949	149 180	9.7	4.4	4.0
商业、饮食业	109 688	189 848	73.1	3.5	5.1
服务业	29 311	48 740	66.3	0.9	1.3
其他	50 535	25 895	-48.8	1.6	0.7
二、农村经济总费用	**1 320 167**	**1 603 634**	**21.5**	**100**	**100**
乡村办企业	501 479	537 835	7.2	38.0	33.5
集体统一经营和联户企业	121 948	154 103	26.4	9.2	9.6
农民家庭经营	697 190	911 696	30.8	52.8	56.9
三、农村经济纯收入总额	**1 794 463**	**2 085 048**	**16.2**	**100**	**100**
国家税收	80 058	86 200	7.7	4.5	4.1
集体提留	77 641	88 179	13.6	4.3	4.2
个人所得	1 636 764	1 910 669	16.7	91.2	91.7
（一）乡村办企业	172 539	179 686	4.1	100	100
国家税收	35 860	37 588	4.8	20.8	20.9
集体提留	37 182	38 924	4.7	21.5	21.7
个人所得	99 497	103 174	3.7	57.7	57.4
（二）集体统一经营和联户企业	61 009	68 840	12.8	100	100
国家税收	6 500	7 090	9.1	10.6	10.3
集体提留	18 282	17 847	-2.4	30.0	25.9
个人所得	36 227	43 903	21.2	59.4	63.8
（三）农民家庭经营	1 560 915	1 836 522	17.7	100	100
国家税收	37 698	41 522	10.1	2.4	2.3
集体提留	22 177	31 408	41.6	1.4	1.7
个人所得	1 501 040	1 763 592	17.5	96.2	96.0

农村经济效益(一)

（1990年）

指标	单位	全省	南昌市	景德镇市	萍乡市	九江市	新余市	鹰潭市
每一农村劳动力创造农村社会总产值	元／人	2 812	3 750	2 728	2 986	2 685	3 949	2 299
每一农业劳动力创造农业总产值	元／人	2 147	2 524	1 988	1 487	2 005	2 704	1 824
每一农村工业劳动力创造农村工业总产值	元／人	10 085	12 553	11 143	8 316	17 613	14 441	11 803
每一农村建筑业劳动力创造农村建筑业总产值	元／人	6 416	7 958	8 052	5 260	5 988	7 808	5 968
每一农村运输业劳动力创造农村运输业总产值	元／人	12 340	11 825	9 908	10 641	12 210	15 826	12 348
每一农村商业、饮食业劳动力创造农村商业、饮食业总产值	元／人	11 378	16 345	11 680	8 823	13 700	12 273	18 869
每一农业劳动力创造农业净产值	元／人	1 478	1 690	1 386	1 035	1 383	1 715	1 283
每一农业劳动力创造农业商品产值	元／人	1 154	1 513	897	788	1 094	1 523	962
每一农业劳动力生产的农产品								
粮食	公斤／人	1 395	1 823	1 436	1 133	1 083	1 593	1 398
棉花	公斤／人	4.79	1.17	3.40	—	29.58	17.51	0.02
油料	公斤／人	46.16	43.13	41.86	8.07	87.79	54.82	41.27
糖料	公斤／人	163.41	23.66	67.31	0.44	2.80	8.04	52.15
肉类总产量	公斤／人	93.98	109.14	73.82	92.04	78.90	110.27	95.96
水产品产量	公斤／人	25.81	58.86	15.73	13.14	36.31	20.92	18.88
平均每亩耕地农作物种植业产值	元／亩	385.52	387.38	399.75	437.45	406.85	410.13	328.19
农业物质消耗占农业总产值比重	%	31.2	33.1	30.3	30.4	31.0	36.6	29.6
农村农副产品商品率	%	53.8	60.0	45.1	53.0	54.6	56.3	52.7
社会农副产品收购总额占农业总产值的比重	%	37.4	65.1	39.7	34.0	43.9	36.1	46.9
农村经济各项费用占总收入比重	%	43.7	58.2	42.5	50.2	40.8	61.4	33.3

注：本表所使用的产值均按当年价格计算。

农村经济效益(二)

(1990年)

指标	单位	赣州 地区	#赣州市	宜春 地区	#樟树市	上饶 地区	吉安 地区	抚州 地区	#临川市
每一农村劳动力创造农村社会总产值	元/人	2 101	2 842	4 386	4 649	1 989	2 491	3 266	3 831
每一农业劳动力创造农业总产值	元/人	1 649	2 073	3 376	3 741	1 702	2 072	2 643	3 138
每一农村工业劳动力创造农村工业总产值	元/人	7 800	14 402	11 427	12 758	7 612	6 353	10 518	8 242
每一农村建筑业劳动力创造农村建筑业总产值	元/人	5 511	960	7 960	9 815	5 476	10 269	4 583	3 312
每一农村运输业劳动力创造农村运输业总产值	元/人	14 282	10 356	9 606	7 725	12 526	11 763	16 963	21 659
每一农村商业、饮食业劳动力创造农村商业、饮食业总产值	元/人	9 800	22 696	10 539	7 115	8 564	8 795	18 116	19 957
每一农业劳动力创造农业净产值	元/人	1 217	1 587	2 283	2 594	1 128	1 479	1 743	1 986
每一农业劳动力创造农业商品产值	元/人	817	1 122	1 963	2 423	868	1 040	1 464	1 595
每一农业劳动力生产的农产品									
粮食	公斤/人	933	820	2 120	2 274	1 187	1 506	1 949	2107
棉花	公斤/人	—	—	4.7	1.7	1.9	0.1	1.7	5.2
油料	公斤/人	32.9	50.7	67.8	115.5	41.2	43.7	27.8	46.2
糖料	公斤/人	480.8	576.8	46.8	44.2	78.8	178.0	154.9	261.0
肉类总产量	公斤/人	77.0	79.6	157.5	208.3	66.6	80.6	124.9	190.4
水产品总产量	公斤/人	14.3	27.6	32.5	43.8	23.5	23.6	20.6	19.3
平均每亩耕地农作物种植业产值	元/亩	403.2	572.6	439.7	468.1	362.0	305.3	407.6	471.8
农业物质消耗占农业总产值比重	%	26.2	23.4	32.4	30.7	33.7	28.6	34.1	36.7
农村农副产品商品率	%	49.5	54.1	58.2	64.8	51.0	50.2	55.4	50.8
社会农副产品收购总额占农业总产值的比重	%	26.4	74.6	32.9	38.6	31.9	37.5	33.6	29.4
农村经济各项费用占总收入比重	%	39.7	52.3	46.6	54.0	31.4	40.5	42.0	52.5

主要农业机械年末拥有量

指　　标	单　位	1989年	1990年	1990年比1989年增长%
农业机械总动力	万瓦（特）	665 541.8	667716.7	0.3
大中型农用拖拉机	混合台	22 155	19 324	-12.8
	万瓦（特）	54971.9	49449.4	-10.0
小型及手扶拖拉机	混合台	88 681	91 682	3.4
	万瓦（特）	74 918.5	76 492.3	2.1
大中型拖拉机机引农具	部	12 616	10 190	-19.2
机耕船（包括机滚船）	艘	1 676	1 306	-22.1
	万瓦（特）	1 309.1	1 029.7	-21.3
农用排灌动力机械	台	118 125	130 713	10.7
	万瓦（特）	147 430.4	150 864.2	2.3
#柴油机	台	58 439	67 476	15.5
	万瓦（特）	67 657.4	68 615.4	1.4
电动机	台	56 688	60 446	6.6
	万瓦（特）	78 522.1	80 923.3	3.1
农用水泵	台	108 739	118 122	8.6
喷灌机械	套	3 784	4 816	27.3
联合收割机	台	36	17	-52.8
	万瓦（特）	133.0	45.5	-65.8
动力脱粒机	台	41 744	42 047	0.7
	万瓦（特）	8 161.8	9 052.0	10.9
机动喷（雾）粉器	台	7 053	6 942	-1.6
	万瓦（特）	1 171.5	1 155.4	-1.4
饲料粉碎机	台	13 843	14 995	8.3
渔用机动船	艘	8 699	9 150	5.2
	吨	30 267.0	24961.5	-17.5
	万瓦（特）	3 028.7	3 593.2	18.6
磨面机	台	15 869	15 905	0.2
碾米机	台	106 314	108 676	2.2
轧花机	台	5 680	5 782	1.8
榨油机	台	11 652	12 679	8.8
载重汽车	辆	20 860	19 913	-4.5
	万瓦（特）	148 758.5	145 260.6	-2.4
大中型拖车	辆	23 404	20 060	-14.3
机动运输船	艘	9 057	9 129	0.8
	吨	187 395.0	185 587.0	-1.0
	万瓦（特）	10 279.7	10 361.7	0.8

各地区主要农业机械年末拥有量(一)

(1990年)

指标	单位	全省	南昌市	景德镇市	萍乡市	九江市	新余市	鹰潭市
农业机械总动力	万瓦(特)	667716.7	83587.6	23547.8	30155.2	74801.1	19252.6	13061.5
大中型农用拖拉机	混合台	19324	2568	792	364	2139	485	815
	万瓦(特)	49449.4	6353.9	2272.2	890.1	4807.4	1650.5	2683.7
小型及手扶拖拉机	混合台	91682	11845	2645	3045	7788	1884	1783
	万瓦(特)	76492.3	9448.0	2196.1	2158.4	6508.8	1627.6	1360.2
大中型拖拉机机引农具	部	10190	1594	594	56	1200	160	460
机耕船(包括机滚船)	艘	1306	252	1	237	23	8	—
	万瓦(特)	1029.7	220.7	0.9	135.3	8.8	2.8	—
农用排灌动力机械	台	130713	22341	3173	5278	16017	4084	1648
	万瓦(特)	150864.2	28630.7	5094.4	4831.1	21225.2	3498.1	2475.4
#柴油机	台	67476	8336	2018	440	12229	942	1164
	万瓦(特)	68615.4	9776.3	2575.8	1000.6	11709.8	1519.7	1444.5
电动机	台	60446	14002	1143	4264	3515	3139	484
	万瓦(特)	80923.3	18849.4	2515.1	3599.9	9416.8	1976.9	1030.9
农用水泵	台	118122	18418	2952	4929	16906	4175	1443
喷灌机械	套	4816	171	184	140	1815	54	84
联合收割机	台	17	—	1	—	1	—	—
	万瓦(特)	45.5	—	0.9	—	5.5	—	—
动力脱粒机	台	42047	14346	410	4178	587	404	340
	万瓦(特)	9052.0	2701.7	110.2	536.5	192.5	114.5	81.0
机动喷(雾)粉器	台	6942	118	30	35	5254	7	40
	万瓦(特)	1155.4	27.6	4.5	24.1	656.9	2.1	12.2
饲料粉碎机	台	14995	396	206	230	1396	452	327
渔用机动船	艘	9150	2034	83	4	2308	34	237
	吨	24961.5	4427.0	110.5	28.0	7546.0	62.5	2519.0
	万瓦(特)	3593.2	718.7	40.5	4.6	733.9	30.5	70.0
磨面机	台	15905	521	505	537	4512	226	89
碾米机	台	108676	5701	2650	3193	12958	2866	2530
轧花机	台	5782	230	245	3	2871	218	34
榨油机	台	12679	683	338	457	1781	284	89
载重汽车	辆	19913	1997	722	1732	1684	911	350
	万瓦(特)	145260.6	13363.5	5223.9	13148.4	11366.6	6722.9	2640.9
大中型拖车	辆	20060	2486	953	375	2110	465	779
机动运输船	艘	9129	1509	183	—	1633	100	124
	吨	185587	30377	1300	—	51878	327	584
	万瓦(特)	10361.7	1486.0	206.6	—	2361.5	97.1	74.5

各地区主要农业机械年末拥有量（二）

（1990年）

指标	单位	赣州地区	#赣州市	宜春地区	#樟树市	上饶地区	吉安地区	抚州地区	#临川市
农业机械总动力	万瓦（特）	78 490.8	2 393.0	116 544.7	15 456.9	103 917.6	70 425.2	53 932.6	13 122.8
大中型农用拖拉机	混合台	2 387	136	2 544	333	2 540	2 503	2 187	636
	万瓦（特）	4 800.3	270.5	6 443.2	1 002.4	6 590.6	6 622.6	6 334.9	2 085.3
小型及手扶拖拉机	混合台	10 304	89	16 118	2 151	17 004	9 598	9 668	1 884
	万瓦（特）	8 398.5	69.2	13 913.3	18 889.0	14 376.5	8 183.5	8 321.4	1 614.0
大中型拖拉机机引农具	部	1 647	129	835	88	1 713	1 117	814	189
机耕船(包括机滚船)	艘	61	4	79	5	25	82	538	85
	万瓦（特）	49.7	3.6	52.1	1.9	13.0	70.2	476.2	75.0
农用排灌动力机械	台	10 785	891	25 930	6 140	21 283	14 095	6 079	1 742
	万瓦（特）	8 524.8	627.4	28 374.1	5 063.7	27 052.0	12 301.8	8 856.6	3 439.6
#柴油机	台	3 602	116	9 967	1 379	15 590	9 183	4 005	1 064
	万瓦（特）	3 008.6	118.9	11 417.5	1 662.0	13 912.1	7 362.9	4 887.6	1 636.9
电动机	台	6 559	771	15 139	4 756	5 439	4 789	1 973	650
	万瓦（特）	5 213.8	507.5	16 520.8	3 399.4	12 982.1	4 890.9	3 926.7	1 786.0
农用水泵	台	10 611	880	21 806	5 568	16 952	13 673	6 257	1 852
喷灌机械	套	548	17	402	119	437	466	515	52
联合收割机	台	1	1	2	—	—	4	8	1
	万瓦（特）	0.9	0.9	8.1	—	—	3.5	26.6	0.9
动力脱粒机	台	339	249	19 537	4 035	1 187	470	249	11
	万瓦（特）	73.5	49.4	4 738.7	1 577.5	353.2	90.0	60.2	1.8
机动喷（雾）粉器	台	177	18	855	151	186	88	152	41
	万瓦（特）	51.9	2.6	296.1	77.0	34.5	13.9	31.6	7.7
饲料粉碎机	台	4 426	57	1 915	82	1 586	2 802	1 259	162
渔用机动船	艘	390	19	237	—	3 396	400	27	1
	吨	1 577.0	92.0	623.5	—	6 706.0	1 228.0	134.0	3.0
	万瓦（特）	138.5	5.0	89.5	—	1 397.3	340.1	29.6	0.9
磨面机	台	2 331	20	1 719	184	4 979	279	207	43
碾米机	台	19 779	274	14 061	1 060	17 594	14 541	12 803	2 250
轧花机	台	6	—	914	40	974	50	237	123
榨油机	台	2 590	53	1 636	182	2 091	2 219	511	161
载重汽车	辆	2 618	58	3 793	245	2 653	2 064	1 389	244
	万瓦（特）	19 819.3	451.1	28 041.5	1 892.1	18 790.5	16 078.9	10 064.2	1 608.4
大中型拖车	辆	2 431	142	2 623	290	2 951	2 666	2 221	593
机动运输船	艘	1 052	138	1 160	420	2 536	519	313	231
	吨	13 780	2 269	38 239	15 114	29 398	12 115	7 589	6 700
	万瓦（特）	950.4	114.0	1 508.3	544.6	2 360.9	855.4	461.0	389.5

水利灌溉设施年末建成到达情况

指　　　　　　标	单　位	1989年	1990年
一、工程座数	座	390 366	392 088
蓄水工程	座	265 584	265 967
大型水库	座	18	18
中型水库	座	192	193
小（一）型水库	座	1 304	1 307
小（二）型水库	座	7 939	7 969
塘　坝	座	256 131	256 480
引水工程	座	98 109	98 388
机电灌站	座	23 577	24 460
水轮泵站	座	1 191	1 237
机电井	座	1 905	2 036
二、蓄水工程总库容	万立方米	2 493 285	2 527 166
大型水库	万方立米	1 297 390	1 325 400
中型水库	万立方米	434 513	437 727
小（一）型水库	万立方米	369 182	369 672
小（二）型水库	万立方米	213 642	214 169
塘　坝	万立方米	178 558	180 198
三、有效灌溉面积	万亩	2 739.01	2 755.12
蓄水工程	万亩	1 390.51	1 395.02
大型水库	万亩	120.02	120.32
中型水库	万亩	306.19	307.32
小（一）型水库	万亩	363.67	363.77
小（二）型水库	万亩	300.53	301.85
塘　坝	万亩	300.10	301.76
引水工程	万亩	729.98	732.74
30万亩以上	万亩	82.35	82.33
10—30万亩	万亩	52.26	71.23
1—10万亩	万亩	86.73	68.48
万亩以下	万亩	508.64	510.70
机电泵井提灌	万亩	613.22	621.06
其　他	万亩	5.30	6.30

堤防、水闸、除涝、水土保持及解决饮水困难情况

指　　标	单　位	1989年	1990年
一、堤防工程长度	公里	9 222.68	9 259.06
保护耕地30万亩以上的堤防	公里	198.33	198.33
保护耕地10—30万亩的堤防	公里	749.93	755.79
保护耕地 1—10万亩的堤防	公里	2 258.77	2 242.99
保护耕地万亩以下的堤防	公里	6 015.65	6 061.95
二、堤防保护耕地面积	万亩	938.09	943.92
万亩以上的堤防保护	万亩	653.86	657.40
万亩以下的堤防保护	万亩	284.23	286.52
三、堤防保护人口	万人	923.64	936.10
万亩以上的堤防保护	万人	648.85	654.35
万亩以下的堤防保护	万人	274.79	281.75
四、水闸工程设施座数	座	365	365
大 型 水 闸	座	3	3
中 型 水 闸	座	31	31
小 型 水 闸	座	331	331
五、低洼除涝耕地面积	万亩	707.76	709.97
除 涝 面 积	万亩	467.85	470.79
除涝标准 3 — 5 年一遇的	万亩	214.05	215.28
除涝标准 5 年及以上的	万亩	253.80	255.51
现有易涝面积	万亩	239.91	239.18
六、水土流失面积	万亩	5 651.72	5 789.86
七、水土流失治理面积	万亩	1 680.52	1 835.18
#水流域综合治理	万亩	256.53	276.95
采取水平梯田措施治理	万亩	104.12	110.23
采取沟坎地措施治理	万亩	31.60	31.54
采取水保林措施治理	万亩	1 520.81	1 637.73
采取种草措施治理	万亩	11.58	13.79
采取其他措施治理	万亩	12.42	41.89
八、需要解决饮水困难的人数	万人	811.05	815.80
#已解决饮水困难的人数	万人	501.13	542.96
九、需要解决饮水困难的牲畜数	万头	434.08	438.69
#已解决饮水困难的牲畜数	万头	243.22	257.95

农业机耕、用电、化肥、水利情况

指　　　　　标	单　位	1989年	1990年	1990年比1989年增长%
一、农业机械化情况				
当年实际机耕面积	万亩	885.26	960.92	8.5
机耕面积占耕地面积比重	%	25.1	27.3	8.8
二、农业电气化情况				
农村用电量	万千瓦小时	153 929	159 927	3.9
每亩耕地用电量	千瓦小时	43.6	45.4	4.1
通电的乡(镇)个数	个	1 799	1 821	1.2
通电的乡(镇)占乡(镇)总数比重	%	99.2	99.9	0.7
通电的村民委员会个数	个	18 439	18 957	2.8
通电的村委会占村委总数比重	%	88.1	91.1	3.4
用电照明的乡(镇)户数	万户	489.01	531.98	8.8
用电照明的农户占乡(镇)总户数比重	%	77.1	80.3	4.2
乡(镇)办水电站个数	个	880	885	0.6
发电能力	千瓦	160 911	170 587	6.0
村及村以下办水电站个数	个	3 675	3 738	1.7
发电能力	千瓦	67 458	49 122	-27.2
三、农用化肥施用量				
1.按实物量计算	万吨	260.0	285.6	9.8
氮肥	万吨	142.3	150.5	5.8
磷肥	万吨	80.6	90.0	11.7
钾肥	万吨	22.3	26.7	19.7
复合肥	万吨	14.8	18.4	24.3
2.按折纯法计算	万吨	76.1	83.6	9.9
氮肥	万吨	43.5	46.1	6.0
磷肥	万吨	16.1	17.8	10.6
钾肥	万吨	11.3	13.3	17.7
复合肥	万吨	5.2	6.4	23.1
每亩耕地用化肥（实物量）	公斤	73.6	81.0	10.1
每亩耕地用化肥（折纯量）	公斤	21.5	23.7	10.2
四、农田水利情况				
有效灌溉面积	万亩	2 739.0	2 755.1	0.6
有效灌溉面积占耕地面积比重	%	77.5	78.2	0.9
旱涝保收面积	万亩	2 026.6	2 048.9	1.1
旱涝保收面积占耕地面积比重	%	57.4	58.1	1.2

各地区农业机耕、用电、化肥、水利情况（一）

（1990年）

指标	单位	全省	南昌市	景德镇市	萍乡市	九江市	新余市	鹰潭市
一、农业机械化情况								
当年实际机耕面积	万亩	960.92	158.77	33.85	19.04	88.41	14.61	25.52
机耕面积占耕地面积比重	%	27.3	49.1	35.1	32.5	25.1	15.0	27.9
二、农业电气化情况								
农村用电量	万千瓦小时	159 927	30 698	4 627	15 955	12 156	5 174	2 977
每亩耕地用电量	千瓦小时	45.4	94.9	48.0	272.0	34.5	53.1	32.6
通电的乡(镇)个数	个	1 821	98	52	41	236	34	50
通电的乡镇占乡镇总数比重	%	99.9	100.0	100.0	100.0	99.6	100.0	100.0
通电的村民委员会个数	个	18 957	1 189	585	602	2 202	459	396
通电的村委会占村委总数比重	%	91.1	97.4	96.0	99.0	91.9	99.9	99.0
用电照明的乡(镇)户数	万户	531.98	50.36	18.01	20.95	64.42	16.72	15.01
用电照明的农户占乡(镇)总户数比重	%	80.3	97.1	93.4	90.7	89.4	99.5	91.8
乡(镇)办水电站个数	个	885	16	17	58	103	9	8
发电能力	千瓦	170 587	1 118	4 012	13 588	16 362	1 613	2 377
村及村以下办水电站个数	个	3 738	20	34	27	113	13	36
发电能力	千瓦	49 122	243	995	2 022	2 351	306	597
三、农用化肥施用量								
1.按实物量计算	万吨	285.6	31.7	6.5	5.9	26.7	7.6	6.5
氮肥	万吨	150.5	15.5	3.7	3.8	15.4	3.3	3.1
磷肥	万吨	90.0	11.7	1.8	1.6	7.2	2.8	2.5
钾肥	万吨	26.7	3.7	0.6	0.2	2.4	1.1	0.6
复合肥	万吨	18.4	0.8	0.4	0.3	1.7	0.4	0.3
2.按折纯法计算	万吨	83.6	7.6	2.1	1.4	7.2	2.4	1.9
氮肥	万吨	46.1	3.5	1.4	1.0	4.0	1.3	1.0
磷肥	万吨	17.8	1.9	0.3	0.3	1.4	0.4	0.5
钾肥	万吨	13.3	1.9	0.3	0.1	1.2	0.6	0.3
复合肥	万吨	6.4	0.3	0.1	……	0.6	0.1	0.1
每亩耕地用化肥（实物量）	公斤	81.0	98.0	67.4	100.6	75.7	78.0	71.1
每亩耕地用化肥（折纯量）	公斤	23.7	23.5	21.8	23.9	20.4	24.6	20.8
四、农田水利情况								
有效灌溉面积	万亩	2 755.1	288.3	79.4	47.6	256.5	78.1	85.9
有效灌溉面积占耕地面积比重	%	78.2	89.1	82.3	81.2	72.7	80.2	94.0
旱涝保收面积	万亩	2 048.9	218.4	63.1	39.2	172.6	58.3	58.3
旱涝保收面积占耕地面积比重	%	58.1	67.5	65.4	66.9	48.9	59.9	63.8

各地区农业机耕、用电、化肥、水利情况（二）

（1990年）

指标	单位	赣州地区	#赣州市	宜春地区	#樟树市	上饶地区	吉安地区	抚州地区	#临川市
一、农业机械化情况									
当年实际机耕面积	万亩	87.35	2.15	210.18	26.70	122.68	75.51	125.00	39.82
机耕面积占耕地面积比重	%	16.4	17.8	38.7	42.1	26.3	13.1	32.3	47.0
二、农业电气化情况									
农村用电量	万千瓦小时	18 872	1 111	28 368	3 725	18 222	13 548	9 330	1 947
每亩耕地用电量	千瓦小时	35.4	92.0	52.2	58.7	39.1	23.6	24.1	23.0
通电的乡(镇)个数	个	362	9	186	17	284	273	205	37
通电的乡(镇)占乡(镇)总数比重	%	100.0	100.0	100.0	100.0	100.0	100.0	100.0	100.0
通电的村民委员会个数	个	3 838	93	2 469	279	2 329	2 944	1 753	397
通电的村委会占村委总数比重	%	89.3	100.0	96.6	100.0	78.5	87.9	90.1	92.0
用电照明的乡(镇)户数	万户	95.55	3.13	69.33	9.01	75.88	60.34	45.79	9.83
用电照明农户占乡(镇)总户数比重	%	74.0	90.2	79.1	98.9	69.2	77.7	77.7	62.5
乡(镇)办水电站个数	个	234	—	130	—	111	114	85	2
发电能力	千瓦	39 620	—	28 520	—	29 963	20 239	13 175	162
村及村以下办水电站个数	个	1 870	58	448	17	163	499	515	27
发电能力	千瓦	14 281	266	6 769	146	7 130	6 842	7 586	267
三、农用化肥施用量									
1.按实物量计算	万吨	46.6	1.1	47.2	6.3	32.7	38.2	36.0	8.3
氮肥	万吨	28.7	0.7	21.4	2.2	16.2	20.1	19.3	4.0
磷肥	万吨	13.2	0.3	17.5	2.8	10.6	9.6	11.5	2.7
钾肥	万吨	2.5	0.1	5.9	1.0	2.8	3.2	3.7	1.2
复合肥	万吨	2.2	……	2.4	0.3	3.1	5.3	1.5	0.4
2.按折纯法计算	万吨	11.4	0.3	15.5	2.0	11.7	10.8	11.6	2.6
氮肥	万吨	7.1	0.2	8.2	0.9	6.1	5.5	7.1	1.4
磷肥	万吨	2.1	……	3.5	0.5	3.1	2.1	2.2	0.4
钾肥	万吨	1.2	0.1	3.0	0.5	1.3	1.6	1.8	0.6
复合肥	万吨	1.0	……	0.8	0.1	1.2	1.6	0.5	0.2
每亩耕地用化肥（实物量）	公斤	87.4	91.1	86.8	99.3	70.2	66.4	93.1	98.0
每亩耕地用化肥（折纯量）	公斤	21.4	24.9	28.5	31.5	25.1	18.8	30.0	30.7
四、农田水利情况									
有效灌溉面积	万亩	399.4	9.3	421.3	50.7	377.2	422.6	298.8	75.7
有效灌溉面积占耕地面积比重	%	74.9	77.1	77.5	79.9	81.0	73.5	77.3	89.4
旱涝保收面积	万亩	311.3	6.6	344.2	39.5	265.5	290.6	227.4	63.0
旱涝保收面积占耕地面积比重	%	58.4	54.7	63.3	62.2	57.0	50.5	58.8	74.4

农 村 固 定 资 产 原 值

（1990年末） 单位：万元

指 标	1989年	1990年	1990年比1989年增长%
一、年末生产性固定资产原值合计	**824 505**	**890 765**	**8.0**
(一) 按生产用途分			
生产用房屋及建筑物	277 225	287 816	3.8
役畜及产品畜	169 480	184 285	8.7
铁木农具	51 487	63 158	22.7
农、林、牧、渔业机械	42 668	49 485	16.0
工业机器、设备	140 298	154 176	9.9
建筑业机械	12 569	13 528	7.6
运输工具	74 628	79 780	6.9
其他固定资产	56 150	58 537	4.3
(二) 按层次分			
乡一级所有	227 085	231 983	2.2
村一级所有	94 742	102 488	8.2
村民小组所有	21 712	21 846	0.6
联户企业所有	16 460	17 157	4.2
农民家庭所有	464 506	517 291	11.4
二、年末非生产用房屋及建筑物原值	**2 009 219**	**2 160 898**	**7.5**

各地区农村生产性固定资产原值

（1990年末） 单位：万元

地 区	合 计	乡一级所有	村一级所有	村民小组所有	联户企业所有	农民家庭所有
全 省	**890 765**	**231 983**	**102 488**	**21 846**	**17 157**	**517 291**
南昌市	82 533	20 127	24 103	2 988	768	34 547
景德镇市	28 120	10 294	5 482	448	2 240	9 656
萍乡市	55 733	18 797	14 349	186	808	21 593
九江市	73 840	19 963	8 652	2 289	1 491	41 445
新余市	29 677	8 049	5 782	1 131	741	13 974
鹰潭市	12 297	2 549	1 082	628	55	7 983
赣州地区	122 825	26 858	9 375	452	2 777	83 363
#赣州市	5 565	1 555	881	22	91	3 016
宜春地区	178 253	62 094	12 915	5 342	3 801	94 101
#樟树市	18 439	6 002	997	722	708	10 010
上饶地区	97 103	23 514	9 179	3 449	1 571	59 390
吉安地区	126 951	23 972	7 534	2 594	2 111	90 740
抚州地区	83 433	15 766	4 035	2 339	794	60 499
#临川市	22 964	3 436	1 227	527	355	17 419

农业事业机构和气象台、站

（1990年）

站　　台	机构数（个）	职工人数（人）	站　　台	机构数（个）	职工人数（人）
农业技术推广站	241	2 577	牲畜配种站	2	11
经营管理辅导站	114	1 624	家禽改良站	6	85
种子站	100	1 632	家禽检疫站	16	138
植保植检站	106	710	气象台、站	91	2 027
病虫测报站	18	101	#气象台	17	979
畜牧兽医站	107	1 249	气象站	74	1 048

各地区农作物受灾和成灾面积

（1990年）

单位：千亩

地区	受灾面积	旱灾	水灾	病虫灾	其他	成灾面积	旱灾	水灾	病虫灾	其他	成灾面积占受灾面积（%）
全省	**25 120.5**	**11 708.5**	**6 996.8**	**4 492.5**	**1 922.7**	**14 738.4**	**7 343.4**	**4 128.1**	**2 311.0**	**955.9**	**58.7**
南昌市	3 190.0	1 727.4	1 051.1	71.5	340.0	1 579.9	934.2	507.9	34.3	103.5	49.5
景德镇市	663.1	164.3	403.0	80.8	15.0	374.9	98.6	218.8	48.5	9.0	56.5
萍乡市	510.0	290.0	180.0	38.0	2.0	323.0	210.0	97.0	15.0	1.0	63.3
九江市	3 732.4	2 287.5	1 129.2	162.0	153.7	2 111.3	1 510.8	461.2	75.9	63.4	56.6
新余市	1 178.6	878.7	—	165.6	134.3	773.5	584.5	—	122.3	66.7	65.6
鹰潭市	715.1	264.9	265.7	170.5	14.0	428.0	170.4	134.3	117.3	6.0	59.9
赣州地区	2 221.6	312.9	627.2	991.2	290.3	1 244.6	162.7	449.4	503.1	129.4	56.0
宜春地区	4 073.9	2 725.4	662.5	524.0	162.0	2 556.9	1 808.0	361.7	308.4	78.8	62.8
上饶地区	3 696.9	1 714.9	1 276.9	495.4	209.7	2 567.8	1 158.4	930.7	321.9	156.8	69.5
吉安地区	3 207.0	844.0	685.7	1 193.6	483.7	1 650.0	456.7	502.6	417.2	273.5	51.4
抚州地区	1 931.9	498.5	715.5	599.9	118.0	1 128.5	249.1	464.5	347.1	67.8	58.4

国营农、林、牧、渔场组织情况

（1990年）

指标	单位	数量	指标	单位	数量
一、国营农、林、牧、渔场个数	个	843	1.全民所有制单位	万户	21.75
#管有挂钩集体的场	个	150	2.挂钩集体村	万户	6.37
二、以场建乡(镇)的政府个数	个	68	六、场、村总人口	万人	115.24
#管有挂钩集体的政府个数	个	43	1.全民所有制单位	万人	86.60
三、国营部份的基层组织			2.挂钩集体村	万人	28.64
分场	个	1 743	七、场、村劳动力	万人	63.64
生产队	个	4 174	1.全民所有制单位	万人	50.44
家庭农场	个	45 753	#女劳动力	万人	17.95
四、挂钩集体部分的基层组织			#农、林、牧、渔业劳动力	万人	24.86
村民委员会	个	334	2.挂钩集体村	万人	13.20
村民小组	个	2 095	#女劳动力	万人	6.11
五、场、村总户数	万户	28.12	#农、林、牧、渔业劳动力	万人	11.48

国营农、牧、园艺场基本情况

指标	单位	1989年	1990年	指标	单位	1989年	1990年
农场个数	个	9	10	棉花总产量	吨	143	190
总人口	万人	2.67	2.68	油料总产量	吨	828	1 112
国家正式职工	万人	1.29	1.31	1.花生	吨	697	754
耕地面积	万亩	4.42	4.46	2.油菜籽	吨	119	343
茶、果、桑面积	万亩	1.00	0.97	3.芝麻	吨	12	15
农业机械总动力	万瓦	23.72	27.96	牛年末头数	头	4 126	4 357
农业用电量	万千瓦小时	949	1 675	生猪年末头数	头	23 350	22 116
化肥施用量(实物量)	吨	2 994	3 914	出栏肉猪头数	头	20 198	19 985
有效灌溉面积	万亩	2.31	2.31	猪、牛、羊肉总产量	吨	1 520	1 727
机耕地面积	万亩	2.32	1.96	家禽年末只数	只	60 472	350 738
粮食总产量	吨	12 906	13 994	禽蛋总产量	吨	130	1 501

国营垦殖场系统基本情况

指　　标	单位	1989年	1990年	指　　标	单位	1989年	1990年
一、垦殖场个数	个	142	141	农用排灌动力机械	台	2 300	4 074
分场个数	个	580	607		万瓦	5 576.6	5 621.4
生产队个数	个	2 302	2 381	#柴油机	台	950	967
场办工业企业	个	946	923		万瓦	2 026.3	1 975.2
场办建筑业企业	个	68	63	电动机	台	1 434	1 389
场办运输业企业	个	65	59		万瓦	3 550.3	3 646.2
场办商业企业	个	202	145	农用载重汽车	辆	535	590
二、总人口	万人	52.6	53.1	联合收割机	台	10	10
三、职工人数	万人	25.9	27.0		万瓦	19.1	28.4
第一产业	万人	11.0	12.4	机动收割机	台	43	57
第二产业	万人	9.1	11.1	机动脱粒机	台	4 29	284
工业	万人	8.5	10.5	六、水电站个数	个	124	114
建筑业	万人	0.6	0.6	水电站发电能力	万千瓦	2 529.6	2 512.5
第三产业	万人	5.8	3.5	农场用电量	万千瓦小时	51 215	33 830
交通运输业	万人	0.3	0.2	七、化肥施用量(实物量)	吨	51 575	55 664
商业、饮食业	万人	0.4	0.4	氮肥	吨	25 477	27 436
其他	万人	5.1	2.9	磷肥	吨	15 474	16 729
四、耕地	万亩	62.3	62.6	钾肥	吨	4 856	5 636
1.水田	万亩	50.0	50.3	复合肥	吨	5 768	5 863
2.旱地	万亩	12.3	12.3	化肥施用量(折纯量)	吨	17 051	18 801
五、农业机械总动力	万瓦	16 077.5	16 433.8	氮肥	吨	9 338	10 747
				磷肥	吨	3 078	4 476
大中型农用拖拉机	台	550	503	钾肥	吨	2 615	3 578
	万瓦	1 439.6	1 365.2	复合肥	吨	2 020	—
小型及手扶拖拉机	台	1 404	1 442	八、有效灌溉面积	万亩	46.0	49.0
	万瓦	1 357.9	2 286.7	九、当年机耕面积	万亩	23.6	20.8

注：本表不含挂钩集体村。

国营垦殖场系统种植业生产情况

品名	播种面积(万亩) 1989年	播种面积(万亩) 1990年	亩产(公斤) 1989年	亩产(公斤) 1990年	总产量(吨) 1989年	总产量(吨) 1990年
农作物总计	**135.37**	**139.00**				
一、粮食	84.86	86.30	322	337	273 589	291 027
稻谷	80.46	82.08	334	348	268 409	285 810
#早稻	31.68	33.26	301	323	95 246	109 368
小麦	0.67	0.34	60	70	402	240
薯类	1.53	1.53	199	210	3 045	3 208
杂粮	0.77	0.93	72	58	554	540
大豆	1.43	1.42	83	87	1 179	1 229
二、经济作物	16.77	18.21				
棉花	1.59	1.71	102	105	1 622	1 810
油料	13.58	15.65	77	83	10 506	13 114
花生	4.89	5.08	148	147	7 242	7 466
油菜籽	7.34	9.32	38	56	2 807	5 200
芝麻	1.35	1.25	34	35	457	448
麻类	0.16	0.04	238	159	380	57
苎麻	0.13	0.01	262	78	329	7
黄红麻	0.03	0.03	184	185	51	50
甘蔗	0.17	0.15	2 262	2 335	3 795	3 507
三、其他农作物	33.74	34.49				

国营垦殖场系统茶桑果和渔业生产情况

指标	单位	1989年	1990年	指标	单位	1989年	1990年
一、茶叶总产量	吨	2 382	2 687	桃	万亩	0.12	0.52
二、水果总产量	吨	10 913	10 662	葡萄	万亩	0.37	0.29
#柑桔	吨	8 559	8 322	七、当年新增果园面积	万亩	0.43	0.23
梨	吨	1 062	989	#柑桔	万亩	0.20	0.18
桃	吨	57	252	梨	万亩	....	—
葡萄	吨	982	748	桃	万亩	....	0.01
三、蚕茧总产量	吨	21	47	葡萄	万亩	....	0.01
四、年末茶园面积	万亩	10.75	10.57	八、当年产果面积	万亩	2.53	2.71
当年新增面积	万亩	0.11	0.06	#柑桔	万亩	1.70	1.74
当年产茶面积	万亩	8.10	8.27	梨	万亩	0.41	0.41
五、年末桑园面积	万亩	0.09	0.17	桃	万亩	0.05	0.14
当年新增面积	万亩	0.04	0.08	葡萄	万亩	0.24	0.22
当年产桑叶面积	万亩	0.04	0.09				
六、年末果园面积	万亩	5.19	5.21	九、水产品养殖面积	万亩	6.98	5.73
#柑桔	万亩	3.28	3.40	十、水产品总产量	吨	4 337	4 603
梨	万亩	0.58	0.60	#养殖产量	吨	3 812	3 874

国营垦殖场系统林业生产情况

指标	单位	1989年	1990年	指标	单位	1989年	1990年
一、当年造林面积	万亩	5.86	7.59	七、林产品产量			
1.用材林	万亩	5.17	6.63	油桐籽	吨	136	67
2.经济林	万亩	0.26	0.22	油茶籽	吨	1 486	2 058
3.防护林	万亩	0.29	0.43	乌桕籽	吨	6	1
4.薪炭林	万亩	0.14	0.01	松脂	吨	1 310	1 444
二、当年迹地更新面积	万亩	2.43	2.11	竹笋干	吨	184	506
三、当年零星植树	万株	207	171	板栗	吨	115	172
四、年末实有育苗面积	万亩	0.10	0.28	八、竹木采伐			
五、当年幼林抚育面积	万亩	39.39	33.64	1.木材	立方米	145 085	164 693
六、年末实有造林面积	万亩	177.98	179.48	2.毛竹	万根	233	255

国营垦殖场系统畜牧业生产情况

指标	单位	1989年	1990年	指标	单位	1989年	1990年
一、当年出栏肉猪	万头	22.08	24.02	八、蜂蜜产量	吨	152	172
二、出售和自宰肉用牛	万头	0.09	0.08	九、牛年末头数	万头	3.40	3.54
三、出售和自宰肉用羊	万只	0.02	0.05	#从事农事的役牛	万头	2.40	2.55
四、肉类总产量	吨	18 679	20 713	能繁殖母牛	万头	1.37	1.41
1.猪肉	吨	17 435	19 375	良种及改良种乳牛	万头	0.31	0.20
2.牛肉	吨	110	86	十、生猪年末头数	万头	22.59	24.20
3.羊肉	吨	4	10	#能繁殖母猪	万头	1.27	1.19
4.兔肉	吨	2	3	十一、羊年末只数	万只	0.08	0.09
5.禽肉	吨	1 128	1 239	十二、年末养蜂箱数	箱	6 901	6 328
五、牛奶产量	吨	6 122	7 053	十三、年末养鹿头数	只	202	207
六、羊毛产量	吨	....	....	十四、年末养兔只数	万只	0.18	0.17
七、禽蛋产量	吨	2 707	2 513	十五、年末养禽只数	万只	138.02	119.25

13个省属国营垦殖场基本情况

（1990年）

场名	总人口（人）	职工人数（人）	总土地面积（万亩）	#耕地面积（万亩）	农业机械总动力（千瓦）	农场用电量（万千瓦小时）	化肥施用量（实物量、吨）
合计	**136 370**	**78 002**	**200.5**	**20.4**	**37 320**	**10 321**	**15 091**
蚕桑垦殖场	15 222	10 474	4.8	1.8	3 653	1 250	1 490
恒湖垦殖场	9 853	6 311	7.0	4.4	11 033	1 510	4 296
红星垦殖场	12 541	7 898	4.2	1.9	4 031	1 268	2 001
云山垦殖场	20 895	10 798	38.1	2.8	2 881	1 640	1 933
恒丰垦殖场	12 520	7 818	10.6	2.1	4 058	230	1 196
德胜关垦殖场	19 871	7 974	24.1	2.0	486	178	1 176
井冈山垦殖场	9 991	5 688	45.1	0.9	2 010	218	329
黄冈山垦殖场	9 193	5 159	9.1	0.8	950	589	501
大茅山垦殖场	16 272	10 104	37.1	0.6	1 276	3 047	490
康山垦殖场	3 689	1 795	2.2	1.5	2 218	80	866
泰和垦殖场	1 866	922	3.6	1.2	2 999	31	408
八一垦殖场	3 391	2 304	14.2	0.1	507	206	110
五里垦殖场	1 066	757	0.4	0.3	1 218	74	295

场名	工农业总产值（1980年不变价、万元）	#农业总产值（万元）	粮食总产量（吨）	油料产量（吨）	出栏肉猪（万头）	利税总额（万元）	出口商品总金额（万元）
合计	**59 401**	**8 100**	**88 681**	**3 729**	**67 189**	**4 652**	**3 440**
蚕桑垦殖场	16 354	466	8 945	532	8 100	1 244	372
恒湖垦殖场	2 838	918	23 004	67	3 513	286	159
红星垦殖场	6 543	1 098	9 035	406	25 391	307	741
云山垦殖场	7 698	951	10 086	882	7 575	583	137
恒丰垦殖场	2 615	913	9 650	1 204	4 936	143	169
德胜关垦殖场	2 370	705	8 919	15	5 355	132	—
井冈山垦殖场	3 826	561	4 021	52	2 792	285	1 326
黄冈山垦殖场	2 431	418	3 913	10	2 404	363	14
大茅山垦殖场	10 009	975	2 485	56	4 548	1 012	216
康山垦殖场	434	232	6 660	8	717	−43	—
泰和垦殖场	601	165	61	479	630	37	20
八一垦殖场	3 012	558	225	6	706	230	218
五里垦殖场	670	140	1 677	12	522	73	68

13个商品粮基地县农村经济情况

（1990年）

县名	乡村人口（万人）	耕地面积（万亩）	农作物总播种面积（万亩）	#粮食	粮食总产量（吨）	棉花总产量（吨）	油料总产量（吨）	全年猪牛羊肉总产量（吨）	农业机械总动力（千瓦）
合计	**567.69**	**838.07**	**2 090.73**	**1 343.50**	**4 242 457**	**19 776**	**115 558**	**227 348**	**1 608 524**
南昌县	82.74	108.16	307.86	199.19	801 540	365	8 221	36 027	345 252
德安县	12.03	15.86	40.72	25.03	86 902	555	4 279	4 387	38 087
宁都县	56.34	66.70	155.64	95.88	276 256	—	15 696	15 705	69 661
丰城县	90.89	131.63	371.30	223.11	690 489	2 276	14 923	39 250	279 638
高安县	57.64	102.66	256.54	155.48	508 172	3 868	25 286	32 655	219 486
奉新县	21.96	42.82	111.79	72.18	245 514	16	7 839	15 302	83 420
宜丰县	19.02	37.50	87.03	57.74	196 789	5	4 007	13 216	70 273
弋阳县	25.88	35.04	99.54	62.19	179 746	6	4 390	10 604	76 126
余干县	68.08	71.17	175.69	115.12	320 666	72	8 627	14 527	168 783
吉水县	39.42	66.01	150.72	103.07	276 556	3	6 982	12 696	70 562
泰和县	41.71	74.99	146.99	102.41	232 438	—	8 665	13 275	67 625
安福县	29.28	56.87	106.13	81.76	210 137	25	4 069	6 910	69 083
南城县	22.70	28.66	80.78	50.34	217 252	46	2 574	12 794	50 528

县名	机耕面积（万亩）	有效灌溉面积（万亩）	化肥施用量（吨）	农村用电量（万千瓦小时）	农村社会总产值（万元）	农业总产值（万元）	农业净产值（万元）	农业总产值（万元）	
								1980年不变价格	1990年不变价格
合计	**312.74**	**669.10**	**735 109**	**39 635.1**	**904 366**	**567 178**	**384 632**	**281 255**	**630 374**
南昌县	76.20	107.34	148 573	11 910.1	151 688	93 119	58 053	43 933	101 131
德安县	3.72	13.09	14 691	541.0	22 719	10 877	6 908	5 659	13 047
宁都县	8.41	48.09	62 698	1 886.0	58 489	40 571	29 210	19 723	45 708
丰城县	58.63	104.85	134 197	6 471.0	186 306	104 930	71 157	53 526	114 346
高安县	43.00	77.78	96 280	5 743.0	117 333	66 182	44 071	36 025	76 735
奉新县	17.83	32.52	34 846	2 496.0	53 547	37 576	27 517	16 787	38 826
宜丰县	12.42	31.08	27 220	2 502.0	49 544	28 556	19 509	13 602	31 442
弋阳县	1.61	28.70	21 849	1 336.0	37 797	25 571	17 259	11 144	25 881
余干县	57.40	57.64	45 214	2 069.0	52 935	37 743	25 882	20 472	45 546
吉水县	4.48	48.31	49 742	1 770.0	49 629	36 341	25 100	17 654	38 138
泰和县	11.66	56.39	33 398	1 128.0	47 577	32 277	23 051	16 118	37 257
安福县	6.32	41.22	38 607	811.0	38 462	26 228	18 793	12 652	29 955
南城县	11.06	22.09	27 794	972.0	38 340	27 207	18 122	13 960	32 362

乡镇企业基本情况

（1990年）

行　　业	企业个数（个）	企业人数（人）	现价总产值（万元）	总收入（万元）
总　　计	**711 640**	**2 326 931**	**1 563 806**	**1456 660**
一、农业企业	6 527	67 767	24 790	22 776
乡　　办	2 163	34 633	13 911	12 547
村　　办	4 364	33 134	10 879	10 229
二、工业企业	339 226	1 421 090	1 022 988	902 195
乡　　办	9 895	365 967	347 914	284 699
村　　办	26 286	303 083	263 688	227 449
联 户 办	33 645	207 950	127 998	122 237
个 体 办	269 400	544 090	283 388	267 810
#工商登记数	38 921	95 722		
三、交通运输企业	95 817	159 995	152 447	149 180
乡　　办	1 087	18 802	15 074	14 037
村　　办	1 334	11 819	8 798	8 580
联 户 办	7 044	20 690	19 134	18 712
个 体 办	86 352	108 684	109 441	107 851
四、建筑业企业	63 493	308 479	187 787	156 993
#进城的建筑队		100 347	62 156	
乡　　办	1 401	137 866	99 977	81 528
村　　办	847	28 840	21 890	17 951
联 户 办	4 383	30 315	15 126	13 956
个 体 办	56 862	111 458	50 794	43 558
五、商业、饮食业企业	154 676	272 976	175 794	189 848
乡　　办	2 039	14 788	22 483	26 444
村　　办	3 373	15 272	20 296	23 164
联 户 办	4 509	14 332	13 915	12 980
个 体 办	144 755	228 584	119 100	127 260
六、其他企业	51 901	96 624		35 668
乡　　办	832	6 312		5 002
村　　办	992	8 636		5 891
联 户 办	2 440	9 092		3 973
个 体 办	47 637	72 584		20 802

注：本表根据省乡镇企业管理局统计年报整理。

各地区乡镇企业单位数和人数

（1990年）

地区	企业个数（个）					企业人数（人）				
	合计	乡办	村办	联户办	个体办	合计	乡办	村办	联户办	个体办
全省	**711 640**	**17 417**	**37 196**	**52 021**	**605 006**	**2 326 931**	**578 368**	**400 784**	**282 379**	**1 065 400**
南昌市	82 186	1 224	3 020	6 564	71 378	257 600	56 234	57 576	25 849	117 941
景德镇市	17 489	480	1 310	2 005	13 694	77 010	21 624	15 562	13 934	25 890
萍乡市	23 889	516	1 302	1 586	20 485	160 743	48 016	45 071	19 686	47 970
九江市	82 982	2 068	3 532	4 835	72 547	236 679	67 517	32 896	24 407	111 859
新余市	37 475	553	1 325	4 662	30 935	117 288	20 832	21 406	25 982	49 068
鹰潭市	11 842	462	461	352	10 567	41 847	10 900	5 324	2 638	22 985
赣州地区	124 350	3 352	7 721	6 927	106 350	334 135	63 535	39 526	39 639	191 435
宜春地区	120 410	2 214	7 334	10 556	100 306	406 148	99 888	71 781	56 425	178 054
上饶地区	86 862	2 066	3 590	5 237	75 969	296 395	76 345	47 977	31 564	140 509
吉安地区	60 428	2 605	4 711	6 453	46 659	186 891	52 574	29 098	27 925	77 294
抚州地区	63 727	1 877	2 890	2 844	56 116	212 195	60 903	34 567	14 330	102 395

各地区乡镇企业总产值和总收入

（1990年）

地区	现价总产值（万元）					总收入（万元）				
	合计	乡办	村办	联户办	个体办	合计	乡办	村办	联户办	个体办
全省	**1 563 806**	**499 359**	**325 551**	**176 173**	**562 723**	**1 456 660**	**424 257**	**293 264**	**171 858**	**567 281**
南昌市	228 369	59 853	84 173	20 758	63 585	212 047	49 197	75 133	21 061	66 656
景德镇市	46 465	14 639	11 601	6 192	14 033	40 361	11 931	9 742	5 779	12 909
萍乡市	106 707	36 950	31 105	15 007	23 645	103 514	34 544	30 044	13 700	25 226
九江市	162 315	51 344	24 179	18 686	68 106	135 843	39 168	18 308	16 219	62 148
新余市	88 669	24 496	21 074	14 809	28 290	94 052	23 301	21 058	16 002	33 691
鹰潭市	25 617	8 440	3 827	1 811	11 539	22 682	6 630	3 388	1 656	11 008
赣州地区	186 225	49 882	22 316	18 512	95 515	192 037	48 640	21 835	19 410	102 152
宜春地区	314 838	119 382	61 940	41 164	92 352	287 304	98 354	56 278	40 519	92 153
上饶地区	155 672	48 421	27 093	16 214	63 944	141 336	40 094	23 295	14 957	62 990
吉安地区	110 398	37 136	16 436	14 378	42 448	102 732	33 080	14 284	13 601	41 767
抚州地区	138 531	48 816	21 807	8 642	59 266	124 752	39 318	19 899	8 954	56 581

乡村企业主要财务指标

单位：万元

指标	乡办企业		村办企业	
	1989年	1990年	1989年	1990年
总收入	404 313	424 257	269 705	293 264
费用支出（含工资）	366 554	384 532	234 422	256 477
#生产费用	296 943	309 033	190 849	211 693
应缴纳的销售税金	19 516	20 778	11 288	11 862
#实交税金	15 374	17 395	9 021	9 631
利润总额	18 243	18 947	23 995	24 925
#应交所得税	3 254	3 291	1 802	1 657
#实交所得税	1 423	1 724	1 051	1 041
实际上交国家税金合计	16 797	19 119	10 072	10 672
纯利润	14 989	15 656	22 193	23 268
#1.上交主管部门	7 301	7 639	9 869	10 451
用于以工补农	849	1 030	1 624	2 004
用于农村小集镇建设	545	742	235	337
用于教育事业	829	765	1 051	1 211
用于农村集体福利事业	309	433	509	772
用于企业扩大再生产	1 944	2 127	1 993	3 005
用于其他	2 825	2 542	4 457	3 122
2.企业留利	9 823	10 742	11 929	13 055
用于扩大再生产	6 424	6 622	8 045	8 180
用于集体福利事业	802	954	741	1 121
用于教育事业	249	439	342	450
用于支援农业生产	199	316	315	349
用于其他	2 149	2 411	2 486	2 955
工资总额	64 391	65 215	42 879	45 252
固定资产原值	208 027	225 100	83 248	92 761
本年提取折旧基金	14 387	15 198	6 084	6 231
固定资产净值	154 696	165 310	66 162	72 056
年末占用流动资金	165 673	183 865	40 869	49 094
定额流动资金平均余额	92 103	108 528	26 282	32 869
自有流动资金	36 475	41 101	18 418	21 136
本年银行贷款总额	66 992	74 773	21 016	23 815
本年银行贷款余额	109 545	124 756	21 622	25 511
利息支出	13 521	14 166	3 155	3 791
亏损企业(个)	1 776	1 570	424	432
亏损金额	6 147	6 109	822	1 076

各地区乡村企业主要财务指标（一）

（1990年）

单位：万元

指标	全省	南昌市	景德镇市	萍乡市	九江市	新余市
总收入	717521	124330	21673	64588	57476	44359
费用支出（含工资）	641009	111741	20374	59502	51169	40757
#生产费用	520726	99846	15971	53566	39941	32052
应缴纳的销售税金	32640	4834	1110	3732	2553	1468
#实交税金	27026	4271	924	2721	1892	948
利润总额	43872	7755	189	1354	3754	2134
#应交所得税	4948	944	117	250	438	335
#实交所得税	2765	666	86	187	197	170
实际上交国家税金合计	29791	4937	1010	2908	2089	1118
纯利润	38924	6811	72	1104	3316	1799
#1.上交主管部门	18090	3128	476	951	1309	1031
用于以工补农	3034	458	149	267	229	271
用于农村小集镇建设	1079	165	10	20	50	69
用于教育事业	1976	219	51	139	98	97
用于农村集体福利事业	1205	180	30	112	97	54
用于企业扩大再生产	5132	1100	175	184	163	385
用于其他	5664	1006	61	229	672	155
2.企业留利	23797	3683	425	833	2007	768
用于扩大再生产	14802	2104	313	620	1149	617
用于集体福利事业	2075	391	37	88	131	65
用于教育事业	889	231	20	21	46	8
用于支援农业生产	665	128	3	42	47	12
用于其他	5366	829	52	62	634	66
工资总额	110467	13967	4419	11411	9984	5926
#乡（镇）户口人员工资	103174	13363	4261	10375	9538	5507
固定资产原值	317861	47580	13252	33120	30103	13687
本年提取折旧基金	21429	2799	968	2668	1787	1020
固定资产净值	237366	34778	8622	21904	22540	10445
年末占用流动资金	232959	36754	12952	39526	15830	8516
定额流动资金平均余额	141397	23391	5201	23555	10516	4204
自有流动资金	62237	9839	3664	9447	4951	2582
本年银行贷款总额	98588	20116	2084	14133	5677	4897
本年银行贷款余额	150267	21901	6776	20947	11584	3464
利息支出	17957	2870	845	2789	1464	724
亏损企业(个)	2002	74	196	347	217	56
亏损金额	7185	235	829	1576	480	338

各地区乡村企业主要财务指标（二）

（1990年）　　单位：万元

指标	鹰潭市	赣州地区	宜春地区	上饶地区	吉安地区	抚州地区
总收入	10 018	70 475	154 632	63 389	47 364	59 217
费用支出（含工资）	8 899	60 677	136 224	57 204	41 718	52 744
#生产费用	8 723	47 056	106 563	44 954	34 078	37 976
应缴纳的销售税金	413	3 279	8 936	2 170	2 167	1 978
#实交税金	225	2 823	8 095	1 665	1 733	1 729
利润总额	706	6 519	9 472	4 015	3 479	4 495
#应交所得税	54	643	1 177	314	512	164
#实交所得税	30	413	657	105	185	69
实际上交国家税金合计	255	3 236	8 752	1 770	1 918	1 798
纯利润	652	5 876	8 295	3 701	2 967	4 331
#1.上交主管部门	241	2 584	3 809	1 557	1 372	1 632
用于以工补农	5	393	663	171	212	216
用于农村小集镇建设	4	222	297	69	81	92
用于教育事业	12	319	657	100	93	191
用于农村集体福利事业	3	143	329	74	68	115
用于企业扩大再生产	131	578	1 095	566	353	402
用于其他	86	929	768	577	565	616
2.企业留利	411	3 292	5 722	2 144	1 813	2 699
用于扩大再生产	306	1 894	3 553	1 229	1 210	1 807
用于集体福利事业	17	280	571	114	129	252
用于教育事业	6	103	254	32	69	99
用于支援农业生产	22	115	177	22	29	68
用于其他	60	900	1 167	747	376	473
工资总额	1 835	10 884	20 714	11 982	8 621	10 724
#乡（镇）户口人员工资	1 735	10 192	20 206	11 137	7 966	8 894
固定资产原值	3 949	36 446	66 353	28 252	25 152	19 967
本年提取折旧基金	232	2 514	5 324	1 620	1 346	1 151
固定资产净值	3 137	29 248	48 626	21 978	20 269	15 819
年末占用流动资金	2 854	16 010	53 849	18 972	16 531	11 165
定额流动资金平均余额	1 680	9 681	34 373	11 674	10 503	6 619
自有流动资金	1 053	5 796	10 104	5 182	4 968	4 651
本年银行贷款总额	1 108	7 068	25 192	7 510	5 059	5 744
本年银行贷款余额	2 245	13 005	37 102	13 196	11 848	8 199
利息支出	258	1 269	4 119	1 105	1 399	1 115
亏损企业(个)	23	208	416	210	199	56
亏损金额	38	596	2 070	406	479	138

各地区联户企业主要财务指标

(1990年)

单位：万元

地　　区	总收入	费用支出	实交国家税金	#所得税	纯利润	工资总额	自有流动资金	固定资产原值
合　　计	**171 858**	**150 439**	**5 560**	**354**	**15 859**	**30 887**	**16 405**	**32 060**
南 昌 市	21 061	19 036	636	26	1 389	2 749	2 381	3 283
景德镇市	5 779	5 017	225	17	537	1 208	585	2 240
萍 乡 市	13 700	12 307	515	11	878	2 743	1 372	2 566
九 江 市	16 219	14 281	525	53	1 413	2 611	1 291	2 823
新 余 市	16 002	14 913	274	44	815	3 212	1 352	2 848
鹰 潭 市	1 656	1 489	54	3	113	222	98	164
赣州地区	19 410	16 095	700	64	2 615	3 975	2 121	4 129
宜春地区	40 519	34 599	1 574	65	4 346	6 710	3 284	5 784
上饶地区	14 957	13 076	335	19	1 546	2 695	1 513	3 621
吉安地区	13 601	11 798	453	35	1 350	2 647	1 528	3 181
抚州地区	8 954	7 828	269	17	857	2 115	880	1 421

各地区个体企业主要财务指标

(1990年)

单位：万元

地　　区	总收入	费用支出	实交国家税金	#所得税	纯利润	工资总额	自有流动资金	固定资产原值
合　　计	**567 281**	**493 115**	**18 055**	**1 178**	**56 111**	**98 164**	**56 833**	**94 370**
南 昌 市	66 656	59 922	1 859	75	4 875	7 846	7 492	9 478
景德镇市	12 909	11 158	615	77	1 136	2 373	1 400	2 786
萍 乡 市	25 226	22 371	736	15	2 119	3 201	3 119	3 352
九 江 市	62 148	53 539	2 199	153	6 410	11 512	5 244	11 009
新 余 市	33 691	30 660	359	68	2 672	5 729	2 609	5 167
鹰 潭 市	11 008	10 062	277	8	669	2 127	1 801	1 785
赣州地区	102 152	86 052	3 892	336	12 208	19 443	10 457	16 031
宜春地区	92 153	78 191	3 469	161	10 493	15 785	7 740	12 589
上饶地区	62 990	55 453	1 639	94	5 898	11 163	6 543	13 295
吉安地区	41 767	36 310	1 499	104	3 958	7 290	4 849	9 242
抚州地区	56 581	49 397	1 511	87	5 673	11 695	5 579	9 636

主要统计指标解释

农村社会总产值 指在一定时期内，农村各物质生产部门生产的以货币表现的全部产品价值总量。根据我国目前的农村经济现状，农村社会总产值包括范围是：乡(社)村(队)及村以下各级合作经济组织和农户从事农业、工业、建筑业、运输业、商业、饮食业活动所生产的产值和国营农场的农业总产值两部分的产值。凡是在农村的国营工业、建筑业、运输业、商业、饮食业所产生的产值均不包括在内。国营农场及县镇的工业、建筑业、运输业、商业、饮食业的产值，也不包括在内。集体和国营联营的企业产值，凡场址在农村，又以乡镇合作经济组织的劳动力、资金、土地或生产用房为主的企业，其产值包括在农村社会总产值中。

农业总产值 以货币表现的农林牧副渔五业全部产品的总量。它反映一定时期内农业生产的总规模和总成果。

农、林、牧、副、渔五业的统计范围是：

（1）农作物种植业，包括粮、棉、油料、糖料、麻类、烟叶、蔬菜、药材、瓜类和其他农作物的种植、以及茶园、桑园、果园的生产经营。

（2）林业，包括林木的栽培（不包括茶园、桑园和果园的栽培、管理和收获等活动）、林产品的采集和村及村以下（即原生产大队、生产队和社员）的竹木采伐。

（3）牧业，包括除渔业养殖以外的一切动物饲养和放牧。

（4）副业，包括采集野生植物，捕猎野兽、野禽及农民家庭兼营的工业。

（5）渔业，水生动物和海藻类植物的养殖捕捞。

从所有制看，包括全民所有制的各种专业(农、林、牧、渔)场和农业试验场、所；集体所有制的农村各种经济组织经营的农、林、牧、副、渔业；农民自营的农作物栽培、动物饲养及农民家庭兼营工业等。

农业总产值的计算方法通常是以农林牧副渔业产品及其副产品的产量乘以该项产品的单位价格而得该项产品的产值，少数生产周期较长，当年没有产品或产品产量不易统计的则采用间接方法匡算而得，五业产品产值之和即为农业总产值。

农村工业总产值 以货币表现的乡办工业（即原社办工业）、村办工业（原大队办工业）和村以下办工业（即原生产队办工业，农民联办工业和个体办工业）企业生产的产品总量。包括成品价值和对外承做的工业性作业价值两部分。出售的半成品价值也计入总产值。

农村工业总产值按“工厂法”计算，即按每个企业工业活动生产的最终成果计算，在企业内部不允许重复。即不能将企业内部各个车间生产的成果相加。

农村建筑业总产值 以货币表现的农村各种合作经济组织的建筑队（组）和个体的专业人员从事建筑生产活动的总成果。建筑生产活动包括各种建筑物的建筑工程，各种机械设备的安装工程（不包括被安装的机械设备本身的价值（、建筑物和房屋修理产值以及与工程项目有关的勘察设计和地质勘探活动。

农村建筑业总产值主要包括兴建房屋、农田水利建设（包括安装工程和地质勘探的产值）及开垦荒地的产值。其产值按兴工动料的全部投资额（但不包括被安装设备本身的价值）计算。

农村运输业总产值 指农村各级合作经济组织和农户从事货物运输活动的产值，包括水运（装卸驳运和堆存活动）、汽车运输、拖拉机运输、兽力车运输、人力车运输和装卸搬运等货物运输活动，其产值按这些农村运输单位的全部货运收入计算。

农村商业总产值 指农村供销合作社及其他各种合作经济组织和农户从事商业活动的产值。其产值按这些农村商业单位的商品附加费（已销售产品购销差价减托运费和装卸搬运费）计算。在搜集资料比较困难情况下，也可根据这些农村商业单位的零售额乘以毛利率（购销差价率）再减去托运费和装卸搬运费来估算。

农村饮食业总产值 指农村各种合作经济组织和农户从事饮食业活动的产值。其产值按饮食业的营业额计算。

农业净产值 指在一定时期内农业劳动者从事农业（包括农作物种植业、林业、牧业、副业、渔业）生产劳动中新创造的价值。

农业净产值是采用生产法计算的，即先根据各种物质消耗的数量，分别乘以各种物质消耗平均价格，加总计算出农业物质消耗，再从农业总产值中扣除农业物质消耗后求得农业净产值。

农业物质消耗的计算范围包括三大部分：

（1）生产过程中实际消耗的劳动对象（种籽、饲料、肥料、农药、用电量、畜禽育种与防疫费，小农具购置费，副业生产原材料消耗等）。

（2）生产过程中使用的固定资产的磨损（各种农机具、设备、役畜和生产用房屋、仓库、畜圈等生产性固定资产，受到磨损而提取的折旧费）。

（3）生产过程中劳务费用支出（在农业生产过程中，修理农机具和设备的修理费，生产管理费和外雇运输费，邮电费及其它生产性劳动服务支出）。

农村固定资产 是指农村各级合作经济组织、乡（镇）各级办企业事业单位，新经济联合体以及农民家庭经营的可供长期使用并在其使用过程中基本上保持其原有形态的劳动资料、其它物质资料以及用于人民文化和生活福利的设施。

农村固定资产统计的标准，需同时具备以下两个条件，即使用年限在二年以上，单位价值在50元以上。在乡镇工业企业中，规定单位价值在200元以上，使用年限在一年以上；如企业的主要设备虽低于200元，而使用年限在一年以上的，也划为固定资产。

农村经济总收入 指农村集体经济组织和农民在一年之中经营生产性和服务性活动所得到的可以抵偿本年支出，并在国家、集体和农民个人之间进行分配的全部收入。包括农林牧副渔业、农村工业、建筑业、运输业、商业、饮食业、服务业、劳务等各项经营收入和利息、租金等项收入，但不包括那些不能用来分配、属于借贷性质或暂收性质的收入，如贷款收入，予购定金，国家投资，农民投资等。

总收入和农业总产值是两个不同的概念，第一、两者包括的范围不同。总收入除了包括农林牧副渔五业的收入外，还包括其它生产性和非生产性事业活动所得到的可以直接支配的全部收入，而总产值则不包括后面这些。第二、就农林牧副渔五业而言，总产值要计算当年的全部成果，而总收入只计算当年可开支和分配的部分。例如，总产值要计算人造林木的生产量，大小家畜的繁殖，增长和增重的产值，总收入则不包括。第三、计算的价格不同。计算总产值，全部产品都按统一的不变价格或当年价格计算，而计算总收入一般按当年价格计算，产品中的出售部分按实际出售价格计算，自用部分按当地收购的价格计算。

粮食产量 指全社会的产量，包括国营农场等全民所有制经济的，集体统一经营的和农民家庭经营的产量，还包括工矿企业家属办的农场和其他生产单位的产量，粮食除包括稻谷、小麦、玉米、高粱、谷子及其他杂粮外，还包括薯类和大豆。其产量计算方法，豆类按去豆荚后的干豆计算；薯类（包括甘薯和马铃薯，不包括芋头和木薯），1963年以前按每4公斤鲜薯折1公斤粮食计算，从1964年以后按5公斤鲜薯折1公斤粮食计算，其他粮食一律按脱粒后的原粮计算。

造林面积 是指本年度内在荒山、荒地、沙丘等一切可以造林的土地上，采用人工播种、植苗，飞机播种等方法新植的集中连片的乔木林和灌木林，经过检查验收，符合“造林技术规程”要求的株数，成活率达85%以上的年末实测面积。在造林的面积中，不包括补植面积，经济林垦复面积和迹地更新低产林改造面积。

工程造林 是指①有资金保证；②按工程项目进行管理；③经过严格的检查验收，并放入技术档案。这三个条件要同时具备才属工程造林。

水产品产量 指人工养殖的水产品和天然生长的水产品的捕捞量。包括海水的鱼类、虾蟹类、贝类和藻类以及淡水的鱼类、虾蟹类和贝类，不包括淡水水生植物。

猪、牛、羊肉产量 指当年出栏并已屠宰的猪、牛、羊的肉产量。即屠宰后除去头蹄下水后带骨肉（即胴体重）的重量。

灌溉面积 指有效灌溉面积，即具有一定的水源，地块比较平整，灌溉工程或设备已经配套，在一般年景下当年能够进行正常灌溉的面积。

农业机械总动力 指主要用于农、林、牧、副、渔业的各种动力机械的动力总和，包括耕作机械，排灌机械、收获机械、农产品加工机械、运输机械、植物保护机械、牧业机械、林业机械、渔业机械和其它农业机械（内燃机按引擎马力计算，电动机按功率折成马力计算）。不包括专门用于乡办工业，基本建设，非农业运输，科学试验和教学等非农业生产方面用的动力机械与作业机械。

五、工　　业

●1990年，全省工业企业17 625个，其中大、中型企业308个。

●1990年，全省工业总产值425.75亿元，其中轻工业占44.6%，重工业占55.4%。“七五”时期，工业总产值每年平均增长13.0%。

●1990年，钢产量112.09万吨，原煤产量2 027.11万吨，发电量121.41亿千瓦小时。

●1990年，全部独立核算工业企业14 230个，总产值343.14亿元，产品销售收入308.51亿元，实现利税25.62亿元，全员劳动生产率12 152元。

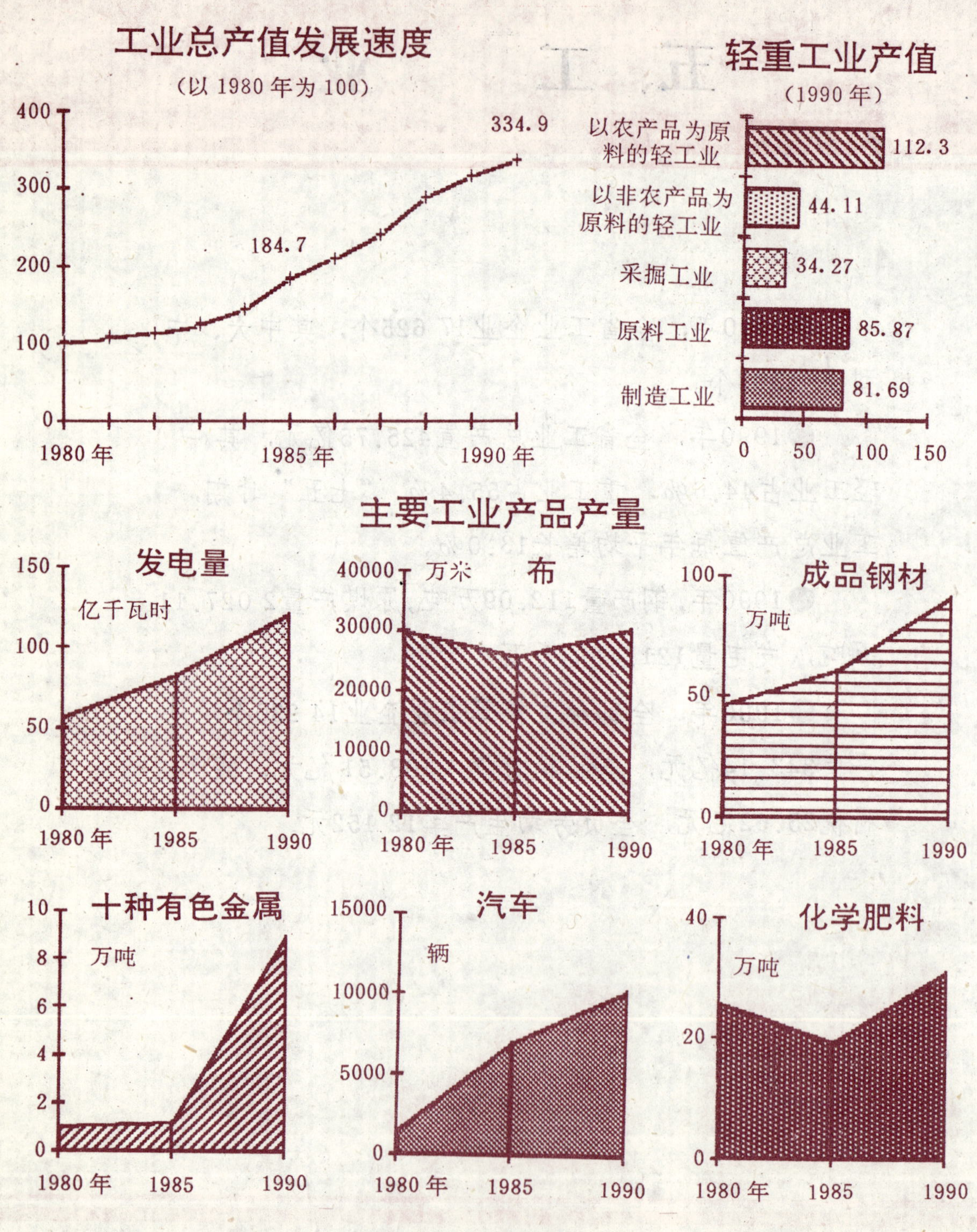

工业总产值发展速度
(以1980年为100)
400
300
200
100
0
334.9
184.7
1980年
1985年
1990年
轻重工业产值
(1990年)
以农产品为原料的轻工业
112.3
以非农产品为原料的轻工业
44.11
采掘工业
34.27
原料工业
85.87
制造工业
81.69
0
50
100
150
主要工业产品产量
发电量
亿千瓦时
布
万米
成品钢材
万吨
十种有色金属
万吨
汽车
辆
化学肥料
万吨
1980年
1985
1990

工 业 企 业 单 位 数

单位：个

分　　组	1989年	1990年	分　　组	1989年	1990年
总　　计	**17 815**	**17 625**	木材及竹材采运业	244	240
一、按经济类型及隶属关系分			自来水生产和供应业	106	111
全民所有制工业	4 220	4 294	食品制造业	2 056	2 022
中央企业	114	113	饮料制造业	566	564
地方企业	4 106	4 181	烟草加工业	5	4
#县属企业	2 484	2 462	饲料工业	358	337
集体所有制工业	13 548	13 294	纺织业	570	562
省属企业	13	14	缝纫业	444	413
地区属企业	13	16	皮革、毛皮及其制品业	241	252
市属企业	995	989	木材加工及竹、藤、棕、草制品业	1 244	1 245
县属企业	1 407	1 431	家具制造业	607	605
城市（镇）街道工业	1 179	1 187	造纸及纸制品业	426	412
乡办工业	9 437	9 136	印刷业	447	470
厂办集体	502	521	文教体育用品制造业	147	144
其他经济类型工业	47	37	工艺美术品制造业	499	506
二、按轻、重工业分			电力、蒸汽、热水生产和供应业	1 047	1 062
轻工业	9 722	9 633	石油加工业	6	6
以农产品为原料	6 893	6 827	炼焦、煤气及煤制品业	109	106
以非农产品为原料	2 829	2 806	化学工业	640	638
重工业	8 093	7 992	医药工业	130	134
采掘工业	1 521	1 490	化学纤维工业	12	16
原料工业	1 916	1 942	橡胶制品业	108	103
制造工业	4 656	4 560	塑料制品业	363	357
三、按企业规模分			建筑材料及其他非金属矿物制品业	2 564	2 444
大型企业	56	56	黑色金属冶炼及压延加工业	38	41
中型企业	241	252	有色金属冶炼及压延加工业	70	72
小型企业	17 518	17 317	金属制品业	921	908
四、按工业行业分			机械工业	1 395	1 392
煤炭采选业	420	418	交通运输设备制造业	481	501
黑色金属矿采选业	15	16	电气机械及器材制造业	340	350
有色金属矿采选业	336	312	电子及通信设备制造业	76	84
建筑材料及其他非金属矿采选业	506	505	仪器仪表及其他计量器具制造业	80	78
采盐业	15	13	其他工业	182	181
其他矿采选业	1	1			

主要年份工业总产值和构成

年　　份	绝对数（亿元）			构成（%）	
	工业总产值	轻工业	重工业	轻工业	重工业
一、按当年价格计算					
1949	2.64	2.08	0.56	78.8	21.2
1952	6.97	4.64	2.33	66.6	33.4
1957	11.70	7.21	4.49	61.6	38.4
1962	16.95	9.40	7.55	55.5	44.5
1965	24.10	14.37	9.73	59.6	40.4
1970	41.62	19.08	22.54	45.8	54.2
1975	54.66	25.55	29.11	46.7	53.3
1978	73.57	32.91	40.66	44.7	55.3
1979	83.31	37.23	46.08	44.7	55.3
1980	94.01	45.85	48.16	48.8	51.2
1981	100.02	52.56	47.46	52.5	47.5
1982	106.91	54.25	52.66	50.7	49.3
1983	116.97	55.62	61.35	47.6	52.4
1984	136.52	61.98	74.54	45.4	54.6
1985	181.10	77.12	103.98	42.6	57.4
1986	213.75	92.66	121.09	43.3	56.7
1987	258.95	114.49	144.46	44.2	55.8
1988	345.33	154.58	190.75	44.8	55.2
1989	406.16	178.22	227.94	43.9	56.1
1990	425.75	189.77	235.98	44.6	55.4
二、按不变价格计算					
	（按1952年不变价格计算）				
1949	2.14	1.69	0.45	78.8	21.2
1952	5.82	3.87	1.95	66.6	33.4
1957	12.50	7.71	4.79	61.6	38.4
	（按1957年不变价格计算）				
1962	15.16	8.41	6.75	55.5	44.5
1965	23.04	13.74	9.30	59.6	40.4
1970	44.56	20.39	24.17	45.8	54.2
	（按1970年不变价格计算）				
1975	54.26	25.34	28.92	46.7	53.3
1978	73.63	32.90	40.73	44.7	55.3
1979	81.67	36.48	45.19	44.7	55.3
1980	90.62	44.16	46.46	48.7	51.3
1981	96.12	50.46	45.66	52.5	47.5
	（按1980年不变价格计算）				
1982	104.07	53.84	50.23	51.7	48.3
1983	114.22	56.98	57.24	49.9	50.1
1984	131.39	63.32	68.07	48.2	51.8
1985	167.73	76.95	90.78	45.9	54.1
1986	192.85	90.29	102.56	46.8	53.2
1987	220.76	105.66	115.10	47.9	52.1
1988	265.12	128.34	136.78	48.4	51.6
1989	290.86	139.83	151.03	48.1	51.9
1990	309.38	151.73	157.65	49.0	51.0
	（按1990年不变价格计算）				
1990	443.03	205.13	237.90	46.3	53.7

历年工业总产值指数

（按可比价格计算）

年份	以1952年为100			以上年为100		
	工业总产值	轻工业	重工业	工业总产值	轻工业	重工业
1949	36.7	43.5	23.3			
1950	58.5	63.7	48.1	159.2	146.5	206.2
1951	77.5	80.8	70.9	132.5	126.8	147.4
1952	100	100	100	129.0	123.8	141.0
1953	117.3	114.0	123.8	117.3	114.0	123.8
1954	130.5	124.2	142.8	111.3	109.0	115.4
1955	145.0	137.3	160.5	111.2	110.5	112.4
1956	186.1	173.3	211.5	128.3	126.2	131.8
1957	214.8	198.9	246.4	115.4	114.8	116.5
1958	342.9	271.1	486.0	159.6	136.3	197.2
1959	442.3	321.2	683.6	129.0	118.5	140.7
1960	503.2	360.4	787.6	113.8	112.2	115.2
1961	327.3	253.3	474.7	65.0	70.3	60.3
1962	278.1	231.8	370.4	85.0	91.5	78.0
1963	286.9	222.4	415.2	103.1	95.9	112.1
1964	341.0	320.5	381.7	118.9	144.1	91.9
1965	422.9	378.7	510.9	124.0	118.2	133.8
1966	492.8	411.5	654.6	116.5	108.7	128.1
1967	421.4	360.1	543.4	85.5	87.5	83.0
1968	478.9	394.4	647.2	113.6	109.5	119.1
1969	620.2	422.4	1 014.0	129.5	107.1	156.7
1970	817.7	562.0	1 326.9	131.8	133.0	130.9
1971	992.9	645.9	1 684.0	121.4	114.9	126.9
1972	1 004.6	647.7	1 717.0	101.2	100.3	102.0
1973	1 094.1	706.1	1 868.3	108.9	109.0	108.8
1974	924.9	617.2	1 533.4	84.5	87.4	82.1
1975	1 065.7	695.8	1 801.6	115.2	112.7	117.5
1976	944.0	634.3	1 555.3	88.6	91.2	86.3
1977	1 255.2	798.6	2 169.6	133.0	125.9	139.5
1978	1 446.4	903.4	2 538.2	115.2	113.1	117.0
1979	1 604.3	1 001.7	2 815.8	110.9	110.9	110.9
1980	1 780.0	1 212.8	2 894.5	111.0	121.1	102.8
1981	1 888.1	1 385.7	2 845.1	106.1	114.3	98.3
1982	2 005.3	1 470.4	3 024.5	106.2	106.1	106.3
1983	2 200.8	1 556.2	3 446.3	109.7	105.8	113.9
1984	2 531.5	1 729.2	4 098.2	115.0	111.1	118.9
1985	3 231.8	2 101.5	5 465.8	127.7	121.5	133.4
1986	3 715.7	2 465.5	6 175.6	115.0	117.3	113.0
1987	4 253.5	2 885.5	6 930.1	114.5	117.0	112.2
1988	5 108.2	3 504.7	8 235.6	120.1	121.5	118.8
1989	5 604.1	3 818.5	9 093.3	109.7	109.0	110.4
1990	5 961.0	4 143.3	9 492.6	106.4	108.5	104.4

各种分组的工业总产值(一)

单位：万元

分组	1989年 1980年不变价格	1990年 当年价格	1990年 1980年不变价格	1990年 1990年不变价格	1990年比1989年增长%
一、总计(含村及村以下工业产值)	**2 908 555.4**	**4 257 483.7**	**3 093 801.5**	**4 430 292.2**	**6.4**
#乡镇工业	755 922.5	1 008 415.3	886 197.0	1 017 575.6	17.2
二、总计(不含村及村以下工业产值)	**2 407 569.4**	**3 582 409.7**	**2 483 351.5**	**3 749 885.2**	**3.1**
1.按经济类型及隶属关系分					
全民所有制工业	1 770 516.0	2 779 020.3	1 801 320.1	2 909 994.2	1.7
中央企业	349 102.2	613 153.1	372 351.6	622 422.3	6.7
地方企业	1 421 413.8	2 165 867.2	1 428 968.5	2 287 571.9	0.5
#县属企业	353 799.1	552 206.7	358 650.0	588 090.7	1.4
集体所有制工业	602 702.4	764 428.4	641 067.8	796 495.4	6.4
省属企业	1 034.3	1 142.3	866.1	1 250.5	-16.3
地区属企业	363.9	1 156.3	995.2	1 280.5	173.5
市属企业	158 737.1	193 526.2	164 206.4	210 887.5	3.4
县属企业	91 581.2	115 775.8	95585.3	124 734.4	4.4
城市(镇)街道工业	48 855.9	59 700.5	56 829.7	62 680.5	16.3
乡办工业	254 301.0	331 211.0	273 754.8	334 960.8	7.6
厂办集体	43 461.4	58 024.3	45 094.3	56 778.2	3.8
其他经济类型工业	34 351.0	38 961.0	40 963.6	43 395.6	19.3
2.按轻、重工业分					
轻工业	1 143 591.2	1 564 063.1	1 198 759.7	1 715 478.9	4.8
以农产品为原料	779 292.9	1 122 975.3	807 389.7	1 236 912.3	3.6
以非农产品为原料	364 298.3	441 087.8	391 370.0	478 566.6	7.4
重工业	1 263 978.2	2 018 346.6	1 284 591.8	2 034 406.3	1.6
采掘工业	197 076.6	342 722.0	199 792.7	354 564.2	1.4
原料工业	434 287.9	858 745.3	446 592.7	825 996.4	2.8
制造工业	632 613.7	816 879.3	638 206.4	853 845.7	0.9
3.按企业规模分					
大型企业	358 427.7	550 790.8	357 264.4	570 412.8	-0.3
中型企业	710 331.9	1 177 376.9	745 462.7	1 224 573.3	4.9
小型企业	1 338 809.8	1 854 242.0	1 380 624.4	1 954 899.1	3.1
4.按工业行业分					
煤炭采选业	54 035.4	109 945.6	52 395.3	93 069.6	-3.0
黑色金属矿采选业	2 163.0	4 235.2	2 652.6	5 200.4	22.6
有色金属矿采选业	107 065.1	163 464.2	107 765.5	188 279.5	0.7
建筑材料及其他非金属矿采选业	18 438.5	26 709.7	20 982.2	28 775.3	13.8
采盐业	2 943.1	4 135.8	3 180.1	3 869.7	8.1

各种分组的工业总产值(二)

单位：万元

分组	1989年 1980年不变价格	1990年 当年价格	1990年 1980年不变价格	1990年 1990年不变价格	1990年比1989年增长%
其他矿采选业	21.0	33.6	30.9	31.0	47.1
木材及竹材采运业	15 361.0	38 412.8	16 005.6	39 265.2	4.2
自来水生产和供应业	6 713.1	10 215.7	7 235.7	13 938.0	7.8
食品制造业	202 350.9	311 366.4	199 135.8	344 574.8	-1.6
饮料制造业	45 715.6	78 465.8	47 287.2	79 632.1	3.4
烟草加工业	33 271.1	54 946.3	38 275.8	67 687.8	15.0
饲料工业	24 369.3	34 079.3	26 544.0	57 949.0	8.9
纺织业	203 509.3	268 860.4	202 098.2	299 971.9	-0.7
缝纫业	60 735.5	77 661.0	69 475.2	72 160.1	14.4
皮革、毛皮及其制品业	18 005.5	21 930.6	17 190.6	26 240.2	-4.5
木材加工及竹、藤、棕、草制品业	45 024.2	65 988.0	47 768.0	73 181.9	6.1
家具制造业	17 025.1	18 635.5	17 018.8	19 278.0	0.0
造纸及纸制品业	53 067.2	84 806.6	56 143.9	85 363.4	5.8
印刷业	29 828.9	41 453.8	34 125.1	50 436.0	14.4
文教体育用品制造业	5 733.0	7 452.6	6 681.5	7 891.3	16.5
工艺美术品制造业	37 687.9	48 796.2	45 714.5	53 957.8	21.3
电力、蒸汽、热水生产和供应业	81 773.1	161 200.4	85 773.1	128 559.9	4.9
石油加工业	42 971.4	101 763.4	46 477.8	72 107.7	8.2
炼焦、煤气及煤制品业	7 928.4	15 321.5	8 066.1	13 960.7	1.7
化学工业	117 546.0	212 901.2	128 078.6	221 654.0	9.0
医药工业	81 241.9	99 655.5	89 165.6	103 470.2	9.8
化学纤维工业	31 160.2	49 602.5	30 460.7	49 620.5	-2.2
橡胶制品业	34 732.8	36 605.5	29 716.7	45 598.1	-14.4
塑料制品业	32 354.4	45 068.0	38 396.0	50 384.5	18.7
建筑材料及其他非金属矿物制品业	152 515.7	243 195.3	159 500.0	251 985.1	4.6
黑色金属冶炼及压延加工业	108 215.6	243 290.0	108 592.4	235 503.7	0.3
有色金属冶炼及压延加工业	100 979.3	155 707.7	99 882.0	188 257.7	-1.1
金属制品业	50 089.4	62 730.5	52 357.0	63 876.5	4.5
机械工业	226 785.8	252 425.3	217 399.3	271 297.9	-4.1
交通运输设备制造业	128 836.3	185 463.9	140 605.7	173 424.6	9.1
电气机械及器材制造业	89 411.2	111 180.3	87 699.9	119 533.9	-1.9
电子及通信设备制造业	90 257.6	86 667.1	97 538.1	100 261.6	8.1
仪器仪表及其他计量器具制造业	22 319.5	19 117.2	18 719.3	20 390.3	-16.1
其他工业	25 387.1	28 919.3	27 216.7	29 245.3	7.2

各地区工业企业单位数

（1990年）

单位：个

地区	合计	按经济类型分			按隶属关系分		
		全民所有制工业	集体所有制工业	其他经济类型工业	中央企业	省属企业	地市企业
全省	**17 625**	**4 294**	**13 294**	**37**	**113**	**475**	**17 037**
南昌市	2 351	574	1 772	5	28	140	2 183
景德镇市	690	199	487	4	7	17	666
萍乡市	647	115	532	—	3	6	638
九江市	2 025	534	1 489	2	25	62	1 938
新余市	403	113	288	2	6	12	385
鹰潭市	445	124	321	—	4	9	432
赣州地区	2 744	591	2 149	4	20	25	2 699
#赣州市	289	90	197	2	6	9	274
宜春地区	2 374	558	1 804	12	3	58	2 313
#樟树市	217	61	155	1	—	13	204
上饶地区	1 935	569	1 364	2	8	55	1 872
吉安地区	2 182	528	1 651	3	4	44	2 134
抚州地区	1 829	389	1 437	3	5	47	1 777
#临川市	451	85	366	—	2	6	443

地区	按轻、重工业分							按企业规模分		
	轻工业	以农产品为原料	以非农产品为原料	重工业	采掘工业	原料工业	制造工业	大型企业	中型企业	小型企业
全省	**9 633**	**6 827**	**2 806**	**7 992**	**1 490**	**1 942**	**4 560**	**56**	**252**	**17 317**
南昌市	1 298	842	456	1 053	40	96	917	11	73	2 267
景德镇市	385	175	210	305	52	47	206	9	30	651
萍乡市	290	162	128	357	91	78	188	—	7	640
九江市	1 161	903	258	864	154	201	509	11	33	1 981
新余市	181	135	46	222	54	49	119	1	10	392
鹰潭市	257	169	88	188	44	43	101	2	6	437
赣州地区	1 287	947	340	1 457	374	468	615	8	27	2 709
#赣州市	163	117	46	126	11	19	96	1	14	274
宜春地区	1 280	941	339	1 094	206	285	603	4	17	2 353
#樟树市	153	115	38	64	11	9	44	—	4	213
上饶地区	1 085	790	295	850	194	207	449	4	11	1 920
吉安地区	1 323	1 006	317	859	192	275	392	4	20	2 158
抚州地区	1 086	757	329	743	89	193	461	2	18	1 809
#临川市	271	179	92	180	19	26	135	—	9	442

注：本表不含农村村及村以下和城镇合作经营、城镇个体工业企业单位数。

各地区工业总产值

(1990年，按当年价格计算)　　单位：万元

地　　区	工业总产值	#乡镇工业	乡办工业	村办工业	村以下工业
全　　省	**4 257 484**	**1 008 415**	**333 341**	**263 688**	**411 386**
南 昌 市	935 225	160 233	41 027	74 626	44 580
景德镇市	246 855	28 756	8 841	9 496	10 419
萍 乡 市	211 661	85 242	30 124	26 656	28 462
九 江 市	556 389	88 364	29 475	18 556	40 333
新 余 市	292 375	48 484	11 944	14 588	21 952
鹰 潭 市	183 894	10 851	4 184	2 555	4 112
赣州地区	420 958	116 403	35 046	18 690	62 667
#赣 州 市	119 664	6 722	2 959	1 422	2 341
宜春地区	516 966	243 685	95 332	51 661	96 692
#樟 树 市	72 636	24 333	6 782	5 457	12 094
上饶地区	364 597	87 056	24 612	19 494	42 950
吉安地区	277 805	65 386	24 143	13 150	28 093
抚州地区	250 759	73 955	28 613	14 216	31 126
#临 川 市	102 782	28 032	11 649	5 368	11 015

注：1.工业总产值包括城镇合作经营、城镇个体和农村村及村以下工业产值。
　　2.乡办工业包括乡所属的集体所有制和其他经济类型工业。

按隶属关系分的工业总产值

(1990年，按当年价格计算)　　单位：万元

地　　区	工业总产值	中央企业	省属企业	地市企业
全　　省	**3 582 409.7**	**613 153.1**	**662 080.2**	**2 307 176.4**
南 昌 市	816 018.9	105 589.6	158 047.3	552 382.0
景德镇市	226 939.7	34 445.7	56 106.0	136 388.0
萍 乡 市	156 543.1	23 220.8	32 291.3	101 031.0
九 江 市	497 499.9	163 295.4	35 671.7	298 532.8
新 余 市	255 835.1	17 156.4	181 862.5	56 816.2
鹰 潭 市	177 227.4	118 253.4	2 473.6	56 500.4
赣州地区	339 600.9	65 197.6	25 000.9	249 402.4
#赣 州 市	115 901.4	13 493.1	21 011.6	81 396.7
宜春地区	368 612.5	3 137.3	56 699.8	308 775.4
#樟 树 市	55 085.4	—	18 663.3	36 422.1
上饶地区	302 153.4	67 354.0	60 654.2	174 145.2
吉安地区	236 561.6	5 169.3	30 791.4	200 600.9
抚州地区	205 417.2	10 333.6	22 481.5	172 602.1
#临 川 市	86 398.9	997.6	1 729.3	83 672.0

注：工业总产值包括城镇合作经营、城镇个体工业产值，不包括农村村及村以下工业产值。

按经济类型和企业规模分的工业总产值

（1990年，按当年价格计算）　　单位：万元

地区	按经济类型分			按企业规模分		
	全民所有制工业	集体所有制工业	其他经济类型工业	大型企业	中型企业	小型企业
全省	**2 779 020.3**	**764 428.4**	**38 961.0**	**550 790.8**	**1 177 376.9**	**1 854 242.0**
南昌市	631 451.0	182 154.3	2 413.6	124 446.6	356 632.1	334 940.2
景德镇市	179 566.4	44 419.1	2 954.2	61 487.7	77 457.8	87 994.2
萍乡市	94 722.9	61 679.2	141.0	—	57 865.4	98 677.7
九江市	417 625.1	78 188.0	1 686.8	143 829.2	143 233.4	210 437.3
新余市	231 594.9	20 028.5	4 211.7	441.7	200 036.1	55 357.3
鹰潭市	159 295.2	17 619.2	313.0	110 571.7	21 454.8	45 200.9
赣州地区	266 451.3	71 480.5	1 669.1	22 377.7	105 889.9	211 333.3
#赣州市	97 767.3	17 263.1	871.0	2 697.1	54 403.2	58 801.1
宜春地区	227 466.9	135 259.4	5 886.2	6 789.2	60 887.8	300 935.5
#樟树市	43 151.0	11 684.4	250.0	—	24 340.3	30 745.1
上饶地区	240 737.8	56 740.4	4 675.2	65 386.6	42 409.0	194 357.8
吉安地区	176 053.9	46 293.0	14 214.7	10 479.6	53 227.9	172 854.1
抚州地区	154 054.9	50 566.8	795.5	4 980.8	58 282.7	142 153.7
#临川市	66 269.2	19 603.7	526.0	—	38 416.6	47 982.3

按轻、重工业分的工业总产值

（1990年，按当年价格计算）　　单位：万元

地区	轻工业	以农产品为原料	以非农产品为原料	重工业	采掘工业	原料工业	制造工业
全省	**1 564 063.1**	**1 122 975.3**	**441 087.8**	**2 018 346.6**	**342 722.0**	**858 745.3**	**816 879.3**
南昌市	408 182.2	272 435.7	135 746.5	407 836.7	2 372.9	94 479.4	310 984.4
景德镇市	113 753.0	25 499.7	88 253.3	113 186.7	14 838.0	34 487.8	63 860.9
萍乡市	44 805.2	21 128.3	23 676.9	111 737.9	32 258.7	49 305.0	30 174.2
九江市	228 814.1	207 136.4	21 677.7	268 685.8	20 718.4	169 036.8	78 930 6
新余市	35 765.4	26 739.3	9 026.1	220 069.7	9 203.9	186 989.1	23 876.7
鹰潭市	33 398.1	19 667.1	13 731.0	143 829.3	1 973.6	130 154.6	11 701.1
赣州地区	143 665.9	122 868.8	20 797.1	195 935.0	76 520.5	64 580.5	54 834.0
#赣州市	50 541.8	37 624.4	12 917.4	65 359.6	848.0	34 787.7	29 723.9
宜春地区	183 918.1	139 175.0	44 743.1	184 694.4	56 396.7	36 461.3	91 836.4
#樟树市	44 343.7	38 049.9	6 293.8	10 741.7	590.5	4 903.9	5 247.3
上饶地区	115 141.2	92 673.6	22 467.6	187 012.2	89 136.1	48 978.5	48 897.6
吉安地区	133 892.4	95 810.8	38 081.6	102 669.2	25 256.4	31 008.3	46 404.5
抚州地区	122 727.5	99 840.6	22 886.9	82 689.7	14 046.8	13 264.0	55 378.9
#临川市	59 756.4	50 961.3	8 795.1	26 642.5	605.5	2 938.8	23 098.2

注：本页表中工业总产值包括城镇合作经营、城镇个体工业产值，不包括农村村及村以下工业产值。

各地区工业总产值

（1990年，按1980年不变价格计算）　　单位：万元

地区	工业总产值	#乡镇工业	乡办工业	村办工业	村以下工业
全省	**3 093 802**	**886 197**	**275 747**	**235 620**	**374 830**
南昌市	734 614	156 287	37 982	73 374	44 931
景德镇市	189 043	22 734	6 452	7 735	8 547
萍乡市	145 932	70 912	23 512	21 950	25 450
九江市	389 220	80 701	26 123	17 100	37 478
新余市	168 487	41 267	9 126	11 949	20 192
鹰潭市	115 265	9 805	3 779	2 319	3 707
赣州地区	289 721	93 165	27 089	14 445	51 631
#赣州市	81 185	6 379	3 022	1 223	2 134
宜春地区	400 515	209 514	74 782	45 223	89 509
#樟树市	48 932	19 257	5 019	4 383	9 855
上饶地区	264 652	77 996	21 728	17 411	38 857
吉安地区	205 737	56 437	20 021	11 031	25 385
抚州地区	190 616	67 379	25 153	13 083	29 143
#临川市	80 490	24 739	9 196	5 044	10 499

注：1.工业总产值包括城镇合作经营、城镇个体和农村村及村以下工业产值。
　　2.乡办工业包括乡所属的集体所有制和其他经济类型工业。

按隶属关系分的工业总产值

（1990年，按1980年不变价格计算）　　单位：万元

地区	合计	中央企业	省属企业	地市企业
全省	**2 483 351.5**	**372 351.6**	**419 565.8**	**1 691 434.1**
南昌市	616 309.3	72 210.8	117 981.1	426 117.4
景德镇市	172 761.1	21 400.6	45 207.3	106 153.2
萍乡市	98 531.7	12 619.4	11 781.7	74 130.6
九江市	334 641.4	89 805.2	25 016.0	219 820.2
新余市	136 345.5	10 712.2	85 856.3	39 777.0
鹰潭市	109 239.1	67 036.3	1 725.7	40 477.1
赣州地区	223 644.5	41 603.0	17 269.4	164 772.1
#赣州市	77 828.3	7 654.3	13 661.6	56 512.4
宜春地区	265 783.2	2 127.5	36 867.6	226 788.1
#樟树市	34 693.8	—	11 876.5	22 817.3
上饶地区	208 384.2	44 534.2	38 459.0	125 391.0
吉安地区	169 321.2	3 003.0	24 225.1	142 093.0
抚州地区	148 390.3	7 299.4	15 176.6	125 914.3
#临川市	64 947.2	1 261.8	1 698.5	61 986.9

注：工业总产值包括城镇合作经营、城镇个体工业产值，不包括农村村及村以下工业产值。

按经济类型和企业规模分的工业总产值

（1990年，按1980年不变价格计算）　　　　单位：万元

地区	按经济类型分			按企业规模分		
	全民所有制工业	集体所有制工业	其他经济类型工业	大型企业	中型企业	小型企业
全省	**1 801 320.1**	**641 067.8**	**40 963.6**	**357 264.4**	**745 462.7**	**1 380 624.4**
南昌市	450 844.6	163 245.0	2 219.7	88 437.4	247 440.1	280 431.8
景德镇市	134 101.3	35 791.3	2 868.5	54 776.5	54 461.2	63 523.4
萍乡市	50 233.2	48 157.5	141.0	—	27 237.1	71 294.6
九江市	268 231.5	64 757.9	1 652.0	76 141.2	101 417.1	157 083.1
新余市	116 626.7	15 507.1	4 211.7	423.5	96 544.5	39 377.5
鹰潭市	93 670.9	15 266.2	302.0	64 616.1	11 651.9	32 971.1
赣州地区	162 766.6	58 808.8	2 069.1	10 900.0	67 826.3	144 918.2
#赣州市	61 132.3	15 826.3	869.7	1 186.4	34 021.5	42 620.4
宜春地区	152 640.1	107 969.2	5 173.9	6 542.0	37 957.5	221 283.7
#樟树市	25 362.9	9 082.9	248.0	—	12 119.5	22 574.3
上饶地区	154 801.1	49 041.1	4 542.0	43 664.3	22 437.5	142 282.4
吉安地区	113 403.8	38 930.8	16 986.6	7 879.7	37 917.9	123 523.6
抚州地区	104 000.3	43 592.9	797.1	3 883.7	40 571.6	103 935.0
#临川市	48 698.8	15 722.4	526.0	—	29 684.4	35 262.8

按轻、重工业分的工业总产值

（1990年，按1980年不变价格计算）　　　　单位：万元

地区	轻工业	以农产品为原料	以非农产品为原料	重工业	采掘工业	原料工业	制造工业
全省	**1 198 759.7**	**807 389.7**	**391 370.0**	**1 284 591.8**	**199 792.7**	**446 592.7**	**638 206.4**
南昌市	326 909.0	199 931.9	126 977.1	289 400.3	2 147.4	53 649.1	233 604.0
景德镇市	93 272.1	19 274.8	73 997.3	79 489.0	7 475.4	16 160.5	55 853.1
萍乡市	36 860.9	15 991.1	20 869.8	61 670.8	17 311.3	20 310.6	24 048.9
九江市	172 261.7	153 596.4	18 665.3	162 379.7	12 911.0	83 916.2	65 552.5
新余市	25 006.7	18 927.6	6 079.1	111 338.8	5 228.0	87 913.2	18 197.6
鹰潭市	25 411.0	13 141.0	12 270.0	83 828.1	1 308.9	73 072.5	9 446.7
赣州地区	97 125.4	80 597.5	16 527.9	126 519.1	45 792.7	39 268.4	41 458.0
#赣州市	33 669.2	23 745.0	9 924.2	44 159.1	1 299.3	20 596.8	22 263.0
宜春地区	141 492.3	102 405.1	39 087.2	124 290.9	28 810.2	21 206.7	74 274.0
#樟树市	27 994.9	23 109.8	4 885.1	6 698.9	413.8	2 119.8	4 165.3
上饶地区	87 865.1	67 842.6	20 022.5	120 519.1	57 474.2	25 294.5	37 750.4
吉安地区	102 428.8	65 572.5	36 856.3	66 892.4	12 759.2	16 987.6	37 145.6
抚州地区	90 126.7	70 109.2	20 017.5	58 263.6	8 574.6	8 813.4	40 875.6
#临川市	43 849.5	36 034.0	7 815.5	21 097.7	486.9	2 501.0	18 109.8

注：本页表中工业总产值包括城镇合作、城镇个体工业产值，不包括农村村及村以下工业产值。

各地区工业总产值

（1990年，按1990年不变价格计算）　　单位：万元

地　区	工业总产值	#乡镇工业	乡办工业	村办工业	村以下工业
全　省	**4 430 292**	**1 017 576**	**337 169**	**265 771**	**414 636**
南昌市	980 092	160 499	41 086	74 756	44 657
景德镇市	253 129	27 702	8 789	9 018	9 895
萍乡市	208 808	86 981	30 136	27 491	29 354
九江市	533 878	86 651	28 721	18 254	39 676
新余市	303 398	51 737	12 480	15 673	23 584
鹰潭市	205 783	11 428	4 131	2 797	4 500
赣州地区	449 676	121 007	36 643	19 381	64 983
#赣州市	126 336	7 695	3 626	1 538	2 531
宜春地区	536 629	238 092	97 385	48 998	91 709
#樟树市	74 871	22 568	6 812	4 899	10 857
上饶地区	392 314	88 880	24 996	19 944	43 940
吉安地区	292 450	61 241	24 072	11 851	25 318
抚州地区	264 583	74 070	28 730	14 215	31 125
#临川市	110 375	27 772	11 598	5 299	10 875

注：1.工业总产值包括城镇合作经营、城镇个体和农村村及村以下工业产值。
2.乡办工业包括乡所属的集体所有制和其他经济类型工业。

按隶属关系分的工业总产值

（1990年，按1990年不变价格计算）　　单位：万元

地　区	工业总产值	中央企业	省属企业	地市企业
全　省	**3 749 885.2**	**622 422.3**	**674 632.9**	**2 452 830.0**
南昌市	860 679.0	105 987.5	162 355.6	592 335.9
景德镇市	234 215.9	28 758.8	59 375.3	146 081.8
萍乡市	151 963.1	21 474.9	27 466.2	103 022.0
九江市	475 947.7	131 177.5	38 034.5	306 735.7
新余市	264 141.4	16 905.7	184 738.1	62 497.6
鹰潭市	198 486.1	137 748.7	2 081.8	58 655.6
赣州地区	365 312.2	75 546.5	26 050.7	263 715.0
#赣州市	122 266.7	13 861.6	21 548.7	86 856.4
宜春地区	395 922.0	3 233.1	58 352.0	334 336.9
#樟树市	59 123.1	—	18 845.8	40 277.3
上饶地区	328 429.5	84 994.5	60 768.5	182 666.5
吉安地区	255 281.2	5 387.4	32 087.6	217 806.2
抚州地区	219 243.1	11 207.7	23 322.6	184 712.8
#临川市	94 240.6	1 890.5	1 976.8	90 333.3

注：1.工业总产值包括城镇合作经营、城镇个体工业产值，不包括农村村及村以下工业产值。
2.第203页至第204页中，因为换算系数的原因，按1990年不变价格计算的工业总产值地、市相加数不等于全省总计数。

按经济类型和企业规模分的工业总产值

（1990年，按1990年不变价格计算）　单位：万元

地区	按经济类型分			按企业规模分		
	全民所有制工业	集体所有制工业	其他经济类型工业	大型企业	中型企业	小型企业
全省	**2 909 994.2**	**796 495.4**	**43 395.6**	**570 412.8**	**1 224 573.3**	**1 954 899.1**
南昌市	668 530.6	190 017.5	2 130.9	130 200.2	374 507.4	355 971.4
景德镇市	183 632.4	47 337.0	3 246.5	65 088.1	78 426.8	90 701.0
萍乡市	88 163.3	63 654.8	145.0	—	51 749.0	100 214.1
九江市	393 600.3	80 683.6	1 663.8	112 104.9	147 536.2	216 306.6
新余市	238 893.3	20 935.7	4 312.4	437.1	205 084.9	58 619.4
鹰潭市	180 034.9	18 108.2	343.0	130 382.2	21 684.4	46 419.5
赣州地区	286 807.2	76 459.1	2 045.9	24 604.8	117 347.7	223 359.7
#赣州市	102 264.7	19 067.4	934.6	2 853.4	55 259.3	64 154.0
宜春地区	250 573.6	139 223.2	6 125.2	8 107.5	65 147.0	322 667.5
#樟树市	46 494.6	12 391.2	237.3	—	25 024.4	34 098.7
上饶地区	263 687.4	60 108.1	4 634.0	83 558.3	44 386.7	200 484.5
吉安地区	189 606.0	47 954.7	17 720.5	10 836.6	57 682.5	186 762.1
抚州地区	166 465.2	51 982.5	795.4	5 093.1	61 020.7	153 129.3
#临川市	73 156.3	20 525.3	559.0	—	42 137.4	52 063.2

按轻、重工业分的工业总产值

（1990年，按1990年不变价格计算）　单位：万元

地区	轻工业	以农产品为原料	以非农产品为原料	重工业	采掘工业	原料工业	制造工业
全省	**1 715 478.9**	**1 236 912.3**	**478 566.6**	**2 034 406.3**	**354 564.2**	**825 996.4**	**853 845.7**
南昌市	451 618.3	304 567.5	147 050.8	409 060.7	2 186.5	90 649.2	316 225.0
景德镇市	122 914.4	27 303.2	95 611.2	111 301.5	12 213.8	28 977.8	70 109.9
萍乡市	47 981.4	22 146.3	25 835.1	103 981.7	29 596.2	42 933.6	31 451.9
九江市	238 179.5	215 314.0	22 865.5	237 768.2	21 354.5	132 167.0	84 246.7
新余市	41 289.0	31 018.4	10 270.6	222 852.4	8 452.7	188 468.2	25 931.5
鹰潭市	36 343.7	21 041.4	15 302.3	162 142.4	1 732.7	148 469.5	11 940.2
赣州地区	160 310.6	137 897.6	22 413.0	205 001.6	81 448.4	66 723.1	56 830.1
#赣州市	53 378.9	39 272.9	14 106.0	68 887.8	1 358.1	36 836.9	30 692.8
宜春地区	209 255.9	160 541.9	48 714.0	186 666.1	52 416.4	35 653.4	98 596.3
#樟树市	49 469.0	43 141.9	6 327.1	9 654.1	580.2	3 712.7	5 361.2
上饶地区	121 790.8	97 939.3	23 851.5	206 638.7	105 661.8	48 905.0	52 071.9
吉安地区	150 870.1	108 481.7	42 388.4	104 411.1	25 391.9	29 444.0	49 575.2
抚州地区	134 661.2	110 397.0	24 264.2	84 581.9	14 109.3	13 605.6	56 867.0
#临川市	65 324.3	56 461.8	8 862.5	28 876.3	607.6	3 812.7	24 456.0

注：本页表中工业总产值包括城镇合作、城镇个体工业产值，不包括农村村及村以下工业产值。

独立核算工业企业净产值和占总产值比重（一）

（1990年）

分组	企业单位数（个）	工业净产值（万元）	工业总产值（万元）	工业净产值占总产值比重（%）
总计	**14230**	**875 419.5**	**3 431 384.5**	**25.5**
一、按经济类型及隶属关系分				
全民所有制工业	3 496	672 280.5	2 717 500.1	24.7
中央企业	104	160 528.1	610 620.3	26.3
地方企业	3 392	511 752.4	2 106 879.8	24.3
#县属企业	1 946	137 104.3	518 575.3	26.4
集体所有制工业	10 698	196 250.8	687 876.1	28.5
省属企业	13	440.5	1 112.3	39.6
地区属企业	13	311.7	1 066.0	29.2
市属企业	856	53 459.1	187 824.1	28.5
县属企业	1 110	25 614.5	104 267.0	24.6
城市(镇)街道工业	870	11 561.3	47 538.8	24.3
乡办工业	7 519	92 050.0	299 698.7	30.7
厂办集体	317	12 813.7	46 369.2	27.6
其他经济类型工业	36	6 888.2	26 008.3	26.5
二、按轻、重工业分				
轻工业	7 742	367 342.9	1 475 642.8	24.9
以农产品为原料	5 442	246 763.2	1 050 004.7	23.5
以非农产品为原料	2 300	120 579.7	425 638.1	28.3
重工业	6 488	508 076.6	1 955 741.7	26.0
采掘工业	1 188	103 463.7	324 516.9	31.9
原料工业	1 613	165 390.1	843 886.2	19.6
制造工业	3 687	239 222.8	787 338.6	30.4
三、按企业规模分				
大型企业	56	124 632.1	550 790.8	22.6
中型企业	252	291 548.2	1 177 376.9	24.8
小型企业	13 922	459 239.2	1 703 216.8	27.0
四、按工业行业分				
煤炭采选业	386	30 554.4	107 359.8	28.5
黑色金属矿采选业	13	1 564.8	4 157.8	37.6
有色金属矿采选业	236	46 590.6	158 614.0	29.4
建筑材料及其他非金属矿采选业	408	9 737.2	24 098.8	40.4
采盐业	13	1 053.4	4 135.8	25.5
其他矿采选业	1	16.0	33.6	47.6

注：第205页至209页工业净产值、工业总产值均按当年价格计算。

独立核算工业企业净产值和占总产值比重（二）

（1990年）

分组	企业单位数（个）	工业净产值（万元）	工业总产值（万元）	工业净产值占总产值比重（%）
木材及竹材采运业	144	15 000.7	30 252.9	49.6
自来水生产和供应业	108	4 254.0	10 163.3	41.9
食品制造业	1 510	46921.4	289 301.2	16.2
饮料制造业	466	24 167.6	74 280.1	32.5
烟草加工业	3	34 534.7	54 944.0	62.9
饲料工业	258	3 430.2	28 908.8	11.9
纺织业	486	54 891.8	263 411.4	20.8
缝纫业	339	16 785.8	75 604.5	22.2
皮革、毛皮及其制品业	219	4 917.4	21 081.3	23.3
木材加工及竹、藤、棕、草制品业	942	14 415.7	55 619.1	25.9
家具制造业	514	5 109.5	16 875.9	30.3
造纸及纸制品业	370	18 402.4	82 246.1	22.4
印刷业	367	11 906.1	38 280.6	31.1
文教体育用品制造业	118	2 135.3	6 176.4	34.6
工艺美术品制造业	432	16 380.5	46 471.7	35.2
电力、蒸汽、热水生产和供应业	891	43 025.4	157 418.2	27.3
石油加工业	5	16 875.8	101 723.9	16.6
炼焦、煤气及煤制品业	56	2 195.5	13 794.3	15.9
化学工业	514	53 722.7	206 593.5	26.0
医药工业	115	23 075.5	98 438.7	23.4
化学纤维工业	15	10 492.0	49 596.7	21.2
橡胶制品业	81	10 416.0	35 792.5	29.1
塑料制品业	314	10 237.3	43 948.8	23.3
建筑材料及其他非金属矿物制品业	1 933	74 067.0	227 539.9	32.6
黑色金属冶炼及压延加工业	36	32 088.2	243 200.7	13.2
有色金属冶炼及压延加工业	61	22 557.4	153 984.4	14.6
金属制品业	742	16 734.8	59 686.3	28.0
机械工业	1 188	75 937.0	245 584.8	30.9
交通运输设备制造业	372	53 249.7	179 382.9	29.7
电气机械及器材制造业	311	31 524.9	109 587.4	28.8
电子及通信设备制造业	74	26960.8	86 077.0	31.3
仪器仪表及其他计量器具制造业	67	7 689.7	18 931.8	40.6
其他工业	122	1 800.3	8 085.6	22.3

按经济类型分的工业净产值

（1990年）

地区	合计 工业净产值（万元）	合计 占总产值比重（%）	全民所有制工业 工业净产值（万元）	全民所有制工业 占总产值比重（%）	集体所有制工业 工业净产值（万元）	集体所有制工业 占总产值比重（%）	其他经济类型工业 工业净产值（万元）	其他经济类型工业 占总产值比重（%）
全省	**875 419.5**	**25.5**	**672 280.5**	**24.7**	**196 250.8**	**28.5**	**6 888.2**	**26.5**
南昌市	210 687.3	26.3	162 161.0	25.9	47 814.9	27.5	711.4	41.8
景德镇市	72 071.1	33.6	59 017.7	33.5	12 608.3	34.4	445.1	31.0
萍乡市	33 867.0	22.1	16 324.8	17.3	17 542.2	29.8	—	—
九江市	104 843.7	21.8	88 444.2	21.6	16 318.7	22.8	80.8	28.1
新余市	42 031.0	16.6	35 920.9	15.7	5 102.2	26.4	1 007.9	25.3
鹰潭市	30 230.3	17.3	25 604.4	16.1	4 625.9	29.2	—	—
赣州地区	102 274.9	32.7	86 387.4	33.5	15 713.7	28.8	173.8	44.0
#赣州市	31 289.2	27.6	26 938.0	27.9	4 333.2	26.3	18.0	37.5
宜春地区	93 529.5	26.9	55 318.1	25.2	37 453.7	30.0	757.7	19.2
#樟树市	12 484.0	24.1	10 446.4	24.4	2 034.8	22.7	2.8	28.0
上饶地区	73 663.6	26.9	62 288.8	26.9	11 163.8	26.8	211.0	18.7
吉安地区	59 977.0	27.0	43 220.8	26.1	13 243.9	30.4	3 512.3	26.9
抚州地区	52 244.1	26.4	37 592.4	25.0	14 663.5	30.8	-11.8	—
#临川市	22 150.5	26.1	16 448.5	24.9	5 702.0	30.2	—	—

按企业规模分的工业净产值

（1990年）

地区	大型企业 工业净产值（万元）	大型企业 占总产值比重（%）	中型企业 工业净产值（万元）	中型企业 占总产值比重（%）	小型企业 工业净产值（万元）	小型企业 占总产值比重（%）
全省	**124 632.1**	**22.6**	**291 548.2**	**24.8**	**459 239.2**	**27.0**
南昌市	29 320.3	23.6	97 819.2	27.4	83 547.8	26.1
景德镇市	20 954.3	34.1	26 355.0	34.0	24 761.8	32.8
萍乡市	—	—	6 154.2	10.6	27 712.8	29.1
九江市	25 633.6	17.8	30 032.1	21.0	49 178.0	25.4
新余市	146.3	33.1	28 043.9	14.0	13 840.8	26.5
鹰潭市	16 784.8	15.2	3 764.1	17.5	9 681.4	22.7
赣州地区	8 036.8	35.9	42 761.2	40.4	51 476.9	27.9
#赣州市	1 227.0	45.5	15 878.9	29.2	14 183.3	25.3
宜春地区	2 877.9	42.4	14 430.3	23.7	76 221.3	27.2
#樟树市	—	—	6 724.8	27.6	5 759.2	21.0
上饶地区	16 859.0	25.8	11 781.0	27.8	45 023.6	27.1
吉安地区	2 847.3	27.2	14 691.9	27.6	42 437.8	26.8
抚州地区	1 171.8	23.5	15 715.3	27.0	35 357.0	26.2
#临川市	—	—	10 476.6	27.3	11 673.9	25.1

轻工业净产值

（1990年）

地区	合计		以农产品为原料		以非农产品为原料	
	工业净产值（万元）	占总产值比重（%）	工业净产值（万元）	占总产值比重（%）	工业净产值（万元）	占总产值比重（%）
全省	**367342.9**	**24.9**	**246763.2**	**23.5**	**120579.7**	**28.3**
南昌市	108556.3	27.2	72927.9	27.5	35628.4	26.6
景德镇市	30031.3	28.9	4031.7	20.9	25999.6	30.7
萍乡市	11058.0	25.5	4048.1	20.2	7009.9	30.1
九江市	42811.1	19.7	36416.6	18.5	6394.5	31.2
新余市	6053.3	17.6	3829.9	14.9	2223.4	25.3
鹰潭市	7838.4	24.5	3599.1	19.4	4239.3	31.4
赣州地区	43611.5	32.9	38318.6	33.7	5292.9	28.3
#赣州市	12999.4	26.6	9792.4	27.1	3207.0	25.2
宜春地区	41002.6	24.1	27996.0	22.0	13006.6	30.4
#樟树市	9802.0	23.2	8583.5	23.7	1218.5	20.7
上饶地区	22897.3	23.5	17200.1	22.3	5697.2	28.3
吉安地区	27106.0	21.2	18497.6	20.4	8608.4	23.2
抚州地区	26377.1	22.5	19897.6	20.9	6479.5	29.4
#临川市	13731.5	23.4	10946.2	22.0	2785.3	31.8

重工业净产值

（1990年）

地区	合计		采掘工业		原料工业		制造工业	
	工业净产值（万元）	占总产值比重（%）	工业净产值（万元）	占总产值比重（%）	工业净产值（万元）	占总产值比重（%）	工业净产值（万元）	占总产值比重（%）
全省	**508076.6**	**26.0**	**103463.7**	**31.9**	**165390.1**	**19.6**	**239222.8**	**30.4**
南昌市	102131.0	25.4	801.1	35.1	15856.8	16.8	85473.1	28.0
景德镇市	42039.8	38.1	5821.9	42.8	10071.5	29.6	26146.4	41.6
萍乡市	22809.0	20.8	8595.5	26.9	5641.9	11.6	8571.6	29.1
九江市	62032.6	23.6	7242.3	36.4	33584.3	20.0	21206.0	28.2
新余市	35977.7	16.5	3518.3	40.8	25017.0	13.4	7442.4	31.6
鹰潭市	22391.9	15.7	758.4	39.4	19124.7	14.7	2508.8	23.2
赣州地区	58663.4	32.6	23941.1	35.1	18397.3	30.0	16325.0	32.1
#赣州市	18289.8	28.4	134.1	16.6	8773.0	25.3	9382.7	32.5
宜春地区	52526.9	29.6	13412.8	24.3	11227.0	31.7	27887.1	32.0
#樟树市	2682.0	27.9	140.2	40.4	1044.5	21.8	1497.3	33.5
上饶地区	50766.3	28.7	25204.2	29.0	13416.9	29.4	12145.2	27.5
吉安地区	32871.0	34.8	9381.5	42.0	8557.3	31.0	14932.2	33.7
抚州地区	25867.0	32.0	4786.6	35.1	4495.4	34.9	16585.0	30.5
#临川市	8419.0	31.9	252.0	42.5	818.1	28.0	7348.9	32.2

独立核算工业企业净产值构成

（1990年）　　　　单位：万元

指　标	合　计	全民所有制工业	集体所有制工业	其他经济类型工业
总　计	**875 419.5**	**672 280.5**	**196 250.8**	**6 888.2**
应得产品销售利润和应缴纳产品销售税金	314 518.7	253 763.2	57 260.3	3 495.2
工　资	291 182.1	213 649.4	76 557.5	975.2
提取的职工福利基金	26 132.3	18 528.4	7 404.6	199.3
利息支出	117 639.4	93 876.4	22 846.4	916.6
其　他	125 947.0	92 463.1	32 182.0	1 301.9

各地区独立核算工业企业净产值构成

（1990年）　　　　单位：万元

地　区	工业净产值	应得产品销售利润和应缴纳产品销售税金	工　资	提取的职工福利基金	利息支出	其　他
全　省	**875 419.5**	**314 518.7**	**291 182.1**	**26 132.3**	**117 639.4**	**125 947.0**
南昌市	210 687.3	91 383.9	59 265.1	5 480.3	27 443.9	27 114.1
景德镇市	72 071.1	28 411.6	25 040.3	2 128.1	7 301.0	9 190.1
萍乡市	33 867.0	－6 094.7	23 576.4	2 036.0	6 785.4	7 563.9
九江市	104 843.7	39 974.3	30 717.9	2 889.1	17 586.1	13 676.3
新余市	42 031.0	9 993.8	16 648.0	1 340.1	7 641.1	6 408.0
鹰潭市	30 230.3	17 609.4	4 865.9	450.1	3 886.6	3 418.3
赣州地区	102 274.9	49 177.5	28 745.6	2 613.4	10 427.5	11 310.9
#赣州市	31 289.2	14 963.1	8 842.9	780.4	3 466.2	3 236.6
宜春地区	93 529.5	19 418.6	41 215.3	3 889.6	11 574.2	17 431.8
#樟树市	12 484.0	7 034.5	2 467.1	214.2	1 418.3	1 349.9
上饶地区	73 663.6	26 239.9	22 529.4	1 960.2	10 411.2	12 522.9
吉安地区	59 977.0	21 900.9	20 041.0	1 719.9	7 462.3	8 852.9
抚州地区	52 244.1	16 503.5	18 537.2	1 625.5	7 120.1	8 457.8
#临川市	22 150.5	8 020.4	6 989.6	575.0	3 239.7	3 325.8

主要工业产品产量(一)

品名	单位	1989年	1990年	1990年比1989年增长%
化学纤维	吨	19450	19999	2.8
#合成纤维	吨	9590	8620	-10.1
粘胶纤维	吨	9860	11379	15.4
纱（混合数）	吨	87099	80749	-7.3
布	万米	32015	30566	-4.5
1.纯棉布	万米	17783	15676	-11.8
2.棉混纺交织布	万米	12005	11147	-7.1
3.纯化纤布	万米	2227	3743	68.1
印染布	万米	14230	13662	-4.0
针棉织品折用纱线	吨	14048	13647	-2.9
毛线	吨	2218	1457	-34.3
呢绒	万米	167	149	-10.8
麻袋（混合数）	万条	2323	2148	-7.5
丝	吨	91	119	30.8
丝织品	万米	1885	2161	14.6
服装	万件	2068.15	1993.51	-3.6
#羽绒服装	万件	236.69	205.62	-13.1
机制纸及纸板	万吨	25.56	25.59	0.1
#新闻杂志纸	万吨	2.73	2.80	2.6
凸版纸	万吨	2.67	2.79	4.5
自行车	万辆	58.27	27.74	-52.4
手表	万只	88.44	98.43	11.3
钟	万只	13.76	9.50	-31.0
灯泡	万只	5585	6608	18.3
家用电冰箱	万台	11.14	12.27	10.1
电风扇	万台	50.33	53.74	6.8
电熨斗	万个	3.37	2.08	-38.3
日用搪瓷制品	吨	2860	2793	-2.3
日用陶瓷器	万件	50040	47760	-4.6
#日用瓷器	万件	47315	44969	-5.0
卫生陶瓷	万件	2.32	8.28	2.6倍
釉面砖	万平方米	1195	1588	32.9
日用玻璃制品	万吨	8.22	7.81	-5.0
保温瓶及瓶胆	万个	293.00	241.72	-17.5
烟花鞭炮	万箱	169.18	217.56	28.6
合成洗涤剂	吨	16377	17083	4.3

主要工业产品产量（二）

品名	单位	1989年	1990年	1990年比1989年增长%
肥皂	万吨	2.82	2.78	-1.4
精甘油	吨	823	740	-10.1
火柴	万件	162.00	176.65	9.0
干电池	万只	12655	15414	21.8
原盐	万吨	19.41	20.21	4.1
#食用盐	万吨	10.33	11.84	14.6
糖	万吨	10.22	10.82	5.9
#机制糖	万吨	10.09	10.59	5.0
卷烟	万箱	43.11	47.02	9.1
罐头	万吨	4.08	3.01	30.6
乳制品	吨	3097	3641	17.6
味精	吨	3276	3540	8.1
酒精	万吨	1.16	1.37	18.1
饮料酒（混合数）	万吨	26.22	31.39	19.7
#白酒（商品量）	万吨	10.40	10.88	4.6
啤酒	万吨	9.71	11.27	16.1
塑料制品	吨	42231	48045	13.8
大型及专用衡器	台	222	174	-21.6
鞣制皮革（折合牛皮）	万张	116.52	102.86	-11.7
皮鞋	万双	367.02	320.18	-12.8
日用精铝制品	吨	1549	1165	-24.8
配混合饲料	万吨	116.44	119.33	2.5
饲料添加剂	吨	3043	2541	-16.5
钢	万吨	105.83	112.09	5.9
1.普通钢	万吨	82.66	85.09	2.9
2.优质钢	万吨	23.17	27.00	16.5
生铁	万吨	78.57	89.03	13.3
成品钢材	万吨	93.44	92.32	-1.2
1.普通钢钢材	万吨	75.61	74.37	-1.6
2.优质钢钢材	万吨	17.83	17.95	0.7
在成品钢材中：				
铁道用钢材	万吨	0.42	0.28	-33.3
普通中型钢材	万吨	2.52	2.72	7.9
普通小型钢材	万吨	22.83	21.41	-6.2
优质钢型材	万吨	4.82	5.38	11.6
线材	万吨	30.77	32.15	4.5
中厚钢板	万吨	12.27	11.78	-4.0

主要工业产品产量(三)

品名	单位	1989年	1990年	1990年比1989年增长%
薄钢板	万吨	2.69	2.01	-25.3
硅钢板	万吨	4.14	4.09	-1.2
钢带	万吨	1.73	1.39	-19.7
无缝钢管	万吨	5.55	4.94	-11.0
焊接钢管	万吨	5.47	5.77	5.5
铁合金	万吨	16.53	17.81	7.7
焦炭	万吨	115.31	119.96	4.0
#机械化焦炉生产的焦炭	万吨	105.22	108.58	3.2
耐火材料制品	万吨	18.56	15.63	-15.8
发电量总计	亿千瓦小时	119.71	121.41	1.4
#水力发电	亿千瓦小时	30.62	27.77	-9.3
火力发电	亿千瓦小时	89.09	93.64	5.1
#500千瓦及以上电厂	亿千瓦小时	113.82	116.58	2.4
#乡村办电站	亿千瓦小时	4.79	5.22	9.0
原煤总计	万吨	2 063.31	2 027.11	-1.8
#全民所有制企业	万吨	1 219.53	1 188.50	-2.5
集体所有制企业	万吨	843.78	838.61	-0.6
#小型煤矿企业	万吨	1 546.59	1 557.91	0.7
#乡村办企业	万吨	749.73	624.39	-16.7
洗精煤	万吨	150.94	144.84	-4.0
#冶炼用炼焦精煤	万吨	134.67	120.49	-10.5
原油加工量	万吨	150.86	155.10	2.8
硫铁矿生产量(折含硫35%)	万吨	126.87	124.78	-1.6
运出量(折含硫35%)	万吨	118.49	123.38	4.1
磷矿生产量(折含$P_2O_5$30%)	万吨	7.43	5.03	-32.3
运出量(折含$P_2O_5$30%)	万吨	5.90	3.60	-39.0
硫酸(折合100%)	万吨	43.27	43.59	0.7
烧碱(折合100%)	吨	53 580	58 758	9.7
纯碱	吨	12 617	6 979	-44.7
合成氨	万吨	27.44	27.47	0.1
化学肥料(折有效成份100%)	万吨	30.48	31.07	1.9
氮肥	万吨	17.82	18.38	3.1
磷肥	万吨	12.66	12.69	0.2
化学农药(原药)	吨	4 209	5 146	22.3
纯苯	吨	5 786	6 070	4.9
电石(折合量)	吨	58 731	56 501	-3.8
塑料树脂及共聚物	吨	11 756	11 490	-2.3

主要工业产品产量(四)

品名	单位	1989年	1990年	1990年比1989年增长%
油漆	吨	11475	13385	16.6
轮胎外胎	万条	46.38	36.14	-22.1
化学原料药	吨	10592	10140	-4.3
#青霉素	吨	111	90	-18.9
磺胺类药	吨	600	679	13.2
中成药	吨	10012	10825	8.1
矿山设备	吨	8139	8317	2.2
化工设备	吨	4865	4247	-12.7
起重机械	吨	2506	3897	55.5
输送机械	吨	1432	1700	18.7
发电设备	台	60	69	15.0
	万千瓦	5.91	4.21	-28.8
工业锅炉	台	334	225	-32.6
	蒸发量吨	840	739	-12.0
交流电动机	万千瓦	98.56	88.45	-10.3
变压器	万千伏安	219.47	178.90	-18.5
#7500千伏安及以上变压器	万千伏安	40.95	99.75	1.4倍
通讯电缆	公里	2757	1599	-42.0
钢芯铝绞线	吨	2887	1383	-52.1
泵	万台	14.98	13.08	-12.7
1.工业泵	万台	10.37	8.64	-16.7
2.农业泵	万台	4.61	4.44	-3.7
风机	台	4457	3325	-25.4
气体压缩机	台	1221	806	-34.0
金属切削机床	台	7063	4727	-33.1
锻压机械	台	916	315	-65.6
汽车	辆	9821	9711	-1.1
#载货汽车	辆	5120	7306	42.7
越野汽车	辆	1980	1925	-2.8
汽车底盘	辆	105	343	2.3倍
改装汽车	辆	2669	2641	-1.0
摩托车	辆	44269	29004	-34.5
滚动轴承	万套	1010	1154	14.3
高压电瓷	吨	10786	11922	10.5

主要工业产品产量(五)

品　　名	单　位	1989年	1990年	1990年比1989年增长%
小型拖拉机	台	17 022	19 025	11.8
内燃机生产量	万千瓦	180	169	-6.1
1.柴油机	万千瓦	105	98	-6.7
2.汽油机	万千瓦	75	71	-5.3
内燃机商品量	万千瓦	159	152	-4.4
1.柴油机	万千瓦	85	81	-4.7
2.汽油机	万千瓦	74	71	-4.1
机引耕作机械	台	14 917	14 695	-1.5
机动脱粒机	台	2 463	1 555	-36.9
机动饲料粉碎机	台	6 453	8 596	33.2
中小农具	万件	1 610.10	1 888.96	17.3
民用钢质船舶	艘	192	163	-15.1
	吨	20 905	27 657	32.3
微型电子计算系统	部	374	621	66.0
电子计算器	万部	35.36	28.53	-19.3
收音机	万台	6.29	18.84	2.0倍
电视机	万台	38.20	43.88	14.9
#彩色电视机	万台	9.11	11.39	25.0
录放音机	万台	35.42	31.66	-10.6
电话单机	万部	11.83	14.33	21.1
电度表	万只	49.76	82.38	65.6
水表	万只	18.43	22.60	22.6
电子管(商品量)	万只	17.60	14.73	-16.3
半导体分立器件(商品量)	万只	2 609	2 062	-21.0
半导体集成电路(商品量)	万块	11	8	-27.3
电子元件	万只	32 152	32 498	1.1
医疗器械	万元	2 581	2 486	-3.7
照相机	万架	29.60	9.00	-69.6
水泥	万吨	505	469	-7.1
平板玻璃	万重量箱	20.83	36.74	76.4
	万平方米	131.65	220.98	67.9
木材	万立方米	253.22	262.45	3.6
人造板	万立方米	13.07	13.49	3.2
锯材	万立方米	14.51	11.14	-23.2

各地区主要工业产品产量(一)

（1990年）

品名	单位	全省	南昌市	景德镇市	萍乡市	九江市	新余市	鹰潭市
化学纤维	吨	19999	17617	—	—	1937	—	—
纱（混合数）	吨	80749	23287	1615	—	25926	6073	—
布	万米	30566	9923	518	230	7318	1110	33
印染布	万米	13662	6029	—	—	4158	—	—
麻袋(混合数)	万条	2148	858	—	—	—	—	119
机制纸及纸板	吨	255886	61641	7236	17795	23385	583	761
自行车	万辆	27.74	2.69	—	—	—	—	—
手表	万只	98.43	98.43	—	—	—	—	—
家用电冰箱	万台	12.27	0.26	12.01	—	—	—	—
电风扇	万台	53.74	6.29	1.55	35.23	9.15	—	—
日用瓷器	万件	44969	734	36529	…	441	52	68
火柴	万件	176.65	28.00	10.50	—	26.59	—	—
原盐	万吨	20.21	—	—	—	—	—	—
卷烟	万箱	47.02	28.49	—	—	—	—	—
罐头	吨	30147	5996	—	27	3032	12	83
饮料酒	万吨	31.39	3.76	0.28	0.45	5.32	1.12	0.37
钢	万吨	112.09	15.24	0.03	18.55	—	77.24	—
生铁	万吨	89.03	9.96	—	33.34	—	45.69	—
成品钢材	万吨	92.32	22.33	—	2.17	2.08	65.27	—
原煤	万吨	2027.11	1.08	211.88	668.35	26.92	110.65	—
硫酸（折合100%）	万吨	43.59	—	0.34	—	—	—	36.67
烧碱（折合100%）	吨	58758	15051	8314	—	26295	—	—
化学肥料（折合100%）	万吨	31.07	7.07	0.23	0.74	1.38	3.62	1.22
化学农药	吨	5146	1070	—	—	—	—	209
电石	吨	56501	6482	19182	590	11613	1473	—
轮胎外胎	万条	36.14	23.43	—	—	12.71	—	—
塑料树脂及共聚物	吨	11490	4968	334	—	5919	110	—
化学原料药	吨	10140	3495	786	—	1	—	3
交流电动机	万千瓦	88.45	34.18	10.03	—	2.24	10.28	—
变压器	万千伏安	178.90	127.90	0.89	17.01	—	—	—
金属切削机床	台	4727	676	—	1046	891	—	—
汽车	辆	9711	6604	1605	—	—	—	—
小型拖拉机	台	19025	18864	—	—	—	—	—
电视机	万台	43.88	12.51	0.11	—	0.10	—	—
照相机	万架	9.00	—	—	—	—	—	—
水泥	万吨	469	21	10	74	49	25	2
木材	万立方米	262.45	1.96	7.61	4.72	13.78	5.90	3.99

各地区主要工业产品产量(二)

（1990年）

品名	单位	赣州地区	#赣州市	宜春地区	#樟树市	上饶地区	吉安地区	抚州地区	#临川市
化学纤维	吨	—	—	—	—	—	445	—	—
纱（混合数）	吨	2 494	2 494	2 354	—	1 804	4 299	12 897	12 897
布	万米	2 004	1 154	549	4	803	2 544	5 534	4 891
印染布	万米	714	714	—	—	—	—	2 761	2 761
麻袋(混合数)	万条	20	—	134	—	25	576	416	240
机制纸及纸板	吨	35 041	26 688	21 704	1 983	34 956	36 956	15 828	15
自行车	万辆	—	—	—	—	25.05	—	—	—
手表	万只	—	—	—	—	—	—	—	—
家用电冰箱	万台	—	—	—	—	—	—	—	—
电风扇	万台	0.11	—	—	—	0.63	—	0.78	—
日用瓷器	万件	398	—	3 740	116	279	1 207	1 521	36
火柴	万件	37.32	26.52	20.22	—	11.90	31.82	10.30	—
原盐	万吨	0.81	—	19.01	19.01	—	0.39	—	—
卷烟	万箱	18.53	—	—	—	—	—	—	—
罐头	吨	2 518	—	6 186	36	1 327	8 299	2 667	0.03
饮料酒	万吨	3.55	1.58	6.32	2.63	4.85	3.70	1.67	0.33
钢	万吨	0.74	0.70	0.09	—	0.09	—	0.11	0.11
生铁	万吨	—	—	—	—	—	0.04	—	—
成品钢材	万吨	—	—	0.26	—	0.14	0.07	—	—
原煤	万吨	80.92	—	677.64	0.85	106.09	136.53	7.05	—
硫酸（折合100%）	万吨	0.33	0.33	1.58	—	1.57	1.48	1.62	1.62
烧碱（折合100%）	吨	3 190	3 190	—	—	—	5 908	—	—
化学肥料（折合100%）	万吨	1.46	0.13	3.95	0.79	1.78	2.92	6.70	1.81
化学农药	吨	1 004	1 004	537	—	—	645	1 681	108
电石	吨	14 024	11 789	3 137	—	—	—	—	—
轮胎外胎	万条	—	—	—	—	—	—	—	—
塑料树脂及共聚物	吨	—	—	—	—	—	159	—	—
化学原料药	吨	184	184	1 189	—	1 249	1 344	1 889	—
交流电动机	万千瓦	12.40	9.36	8.17	—	—	0.74	10.41	10.41
变压器	万千伏安	1.51	0.08	1.07	—	1.75	3.07	25.70	—
金属切削机床	台	85	—	28	—	—	542	1 459	1 459
汽车	辆	—	—	—	—	—	—	1 502	1 502
小型拖拉机	台	—	—	—	—	—	—	161	—
电视机	万台	—	—	—	—	4.72	26.44	—	—
照相机	万架	—	—	—	—	9.00	—	—	—
水泥	万吨	39	—	56	0.83	139	41	13	1.9
木材	万立方米	70.44	—	38.76	0.29	28.82	55.37	31.10	0.24

获国家优质产品奖名单

（1987—1990年）

年份	产品名称	生产单位
1987	**一、金　牌**	
	散花牌传统人物瓷雕	德镇市雕塑瓷厂
	二、银　牌	
	1.长江750A—3C摩托车	江西赣江机械厂
	2.金鼎牌人造金刚石单晶	江西国营 260厂
	3.龙南牌高钇混合氧化稀土Y_2O_3—60	江西龙南县稀土矿
1988	**一、金　牌**	
	飞字牌薄膜介质电容器	南昌无线电四厂
	二、银　牌	
	1.江南牌起动用铅酸蓄电池	江南蓄电池厂
	2.红旗牌红硝基外用磁漆	前卫化工厂
	3.地质钻探人造金刚石孕镶钻头	江西国营 260厂
	4.长江750BJ—3摩托车	南昌飞机制造公司
	5.九州牌CYO—32高压氧舱	国营九江船用机械厂
	6.峰山牌特号拷贝纸	江西赣南造纸厂
	7.天岩牌马尾松胶合板	江西赣州木材厂
	8.郁金香牌山梨醇	江西味精厂
1989	**一、金　牌**	
	1.金三角牌4.5-6.5MB系列彩电用压电陶瓷器件	国营 999厂
	2.天乐牌CD288型铝电解电容器	国营4321厂
	二、银　牌	
	1.华声牌HD— 1B型电子按键电话机	国营 834厂
	2.星球牌HS5633数字声级计	国营4380厂
	3.飞鱼牌QE805型660MM（26”）轻便自行车	国营连胜自行车厂
	4.江冶牌T_2纯铜管	国营江西有色冶炼加工厂
	5.药都牌养血当归精	樟树制药厂
	6.绿林牌 781型糖用A类活性炭	新岗山活性炭厂
	7.击环牌GJ— 1型振动磨矿机	南昌化检制样机厂
	8.石松牌无碱无拈玻璃纤维布	九江玻璃纤维厂
	9.四特牌四特酒	江西樟树四特酒厂
	10.玫瑰牌99%晶体味精	江西味精厂
1990	**一、金牌（金杯）**	
	1.青云牌KY— 250A牙轮钻机	江西采矿机械厂
	2.景光牌FU— 251F金属陶瓷发射管	国营 740厂
	3.庐山牌Z0、Z5人造石英晶体	江西平板玻璃厂
	4.贵冶牌工业硫酸	江西铜业公司　贵溪冶练厂
	5.常青牌（内）中茶牌（外）雨茶一级	江西上饶茶厂
	6.福寿牌古墨彩绘陈设瓷（金杯）	景德镇艺术瓷厂
	7.景龙牌青花文具（金杯）	景德镇青花文具瓷厂
	二、银牌（银杯）	
	1.火车头牌492QC—2汽油发动机	江西发动机总厂
	2.伞牌仲钨酸铵	江西赣州钴冶炼厂
	3.双环牌XDB50—A型单、三相电度表检验台	九江仪表厂
	4.双飞牌仲钨酸铵	赣江钨钼材料厂
	5.洪都牌HD125两轮摩托车	南昌飞机制造公司
	6.佳乐牌井冈翠绿	江西井冈山茶厂
	7.山江牌贡熙一级茶	江西婺源茶厂
	8.鄣公山牌特珍一级茶	江西鄣公山茶厂
	9.玉乐牌彩绘莲子缸（银杯）	景德镇曙光瓷厂
	10.散花牌瓷雕（银杯）	景德镇市雕塑瓷厂
	11.珠光牌高温釉陈设瓷(银杯)	景德镇建国瓷厂

全部金属切削机床和锻压设备拥有量

（1990年）

单位：台

机床及锻压设备名称	年末实有数 合计	在合计中：城镇街道和乡及乡以上独立核算工业企业	在合计中：全民所有制工业	#全民所有制工业年末安装数
一、金属切削机床总计	72 041	69 274	52 248	51 122
在总计中：维修厂及维修车间(小组)的机床数	14 494	14 175	11 458	11 231
在总计中：大型机床	2 077	2 044	1 821	1 802
#重型机床	395	384	305	300
高精度机床	782	776	671	657
数控机床	409	399	321	316
在总计中：车床	29 248	28 020	20 524	20 152
钻床	9 726	9 248	6 367	6 210
搪床	1 516	1 439	1 250	1 226
铣床	6 913	6 742	5 637	5 542
刨床	6 084	5 735	4 071	3 967
插床	544	524	463	447
拉床	288	270	203	198
磨床	7 762	7 614	6 690	6 584
齿轮加工机床	1 914	1 870	1 648	1 604
螺纹加工机床	836	822	616	596
切断机床	1 985	1 926	1 508	1 453
刻线机	69	66	45	40
管类加工机床	253	246	190	167
电加工、超声加工、激光加工机床	529	515	439	416
组合机床	575	559	544	539
其他	3 799	3 678	2 053	1 981
二、台钻	12 164	12 208	8 676	8 500
三、砂轮机及抛光机	11 863	11 183	7 794	7 573
四、土简机床	2 204	2 109	1 192	1 173
#大型	45	45	28	27
五、锻压设备总计	16 800	16 243	10 792	10 569
在总计中：大型锻压设备	1 365	1 354	1 131	1 099
在总计中：机床压力机	7 180	6 959	4 409	4 335
液压机	2 115	2 079	1 523	1 509
锻造水压机	84	83	44	38
自动锻压机	336	336	217	212
锻锤	1 929	1 853	1 379	1 326
锻造机	285	239	152	146
剪切机	2 183	2 080	1 456	1 427
弯曲校正机	753	732	559	545
其他	1 935	1 882	1 053	1 031

动 力 设 备（已 安 装 数）

（1990年）　　　　单位：万千瓦

分　　组	全部动力机械总能力	原动机	#用于推动发电机的原动机	发电机	电动机	电气器械
总　　计	**991.92**	**451.08**	**320.55**	**300.22**	**517.72**	**136.68**
一、按经济类型分						
#全民所有制工业	807.35	384.17	286.30	268.57	398.14	112.06
集体所有制工业	183.29	66.54	34.11	31.54	118.89	24.25
二、按轻、重工业分						
轻　工　业	203.69	52.25	24.01	21.52	147.27	28.18
重　工　业	788.23	398.83	296.54	278.70	370.45	108.50
三、按工业行业分						
#煤炭采选业	72.81	16.96	10.21	9.48	59.06	6.99
有色金属矿采选业	59.26	28.52	6.92	6.63	33.79	3.87
食品制造业	50.74	17.10	7.97	6.99	35.88	5.73
饮料制造业	9.35	3.26	1.54	1.43	5.93	1.69
纺　织　业	25.89	6.80	2.50	2.39	19.58	2.01
木材加工及竹、藤、棕、草制品业	12.62	3.34	1.35	1.30	10.01	0.62
造纸及纸制品业	20.54	3.76	1.52	1.46	17.25	1.05
电力、蒸汽、热水生产和供应业	255.15	269.22	253.74	239.46	29.35	3.33
化学工业	52.08	7.10	1.95	1.93	34.03	12.90
医药工业	18.72	1.31	0.58	0.49	11.88	6.11
化学纤维工业	8.65	0.77	0.30	0.30	6.05	2.13
橡胶制品业	6.58	0.76	0.29	0.25	5.85	0.26
建筑材料及其他非金属矿物制品业	73.48	12.12	5.58	4.79	58.80	8.13
黑色金属冶炼及压延加工业	77.49	10.76	0.26	0.09	41.85	25.13
有色金属冶炼及压延加工业	29.08	8.79	1.76	1.71	11.06	10.98
金属制品业	10.92	2.28	1.02	0.90	7.58	2.08
机械工业	80.30	20.36	6.38	5.78	47.08	19.24
交通运输设备制造业	35.52	8.72	3.34	2.92	18.38	11.76
电气机械及器材制造业	15.09	4.62	1.78	1.67	10.10	2.15
电子及通信设备制造业	10.16	3.05	1.50	1.35	5.17	3.44
仪器仪表及其他计量器具制造业	4.59	1.32	0.57	0.51	2.24	1.60

重点工业企业物资消耗指标（一）

指　　标	单　位	1989年	1990年	1990年比1989年增减数
一、冶金工业				
露天铁矿采矿炸药消耗	千克/万吨	1115	1151	36
露天铁矿采矿电力消耗	万千瓦小时/万吨	2.03	2.03	平
坑下铁矿采矿炸药消耗	千克/万吨	3909	4359	450
坑下铁矿采矿电力消耗	万千瓦小时/万吨	30.40	24.94	-5.46
坑下铁矿采矿坑木消耗	立方米/万吨	22.5	19.6	-2.9
铁矿选矿钢球消耗	千克/吨	1.20	1.22	0.02
铁矿选矿电力消耗	千瓦小时/吨	27.9	29.0	1.1
炼焦耗洗精煤	千克/吨	1443	1440	-3
生铁耗原料矿石	千克/吨	1876	1777	-99
生铁综合焦比	千克/吨	735	728	-7
生铁入炉焦比	千克/吨	700	692	-8
电炉钢耗金属料	千克/吨	1083	1072	-11
电炉钢耗钢铁料	千克/吨	1046	1045	-1
电炉钢耗生铁	千克/吨	91	75	-16
电炉钢冶炼电耗	千瓦小时/吨	654	648	-6
电炉钢耗石墨电极	千克/吨	10.3	10.3	平
顶吹转炉钢耗金属料	千克/吨	1187	1178	-9
顶吹转炉钢耗钢铁料	千克/吨	1170	1161	-9
顶吹转炉钢耗生铁	千克/吨	1112	1102	-10
顶吹转炉钢耗焦炭	千克/吨	92	81	-11
电解铝耗氧化铝	千克/吨	1963	1956	-7
电解铝耗阳极糊	千克/吨	581	564	-17
二、煤炭工业				
企业耗坑木	立方米/万吨	102.29	94.24	-8.05
原煤生产耗坑木	立方米/万吨	99.80	91.22	-8.58
企业综合耗电	千瓦小时/吨	60.86	63.93	3.07
煤矿自用煤	吨/万吨	36.2	29.50	-6.7
企业耗钢材	吨/万吨	32.56	30.20	-2.36
三、电力工业				
发电用标准煤耗率	克/千瓦小时	461	447	-14
发电厂用电率	%	8.41	8.50	0.09
火　　电	%	10.07	9.83	-0.24
水　　电	%	0.22	0.29	0.07
线路损失率	%	8.47	7.27	-1.2
四、化学工业				
隔膜液碱耗原盐	千克/吨	1875	1935	60

重点工业企业物资消耗指标(二)

指　　标	单　位	1989年	1990年	1990年比1989年增减数
隔膜液碱耗直流电	千瓦小时/吨	2 681	2 533	-148
合成氨耗入炉焦、白煤(中型)	千克/吨	1 139	1 202	63
合成氨耗原料煤入炉(小合成氨厂)	千克/吨	1 491	1 432	-59
尿素耗氨	千克/吨	668	641	-27
钙镁磷肥耗磷矿石	千克/吨	3 605	3 600	-5
电石耗炭素(折84%)	千克/吨	591	599	8
聚氯乙烯耗电石	千克/吨	1 677	1 848	171
五、建筑材料工业				
水泥标准熟料耗标准煤	千克/吨	182	173	-9
水泥标准综合耗电	千瓦小时/吨	106	107	1
六、森林工业				
锯材出材率	%	63	62	-1
七、纺织工业				
粘胶短纤维耗浆粕	千克/吨	1 019.43	1 016.83	-2.6
粘胶短纤维耗硫酸量	千克/吨	1 040.54	1 014.80	-25.74
粘胶短纤维耗烧碱量	千克/吨	626.53	623.42	-3.11
棉纱通扯净用棉量(包括化纤)	千克/吨	1 064.36	1 057.35	-7.01
棉布用纱量(包括化纤)	千克/百米	15.21	15.37	0.16
印染布耗碱量	千克/百米	1.84	1.90	0.06
纯麻麻袋耗熟麻	千克/百米	91.17	80.49	-10.68
丝织品用原料量	千克/百米	10.68	10.05	-0.63
八、轻工业				
本色化学木浆用碱	千克/吨	342	345	3
本色化学木浆耗木材	立方米/吨	4.21	4.23	0.02
机械木浆耗木材	立方米/吨	2.38	2.38	平
新闻纸耗电	千瓦小时/吨	500	537	37
日用陶瓷耗用标准煤	吨/吨	2.93	2.60	-0.33
日用玻璃耗标准煤	吨/吨	0.68	0.68	平
日用玻璃耗纯碱	千克/吨	145	165	20
五号保温瓶胆耗纯碱	千克/万个	2 267	2 026	-241
火柴(木梗木盒)耗原木	立方米/万件	242.8	252.4	9.6
甘蔗耗标准煤	吨/百吨	6.76	6.41	-0.35
15—40瓦普通灯泡耗钨丝	万米/万只	1.52	1.36	-0.16
重革耗牛皮	千克/吨	1 125	1 309	184
重革耗猪皮	千克/吨	1 554	1 808	254
轻革耗牛皮	千克/平方米	2.6	2.7	0.1
轻革耗猪皮	千克/平方米	4.6	4.9	0.3

重点工业企业产品质量指标（一）

指标	单位	1989年	1990年	1990年比1989年增减数
一、冶金工业				
露天铁矿输出矿石品位	%	34.6	36.0	1.4
铁矿精选处理原矿品位	%	27.0	28.2	1.2
铁矿精矿品位	%	59.0	58.6	-0.4
烧结铁矿平均品位	%	45.6	47.7	2.1
高炉生铁合格率	%	99.8	99.8	平
电炉钢锭合格率	%	99.1	99.0	-0.1
顶吹转炉钢锭合格率	%	98.3	98.6	0.3
钢材合格率	%	99.1	98.9	-0.2
钢材优质品率	%	71.6	68.4	-3.2
冶金焦炭合格率	%	24.6	65.4	40.8
焦炭结焦率	%	78.4	78.2	-0.2
二、煤炭工业				
商品煤灰分	%	27.57	26.99	-0.58
商品煤含矸率	%	0.28	0.28	平
洗精煤灰分	%	10.96	10.98	0.02
三、电力工业				
周波合格率	%	99.8	99.9	0.1
四、化学工业				
电解烧碱（隔膜法液碱）合格率	%	100	100	—
尿素合格率	%	98.31	99.04	0.73
尿素平均含氮量	%	46.6	46.5	-0.1
普钙平均有效磷含量	%	12.3	12.4	0.1
钙镁磷肥平均有效磷含量	%	13.2	13.2	—
电石合格率	%	100	100	—
聚氯乙烯合格率	%	98.9	98.3	-0.6
轮胎外胎合格率	%	99.6	99.5	-0.1
胶鞋合格率（江西橡胶厂）	%	99.5	99.4	-0.1
五、机械工业				
铸钢件废品率	%	4.2	3.3	-0.9
铸铁件废品率	%	13.1	12.6	-0.5
主要零件、主要项次抽查合格率	%	98.2	96.3	-1.9
六、建筑材料工业				
熟料平均标号	号	539	566	27
水泥平均标号	号	430	448	18
出厂水泥合格率	%	99.99	100.00	0.01

重点工业企业产品质量指标(二)

指　　标	单位	1989年	1990年	1990年比1989年增减数
七、森林工业				
锯材一等品率	%	91	78	-13
胶合板一、二等品率	%	94	94	平
纤维板一、二等品率	%	62	62	平
八、纺织工业				
粘胶纤维正品率	%	93.0	87.2	-5.8
合成纤维正品率	%	99.3	97.6	-1.7
涤纶合格品率	%	99.2	97.6	-1.6
纱一等一级以上品率	%	98.6	97.8	-0.8
布入库一等品率	%	93.2	89.1	-4.1
印染布入库一等品率	%	80.1	83.8	3.7
棉毛类衫裤入库一等品率	%	92.2	91.3	-0.9
绒布类衫裤入库一等品率	%	96.7	97.8	1.1
毛线入库一等品率	%	85.3	86.8	1.5
麻袋正品率	%	100	100	平
苎麻布入库一等品率	%	74.8	80.9	6.1
丝织品(成品绸)入库一等品率	%	85.4	86.7	1.3
九、轻工业				
机制纸及纸板成品率	%	92.9	92.9	平
手表质量分	分	89.1	90.29	1.19
日用普通瓷一级品率	%	63.0	62.8	-0.2
五号保温瓶胆一等品率	%	69.9	62.9	-7
普通灯泡综合合格率	%	84.2	85.6	1.4
原盐优等、一等品率	%	66.7	69.4	2.7
甘蔗产糖率	%	9.9	10.1	0.2
甘蔗糖成品合格率	%	100.0	100.0	平
出口硬包装罐头合格率	%	97.1	97.1	平
重革合格率	%	99.2	98.3	-0.9
轻革合格率	%	99.5	99.0	-0.5
内销皮鞋合革率	%	99.2	97.9	-1.3
聚氯乙烯压延薄膜一级品率	%	99.4	99.5	0.1
台扇一次合格率	%	86.0	87.5	1.5
大型及大型专用衡器成品一次合格率	%	91.0	91.4	0.4

重点工业企业设备利用及其他指标

指　　标	单　位	1989年	1990年	1990年比1989年增减数
一、冶金工业				
露天铁矿电（油）铲效率	万吨/台年	17.75	17.09	-0.66
露天铁矿潜孔钻机效率	米/台年	2 758	2 870	112
坑下铁矿凿岩机采矿台班效率	吨/台班	85.5	208.3	122.6
生铁高炉有效容积利用系数	吨/立方米·日	1.309	1.394	0.085
生铁高炉休风率	%	4.2	3.0	-1.2
锰铁高炉利用系数	吨/立方米·日	0.61	0.62	0.01
锰铁高炉休风率	%	1.6	1.7	0.1
炼钢电炉日历利用系数	吨/百万伏安·日	13.5	13.2	-0.3
炼钢电炉日历作业率	%	65.0	70.9	5.9
顶吹转炉日历利用系数	吨/公称吨·日	19.4	19.1	-0.3
顶吹转炉日历作业率	%	39.3	38.1	-1.2
锻压钢材锻锤日历作业率	%	69.4	70.2	0.8
二、电力工业				
发电设备平均利用小时(500千瓦及以上电厂)	小时	4 702	4 547	-155
水　　电	小时	3 492	3 106	-386
火　　电	小时	5 214	5 137	-77
三、化学工业				
合成氨造气炉利用系数（中型）	吨/平方米·日	6.9	6.8	-0.1
合成氨触媒容积利用系数（中型）	吨/平方米·日	35.3	35.4	0.1
电石电炉变压器利用系数	吨/百万伏安·日	4.5	5.1	0.6
四、机械工业				
金属切削机床利用率	%	54.1	51.2	-2.9
五、建筑材料工业				
水泥窑小时产量	吨/小时	560.8	673.8	113
六、纺织工业				
棉纺锭每千锭时平均产纱量（混合数）	千克	22.5	20.3	-2.2
棉纺锭设备利用率	%	93.4	92.2	-1.2
棉纺锭设备运转率	%	90.2	86.8	-3.4
棉布织机每台时产量（混合数）	米	2.99	2.88	-0.11
棉布织机设备利用率	%	91.3	91.6	0.3
棉布织机设备运转率	%	92.6	92.0	-0.6
纯麻麻袋织机每台时产量	米	17.25	16.03	-1.22

重点工业企业实物劳动生产率

指　　标	单　位	1989年	1990年	1990年比1989年增减数
一、冶金工业				
露天铁矿采矿全员实物劳动生产率	吨/人·年	900	983	83
露天铁矿采矿工人实物劳动生产率	吨/人·年	1 684	1 775	91
坑下铁矿采矿全员实物劳动生产率	吨/人·年	89	105	16
坑下铁矿采矿工人实物劳动生产率	吨/人·年	184	227	43
铁矿选矿全员实物劳动生产率	吨/人·年	570	550	-20
铁矿选矿工人实物劳动生产率	吨/人·年	1 113	1 018	-95
烧结铁矿工人实物劳动生产率	吨/人·年	853	823	-30
烧结锰矿工人实物劳动生产率	吨/人·年	1 099	1 272	173
高炉炼铁工人实物劳动生产率	吨/人·年	581	451	-130
电炉炼钢工人实物劳动生产率	吨/人·年	158	152	-6
顶吹转炉炼钢工人实物劳动生产率	吨/人·年	254	251	-3
锰铁工人实物劳动生产率	吨/人·年	459	506	47
锻压钢材工人实物劳动生产率	吨/人·年	47	51	4
炼焦工人实物劳动生产率	吨/人·年	1 015	1 086	71
耐火材料工人实物劳动生产率	吨/人·年	43.8	43.1	-0.7
电解铝工人实物劳动生产率	吨/人·年	11.6	11.8	0.2
二、煤炭工业				
原煤全员效率	吨/工	0.625	0.592	-0.033
回采工效率	吨/工	2.655	2.512	-0.143
掘进工效率	米/工	0.124	0.123	-0.001
三、化学工业				
电解烧碱(隔膜法液碱)工人实物劳动生产率	吨/人·年	70.2	74.1	3.9
合成氨工人实物劳动生产率	吨/人·年	205	187	-18
尿素工人实物劳动生产率	吨/人·年	358	402	44
钙镁磷肥工人实物劳动生产率	吨/人·年	263	304	41
普钙工人实物劳动生产率	吨/人·年	430	417	-13
黄磷工人实物劳动生产率	吨/人·年	11.7	15.2	3.5
电石工人实物劳动生产率	吨/人·年	57	57	平

主要年份独立核算工业企业主要财务指标

（总　表）

指　　标	单位	1978年	1980年	1985年	1989年	1990年
企业单位数	个	8 945	10 111	12 554	14 697	14 230
#亏损企业	个	861	1 296	1 586	2 304	2 734
年末固定资产原值	万元	746 937	875 296	1 471 038	2 416 199	2 678 322
#生　产　用	万元		707 344	1 177 712	1 952 452	2 159 186
全部资金	万元		895 977	1 490 104	2 653 159	2 995 964
年末固定资产净值	万元		603 460	1 003 130	1 660 686	1 818 906
定额流动资金全年平均余额	万元		292 517	486 974	992 473	1 177 058
定额流动资金年末占用数	万元				1 117 741	1 280 508
产品销售收入	万元		754 019	1 514 468	3 062 174	3 085 080
#产品销售税金	万元	46 126	57 117	118 455	210 372	215 070
产品销售工厂成本	万元				2 605 662	2 684 855
产品销售利润	万元			132 831	169 703	91 190
利润总额	万元	44 257	64 410	124 106	145 783	41 140
盈利企业的利润额	万元	60 470	77 757	139 184	210 228	161 754
亏损企业的亏损额	万元	16 213	13 347	15 078	68 207	124 395
教育费附加	万元	—	—	—	3 484	3 457
资　源　税	万元	—	—	—	278	324
利润和税金总额	万元	90 383	121 527	242 561	356 155	256 210
工业总产值（按当年价格计算）	万元	656 015	823 335	1 579 559	3 357 947	3 431 385
工业总产值（按当年不变价格计算）	万元	657 462	796 398	1 452 238	2 299 889	2 362 553
工业总产值（按1990年不变价格计算）	万元	—	—	—	—	3 591 985
每百元固定资产原值实现的产值（按当年不变价格计算）	元	88.02	90.99	98.72	95.19	88.21
每百元固定资产原值实现的产值（按1990年不变价格计算）	元	—	—	—	—	134.11
每百元固定资产原值实现的利润和税金	元	12.10	13.88	16.49	14.74	9.57
资金利税率	%		13.56	16.28	13.42	8.55
销售收入利税率	%		16.12	16.02	11.63	8.30
销售工厂成本利税率	%				13.67	9.54

注：本表工业总产值（按当年不变价格计算）1978年、1980年按1970年不变价格计算，1985年、1989年、1990年按1980年不变价格计算。

主要年份全民所有制独立核算工业企业主要财务指标

（总 表）

指 标	单位	1978年	1980年	1985年	1989年	1990年
企业单位数	个	2 230	2 223	3 279	3 502	3 496
#亏损企业	个	447	436	320	617	936
年末固定资产原值	万元	695 901	805 254	1 316 200	2 109 888	2 338 517
#生 产 用	万元	584 846	650 214	1 050 384	1 696 840	1 875 160
全部资金	万元	729 528	808 363	1 300 068	2 258 812	2 549 383
年末固定资产净值	万元	495 629	552 167	893 459	1 444 013	1 581 799
定额流动资金全年平均余额	万元	233 899	256 196	406 609	814 799	967 584
定额流动资金年末占用数	万元		246 583	440 243	919 825	1 050 250
#成品资金	万元			116 924	288 089	348 203
产品销售收入	万元		626 799	1 240 357	2 501 520	2 503 577
#产品销售税金	万元	40 373	50 061	101 863	180 445	184 288
产品销售工厂成本	万元		509 691	1 009 783	2 126 506	2 187 787
产品销售利润	万元		67 047	115 991	145 730	72 729
利润总额	万元	34 354	53 734	109 621	126 270	29 333
盈利企业的利润额	万元	50 000	66 086	122 199	181 377	136 201
亏损企业的亏损额	万元	15 646	12 352	12 578	58 084	110 037
教育费附加	万元	—	—	—	2 792	2 976
资 源 税	万元	—	—	—	185	193
利润和税金总额	万元	74 727	103 795	211 484	306 715	213 621
工业总产值（按当年价格计算）	万元	537 639	682 012	1 278 249	2 680 664	2 717 500
工业总产值（按当年不变价格计算）	万元	534 773	653 647	1 162 092	1 732 113	1 758 023
工业总产值（按1990年不变价格计算）	万元	—	—	—	—	2 844 272
每百元固定资产原值实现的产值（按当年不变价格计算）	元	76.85	81.17	88.29	82.10	75.18
每百元固定资产原值实现的产值（按1990年不变价格计算）	元	—	—	—	—	121.63
每百元固定资产原值实现的利润和税金	元	10.74	12.89	16.07	14.54	9.13
资金利税率	%	10.24	12.84	16.27	13.58	8.38
销售收入利税率	%		16.56	17.05	12.26	8.53
销售工厂成本利税率	%		20.36	20.94	14.42	9.76
可比产品成本降低率	%	−5.60	−1.21	−5.96	−19.73	−4.80

注：本表工业总产值（按当年不变价格计算）1978年、1980年按1970年不变价格计算，1985年、1989年、1990年按1980年不变价格计算，

全民所有制独立核算工业企业单位数和总产值（一）

（1990年）

分组	企业单位数（个）	#亏损企业	工业总产值（万元）		
			当年价格	1980年不变价格	1990年不变价格
总　　计	**3 496**	**936**	**2 717 500.1**	**1 758 022.6**	**2 844 271.8**
一、按隶属关系分					
中央企业	104	29	610 620.3	370 448.7	619 991.6
地方企业	3 392	907	2 106 879.8	1 387 573.9	2 224 280.2
#县属企业	1 946	498	518 575.3	335 247.4	552 731.1
二、按轻、重工业分					
轻工业	1 937	545	1 073 606.0	770 828.2	1 193 989.2
以农产品为原料	1 539	436	818 895.1	553 602.5	917 194.6
以非农产品为原料	398	109	254 710.9	217 225.7	276 794.6
重工业	1 559	391	1 643 894.1	987 194.4	1 650 282.6
采掘工业	287	72	263 584.1	147 167.7	277 452.2
原料工业	477	122	788 426.9	394 240.2	753 514.5
制造工业	795	197	591 883.1	445 786.5	619 315.9
三、按企业规模分					
大型企业	56	15	550 790.8	357 264.4	570 412.8
中型企业	246	73	1 164 115.0	733 719.3	1 209 726.6
小型企业	3 194	848	1 002 594.3	667 038.9	1 064 132.4
四、按工业行业分					
煤炭采选业	73	32	72 826.5	33 843.7	61 773.1
黑色金属矿采选业	4	1	3 828.1	2 332.7	4 748.2
有色金属矿采选业	92	28	147 196.5	93 335.0	169 592.9
建筑材料及其他非金属矿采选业	33	4	10 897.8	6 603.9	12 113.0
采盐业	3	—	3 230.7	2 350.5	2 900.7
其他矿采选业	1	—	33.6	30.9	31.0
木材及竹材采运业	84	7	28 801.6	11 021.5	29 194.0
自来水生产和供应业	91	6	10 058.3	7 106.9	13 769.1
食品制造业	708	183	258 623.3	158 155.2	289 111.2
饮料制造业	169	67	62 935.9	35 290.8	63 208.0

全民所有制独立核算工业企业单位数和总产值（二）

（1990年）

分组	企业单位数（个）	#亏损企业	工业总产值（万元）当年价格	1980年不变价格	1990年不变价格
烟草加工业	2	—	54942.7	38273.7	67685.4
饲料工业	131	15	25663.6	20745.8	47190.2
纺织业	135	76	208132.3	158282.6	233627.1
缝纫业	28	9	39967.7	33945.0	35301.0
皮革、毛皮及其制品业	20	6	6831.6	4354.0	7578.8
木材加工及竹、藤、棕、草制品业	100	36	27980.3	16064.7	31649.6
家具制造业	26	9	2793.6	2379.9	2877.0
造纸及纸制品业	84	32	58951.7	33522.3	58893.7
印刷业	114	9	24326.7	18296.8	33418.2
文教体育用品制造业	13	2	1300.2	1072.1	1330.8
工艺美术品制造业	28	12	4792.5	3881.6	6356.5
电力、蒸汽、热水生产和供应业	204	29	149095.8	76762.5	117507.0
石油加工业	2	—	101457.6	46172.0	71762.6
炼焦、煤气及煤制品业	25	11	13133.7	6489.7	11831.7
化学工业	194	43	181983.7	102898.0	189896.0
医药工业	90	19	89600.3	80258.7	94081.1
化学纤维工业	6	2	48744.5	29606.3	48751.5
橡胶制品业	19	8	24403.0	19436.4	31581.5
塑料制品业	42	14	7775.9	6174.7	9167.5
建筑材料及其他非金属矿物制品业	311	114	136921.1	79283.0	141770.9
黑色金属冶炼及压延加工业	11	4	236446.4	102584.6	228004.1
有色金属冶炼及压延加工业	27	13	147771.2	92744.9	180032.0
金属制品业	47	11	15094.5	10081.2	15420.8
机械工业	298	71	191191.6	160625.6	208749.0
交通运输设备制造业	115	22	151651.7	109748.1	139407.0
电气机械及器材制造业	83	21	80184.8	61031.6	86522.5
电子及通信设备制造业	44	12	68075.6	74831.7	76699.6
仪器仪表及其他计量器具制造业	23	4	16357.3	15959.0	16999.9
其他工业	16	4	3496.2	2445.0	3737.6

全民所有制独立核算工业企业产品销售收入(一)

（1990年） 单位：万元

分组	产品销售收入	#产品销售税金	#产品销售工厂成本	#产品销售利润
总计	**2 503 577.0**	**184 288.6**	**2 187 787.1**	**72 728.3**
一、按隶属关系分				
中央企业	609 153.4	70 234.8	507 020.7	25 245.6
地方企业	1 894 423.6	114 053.8	1 680 766.4	47 482.7
#县属企业	471 537.6	26 884.6	406 028.7	21 539.5
二、按轻、重工业分				
轻工业	967 243.8	79 669.7	833 032.4	28 398.2
以农产品为原料	747 586.9	67 187.3	642 939.3	17 336.8
以非农产品为原料	219 656.9	12 482.4	190 093.1	11 061.4
重工业	1 536 333.2	104 618.9	1 354 754.7	44 330.1
采掘工业	266 041.6	10 290.2	248 054.9	− 650.0
原料工业	747 478.5	69 590.0	656 526.3	8 244.2
制造工业	522 813.1	24 738.7	450 173.5	36 735.9
三、按企业规模分				
大型企业	526 221.0	33 533.8	461 605.1	24 335.3
中型企业	1 057 964.4	104 249.4	917 802.2	13 338.4
小型企业	919 391.6	46 505.4	808 379.8	35 054.6
四、按工业行业分				
煤炭采选业	71 543.1	2 243.1	87 219.9	−20 000.6
黑色金属矿采选业	3 008.3	93.8	3 019.8	− 157.3
有色金属矿采选业	145 957.6	4 651.5	124 877.3	13 884.4
建筑材料及其他非金属矿采选业	9 842.4	553.2	7 652.7	1 248.7
采盐业	2 108.8	23.1	1 696.8	173.3
其他矿采选业	33.6	0.3	22.6	1.0
木材及竹材采运业	35 656.6	2 748.3	25 262.6	4 373.8
自来水生产和供应业	9 751.1	320.8	7 245.9	2 039.3
食品制造业	254 791.4	6 701.9	232 583.4	6 437.3
饮料制造业	67 305.0	12 287.9	52 662.2	−96.2

全民所有制独立核算工业企业产品销售收入（二）

（1990年）　　单位：万元

分　组	产品销售收入	#产品销售税金	#产品销售工厂成本	#产品销售利润
烟草加工业	54 090.3	31 021.4	22 544.0	113.1
饲料工业	25 916.5	449.9	24 195.5	793.9
纺织业	179 900.5	7 362.5	167 218.6	3 758.4
缝纫业	20 493.4	765.5	17 726.5	1 350.1
皮革、毛皮及其制品业	6 374.3	134.0	6 194.3	－106.3
木材加工及竹、藤、棕、草制品业	24 995.2	962.0	23 324.3	101.3
家具制造业	1 929.3	90.2	1 836.4	－88.6
造纸及纸制品业	48 579.1	3 206.9	43 677.6	993.6
印刷业	21 080.8	911.5	18 005.8	1 832.8
文教体育用品制造业	1 237.4	56.6	1 077.7	54.2
工艺美术品制造业	3 669.6	258.0	3 239.3	52.7
电力、蒸汽、热水生产和供应业	177 680.8	18 740.0	143 923.5	12 469.9
石油加工业	95 680.3	11 243.6	79 650.5	3 543.8
炼焦、煤气及煤制品业	11 909.6	558.4	10 689.6	334.1
化学工业	159 669.0	10 601.4	137 579.2	7 656.7
医药工业	76 559.7	4 470.8	65 398.0	2 782.3
化学纤维工业	47 152.2	2 803.8	40 973.3	2 781.5
橡胶制品业	18 162.7	2 290.0	16 162.5	－597.0
塑料制品业	6 505.7	220.1	5 868.4	235.2
建筑材料及其他非金属矿物制品业	124 697.2	9 121.8	102 552.5	4 775.5
黑色金属冶炼及压延加工业	209 616.1	21 342.2	199 845.2	－12 417.1
有色金属冶炼及压延加工业	127 899.6	7 350.1	117 914.5	1 853.9
金属制品业	12 742.9	763.8	11 028.9	628.7
机械工业	163 261.4	7 714.2	145 069.6	7 357.5
交通运输设备制造业	144 154.4	4 787.0	121 503.2	14 634.2
电气机械及器材制造业	62 668.7	3 961.2	52 342.2	4 867.5
电子及通信设备制造业	57 189.1	2 467.9	49 227.1	3 674.5
仪器仪表及其他计量器具制造业	16 409.6	947.0	13 793.9	1 305.3
其他工业	3 353.7	62.9	2 981.8	82.9

全民所有制独立核算工业企业利润和税金（一）

（1990年） 单位：万元

分组	利润总额	#盈利企业的利润额	#亏损企业的亏损额	利润税金总额	企业留利	已交利、税、费
总计	**29 332.7**	**136 201.0**	**110 037.1**	**213 621.3**	**40 471.3**	**34 099.4**
一、按隶属关系分						
中央企业	8 966.7	40 482.7	32 539.0	79 201.5	8 273.2	-4 684.9
地方企业	20 366.0	95 718.3	77 498.1	134 419.8	32 198.1	38 784.3
#县属企业	16 829.5	27 984.4	11 667.7	43 714.1	9 880.6	12 834.8
二、按轻、重工业分						
轻工业	18 640.3	43 254.4	25 710.6	98 310.0	14 054.1	16 661.3
以农产品为原料	10 912.8	29 934.4	19 921.7	78 100.1	8 579.1	11 598.6
以非农产品为原料	7 727.5	13 320.0	5 788.9	20 209.9	5 475.0	5 062.7
重工业	10 692.4	92 946.6	84 326.5	115 311.3	26 417.2	17 438.1
采掘工业	-13 649.0	18 106.1	32 098.0	-3 358.8	4 351.6	-6 572.0
原料工业	-2 366.7	36 259.1	39 923.2	67 223.3	8 539.9	7 178.7
制造工业	26 708.1	38 581.4	12 305.3	51 446.8	13 525.7	16 831.4
三、按企业规模分						
大型企业	20 093.8	31 955.9	12 462.7	53 627.6	7 329.0	5 696.0
中型企业	-3 888.9	54 555.4	60 134.3	100 360.5	15 082.4	6 397.8
小型企业	13 127.8	49 689.7	37 440.1	59 633.2	18 059.9	22 005.0
四、按工业行业分						
煤炭采选业	-26 312.7	819.7	27 328.3	-24 069.6	308.2	-11 493.8
黑色金属矿采选业	-359.5	46.1	406.6	-265.7	39.1	1.5
有色金属矿采选业	9 210.0	13 259.1	4 125.4	13 861.5	2 234.3	1 583.6
建筑材料及其他非金属矿采选业	952.4	974.6	61.3	1 505.6	204.4	323.1
采盐业	177.9	177.8	—	201.0	47.7	194.0
其他矿采选业	1.1	1.0	—	1.4	0.6	0.3
木材及竹材采运业	2 859.7	3 005.6	176.4	5 608.0	1 565.0	3 013.3
自来水生产和供应业	2 006.7	2 012.3	12.5	2 327.5	964.8	921.0
食品制造业	4 761.0	12 006.6	7 390.5	11 462.9	4 188.3	2 081.0
饮料制造业	53.1	2 151.0	2 306.8	12 341.0	404.0	1 587.6

全民所有制独立核算工业企业利润和税金（二）

（1990年）　　　　单位：万元

分组	利润总额	#盈利企业的利润额	#亏损企业的亏损额	利润税金总额	企业留利	已交利、税、费
烟草加工业	305.9	13.9	—	31327.3	1.3	315.3
饲料工业	737.1	864.3	131.5	1187.0	463.5	217.8
纺织业	962.9	6015.8	5176.2	8325.4	1526.4	3349.1
缝纫业	1451.4	1710.6	275.3	2216.9	42.2	454.0
皮革、毛皮及其制品业	－201.3	81.9	284.7	－67.3	23.6	28.7
木材加工及竹、藤、棕、草制品业	－359.7	874.6	1251.6	602.3	270.5	962.7
家具制造业	－144.1	66.6	212.2	－53.9	14.0	27.1
造纸及纸制品业	82.6	1710.4	1674.4	3289.5	494.2	1069.2
印刷业	1262.7	1385.7	138.9	2174.2	619.1	812.0
文教体育用品制造业	25.8	84.6	59.4	82.4	30.5	28.2
工艺美术品制造业	31.8	115.2	87.3	289.8	36.8	58.0
电力、蒸汽、热水生产和供应业	3309.7	21141.4	18181.7	22049.7	4149.0	－176.3
石油加工业	3877.6	3657.8	—	15121.2	2016.3	1261.7
炼焦、煤气及煤制品业	334.1	488.7	163.7	892.5	261.1	222.9
化学工业	6749.1	8233.2	1672.2	17350.5	3062.8	3892.4
医药工业	2000.9	3321.5	1368.2	6471.7	754.1	1746.4
化学纤维工业	2595.5	4750.5	2184.1	5399.3	2108.0	481.6
橡胶制品业	－499.2	171.4	712.2	1790.8	－13.7	186.2
塑料制品业	16.8	173.4	159.8	236.9	62.9	109.5
建筑材料及其他非金属矿物制品业	1544.8	5610.7	4241.8	10666.6	1715.5	3855.4
黑色金属冶炼及压延加工业	－13509.0	513.1	14420.3	7833.2	50.2	486.2
有色金属冶炼及压延加工业	1613.8	5170.3	3678.9	8963.9	243.2	425.4
金属制品业	513.3	780.3	279.2	1277.1	222.5	330.5
机械工业	2872.0	9754.9	7016.0	10586.2	3349.5	4395.3
交通运输设备制造业	13104.1	15622.2	2601.1	17891.1	6279.3	8117.0
电气机械及器材制造业	4071.2	4380.6	383.8	8032.4	1307.2	1557.7
电子及通信设备制造业	2657.1	4307.6	1688.2	5125.0	1174.0	1167.7
仪器仪表及其他计量器具制造业	660.6	690.5	45.0	1607.6	228.3	435.5
其他工业	－84.5	55.5	141.6	－21.6	22.6	70.6

全民所有制独立核算工业企业其他主要财务指标(1—1)

(1990年)

单位：万元

分组	年末固定资产		本年提取	本年提取的	定额流动资金
	原值	净值	折旧基金	大修理基金	全年平均余额
总计	**2 338 516.7**	**1 581 798.7**	**104 496.2**	**48 205.8**	**967 584.3**
一、按隶属关系分					
中央企业	785 049.9	525 654.5	39 283.9	16 687.2	199 848.6
地方企业	1 553 466.8	1 056 144.2	65 212.3	31 518.6	767 735.7
#县属企业	359 125.1	260 928.0	15 406.0	6 243.7	164 727.9
二、按轻、重工业分					
轻工业	565 537.3	411 320.1	22 436.0	9 682.3	361 031.1
以农产品为原料	393 499.7	288 752.9	15 255.2	6 067.5	268 022.0
以非农产品为原料	172 037.6	122 567.2	7 180.8	3 614.8	93 009.1
重工业	1 772 979.4	1 170 478.6	82 060.2	38 523.5	606 553.2
采掘工业	457 325.0	287 824.6	27 168.1	9 374.2	84 708.1
原料工业	817 567.4	574 492.8	34 476.5	19 657.0	207 243.6
制造工业	498 087.0	308 161.2	20 415.6	9 492.3	314 601.5
三、按企业规模分					
大型企业	570 746.3	394 310.9	29 799.8	13 007.1	201 256.1
中型企业	993 898.1	649 624.5	42 221.9	20 933.8	411 792.3
小型企业	773 872.3	537 863.3	32 474.5	14 264.9	354 535.9
四、按工业行业分					
煤炭采选业	184 086.8	117 601.1	7 949.5	3 775.8	20 868.8
黑色金属矿采选业	7 492.2	3 971.9	588.0	249.5	968.8
有色金属矿采选业	233 658.1	144 693.8	17 041.7	4 649.1	50 203.4
建筑材料及其他非金属矿采选业	10 064.0	5 756.5	696.6	227.9	2 611.4
采盐业	3 496.1	2 412.4	210.5	127.9	754.6
其他矿采选业	4.0	3.0	0.3	—	8.0
木材及竹材采运业	22 019.9	15 798.3	892.0	471.9	10 047.7
自来水生产和供应业	26 947.5	20 944.3	713.0	428.3	1 150.6
食品制造业	110 535.4	81 176.9	4 342.3	1 408.5	52 719.5
饮料制造业	41 618.3	32 149.4	1 742.1	720.8	33 046.3

全民所有制独立核算工业企业其他主要财务指标(1—2)

(1990年)

单位：万元

分组	年末固定资产		本年提取	本年提取的	定额流动资金
	原值	净值	折旧基金	大修理基金	全年平均余额
烟草加工业	8424.5	7240.0	211.7	101.6	16238.5
饲料工业	7377.5	6400.5	362.0	13.1	4631.2
纺织业	116516.0	82878.8	4590.2	2163.4	84898.9
缝纫业	5820.7	4723.8	184.9	94.0	15561.0
皮革、毛皮及其制品业	3528.0	2478.5	148.9	76.0	3044.0
木材加工及竹、藤、棕、草制品业	22693.6	17094.4	743.9	362.3	12761.7
家具制造业	2280.1	1706.5	69.6	19.3	1355.9
造纸及纸制品业	37540.1	24920.4	1471.0	552.9	19492.6
印刷业	16025.7	10371.2	722.7	334.7	7332.6
文教体育用品制造业	526.6	328.4	24.1	11.4	465.7
工艺美术品制造业	1470.3	1082.6	55.6	21.0	1263.5
电力、蒸汽、热水生产和供应业	359575.7	250884.5	13435.5	6501.4	16422.4
石油加工业	34546.4	24512.0	1769.5	1280.6	13190.3
炼焦、煤气及煤制品业	11092.7	8531.4	593.1	277.6	2033.3
化学工业	123641.5	81596.5	5222.8	3001.9	55690.9
医药工业	41202.6	27678.6	1931.2	860.5	29457.7
化学纤维工业	47987.5	39046.2	1603.7	694.2	15847.0
橡胶制品业	12910.7	8629.7	614.9	270.9	11519.2
塑料制品业	6106.3	4685.0	178.8	84.6	2966.4
建筑材料及其他非金属矿物制品业	155040.7	114749.4	6220.0	3105.8	48400.5
黑色金属冶炼及压延加工业	141430.1	89576.1	6182.3	5096.8	70051.5
有色金属冶炼及压延加工业	118297.2	86840.1	6565.6	3589.6	52103.1
金属制品业	8902.5	5716.8	339.2	215.8	7469.6
机械工业	185891.5	106443.6	7663.1	3256.6	119055.8
交通运输设备制造业	111296.8	71580.6	4361.5	2182.9	90023.6
电气机械及器材制造业	44178.9	30271.7	1935.9	910.6	39399.9
电子及通信设备制造业	51901.8	32917.3	2415.0	774.7	36568.8
仪器仪表及其他计量器具制造业	20137.5	12706.9	627.6	262.8	16171.2
其他工业	2250.9	1699.6	75.9	29.1	1788.4

全民所有制独立核算工业企业其他主要财务指标(2—1)

(1990年)

单位：万元

分组	定额流动资金 年末占用数	#成品资金	全部资金	全部商品产品总成本	可比产品总成本	可比产品按上年实际单位成本计算的总成本
总计	**1 050 250.4**	**348 203.2**	**2 549 383.0**	**2 405 664.8**	**1 858 891.7**	**1 773 797.2**
一、按隶属关系分						
中央企业	223 864.0	42 188.2	725 503.1	527 662.6	461 693.4	430 524.5
地方企业	826 386.4	306 015.0	1 823 879.9	1 878 002.2	1 397 198.3	1 343 272.7
#县属企业	172 623.3	69 284.1	425 655.9	436 010.1	361 471.1	354 528.1
二、按轻、重工业分						
轻工业	392 379.8	169 017.1	772 351.2	914 903.8	662 179.6	646 848.6
以农产品为原料	294 782.8	123 233.6	556 774.9	693 146.9	508 346.6	490 892.3
以非农产品为原料	97 597.0	45 783.5	215 576.3	221 756.9	153 833.0	155 956.3
重工业	657 870.6	179 186.1	1 777 031.8	1 490 761.0	1 196 712.1	1 126 948.6
采掘工业	92 234.9	27 993.5	372 532.7	265 962.1	248 123.2	233 840.9
原料工业	233 909.4	52 102.1	781 736.4	723 354.4	652 755.5	613 413.2
制造工业	331 726.3	99 090.5	622 762.7	501 444.5	295 833.4	279 694.5
三、按企业规模分						
大型企业	219 000.4	54 971.6	595 567.0	489 858.0	387 954.3	357 642.8
中型企业	454 451.9	130 600.5	1 061 416.8	1 031 445.2	782 130.2	741 072.5
小型企业	376 798.1	162 631.1	892 399.2	884 361.6	688 807.2	675 081.9
四、按工业行业分						
煤炭采选业	24 050.9	10 999.7	138 469.9	102 529.2	97 532.2	92 154.0
黑色金属矿采选业	1 015.5	197.1	4 940.7	3 728.4	3 643.3	3 257.6
有色金属矿采选业	53 344.9	13 125.2	194 897.2	127 530.9	121 693.3	111 865.2
建筑材料及其他非金属矿采选业	3 059.2	1 345.7	8 367.9	8 692.5	7 562.0	7 243.2
采盐业	736.8	243.2	3 167.0	1 928.0	1 928.0	1 846.5
其他矿采选业	8.0	—	11.0	22.6	22.6	20.3
木材及竹材采运业	10 756.4	2 325.8	25 846.0	23 458.5	17 669.8	19 300.6
自来水生产和供应业	1 103.8	30.9	22 094.9	7 321.0	6 923.6	6 369.0
食品制造业	56 629.3	25 550.0	133 896.4	233 262.7	207 172.2	202 200.1
饮料制造业	36 085.0	15 975.8	65 195.7	54 517.4	40 985.4	40 775.5

全民所有制独立核算工业企业其他主要财务指标(2—2)

(1990年)　　单位：万元

分组	定额流动资金 年末占用数	#成品资金	全部资金	全部商品产品总成本	可比产品总成本	可比产品按上年实际单位成本计算的总成本
烟草加工业	22 849.9	1337.3	23 478.5	23 324.1	22 345.7	21 891.7
饲料工业	5 015.1	867.4	11 031.7	22 917.8	19 620.6	19 857.8
纺织业	89 977.1	43 659.4	167 777.7	190 943.8	95 837.7	87 533.2
缝纫业	18 037.6	7 256.7	20 284.8	18 719.4	13 574.1	11 794.6
皮革、毛皮及其制品业	3 099.1	1 599.9	5 522.5	6 440.3	3 099.4	2 929.8
木材加工及竹、藤、棕、草制品业	14 985.8	5 625.6	29 856.1	28 998.5	20 707.6	20 515.0
家具制造业	2 228.3	713.0	3 062.4	2 498.2	1 055.4	959.2
造纸及纸制品业	22 610.8	10 785.3	44 413.0	53 343.4	46 715.2	45 109.1
印刷业	8 061.3	2 037.4	17 703.8	18 711.8	7 254.1	6 978.2
文教体育用品制造业	600.3	211.8	794.1	1 133.8	786.5	718.9
工艺美术品制造业	1 267.8	675.6	2 346.1	3 348.6	1 239.0	1 107.1
电力、蒸汽、热水生产和供应业	16 698.0	54.8	267 306.9	142 285.2	139 377.7	139 092.2
石油加工业	22 389.8	8 822.1	37 702.3	86 663.7	85 129.8	74 860.9
炼焦、煤气及煤制品业	1 662.5	1 535.7	10 564.7	12 217.7	11 684.3	10 938.5
化学工业	57 744.7	18 682.6	137 287.4	155 475.7	136 459.1	138 337.4
医药工业	30 657.4	15 215.6	57 136.3	78 609.7	55 844.8	58 007.2
化学纤维工业	16 769.9	4 418.0	54 893.2	47 409.6	37 298.0	36 746.9
橡胶制品业	11 444.7	7 827.3	20 148.9	20 504.6	18 847.7	17 183.4
塑料制品业	3 015.6	1 526.4	7 651.4	6 632.5	4 603.7	5 131.3
建筑材料及其他非金属矿物制品业	52 026.3	25 820.4	163 149.9	115 221.6	96 941.2	93 793.8
黑色金属冶炼及压延加工业	76 142.5	6 826.3	159 627.6	233 224.9	193 484.4	171 068.2
有色金属冶炼及压延加工业	61 395.1	14 778.3	138 943.2	129 162.9	119 707.0	113 221.2
金属制品业	7 894.3	3 331.5	13 186.4	12 329.4	8 620.2	8 421.1
机械工业	128 249.2	40 867.8	225 499.4	171 372.4	104 397.1	95 793.3
交通运输设备制造业	91 580.7	14 262.8	161 604.2	120 834.4	26 251.1	25 491.5
电气机械及器材制造业	39 232.6	17 912.3	69 671.6	66 875.4	38 382.8	37 396.0
电子及通信设备制造业	38 899.6	15 571.2	69 486.1	56 557.5	32 725.2	34 428.9
仪器仪表及其他计量器具制造业	16 945.8	5 370.2	28 878.1	13 784.4	10 655.1	8 349.0
其他工业	1 978.8	817.1	3 488.0	3 132.3	1 114.8	1 109.8

全民所有制独立核算工业企业主要财务指标分析资料(1—1)

(1990年)

单位：元

分组	企业亏损面(%)	每百元固定资产原值实现的				
		工业总产值			利润	利润和税金
		当年价格	1980年不变价格	1990年不变价格		
总计	**26.77**	**116.21**	**75.18**	**121.63**	**1.25**	**9.13**
一、按隶属关系分						
中央企业	27.88	77.78	47.19	78.97	1.14	10.09
地方企业	26.74	135.62	89.32	143.18	1.31	8.65
#县属企业	25.59	144.40	93.35	153.91	4.69	12.17
二、按轻、重工业分						
轻工业	28.14	189.84	136.30	211.12	3.30	17.38
以农产品为原料	28.33	208.11	140.69	233.09	2.77	19.85
以非农产品为原料	27.39	148.06	126.27	160.89	4.49	11.75
重工业	25.08	92.72	55.68	93.08	0.60	6.50
采掘工业	25.09	57.64	32.18	60.67	−2.98	−0.73
原料工业	25.58	96.44	48.22	92.17	−0.29	8.22
制造工业	24.78	118.83	89.50	124.34	5.36	10.33
三、按企业规模分						
大型企业	26.79	96.50	62.60	99.94	3.52	9.40
中型企业	29.67	117.13	73.82	121.72	−0.39	10.10
小型企业	26.55	129.56	86.19	137.51	1.70	7.71
四、按工业行业分						
煤炭采选业	43.84	39.56	18.38	33.56	−14.29	−13.08
黑色金属矿采选业	25.00	51.09	31.14	63.38	−4.80	−3.55
有色金属矿采选业	30.43	63.00	39.95	72.58	3.94	5.93
建筑材料及其他非金属矿采选业	12.12	108.28	65.62	120.36	9.46	14.96
采盐业	—	92.41	67.23	82.97	5.09	5.75
其他矿采选业	—	840.00	772.50	775.00	27.50	35.00
木材及竹材采运业	8.33	130.80	50.05	132.58	12.99	25.47
自来水生产和供应业	6.59	37.33	26.37	51.10	7.45	8.64
食品制造业	25.85	233.97	143.08	261.56	4.31	10.37
饮料制造业	39.64	151.22	84.80	151.88	0.13	29.65

全民所有制独立核算工业企业主要财务指标分析资料(1—2)

(1990年)

单位：元

分组	企业亏损面(%)	每百元固定资产原值实现的工业总产值 当年价格	1980年不变价格	1990年不变价格	利润	利润和税金
烟草加工业	—	652.18	454.31	803.44	3.63	371.86
饲料工业	11.45	347.86	281.20	639.65	9.99	16.09
纺织业	56.30	178.63	135.85	200.51	0.83	7.15
缝纫业	32.14	686.65	583.18	606.47	24.94	38.09
皮革、毛皮及其制品业	30.00	193.64	123.41	214.82	-5.71	-1.91
木材加工及竹、藤、棕、草制品业	36.00	123.30	70.79	139.46	-1.59	2.65
家具制造业	34.62	122.52	104.38	126.18	-6.32	-2.36
造纸及纸制品业	38.10	157.04	89.30	156.88	0.22	8.76
印刷业	7.89	151.80	114.17	208.53	7.88	13.57
文教体育用品制造业	15.38	246.90	203.59	252.72	4.90	15.65
工艺美术品制造业	42.86	325.95	264.00	432.33	2.16	19.71
电力、蒸汽、热水生产和供应业	14.22	41.46	21.35	32.68	0.92	6.13
石油加工业	—	293.69	133.65	207.73	11.22	43.77
炼焦、煤气及煤制品业	44.00	118.40	58.50	106.66	3.01	8.05
化学工业	22.16	147.19	83.22	153.59	5.46	14.03
医药工业	21.11	217.46	194.79	228.34	4.86	15.71
化学纤维工业	33.33	101.58	61.70	101.59	5.41	11.25
橡胶制品业	42.11	189.01	150.54	244.61	-3.87	13.87
塑料制品业	33.33	127.34	101.12	150.13	0.28	3.88
建筑材料及其他非金属矿物制品业	36.66	88.31	51.14	91.44	1.00	6.88
黑色金属冶炼及压延加工业	36.36	167.18	72.53	161.21	-9.55	5.54
有色金属冶炼及压延加工业	48.15	124.92	78.40	152.19	1.36	7.58
金属制品业	23.40	169.55	113.24	173.22	5.77	14.35
机械工业	23.83	102.85	86.41	112.30	1.54	5.69
交通运输设备制造业	19.13	136.26	98.61	125.26	11.77	16.08
电气机械及器材制造业	25.30	181.50	138.15	195.85	9.22	18.18
电子及通信设备制造业	27.27	131.16	144.18	147.78	5.12	9.87
仪器仪表及其他计量器具制造业	17.39	81.23	79.25	84.42	3.28	7.98
其他工业	25.00	155.32	108.62	166.05	-3.75	-0.96

全民所有制独立核算工业企业主要财务指标分析资料(2—1)

(1990年)

分组	固定资产折旧率(%)	每百元资金实现的产值(元)		可比产品成本降低率(%)	定额流动资金周转天数(天)	每百元工业总产值占用定额流动资金(元)		
		1980年不变价格	1990年不变价格			当年价格	1980年不变价格	1990年不变价格
总计	**4.47**	**68.96**	**111.57**	**-4.80**	**139**	**35.61**	**55.04**	**34.02**
一、按隶属关系分								
中央企业	5.00	51.06	85.46	-7.24	118	32.73	53.95	32.23
地方企业	4.20	76.08	121.95	-4.01	146	36.44	55.33	34.52
#县属企业	4.29	78.76	129.85	1.96	126	31.77	49.14	29.80
二、按轻、重工业分								
轻工业	3.97	99.80	154.59	-2.37	134	33.63	46.84	30.24
以农产品为原料	3.88	99.43	164.73	-3.56	129	32.73	48.41	29.22
以非农产品为原料	4.17	100.77	128.40	1.36	152	36.52	42.82	33.60
重工业	4.63	55.55	92.87	-6.19	142	36.90	61.44	36.75
采掘工业	5.94	39.50	74.48	-6.11	115	32.14	57.56	30.53
原料工业	4.22	50.43	96.39	-6.41	100	26.29	52.57	27.50
制造工业	4.10	71.58	99.45	-5.77	217	53.15	70.57	50.80
三、按企业规模分								
大型企业	5.22	59.99	95.78	-8.48	138	36.54	56.33	35.28
中型企业	4.25	69.13	113.97	-5.54	140	35.37	56.12	34.04
小型企业	4.20	74.75	119.24	-2.03	139	35.36	53.15	33.32
四、按工业行业分								
煤炭采选业	4.32	24.44	44.61	-5.84	105	28.66	61.66	33.78
黑色金属矿采选业	7.85	47.21	96.10	-11.84	116	25.31	41.53	20.40
有色金属矿采选业	7.29	47.89	87.02	-8.79	124	34.11	53.79	29.60
建筑材料及其他非金属矿采选业	6.92	78.92	144.76	-4.40	96	23.96	39.54	21.56
采盐业	6.02	74.22	91.59	-4.41	129	23.36	32.10	26.01
其他矿采选业	7.50	280.91	281.82	-11.33	86	23.81	25.89	25.81
木材及竹材采运业	4.05	42.64	112.95	8.45	101	34.89	91.16	34.42
自来水生产和供应业	2.65	32.17	62.32	-8.71	42	11.44	16.19	8.36
食品制造业	3.93	118.12	215.92	-2.46	74	20.38	33.33	18.24
饮料制造业	4.19	54.13	96.95	-0.51	177	52.51	93.64	52.28

全民所有制独立核算工业企业主要财务指标分析资料(2—2)

（1990年）

分组	固定资产折旧率（%）	每百元资金实现的产值（元）		可比产品成本降低率（%）	定额流动资金周转天数（天）	每百元工业总产值占用定额流动资金（元）		
		1980年不变价格	1990年不变价格			当年价格	1980年不变价格	1990年不变价格
烟草加工业	2.51	163.02	288.29	-2.07	108	29.56	42.43	23.99
饲料工业	4.91	188.06	427.77	1.19	64	18.05	22.32	9.81
纺织业	3.94	94.34	139.25	-9.49	170	40.79	53.64	36.34
缝纫业	3.18	167.34	174.03	-15.09	273	38.93	45.84	44.08
皮革、毛皮及其制品业	4.22	78.84	137.23	-5.79	172	44.56	69.91	40.16
木材加工及竹、藤、棕、草制品业	3.28	53.81	106.01	-0.94	184	45.61	79.44	40.32
家具制造业	3.05	77.71	93.95	-10.03	253	48.54	56.97	47.13
造纸及纸制品业	3.92	75.48	132.60	-3.56	144	33.07	58.15	33.10
印刷业	4.51	103.35	188.76	-3.95	125	30.14	40.08	21.94
文教体育用品制造业	4.58	135.01	167.59	-9.40	135	35.82	43.44	34.99
工艺美术品制造业	3.78	165.45	270.94	-11.91	124	26.36	32.55	19.88
电力、蒸汽、热水生产和供应业	3.74	28.72	43.96	-0.21	33	11.01	21.39	13.98
石油加工业	5.12	122.46	190.34	-13.72	50	13.00	28.57	18.38
炼焦、煤气及煤制品业	5.35	61.43	111.99	-6.82	61	15.48	31.33	17.19
化学工业	4.22	74.95	138.32	1.36	126	30.60	54.12	29.33
医药工业	4.69	140.47	164.66	3.73	139	32.88	36.70	31.31
化学纤维工业	3.34	53.93	88.81	-1.50	121	32.51	53.53	32.51
橡胶制品业	4.76	96.46	156.74	-9.69	228	47.20	59.27	36.47
塑料制品业	2.93	80.70	119.81	10.28	164	38.15	48.04	32.36
建筑材料及其他非金属矿物制品业	4.01	48.60	86.90	-3.36	140	35.35	61.05	34.14
黑色金属冶炼及压延加工业	4.37	64.26	142.84	-13.10	120	29.63	68.29	30.72
有色金属冶炼及压延加工业	5.55	66.75	129.57	-5.73	147	35.26	56.18	28.94
金属制品业	3.81	76.45	116.94	-2.36	211	49.49	74.09	48.44
机械工业	4.12	71.23	92.57	-8.98	263	62.27	74.12	57.03
交通运输设备制造业	3.92	67.91	86.26	-2.98	225	59.36	82.03	64.58
电气机械及器材制造业	4.38	87.60	124.19	-2.64	226	49.14	64.56	45.54
电子及通信设备制造业	4.65	107.69	110.38	4.95	230	53.72	48.87	47.68
仪器仪表及其他计量器具制造业	3.12	55.26	58.87	-27.62	355	98.86	101.33	95.13
其他工业	3.37	70.10	107.16	-0.45	192	51.15	73.15	47.85

全民所有制独立核算工业企业主要财务指标分析资料(3—1)

（1990年）

单位：%

分组	利税率					
	按工业总产值计算			按销售收入计算	按销售成本计算	按全部资金计算
	当年价格	1980年不变价格	1990年不变价格			
总计	**7.86**	**12.15**	**7.51**	**8.53**	**9.60**	**8.38**
一、按隶属关系分						
中央企业	12.97	21.38	12.77	13.00	15.52	10.92
地方企业	6.38	9.69	6.04	7.10	7.84	7.37
#县属企业	8.43	13.04	7.91	9.27	10.44	10.27
二、按轻、重工业分						
轻工业	9.16	12.75	8.23	10.16	11.59	12.73
以农产品为原料	9.54	14.11	8.52	10.45	11.94	14.03
以非农产品为原料	7.93	9.30	7.30	9.20	10.40	9.37
重工业	7.01	11.68	6.99	7.51	8.38	6.49
采掘工业	-1.27	-2.28	-1.21	-1.26	-1.33	-0.90
原料工业	8.53	17.05	8.92	8.99	10.08	8.60
制造工业	8.69	11.54	8.31	9.84	11.26	8.26
三、按企业规模分						
大型企业	9.74	15.01	9.40	10.19	11.52	9.00
中型企业	8.62	13.68	8.30	9.49	10.81	9.46
小型企业	5.95	8.94	5.60	6.49	7.18	6.68
四、按工业行业分						
煤炭采选业	-33.05	-71.12	-38.96	-33.64	-27.37	-17.38
黑色金属矿采选业	-6.94	-11.39	-5.60	-8.83	-8.70	-5.38
有色金属矿采选业	9.42	14.85	8.17	9.50	10.92	7.11
建筑材料及其他非金属矿采选业	13.82	22.80	12.43	15.30	18.98	17.99
采盐业	6.22	8.55	6.93	9.53	10.51	6.35
其他矿采选业	4.17	4.53	4.52	4.17	4.35	12.73
木材及竹材采运业	19.47	50.88	19.21	15.73	20.82	21.70
自来水生产和供应业	23.14	32.75	16.90	23.87	31.85	10.53
食品制造业	4.43	7.25	3.96	4.50	4.86	8.56
饮料制造业	19.61	34.97	19.52	18.34	22.53	18.93

全民所有制独立核算工业企业主要财务指标分析资料(3—2)

（1990年）

单位：%

分组	利税率					
	按工业总产值计算			按销售收入计算	按销售成本计算	按全部资金计算
	当年价格	1980年不变价格	1990年不变价格			
烟草加工业	57.02	81.85	46.28	57.92	138.58	133.43
饲料工业	4.63	5.72	2.52	4.58	4.83	10.76
纺织业	4.00	5.26	3.56	4.63	4.95	4.96
缝纫业	5.55	6.53	6.28	10.82	12.07	10.93
皮革、毛皮及其制品业	-0.99	-1.55	-0.89	-1.06	-1.07	-1.22
木材加工及竹、藤、棕、草制品业	2.15	3.75	1.90	2.41	2.53	2.02
家具制造业	-1.93	-2.26	-1.87	-2.79	-2.81	-1.76
造纸及纸制品业	5.58	9.81	5.59	6.77	7.44	7.41
印刷业	8.94	11.88	6.51	10.31	11.92	12.28
文教体育用品制造业	6.34	7.69	6.19	6.66	7.34	10.38
工艺美术品制造业	6.05	7.47	4.56	7.90	8.66	12.35
电力、蒸汽、热水生产和供应业	14.79	28.72	18.76	12.41	15.18	8.25
石油加工业	14.90	32.75	21.07	15.80	18.86	40.11
炼焦、煤气及煤制品业	6.80	13.75	7.54	7.49	8.15	8.45
化学工业	9.53	16.86	9.14	10.87	12.46	12.64
医药工业	7.22	8.06	6.88	8.45	9.43	11.33
化学纤维工业	11.08	18.24	11.08	11.45	13.08	9.84
橡胶制品业	7.34	9.21	5.67	9.86	10.92	8.89
塑料制品业	3.05	3.84	2.58	3.64	3.96	3.10
建筑材料及其他非金属矿物制品业	7.79	13.45	7.52	8.55	9.68	6.54
黑色金属冶炼及压延加工业	3.31	7.64	3.44	3.74	3.91	4.91
有色金属冶炼及压延加工业	6.07	9.67	4.98	7.01	7.56	6.45
金属制品业	8.46	12.67	8.28	10.02	11.32	9.68
机械工业	5.54	6.59	5.07	6.48	7.18	4.69
交通运输设备制造业	11.80	16.30	12.83	12.41	14.52	11.07
电气机械及器材制造业	10.02	13.16	9.28	12.82	15.08	11.53
电子及通信设备制造业	7.53	6.85	6.68	8.96	10.26	7.38
仪器仪表及其他计量器具制造业	9.83	10.07	9.46	9.80	11.44	5.57
其他工业	-0.62	-0.88	-0.58	-0.64	-0.68	-0.62

全民所有制独立核算工业企业主要财务指标分析资料(4—1)

(1990年)

单位：%

分组	利润率：按工业总产值计算：当年价格	利润率：按工业总产值计算：1980年不变价格	利润率：按工业总产值计算：1990年不变价格	利润率：按销售收入计算	利润率：按销售成本计算	利润率：按全部资金计算
总计	**1.08**	**1.67**	**1.03**	**1.17**	**1.32**	**1.15**
一、按隶属关系分						
中央企业	1.47	2.42	1.45	1.47	1.76	1.24
地方企业	0.97	1.47	0.92	1.08	1.19	1.12
#县属企业	3.25	5.02	3.04	3.57	4.02	3.95
二、按轻、重工业分						
轻工业	1.74	2.42	1.56	1.93	2.20	2.41
以农产品为原料	1.33	1.97	1.19	1.46	1.67	1.96
以非农产品为原料	3.03	3.56	2.79	3.52	3.98	3.58
重工业	0.65	1.08	0.65	0.70	0.78	0.60
采掘工业	-5.18	-9.27	-4.92	-5.13	-5.40	-3.66
原料工业	-0.30	-0.60	-0.31	-0.32	-0.35	-0.30
制造工业	4.51	5.99	4.31	5.11	5.85	4.29
三、按企业规模分						
大型企业	3.65	5.62	3.52	3.82	4.32	3.37
中型企业	-0.33	-0.53	-0.32	-0.37	-0.42	-0.37
小型企业	1.31	1.97	1.23	1.43	1.58	1.47
四、按工业行业分						
煤炭采选业	-36.13	-77.75	-42.60	-36.78	-29.92	-19.00
黑色金属矿采选业	-9.39	-15.41	-7.57	-11.95	-11.78	-7.28
有色金属矿采选业	6.26	9.87	5.43	6.31	7.26	4.73
建筑材料及其他非金属矿采选业	8.74	14.42	7.86	9.68	12.01	11.38
采盐业	5.51	7.57	6.13	8.44	9.30	5.62
其他矿采选业	3.27	3.56	3.55	3.27	3.42	10.00
木材及竹材采运业	9.93	25.95	9.80	8.02	10.62	11.06
自来水生产和供应业	19.95	28.24	14.57	20.58	27.46	9.08
食品制造业	1.84	3.01	1.65	1.87	2.02	3.56
饮料制造业	0.08	0.15	0.08	0.08	0.10	0.08

全民所有制独立核算工业企业主要财务指标分析资料(4—2)

（1990年）

单位：%

分组	利润率					
	按工业总产值计算			按销售收入计算	按销售成本计算	按全部资金计算
	当年价格	1980年不变价格	1990年不变价格			
烟草加工业	0.56	0.80	0.45	0.57	1.35	1.30
饲料工业	2.87	3.55	1.56	2.84	3.00	6.68
纺织业	0.46	0.61	0.41	0.54	0.57	0.57
缝纫业	3.63	4.28	4.11	7.08	7.90	7.16
皮革、毛皮及其制品业	-2.95	-4.62	-2.66	-3.16	-3.19	-3.65
木材加工及竹、藤、棕、草制品业	-1.29	-2.24	-1.14	-1.44	-1.51	-1.20
家具制造业	-5.16	-6.05	-5.01	-7.47	-7.50	-4.71
造纸及纸制品业	0.14	0.25	0.14	0.17	0.19	0.19
印刷业	5.19	6.90	3.78	5.99	6.92	7.13
文教体育用品制造业	1.98	2.41	1.94	2.09	2.30	3.25
工艺美术品制造业	0.66	0.82	0.50	0.87	0.95	1.36
电力、蒸汽、热水生产和供应业	2.22	4.31	2.82	1.86	2.28	1.24
石油加工业	3.82	8.40	5.40	4.05	4.84	10.28
炼焦、煤气及煤制品业	2.54	5.15	2.82	2.81	3.05	3.16
化学工业	3.71	6.56	3.55	4.23	4.85	4.92
医药工业	2.23	2.49	2.13	2.61	2.91	3.50
化学纤维工业	5.32	8.77	5.32	5.50	6.29	4.73
橡胶制品业	-2.05	-2.57	-1.58	-2.75	-3.05	-2.48
塑料制品业	0.22	0.27	0.18	0.26	0.28	0.22
建筑材料及其他非金属矿物制品业	1.13	1.95	1.09	1.24	1.40	0.95
黑色金属冶炼及压延加工业	-5.71	-13.17	-5.92	-6.44	-6.74	-8.46
有色金属冶炼及压延加工业	1.09	1.74	0.90	1.26	1.36	1.16
金属制品业	3.40	5.09	3.33	4.03	4.55	3.89
机械工业	1.50	1.79	1.38	1.76	1.95	1.27
交通运输设备制造业	8.64	11.94	9.40	9.09	10.63	8.11
电气机械及器材制造业	5.08	6.67	4.71	6.50	7.64	5.84
电子及通信设备制造业	3.90	3.55	3.46	4.65	5.32	3.82
仪器仪表及其他计量器具制造业	4.04	4.14	3.89	4.03	4.70	2.29
其他工业	-2.42	-3.46	-2.26	-2.52	-2.66	-2.42

全民所有制独立核算工业企业主要财务指标分析资料(5—1)

（1990年）

单位：元

分组	平均每一职工			
	实现利润税金	利润留成	占有固定资产原值	实现工业净产值
总计	**1 644.10**	**311.48**	**17 997.95**	**5 174.08**
一、按隶属关系分				
中央企业	3 666.65	383.01	36 344.06	7 431.68
地方企业	1 240.81	297.22	14 339.88	4 723.93
#县属企业	1 466.34	331.43	12 046.45	4 599.01
二、按轻、重工业分				
轻工业	2 273.77	325.05	13 080.09	5 977.43
以农产品为原料	2 489.79	273.50	12 544.58	6 090.30
以非农产品为原料	1 702.83	461.31	14 495.43	5 679.12
重工业	1 330.07	304.71	20 450.56	4 773.44
采掘工业	-115.68	149.88	15 751.09	2 785.36
原料工业	3 025.61	384.37	36 797.36	6 770.81
制造工业	1 451.52	381.62	14 053.07	5 149.96
三、按企业规模分				
大型企业	3 238.36	442.57	34 465.15	7 526.05
中型企业	1 992.27	299.40	19 729.99	5 719.32
小型企业	946.60	286.68	12 284.21	4 119.82
四、按工业行业分				
煤炭采选业	-1 701.60	21.79	13 013.99	1 180.50
黑色金属矿采选业	-569.80	83.85	16 067.34	2 938.88
有色金属矿采选业	1 479.84	238.53	24 945.08	4 654.60
建筑材料及其他非金属矿采选业	1 552.97	210.83	10 380.61	4 851.26
采盐业	1 324.11	314.23	23 030.96	6 098.16
其他矿采选业	388.89	166.67	1 111.11	4 444.44
木材及竹材采运业	1 373.53	383.31	5 393.20	3 547.48
自来水生产和供应业	3 449.68	1 429.97	39 939.97	6 240.25
食品制造业	1 592.80	581.98	15 359.18	5 636.10
饮料制造业	4 393.07	143.81	14 815.00	7 405.06

全民所有制独立核算工业企业主要财务指标分析资料(5—2)

(1990年)

单位：元

分组	平均每一职工			
	实现利润税金	利润留成	占有固定资产原值	实现工业净产值
烟草加工业	89685.94	3.72	24118.24	98865.73
饲料工业	2405.76	939.40	14952.37	5984.60
纺织业	706.51	129.53	9887.73	3745.40
缝纫业	2378.65	45.28	6245.39	9427.79
皮革、毛皮及其制品业	−207.84	72.88	10895.61	3264.05
木材加工及竹、藤、棕、草制品业	323.82	145.43	12200.86	3367.96
家具制造业	−198.75	51.62	8407.45	2750.74
造纸及纸制品业	1323.16	198.79	15100.00	5113.87
印刷业	1213.96	345.67	8947.91	4162.93
文教体育用品制造业	694.19	256.95	4436.39	3679.02
工艺美术品制造业	732.00	92.95	3713.82	2683.51
电力、蒸汽、热水生产和供应业	4609.15	867.28	75163.72	8326.09
石油加工业	29942.97	3992.67	68408.71	33317.03
炼焦、煤气及煤制品业	2712.77	793.62	33716.41	6268.39
化学工业	2468.07	435.68	17587.70	6743.93
医药工业	2576.21	300.19	16401.66	8416.82
化学纤维工业	3740.68	1460.44	33246.15	7132.47
橡胶制品业	1919.19	−14.68	13836.35	7151.54
塑料制品业	563.51	149.62	14524.98	4511.89
建筑材料及其他非金属矿物制品业	934.16	150.24	13578.15	3883.60
黑色金属冶炼及压延加工业	1097.09	7.03	19808.14	4255.00
有色金属冶炼及压延加工业	4227.86	114.71	55795.30	10161.54
金属制品业	1219.19	212.41	8498.81	4465.87
机械工业	716.38	226.67	12579.53	4029.11
交通运输设备制造业	2557.66	897.67	15910.68	6506.28
电气机械及器材制造业	2659.21	432.76	14625.87	7755.74
电子及通信设备制造业	1631.54	373.74	16522.92	6938.97
仪器仪表及其他计量器具制造业	1104.80	156.90	13839.26	4663.25
其他工业	−114.95	120.28	11979.24	3296.43

各地区全民所有制独立核算工业企业主要财务成本指标

（1990年）

单位：万元

地区	企业单位数（个）	产品销售收入	产品销售税金	利润总额	利润税金总额	年末固定资产原值	年末固定资产净值
全省	**3 496**	**2 503 577.0**	**184 288.6**	**29 332.7**	**213 621.3**	**2 338 516.7**	**1 581 798.7**
南昌市	499	583 940.1	48 374.9	12 777.5	61 152.4	428 081.0	274 675.6
景德镇市	166	148 219.1	10 480.4	4 259.5	14 739.9	179 326.9	119 510.7
萍乡市	106	93 257.4	5 609.4	-15 342.3	-9 732.9	113 985.8	78 727.9
九江市	408	358 924.6	26 850.6	6 128.2	32 978.8	340 835.0	243 647.0
新余市	87	202 939.5	20 491.1	-9 991.1	10 500.0	178 065.2	113 139.0
鹰潭市	111	150 251.7	8 119.6	8 338.9	16 458.5	134 002.1	101 170.8
赣州地区	474	238 828.7	26 162.2	8 603.7	34 765.9	215 345.4	131 262.9
#赣州市	75	85 182.8	6 119.2	3 758.9	9 878.1	63 720.8	39 250.6
宜春地区	456	209 005.4	12 560.1	-3 217.4	9 342.7	231 182.0	160 989.4
#樟树市	53	42 390.6	4 138.2	3 307.1	7 445.3	20 898.0	16 132.3
上饶地区	445	225 978.0	11 573.2	11 061.0	22 634.2	254 060.8	186 281.3
吉安地区	398	149 152.4	8 373.4	3 553.5	11 926.9	135 599.1	91 542.6
抚州地区	346	143 080.1	5 693.7	3 161.2	8 854.9	128 033.4	80 851.5
#临川市	79	62 188.9	2 678.1	2 367.8	5 045.9	43 442.5	29 773.2

地区	定额流动资金全年平均余额	全部商品产品总成本	可比产品总成本	可比产品按上年实际单位成本计算的总成本	附：工业总产值 当年价格	1980年不变价格	1990年不变价格
全省	**967 584.3**	**2 405 664.8**	**1 858 891.7**	**1 773 797.2**	**2 717 500.1**	**1 758 022.6**	**2 844 271.8**
南昌市	255 649.3	538 064.4	321 750.8	313 372.8	625 585.9	446 276.7	662 130.0
景德镇市	71 529.6	150 270.9	103 967.6	103 013.3	176 377.3	131 595.4	179 930.2
萍乡市	32 024.3	105 730.7	97 203.7	93 710.3	94 423.9	49 961.7	87 839.2
九江市	152 913.6	354 144.2	282 405.5	265 500.7	409 038.0	261 957.1	384 728.5
新余市	61 018.0	221 288.2	193 724.1	173 993.9	229 336.3	115 257.4	236 573.5
鹰潭市	37 914.3	136 634.7	128 566.3	117 944.6	158 862.5	93 377.5	179 528.5
赣州地区	80 984.9	211 890.8	174 899.5	177 718.9	257 646.4	156 776.2	277 560.1
#赣州市	32 377.6	82 372.6	57 410.8	57 398.7	96 698.4	60 081.1	101 097.0
宜春地区	75 974.3	205 143.1	165 481.8	159 619.1	219 138.3	146 482.0	241 770.9
#樟树市	12 201.7	35 484.6	29 194.7	29 913.7	42 809.2	25 211.4	46 185.2
上饶地区	89 262.3	200 014.0	172 969.7	159 431.9	231 245.3	148 311.4	253 681.6
吉安地区	57 464.1	148 394.1	111 861.3	108 884.3	165 311.4	106 474.7	178 112.1
抚州地区	52 849.6	134 089.7	106 061.4	100 607.4	150 534.8	101 552.5	162 417.2
#临川市	22 831.8	57 879.4	40 904.5	37 949.7	66 041.7	48 595.0	72 941.8

各地区全民所有制独立核算工业企业主要财务指标分析资料

（1990年）

地区	每百元固定资产原值实现的产值（元）		每百元固定资产原值实现的利税（元）	产值利税率（%）		每百元产值占用定额流动资金（元）	
	1980年不变价格	1990年不变价格		1980年不变价格	1990年不变价格	1980年不变价格	1990年不变价格
全省	**75.18**	**121.63**	**9.13**	**12.15**	**7.51**	**55.04**	**34.02**
南昌市	104.25	154.67	14.29	13.70	9.24	57.28	38.61
景德镇市	73.38	100.34	8.22	11.20	8.19	54.36	39.75
萍乡市	43.83	77.06	-8.54	-19.48	-11.08	64.10	36.46
九江市	76.86	112.88	9.68	12.59	8.57	58.37	39.75
新余市	64.73	132.86	5.90	9.11	4.44	52.94	25.79
鹰潭市	69.68	133.97	12.28	17.63	9.17	40.60	21.12
赣州地区	72.80	128.89	16.14	22.18	12.53	51.66	29.18
#赣州市	94.29	158.66	15.50	16.44	9.77	53.89	32.03
宜春地区	63.36	104.58	4.04	6.38	3.86	51.87	31.42
#樟树市	120.64	221.00	35.63	29.53	16.12	48.40	26.42
上饶地区	58.38	99.85	8.91	15.26	8.92	60.19	35.19
吉安地区	78.52	131.35	8.80	11.20	6.70	53.97	32.26
抚州地区	79.32	126.86	6.92	8.72	5.45	52.04	32.54
#临川市	111.86	167.90	11.62	10.38	6.92	46.98	31.30

地区	百元资金实现产值（元）		资金利税率（%）	销售成本利税率（%）	销售收入利税率（%）	定额流动资金周转天数（天）	可比产品成本降低率（%）
	1980年不变价格	1990年不变价格					
全省	**68.96**	**111.57**	**8.38**	**9.60**	**8.53**	**139**	**-4.80**
南昌市	84.15	124.85	11.53	12.08	10.47	158	-2.67
景德镇市	68.88	94.18	7.72	11.44	9.94	174	-0.93
萍乡市	45.11	79.31	-8.79	-9.63	-10.44	124	-3.73
九江市	66.06	97.02	8.32	10.29	9.19	153	-6.37
新余市	66.18	135.84	6.03	5.59	5.17	108	-11.34
鹰潭市	67.14	129.08	11.83	12.28	10.95	91	-9.01
赣州地区	73.86	130.77	16.38	17.71	14.56	122	1.59
#赣州市	83.88	141.14	13.79	13.40	11.60	137	-0.02
宜春地区	61.82	102.03	3.94	4.87	4.47	131	-3.67
#樟树市	88.98	163.00	26.28	21.51	17.56	104	2.40
上饶地区	53.83	92.07	8.21	11.36	10.02	142	-8.49
吉安地区	71.46	119.53	8.00	8.90	8.00	139	-2.73
抚州地区	75.95	121.48	6.62	7.12	6.19	133	-5.42
#临川市	92.38	138.66	9.59	10.27	8.11	132	-7.79

主要年份预算内国营工业企业主要财务指标

（总　表）

指　　标	单位	1978年	1980年	1985年	1989年	1990年
企业单位数	个	1353	1339	1257	1229	1221
#亏损企业	个	357	358	96	155	332
年末固定资产原值	万元	584960	625576	660689	993515	1109507
全部资金	万元			624358	1064285	1240515
固定资产净值全年平均余额	万元			391021	599465	673787
定额流动资金全年平均余额	万元	178501	198567	233337	464820	566728
定额流动资金年末占用数	万元	186290	192559	259009	532130	611861
产品销售收入	万元	413974	511596	732963	1361212	1316148
#产品销售税金	万元	38878	48671	70598	100184	105446
产品销售工厂成本	万元	339790	413594	585871	1142272	1150404
产品销售利润	万元			69080	92667	34597
利润总额	万元	27208	38729	67551	80038	14410
#亏损企业的亏损额	万元	12387	10957	3868	13181	49107
利润和税金总额	万元	66086	87400	138149	180222	119856
工业总产值（按当年不变价格计算）	万元	412256	488829	676691	948985	950253
工业总产值（按1990年不变价格计算）	万元	—	—	—	—	1525201
每百元固定资产原值实现的产值（按当年不变价格计算）	元	70.48	78.14	102.42	95.52	85.65
每百元固定资产原值实现的产值（按1990年不变价格计算）	元	—	—	—	—	137.47
每百元固定资产原值实现的利润和税金	元	11.30	13.97	20.91	18.14	10.80
资金利税率	%			22.13	16.93	9.66
销售收入利税率	%	15.96	17.08	18.85	13.24	9.11
销售工厂成本利税率	%	19.45	21.13	23.58	15.78	10.42

注：1.本表工业总产值（按当年不变价格计算）1978年、1980年按1970年不变价格计算，1985年、1989年、1990年按1980年不变价格计算。
2.本表所列数字系省财政厅年报数。

主要年份集体所有制独立核算工业企业主要财务指标

（总　表）

指　　标	单位	1978年	1980年	1985年	1989年	1990年
企业单位数	个	6 715	7 888	9 269	11 156	10 698
#亏损企业	个	414	860	1 266	1 672	1 786
年末固定资产原值	万元	51 036	70 042	154 198	296 915	327 943
#生　产　用	万元		57 130	127 000	246 856	273 580
全部资金	万元		87 614	189 408	381 134	425 530
年末固定资产净值	万元		51 293	109 063	208 279	227 496
定额流动资金全年平均余额	万元		36 321	80 345	172 855	198 034
定额流动资金年末占用数	万元				192 786	216 489
产品销售收入	万元		127 220	268 435	548 265	559 080
#产品销售税金	万元	5 753	7 056	16 389	29 310	29 928
产品销售工厂成本	万元			316 134	468 835	478 358
产品销售利润	万元			16 633	22 947	16 731
利润总额	万元	9 903	10 676	14 313	18 772	10 196
盈利企业的利润额	万元	10 470	11 671	16 813	27 552	23 447
亏损企业的亏损额	万元	567	995	2 500	9 559	13 863
教育费附加	万元	—	—	—	686	481
资　源　税	万元	—	—	—	93	131
利润和税金总额	万元	15 656	17 732	30 702	48 082	40 124
工业总产值（按当年价格计算）	万元	118 376	141 323	295 144	655 569	687 876
工业总产值（按当年不变价格计算）	万元	122 689	142 751	286 539	545 079	576 121
工业总产值（按1990年不变价格计算）	万元	—	—	—	—	717 372
每百元固定资产原值实现的产值（按当年不变价格计算）	元	240.40	203.81	185.83	183.58	175.68
每百元固定资产原值实现的产值（按1990年不变价格计算）	元	—	—	—	—	218.75
每百元固定资产原值实现的利润和税金	元	30.68	25.32	19.91	16.19	12.24
资金利税率	%		20.24	16.21	12.62	9.43
销售收入利税率	%		13.94	11.44	8.77	7.18
销售工厂成本利税率	%			9.71	10.26	8.39

注：本表工业总产值(按当年不变价格计算)1978年、1980年按1970年不变价格计算，1985年、1989年、1990年按1980年不变价格计算。

集体所有制独立核算工业企业单位数和总产值（一）

（1990年）

分组	企业单位数（个）		工业总产值（万元）		
	合计	#亏损企业	当年价格	1980年不变价格	1990年不变价格
总计	**10698**	**1786**	**687876.1**	**576121.0**	**717372.2**
一、按隶属关系分					
省属企业	13	2	1112.3	836.1	1220.5
地区属企业	13	2	1066.0	905.9	1180.2
市属企业	856	226	187824.1	159169.4	205055.7
县属企业	1110	317	104267.0	86965.4	112735.3
城市（镇）街道工业	870	120	47538.8	45030.0	50348.5
乡办工业	7519	1045	299698.7	247603.8	302468.8
厂办集体	317	74	46369.2	35610.4	44363.2
二、按轻、重工业分					
轻工业	5778	1060	381034.2	332336.1	403194.5
以农产品为原料	3890	716	228090.2	192654.2	239162.1
以非农产品为原料	1888	344	152944.0	139681.9	164032.4
重工业	4920	726	306841.9	243784.9	314177.7
采掘工业	901	165	60932.8	40339.1	56991.7
原料工业	1133	135	54634.6	41004.8	56656.3
制造工业	2886	426	191274.5	162441.0	200529.7
三、按企业规模分					
中型企业	5	—	12839.2	11323.3	14412.2
小型企业	10693	1786	675036.9	564797.7	702960.0
四、按工业行业分					
煤炭采选业	313	101	34533.3	16712.6	28616.8
黑色金属矿采选业	9	—	329.7	263.0	371.6
有色金属矿采选业	144	19	11417.5	10373.9	12671.0
建筑材料及其他非金属矿采选业	375	41	13201.0	11930.3	13777.6
采盐业	10	5	905.1	829.6	969.0
木材及竹材采运业	60	4	1451.3	1059.3	1554.7
自来水生产和供应业	17	4	105.0	98.0	112.5
食品制造业	802	119	30677.9	24814.7	31424.6

集体所有制独立核算工业企业单位数和总产值(二)

(1990年)

分组	企业单位数(个)		工业总产值(万元)		
	合计	#亏损企业	当年价格	1980年不变价格	1990年不变价格
饮料制造业	297	75	11344.2	9080.8	11992.1
烟草加工业	1	—	1.3	1.1	1.3
饲料工业	127	14	3245.2	2555.3	3458.2
纺织业	351	107	55279.1	40108.3	60850.0
缝纫业	308	78	34490.0	32452.7	33584.4
皮革、毛皮及其制品业	199	47	14249.7	12029.8	17804.2
木材加工及竹、藤、棕、草制品业	835	98	27014.8	23682.8	30148.1
家具制造业	488	83	14082.3	13129.6	14618.0
造纸及纸制品业	286	72	23294.4	20679.3	23796.7
印刷业	252	28	13109.5	12240.8	13158.5
文教体育用品制造业	104	9	4727.5	4304.1	5112.6
工艺美术品制造业	399	74	40926.9	39114.1	44552.1
电力、蒸汽、热水生产和供应业	687	36	8322.4	6614.0	7814.1
石油加工业	3	—	266.3	266.3	266.3
炼焦、煤气及煤制品业	31	5	660.6	533.2	734.3
化学工业	317	65	23464.8	18997.4	23746.1
医药工业	25	4	8838.4	7964.1	8191.3
化学纤维工业	9	4	852.2	848.7	863.3
橡胶制品业	62	17	11389.5	9516.4	13213.8
塑料制品业	270	78	33069.8	28507.3	36626.5
建筑材料及其他非金属矿物制品业	1619	294	90334.1	67977.7	94504.5
黑色金属冶炼及压延加工业	25	3	6754.3	5941.9	7410.2
有色金属冶炼及压延加工业	33	7	5951.3	4530.6	6050.7
金属制品业	694	86	40908.2	35863.0	41813.5
机械工业	888	107	53962.7	49821.6	55349.9
交通运输设备制造业	256	28	27691.2	25275.0	27534.0
电气机械及器材制造业	226	39	28830.9	24536.6	30869.5
电子及通信设备制造业	29	4	5565.3	6726.9	6805.4
仪器仪表及其他计量器具制造业	44	11	2574.5	2584.9	3200.9
其他工业	103	20	4053.9	4155.3	3803.9

集体所有制独立核算工业企业产品销售收入（一）

（1990年）

单位：万元

分　　组	产品销售收入	#产品销售税金	#产品销售工厂成本	#产品销售利润
总　　计	**559 079.9**	**29 927.9**	**478 358.0**	**16 731.2**
一、按隶属关系分				
省属企业	1 327.6	42.4	1 136.3	85.4
地区属企业	1 007.6	37.9	839.4	73.0
市属企业	153 632.9	7 750.1	137 687.9	4 139.0
县属企业	80 923.7	3 825.6	72 595.9	1 200.1
城市（镇）街道工业	35 906.3	1 975.7	30 328.4	1 296.7
乡办工业	247 871.5	14 312.6	202 667.5	8 656.4
厂办集体	38 410.3	1 983.6	33 102.6	1 280.6
二、按轻、重工业分				
轻　工　业	301 992.3	16 705.7	263 132.1	7 993.5
以农产品为原料	176 718.4	8 183.0	157 061.5	3 204.0
以非农产品为原料	125 273.9	8 522.7	106 070.6	4 789.5
重　工　业	257 087.6	13 222.2	215 225.9	8 737.7
采掘工业	52 648.9	2 305.5	44 037.0	1 855.6
原料工业	47 131.9	2 595.2	37 093.0	706.4
制造工业	157 306.8	8 321.5	134 095.9	6 175.7
三、按企业规模分				
中型企业	10 500.2	440.4	9 471.9	481.2
小型企业	548 579.7	29 487.5	468 886.1	16 250.0
四、按工业行业分				
煤炭采选业	30 247.4	1 177.9	25 929.5	694.3
黑色金属矿采选业	298.1	11.0	201.8	50.8
有色金属矿采选业	9 991.7	405.7	8 573.3	275.9
建筑材料及其他非金属矿采选业	10 856.6	610.4	8 469.4	727.8
采　盐　业	636.1	61.1	541.4	-16.1
木材及竹材采运业	1 255.1	100.5	863.0	106.8
自来水生产和供应业	83.3	5.7	68.6	4.4
食品制造业	22 684.4	764.5	20 483.8	232.7

集体所有制独立核算工业企业产品销售收入(二)

(1990年) 单位：万元

分组	产品销售收入	#产品销售税金	#产品销售工厂成本	#产品销售利润
饮料制造业	9800.8	1280.6	8464.2	-516.9
烟草加工业	1.6	0.4	1.2	—
饲料工业	2693.0	39.7	2413.4	113.2
纺织业	43470.8	1318.6	41289.5	-202.9
缝纫业	20928.7	897.6	18771.8	621.8
皮革、毛皮及其制品业	11479.7	613.7	10211.3	309.4
木材加工及竹、藤、棕、草制品业	22327.9	1290.6	18254.9	860.9
家具制造业	10677.8	528.6	9086.7	365.3
造纸及纸制品业	20446.0	877.8	18182.5	493.9
印刷业	11170.6	550.5	9503.8	598.5
文教体育用品制造业	4058.4	221.6	3261.5	334.2
工艺美术品制造业	35479.8	3585.7	27647.1	1911.1
电力、蒸汽、热水生产和供应业	11839.1	233.1	6116.6	876.7
石油加工业	185.9	1.5	126.6	12.2
炼焦、煤气及煤制品业	662.6	13.3	580.5	-3.8
化学工业	18995.2	1414.9	16005.7	658.7
医药工业	6579.8	349.2	5133.8	297.5
化学纤维工业	819.7	15.0	799.4	-3.9
橡胶制品业	9849.3	757.3	8432.2	206.6
塑料制品业	26722.4	1160.2	24500.1	371.9
建筑材料及其他非金属矿物制品业	77371.7	5087.6	66501.0	1528.5
黑色金属冶炼及压延加工业	5353.0	275.4	4796.2	171.5
有色金属冶炼及压延加工业	2553.0	135.7	2183.3	-64.0
金属制品业	32627.5	1462.3	28590.4	1299.1
机械工业	42052.5	2004.3	35666.1	1893.4
交通运输设备制造业	22830.3	1037.5	19454.3	1242.2
电气机械及器材制造业	22058.5	1193.4	19098.2	927.4
电子及通信设备制造业	4615.9	202.4	4200.9	137.6
仪器仪表及其他计量器具制造业	2113.1	111.1	1845.0	56.7
其他工业	3262.6	131.5	2109.0	157.8

集体所有制独立核算工业企业利润和税金（一）

（1990年）

单位：万元

分组	利润总额	#盈利企业的利润额	#亏损企业的亏损额	利润税金总额	已交所得税	企业提留利润留成基金
总计	**10195.8**	**23446.6**	**13862.9**	**40123.7**	**5486.3**	**8317.8**
一、按隶属关系分						
省属企业	68.4	81.1	13.1	110.8	15.1	45.5
地区属企业	51.2	55.3	4.7	89.1	16.7	25.0
市属企业	712.6	4740.8	4124.3	8462.7	1154.3	1337.6
县属企业	-182.4	3017.9	3257.5	3643.2	814.5	452.9
城市（镇）街道工业	1058.3	1430.8	394.8	3034.0	329.3	584.6
乡办工业	7431.3	12553.9	5532.7	21743.9	2803.8	5432.5
厂办集体	1056.4	1566.8	535.8	3040.0	352.6	439.7
二、按轻、重工业分						
轻工业	3589.6	11433.0	8097.0	20295.3	2511.1	3868.6
以农产品为原料	1194.0	5983.1	4906.9	9377.0	1446.5	2275.4
以非农产品为原料	2395.6	5449.9	3190.1	10918.3	1064.6	1593.2
重工业	6606.2	12013.6	5765.9	19828.4	2975.2	4449.2
采掘工业	1583.7	3134.6	1692.4	3889.2	647.0	1089.4
原料工业	756.6	2325.8	1634.7	3351.8	516.8	891.1
制造工业	4265.9	6553.2	2438.8	12587.4	1811.4	2468.7
三、按企业规模分						
中型企业	273.6	265.4	—	714.0	89.8	37.7
小型企业	9922.2	23181.2	13862.9	39409.7	5396.5	8280.1
四、按工业行业分						
煤炭采选业	548.9	1706.8	1255.8	1726.8	328.2	539.9
黑色金属矿采选业	51.2	47.6	—	62.2	3.6	30.5
有色金属矿采选业	197.9	498.5	306.1	603.6	79.7	172.7
建筑材料及其他非金属矿采选业	662.1	769.1	125.5	1272.5	177.5	289.9
采盐业	-19.4	6.2	25.6	14.7	1.0	5.9
木材及竹材采运业	123.6	112.6	5.0	224.1	58.0	56.4
自来水生产和供应业	1.6	6.3	5.0	7.3	1.3	1.9
食品制造业	83.2	802.1	733.9	847.7	166.3	364.3

集体所有制独立核算工业企业利润和税金(二)

(1990年)

单位：万元

分组	利润总额	#盈利企业的利润额	#亏损企业的亏损额	利润税金总额	已交所得税	企业提留利润留成基金
饮料制造业	-551.3	291.9	857.9	729.3	94.9	142.0
烟草加工业	—	—	—	0.4	—	—
饲料工业	105.6	115.6	12.1	145.3	26.8	57.7
纺织业	-935.6	781.9	1 737.3	383.0	249.7	284.6
缝纫业	256.1	691.1	445.1	1 153.7	113.3	145.8
皮革、毛皮及其制品业	142.1	294.1	155.8	755.8	61.9	100.3
木材加工及竹、藤、棕、草制品业	713.7	1 189.4	493.1	2 004.4	195.2	595.7
家具制造业	188.9	403.8	227.1	717.5	67.7	188.0
造纸及纸制品业	377.4	781.3	418.9	1 255.2	186.5	245.1
印刷业	505.2	602.9	106.7	1 055.7	116.0	174.1
文教体育用品制造业	269.8	277.4	9.9	491.4	40.9	145.0
工艺美术品制造业	1 604.9	1 951.7	414.9	5 190.6	282.6	416.2
电力、蒸汽、热水生产和供应业	857.5	904.1	61.3	1 090.6	109.8	400.0
石油加工业	12.2	12.2	—	13.7	—	12.0
炼焦、煤气及煤制品业	-4.6	7.4	12.5	8.7	1.1	3.0
化学工业	636.2	963.5	356.7	2 051.1	249.4	328.4
医药工业	282.8	307.3	29.0	632.0	221.9	63.8
化学纤维工业	-26.1	12.6	38.7	-11.1	1.6	4.5
橡胶制品业	-59.3	199.8	269.1	698.0	70.8	37.6
塑料制品业	9.1	706.9	714.7	1 169.3	192.4	174.3
建筑材料及其他非金属矿物制品业	312.5	3 347.6	3 131.8	5 400.1	1 037.4	1278.1
黑色金属冶炼及压延加工业	125.9	137.6	15.5	401.3	41.5	46.9
有色金属冶炼及压延加工业	-58.8	100.6	167.7	76.9	22.8	25.9
金属制品业	872.6	1 172.1	321.1	2 334.9	240.9	500.4
机械工业	1 266.3	1 942.3	716.9	3 270.6	589.0	773.8
交通运输设备制造业	924.6	1 149.1	239.4	1 962.1	172.9	352.2
电气机械及器材制造业	553.4	832.1	292.3	1 746.8	208.9	243.0
电子及通信设备制造业	29.9	70.1	42.8	232.3	29.5	17.9
仪器仪表及其他计量器具制造业	38.7	107.5	69.6	149.8	27.1	34.4
其他工业	97.0	143.5	48.1	228.5	18.2	65.6

集体所有制独立核算工业企业其他主要财务指标（一）

（1990年）　　　　单位：万元

分组	年末固定资产		本年提取	定额流动资金
	原值	净值	折旧基金	全年平均余额
总计	**327 943.2**	**227 496.8**	**18 959.9**	**198 033.6**
一、按隶属关系分				
省属企业	798.9	552.5	33.7	555.8
地区属企业	416.0	284.3	19.0	256.1
市属企业	83 788.2	52 681.8	4 802.8	65 392.5
县属企业	52 626.4	37 275.2	2 813.8	35 803.4
城市（镇）街道工业	12 857.5	8 949.3	704.6	11 038.3
乡办工业	162 527.3	117 192.5	9 478.4	73 003.4
厂办集体	14 928.9	10 561.2	1 107.6	11 984.1
二、按轻、重工业分				
轻工业	161 639.7	114 897.8	9 076.5	119 283.0
以农产品为原料	97 716.0	71 566.3	5 390.5	64 368.7
以非农产品为原料	63 923.7	43 331.5	3 686.0	54 914.3
重工业	166 303.5	112 599.0	9 883.4	78 750.6
采掘工业	24 863.9	17 753.6	1 715.5	9 702.5
原料工业	52 607.9	39 067.1	2 707.4	13 359.5
制造工业	88 831.7	55 778.3	5 460.5	55 688.6
三、按企业规模分				
中型企业	6 926.8	4 448.5	424.5	3 219.4
小型企业	321 016.4	223 048.3	18 535.4	194 814.2
四、按工业行业分				
煤炭采选业	14 648.2	10 061.1	1 111.6	6 243.2
黑色金属矿采选业	27.2	20.4	2.5	41.8
有色金属矿采选业	3 273.8	2 537.9	214.1	1 565.7
建筑材料及其他非金属矿采选业	6 106.0	4 557.3	333.5	1 712.7
采盐业	578.7	369.9	38.6	74.9
木材及竹材采运业	808.7	576.9	53.8	139.1
自来水生产和供应业	331.9	284.8	8.9	37.2
食品制造业	13 436.3	10 368.8	719.6	6 648.6

集体所有制独立核算工业企业其他主要财务指标（二）

（1990年）

单位：万元

分组	年末固定资产		本年提取折旧基金	定额流动资金全年平均余额
	原值	净值		
饮料制造业	10 376.6	8 196.3	567.3	6 367.4
烟草加工业	…	…	—	0.4
饲料工业	757.6	618.6	36.1	328.4
纺织业	25 511.7	19 016.3	1 376.3	16 121.3
缝纫业	8 969.0	6 369.1	464.8	9 153.0
皮革、毛皮及其制品业	4 471.0	2 765.5	239.3	5 771.3
木材加工及竹、藤、棕、草制品业	11 303.5	8 269.8	586.8	5 972.8
家具制造业	5 627.0	3 383.7	290.2	4 122.7
造纸及纸制品业	14 226.0	10 802.2	722.9	5 867.7
印刷业	5 652.0	3 651.1	372.0	3 640.6
文教体育用品制造业	1 623.8	1 037.9	93.4	1 603.9
工艺美术品制造业	13 571.5	9 211.3	852.8	16 664.1
电力、蒸汽、热水生产和供应业	23 537.5	18 051.9	1 076.6	1 025.1
石油加工业	56.8	50.4	2.7	20.0
炼焦、煤气及煤制品业	312.7	221.2	20.0	105.7
化学工业	10 215.2	7 842.6	521.8	6 694.9
医药工业	2 695.4	2 085.7	249.0	2 502.5
化学纤维工业	437.1	334.4	14.9	282.0
橡胶制品业	4 620.2	2 872.4	286.6	3 304.5
塑料制品业	15 752.0	10 836.1	898.2	9 804.7
建筑材料及其他非金属矿物制品业	60 952.0	41 889.5	3 698.9	25 076.6
黑色金属冶炼及压延加工业	1 964.9	1 500.8	152.0	1 382.0
有色金属冶炼及压延加工业	2 005.4	1 151.2	76.4	1 154.0
金属制品业	15 062.2	9 130.3	936.1	11 798.0
机械工业	24 425.9	13 993.3	1 507.5	18 492.8
交通运输设备制造业	8 560.0	5 291.1	523.7	8 278.1
电气机械及器材制造业	9 895.7	6 034.7	538.8	11 105.2
电子及通信设备制造业	4 193.6	2 827.9	254.8	2 446.1
仪器仪表及其他计量器具制造业	921.4	557.9	63.2	1 343.5
其他工业	1 034.7	726.5	54.2	941.1

集体所有制独立核算工业企业主要财务指标分析资料（一）

（1990年）

分组	产值利税率（%）		百元产值占用定额流动资金（元）		百元固定资产原值实现的产值（元）		资金利税率（%）	销售收入利税率（%）
	1980年不变价格	1990年不变价格	1980年不变价格	1990年不变价格	1980年不变价格	1990年不变价格		
总计	**6.96**	**5.59**	**34.37**	**27.01**	**175.68**	**218.75**	**9.43**	**7.18**
一、按隶属关系分								
省属企业	13.25	9.08	66.48	45.54	104.66	152.77	10.00	8.35
地区属企业	9.84	7.55	28.27	21.70	217.76	283.70	16.49	8.84
市属企业	5.32	4.13	41.08	31.89	189.97	244.73	7.17	5.51
县属企业	4.19	3.23	41.17	31.76	165.25	214.22	4.99	4.50
城市（镇）街道工业	6.74	6.03	24.51	21.92	350.22	391.59	15.18	8.45
乡办工业	8.78	7.19	29.48	24.14	152.35	186.10	11.43	8.77
厂办集体	8.54	6.85	33.65	27.01	238.53	297.16	13.48	7.91
二、按轻、重工业分								
轻工业	6.11	5.03	35.89	29.58	205.60	249.44	8.67	6.72
以农产品为原料	4.87	3.92	33.41	26.91	197.16	244.75	6.90	5.31
以非农产品为原料	7.82	6.66	39.31	33.48	218.51	256.61	11.11	8.72
重工业	8.13	6.31	32.30	25.07	146.59	188.92	10.36	7.71
采掘工业	9.64	6.82	24.05	17.02	162.24	229.21	14.17	7.39
原料工业	8.17	5.92	32.58	23.58	77.94	107.70	6.39	7.11
制造工业	7.75	6.28	34.28	27.77	182.86	225.74	11.29	8.00
三、按企业规模分								
中型企业	6.31	4.95	28.43	22.34	163.47	208.06	9.31	6.80
小型企业	6.98	5.61	34.49	27.71	175.94	218.98	9.43	7.18
四、按工业行业分								
煤炭采选业	10.33	6.03	37.36	21.82	114.09	195.36	10.59	5.71
黑色金属矿采选业	23.65	16.74	15.89	11.25	966.91	1 366.18	100.00	20.87
有色金属矿采选业	5.82	4.76	15.09	12.36	316.88	387.04	14.71	6.04
建筑材料及其他非金属矿采选业	10.67	9.24	14.36	12.43	195.39	225.64	20.30	11.72
采盐业	5.03	4.30	9.03	7.73	143.36	167.44	9.38	6.56
木材及竹材采运业	21.16	14.41	13.13	8.95	130.99	192.25	31.30	17.86
自来水生产和供应业	7.45	6.49	37.96	33.07	29.53	33.90	2.27	8.76
食品制造业	3.42	2.70	26.79	21.16	184.68	233.88	4.98	3.74

集体所有制独立核算工业企业主要财务指标分析资料（二）

（1990年）

分组	产值利税率（%）		百元产值占用定额流动资金（元）		百元固定资产原值实现的产值（元）		资金利税率（%）	销售收入利税率（%）
	1980年不变价格	1990年不变价格	1980年不变价格	1990年不变价格	1980年不变价格	1990年不变价格		
饮料制造业	8.03	6.08	70.12	53.10	87.51	115.57	5.01	7.44
烟草加工业	36.36	30.77	36.36	30.77	—	—	100.00	25.00
饲料工业	5.69	4.20	12.85	9.50	337.29	456.47	15.34	5.40
纺织业	0.95	0.63	40.19	26.49	157.22	238.52	1.09	0.88
缝纫业	3.56	3.44	28.20	27.25	361.83	374.45	7.43	5.51
皮革、毛皮及其制品业	6.28	4.25	47.98	32.42	269.06	398.22	8.85	6.58
木材加工及竹、藤、棕、草制品业	8.46	6.65	25.22	19.81	209.52	266.71	14.07	8.98
家具制造业	5.46	4.91	31.40	28.20	233.33	259.78	9.56	6.72
造纸及纸制品业	6.07	5.27	28.37	24.66	145.36	167.28	7.53	6.14
印刷业	8.62	8.02	29.74	27.67	216.57	232.81	14.48	9.45
文教体育用品制造业	11.42	9.61	37.26	31.37	265.06	314.85	18.60	12.11
工艺美术品制造业	13.27	11.65	42.60	37.40	288.21	328.28	20.06	14.63
电力、蒸汽、热水生产和供应业	16.49	13.96	15.50	13.12	28.10	33.20	5.72	9.21
石油加工业	5.14	5.14	7.51	7.51	468.84	468.84	19.46	7.37
炼焦、煤气及煤制品业	1.63	1.18	19.82	14.39	170.51	234.83	2.66	1.31
化学工业	10.80	8.64	35.24	28.19	185.97	232.46	14.11	10.80
医药工业	7.94	7.72	31.42	30.55	295.47	303.90	13.77	9.61
化学纤维工业	−1.31	−1.29	33.23	32.67	194.17	197.51	−1.80	−1.35
橡胶制品业	7.33	5.28	34.72	25.01	205.97	286.00	11.30	7.09
塑料制品业	4.10	3.19	34.39	26.77	180.98	232.52	5.66	4.38
建筑材料及其他非金属矿物制品业	7.94	5.71	36.89	26.53	111.53	155.05	8.06	6.98
黑色金属冶炼及压延加工业	6.75	5.42	23.26	18.65	302.40	377.13	13.92	7.50
有色金属冶炼及压延加工业	1.70	1.27	25.47	19.07	225.92	301.72	3.34	3.01
金属制品业	6.51	5.58	32.90	28.22	238.10	277.61	11.16	7.16
机械工业	6.56	5.91	37.12	33.41	203.97	226.60	10.07	7.78
交通运输设备制造业	7.76	7.13	32.75	30.07	295.27	321.66	14.46	8.59
电气机械及器材制造业	7.12	5.66	45.26	35.97	247.95	311.95	10.19	7.92
电子及通信设备制造业	3.45	3.41	36.36	35.94	160.41	162.28	4.40	5.03
仪器仪表及其他计量器具制造业	5.80	4.68	59.71	48.22	280.54	347.40	7.13	7.09
其他工业	5.50	6.01	22.65	24.74	401.59	367.63	13.70	7.00

各地区集体所有制独立核算工业企业主要财务指标

（1990年）

单位：万元

地区	企业单位数（个）	产品销售收入	产品销售税金	利润总额	利润税金总额	年末固定资产原值
全省	**10 698**	**559 079.9**	**29 927.9**	**10 195.8**	**40 123.7**	**327 943.2**
南昌市	1 534	139 781.9	6 808.9	3 153.0	9 961.9	65 825.2
景德镇市	389	31 113.7	1 916.6	-489.7	1 426.9	20 428.4
萍乡市	469	49 794.1	3 123.7	-451.2	2 672.5	32 700.1
九江市	1 315	56 142.3	2 322.7	979.1	3 301.8	31 310.5
新余市	274	16 449.7	618.6	265.7	884.3	8 039.6
鹰潭市	283	10 419.2	535.2	843.7	1 378.9	10 664.8
赣州地区	1 320	44 209.3	2 197.0	1 123.2	3 320.2	30 032.7
#赣州市	181	13 569.3	779.1	470.9	1 250.0	4 477.5
宜春地区	1 531	103 548.6	6 946.9	2 192.3	9 139.2	61 412.0
#樟树市	101	7 456.9	720.0	-133.9	586.1	4 889.7
上饶地区	801	33 816.2	1 593.4	385.0	1 978.4	20 925.7
吉安地区	1 510	36 279.6	1 764.3	575.1	2 339.4	25 556.4
抚州地区	1 272	37 525.3	2 100.6	1 619.6	3 720.2	21 047.8
#临川市	323	14 932.4	908.1	844.9	1 753.0	5 527.1

地区	年末固定资产净值	定额流动资金全年平均余额	附：工业总产值		
			当年价格	1980年不变价格	1990年不变价格
全省	**227 496.8**	**198 033.6**	**687 876.1**	**576 121.0**	**717 372.2**
南昌市	42 574.6	53 552.6	173 563.3	154 802.6	181 389.5
景德镇市	13 163.1	13 116.5	36 670.9	29 184.7	39 740.7
萍乡市	21 689.4	19 821.6	58 792.4	45 887.1	60 766.8
九江市	21 046.9	14 905.3	71 614.5	59 364.7	73 920.2
新余市	5 753.6	3 537.0	19 346.8	14 874.2	20 176.4
鹰潭市	8 267.9	3 676.3	15 867.2	13 966.3	16 422.4
赣州地区	22 258.1	14 727.6	54 520.2	45 655.2	58 010.9
#赣州市	3 013.8	3 445.9	16 464.7	15 117.3	18 249.3
宜春地区	42 458.4	37 711.8	124 655.1	98 756.9	127 962.5
#樟树市	3 432.4	4 262.7	8 963.9	7 134.8	9 480.2
上饶地区	14 632.2	13 418.6	41 662.9	35 907.5	45 010.0
吉安地区	19 832.9	12 376.4	43 535.3	36 684.8	44 931.5
抚州地区	15 819.7	11 189.9	47 647.5	41 037.0	49 041.3
#临川市	3 932.2	3 627.1	18 907.1	15 201.5	19 806.9

各地区集体所有制独立核算工业企业主要财务指标分析资料

（1990年）

地区	产值利税率（%）		百元产值占用定额流动资金（元）		百元固定资产原值实现的产值（元）	
	1980年不变价格	1990年不变价格	1980年不变价格	1990年不变价格	1980年不变价格	1990年不变价格
全省	**6.96**	**5.59**	**34.37**	**27.61**	**175.68**	**218.75**
南昌市	6.44	5.49	34.59	29.52	235.17	275.56
景德镇市	4.89	3.59	44.94	33.01	142.86	194.54
萍乡市	5.82	4.40	43.20	32.62	140.33	185.83
九江市	5.56	4.47	25.11	20.16	189.60	236.09
新余市	5.95	4.38	23.78	17.53	185.01	250.96
鹰潭市	9.87	8.40	26.32	22.39	130.96	153.99
赣州地区	7.27	5.72	32.26	25.39	152.02	193.16
#赣州市	8.27	6.85	22.79	18.88	337.63	407.58
宜春地区	9.25	7.14	38.19	29.47	160.81	208.37
#樟树市	8.21	6.18	59.75	44.96	145.91	193.88
上饶地区	5.51	4.40	37.37	29.81	171.60	215.09
吉安地区	6.38	5.21	33.74	27.55	143.54	175.81
抚州地区	9.07	7.59	27.27	22.82	194.97	233.00
#临川市	11.53	8.85	23.86	18.31	275.04	358.36

地区	资金利税率（%）	销售收入利税率（%）	定额流动资金周转天数（天）	百元固定资产原值实现的利税（元）	百元资金实现的产值（元）	
					1980年不变价格	1990年不变价格
全省	**9.43**	**7.18**	**128**	**12.23**	**135.39**	**168.58**
南昌市	10.36	7.13	138	15.13	161.04	188.70
景德镇市	5.43	4.59	152	6.98	111.05	151.22
萍乡市	6.44	5.37	143	8.17	110.54	146.39
九江市	9.18	5.88	96	10.55	165.12	205.61
新余市	9.52	5.38	77	11.00	160.10	217.17
鹰潭市	11.54	13.23	127	12.93	116.93	137.49
赣州地区	8.98	7.51	120	11.06	123.44	156.85
#赣州市	19.35	9.21	91	27.92	234.02	282.51
宜春地区	11.40	8.83	131	14.88	123.18	159.61
#樟树市	7.62	7.86	206	11.99	92.72	123.20
上饶地区	7.05	5.85	143	9.45	128.01	160.46
吉安地区	7.26	6.45	123	9.15	113.90	139.50
抚州地区	13.77	9.91	107	17.68	151.93	181.57
#临川市	23.19	11.74	87	31.72	201.10	262.02

其他经济类型独立核算工业企业主要财务指标

（总　表）

指　标	单位	1985年	1989年	1990年
企业单位数	个	6	39	36
#亏损企业	个	—	15	12
年末固定资产原值	万元	640	9396	11862
#生　产　用	万元	328	8756	10446
全部资金	万元	628	13213	21051
年末固定资产净值	万元	608	8394	9611
定额流动资金全年平均余额	万元	20	4819	11440
定额流动资金年末占用数	万元		5130	13769
产品销售收入	万元	5676	12389	22423
#产品销售税金	万元	203	617	854
产品销售工厂成本	万元		10321	18710
产品销售利润	万元	207	1026	1730
利润总额	万元	172	741	1611
盈利企业的利润额	万元	172	1299	2106
亏损企业的亏损额	万元	—	564	495
教育费附加	万元	—	6	…
利润和税金总额	万元	375	1358	2465
工业总产值（按当年价格计算）	万元	6166	21714	26009
工业总产值（按1980年不变价格计算）	万元	3607	22697	28409
工业总产值（按1990年不变价格计算）	万元	—	—	30341
每百元固定资产原值实现的产值(按1980年不变价格计算)	元	563.59	241.56	239.50
每百元固定资产原值实现的产值(按1990年不变价格计算)	元	—	—	255.78
每百元固定资产原值实现的利润和税金	元	58.59	14.45	20.78
资金利税率	%	59.71	10.28	11.71
销售收入利税率	%	6.61	11.00	10.99
销售工厂成本利税率	%		13.16	13.17

主要年份乡办独立核算工业企业主要财务指标

（总　表）

指　　标	单位	1978年	1980年	1985年	1989年	1990年
企业单位数	个	4441	5422	5950	7920	7530
#亏损企业	个	252	564	871	1098	1047
年末固定资产原值	万元	20408	31745	72389	149128	163435
#生　产　用	万元		25597	58944	125882	137490
全部资金	万元		34112	77708	169204	191090
年末固定资产净值	万元		25405	53940	108812	117975
定额流动资金全年平均余额	万元		8707	23768	60392	73115
定额流动资金年末占用数	万元				69349	83043
产品销售收入	万元		42488	89999	235361	249725
#产品销售税金	万元	1577	1682	5511	13120	14392
产品销售工厂成本	万元				196423	204222
产品销售利润	万元			5229	9548	8670
利润总额	万元	4392	5627	4870	9084	7443
#盈利企业的利润额	万元	4705	6028	6270	13555	12574
亏损企业的亏损额	万元	313	401	1400	4934	5541
利润和税金总额	万元	5969	7309	10381	22204	21835
工业总产值（按当年价格计算）	万元	39816	45712	101903	280835	301829
工业总产值（按当年不变价格计算）	万元	38789	43217	91002	230123	249596
工业总产值（按1990年不变价格计算.	万元	—	—	—	—	304677
每百元固定资产原值实现的产值（按当年不变价格计算）	元	190.07	136.14	125.71	154.31	152.72
每百元固定资产原值实现的产值（按1990年不变价格计算）	元	—	—	—	—	186.42
每百元固定资产原值实现的利润和税金	元	29.25	23.02	14.34	14.89	13.36
资金利税率	%		21.43	13.36	13.12	11.43
销售收入利税率	%		17.20	11.53	9.43	8.74
销售工厂成本利税率	%				11.30	10.69

注：本表工业总产值(按当年不变价格计算)，1978年、1980年按1970年不变价格计算，1985年、1989年、1990年按1980年不变价格计算。

村办工业企业主要指标

（1990年）

指标	单位	合计	轻工业	重工业
企业单位数	个	26 286	16 182	10 104
从业人数	人	303 083	122 363	180 720
工业总产值（按当年价格计算）	万元	263 688	130 314	133 374
工业总产值（按1980年不变价格计算）	万元	235 620	122 935	112 685
工业总产值（按1990年不变价格计算）	万元	265 771	131 160	134 611
产品销售收入	万元	227 449	112 405	115 044
上交税金	万元	8 857	4 377	4 480
利润总额	万元	18 855	9 318	9 537
固定资产原值年末数	万元	72 682	35 919	36 763
流动资金占用年末数	万元	41 535	20 527	21 008

农村合作经营和个体工业主要指标

（1990年）

指标	单位	农村合作经营工业			农村个体工业		
		合计	轻工业	重工业	合计	轻工业	重工业
户数	户	33 645	16 627	17 018	269 400	133 137	136 263
从业人数	人	207 950	102 768	105 182	544 090	268 888	275 202
工业总产值（按当年价格计算）	万元	127 998	63 256	64 742	283 388	140 050	143 338
工业总产值（按1980年不变价格计算）	万元	115 957	60 501	55 456	258 873	135 067	123 806
工业总产值（按1990年不变价格计算）	万元	129 009	63 667	65 342	285 627	140 959	144 668
上交税金	万元	4 052	2 002	2 050	8 201	4 053	4 148
自有资金	万元	32 988	16 303	16 685	63 617	31 439	32 178

城镇合作经营和个体工业主要指标

（1990年）

指标	单位	城镇合作经营工业			城镇个体工业		
		合计	轻工业	重工业	合计	轻工业	重工业
户数	户	760	760	—	10 380	10 380	—
从业人数	人	5 287	5 287	—	21 827	21 827	—
工业总产值（按当年价格计算）	万元	3 892	3 892	—	12 923	12 923	—
工业总产值（按1980年不变价格计算）	万元	3 736	3 736	—	12 525	12 525	—
工业总产值（按1990年不变价格计算）	万元	3 923	3 923	—	13 025	13 025	—
上交税金	万元	229	229	—	420	420	—
自有资金	万元	1 197	1 197	—	1 635	1 635	—

独立核算工业企业全员劳动生产率（一）

单位：元/人·年

分组	1989年 1980年不变价格	1990年 当年价格	1990年 1980年不变价格	1990年 1990年不变价格	1990年比1989年增长%
总计	**11 808**	**17 650**	**12 152**	**18 476**	**2.9**
一、按经济类型及隶属关系分					
全民所有制工业	13 460	20 915	13 530	21 890	0.5
中央企业	19 516	28 269	17 150	28 703	-12.1
地方企业	12 488	19 448	12 809	20 532	2.6
#县属企业	11 055	17 395	11 245	18 541	1.7
集体所有制工业	8 300	10 748	9 002	11 209	8.5
省属企业	6 327	8 517	6 402	9 345	1.2
地区属企业	5 932	11 438	9 720	12 663	63.9
市属企业	9 862	12 031	10 195	13 134	3.4
县属企业	10 079	12 702	10 595	13 734	5.1
城市（镇）街道工业	9 844	13 598	12 881	14 402	30.8
乡办工业	7 151	9 653	7 975	9 743	11.5
厂办集体	6 704	8 564	6 577	8 193	-1.9
其他经济类型工业	54 784	54 105	59 099	63 118	7.9
二、按轻、重工业分					
轻工业	13 991	19 183	14 640	21 086	4.6
以农产品为原料	14 463	21 042	15 007	23 227	3.8
以非农产品为原料	13 114	15 750	13 961	17 133	6.5
重工业	10 374	16 646	10 523	16 767	1.4
采掘工业	4 896	8 615	4 978	8 879	1.7
原料工业	16 491	32 015	16 559	30 782	0.4
制造工业	11 263	14 727	11 455	15 415	1.7
三、按企业规模分					
大型企业	21 798	33 260	21 574	34 445	-1.0
中型企业	14 295	23 060	14 600	23 984	2.1
小型企业	9 570	13 433	9 936	14 172	3.8
四、按工业行业分					
煤炭采选业	2 719	5 428	2 556	4 570	-6.0
黑色金属矿采选业	3 935	7 534	4 703	9 277	19.5
有色金属矿采选业	9 846	15 411	10 077	17 709	2.3
建筑材料及其他非金属矿采选业	5 943	8 553	6 578	9 189	10.7
采盐业	12 140	17 290	13 295	16 178	9.5
其他矿采选业	5 833	9 333	8 583	8 611	47.1

独立核算工业企业全员劳动生产率（二）

单位：元／人·年

分组	1989年	1990年			1990年比1989年增长％
	1980年不变价格	当年价格	1980年不变价格	1990年不变价格	
木材及竹材采运业	2 443	7 159	2 859	7 276	17.0
自来水生产和供应业	10 075	14 710	10 428	20 092	3.5
食品制造业	20 075	31 319	19 808	34 700	-1.3
饮料制造业	10 901	19 599	11 708	19 842	7.4
烟草加工业	102 398	157 073	109 419	193 501	6.9
饲料工业	35 031	47 322	38 142	82 908	8.9
纺织业	12 554	16 417	12 364	18 353	-1.5
缝纫业	17 841	23 629	21 101	21 849	18.3
皮革、毛皮及其制品业	9 904	12 855	9 991	15 478	0.9
木材加工及竹、藤、棕、草制品业	8 575	12 613	9 115	14 183	6.3
家具制造业	7 505	8 559	7 866	8 873	4.8
造纸及纸制品业	12 245	19 168	12 632	19 272	3.2
印刷业	8 990	12 195	9 927	15 044	10.4
文教体育用品制造业	7 549	9 819	8 776	10 447	16.3
工艺美术品制造业	7 609	9 343	8 774	10 376	15.3
电力、蒸汽、热水生产和供应业	14 332	27 404	14 515	21 817	1.3
石油加工业	89 030	199 459	91 055	141 233	2.3
炼焦、煤气及煤制品业	17 853	34 694	17 663	31 605	-1.1
化学工业	13 845	24 659	14 694	25 680	6.1
医药工业	29 669	34 843	31 227	36 200	5.3
化学纤维工业	21 023	33 269	20 429	33 281	-2.8
橡胶制品业	18 114	20 459	16 549	25 605	-8.6
塑料制品业	12 973	18 550	15 748	20 743	21.4
建筑材料及其他非金属矿物制品业	5 935	9 728	6 302	10 111	6.2
黑色金属冶炼及压延加工业	14 904	32 693	14 589	31 646	-2.1
有色金属冶炼及压延加工业	44 423	66 611	42 426	80 736	-4.5
金属制品业	10 308	13 672	11 368	13 975	10.3
机械工业	10 861	12 229	10 500	13 173	-3.3
交通运输设备制造业	13 625	19 346	14 566	18 008	6.9
电气机械及器材制造业	17 935	21 553	16 937	23 187	-5.6
电子及通信设备制造业	24 159	23 032	25 933	26 658	7.3
仪器仪表及其他计量器具制造业	12 369	10 614	10 397	11 326	-15.9
其他工业	11 485	13 569	12 064	13 586	5.0

全民所有制独立核算工业企业全员劳动生产率(一)

单位：元／人·年

分组	1989年 1980年不变价格	1990年 当年价格	1990年 1980年不变价格	1990年 1990年不变价格	1990年比1989年增长%
总计	**13 460**	**20 915**	**13 530**	**21 890**	**0.5**
一、按隶属关系分					
中央企业	19 516	28 269	17 150	28 703	-12.1
地方企业	12 488	19 448	12 809	20 532	2.6
#县属企业	11 055	17 395	11 245	18 541	1.7
二、按轻、重工业分					
轻工业	17 462	24 831	17 828	27 615	2.1
以农产品为原料	17 434	26 106	17 649	29 240	1.2
以非农产品为原料	17 539	21 461	18 303	23 322	4.4
重工业	11 473	18 962	11 387	19 035	-0.7
采掘工业	5 033	9 078	5 069	9 556	0.7
原料工业	17 964	35 486	17 744	33 914	-1.2
制造工业	12 794	16 699	12 577	17 473	-1.7
三、按企业规模分					
大型企业	21 798	33 260	21 574	34 445	-1.0
中型企业	14 329	23 109	14 565	24 014	1.7
小型企业	10 621	15 915	10 588	16 892	-0.3
四、按工业行业分					
煤炭采选业	2 658	5 148	2 393	4 367	-10.0
黑色金属矿采选业	4 179	8 210	5 003	10 183	19.7
有色金属矿采选业	9 807	15 715	9 964	18 106	1.6
建筑材料及其他非金属矿采选业	6 533	11 241	6 812	12 494	4.3
采盐业	15 332	21 283	15 484	19 109	1.0
其他矿采选业	5 833	9 333	8 583	8 611	47.1
木材及竹材采运业	2 304	7 054	2 699	7 150	17.2
自来水生产和供应业	10 148	14 908	10 533	20 408	3.8
食品制造业	22 490	35 936	21 976	40 173	-2.3
饮料制造业	11 698	22 403	12 563	22 500	7.4
烟草加工业	102 550	157 294	109 573	193 774	6.8

全民所有制独立核算工业企业全员劳动生产率（二）

单位：元／人·年

分组	1989年 1980年不变价格	1990年 当年价格	1990年 1980年不变价格	1990年 1990年不变价格	1990年比1989年增长%
饲料工业	39 934	52 014	42 047	95 643	5.3
纺织业	14 074	17 662	13 432	19 826	-4.6
缝纫业	29 207	42 884	36 422	37 877	24.7
皮革、毛皮及其制品业	12 593	21 098	13 447	23 406	6.8
木材加工及竹、藤、棕、草制品业	9 186	15 043	8 637	17 016	-6.0
家具制造业	7 552	10 301	8 775	10 608	16.2
造纸及纸制品业	13 530	23 713	13 484	23 689	-0.3
印刷业	9 149	13 583	10 216	18 659	11.7
文教体育用品制造业	7 915	10 954	9 032	11 211	14.1
工艺美术品制造业	8 028	12 105	9 804	16 056	22.1
电力、蒸汽、热水生产和供应业	16 032	31 166	16 046	24 563	0.1
石油加工业	89 580	200 906	91 430	142 104	2.1
炼焦、煤气及煤制品业	19 528	39 920	19 726	35 963	1.0
化学工业	13 968	25 887	14 637	27 012	4.8
医药工业	30 727	35 667	31 949	37 451	4.0
化学纤维工业	21 040	33 771	20 512	33 775	-2.5
橡胶制品业	24 017	26 153	20 830	33 846	-13.3
塑料制品业	15 486	18 496	14 688	21 807	-5.2
建筑材料及其他非金属矿物制品业	6 648	11 991	6 943	12 416	4.4
黑色金属冶炼及压延加工业	14 765	33 116	14 368	31 933	-2.7
有色金属冶炼及压延加工业	46 063	69 697	43 743	84 913	-5.0
金属制品业	10 308	14 410	9 624	14 722	-6.6
机械工业	11 596	12 938	10 870	14 126	-6.3
交通运输设备制造业	14 603	21 680	15 689	19 929	7.4
电气机械及器材制造业	21 608	26 546	20 205	28 644	-6.5
电子及通信设备制造业	21 740	21 672	23 823	24 417	9.6
仪器仪表及其他计量器具制造业	13 244	11 241	10 968	11 683	-17.2
其他工业	16 763	18 607	13 012	19 891	-22.4

集体所有制独立核算工业企业全员劳动生产率（一）

单位：元／人·年

分　　组	1989年	1990年			1990年比1989年增长%
	1980年不变价格	当年价格	1980年不变价格	1990年不变价格	
总　　计	**8 300**	**10 748**	**9 002**	**11 209**	**8.5**
一、按隶属关系分					
省属企业	6 327	8 517	6 402	9 345	1.2
地区属企业	5 932	11 438	9 720	12 663	63.9
市属企业	9 862	12 031	10 195	13 134	3.4
县属企业	10 079	12 702	10 595	13 734	5.1
城市（镇）街道工业	9 844	13 598	12 881	14 402	30.8
乡办工业	7 151	9 653	7 975	9 743	11.5
厂办集体	6 704	8 564	6 577	8 193	-1.9
二、按轻、重工业分					
轻工业	9 172	11 422	9 962	12 086	8.6
以农产品为原料	9 607	12 381	10 457	12 982	3.8
以非农产品为原料	8 622	10 240	9 352	10 982	8.5
重工业	7 351	10 014	7 956	10 253	8.2
采掘工业	4 427	7 058	4 672	6 601	5.5
原料工业	8 890	13 394	10 053	13 890	13.1
制造工业	8 345	10 669	9 060	11 185	8.6
三、按企业规模分					
中型企业	12 710	20 715	18 269	23 253	43.7
小型企业	8 255	10 650	8 911	11 091	7.9
四、按工业行业分					
煤炭采选业	2 874	6 132	2 968	5 081	3.2
黑色金属矿采选业	2 595	3 852	3 072	4 341	18.4
有色金属矿采选业	10 201	12 341	11 213	13 695	9.9
建筑材料及其他非金属矿采选业	5 636	7 143	6 456	7 455	14.5
采盐业	7 163	10 356	9 492	11 087	32.5
木材及竹材采运业	6 071	10 156	7 413	10 880	22.1
自来水生产和供应业	5 956	6 481	6 049	6 944	1.6

集体所有制独立核算工业企业全员劳动生产率（二）

单位：元/人·年

分组	1989年 1980年不变价格	1990年 当年价格	1990年 1980年不变价格	1990年 1990年不变价格	1990年比1989年增长%
食品制造业	12 189	15 034	12 160	15 400	-0.2
饮料制造业	8 878	11 567	9 260	12 228	4.3
烟草加工业	3 800	2 600	2 200	2 600	-42.1
饲料工业	17 827	27 619	21 747	29 431	22.0
纺织业	8 642	12 971	9 412	14 279	8.9
缝纫业	12 934	15 516	14 600	15 109	12.9
皮革、毛皮及其制品业	8 992	10 827	9 140	13 528	1.7
木材加工及竹、藤、棕、草制品业	8 183	10 780	9 450	12 030	15.8
家具制造业	7 275	8 281	7 721	8 596	6.1
造纸及纸制品业	10 424	12 908	11 459	13 186	9.9
印刷业	8 398	9 766	9 119	9 802	8.6
文教体育用品制造业	7 368	9 374	8 535	10 138	15.8
工艺美术品制造业	7 585	9 020	8 620	9 819	13.6
电力、蒸汽、热水生产和供应业	6 023	8 666	6 887	8 136	14.3
石油加工业	41 345	53 260	53 260	53 260	28.8
炼焦、煤气及煤制品业	9 294	9 630	7 773	10 704	-16.4
化学工业	12 916	17 728	14 353	17 941	11.1
医药工业	22 116	28 229	25 436	26 162	15.0
化学纤维工业	20 519	17 979	17 905	18 213	-12.7
橡胶制品业	11 396	13 951	11 657	16 185	2.3
塑料制品业	12 158	17 414	15 012	19 287	23.5
建筑材料及其他非金属矿物制品业	5 306	7 572	5 698	7 922	7.4
黑色金属冶炼及压延加工业	18 098	22 597	19 879	24 792	9.8
有色金属冶炼及压延加工业	19 248	39 179	29 826	39 833	55.0
金属制品业	10 015	12 378	10 851	12 652	8.4
机械工业	8 931	10 295	9 505	10 560	6.4
交通运输设备制造业	10 665	12 201	11 137	12 132	4.4
电气机械及器材制造业	12 283	14 231	12 111	15 237	-1.4
电子及通信设备制造业	11 796	10 058	12 158	12 300	3.1
仪器仪表及其他计量器具制造业	8 799	7 837	7 869	9 744	-10.6
其他工业	8 991	10 360	10 619	9 721	18.1

其他经济类型独立核算工业企业全员劳动生产率

单位：元/人·年

分　组	1989年	1990年			1990年比1989年增长%
	1980年不变价格	当年价格	1980年不变价格	1990年不变价格	
总　计	**54 784**	**54 105**	**59 099**	**63 118**	**7.9**
一、按轻、重工业分					
轻工业	71 983	63 896	69 950	75 598	-2.8
以农产品为原料	21 078	27 524	23 854	24 452	13.2
以非农产品为原料	103 576	82 115	93 040	101 217	-10.2
重工业	15 788	32 932	35 634	36 131	125.7
原料工业	11 916	13 366	20 110	19 360	68.8
制造工业	17 952	46 301	46 241	47 590	157.6
二、按企业规模分					
中型企业	5 354	6 667	6 626	6 853	23.8
小型企业	63 982	61 312	67 071	71 666	4.8
四、按工业行业分					
缝纫业	21 112	25 598	24 902	22 799	17.9
木材加工及竹、藤、棕、草制品业	6 403	14 279	10 270	17 076	60.4
印刷业	102 222	148 140	109 298	113 474	6.9
文教体育用品制造业	16 442	24 783	24 033	21 300	46.2
工艺美术品制造业	3 947	18 575	15 909	17 309	303.0
化学工业	31 866	46 735	49 527	61 551	55.4
塑料制品业	40 741	62 311	52 769	67 253	29.5
建筑材料及其他非金属矿物制品业	3 088	6 515	3 222	5 595	4.3
有色金属冶炼及压延加工业	26 914	6 614	20 227	13 997	-24.8
金属制品业	95 563	281 191	281 191	288 237	194.2
机械工业	5 354	6 737	6 684	6 922	24.8
交通运输设备制造业	8 438	5 128	5 128	5 128	-39.2
电气机械及器材制造业	37 175	15 005	14 386	13 252	-61.3
电子及通信设备制造业	414 741	290 563	358 937	376 729	-13.5
其他工业	16 596	32 066	35 246	33 210	112.4

各地区独立核算工业企业全员劳动生产率

（1990年）

单位：元/人·年

地　区	合　计	全民所有制	集体所有制	其他经济类型
全　省	**17 650**	**20 915**	**10 748**	**54 105**
南 昌 市	20 230	24 614	12 292	33 365
景德镇市	13 529	16 309	7 459	11 641
萍 乡 市	11 284	12 064	10 223	—
九 江 市	21 243	24 869	11 586	25 696
新 余 市	26 260	28 662	12 100	186 201
鹰 潭 市	51 849	74 322	12 874	—
赣州地区	15 865	17 557	10 972	6 871
#赣 州 市	21 145	22 975	14 497	5 106
宜春地区	13 018	14 247	11 099	39 043
#樟 树 市	29 879	38 588	14 409	6 250
上饶地区	16 916	20 237	8 807	26 600
吉安地区	15 736	17 490	9 479	222 393
抚州地区	15 196	18 020	10 187	3 345
#临 川 市	19 305	23 322	12 053	—

注：本表按当年价格计算。

各地区独立核算工业企业全员劳动生产率

（1990年）

单位：元/人·年

地区	合计	全民所有制	集体所有制	其他经济类型
全省	**12 152**	**13 530**	**9 002**	**59 099**
南昌市	15 222	17 559	10 963	29 602
景德镇市	10 226	12 168	5 937	10 946
萍乡市	7 059	6 383	7 979	—
九江市	14 205	15 926	9 605	25 625
新余市	13 939	14 405	9 303	186 201
鹰潭市	31 853	43 685	11 332	—
赣州地区	10 320	10 684	9 188	15 532
#赣州市	14 054	14 275	13 311	4 968
宜春地区	9 305	9 524	8 793	32 973
#樟树市	18 668	22 725	11 469	5 000
上饶地区	11 440	12 979	7 590	25 913
吉安地区	11 278	11 265	7 987	270 384
抚州地区	10 934	12 156	8 774	3 532
#临川市	14 498	17 161	9 691	—

注：本表按1980年不变价格计算。

各地区独立核算工业企业全员劳动生产率

（1990年）

单位：元/人·年

地区	合计	全民所有制	集体所有制	其他经济类型
全省	**18 476**	**21 890**	**11 209**	**63 118**
南昌市	21 344	26 052	12 846	27 802
景德镇市	13 970	16 637	8 084	14 631
萍乡市	10 945	11 223	10 566	—
九江市	20 271	23 391	11 959	25 696
新余市	27 107	29 567	12 619	190 112
鹰潭市	58 146	83 990	13 324	—
赣州地区	17 070	18 914	11 674	12 607
#赣州市	22 299	24 020	16 069	4 745
宜春地区	14 001	15 719	11 393	42 393
#樟树市	32 132	41 631	15 239	13 938
上饶地区	18 500	22 201	9 514	23 725
吉安地区	16 999	18 845	9 783	283 920
抚州地区	16 214	19 442	10 485	3 338
#临川市	21 078	25 759	12 627	—

注：本表按1990年不变价格计算。

大中型工业企业一览表(一)

(1990年)

单位：万元

企业名称	所在地	年末职工人数(人)	工业总产值(当年价格)	固定资产原值年末数	产品销售收入	利税总额
煤炭采选业						
萍乡矿务局	萍乡市	35871	18928	47363	21087	-9201
丰城矿务局	丰城市	24622	9399	33446	11468	-6433
有色金属矿采选业						
江西铜业公司武山铜矿	瑞昌县	3937	4656	12310	4964	437
江西铜业公司永平铜矿	铅山县	4276	21465	33905	21058	4385
江西铜业公司德兴铜矿	德兴县	10809	35609	66658	39564	5897
江西铜业公司银山铅锌矿	德兴县	3036	4361	5896	3999	118
江西铜业公司东乡铜矿	东乡县	2627	3854	5245	4284	215
江西德兴县富家坞铜矿	德兴县	808	1189	1796	2514	1003
中国核工业总公司七二四矿	修水县	1016	625	2340	593	-126
岿美山钨矿	定南县	1819	822	3067	611	-305
画眉坳钨矿	兴国县	3597	2211	2318	2227	-217
大吉山钨矿	全南县	5072	4111	8384	3380	256
盘古山钨矿	于都县	4444	4271	4889	4447	636
铁山垅钨矿	于都县	3148	3190	2656	2082	186
西华山钨矿	大余县	4990	3223	6265	3081	9
荡坪钨矿	大余县	3215	3295	3008	3066	129
漂塘钨矿	大余县	3072	1898	2406	2042	28
下垄钨矿	大余县	2870	2596	3039	2473	198
中国核工业总公司七一九矿	崇义县	2329	2176	11869	2143	1
宜春钽铌矿	宜春市	1318	2084	4421	1422	412
中国核工业总公司七一三矿	上饶县	2923	919	6397	640	-703
小龙钨矿	泰和县	1799	1480	1763	1102	-70
浒坑钨矿	安福县	3538	2898	3255	2260	102
国营七二一矿	乐安县	8065	4491	22353	4596	-1450
建筑材料及其他非金属矿采选业						
江西省陶瓷工业公司原料总厂	景德镇市	1050	959	1249	875	75
江西朝阳磷矿	上饶县	927	1471	1509	1592	173
江西弋阳县蛇纹石矿	弋阳县	982	843	1058	961	105
采盐业						
江西盐矿	樟树市	1216	2810	3167	1912	142
自来水生产和供应业						
南昌市自来水公司	南昌市	1116	2718	6934	2718	693
景德镇市自来水公司	景德镇市	290	882	1993	882	288
九江市自来水公司	九江市	372	865	2566	865	214
食品制造业						
南昌罐头啤酒厂	南昌市	3141	5132	2495	4821	68

大中型工业企业一览表(二)

(1990年)

单位：万元

企业名称	所在地	年末职工人数（人）	工业总产值（当年价格）	固定资产原值年末数	产品销售收入	利税总额
国营南昌味精厂	南昌市	526	1137	1001	928	-60
国营南昌肉类联合加工厂	南昌市	1922	5312	3532	8902	-2008
九江油脂化学厂	九江市	834	1848	3337	1406	148
鹰潭市面粉厂	鹰潭市	293	2976	1246	3096	316
鹰潭肉类联合加工厂	鹰潭市	411	664	1258	1452	-544
江西第三制糖厂	赣县	1374	3153	2782	2824	526
江西第一制糖厂	南康县	1861	3678	2590	3312	553
信丰制糖厂	信丰县	1348	2201	3489	2111	389
江西红都制糖厂	瑞金县	1141	2914	2304	2810	668
江西会昌制糖厂	会昌县	438	1397	1828	1372	362
江西兴国制糖厂	兴国县	1183	3798	2771	3650	1042
江西于都糖厂	于都县	1141	1759	2456	1712	369
江西第二糖厂	赣州市	1201	2697	2120	2282	572
江西省樟树粮油公司	樟树市	721	10406	1754	10508	1015
江西省玉山糖厂	玉山县	1316	2351	1694	2651	324
江西吉安罐头食品厂	吉安市	1105	1305	1139	1204	-67
江西吉安糖厂	吉安县	830	1063	2150	783	108
江西泰和糖厂	泰和县	1046	2472	2332	2966	350
江西万安糖厂	万安县	868	1690	2825	1746	202
江西巧克力食品厂	东乡县	874	1318	1471	1020	57
江西省国营红星乳品厂	东乡县	955	2969	1362	2615	75
江西东乡糖厂	东乡县	960	1700	1576	1481	165
饮料制造业						
江西省进贤县李渡酒厂	进贤县	458	574	1304	921	289
江西赣州酒厂	赣州市	765	3375	1948	3299	1170
江西省宜春地区酒厂	宜春市	414	889	1191	797	248
江西樟树四特酒厂	樟树市	1905	7463	6296	12269	4321
吉安啤酒厂	吉安县	337	988	984	878	241
临川县酒厂	临川县	454	1126	983	1110	209
江西酒厂	南城县	711	1597	1058	1964	330
烟草加工业						
南昌卷烟厂	南昌市	1975	33684	3450	33020	19443
赣南卷烟厂	南康县	1659	21259	4974	21071	11884
纺织业						
南昌化纤厂	新建县	745	2050	2399	1846	-18
江西棉纺织印染厂	南昌市	11057	30488	15678	28365	4139
江西八一麻纺织厂	南昌市	5320	4063	3563	3098	-615
国营江西丝绸厂	新建县	2438	2902	2169	2910	69

大中型工业企业一览表(三)

（1990年）

单位：万元

企业名称	所在地	年末职工人数（人）	工业总产值（当年价格）	固定资产原值年末数	产品销售收入	利税总额
江西针织总厂	南昌市	1 472	4 718	2 479	4 316	95
国营南昌针织厂	南昌市	2 514	3 077	1 960	2 852	−429
南昌染整厂	南昌市	756	2 315	1 027	1 713	—
江西洪都棉纺织厂	南昌市	1 524	1 339	1 382	1 472	68
江西九江第一棉纺织厂	九江市	6 121	14 491	6 331	15 582	1 013
江西九江第二棉纺织厂	九江市	6 303	11 540	3 965	10 163	806
九江第三棉织印染厂	九江市	2 393	10 960	3 932	10 207	268
江西省九江国棉四厂	九江市	1 975	3 844	2 080	3 205	−163
九江针织总厂	九江市	1 386	2 948	2 470	3 168	136
长江毛纺织有限公司	九江市	3 106	3 833	2 806	2 340	−614
九江市第五纺织厂	九江市	2 284	4 938	2 022	4 776	467
江西新余纺织厂	新余市	6 245	7 536	6 106	6 623	−400
国营江西省上饶针织总厂	上饶市	1 029	983	947	666	−16
井冈山棉纺织厂	安福县	3 161	5 311	2 289	4 963	449
江西抚州针织厂	抚州市	1 318	2 484	1 579	2 016	95
江西省抚州印染厂	抚州市	1 505	9 847	3 357	6 082	165
抚州棉纺织厂	抚州市	6 670	13 476	4 429	9 422	1 579
缝纫业						
江西共青羽绒厂	德安县	4 036	28 688	2 520	13 060	1 935
木材加工及竹、藤、棕、草制品业						
江西木材厂	南昌市	1 008	335	1 592	389	−268
江西省景德镇木材厂	景德镇市	369	334	1 015	248	−68
铁道部鹰潭木材防腐厂	鹰潭市	603	7 142	1 495	6 693	402
赣州木材厂	赣州市	1 093	2 351	3 104	2 248	150
江西横峰纺织器材厂	横峰县	986	1 870	1 226	1 747	299
造纸及纸制品业						
江西造纸厂	南昌市	3 384	11 750	6 893	9 613	539
江西第二造纸厂	进贤县	757	1 264	1 195	1 274	120
江西军山造纸厂	永修县	484	940	741	922	41
江西赣南造纸厂	赣州市	1 336	4 696	2 514	2 920	325
江西赣江造纸厂	赣州市	1 349	4 799	2 317	4 266	696
江西省奉新联合纸厂	奉新县	846	1 011	3 256	1 222	−293
江西省弋阳县旭光造纸厂	弋阳县	711	792	1 246	992	−110
江西省吉安造纸厂	吉安市	1 300	3 515	1 389	2 694	245
江西井冈山造纸厂	井冈山市	565	2 193	1 640	1 589	469
印刷业						
国营五四九厂	南昌市	649	1 408	905	1 408	489
江西新华印刷厂	南昌市	1 124	2 216	1 584	716	70

大中型工业企业一览表(四)

(1990年)

单位：万元

企业名称	所在地	年末职工人数(人)	工业总产值(当年价格)	固定资产原值年末数	产品销售收入	利税总额
江西商标彩印厂	南昌市	667	1626	1 142	1391	78
江西印刷公司	南昌市	1870	2960	2 148	2604	109
电力、蒸汽、热水生产和供应业						
江西南昌发电厂	南昌市	2 067	14 498	35 848	14 498	-583
江西南昌供电局	南昌市	1413	3 552	18 110	3 552	1783
江西省电力工业局	南昌市	837	2 928	4 140	10 842	-3 475
江西景德镇发电厂	景德镇市	1 109	6 582	6 715	6 582	247
江西乐平发电厂	乐平县	1071	1788	5 755	1788	-1 997
赣东北供电局	乐平县	960	6 516	9 278	7025	5 499
江西萍乡发电厂	萍乡市	1 043	2 404	3 128	2 404	-723
江西九江发电厂	九江市	1705	16 354	21 564	16 354	501
江西九江锁江楼发电厂	九江市	825	1 587	3 805	1 587	-2 157
江西柘林水力发电厂	永修县	763	6 037	32 927	6 037	4 566
江西江口水力发电厂	新余市	406	1011	4 830	1 011	652
赣西供电局	新余市	1298	3 997	18 369	4 278	1863
江西分宜发电厂	分宜县	1831	10 816	13 685	10 816	-2 608
江西贵溪火力发电厂	贵溪县	1757	31 339	36 597	31 339	5 990
江西上犹江水力发电厂	上犹县	578	2 069	6 493	2 069	1 552
赣州供电局	赣州市	1 510	2 508	9 213	4 562	1412
吉安地区电力工业公司	吉安市	884	1 018	4 060	2 274	409
江西洪门水力发电厂	南城县	442	991	7 411	1 088	592
石油加工业						
中国石油化工总公司九江炼油厂	九江市	5 152	100 930	34 360	95 232	15 086
炼焦、煤气及煤制品业						
景德镇市焦化煤气厂	景德镇市	1437	8 087	8 042	7 198	658
化学工业						
江西氨厂	南昌市	2 979	9 183	13 128	9 189	935
江西省向塘化肥厂	南昌县	1070	3 158	2 773	2 760	386
南昌农药厂	南昌县	999	2 755	1 092	2 336	336
江西农药厂	南昌市	951	2 042	1 031	1 506	-5
南昌电化厂	南昌市	970	2 596	1 532	2 280	271
南昌市化工原料厂	南昌市	1 529	2 803	5 966	2 708	293
国营南昌造漆厂	南昌市	736	3 592	1 024	2 727	301
江西油脂化工厂	南昌市	1 165	10 270	2 698	7 262	587
景德镇市瓷用原料化学工厂	景德镇市	836	3 776	1 640	3 878	819
江西电化厂	乐平县	1484	2 828	3 945	1 852	70
江西九江化工厂	九江市	3 195	8 014	5 577	7 196	944
化学工业部星火化工厂	永修县	2 968	4 338	8 258	4 034	564

大中型工业企业一览表(五)

(1990年)　　单位：万元

企业名称	所在地	年末职工人数(人)	工业总产值(当年价格)	固定资产原值年末数	产品销售收入	利税总额
国营江西钢丝厂	新余市	1664	1085	2195	760	121
江西第二化肥厂	新余市	1941	6466	7554	6311	1486
前卫化工厂	新余市	859	6630	1497	5718	1023
江西省鹰潭市磷肥厂	鹰潭市	1055	3751	1802	3660	210
江西合成洗涤剂厂	鹰潭市	902	5732	932	5625	706
江西赣南化工厂	赣州市	1276	2305	2135	1940	251
赣州有色冶金化工厂	赣州市	1379	2377	1337	1974	310
江西省宜春地区磷肥厂	宜春市	767	1931	743	1708	15
江西樟树化工厂	樟树市	1095	3662	1942	3287	350
国营江西樟脑厂	吉安市	653	2437	1709	1528	71
江西赣中化工厂	新干县	779	1751	1516	1654	234
国营庆江化工厂	泰和县	1532	3754	2503	3620	465
江西磷肥厂	东乡县	2711	6134	2289	5314	352
医药工业						
江西制药厂	南昌市	1812	7457	5066	6928	402
江西国药厂	南昌市	2469	11866	6563	10412	500
江西黎明制药厂	景德镇市	1467	4394	3303	3752	-638
江西东风制药厂	乐平县	2613	9394	5821	6151	703
江西赣南制药厂	赣州市	1032	3841	1213	3657	180
江西赣江制药厂	吉安市	1547	3792	1628	3402	92
化学纤维工业						
江西涤纶厂	南昌市	1818	12956	9486	13007	2986
江西化学纤维厂	南昌市	5181	16579	6170	19202	1664
江西省化工实验厂	南昌市	1188	1964	2292	1804	-225
江西维尼纶厂	乐平县	2051	8389	10255	7286	1964
九江化学纤维厂	九江市	3818	7898	19177	5270	-1172
橡胶制品业						
国营江西橡胶厂	南昌市	2766	10432	5549	7725	1118
南昌第一橡胶厂	南昌县	1248	4031	1340	2848	382
江西轮胎厂	德安县	1181	3818	2051	2558	99
塑料制品业						
南昌塑料八厂	南昌市	731	4997	1619	4332	290
江西塑料制品厂	九江市	789	3184	1637	2156	44
江西工程塑料厂	分宜县	384	838	1042	688	18
建筑材料及其他非金属矿物制品业						
江西耐火材料厂	南昌市	1729	2009	1615	1631	137
江西建筑材料厂	南昌市	881	1028	1370	1021	289
国营南昌玻璃厂	南昌市	958	2027	1882	1851	177

大中型工业企业一览表(六)

（1990年）　　单位：万元

企 业 名 称	所在地	年末职工人数（人）	工业总产值（当年价格）	固定资产原值年末数	产品销售收入	利税总额
国营南昌保温瓶厂	南昌市	1826	1786	1127	1247	-47
景德镇市艺术瓷厂	景德镇市	2343	1817	1010	1824	160
景德镇市景兴瓷厂	景德镇市	1604	1596	957	1524	106
景德镇市红旗瓷厂	景德镇市	2732	1838	1310	1851	112
景德镇市光明瓷厂	景德镇市	2750	2900	2308	2526	338
景德镇市红星瓷厂	景德镇市	2408	2015	1128	1881	160
景德镇市宇宙瓷厂	景德镇市	2867	2542	1765	2572	247
景德镇市红光瓷厂	景德镇市	3293	2505	1369	2313	297
景德镇市人民瓷厂	景德镇市	2006	1774	1370	1770	160
景德镇市东风瓷厂	景德镇市	2983	2020	1035	1882	92
景德镇市为民瓷厂	景德镇市	2903	2562	1550	2150	165
景德镇市华风瓷厂	景德镇市	2033	971	3700	1132	-315
景德镇陶瓷厂	景德镇市	2632	3688	5798	3990	666
萍乡市水泥厂	萍乡市	1234	2494	1959	2361	190
九江玻璃纤维厂	九江市	2812	3462	2397	3004	422
江西省庐山水泥厂	九江市	1595	2962	4897	2912	-122
江西省九江建筑材料厂	九江市	1384	1369	2543	1356	36
江西九江水泥船试验厂	九江市	774	143	1888	82	-201
国营长江化工厂	九江市	2909	3473	3906	3348	130
江西省高安县瓷厂	高安县	1687	2058	1182	2046	626
江西水泥厂	万年县	2877	11222	26336	10636	2079
黑色金属冶炼及压延加工业						
洪都钢厂	南昌市	3761	16721	5579	12026	1078
南昌钢铁厂	南昌市	10529	26716	17340	26296	230
萍乡钢铁厂	萍乡市	10932	26343	24388	28529	-2832
江西钢厂	新余市	16975	66836	35615	58808	335
江西新余钢铁厂	新余市	27265	94822	56327	79577	8756
有色金属冶炼及压延加工业						
南昌硬质合金厂	南昌市	1526	5331	4528	4687	15
九江有色金属冶炼厂	九江市	1465	3748	5313	2317	264
江西铜业公司贵溪冶炼厂	贵溪县	3394	79233	77099	76843	8128
江西省寻乌县稀土工业公司	寻乌县	643	1144	2244	1702	-586
赣州钴冶炼厂	赣州市	2606	10978	3892	10554	995
赣州有色金属冶炼厂	赣州市	1427	5768	2027	3364	-61
江西赣州钨钼材料厂	赣州市	818	3063	2929	2348	68
江西有色冶炼加工厂	弋阳县	3487	16408	8327	14067	345
金属制品业						
国营南昌搪瓷厂	南昌市	948	2788	1142	2538	495

大中型工业企业一览表(七)

(1990年)　　单位：万元

企业名称	所在地	年末职工人数(人)	工业总产值(当年价格)	固定资产原值年末数	产品销售收入	利税总额
机械工业						
国营南方电动工具厂	南昌市	2556	2548	2672	2366	176
江西省电力修造厂	南昌市	1017	947	1252	866	52
江西紧固件厂	南昌市	590	744	981	629	-35
国营长征机器厂	新建县	1122	2499	1636	2014	4
中国核工业总公司七二〇厂	新建县	1296	1650	2457	1501	-90
国营星火机械厂	进贤县	1507	1197	2766	643	44
江西化工石油机械厂	南昌市	1526	1977	1826	1895	171
江西第四机床厂	南昌市	1131	775	1063	609	36
南昌阀门厂	南昌市	1282	803	920	825	-194
南昌柴油机厂	南昌市	4775	9923	8138	7503	702
江西拖拉机制造厂	南昌市	5389	10675	6636	10512	190
江西锅炉厂	南昌市	993	2464	1586	939	153
江东机床厂	南昌市	1666	1172	1698	930	38
南昌通用机械厂	南昌市	1421	2073	1891	1959	400
江西采矿机械厂	南昌市	1402	1743	2058	1693	95
南昌齿轮厂	南昌市	3110	5544	8261	5014	888
江西手扶拖拉机厂	南昌县	1903	6243	2452	6128	-349
南昌手表厂	南昌市	2139	1876	3508	1449	303
国营景波机械厂	景德镇市	1225	1249	3045	1244	16
景德镇陶瓷机械厂	景德镇市	1005	855	816	804	109
景德镇市印刷机械总厂	景德镇市	1016	866	1095	790	73
江西水上动力有限公司	乐平县	622	423	884	1058	156
江西矿山机械厂	萍乡市	1698	1249	1989	1000	-178
江西发动机总厂	萍乡市	2103	5088	2339	4073	319
江西轻工机械厂	九江市	1167	853	1087	716	147
九江动力机厂	九江市	1532	3945	1777	2492	156
江西制氧机厂	九江市	1044	3131	2147	2878	401
国营人民机械厂	瑞昌县	2113	465	4565	376	-644
国营新民机械厂	瑞昌县	1413	1211	1662	683	2
江西油咀油泵厂	瑞昌县	1213	1501	1385	1151	196
国营爱民机械厂	德安县	1705	192	3084	516	-94
国营江西船用阀门厂	湖口县	654	778	1227	725	153
国营江西电工厂	新余市	1549	442	4538	403	-399
江西省鹰潭水泵厂	鹰潭市	785	1191	1002	936	144
江西气体压缩机厂	赣州市	2151	4722	2716	3705	576
赣州有色冶金机械厂	赣州市	2400	2320	2258	2044	114

大中型工业企业一览表(八)

(1990年)

单位：万元

企业名称	所在地	年末职工人数(人)	工业总产值(当年价格)	固定资产原值年末数	产品销售收入	利税总额
国营宜春第一机械厂	宜春市	1 802	3 141	3 789	2 793	601
国营长青机械厂	宜春市	2 059	1 096	3 238	683	-378
江西宜春工程机械厂	宜春市	1 824	7 714	3 093	8 135	1 017
江西轴承厂	宜春市	1 624	2 855	2 074	2 440	440
宜春风动工具厂	宜春市	1 258	2 589	2 044	2 098	524
宜春齿轮厂	高安县	1 163	1 770	1 438	1 480	255
国营先锋机械厂	宜丰县	1 466	1 194	1 933	742	9
国营长林机械厂	铜鼓县	3 376	1 322	5 420	1 154	-458
国营长红机械厂	铜鼓县	1 648	1 230	2 331	723	-212
国营连胜自行车厂	弋阳县	2 446	5 487	4 624	6 003	-592
国营吉安地区柴油机厂	吉安市	1 175	1 809	1 166	1 347	2
井冈山电子材料厂	井冈山市	314	751	1 117	731	169
国营经纬化工厂	泰和县	394	321	919	267	18
国营江西第二机床厂	永新县	2 288	1 756	2 150	1 239	52
江西重型机床厂	抚州市	968	960	1 545	653	73
国营永胜机械厂	崇仁县	1 903	490	2 827	598	-409
国营惠民机械厂	宜黄县	973	911	957	781	-105
国营利群机械厂	宜黄县	717	392	1 043	267	-90
交通运输设备制造业						
南昌飞机制造公司	南昌市	20 991	33 530	31 479	29 696	1 331
江西赣江机械厂	南昌市	628	2 388	1 244	2 332	544
邮电部南昌鸿雁摩托车厂	南昌市	1 115	471	1 616	827	-281
江西造船厂	南昌市	1 045	1 012	1 074	998	-134
江西汽车制造厂	南昌市	4 990	46 551	9 889	51 516	12 612
昌河飞机制造厂	景德镇市	6 101	14 294	11 987	9 806	1 152
国营江州造船厂	瑞昌县	4 384	3 239	14 364	3 932	-1 166
国营九江船用机械厂	瑞昌县	1 048	1 956	4 920	1 868	412
国营江新造船厂	湖口县	1 485	1 848	2 524	1 833	-332
国营朝阳机械厂	彭泽县	885	1 152	1 889	1 069	142
江西齿轮箱总厂	赣州市	1 226	1 298	1 784	1 104	249
江西富奇汽车厂	抚州市	1 582	5 903	2 772	5 552	351
江西车辆开关厂	抚州市	882	1 183	1 147	847	70
江西汽车底盘厂	抚州市	906	2 392	1 236	2 256	362
电气机械及器材制造业						
江南蓄电池厂	南昌市	683	2 342	1 362	1 526	213
江西电机厂	南昌市	1 907	2 961	2 647	2 556	139
江西三波电机总厂	南昌市	1 804	2 916	2 289	2 112	131

大中型工业企业一览表(九)

（1990年）

单位：万元

企业名称	所在地	年末职工人数（人）	工业总产值（当年价格）	固定资产原值年末数	产品销售收入	利税总额
南昌电缆厂	南昌市	1 017	5 846	1 818	4 374	1 024
江西变压器厂	新建县	931	4 364	2 542	4 901	958
南昌灯泡厂	南昌市	1 110	1 785	1 398	1 789	216
景德镇华意电器总公司	景德镇市	1 069	17 316	10 350	10 005	1 040
景德镇电瓷电器工业公司	景德镇市	1 483	1 676	1 475	1 410	10
萍乡电瓷厂	萍乡市	1 800	1 359	1 411	1 225	—
江西省宜春电机厂	宜春市	608	1 604	1 002	1 244	332
江西电缆厂	吉安市	464	2 837	1 082	2 347	509
江西电线电缆总厂	吉安市	1 052	3 782	1 861	2 819	775
江西抚州电机厂	抚州市	983	1 046	1 069	669	13
电子及通信设备制造业						
江西电子计算机厂	南昌市	709	1 813	1 110	2 576	107
江南材料厂	南昌市	1 526	1 363	3 478	1 245	148
南昌电视机厂	南昌市	1 257	3 728	1 344	2 416	−558
南昌玖玖电子总厂	南昌市	1 077	1 673	1 264	1 347	60
南昌电容器厂	南昌市	367	480	1 038	352	23
江西八一无线电厂	南昌市	1 138	5 196	1 247	2 961	131
南昌无线电厂	南昌市	1 196	674	1 380	647	−477
景德镇三六无线电厂	景德镇市	737	430	1 243	169	−138
邮电部景德镇通信设备厂	景德镇市	991	2 693	1 312	2 331	432
国营万平无线电器材厂	浮梁县	1 522	4 815	3 906	4 820	777
国营景华无线电器材厂	景德镇市	1 965	2 925	3 666	2 180	455
国营胜利器材厂	景德镇市	1 764	5 667	5 261	4 022	264
国营景光电工厂	浮梁县	1 942	2 560	3 966	2 251	639
国营建阳工具厂	浮梁县	965	1 538	2 228	1 096	145
国营江西无线电厂	九江市	2 065	3 795	3 292	3 472	338
国营江西有线电厂	吉安市	2 437	3 973	3 222	3 354	324
国营红声器材厂	吉安市	1 937	3 025	2 993	2 769	543
江西电视机厂	吉安市	1 017	9 788	2 311	8 985	824
仪器仪表及其他计量器具制造业						
国营昌明无线电器材厂	景德镇市	1 248	1 479	1 893	1 188	56
国营九江仪表厂	九江市	2 632	4 432	3 585	4 204	512
江西航海仪器厂	瑞昌县	844	704	2 195	586	44
江西浔阳电子仪器厂	德安县	714	366	2 838	614	84
国营江西工具厂	万载县	1 204	1 450	1 578	1 442	260
江西光学仪器总厂	上饶市	3 335	2 826	4 116	4 120	261
江西铜业公司	贵溪县	29 108	149 178	205 466	154 069	21 864

注：江西铜业公司包括武山铜矿、永平铜矿、德兴铜矿、银山铅锌矿、东乡铜矿和贵溪冶炼厂。

主要统计指标解释

全民所有制工业 （即国营工业）生产资料和产品或收入归全民所有的工业企业。1957年以前的公私合营和私营工业，后均改造为国营工业。这部分资料不需单独分列时，均包括在全民所有制工业内。

集体所有制工业 是指生产资料和产品或收入归劳动群众集体所有的工业企业。包括各级集体工业、城市、县、镇以及街道集体工业，农村乡办集体工业。

其他类型工业 包括全民与集体合营、全民与私人合营、集体与私人合营、中外合营、华侨或港澳工商业者经营、外资经营等工业。

城镇个体工业 指个人参加生产劳动，生产资料和产品或收入归个人所有的一种经济形式。包括城镇闲散劳动力、待业青年等自筹资金开业兴办，经工商行政管理部门批准并领取《营业执照》的个体工业和手工业。多人合股经营仍领取个体营业执照的也包括在本项内。

农村村及村以下工业 包括农村村办工业、农村合作经营工业、农村个体工业。

工业总产值 我国的工业，包括：①对自然资源的开采，如采矿、晒盐、森林采伐等（但不包括禽兽捕猎和水产捕捞）；②对农副产品的加工，如碾米、磨粉、酿酒、榨油、轧花、缫丝、屠宰、药材加工等；③对工业品的加工，如炼铁、炼钢、轧钢、炼焦、化工生产、机器制造、木材加工、纺织、印染、服装加工、造纸等；④对工业品的修理，如修理机械设备、交通运输工具等；⑤自来水、煤气的生产和电力的生产及供应。

工业总产值是以货币表现的工业企业生产的产品总量，反映一定时期工业生产的总成果和总规模。工业总产值目前采用“工厂法”计算，包括各工业企业生产的符合产品质量标准的入库成品价值（无论自备原料的产成品或来料加工的产成品都按全价计算）和对外承做的工业性作业价值。一个企业内部自产自用的产品、半成品不允许重复计算产值，但各企业之间存在着重复计算。

1958年及以后工业总产值中，将农村乡办工业的轧花、碾米、磨粉、屠宰、缝纫等作业，由按产品全价计算，改为按加工费计算。并将机械化捕鱼和村办工业的产值划归农业总产值。1990年国家统计局对农村五种加工业的总产值计算方法进行了修改，规定农村工业中的轧花、碾米、磨粉、屠宰、缝纫五种加工业原则上同城市工业一样，按全价计算工业总产值。从1984年起把村及村办以下工业产值划归工业总产值。

轻工业 指提供生活的消费品和制作手工工具的工业。按其所使用的原料不同，又分为两大类：

①以农产品为原料的轻工业，是指直接或间接以农产品为基本原料的轻工业。主要包括食品制造、饮料制造、烟草加工、纺织、缝纫、毛皮制作、造纸以及印刷等工业。

②以非农产品为原料的轻工业，是指以工业品为原料的轻工业。主要包括文教用品、工艺美术用品制造、化学药品制造、合成纤维制造、日用化学制品、日用玻璃制品、日用金属制品、手工工具制造、医疗器械制造、文化和办公用机械制造等工业。

重工业 指生产生产资料的工业，是为国民经济各部门提供物质技术基础的工业。按其生产和产品用途，可以分下列三类：

①采掘（伐）工业，是指对自然资源的开采，包括石油开采、煤炭开采、金属矿开采、非金属矿开采和木材采伐工业。

②原料工业，是指提供国民经济各部门使用的原料、动力和燃料的工业。包括金属冶炼及加工、炼焦及焦炭化学、化工原料、水泥、人造板等原材料工业，以及电力、石油和煤炭等加工工业。

③制造工业，是指对原材料进行加工制造的工业。包括装备国民经济各部门的机械设备制造工业、金属结构、水泥制品等工业，以及为农业提供的生产资料和化肥、农药等工业。

根据上述划分原则，修理业中修理作业对象是重工业的划为重工业，否则划为轻工业。

轻重工业总产值的划分也是按“工厂法”计算的，即一个工业企业在正常情况下生产的主要产品的性质属于轻工业，则该企业的全部总产值作为轻工业总产值；一个工业企业生产的主要产品的性质属于重工业，则该企业的全部总产值作为重工业总产值。

大、中、小型企业 大、中、小型企业的划分标准有下列两类：

①按企业产品的年生产能力划分。凡产品比较单一的企业，如电力、原煤、石油、钢铁、有色金属、硫酸、烧碱、纯碱、合成氨、发电设备、汽车、拖拉机、木材采伐、水泥、平板玻璃、纺织、造纸、制糖、手表、缝纫机、自行车等均以产品生产能力作为划分大、中、小型的标准（生产多种产品的企业，以其主要产品的生产能力来划分）。

②按企业拥有的固定资产原值划分。凡产品种类繁多，难以按生产能力划分的，则以企业拥有的固定资产原值作为划分大、中、小型的标准。

独立核算的工业企业 工业企业按其行政和财务核算是否独立，分为独立核算工业企业和非独立核算工业企业。

独立核算工业企业，应同时具备下列三个条件：①行政上有独立的组织形式；②独立核算盈亏，编制独立的资金平衡表；③有权与其它单位签订合同，并在银行设有独立户头。独立核算工业企业不论是单一性生产或联合性生产的企业，均以整个企业作为一个基层单位进行统计。

利润总额 是指盈利企业的利润额减亏损企业的亏损额，再加上新开征的原在利润总额中的教育费附加和资源税。

利税总额 是指利润总额与产品销售税金之和。

固定资产原值 是指工业企业所拥有的全部固定资产的原来价值。它是按购买和建设各种固定资产时所实际支付的金额计算的，固定资产的来源包括解放后接收的原有固定资产，通过基本建设完成交付使用的固定资产，通过更新改造措施而增加的固定资产等等。

固定资产净值 是指固定资产原值扣除历年提取折旧后的价值。

定额流动资金 包括储备资金、生产资金、成品资金三部分。由于工业企业对这三部分资金实行定额管理，所以称为定额流动资金。

全部资金 固定资产净值加定额流动资金之和。

可比产品成本降低率 可比产品指上年正式生产过，本年继续生产的产品，产品的可比性是按产品的牌号、规格和性能决定的。某些产品经过改革，虽然工艺操作、技术条件比过去有所改变，但其牌号、规格和性能相同，则仍算为可比产品。可比产品总成本就是企业为生产可比产品所支出的成本总额，它是企业产品总成本的一个组成部分，计算可比产品成本降低率，一般是将本年可比产品总成本和本年可比产品产量按上年实际单位成本计算的总成本相对比求得。即：

$$\text{可比产品成本降低率（\%）}=\left(1-\frac{\text{本年可比产品总成本}}{\text{本年可比产品产量}\times\text{上年实际单位成本}}\right)\times100\%$$

如果所得结果为正数，表示可比产品成本降低；如果所得结果为负数，则表示可比产品成本升高。

工业企业全员劳动生产率 指平均每一个职工的生产量，目前我国是将工业企业的工业总产值除以同一时期全部职工的平均人数来计算的。其公式为：

$$\text{工业企业全员劳动生产率}=\frac{\text{工业总产值}}{\text{全部职工平均人数}}$$

为使各年度的全员劳动生产率数字可以比较，工业总产值系1980年不变价格。

工人实物劳动生产率 指平均每个生产工人及学徒（或平均每个职工）在单位时间内生产的产品数量。这是通过产品实物来反映每个劳动者在生产中的劳动效率指标。其计算公式为：

$$\text{生产工人及学徒（或全部职工）实物劳动生产率}=\frac{\text{产品产量}}{\text{生产工人及学徒（或全部职工）平均人数}}$$

计算劳动生产率的产品产量，是指报告期生产并经验收合格的产品产量，不包括次品数量。

六、能源和物资

●1990年，一次能源生产量1 282.42万吨（标准煤），能源消费总量1 732.29万吨，能源自给率74.0%。

●1990年，每万元工业产值消耗能源4.68吨（标准煤），比1989年降低5.1%，节约能源68万吨。

●1990年，三材消费减少，与1989年相比，钢材下降7.3%，水泥下降9.2%，木材下降2.5%。

●1990年，物资系统购进总值28.8亿元，比1989年下降2.3%；销售总值31.3亿元，比1989年下降1.6%。

一次能源生产量与能源消费总量

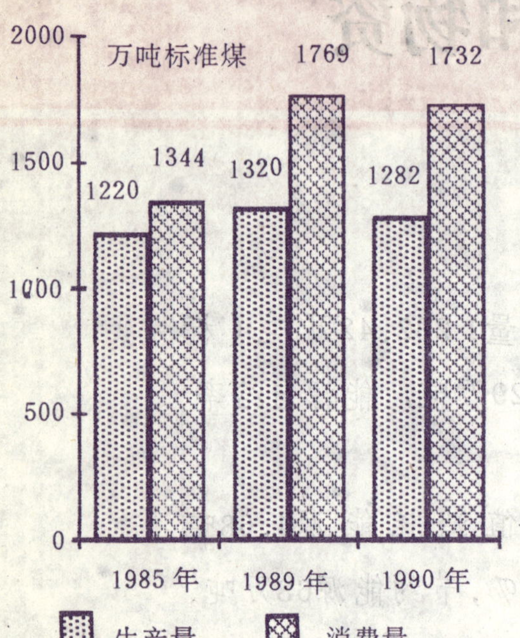

电力生产增长系数

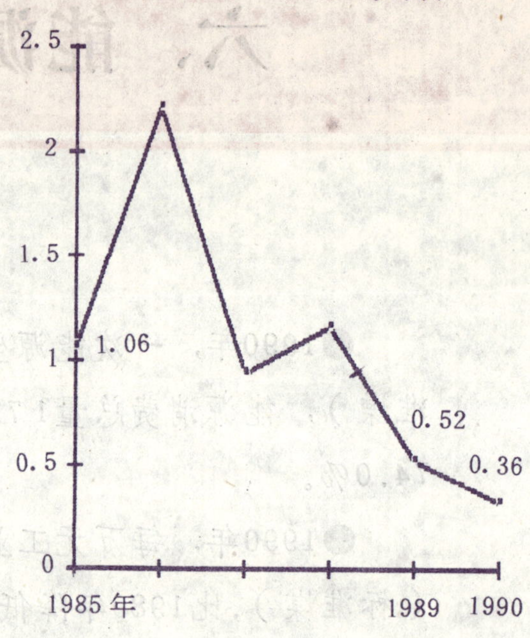

电力消费弹性系数

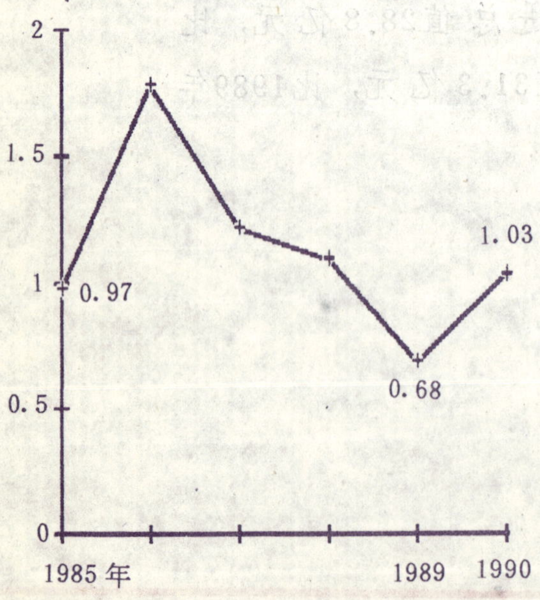

每万元工业产值能源消费量

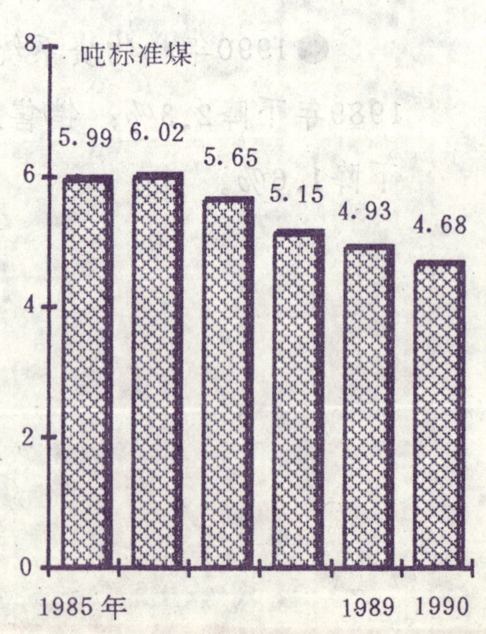

综 合 能 源 平 衡 表

单位：万吨标准煤

指　　标	1985年	1989年	1990年	1990年比1985年增长%	1990年比1989年增长%
可　供　量	**1373.29**	**1725.10**	**1704.54**	**24.1**	**-1.2**
生　产　量	1219.88	1320.14	1282.42	5.1	-2.9
外省（区、市）调入量	432.84	750.11	808.97	86.9	7.8
进　口　量	—	—	0.09	—	—
本省（区、市）调出量	219.83	281.17	303.53	38.1	8.0
出　口　量	2.21	9.31	8.15	268.8	-12.5
年初年末库存差额	-57.39	-54.67	-75.26	31.1	37.7
消 费 总 量	**1343.65**	**1769.13**	**1732.29**	**28.9**	**-2.1**
在消费总量中：					
一、物质生产部门	1140.36	1502.76	1482.71	30.0	-1.3
农、林、牧、渔、水利业	102.80	131.78	132.87	29.3	0.8
工　　业	949.28	1280.56	1264.22	33.2	-1.3
轻 工 业	235.80	277.44	266.71	13.1	-3.9
重 工 业	713.48	1003.12	997.51	39.8	-0.6
建 筑 业	8.94	10.14	8.88	-0.7	-12.4
交通运输和邮电通讯业	68.57	68.39	65.93	-3.9	-3.6
商业、饮食、物资供销和仓储业	10.77	11.89	10.81	0.4	-9.1
二、非物质生产部门	20.89	27.10	25.60	22.5	-5.5
三、生活消费	182.40	239.27	223.98	22.8	-6.4
在消费总量中：					
一、终端消费	1262.54	1663.34	1617.12	28.1	-2.8
用作燃料、动力	1230.04	1587.46	1546.89	25.8	-2.6
用作原料、材料	32.50	75.88	70.23	116.1	-7.4
二、加工转换损失量	41.91	63.10	74.40	77.5	17.9
三、损　失　量	39.20	42.69	40.77	4.0	-4.5
平 衡 差 额	**29.64**	**-44.03**	**-27.75**	**-193.6**	**-37.0**

能 源 生 产 量

品 名	单 位	1985年	1989年	1990年	1990年比1985年增长%	1990年比1989年增长%
生产总量	**万吨标准煤**	**1219.88**	**1320.14**	**1282.42**	**5.1**	**-2.9**
原 煤	万吨	1938.15	2063.31	2027.11	4.6	-1.8
洗 精 煤	万吨	252.94	150.94	144.84	-42.7	-4.0
其他洗煤	万吨	32.30	196.91	189.72	487.4	-3.7
焦 炭	万吨	83.40	115.31	119.96	43.8	4.0
燃 料 油	万吨	23.73	43.27	42.36	78.5	-2.1
汽 油	万吨	24.35	44.83	47.82	96.4	6.7
煤 油	万吨	2.01	0.36	1.10	-45.3	205.6
柴 油	万吨	20.81	46.24	46.12	121.6	-0.3
液化石油气	万吨	2.29	4.38	4.53	97.8	3.4
炼厂干气	万吨	2.13	3.69	3.98	86.9	7.9
焦炉煤气	亿立方米	3.27	3.84	3.72	13.8	-3.1
电 力	亿千瓦小时	82.91	119.71	121.41	46.4	1.4

能源、电力生产增长系数

(1985—1990年)

年 份	能源生产比上年增长(%)	电力生产比上年增长(%)	国民收入比上年增长(%)	能源生产增长系数	电力生产增长系数
1985	2.52	15.43	14.50	0.17	1.06
1986	-3.94	13.74	6.22		2.21
1987	5.63	8.98	9.56	0.59	0.94
1988	6.75	12.54	10.83	0.62	1.16
1989	-0.09	3.50	6.79		0.52
1990	-2.86	1.42	3.99		0.36

能源、电力消费弹性系数

(1985—1990年)

年 份	能源消费比上年增长(%)	电力消费比上年增长(%)	国民收入比上年增长(%)	能源消费弹性系数	电力消费弹性系数
1985	4.75	14.11	14.50	0.33	0.97
1986	11.19	11.10	6.22	1.80	1.78
1987	8.07	11.53	9.56	0.84	1.21
1988	8.75	11.76	10.83	0.81	1.09
1989	0.76	4.61	6.79	0.11	0.68
1990	-2.08	4.10	3.99		1.03

注：国民收入比上年增长%按可比价格计算。

分行业能源消费总量和构成(一)

行业	消费量（万吨标准煤）		构成（%）	
	1989年	1990年	1989年	1990年
消费总量	**1 769.13**	**1 732.29**	**100.0**	**100.0**
一、物质生产部门	**1 502.76**	**1 482.71**	**85.0**	**85.6**
(一) 农、林、牧、渔、水利业	131.78	132.87	7.4	7.7
(二) 工业	1 280.56	1 264.22	72.4	73.0
按轻、重工业分				
轻工业	277.43	266.70	15.7	15.4
重工业	1 003.11	997.49	56.7	57.6
按行业分				
采掘业	178.81	189.38	10.1	10.9
#煤炭采选业	106.48	115.91	6.0	6.7
黑色金属矿采选业	2.85	2.74	0.2	0.2
有色金属矿采选业	47.35	48.27	2.7	2.8
建筑材料及其他非金属矿采选业	6.45	6.21	0.4	0.4
木材及竹材采运业	2.10	2.14	0.1	0.1
自来水生产和供应业	6.60	6.90	0.4	0.4
制造业	1 085.89	1 061.10	61.4	61.3
食品、饮料和烟草制造业	48.40	48.32	2.7	2.8
饲料工业	0.84	0.86	0.1	…
纺织业	50.33	48.08	2.8	2.8
缝纫业	1.47	1.64	0.1	0.1
皮革、毛皮及其制品业	2.03	1.78	0.1	0.1
木材加工及竹、藤、棕、草制品业	12.34	11.90	0.7	0.7
家具制造业	1.33	0.88	0.1	0.1

注：工业能源消费量包括其他石油制品和其他焦化产品，工业分行业消费量中不包括。

分行业能源消费总量和构成(二)

行业	消费量(万吨标准煤)		构成 (%)	
	1989年	1990年	1989年	1990年
造纸及纸制品业	39.28	38.67	2.2	2.2
印刷业	0.91	1.20	0.1	0.1
文教体育用品制造业	0.73	0.63	…	…
工艺美术品制造业	2.29	2.49	0.1	0.1
电力、蒸汽、热水生产和供应业	87.51	84.97	4.9	4.9
石油加工业	13.21	13.89	0.7	0.8
炼焦、煤气及煤制品业	8.35	6.49	0.5	0.4
化学工业	161.83	164.02	9.2	9.5
医药工业	23.83	23.32	1.4	1.3
化学纤维工业	19.60	14.87	1.1	0.9
橡胶制品业	8.92	7.66	0.5	0.4
塑料制品业	2.91	3.54	0.2	0.2
建筑材料及其他非金属矿物制品业	261.39	248.61	14.8	14.4
黑色金属冶炼及压延加工业	229.01	232.43	12.9	13.4
有色金属冶炼及压延加工业	32.73	31.80	1.9	1.8
金属制品业	9.39	9.80	0.5	0.6
机械、电气、电子设备制造业	65.60	61.82	3.7	3.6
其他工业	1.66	1.43	0.1	0.1
(三)建筑业	10.14	8.88	0.6	0.5
(四)交通运输和邮电通讯业	68.39	65.93	3.9	3.8
(五)商业、饮食、物资供销和仓储业	11.89	10.81	0.7	0.6
二、非物质生产部门	**27.10**	**25.60**	**1.5**	**1.5**
三、生活消费	**239.27**	**223.98**	**13.5**	**12.9**

分行业煤炭消费总量和构成(一)

行　　业	消费量(万吨)		构成(%)	
	1989年	1990年	1989年	1990年
消费总量	**2 359.12**	**2 265.87**	**100.0**	**100.0**
一、物质生产部门	**2 020.05**	**1 959.49**	**85.6**	**86.5**
(一)农、林、牧、渔、水利业	55.61	54.20	2.4	2.4
(二)工　　业	1 904.88	1 852.93	80.7	81.8
按轻、重工业分				
轻工业	290.36	262.70	12.3	11.6
重工业	1 614.52	1 590.23	68.4	70.2
按行业分				
采掘业	210.52	213.14	8.9	9.4
#煤炭采选业	180.38	182.33	7.6	8.0
黑色金属矿采选业	0.30	0.42	…	…
有色金属矿选采业	14.12	13.90	0.6	0.6
建筑材料及其他非金属矿采选业	4.29	3.87	0.2	0.2
木材及竹材采运业	1.46	1.51	0.1	0.1
自来水生产和供应业	0.05	…	…	…
制造业	1 694.36	1 639.79	71.8	72.4
食品、饮料和烟草制造业	56.96	57.12	2.4	2.5
饲料工业	0.18	0.18	…	…
纺织业	50.56	47.21	2.1	2.1
缝纫业	1.01	1.14	…	0.1
皮革、毛皮及其制品业	1.18	1.09	…	…
木材加工及竹、藤、棕、草制品业	12.78	12.82	0.5	0.6
家具制造业	0.97	0.38	…	…

分行业煤炭消费总量和构成(二)

行业	消费量(万吨)		构成(%)	
	1989年	1990年	1989年	1990年
造纸及纸制品业	43.90	43.20	1.9	1.9
印刷业	0.15	0.24	…	…
文教体育用品制造业	0.18	0.13	…	…
工艺美术品制造业	1.93	2.04	0.1	0.1
电力、蒸汽、热水生产和供应业	698.45	685.20	29.6	30.2
石油加工业	0.07	…	…	…
炼焦、煤气及煤制品业	42.31	48.67	1.8	2.2
化学工业	147.23	146.91	6.2	6.5
医药工业	25.16	24.08	1.1	1.1
化学纤维工业	24.94	17.98	1.1	0.8
橡胶制品业	11.37	9.56	0.5	0.4
塑料制品业	1.75	2.39	0.1	0.1
建筑材料及其他非金属矿物制品业	362.32	336.22	15.4	14.8
黑色金属冶炼及压延加工业	156.22	152.40	6.6	6.7
有色金属冶炼及压延加工业	13.17	12.09	0.6	0.5
金属制品业	3.76	3.69	0.2	0.2
机械、电气、电子设备制造业	36.41	33.93	1.5	1.5
其他工业	1.40	1.12	0.1	0.1
(三)建筑业	2.60	2.29	0.1	0.1
(四)交通运输和邮电通讯业	43.12	38.66	1.8	1.7
(五)商业、饮食、物资供销和仓储业	13.84	11.41	0.6	0.5
二、非物质生产部门	3.34	2.51	0.2	0.1
三、生活消费	335.73	303.87	14.2	13.4

分行业电力消费总量和构成(一)

行　　业	消费量(亿千瓦时)		构成　(%)	
	1989年	1990年	1989年	1990年
消费总量	**122.62**	**127.65**	**100.0**	**100.0**
一、物质生产部门	**112.60**	**116.41**	**91.8**	**91.2**
(一)农、林、牧、渔、水利业	12.75	14.34	10.4	11.3
(二)工　业	97.06	99.05	79.1	77.6
按轻、重工业分				
轻工业	19.42	20.31	15.8	15.9
重工业	77.64	78.74	63.3	61.7
按行业分				
采掘业	19.04	19.75	15.5	15.5
#煤炭采选业	7.99	8.28	6.5	6.5
黑色金属矿采选业	0.52	0.51	0.4	0.4
有色金属矿采选业	8.25	8.63	6.7	6.8
建筑材料及其他非金属矿采选业	0.58	0.57	0.5	0.4
木材及竹材采运业	0.06	0.07	…	0.1
自来水生产和供应业	1.40	1.51	1.1	1.2
制造业	78.02	79.30	63.6	62.1
食品、饮料和烟草制造业	2.72	2.76	2.2	2.2
饲料工业	0.12	0.13	0.1	0.1
纺织业	4.35	4.42	3.5	3.5
缝纫业	0.17	0.16	0.1	0.1
皮革、毛皮及其制品业	0.28	0.23	0.2	0.2
木材加工及竹、藤、棕、草制品业	0.67	0.61	0.5	0.5
家具制造业	0.10	0.09	0.1	0.1

分行业电力消费总量和构成(二)

行　　业	消费量(亿千瓦时)		构　成　(%)	
	1989年	1990年	1989年	1990年
造纸及纸制品业	2.92	2.91	2.4	2.3
印刷业	0.14	0.17	0.1	0.1
文教体育用品制造业	0.12	0.11	0.1	0.1
工艺美术品制造业	0.20	0.20	0.2	0.2
电力、蒸汽、热水生产和供应业	18.74	18.84	15.3	14.8
石油加工业	0.65	0.70	0.5	0.5
炼焦、煤气及煤制品业	0.29	0.27	0.2	0.2
化学工业	12.80	13.17	10.4	10.3
医药工业	1.91	1.95	1.6	1.5
化学纤维工业	0.72	0.69	0.6	0.5
橡胶制品业	0.46	0.40	0.4	0.3
塑料制品业	0.37	0.42	0.3	0.3
建筑材料及其他非金属矿物制品业	7.79	7.98	6.4	6.2
黑色金属冶炼及压延加工业	11.17	11.69	9.1	9.2
有色金属冶炼及压延加工业	3.89	3.94	3.2	3.1
金属制品业	0.82	0.91	0.7	0.7
机械、电气、电子设备制造业	6.47	6.43	5.3	5.0
其他工业	0.15	0.12	0.1	0.1
(三)建筑业	0.89	0.93	0.7	0.7
(四)交通运输和邮电通讯业	1.10	1.19	0.9	0.9
(五)商业、饮食、物资供销和仓储业	0.80	0.90	0.7	0.7
二、非物质生产部门	**2.53**	**2.77**	**2.1**	**2.2**
三、生活消费	**7.49**	**8.47**	**6.1**	**6.6**

平均每万元工业总产值能源消费量

单位：吨标准煤

行　　　业	1989年	1990年	1990年比1989年	
			增减数	增长%
工　　业	**4.93**	**4.68**	**-0.25**	**-5.1**
一、按轻、重工业分				
轻　工　业	2.25	2.04	-0.21	-9.3
重　工　业	7.36	7.14	-0.22	-3.0
二、按　行　业　分				
采　掘　业	7.55	7.82	0.27	3.6
#煤炭采选业	15.86	17.41	1.55	9.8
黑色金属矿采选业	9.52	6.94	-2.58	-27.1
有色金属矿采选业	4.27	4.39	0.12	2.8
建筑材料及其他非金属矿采选业	2.38	2.01	-0.37	-15.5
木材及竹材采运业	1.15	1.11	-0.04	-3.5
自来水生产和供应业	9.81	9.51	-0.30	-3.1
制　造　业	4.60	4.31	-0.29	-6.3
食品、饮料和烟草制造业	1.52	1.46	-0.06	-3.9
饲料工业	0.33	0.30	-0.03	-9.1
纺　织　业	2.38	2.29	-0.09	-3.8
缝　纫　业	0.23	0.23	平	平
皮革、毛皮及其制品业	1.04	0.90	-0.14	-13.5
木材加工及竹、藤、棕、草制品业	2.24	1.95	-0.29	-12.9
家具制造业	0.74	0.50	-0.24	-32.4
造纸及纸制品业	6.87	6.35	-0.52	-7.6
印　刷　业	0.27	0.31	0.04	14.8
文教体育用品制造业	0.90	0.72	-0.18	-20.0
工艺美术品制造业	0.52	0.46	-0.06	-11.5
电力、蒸汽、热水生产和供应业	10.57	9.74	-0.83	-7.9
石油加工业	3.07	2.99	-0.08	-2.6
炼焦、煤气及煤制品业	10.38	7.86	-2.52	-24.3
化学工业	13.21	12.19	-1.02	-7.7
医药工业	2.80	2.50	-0.30	-10.7
化学纤维工业	6.27	4.86	-1.41	-22.5
橡胶制品业	2.52	2.53	0.01	0.4
塑料制品业	0.81	0.84	0.03	3.7
建筑材料及其他非金属矿物制品业	12.94	11.72	-1.22	-9.4
黑色金属冶炼及压延加工业	20.89	21.14	0.25	1.2
有色金属冶炼及压延加工业	3.21	3.14	-0.07	-2.2
金属制品业	1.68	1.65	-0.03	-1.8
机械、电气、电子设备制造业	1.16	1.08	-0.08	-6.9
其他工业	0.65	0.45	-0.20	-30.8

注：本表按1980年不变价格的工业总产值计算（以下二表同）。

平均每万元工业总产值煤炭消费量

单位：吨

行　　　业	1989年	1990年	1990年比1989年	
			增减数	增长%
工　　业	**7.34**	**6.86**	**-0.48**	**-6.5**
一、按轻、重工业分				
轻工业	2.36	2.01	-0.35	-14.8
重工业	11.84	11.38	-0.46	-3.9
二、按行业分				
采掘业	8.89	8.81	-0.08	-0.9
#煤炭采选业	26.86	27.39	0.53	2.0
黑色金属矿采选业	1.00	1.06	0.06	6.0
有色金属矿采选业	1.27	1.26	-0.01	-0.8
建筑材料及其他非金属矿采选业	1.58	1.25	-0.33	-20.9
木材及竹材采运业	0.80	0.78	-0.02	-2.5
自来水生产和供应业	0.07	—	—	—
制造业	7.19	6.66	-0.53	-7.4
食品、饮料和烟草制造业	1.79	1.73	-0.06	-3.4
饲料工业	0.07	0.06	-0.01	-14.3
纺织业	2.39	2.25	-0.14	-5.9
缝纫业	0.16	0.16	平	平
皮革、毛皮及其制品业	0.60	0.55	-0.05	-8.3
木材加工及竹、藤、棕、草制品业	2.32	2.10	-0.22	-9.5
家具制造业	0.54	0.21	-0.33	-61.1
造纸及纸制品业	7.67	7.09	-0.58	-7.6
印刷业	0.04	0.06	0.02	50.0
文教体育用品制造业	0.22	0.15	-0.07	-31.8
工艺美术品制造业	0.44	0.38	-0.06	-13.6
电力、蒸汽、热水生产和供应业	84.40	78.57	-5.83	-6.9
石油加工业	0.02	—	—	—
炼焦、煤气及煤制品业	52.62	58.94	6.32	12.0
化学工业	12.01	10.92	-1.09	-9.1
医药工业	2.95	2.58	-0.37	-12.5
化学纤维工业	7.98	5.88	-2.10	-26.3
橡胶制品业	3.21	3.16	-0.05	-1.6
塑料制品业	0.49	0.56	0.07	14.3
建筑材料及其他非金属矿物制品业	17.94	15.85	-2.09	-11.6
黑色金属冶炼及压延加工业	14.25	13.86	-0.39	-2.7
有色金属冶炼及压延加工业	1.29	1.19	-0.10	-7.8
金属制品业	0.67	0.62	-0.05	-7.5
机械、电气、电子设备制造业	0.64	0.59	-0.05	-7.8
其他工业	0.55	0.35	-0.20	-36.4

平均每万元工业总产值电力消费量

单位：万千瓦小时

行业	1989年	1990年	1990年比1989年	
			增减数	增长%
工业	**0.37**	**0.37**	**平**	**平**
一、按轻、重工业分				
轻工业	0.16	0.16	平	平
重工业	0.57	0.56	-0.01	-1.8
二、按行业分				
采掘业	0.80	0.82	0.02	2.5
#煤炭采选业	1.19	1.24	0.05	4.2
黑色金属矿采选业	1.74	1.29	-0.45	-25.9
有色金属矿采选业	0.74	0.79	0.05	6.8
建筑材料及其他非金属矿采选业	0.21	0.18	-0.03	-14.3
木材及竹材采运业	0.03	0.04	0.01	33.3
自来水生产和供应业	2.08	2.08	平	平
制造业	0.33	0.32	-0.01	-3.0
食品、饮料和烟草制造业	0.09	0.08	-0.01	-11.1
饲料工业	0.05	0.05	平	平
纺织业	0.21	0.21	平	平
缝纫业	0.03	0.02	-0.01	-33.3
皮革、毛皮及其制品业	0.14	0.12	-0.02	-14.3
木材加工及竹、藤、棕、草制品业	0.12	0.10	-0.02	-16.7
家具制造业	0.06	0.05	-0.01	-16.7
造纸及纸制品业	0.51	0.48	-0.03	-5.9
印刷业	0.04	0.04	平	平
文教体育用品制造业	0.15	0.13	-0.02	-13.3
工艺美术品制造业	0.05	0.04	-0.01	-20.0
电力、蒸汽、热水生产和供应业	2.26	2.16	-0.10	-4.4
石油加工业	0.15	0.15	平	平
炼焦、煤气及煤制品业	0.36	0.33	-0.03	-8.3
化学工业	1.04	0.98	-0.06	-5.8
医药工业	0.22	0.21	-0.01	-4.5
化学纤维工业	0.23	0.23	平	平
橡胶制品业	0.13	0.13	平	平
塑料制品业	0.10	0.10	平	平
建筑材料及其他非金属矿物制品业	0.39	0.38	-0.01	-2.6
黑色金属冶炼及压延加工业	1.02	1.06	0.04	3.9
有色金属冶炼及压延加工业	0.38	0.39	0.01	2.6
金属制品业	0.15	0.15	平	平
机械、电气、电子设备制造业	0.11	0.11	平	平
其他工业	0.06	0.04	-0.02	-33.3

平均每天各种能源消费量

品名	单位	1989年	1990年	1990年比1989年	
				增减数	增长%
合计	**吨标准煤**	**48 469**	**47 460**	**-1 009**	**-2.1**
煤炭	吨	64 633	62 079	-2 554	-4.0
焦炭	吨	4 063	4 308	245	6.0
原油	吨	4 133	4 249	116	2.8
燃料油	吨	717	641	-76	-10.6
汽油	吨	1 237	1 159	-78	-6.3
煤油	吨	168	145	-23	-13.7
柴油	吨	1 364	1 245	-119	-8.7
电力	万千瓦小时	3 359	3 497	138	4.1

人均生活用能量

品名	单位	1989年	1990年	1990年比1989年	
				增减数	增长%
生活用能总量	**吨标准煤/万人**	**652.98**	**596.82**	**-56.16**	**-8.6**
煤炭	吨/万人	916.22	809.69	-106.53	-11.6
煤油	吨/万人	13.34	11.32	-2.02	-15.1
液化石油气	吨/万人	8.81	8.87	0.06	0.7
煤气	立方米/人	0.08	0.24	0.16	200.0
电力	千瓦小时/人	20.44	22.57	2.13	10.4

主要物资消费量

品名	单位	合计		生产消费		基建消费	
		1989年	1990年	1989年	1990年	1989年	1990年
煤炭	万吨	1649.7	1564.0	1647.1	1561.7	2.6	2.3
焦炭	吨	1425423	1515083	1425032	1514862	391	221
原油	吨	1508769	1551020	1508769	1551020	—	—
燃料油	吨	244957	233766	244825	233759	132	7
汽油	吨	209543	206642	196938	193830	12605	12812
柴油	吨	182656	186110	173660	176391	8996	9719
煤油	吨	5951	4901	5738	4724	213	177
润滑油	吨	18455	17940	17921	17252	534	688
生铁	吨	1045824	1052612	1045045	1051548	779	1064
钢材	吨	720022	667321	543917	506955	176105	160366
#中型型钢	吨	57895	57237	47474	47547	10421	9690
小型型钢	吨	125859	109920	73557	68335	52302	41585
带钢	吨	24483	22809	23142	19433	1341	3376
线材	吨	111357	118644	53918	63442	57439	55202
中厚钢板	吨	101738	93015	89927	81344	11811	11671
薄板	吨	87266	76881	84390	72358	2876	4523
硅钢片	吨	17696	14427	17689	14419	7	8
焊接钢管	吨	28872	30537	19190	21004	9682	9533
硫酸	吨	194973	194750	194424	194496	549	254
浓硝酸	吨	5157	4609	4887	4359	270	250
烧碱	吨	84847	74089	84846	74068	1	21
纯碱	吨	37907	38984	37788	38831	119	153
橡胶	吨	14355	12090	14354	12088	1	2
水泥	吨	1161918	1055130	349220	308367	812698	746763
木材	立方米	1032751	1006486	877607	838814	155144	167672

各地区主要物资消费量

（1990年）

地区	煤炭（万吨）	焦炭（吨）	燃料油（吨）	汽油（吨）	柴油（吨）	煤油（吨）
全省	**1564.0**	**1515083**	**233766**	**206642**	**186110**	**4901**
#南昌市	307.4	115866	65833	41919	97006	1851
景德镇市	193.8	16120	49017	11757	6401	142
萍乡市	79.7	324709	59	10091	2721	432
九江市	185.4	29481	55791	21735	10489	347
新余市	272.7	855612	24742	7611	4062	141
鹰潭市	197.1	19080	37570	4116	5469	74
赣州地区	58.6	15461	110	33317	15445	462
#赣州市	22.5	11975	20	17485	6385	179
宜春地区	80.3	39342	153	21570	8730	1043
#樟树市	14.5	20159	—	1302	752	22
上饶地区	69.2	30071	113	14927	17141	98
吉安地区	72.8	4508	4	22848	13422	150
抚州地区	41.7	64548	160	13136	3958	157
#临川市	13.0	10973	17	7857	1399	83

地区	钢材（吨）	生铁（吨）	纯碱（吨）	烧碱（吨）	水泥（吨）	木材（立方米）
全省	**667321**	**1052612**	**38984**	**74089**	**1055130**	**1006486**
#南昌市	218017	119694	12233	17451	216807	161806
景德镇市	27667	3663	2008	2199	53151	36535
萍乡市	36429	212581	1053	1997	49166	52817
九江市	58818	10196	5883	7878	71587	55597
新余市	55307	658493	1063	2673	61743	15396
鹰潭市	20549	2900	7001	1258	35670	11794
赣州地区	50633	13131	2975	13365	126414	177263
#赣州市	24733	8633	2343	11659	54678	62965
宜春地区	71042	10307	4098	4187	139256	124495
#樟树市	4085	1468	114	194	8718	1610
上饶地区	52090	4225	551	6529	106394	138919
吉安地区	35090	6580	1363	10877	114571	145081
抚州地区	33660	10129	578	5635	69785	82798
#临川市	18241	5510	205	870	32202	15317

主要工业产品销售和库存(一)

(1990年)

品名	单位	生产量	销售量	#企业自销	企业自用量及其他	年初库存量	年末库存量
生铁	万吨	88.9	45.1	13.1	49.4	1.0	0.5
#炼钢生铁	万吨	64.5	31.6	5.8	37.9	0.8	…
铸造生铁	万吨	24.4	13.5	7.3	11.5	0.2	0.5
钢材	万吨	93.0	88.3	28.2	4.2	1.6	2.1
#轻轨	万吨	0.3	0.3	…	…	…	…
中型型钢	万吨	2.7	2.4	1.0	0.1	…	0.1
小型型钢	万吨	22.4	21.7	9.1	0.4	0.5	0.9
带钢	万吨	2.2	2.2	1.1	…	0.1	0.1
线材	万吨	32.2	29.4	6.7	2.7	…	…
中厚钢板	万吨	11.8	11.4	3.5	0.5	0.2	0.1
薄钢板	万吨	2.0	1.8	0.3	0.1	0.1	0.1
硅钢片	万吨	4.1	4.0	1.1	…	…	0.1
优质型钢	万吨	4.2	4.2	1.8	0.2	0.3	0.2
无缝钢管	万吨	4.8	4.8	2.2	…	0.2	0.2
焊接钢管	万吨	6.0	5.8	0.9	0.1	0.2	0.2
金属制品	万吨	4.1	3.9	2.5	…	0.3	0.5
硫酸	万吨	42.7	38.2	16.9	5.9	1.8	0.8
烧碱	万吨	5.9	5.3	2.1	0.4	0.1	0.2
纯碱	万吨	0.7	0.7	0.2	—	—	…
轮胎内胎	万条	39.9	38.1	25.3	—	13.5	15.3
轮胎外胎	万条	38.4	36.5	25.9	…	11.0	12.9
水泥	万吨	398.9	385.9	288.3	12.6	41.1	40.9
平板玻璃	万重量箱	28.7	25.5	16.9	—	2.5	5.7
平板玻璃	万平方米	167.6	147.7	92.8	—	13.8	33.7
原木	万立方米	69.5	137.8	95.7	3.1	57.8	41.4
锯材	万立方米	6.1	10.8	8.1	0.2	6.0	3.5
煤炭	万吨	1 167.2	1 100.7	294.9	49.7	94.0	165.0
#洗精煤	万吨	122.9	129.8	17.6	1.2	1.3	0.5
其他洗煤	万吨	124.3	121.0	15.6	1.8	1.3	8.3
焦炭	万吨	119.7	34.3	5.7	110.0	3.3	4.4
燃料油	万吨	42.1	35.7	14.4	4.4	—	2.1

主要工业产品销售和库存(二)

(1990年)

品名	单位	生产量	销售量	#企业自销	企业自用量及其他	年初库存量	年末库存量
汽油	万吨	47.9	46.1	19.1	…	…	1.7
煤油	万吨	1.1	1.0	0.7	…	—	0.1
柴油	万吨	46.1	44.6	20.1	…	0.9	2.4
汽车	辆	9 709	10 295	9 203	5	1 388	1 146
#载重汽车	辆	6 003	6 118	5 668	5	250	130
金属切削机床	台	3 813	3 525	3 210	5	1 577	1 878
交流电动机	万千瓦	86.0	77.7	65.0	—	19.4	28.3
大中型拖拉机	辆	—	—	—	—	1	1
小型拖拉机	辆	18 864	19 041	11 293	45	2 127	1 934
自行车	万辆	28.0	30.5	30.5	—	8.9	6.4
表	万只	98.2	82.0	17.0	—	30.2	46.4
电视机	万部	43.4	46.8	33.6	6	8.6	6.1
#彩色电视机	万部	11.0	9.9	8.4	—	1.5	3.1
收音机	万部	6.8	4.9	4.9	—	2.2	4.0
录音机	万部	29.1	30.5	7.4	0.2	10.2	10.1
#双卡录音机	万部	3.1	3.0	1.7	…	2.4	2.7
家用洗衣机	台	—	13	13	—	133	120
#双缸洗衣机	台	—	13	13	—	133	120
照相机	万架	8.4	14.6	13.1	—	6.0	0.5
电风扇	万台	50.3	48.3	45.2	…	13.4	22.5
家用电冰箱	万台	12.0	12.0	0.2	—	1.3	1.3
#双门电冰箱	万台	12.0	12.0	0.2	—	1.3	1.3
布	万米	29 151.4	27 670.8	16 637.3	1 006.4	4 873.8	6 049.6
#纯化纤布	万米	2 785.8	2 132.4	915.6	148.1	419.3	927.0
呢绒	万米	144.7	147.0	44.2	—	66.8	68.5
毛线	吨	1 619	1 264	882	—	784	1 165
麻袋	万条	2 033.0	2 059.5	827.0	—	334.2	438.8
皮鞋	万双	184.8	190.4	113.9	0.1	89.4	84.4
卷烟	万箱	47.4	47.5	—	—	1.3	1.2
机制纸及纸板	万吨	21.0	19.4	14.4	0.4	2.1	3.4
合成洗涤剂	吨	17 305	17 075	8 685	29	2 429	2 630
灯泡	万只	6 355.0	6 297.0	5 869.0	—	397.0	463.0

工 业 产 品 销 售 率(一)

（1990年） 单位：%

工 业 行 业	全 省	南昌市	景德镇市	萍乡市	九江市	新余市	鹰潭市
工 业	**95.8**	**97.3**	**95.0**	**77.6**	**99.8**	**90.3**	**97.8**
轻 工 业	96.8	96.7	93.2	102.6	100.9	104.5	97.9
重 工 业	95.1	97.9	97.2	72.3	98.8	88.2	97.7
一、采 掘 业	**103.1**	**123.7**	**92.9**	**94.6**	**103.3**	**101.8**	**100.2**
#矿 业	94.1	123.7	92.9	94.3	98.2	97.4	98.9
#煤炭采选业	84.7	86.1	93.2	94.3	106.1	96.8	—
黑色金属矿采选业	97.6	—	—	—	92.9	101.7	—
有色金属矿采选业	100.3	—	—	180.0	101.0	92.1	—
建筑材料及其他非金属矿物采选业	89.8	105.4	91.0	—	91.9	97.6	98.9
二、制 造 业	**95.1**	**97.3**	**95.1**	**73.5**	**99.7**	**89.9**	**97.8**
#食品、饮料和烟草制造业	100.5	104.9	97.4	95.4	98.7	115.6	108.3
纺 织 业	91.4	87.2	98.3	94.1	99.6	98.9	91.5
石油加工业	98.3	—	—	—	98.3	—	—
化 学 工 业	95.9	96.7	101.6	93.9	93.9	99.1	95.8
医 药 工 业	91.6	89.5	101.3	105.4	108.3	99.4	81.5
化学纤维工业	81.0	98.4	70.0	—	107.4	—	—
橡胶制品业	102.1	108.5	80.4	100.2	97.2	—	88.2
塑料制品业	99.5	98.8	93.7	106.8	103.7	104.6	85.6
黑色金属冶炼及压延加工业	79.3	85.1	—	47.5	90.6	87.0	—
有色金属冶炼及压延加工业	93.6	80.4	—	75.3	92.6	84.6	98.3
金属制品业	98.2	111.1	97.0	94.7	91.7	84.4	96.3
机械、电气、电子设备制造业	99.0	100.2	98.7	99.2	102.8	96.7	90.9
#日用机械制造业	91.8	81.8	—	—	99.4	—	—
日用电器制造业	100.7	90.7	99.6	111.7	97.1	—	—
日用电子器具制造业	102.4	97.5	116.3	—	98.9	—	—

工业产品销售率(二)

(1990年) 单位：%

工业行业	赣州 地区	#赣州市	宜春 地区	#樟树市	上饶 地区	吉安 地区	抚州 地区	临川市
工 业	**94.7**	**87.2**	**94.5**	**90.8**	**99.1**	**99.0**	**97.8**	**94.9**
轻工业	90.7	85.8	94.7	92.8	98.7	97.9	95.0	93.6
重工业	98.2	88.4	94.3	81.9	99.3	102.9	102.4	96.6
(一)采掘业	**112.0**	**92.3**	**90.0**	**91.8**	**100.3**	**119.4**	**145.3**	—
#矿 业	99.2	92.3	76.4	91.8	97.8	96.0	102.5	—
#煤炭采选业	74.5	—	72.2	—	81.7	93.7	79.4	—
黑色金属矿采选业	100.9	—	93.7	—	—	99.0	—	—
有色金属矿采选业	101.0	92.3	96.2	—	99.9	99.5	106.2	—
建筑材料及其他非金属矿采选业	88.3	—	92.9	—	83.9	87.0	101.6	—
二、制造业	**90.2**	**87.2**	**95.5**	**90.7**	**98.5**	**97.9**	**95.4**	**94.9**
#食品、饮料和烟草制造业	95.9	102.0	95.1	92.4	108.1	98.8	99.7	101.4
纺织业	43.8	27.1	82.3	103.3	86.2	88.4	91.0	91.2
石油加工业	—	—	—	—	—	—	—	—
化学工业	86.6	82.3	94.7	100.3	96.5	99.9	98.1	95.9
医药工业	89.7	97.3	92.3	79.0	76.1	97.4	88.2	90.8
化学纤维工业	—	—	—	—	180.0	—	88.6	88.6
橡胶制品业	86.2	—	99.7	—	94.2	95.0	88.4	80.1
塑料制品业	93.5	90.1	89.3	95.9	94.8	102.5	96.4	82.2
黑色金属冶炼及压延加工业	52.2	—	89.3	—	—	67.6	95.2	—
有色金属冶炼及压延加工业	88.2	87.0	98.7	—	91.8	104.0	—	—
金属制品业	91.2	87.7	103.7	85.1	99.7	97.5	89.4	90.0
机械、电气、电子设备制造业	91.7	92.5	93.4	85.8	103.6	100.4	95.7	93.3
#日用机械制造业	—	—	—	—	92.5	156.3	97.7	—
日用电器制造业	56.2	133.3	104.8	—	96.7	97.7	82.8	—
日用电子器具制造业	117.5	117.5	208.3	—	109.9	101.5	105.2	101.8

工业产品销售和库存总值(一)

（1990年）　　　　单位：万元

分　　类	生产总值	销售总值	年初库存总值	年末库存总值
总　　计	**2 673 471**	**2 561 681**	**376 501**	**440 760**
一、按轻、重工业分				
轻工业	1 169 964	1 132 571	194 267	227 517
重工业	1 503 507	1 429 110	182 234	213 243
二、按行业分				
(一) 采掘业	253 558	261 450	41 710	41 273
#矿　业	226 717	213 308	23 056	27 024
#煤炭采选业	81 624	69 138	7 981	11 732
黑色金属矿采选业	3 489	3 405	103	183
有色金属矿采选业	126 461	126 864	13 274	12 571
建筑材料及其他非金属矿采选业	12 830	11 526	1 211	2 128
(二) 制造业	2 419 913	2 300 231	334 791	399 487
#食品、饮料和烟草制造业	339 890	341 443	42 785	44 275
纺织业	232 716	212 756	47 691	62 512
石油加工业	97 016	95 332	699	1 248
化学工业	181 816	174 371	17 585	22 150
医药工业	80 481	73 741	18 146	23 815
化学纤维工业	58 668	55 676	7 271	5 029
橡胶制品业	29 968	30 597	6 338	5 634
塑料制品业	26 591	26 457	5 147	5 193
黑色金属冶炼及压延加工业	276 920	219 679	6 039	11 669

工业产品销售和库存总值(二)

(1990年) 单位：万元

分类	生产总值	销售总值	年初库存总值	年末库存总值
有色金属冶炼及压延加工业	135 865	127 141	10 372	15 059
金属制品业	37 479	36 816	5 455	8 294
机械、电气、电子设备制造业	505 863	500 981	98 071	112 978
#日用机械制造业	10 779	9 891	1 423	2 567
日用电器制造业	27 854	28 043	4 177	5 194
日用电子器具制造业	38 970	39 895	12 558	11 844
三、按地区分	**2 673 471**	**2 561 681**	**376 501**	**440 760**
#南昌市	570 072	554 832	82 991	98 468
景德镇市	172 044	163 385	29 169	34 490
萍乡市	135 821	105 336	13 854	17 618
九江市	403 591	402 947	68 319	67 958
新余市	234 940	212 071	11 220	13 302
鹰潭市	113 325	110 809	6 920	8 702
赣州地区	260 666	246 909	35 502	44 124
#赣州市	100 976	88 098	11 033	14 966
宜春地区	218 314	206 308	36 745	45 935
#樟树市	42 119	38 236	6 386	9 170
上饶地区	232 881	230 792	34 287	39 026
吉安地区	183 959	183 722	32 679	38 852
抚州地区	147 858	144 570	24 815	32 285
#临川市	61 571	58 419	10 805	15 280

物资系统主要物资购进和销售量

品名	单位	购进量		销售量	
		1989年	1990年	1989年	1990年
总金额	**万元**	**295 233**	**288 495**	**317 983**	**312 959**
生铁	吨	101 765	152 543	103 576	144 279
#铸造生铁	吨	66 949	106 020	68 271	98 179
钢材	吨	785 120	752 846	755 542	755 323
重轨	吨	1 250	971	1 158	1 065
轻轨	吨	3 655	3 288	3 928	3 075
大型型钢	吨	5 029	3 165	4 233	5 057
中型型钢	吨	50 347	37 460	47 275	42 878
小型型钢	吨	245 934	208 579	235 723	206 280
带钢	吨	5 442	5 443	5 322	5 526
线材	吨	169 643	217 504	169 509	217 569
特厚钢板	吨	100	255	68	267
中厚钢板	吨	68 093	74 267	65 689	74 770
薄钢板	吨	68 151	67 035	65 573	62 633
硅钢片	吨	27 043	19 812	22 637	16 325
优质型材	吨	54 560	40 136	51 164	43 832
无缝钢管	吨	16 538	17 988	16 612	17 427
焊接钢管	吨	61 290	53 254	58 903	55 049
其他钢材	吨	8 045	3 689	7 748	3 570
铜	吨	10 088	14 940	10 328	13 561
铝	吨	10 507	8 109	9 719	7 631
铅	吨	1 339	1 463	1 140	1 107
锌	吨	1 808	1 513	1 941	1 582
锡	吨	181	139	187	102
铜材	吨	1 343	1 249	1 309	1 321
铝材	吨	1 190	604	964	693
铅材	吨	6	3	10	—
废钢铁	吨	153 431	173 960	150 815	175 678
硫酸	吨	102 279	103 098	102 011	103 545
烧碱	吨	24 546	21 823	24 232	21 714
纯碱	吨	31 916	29 462	31 144	29 450
橡胶	吨	10 531	10 416	11 445	11 274
轮胎	套	177 811	120 223	172 720	119 208
水泥	吨	457 661	326 213	444 274	333 559
平板玻璃	重量箱	563 054	462 324	539 456	471 083

各地区物资系统物资购进和销售额

单位：万元

地区	购进额		销售额	
	1989年	1990年	1989年	1990年
总计	**295 233**	**288 495**	**317 983**	**312 959**
一、地市物资系统合计	**214 098**	**202 316**	**232 032**	**220 348**
南昌市	41 061	39 355	44 586	40 044
景德镇市	13 395	14 220	14 315	16 064
萍乡市	10 658	8 610	11 378	9 308
九江市	25 443	27 694	27 306	30 127
新余市	11 035	11 495	11 634	12 650
鹰潭市	6 029	5 886	6 398	6 389
赣州地区	23 330	21 788	26 378	24 584
宜春地区	22 482	22 030	24 589	24 351
上饶地区	22 610	19 241	24 450	21 088
吉安地区	19 109	16 257	20 390	18 258
抚州地区	18 946	15 740	20 608	17 485
二、物资局直属单位	**81 135**	**86 179**	**85 951**	**92 611**

注：本表销售额是按全国统一口径即以销售价进行计算，上年年鉴所列销售额是按购进价进行计算。

物资系统主要物资库存量和周转天数

品名	单位	库存量		周转天数(天)	
		1989年	1990年	1989年	1990年
总金额	**万元**	**41869**	**41745**	**53**	**49**
生铁	吨	3308	11732	12	30
#铸造生铁	吨	3011	10850	16	40
钢材	吨	114991	113498	56	55
重轨	吨	102	9	32	3
轻轨	吨	460	576	43	68
大型型钢	吨	2926	1044	252	75
中型型钢	吨	17370	12452	134	106
小型型钢	吨	29899	32943	46	50
带钢	吨	266	183	18	12
线材	吨	7640	7547	16	13
特厚钢板	吨	32	20	171	27
中厚钢板	吨	9489	8980	53	44
薄钢板	吨	12070	16563	67	97
硅钢片	吨	5970	9303	96	208
优质型材	吨	14772	11223	105	93
无缝钢管	吨	3490	3936	77	83
焊接钢管	吨	9966	8102	62	54
其他钢材	吨	539	617	25	63
铜	吨	477	1835	17	49
铝	吨	1771	2221	67	106
铅	吨	256	617	82	203
锌	吨	338	273	64	63
锡	吨	52	89	101	330
铜材	吨	298	221	83	61
铝材	吨	347	263	131	139
铅材	吨	1	4	36	—
废钢铁	吨	24339	22601	59	47
硫酸	吨	971	520	3	2
烧碱	吨	1172	1255	18	21
纯碱	吨	1815	1948	21	24
橡胶	吨	1158	381	37	12
轮胎	套	41608	42739	88	127
水泥	吨	19080	11336	16	12
平板玻璃	重量箱	113353	112389	77	87

主要统计指标解释

能源生产总量 指一定时期内地区全部能源工业企业一次能源生产量的总和。一次能源生产量包括原煤、原油、天然气、水电及其它动力能发电量（如风能、地热能等）。不包括生物质能、太阳能等的利用和由一次能源加工转换而成的二次能源产量。能源生产总量是观察地区能源生产水平、规模、构成和发展速度的总量指标。

能源消费总量 指一定时期内地区用于生产和生活的各种能源消费量的总和。能源消费总量包括原煤和原油及其制品、天然气、电力。不包括生物质能和太阳能等的利用。能源消费总量分为三部分，即终端能源消费量、能源加工转换损失量和损失量。它是观察能源消费水平、构成和增长速度的总量指标。

终端能源消费量 指一定时期内地区物质生产部门、非物质生产部门和生活消费的各种能源数量。不包括用于加工转换的中间能源消费量、加工转换损失量和损失量。

能源加工转换损失量 指一定时期内地区投入加工转换的各种能源数量之和与产出各种能源产品及其它石油制品和其它焦化产品之和的差额。它是观察能源在加工转换过程中损失量变化的指标。

能源损失量 一定时期内能源在生产、输送、储存过程中发生的经营管理损失和由于客观原因造成的各种损失量。不包括各种气体能源放空、放散量。

能源生产增长系数 是反映能源生产增长速度与国民经济增长速度之间比例关系的指标。其计算公式为：

$$能源生产增长系数=\frac{能源生产总量年平均增长速度}{国民经济年平均增长速度}$$

电力生产增长系数 是反映电力生产增长速度与国民经济增长速度之间比例关系的指标。其计算公式为：

$$电力生产增长系数=\frac{电力生产量年平均增长速度}{国民经济年平均增长速度}$$

能源消费弹性系数 是反映能源消费增长速度与国民经济增长速度之间比例关系的指标。其计算公式为：

$$能源消费弹性系数=\frac{能源消费量年平均增长速度}{国民经济年平均增长速度}$$

电力消费弹性系数 是反映电力消费增长速度与国民经济增长速度之间比例关系的指标。一般来说，电力的发展应快于国民经济的发展，也就是说电力应超前发展。其计算公式为：

$$电力消费弹性系数=\frac{电力消费年平均增长速度}{国民经济年平均增长速度}$$

七、运输和邮电

●1990年，铁路营业里程1 642公里，公路通车里程33 203公里，内河通航里程4 937公里。

●1990年，全社会货物运输周转量310.40亿吨公里，旅客运输周转量175.05亿人公里。

●1990年，邮电业务总量1.49亿元，比1985年增长1.1倍。

●1990年，市内电话交换机总容量17.49万门，比1985年增长1.1倍。

●1990年，全省邮电局、所1 876处，邮路长度（含农村投递线路）16.86万公里。

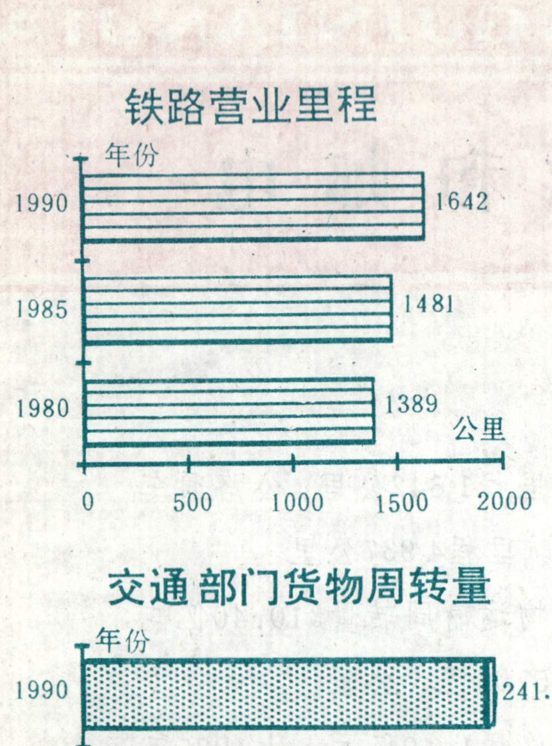
铁路营业里程
年份
1990
1985
1980
1642
1481
1389
公里
0
500
1000
1500
2000

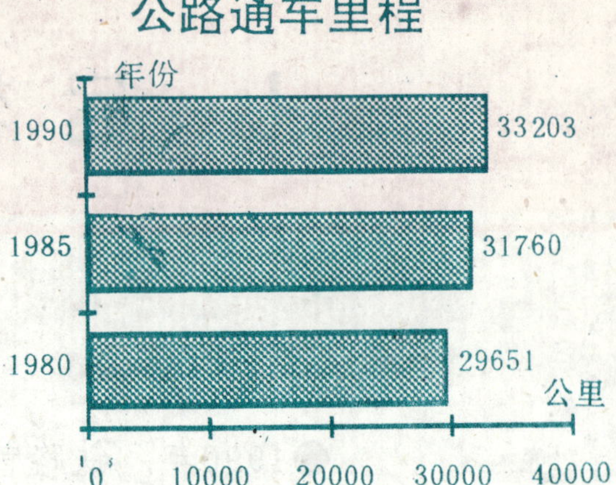
公路通车里程
年份
1990
1985
1980
33203
31760
29651
公里
0
10000
20000
30000
40000

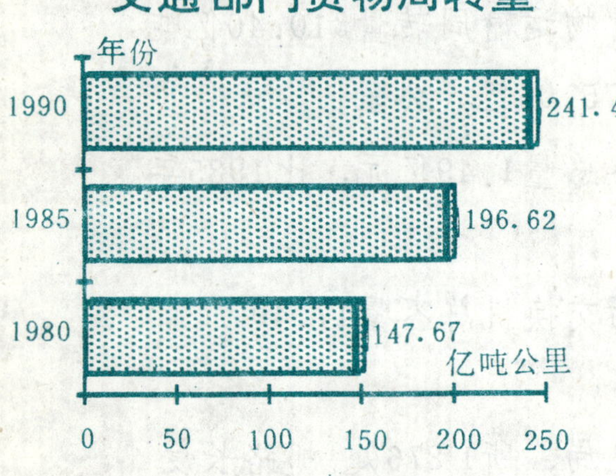
交通部门货物周转量
年份
1990
1985
1980
241.44
196.62
147.67
亿吨公里
0
50
100
150
200
250

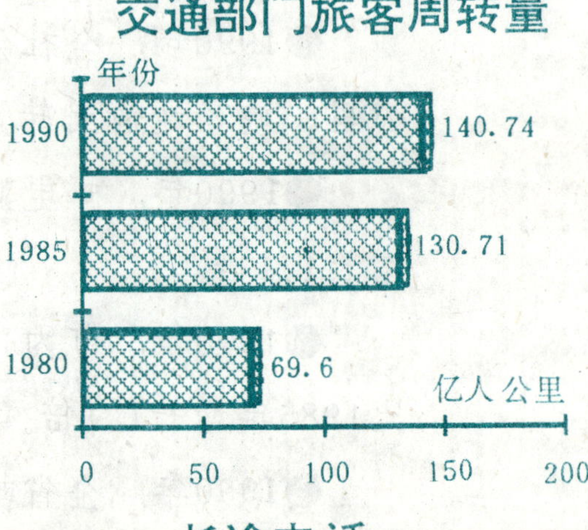
交通部门旅客周转量
年份
1990
1985
1980
140.74
130.71
69.6
亿人公里
0
50
100
150
200

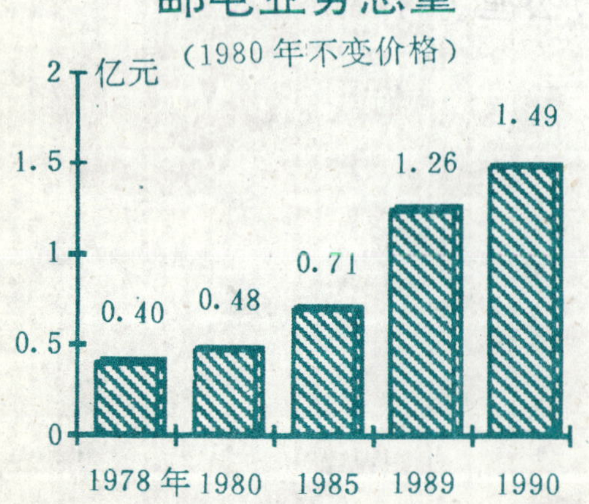
邮电业务总量
（1980年不变价格）
亿元
2
1.5
1
0.5
0
0.40
0.48
0.71
1.26
1.49
1978年
1980
1985
1989
1990

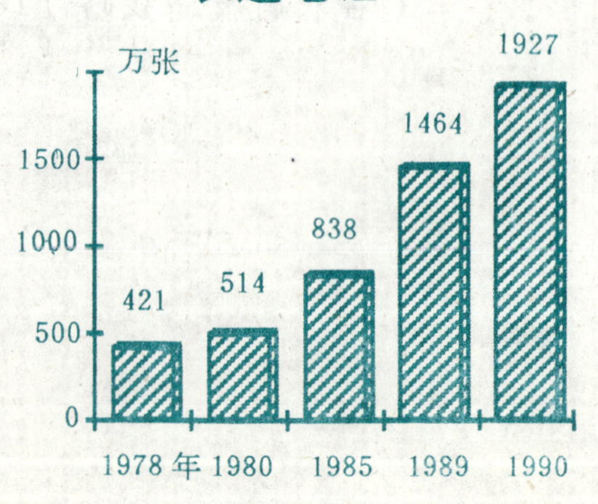
长途电话
万张
1500
1000
500
0
421
514
838
1464
1927
1978年
1980
1985
1989
1990

主要年份运输线路长度

单位：公里

指标	1978年	1980年	1985年	1989年	1990年
铁路营业里程	**1 293**	**1 389**	**1 481**	**1 589**	**1 642**
中央铁路	1 184	1 335	1 433	1 528	1 581
地方铁路	109	54	48	61	61
公路通车里程	**30 245**	**29 651**	**31 760**	**32 877**	**33 203**
#晴雨通车	29 290	29 140	31 667	32 801	33 145
#有路面的	28 203	29 363	31 671	32 816	33 162
#高级及次高级路面	1 538	2 522	3 497	4 238	4 614
内河通航里程	**6 630**	**4 937**	**4 937**	**4 937**	**4 937**
#水深一米以上	2 780	2 867	983	984	984
附：长江通航里程（江西省境内）	133	133	133	133	133

注：中央铁路营业里程包括正式营业线和临时营业线。

交通运输工具年末实有数

（1990年）

指标	单位	合计	#交通部门
一、民用汽车合计	**辆**	**110 432**	**6 605**
载货汽车	辆	74 424	3 037
	吨位	295 924	16 539
载客汽车	辆	29 473	3 568
	客位	440 981	155 076
特种汽车	辆	6 535	—
二、其它机动车	**辆**	**72 802**	**403**
#摩托车	辆	51 630	—
三、汽车挂车	**辆**	**5 209**	**1 854**
四、运输船舶			
机动船	艘	8 051	3 307
	净载重量吨	333 989	159 439
	客位	13 362	8 349
拖轮功率	千瓦（特）	17 852	14 115
驳船	艘	636	539
	净载重量吨	76 267	71 426
帆船	艘	385	—
	净载重量吨	1 253	—
补充资料：			
汽车驾驶员	人	168 842	

注：交通部门的数字系指营运车船。

全社会运输量

指　　　　标	单　位	1989年	1990年	1990年比1989年增长%
货物运输量	**万吨**	**20 851**	**17 824**	**-14.5**
一、交通部门	**万吨**	**4 250**	**4 074**	**-4.1**
民　　航	万吨	0.097	0.096	-1.0
铁　　路	万吨	2 631	2 631	平
中　　央	万吨	2 547	2 546	平
地　　方	万吨	84	85	1.2
公　　路	万吨	1 003	916	-8.7
#汽　　车	万吨	533	472	-11.4
水　　运	万吨	616	527	-14.4
内河、远洋	万吨	427	381	-10.8
长　　江	万吨	189	146	-22.8
#轮驳船	万吨	616	527	-14.4
二、非交通部门	**万吨**	**16 601**	**13 750**	**-17.2**
公　　路	万吨	15 637	12 898	-17.5
水　　运	万吨	964	852	-11.6
旅客运输量	**万人**	**24 947**	**25 064**	**0.5**
一、交通部门	**万人**	**16 094**	**16 377**	**1.8**
民　　航	万人	10.395	12.198	17.3
铁　　路	万人	2 306	1 827	-20.8
中　　央	万人	2 306	1 827	-20.8
公　　路	万人	13 324	14 182	6.4
#汽　　车	万人	13 324	14 182	6.4
水　　运	万人	454	356	-21.6
内河、远洋	万人	239	185	-22.6
长　　江	万人	215	171	-20.5
#轮驳船	万人	454	356	-21.6
二、非交通部门	**万人**	**8 853**	**8 687**	**-1.9**
公　　路	万人	8 623	8 499	-1.4
水　　运	万人	230	188	-18.3

全社会运输周转量

指　　标	单　位	1989年	1990年	1990年比1989年增长%
货物周转量	**万吨公里**	**3 277 777**	**3 103 992**	**-5.3**
一、交通部门	**万吨公里**	**2 412 439**	**2 414 428**	**0.1**
民　　航	万吨公里	61.660	55.570	-9.9
铁　　路	万吨公里	1 980 715	2 044 770	3.2
中　　央	万吨公里	1 978 686	2 042 652	3.2
地　　方	万吨公里	2 029	2 118	4.4
公　　路	万吨公里	60 938	52 862	-13.3
#汽　　车	万吨公里	59 404	51 456	-13.4
水　　运	万吨公里	370 724	316 740	-14.6
内河、远洋	万吨公里	231 557	205 492	-11.3
长　　江	万吨公里	139 167	111 248	-20.1
#轮　驳　船	万吨公里	370 724	316 740	-14.6
二、非交通部门	**万吨公里**	**865 338**	**689 564**	**-20.3**
公　　路	万吨公里	734 884	575 407	-21.7
水　　运	万吨公里	130 454	114 157	-12.5
旅客周转量	**万人公里**	**1 852 243**	**1 750 492**	**-5.5**
一、交通部门	**万人公里**	**1 507 425**	**1 407 391**	**-6.6**
民　　航	万人公里	6 622.970	7 305.930	10.3
铁　　路	万人公里	858 464	746 506	-13.0
中　　央	万人公里	858 464	746 506	-13.0
公　　路	万人公里	576 738	599 340	3.9
#汽　　车	万人公里	576 738	599 340	3.9
水　　运	万人公里	65 600	54 239	-17.3
内河、远洋	万人公里	9 459	7 443	-21.3
长　　江	万人公里	56 141	46 796	-16.6
#轮　驳　船	万人公公	65 600	54 239	-17.3
二、非交通部门	**万人公里**	**344 818**	**343 101**	**-0.5**
公　　路	万人公里	340 710	339 462	-0.4
水　　运	万人公里	4 108	3 639	-11.4

主要年份交通部门运输量

指 标	单 位	1978年	1980年	1985年	1989年	1990年
货物运输量	**万吨**	**5 402**	**5 017**	**4 355**	**4 250**	**4 074**
民 航	万吨			0.045	0.097	0.096
铁 路	万吨	2 163	2 133	2 436	2 631	2 631
中 央	万吨	2 058	2 084	2 330	2 547	2 546
地 方	万吨	105	49	106	84	85
公 路	万吨	1 961	1 963	1 257	1 003	916
#汽 车	万吨	949	923	724	533	472
水 运	万吨	1 278	921	662	616	527
内河、远洋	万吨	1 158	815	480	427	381
长 江	万吨	120	106	182	189	146
#轮 驳 船	万吨	820	921	631	616	527
旅客运输量	**万人**	**6 590**	**10 016**	**18 607**	**16 094**	**16 377**
民 航	万人			2.780	10.395	12.198
铁 路	万人	1 771	2 191	2 526	2 306	1 827
中 央	万人	1 764	2 181	2 526	2 306	1 827
地 方	万人	7	10			
公 路	万人	4 376	7 286	15 518	13 324	14 182
#汽 车	万人	4 376	7 286	15 518	13 324	14 182
水 运	万人	443	539	560	454	356
内河、远洋	万人	311	359	330	239	185
长 江	万人	132	180	230	215	171
#轮 驳 船	万人	443	539	560	454	356

主要年份交通部门运输周转量

指　　标	单　位	1978年	1980年	1985年	1989年	1990年
货物周转量	**万吨公里**	**1 369 571**	**1 476 689**	**1 966 213**	**2 412 439**	**2 414 428**
民　航	万吨公里			18.98	61.66	55.57
铁　路	万吨公里	1 084 790	1 186 769	1 566 111	1 980 715	2 044 770
中　央	万吨公里	1 080 810	1 184 484	1 563 332	1 978 686	2 042 652
地　方	万吨公里	3 980	2 285	2 779	2 029	2 118
公　路	万吨公里	52 643	56 794	67 179	60 938	52 862
#汽　车	万吨公里	49 611	54 407	65 638	59 404	51 456
水　运	万吨公里	232 138	233 126	332 904	370 724	316 740
内河、远洋	万吨公里	164 769	165 112	200 560	231 557	205 492
长　江	万吨公里	67 369	68 014	132 344	139 167	111 248
#轮驳船	万吨公里	202 927	212 779	329 788	370 724	316 740
旅客周转量	**万人公里**	**469 158**	**696 036**	**1 307 097**	**1 507 425**	**1 407 391**
民　航	万人公里			1 150.00	6 622.97	7 305.93
铁　路	万人公里	267 337	394 939	695 191	858 464	746 506
中　央	万人公里	267 120	394 646	695 191	858 464	746 506
地　方	万人公里	217	293			
公　路	万人公里	168 291	254 148	544 183	576 738	599 340
#汽　车	万人公里	168 291	254 148	544 183	576 738	599 340
水　运	万人公里	33 530	46 949	66 573	65 600	54 239
内河、远洋	万人公里	11 244	13 841	13 349	9 459	7 443
长　江	万人公里	22 286	33 108	53 224	56 141	46 796
#轮驳船	万人公里	33 530	46 949	66 573	65 600	54 239

交通运输主要经济技术指标

指　　　　　　标	单　　位	1989年	1990年
一、铁　　路			
货车周转时间	天	1.70	1.76
平均每日装车数	辆	1229.0	1222.0
货车平均静载重	吨	56.6	56.9
货物列车旅行速度	公里／小时	24.4	25.1
货运机车平均日产量	万吨公里	75.5	76.6
内燃机车每万吨公里耗油	公斤	22.4	22.1
二、公　　路			
载货汽车完好率	%	84.3	86.2
载货汽车工作率	%	57.6	50.8
载货汽车实载率	%	69.7	69.9
载客汽车完好率	%	81.0	87.1
载客汽车工作率	%	68.8	76.0
载客汽车实载率	%	81.7	72.5
载货汽车平均大修间隔里程	万公里	13.4	14.3
载客汽车平均大修间隔里程	万公里	14.9	14.5
载货汽车车吨年产量	吨公里	35914.0	31094.0
载货汽车每百车公里耗汽油	公升	39.0	37.2
载货汽车每百吨公里耗汽油	公升	7.3	7.1
载货汽车每百车公里耗柴油	公升	31.9	34.0
载货汽车每百吨公里耗柴油	公升	4.9	4.5
载客汽车每百车公里耗汽油	公升	32.6	30.4
载客汽车每百吨公里耗汽油	公升	9.1	9.6
三、水　　运			
货轮营运率	%	88.5	90.8
拖轮营运率	%	83.9	83.5
驳船营运率	%	94.2	94.8
货轮每吨位年产量	吨公里	13008.0	12108.0
拖轮每千瓦年产量	吨公里	52128.0	41792.0
驳船每吨位年产量	吨公里	10721.0	8767.0
机动船每千瓦小时耗柴油	公斤	256.5	240.1
机动船每千吨公里耗柴油	公斤	12.0	12.3

预算内国营交通运输企业主要财务指标

指　　　标	单　位	1989年	1990年
一、公路运输			
营运收入	万元	29910.0	34299.3
#运输收入	万元	27861.9	31575.2
营运成本	万元	28042.9	31794.8
#汽车运输成本	万元	26566.6	29656.9
汽车运输单位成本（万换算吨公里）	元	2817.0	3128.2
营运利润	万元	766.7	1154.6
#运输利润	万元	316.7	910.1
利润总额	万元	408.9	514.7
营运税金	万元	968.2	1121.8
年末固定资产原值	万元	37357.1	39284.7
年末定额流动资金占用额	万元	4560.8	4904.4
二、水上运输（内河）			
营运收入	万元	3895.1	3500.4
#运输收入	万元	3714.5	3214.3
营运成本	万元	3504.1	3489.9
#轮驳船运输成本	万元	3402.9	3255.5
轮驳船运输单位成本（万换算吨公里）	元	493.8	515.0
营运利润	万元	296.4	-129.5
#运输利润	万元	266.2	-110.0
利润总额	万元	-77.0	-466.4
税　　金	万元	88.3	102.5
年末固定资产原值	万元	7480.6	8219.2
年末定额流动资金占用额	万元	523.3	601.6

主要年份铁路重要车站、九江港主要指标

指 标	单位	1978年	1980年	1985年	1989年	1990年
南 昌 站						
货物发送量	吨	475 525	32 614	24 790	30 483	36 229
旅客发送量	人	2 623 805	3 278 262	4 622 488	4 791 237	3 976 258
平均每日装车数	车	63.1	2.0	2.7	3.7	4.5
平均每日卸车数	车	290.7	13.3	16.5	12.4	11.9
平均每日办理车数	车	—	—	—	—	—
南昌西直属站						
货物发送量	吨		719 187	842 714	823 451	761 982
旅客发送量	人		24 328	28 002	27 560	19 974
平均每日装车数	车		79.1	48.7	45.6	41.5
平均每日卸车数	车		244.5	172.8	143.4	165.9
平均每日办理车数	车			932	888	1 038
向 塘 站						
货物发送量	吨	71 843	94 752	120 282	160 936	141 681
旅客发送量	人	465 196	628 113	938 079	897 548	615 069
平均每日装车数	车	4.2	5.4	6.3	9.2	7.3
平均每日卸车数	车	19.7	20.2	20.0	24.0	20.9
平均每日办理车数	车	3 490	3 692	4 105	4 651	4 726
鹰 潭 站						
货物发送量	吨	536 856	510 811	590 375	678 717	670 089
旅客发送量	人	816 379	1 228 728	1 559 710	1 804 434	1 505 710
平均每日装车数	车	43.2	41.7	33.5	27.5	31.3
平均每日卸车数	车	53.3	57.0	35.9	35.2	39.9
平均每日办理车数	车	3 206	3 552	4 028	5 011	5 208
长航九江港务局						
旅客出口量	人		2 726 249	2 296 018	2 145 798	1 711 316
货物吞吐量	吨		6 224 510	5 247 334	5 092 364	4 453 773

注：1978年铁路南昌西直属站包括在铁路南昌站中，1980年缺办理车数。

主要年份邮电事业

指 标	单 位	1978年	1980年	1985年	1989年	1990年
邮电业务总量	万元	4022.0	4775.0	7116.8	12620.7	14911.8
函 件	万件	7372.0	8966.0	15472.6	19713.1	17161.7
报刊期发数	万份	301.7	404.0	806.5	456.6	490.1
报刊累计数	万份	37075.1	42334.0	64274.4	44885.4	46842.1
邮政快件	万件	—	—	—	501.3	917.4
特快专递	件	—	—	—	21834	24813
邮政储蓄年末收储余额	万元	—	—	—	13711.6	35850.0
电 报	万份	402.0	461.0	590.8	726.3	643.2
长途电话	万张	421.0	514.0	838.2	1464.3	1926.5
#国际、港澳长途	万张			1.5	10.4	17.5
传 真	份	133		9	1924	10592
市内电话年末到达户数	户	30126	33441	52019	86307	101120
长途直拨有权用户期末数	户	—	—	—	6489	12689
无线寻呼用户期末数	户	—	—	—	1025	1538
农村电话年末到达户数	户	25778	25877	22798	24029	24938
邮电局、所数	处	1781	1814	1890	1867	1876
#在农村的	处	1594	1622	1628	1623	1626
邮路长度	公里	14033	13920	43812	47376	46591
#航空邮路	公里	321	321	481	4469	4215
铁路邮路	公里	3996	3303	4950	4538	4538
农村投递线路	公里	151615	148544	125013	122741	121971
长话杆路总长度	公里	6372	6331	6191	5864	5763
农话杆路总长度	公里	35030	31844	50162	38812	38689
长途电话路数	路	666	754	1190	2339	2887
#光缆电路	路	—	—	—	331	542
省会至地（市）平均	路	11.0	11.8	15.0	46.7	61.8
地（市）至所辖县（市）平均	路	3.9	3.9	6.0	9.8	10.1
省会至地（市）外的县（市）平均	路	0.9	1.0	1.5	2.5	3.5
电报电路	路	259	270	300	318	325
自备火车车厢	辆	6	3	13	16	17
邮政汽车	辆	158	177	201	250	263
载报机总数	部	59	69	164	143	168
电传打字机总数	部	289	371	589	797	698
传真机总数	部	77	82	32	25	33
载话端机设备容量	路	2807	3039	4280	9325	9407
微波收发信机总数	部	56	56	56	112	112
市内电话交换机总容量	门	54800	60100	82826	143412	174932
#自 动	门	12540	16440	46056	114412	154012
#程 控	门	—	—	—	42512	70912
市内电话机总数	部	50654	62621	94256	152233	170122
#接入邮局交换机的话机	部	30204	33619	49758	82464	97577
装有市话自动交换机的地市	个	—	—	9	11	11
#装有程控交换机的	个	—	—	—	5	7
装有市话自动交换机的县（市）	个	—	—	19	36	46
#装有程控交换机的	个	—	—	—	4	4

注：邮电业务总量均按1980年不变价格计算。

主要统计指标解释

铁路营业里程 指办理客货运输业务的铁路正线总长度。凡是全线或部分建成双线及以上的线路，以第一线的实际长度计算；复线、站线、段管线、岔线和特别用途线以及不计算运费的联络线都不计算营业里程。铁路营业里程是反映铁路运输业基础设施发展水平的重要指标，也是计算客货周转量、运输密度和机车车辆运用效率指标的基础资料。

公路里程 也称"公路通车里程"，是指实际达到交通部制定的公路工程技术标准规定的等级的公路长度。它包括大中城市的郊区公路以及通过小城镇街道的公路里程，也包括桥梁、渡口的长度，但不包括城市的街道以及厂矿、林区和农业生产用道的里程。两条或多条公路共同经由同一路段，只计算一次，不重复计算里程长度。公路里程是反映公路建设发展规模的重要指标，也是计算运输网密度等指标的基础资料。

内河航道里程 也称"内河通航里程"，是指在枯水季节水深在0.3米及以上，能通航运输船舶及排筏的天然河流、湖泊水库、运河及通航渠道的长度。包括全年季节性通航累计三个月以上的航道，但不包括仅供零散流放竹木排的河道。内河航道里程是反映内河水运网规模、水平和发展情况的主要指标。

货（客）运量 指运输业实际运送的货物（旅客）数量。货运按吨计算，客运按人计算。货物不论运输距离长短，货物类别，均按实际重量统计；旅客不论行程远近或票价多少，均按一人一次作为客运量统计。半票价、小孩票，也按一人统计。货（客）运量是反映运输业为国民经济和人民生活服务的数量指标，也是制定和检查运输生产计划、研究运输种展规模和速度的重要指标。

货物（旅客）周转量 指运输业运送的货物（旅客）数量与其相应运输距离的乘积之总和，通常以吨公里和人公里为计算单位。计算货物周转量通常按发出站与到达站之间的最短距离，也就是计费距离计算。它是反映运输业生产总成果的重要指标，也是编制和检查运输生产计划、计算运输率、劳动生产率以及核算运输单位成本的主要基础资料。

铁路货车静载重 指铁路货车在始发站静止状态下平均每车装载的货物重量。静载重的多少取决于运送货物的性质、种类、车辆的类型和装载技术的高低。根据货车的平均载重能力和静载重进行对比，可以反映货车载重能力的利用程度。计算公式为：

$$货车静载重=\frac{货物发送吨数}{装车数}$$

铁路货运机车平均日产量 指平均每台货运机车在一昼夜内所完成的总重吨公里数。它既包括载运货物的重量，也包括车辆本身的自重，它是从时间和牵引能力两方面反映了机车运用效率的综合性指标。计算公式为：

$$货运机车平均日产量=\frac{货运总重吨公里数}{货运机车台日数}$$

邮电业务总量 指以货币表现的邮电部门为用户传递信息和提供其他邮电服务的总量。它用各种邮电分类业务量，如函件件数、电报份数、长话张数、市内电话和农村电话的年均户数、订销报刊累计份数等，分别乘以相应的平均单价（1980年不变价格）加总后再加上出租电路和设备的收入、代用户维护电话交换机和线路等设备的收入、其他业务收入求得。邮电业务总量综合反映了一定时期邮电工作的总成果，是研究邮电业务量构成和发展趋势的重要指标。

八、建 筑 业

●1990年，全民所有制建筑业完成总产值14.27亿元。城镇集体所有制建筑业完成总产值7.99亿元。分别比1989年增长14.9%和1.9%。

●1990年，全民所有制建筑业全员劳动生产率11 915元，城镇集体所有制建筑业全员劳动生产率8 420元，分别比1989年增长11.8%和3.9%。

●1990年，全民所有制建筑业工程质量优良品率38.4%，城镇集体所有制建筑业工程质量优良品率14.7%，分别比1989年提高11.4和7.7个百分点。

地方全民所有制建筑业施工产值

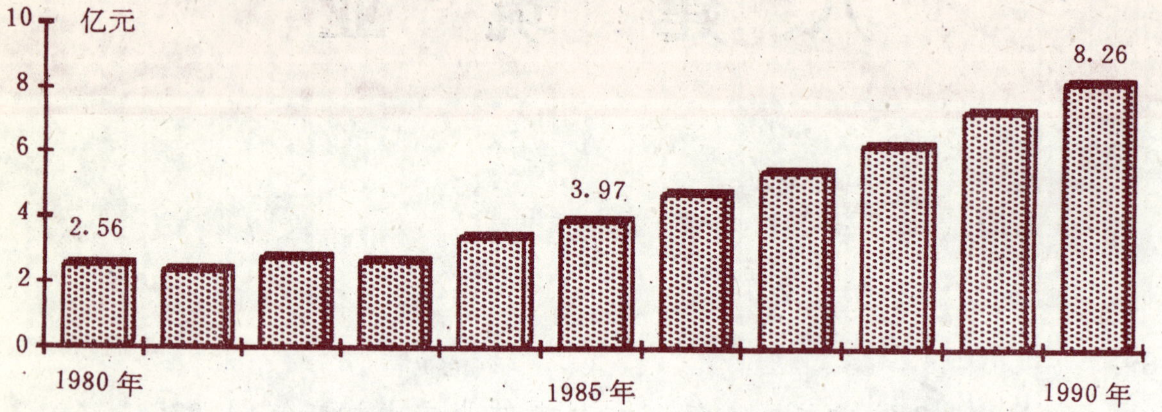

亿元
10
8
6
4
2
0
2.56
3.97
8.26
1980年
1985年
1990年

建筑业技术装备率

(地方全民所有制单位)

2000
元/人
1000
0
1299
1239
1589
1980年
1985年
1990年

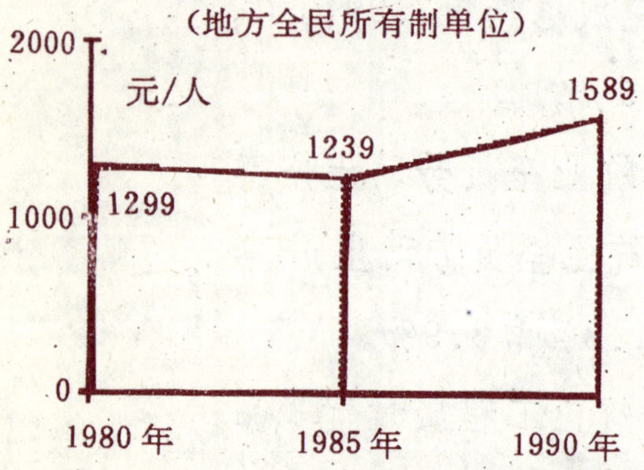

建筑业动力装备率

(地方全民所有制单位)

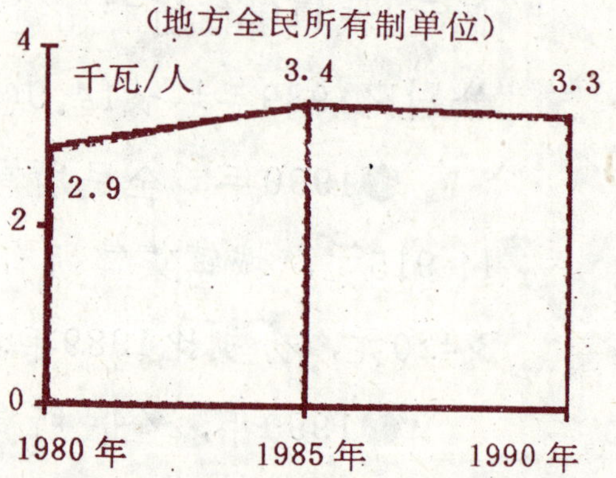

4
千瓦/人
2
0
2.9
3.4
3.3
1980年
1985年
1990年

地方全民所有制建筑业全员劳动生产率

(按施工产值计算)

15000
元/人
10000
5000
0
4161
5853
10690
1980年
1985年
1990年

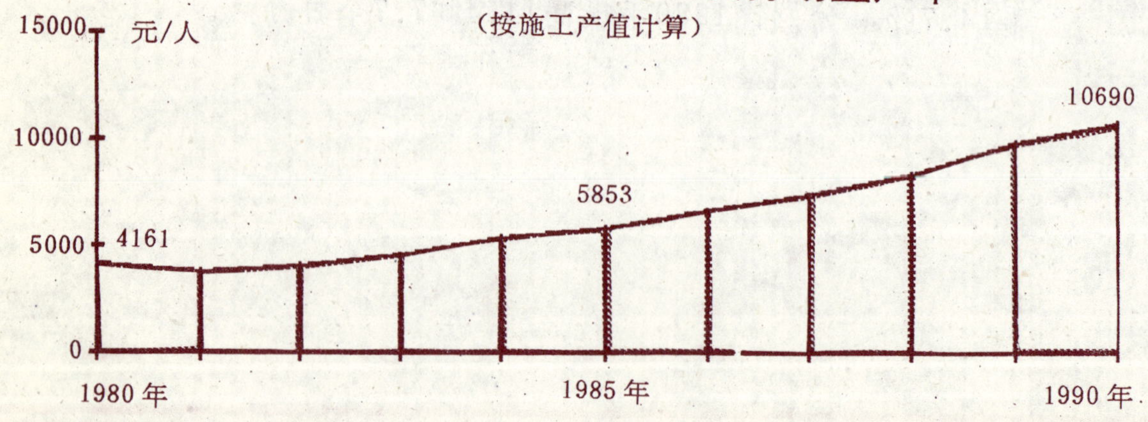

全民所有制建筑施工企业主要经济指标

指　　标	单　位	1989年	1990年	1990年比1989年增长%
年末实有全部职工人数	万人	12.49	12.58	0.7
总　产　值	亿元	12.42	14.27	14.9
#施工产值	亿元	11.73	13.76	17.3
净　产　值	亿元	3.75	4.33	15.5
房屋建筑施工面积	万平方米	418.9	487.5	16.4
房屋建筑竣工面积	万平方米	170.2	192.5	13.1
房屋建筑面积竣工率	%	40.6	39.5	-1.1
全员劳动生产率（按总产值计算）	元／人	10 654	11 915	11.8
全员劳动生产率（按施工产值计算）	元／人	10 060	11 489	14.2
全员人均竣工面积	平方米／人	14.6	16.1	10.3
技术装备率	元／人	2 232	2 400	7.5
动力装备率	千瓦／人	4.0	4.8	20.0
工程质量优良品率	%	27.0	38.4	11.4
工程成本降低额	万元	1 393	2 088	49.9
工程成本降低率	%	1.3	1.7	0.4
利润总额	万元	2 324	2 273	-2.2
产值利润率	%	1.9	1.6	-0.3
定额流动资金平均占用额	万元	52 502	59 136	12.6
每百元产值占用定额流动资金	元	42.3	41.4	-0.9
年末拥有固定资产原值	万元	68 457	74 965	9.5
年末拥有固定资产净值	万元	47 822	52 086	8.9
资金利润率	%	2.3	2.0	-0.3
工资总额	万元	22 439	26 900	19.9
产值工资率	%	18.1	18.8	0.7
工期完成率	%	69.3	82.9	13.6

主要年份地方全民所有制建筑施工企业主要经济指标

指　　标	单　位	1980年	1985年	1989年	1990年
年末实有全部职工人数	万人	6.21	7.00	7.89	8.10
总　产　值	亿元	2.87	4.14	7.77	8.59
#施工产值	亿元	2.56	3.97	7.33	8.26
净　产　值	亿元		1.18	2.33	2.65
房屋建筑施工面积	万平方米	224.5	291.7	364.8	404.7
房屋建筑竣工面积	万平方米	105.7	130.3	153.1	156.3
房屋建筑面积竣工率	%	47.1	44.7	42.0	39.6
全员劳动生产率（按总产值计算）	元／人	4671	6115	10387	11089
全员劳动生产率（按施工产值计算）	元／人	4161	5853	9798	10690
全员人均竣工面积	平方米／人	17.2	19.2	20.5	20.2
技术装备率	元／人	1299	1239	1288	1589
动力装备率	千瓦／人	2.9	3.4	3.1	3.3
工程质量优良品率	%	52.8	29.5	12.3	21.8
工程成本降低额	万元	968	1692	902	680
工程成本降低率	%	3.9	4.7	1.4	0.9
利润总额	万元	1181	2157	2218	1225
产值利润率	%	4.9	5.3	2.9	1.4
定额流动资金平均占用额	万元	8489	14967	35780	41170
每百元产值占用定额流动资金	元	29.6	36.6	46.2	47.9
年末拥有固定资产原值	万元	17306	21661	32869	36823
年末拥有固定资产净值	万元	12003	15945	22777	25923
资金利润率	%	5.8	7.0	3.8	1.8
工资总额	万元		7569	13359	15999
产值工资率	%		18.3	17.2	18.6
工期完成率	%		68.3	63.1	75.9

全民所有制建筑施工企业个数和职工人数

（1990年）

地区	施工企业个数（个）	年底全部职工人数（万人）	#工人	全部职工平均人数（万人）	#扣除其他人员
全省总计	**131**	**12.58**	**9.05**	**11.98**	**11.15**
一、地方所属单位合计	**118**	**8.10**	**6.22**	**7.75**	**7.27**
南昌市	20	3.08	2.32	2.96	2.81
景德镇市	9	0.43	0.33	0.40	0.35
萍乡市	6	0.38	0.30	0.33	0.32
九江市	11	0.48	0.37	0.45	0.42
新余市	7	0.54	0.42	0.53	0.52
赣州地区	8	0.79	0.64	0.74	0.68
宜春地区	24	1.09	0.80	1.06	0.94
上饶地区	19	0.52	0.39	0.51	0.40
吉安地区	7	0.36	0.30	0.37	0.37
抚州地区	7	0.44	0.34	0.39	0.38
二、中央部属单位合计	**13**	**4.48**	**2.84**	**4.23**	**3.89**

注：鹰潭市无地方全民企业，下同。

全民所有制建筑施工企业总产值和施工产值

（1990年）

单位：万元

地区	建筑业总产值	#施工产值	#建安附属生产外销构件产值	#建安附属勘察设计产值	企业总产值	竣工产值
全省总计	**142 737**	**137 644**	**3 045**	**58**	**155 075**	**95 653**
一、地方所属单位合计	**85 937**	**82 850**	**2 228**	**26**	**95 000**	**64 373**
南昌市	41 578	40 764	634		46 705	31 141
景德镇市	3 612	3 404	9	2	3 819	2 453
萍乡市	3 311	3 242	6		3 324	2 774
九江市	3 897	3 827	41		4 401	2 025
新余市	4 191	3 305	875		4 540	1 801
赣州地区	7 128	6 799	81	19	8 060	5 756
宜春地区	10 328	10 026	241	1	11 139	7 891
上饶地区	4 404	4 220	134		4 676	3 531
吉安地区	2 995	2 887	106	2	3 186	2 699
抚州地区	4 493	4 376	101	2	5 150	4 302
二、中央部属单位合计	**56 800**	**54 794**	**817**	**32**	**60 075**	**31 280**

全民所有制建筑施工企业净产值

（1990年）

单位：万元

地区	净产值合计	利润	税金	工资	职工福利基金	利息	其他
全省总计	**43 262**	**2 820**	**3 798**	**26 024**	**2 067**	**2 066**	**6 487**
一、地方所属单位合计	**26 519**	**1 188**	**2 949**	**15 531**	**1 049**	**1 304**	**4 498**
南昌市	13 184	1 391	1421	6 921	353	469	2 629
景德镇市	995	−150	101	724	90	126	104
萍乡市	1 053	66	83	678	25	131	70
九江市	1 005	−38	107	627	51	96	162
新余市	1 441	−231	196	1 074	76	55	271
赣州地区	2 307	−5	278	1 265	121	105	543
宜春地区	3 231	66	381	2 118	195	115	356
上饶地区	1 174	−54	141	794	70	59	164
吉安地区	796	−24	82	573	45	75	45
抚州地区	1 333	167	159	757	23	73	154
二、中央部属单位合计	**16 743**	**1 632**	**849**	**10 493**	**1 018**	**762**	**1 989**

全民所有制建筑施工企业房屋建筑面积

（1990年）

地区	施工面积（万平方米）	#本年新开工	竣工面积（万平方米）	#住宅	面积竣工率（%）
全省总计	**487.5**	**178.7**	**192.5**	**69.0**	**39.5**
一、地方所属单位合计	**404.7**	**140.9**	**156.3**	**54.6**	**38.6**
南昌市	161.0	46.3	55.9	17.1	34.7
景德镇市	14.1	5.7	5.5	1.7	39.0
萍乡市	15.5	6.9	6.4	1.5	41.3
九江市	18.6	7.9	5.7	1.0	30.6
新余市	12.3	4.2	5.4	2.1	43.9
赣州地区	29.5	12.3	16.4	7.5	55.6
宜春地区	82.8	30.0	25.5	12.3	30.8
上饶地区	28.4	10.8	13.4	3.8	47.2
吉安地区	17.7	7.5	9.6	3.9	54.2
抚州地区	24.8	9.3	12.4	3.5	50.0
二、中央部属单位合计	**82.8**	**37.8**	**36.2**	**14.4**	**43.7**

全民所有制建筑施工企业劳动生产率

（1990年）

地区	按总产值计算的劳动生产率（元／人）		按施工产值计算的劳动生产率（元／人）		全员人均竣工面积（平方米／人）
	全部职工	扣除其他人员	全部职工	扣除其他人员	
全省总计	**11915**	**12802**	**11489**	**12345**	**16.1**
一、地方所属单位合计	**11089**	**11821**	**10690**	**11396**	**20.2**
南昌市	14047	14796	13772	14507	18.9
景德镇市	9030	10320	8510	9726	13.8
萍乡市	10033	10347	9824	10131	19.4
九江市	8660	9279	8504	9112	12.7
新余市	7908	8060	6236	6356	10.2
赣州地区	9632	10482	9188	9999	22.2
宜春地区	9743	10987	9458	10666	24.1
上饶地区	8635	8988	8275	8612	26.3
吉安地区	8095	8095	7803	7803	25.9
抚州地区	11521	11824	11221	11516	31.8
二、中央部属单位合计	**13428**	**14602**	**12954**	**14086**	**8.6**

全民所有制建筑施工企业工程质量和工期

（1990年）

地区	验收鉴定		优良品率（%）		工期完成率（%）
	单位工程个数（个）	房屋竣工面积（万平方米）	按单位工程个数计算	按房屋建筑竣工面积计算	
全省总计	**2889**	**181.3**	**38.4**	**26.1**	**82.9**
一、地方所属单位合计	**1848**	**151.0**	**21.8**	**23.2**	**75.9**
南昌市	401	55.8	19.0	24.4	86.8
景德镇市	128	5.5	28.1	10.9	66.4
萍乡市	71	6.4	8.5	25.0	38.0
九江市	156	5.7	12.2	26.3	87.8
新余市	61	5.4	14.8	33.3	62.3
赣州地区	111	16.4	11.7	20.1	58.6
宜春地区	497	20.7	26.8	21.7	73.4
上饶地区	216	13.4	30.6	16.4	85.2
吉安地区	134	9.6	10.4	24.0	79.1
抚州地区	73	12.1	42.5	30.6	65.8
二、中央部属单位合计	**1041**	**30.3**	**67.8**	**40.9**	**95.3**

全民所有制建筑施工企业技术装备

（1990年）

地区	年末自有机械设备总台数（台）	年末自有机械设备价值（万元）		技术装备率（元／人）		动力装备率（千瓦／人）	
		原值	净值	全部职工	工人	全部职工	工人
全省总计	**29 117**	**46 341**	**30 190**	**2 400**	**3 336**	**4.8**	**6.7**
一、地方所属单位合计	**17 078**	**19 371**	**12 868**	**1 589**	**2 069**	**3.3**	**4.3**
南昌市	6 107	8 716	5 877	1 908	2 533	3.4	4.6
景德镇市	557	611	376	874	1 139	2.1	2.7
萍乡市	450	940	652	1 716	2 173	3.9	5.0
九江市	809	533	315	656	851	1.9	2.4
新余市	1 390	1 999	1 315	2 435	3 131	7.2	9.3
赣州地区	1 594	1 179	740	937	1 156	2.0	2.5
宜春地区	2 816	2 973	1 959	1 797	2 449	3.3	4.5
上饶地区	1 242	839	568	1 092	1 456	2.7	3.6
吉安地区	872	673	442	1 228	1 473	3.1	3.7
抚州地区	1 241	908	624	1 418	1 835	2.5	3.2
二、中央部属单位合计	**12 039**	**26 970**	**17 322**	**3 867**	**6 099**	**7.6**	**12.0**

全民所有制建筑施工企业产品销售收入和劳务收入

（1990年）

单位：万元

地区	产品销售收入和劳务收入	工程价款收入	产品销售收入	作业销售收入	材料销售收入与成本差额	其他劳务收入
全省总计	**139 060**	**128 053**	**7 596**	**2 622**	**145**	**644**
一、地方所属单位合计	**85 785**	**77 426**	**6 120**	**1 572**	**124**	**543**
南昌市	40 771	37 163	2 621	695	12	280
景德镇市	2 433	2 209	175	39	9	1
萍乡市	3 266	2 978	60	123	3	102
九江市	4 879	4 540	266	60	3	10
新余市	4 361	3 132	1 124	88	15	2
赣州地区	7 717	6 351	1 022	283	43	18
宜春地区	10 496	9 982	320	108	20	66
上饶地区	4 350	4 018	276	22	5	29
吉安地区	2 964	2 715	156	70	4	19
抚州地区	4 548	4 338	100	84	10	16
二、中央部属单位合计	**53 275**	**50 627**	**1 476**	**1 050**	**21**	**101**

全民所有制建筑施工企业固定资产和流动资金

（1990年）

地区	年末自有固定资产（万元）		年末流动资金占用额（万元）	定额流动资金年平均占用额（万元）	每百元产值占用定额流动资金（元）	资金利润率（%）
	原值	净值				
全省总计	**74 965**	**52 086**	**91 624**	**59 136**	**41.4**	**2.0**
一、地方所属单位合计	**36 823**	**25 923**	**61 934**	**41 170**	**47.9**	**1.8**
南昌市	15 207	10 989	19 315	12 676	30.5	5.9
景德镇市	1 748	1 220	3 856	2 815	77.9	-2.9
萍乡市	1 594	1 145	2 470	941	28.4	3.7
九江市	1 525	1 056	2 054	1 793	46.0	-4.3
新余市	3 607	2 464	4 715	3 860	92.1	-4.6
赣州地区	2 491	1 627	8 310	3 279	46.0	2.6
宜春地区	5 723	4 004	10 250	8 536	82.6	0.8
上饶地区	1 822	1 204	2 374	1 516	34.4	-0.9
吉安地区	1 506	1 047	1 952	1 243	41.5	-0.9
抚州地区	1 600	1 167	6 638	4 511	100.4	1.8
二、中央部属单位合计	**38 142**	**26 163**	**29 690**	**17 966**	**31.6**	**2.4**

全民所有制建筑施工企业利润和税金

（1990年）

地区	利润总额（万元）	#工程结算利润	税后利润（万元）	上缴税金（万元）	工程成本降低率（%）	产值利润率（%）
全省总计	**2 273**	**3 977**	**3 139**	**3 640**	**1.7**	**1.6**
一、地方所属单位合计	**1 225**	**1 943**	**2 066**	**2 758**	**0.9**	**1.4**
南昌市	1 389	1 815	1 424	1 239	3.7	3.3
景德镇市	-117	-76	32	98	-4.7	-3.2
萍乡市	77	66	45	82	-0.5	2.3
九江市	-122	-38	32	73	-3.2	-3.1
新余市	-289	-281	29	211	-10.2	-6.9
赣州地区	129	217	89	260	-1.1	1.8
宜春地区	100	194	221	454	0.9	1.0
上饶地区	-25	-34	103	146	-1.6	-0.6
吉安地区	-21	6	11	75	-1.9	-0.7
抚州地区	104	74	80	120	0.5	2.3
二、中央部属单位合计	**1 048**	**2 034**	**1 073**	**882**	**2.9**	**1.8**

全民所有制建筑施工企业主要机械设备拥有量和总能力

（1990年）

机械设备名称	年末总能力		年末实有机械设备台数（台）		
	计量单位	能力	合计	#完好的	#封存的
单斗挖掘机	立方米	73	62	56	4
#1立方米及以上的	立方米	58	41	37	4
推土机	千瓦	17 185	203	163	
#60千瓦及以上的	千瓦	12 828	124	104	
铲运机（成套的）	立方米	372	51	45	1
#自行式铲运机	立方米	170	18	18	
履带式起重机	吨	1 003	50	45	1
#15吨及以上的	吨	848	39	34	1
轮胎式起重机	吨	509	46	44	4
#16吨及以上的	吨	395	21	19	2
汽车式起重机	吨	2 517	174	158	1
#20吨及以上的	吨	1 472	43	39	
塔式起重机	吨	1 299	130	122	23
载重汽车	吨	5 938	1 142	1 055	5
自卸汽车	吨	4 497	679	619	24
拖车车组	吨	747	43	38	2
装载机	立方米	254	141	128	1
混凝土搅拌机	立方米	537	1 220	1 077	58
混凝土运输车	立方米	71	17	17	
空气压缩机	立方米	2 035	224	192	16
打桩机	吨	965	30	29	4
#柴油打桩机	吨	26	14	13	1
震动打桩机	吨	903	12	12	

注：1米制马力＝735.499瓦〔特〕。

全民所有制建筑业产值价格指数

（1986—1990年）

项目	以1985年为100					以上年为100				
	1986年	1987年	1988年	1989年	1990年	1986年	1987年	1988年	1989年	1990年
施工产值	**111.8**	**120.5**	**141.2**	**162.3**	**172.5**	**111.8**	**107.8**	**117.2**	**114.9**	**106.3**
一、直接费	**114.6**	**123.0**	**144.1**	**167.2**	**185.5**	**114.6**	**107.3**	**117.2**	**116.0**	**108.0**
1.材料费	117.5	126.7	143.5	166.9	178.6	117.5	107.8	113.3	116.3	107.0
三大材料	128.9	142.3	178.6	207.5	225.2	128.9	110.4	125.5	116.2	108.5
钢材	121.4	129.2	162.5	189.6	226.4	121.4	106.4	125.8	116.7	119.4
木材	153.2	210.8	289.6	362.3	336.3	153.2	137.6	137.4	125.1	92.8
水泥	131.1	134.2	152.9	164.8	183.5	131.1	102.4	113.9	107.8	111.3
地方材料	109.0	107.9	121.1	135.2	137.0	109.0	99.0	112.2	111.7	101.3
其他材料	110.8	119.4	127.6	154.5	167.5	110.8	107.8	106.8	121.1	108.4
2.人工费	101.4	109.6	133.7	144.8	170.8	101.4	108.1	122.0	108.3	117.9
3.机械使用费	100.5	101.8	172.4	212.2	271.8	100.5	101.3	169.3	123.1	128.1
二、其他费用	**103.5**	**113.5**	**133.1**	**148.1**	**148.3**	**103.5**	**109.7**	**117.2**	**111.3**	**100.1**

集体所有制建筑业主要经济指标

指标	单位	1989年	1990年	1990年比1989年增长%
一、城镇集体所有制建筑业				
施工企业个数	个	410	393	-4.1
年末职工人数	万人	10.11	10.09	-0.2
总产值	万元	78 450	79 909	1.9
#施工产值	万元	72 123	77 661	7.7
净产值	万元	19 329	20 352	5.3
房屋建筑施工面积	万平方米	517.0	509.8	-1.4
房屋建筑竣工面积	万平方米	282.5	275.7	-2.4
房屋建筑面积竣工率	%	54.6	54.1	-0.5
全员劳动生产率（按总产值计算）	元／人	8 104	8 420	3.9
全员劳动生产率（按施工产值计算）	元／人	7 451	8 183	9.8
全员人均竣工面积	平方米／人	29.2	29.1	-0.3
年末自有机械设备总台数	台	19 239	21 224	10.3
年末自有机械设备总功率	千瓦	20.5	17.7	-13.7
技术装备率	元／人	764	722	-5.5
动力装备率	千瓦／人	2.0	1.8	-10.0
工程质量优良品率	%	7.0	14.7	7.7
工程成本降低额	万元	333	828	148.6
工程成本降低率	%	0.5	1.2	0.7
利润总额	万元	1 171	630	-46.2
产值利润率	%	1.5	0.8	-0.7
年末拥有固定资产原值	万元	21 107	25 693	21.7
年末拥有固定资产净值	万元	14 718	17 734	20.5
每百元固定资产（净值）提供利润	元	7.96	3.55	-55.4
工资总额	万元	13 306	14 065	5.7
产值工资率	%	17.0	17.6	0.6
工期完成率	%	78.0	74.4	-3.6
二、农村集体所有制建筑业				
施工企业个数	个	2 355	2 248	-4.5
从业人数	万人	17.55	16.67	-5.0
总产值	万元	112 372	121 867	8.4
净产值	万元	24 572	25 209	2.6
利润总额	万元	3 981	4 351	9.3
年末拥有固定资产原值	万元	14 762	16 494	11.7
年末拥有固定资产净值	万元	11 351	12 319	8.5
每百元固定资产（净值）提供利润	元	35.07	35.32	0.7
年末流动资金占用额	万元	31 917	30 436	-4.6
定额流动资金平均占用额	万元	16 145	17 550	8.7
工资总额	万元	16 727	16 887	1.0
产值工资率	%	14.9	13.9	-1.0

主要统计指标解释

建筑施工企业 指从事房屋，构筑物和设备安装生产活动的独立施工单位，分为建筑安装企业和自营施工单位两种组织形式，建筑安装企业是指行政上有独立组织，经济上实行独立核算的企业。一般称为建筑公司、安装公司、工程公司、工程局（处）等。自营施工单位是指附属于现有生产企业、事业内部或行政单位的，为建造和修理本单位固定资产而自行组织的，并同时具备下述条件：（1）对内独立核算；（2）有固定组织和施工队伍；（3）全年施工期在半年以上。

建筑业总产值 指建筑施工企业在一定时期内所完成的以货币表现的生产总量，是反映本单位全部生产规模、水平和成果的综合指标。具体包括施工产值、建筑安装附属辅助生产产值、建筑安装运输产值和其他产值。

（1）施工产值 指建筑施工企业自行完成的按工程进度计算的建筑安装生产总值。它包括建筑安装产值；房屋、构筑物修理产值；非标准设备制造产值。

（2）建筑安装附属辅助生产产值 指内部核算的直接为建筑安装服务的附属辅助生产单位完成的为外单位提供的建筑制品价值、工业性作业价值。

（3）建筑安装运输产值 包括为外单位运送原材料、半成品、建筑制品等属于流通领域的运输价值和为外单位服务的施工机械租赁产值。

（4）其它产值 指企业办的勘察设计机构等向外提供科研和技术等劳务的收入。

建筑业净产值 指建筑施工企业在生产活动中新创造的价值，包括利润、税金、工资、职工福利基金、利息等。从建筑业总产值中扣除原材料、燃料、结构件、固定资产折旧等物质消耗以后的价值即为建筑业净产值。

建筑业产值价格指数 建筑业产值是以当年的预算价格为基础计算的。预算价格由于受建筑材料、人工费价格及取费标准的变动不断调整，造成建筑产品价格不可比。编制建筑业产值价格指数就是为了消除价格因素对建筑产品的影响，使其正确反映建筑业的发展速度和企业的经济效益。

建筑业产值价格指数的计算方法，是以报告期全部竣工的单位工程为对象，采用等距抽样（或划类选点）调查方法，确定所调查的样本单位工程。然后根据样本单位工程的竣工决算资料和本施工企业报告期、基期建筑材料、人工费、机械台班单价及取费标准，采用价格指数计算方法，分别求得各样本单位工程的材料费、人工费、机械使用费和其他费用价格指数，再采用加权调和平均数的计算方法，求得样本单位工程产值价格指数和样本总体的各类费用价格指数，并用样本总体的价格指数代替全部整体的价格指数。

年末自有机械设备价值 指年末本单位自有施工机械、生产设备、运输设备的全部机械价值，分别按原值和净值计算，不包括非生产用的机械设备价值。

利润总额 指建筑施工企业在一定时期内所实现的利润。它包括工程结算利润、产品销售利润、作业销售利润、材料销售利润及其他销售利润、营业外收支差额，此外，在实行产值工资含量包干的企业，应扣除工资含量包干节余。

定额流动资金 指在财务计划中按照计划任务和实际需要确定其正常占用的那部分流动资金，包括建筑材料、结构件、机械配件、其他材料、低值易耗品、未完成施工及其他应收工程款等。当前，国家对建筑施工企业的流动资金实行定额控制，计划管理，在核定定额部分实行低利率，作为计划内流动资金进行管理，此部分即为“定额流动资金”。

资金利润率 在一定时期内利润总额和资金占用的比率。它的计算方法是：利润总额除以固定资产期末净值和定额流动资金平均占用额之和。

产值利润率 即在报告期内每百元产值所实现的利润。它的计算方法是：利润总额除以总产值。

九、固定资产投资

●1990年，全社会固定资产投资70.65亿元。其中：中央项目投资15.07亿元，地方项目投资55.58亿元。

●1990年全社会固定资产投资额中，生产性建设占61.7%，非生产性建设占38.3%。

●“七五”时期，全社会固定资产投资334.24亿元。其中城乡个人投资112.89亿元。

●“七五”时期，全部建成投产的大中型基本建设项目8个，累计完成投资额11.54亿元，新增固定资产10.20亿元。

全民所有制单位固定资产投资与新增固定资产

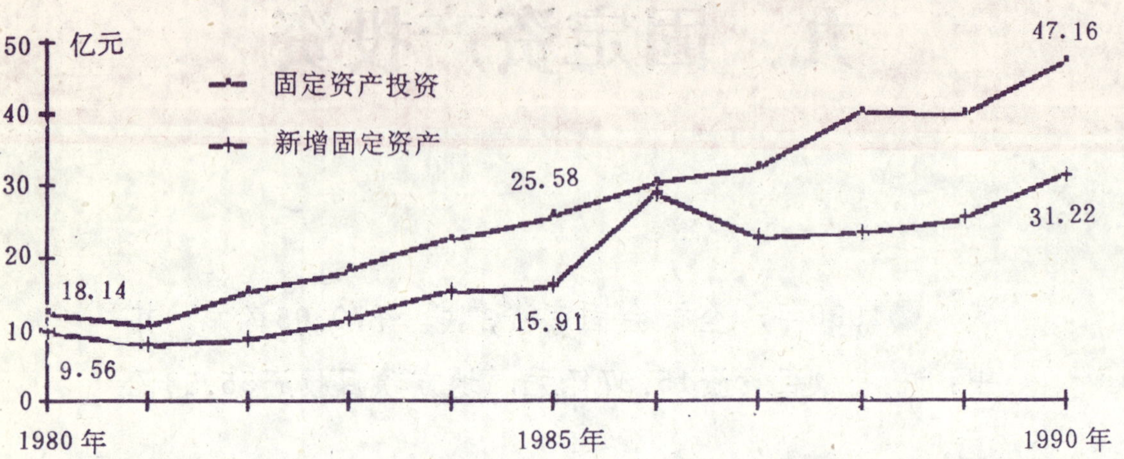

50
40
30
20
10
0
亿元
固定资产投资
新增固定资产
47.16
25.58
18.14
15.91
9.56
31.22
1980 年
1985 年
1990 年

全民基建投资中生产与非生产性比例

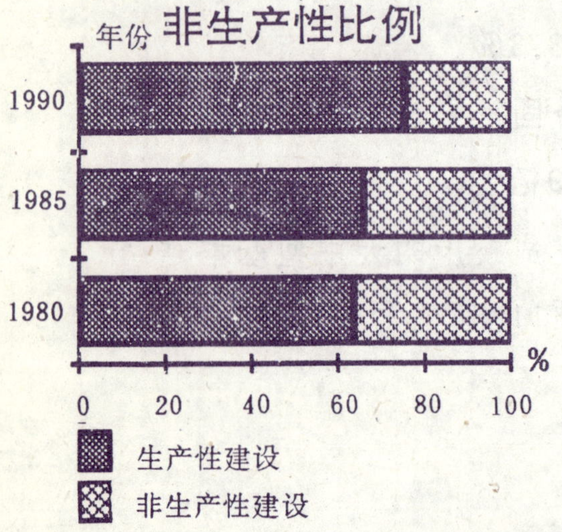

年份
1990
1985
1980
%
0
20
40
60
80
100
生产性建设
非生产性建设

全民基建投资中农轻重其他投资比例

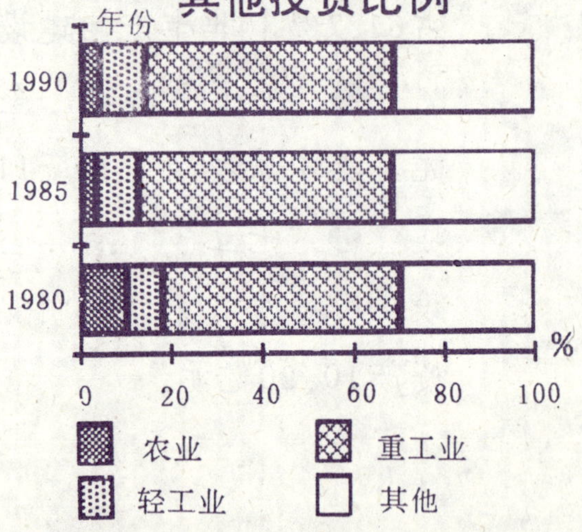

年份
1990
1985
1980
%
0
20
40
60
80
100
农业
重工业
轻工业
其他

全民基建投资中农业能源运输邮电其他投资比例

10.3%
21.0%
64.8%
3.9%
1980 年
3.4%
22.3%
71.1%
3.2%
1985 年
4.3%
30.2%
54.5%
11.0%
1990 年
农业
能源工业
运输、邮电业
其他

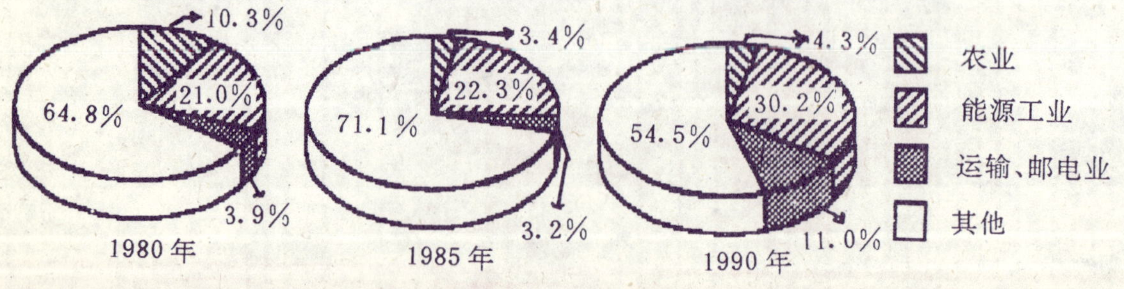

主要年份全社会固定资产投资

指　　标	1980年	1985年	1986年	1987年	1988年	1989年	1990年
一、投资总额（万元）	**188 219**	**440 279**	**533 527**	**587 729**	**781 751**	**732 849**	**706 532**
按隶属关系分							
中央项目	33 751	89 668	97 267	108 459	122 016	147 267	150 754
地方项目	154 468	350 611	436 260	479 270	659 735	585 582	555 778
按所有制分							
全民所有制	121 394	255 811	303 172	323 214	400 832	398 137	471 627
#基本建设	92 217	165 827	178 115	187 654	209 612	230 983	260 116
更新改造	29 177	85 329	116 900	132 471	180 385	155 438	175 189
其他固定资产投资		4 655	8 157	3 089	10 835	11 716	7 540
城乡集体	29 825	44 450	40 444	54 765	86 001	72 964	62 367
城　镇	3 325	10 091	13 310	14 902	25 994	16 898	14 567
农　村	26 500	34 359	27 134	39 863	60 007	56 066	47 800
城乡个人	37 000	140 018	189 911	209 750	294 918	261 748	172 538
城　镇	2 000	17 918	25 346	29 104	33 922	30 839	27 173
农　村	35 000	122 100	164 565	180 646	260 996	230 909	145 365
按用途分							
生产性建设	104 722	244 611	287 725	318 761	460 316	398 300	435 992
非生产性建设	83 497	195 668	245 802	268 968	321 435	334 549	270 540
#住　宅	21 257	130 201	188 218	192 280	243 996	257 316	189 300
二、新增固定资产（万元）	**98 226**	**165 223**	**298 647**	**240 431**	**250 059**	**270 391**	**325 329**
#全民所有制	95 563	159 110	288 343	226 600	233 538	253 637	312 155
基本建设	77 544	102 391	199 519	129 458	124 849	127 351	144 611
更新改造	18 019	55 651	84 119	95 397	104 065	119 929	139 079
其他固定资产投资		1 068	4 705	1 745	4 624	6 357	5 404
城镇集体	2 663	6 113	10 304	13 831	16 521	16 754	13 174
三、竣工房屋面积（万平方米）	**2 122.01**	**3 801.89**	**4 716.79**	**3 952.84**	**4 349.10**	**3 816.34**	**2 508.45**
全民所有制	424.32	510.68	549.87	473.69	464.89	486.42	484.03
#基本建设	353.43	360.92	369.05	318.63	315.89	321.45	278.76
更新改造	70.89	149.76	180.82	153.25	145.82	161.19	118.50
其他固定资产投资				1.81	3.18	0.78	0.88
城乡集体	156.02	250.73	246.78	298.59	277.56	216.22	215.13
城乡个人	1541.67	3 040.48	3 920.14	3 180.56	3 606.65	3 113.70	1 809.29
四、竣工住宅面积	**1 804.56**	**2 811.44**	**3 870.94**	**3 094.78**	**3 297.19**	**2 853.99**	**1 982.42**
全民所有制	211.57	217.91	229.69	176.01	177.06	175.15	228.43
#基本建设	192.48	171.09	177.75	124.64	123.51	121.57	120.24
更新改造	19.09	46.82	51.94	51.17	51.91	53.22	39.71
其他固定资产投资				0.20	1.64	0.36	
城乡集体	51.32	66.81	57.8	125.15	37.42	38.55	71.65
城乡个人	1 541.67	2 526.72	3 583.45	2 793.62	3 082.71	2 640.29	1 682.34

注：新增固定资产不含农村部分和城镇私人建房。

全社会固定资产投资

单位：万元

指标	合计		生产性建设		非生产性建设	
	1989年	1990年	1989年	1990年	1989年	1990年
总计	**732 849**	**706 532**	**398 300**	**435 992**	**334 549**	**270 540**
中央	147 267	150 754	128 227	131 502	19 040	19 252
地方	585 582	555 778	270 073	304 490	315 509	251 288
一、全民所有制	**398 137**	**471 627**	**310 739**	**363 514**	**87 398**	**108 113**
中央	147 202	150 585	128 217	131 502	18 985	19 083
地方	250 935	321 042	182 522	232 012	68 413	89 030
基本建设	230 983	260 116	166 480	196 529	64 503	63 587
中央	100 475	108 115	87 282	95 737	13 193	12 378
地方	130 508	152 001	79 198	100 792	51 310	51 209
更新改造	155 438	175 189	134 158	157 205	21 280	17 984
中央	46 096	39 112	40 418	34 738	5 678	4 374
地方	109 342	136 077	93 740	122 467	15 602	13 610
其他固定资产投资	11 716	7 540	10 101	7 518	1 615	22
中央	631	952	517	950	114	2
地方	11 085	6 588	9 584	6 568	1 501	20
商品房建设		28 782		2 262		26 520
中央		2 406		77		2 329
地方		26 376		2 185		24 191
二、城镇集体	**16 898**	**14 567**	**14 270**	**11 109**	**2 628**	**3 458**
中央	65	169	10	—	55	169
地方	16 833	14 398	14 260	11 109	2 573	3 289
三、农村集体（地方）	**56 066**	**47 800**	**39 141**	**27 783**	**16 925**	**20 017**
四、城镇私人投资（地方）	**30 839**	**27 173**	**—**	**—**	**30 839**	**27 173**
五、农村私人投资（地方）	**230 909**	**145 365**	**34 150**	**33 586**	**196 759**	**111 779**

注：1989年商品房投资按购房统计，分别统计在基本建设、更新改造和其他固定资产投资中（下同）。

全民所有制单位固定资产投资

（1990年）

单位：万元

指 标	合 计	基本建设	更新改造	其他固定资产投资	商品房建设
一、投资总额	**471 627**	**260 116**	**175 189**	**7 540**	**28 782**
按隶属关系分					
中央项目	150 585	108 115	39 112	952	2 406
地方项目	321 042	152 001	136 077	6 588	26 376
按用途分					
生产性建设	363 514	196 529	157 205	7 518	2 262
非生产性建设	108 113	63 587	17 984	22	26 520
#住　宅	56 446	27 338	8 193		20 915
按构成分					
建筑安装工程	268 969	160 627	74 825	6 831	26 686
设备、工具、器具购置	156 099	67 201	88 226	660	12
其　他	46 559	32 288	12 138	49	2 084
按建设性质分					
#新　建	137 515	121 788	15 279	448	
扩　建	190 044	100 984	88 582	478	
改　建	88 019	20 105	60 859	6 614	441
按资金来源分					
国家预算内投资	71 724	60 019	11 318		387
国内贷款	165 552	81 521	78 822		5 209
利用外资	6 164	5 709	450		5
自筹资金	183 990	88 636	73 861	7 496	13 997
其他资金	44 197	24 231	10 738	44	9 184
按国民经济行业分					
农、林、牧、渔、水利业	11 635	11 262	373		
工　业	3270 16	167 705	156 611	2 700	
轻工业	74 396	26 140	48 256		
以农产品为原料	55 752	21 983	33 769		
以非农产品为原料	18 644	4 157	14 487		
重工业	252 620	141 565	108 355	2 700	
采掘工业	78 102	48 478	26 924	2 700	
原料工业	109 113	68 276	40 837		
加工工业	65 405	24 811	40 594		
地质普查和勘探业	500	500			
建筑业	477	425	52		
交通运输、邮电通讯业	44 403	28 691	11 009	4 703	
商业、公共饮食业、物资供销和仓储业	8 633	7 202	1 294	137	
房地产管理、公用事业、居民服务和咨询服务业	5 765	2 840	2 925		
卫生、体育和社会福利事业	5 589	5 349	240		
教育、文化艺术和广播电视事业	18 765	18 502	263		
科学研究和综合技术服务事业	1 459	1 407	52		
金融、保险业	3 654	2 930	724		
国家机关、政党机关和社会团体	14 502	12 916	1 586		
其他行业	29 229	387	60		28 782

全民所有制单位新增固定资产

（1990年）

行业	合计	基本建设	更新改造	其他固定资产投资	商品房建设
一、新增固定资产（万元）	**312 155**	**144 611**	**139 079**	**5 404**	**23 061**
农、林、牧、渔、水利业	5 131	4 724	407		
工　　业	208 030	82 881	123 974	1 175	
轻工业	54 644	17 046	37 598		
以农产品为原料	35 918	9 676	26 242		
以非农产品为原料	18 726	7 370	11 356		
重工业	153 386	65 835	86 376	1 175	
采掘工业	43 320	24 860	17 285	1 175	
原料工业	71 358	34 385	36 973		
加工工业	38 708	6 590	32 118		
地质普查和勘探业	885	885			
建筑业	451	394	57		
交通运输、邮电通讯业	21 998	7 657	10 252	4 089	
商业、公共饮食业、物资供销和仓储业	7 991	6 261	1 590	140	
房地产管理、公用事业、居民服务和咨询服务业	2 288	1 396	892		
卫生、体育和社会福利事业	5 647	5 385	262		
教育、文化艺术和广播电视事业	18 460	18 314	146		
科学研究和综合技术服务事业	1 447	1 395	52		
金融、保险业	3 764	3 525	239		
国家机关、政党机关和社会团体	12 629	11 421	1 208		
其他行业	23 434	373			23 061
二、固定资产交付使用率（%）	**66.2**	**55.6**	**79.4**	**71.7**	**80.1**

全民所有制单位农业、轻工业、重工业投资

指标	基本建设		更新改造		其他固定资产投资	
	1989年	1990年	1989年	1990年	1989年	1990年
一、投资总额（万元）	**230 983**	**260 116**	**155 438**	**175 189**	**11 716**	**7 540**
#农业	13 675	11 262	442	373	—	
轻工业	24 344	26 140	41 803	48 256	—	
重工业	123 108	141 565	96 944	108 355	1 640	2 700
二、比重（以投资总额为 100）						
#农业	5.9	4.3	0.3	0.21	—	
轻工业	10.5	10.0	26.9	27.5	—	
重工业	53.3	54.5	62.4	61.9	14.0	35.8

全民所有制单位能源工业、运输邮电业投资

指标	基本建设		更新改造		其他固定资产投资	
	1989年	1990年	1989年	1990年	1989年	1990年
一、投资总额（万元）	**230 983**	**260 116**	**155 438**	**175 189**	**11 716**	**7 540**
#能源工业	66 505	78 491	10 677	16 299	974	2 059
运输邮电业	15 162	28 691	9 088	11 009	9 734	4 703
二、比重（以投资总额为 100）						
#能源工业	28.8	30.2	6.9	9.3	8.3	27.3
运输邮电业	6.6	11.0	5.8	6.3	83.1	62.3

全民所有制单位投资效果

指标	单位	基本建设		更新改造	
		1989年	1990年	1989年	1990年
建设项目投产率	%	56.3	54.9	51.9	52.3
固定资产交付使用率	%	55.1	55.6	77.2	79.4
未完工程资金占用率	%	141.3	151.8	84.7	70.5
建设周期	年	4.9	4.5	3.4	3.3
房屋建筑面积竣工率	%	53.6	54.5	54.8	56.1
#住宅	%	58.0	61.2	58.5	61.0

基本建设、更新改造财务拨款情况

单位：万元

指标	财务拨款		中央项目		地方项目	
	1989年	1990年	1989年	1990年	1989年	1990年
一、基本建设总计	**229 223**	**261 413**	**99 123**	**111 527**	**130 100**	**149 886**
国家预算内拨款	46 805	59 655	25 274	38 418	21 531	21 237
国内贷款	62 155	84 292	32 322	40 057	29 833	44 235
利用外资	5 327	6 375	312	1 034	5 015	5 341
自筹资金	75 777	88 032	16 052	22 305	59 725	65 727
其他资金	39 159	23 059	25 163	9 713	13 996	13 346
二、更新改造总计	**161 304**	**176 286**	**51 348**	**40 374**	**109 956**	**135 912**
国家预算内拨款	6 424	10 244	1 873	1 825	4 551	8 419
国内贷款	60 939	79 316	13 825	8 835	47 114	70 481
利用外资	5 306	281			5 306	281
自筹资金	74 830	78 319	30 472	27 554	44 358	50 765
其他资金	13 805	8 126	5 178	2 160	8 627	5 966

按资金来源分的基本建设、更新改造投资

单位：万元

指标	投资完成		中央项目		地方项目	
	1989年	1990年	1989年	1990年	1989年	1990年
一、基本建设总计	**230 983**	**260 116**	**100 475**	**108 115**	**130 508**	**152 001**
国家预算内拨款	49 926	60 019	27 729	38 668	22 197	21 351
国内贷款	57 753	81 521	30 783	38 366	26 970	43 155
利用外资	4 224	5 709	351	1 036	3 873	4 673
自筹资金	75 340	88 636	16 817	21 728	58 523	66 908
其他资金	43 740	24 231	24 795	8 317	18 945	15 914
二、更新改造总计	**155 438**	**175 189**	**46 096**	**39 112**	**109 342**	**136 077**
国家预算内拨款	5 241	11 318	805	2 425	4 436	8 893
国内贷款	55 613	78 822	11 932	11 194	43 681	67 628
利用外资	1 755	450			1 755	450
自筹资金	74 647	73 861	28 817	23 593	45 830	50 268
其他资金	18 182	10 738	4 542	1 900	13 640	8 838

施工和竣工房屋建筑面积

指标	单位	房屋建筑面积		#住宅建筑面积	
		1989年	1990年	1989年	1990年
一、施工面积	**万平方米**	**960.33**	**960.69**	**313.9**	**421.46**
全民所有制单位	万平方米	899.33	913.89	301.55	406.95
基本建设	万平方米	599.78	511.91	209.51	196.53
更新改造	万平方米	294.17	211.19	91.03	65.12
其他固定资产投资	万平方米	5.38	1.26	1.01	
商品房建设	万平方米		189.53		145.3
城镇集体所有制单位	万平方米	61.0	46.80	12.35	14.51
二、竣工面积	**万平方米**	**522.26**	**515.16**	**183.64**	**238.08**
全民所有制单位	万平方米	486.42	484.03	175.15	228.43
基本建设	万平方米	321.45	278.76	121.57	120.24
更新改造	万平方米	161.19	118.51	53.22	39.71
其他固定资产投资	万平方米	3.78	0.88	0.36	
商品房建设	万平方米		85.88		68.48
城镇集体所有制单位	万平方米	35.84	31.13	8.49	9.65
三、竣工率	**%**	**54.4**	**53.6**	**58.5**	**56.48**
全民所有制单位	%	54.1	53.0	58.1	56.1
基本建设	%	53.6	54.5	58.0	61.2
更新改造	%	54.8	56.1	58.5	61.0
其他固定资产资资	%	70.3	69.9	35.7	
商品房建设	%		45.3		47.1
城镇集体所有制单位	%	58.8	66.5	68.7	66.5

各地区全民所有制单位固定资产投资

（1990年）

单位：万元

地区	合计	基本建设	更新改造	其他固定资产投资	商品房建设
总计	**471 627**	**260 116**	**175 189**	**7 540**	**28 782**
南昌市	82 765	38 302	36 645	—	7 818
景德镇市	21 860	5 287	15 347	—	1 226
萍乡市	19 353	8 555	8 907	740	1 151
九江市	43 352	24 859	16 274	—	2 219
新余市	22 026	10 095	10 326	—	1 605
鹰潭市	29 111	21 190	6 319	—	1 602
赣州地区	40 725	14 707	19 622	641	5 755
宜春地区	34 611	21 594	10 241	1 319	1 457
上饶地区	29 225	9 029	18 344	—	1 852
吉安地区	56 106	42 457	11 064	—	2 585
抚州地区	23 489	13 590	8 387	—	1 512
不分地区	69 004	50 451	13 713	4 840	—

各地区全民所有制单位新增固定资产

（1990年）

单位：万元

地区	合计	基本建设	更新改造	其他固定资产投资	商品房建设
总计	**312 155**	**144 611**	**139 079**	**5 404**	**23 061**
南昌市	67 151	30 391	28 613	—	8 147
景德镇市	15 053	3 813	9 872	582	1 368
萍乡市	18 652	10 170	7 393	—	507
九江市	32 590	15 446	15 092	—	2 052
新余市	16 997	8 600	7 112	—	1 285
鹰潭市	7 921	3 863	2 977	138	1 081
赣州地区	31 118	11 377	16 410	455	3 193
宜春地区	31 585	18 339	11 851	—	940
上饶地区	24 148	5 958	16 333	—	1 857
吉安地区	15 857	8 693	5 785	—	1 379
抚州地区	12 395	3 750	7 393	—	1 252
不分地区	38 688	24 211	10 248	4 229	—

基 本 建 设 投 资

指 标	单 位	1989年	1990年	1990年比1989年	
				增减数	增长 %
一、投资总额	**万元**	**230 983**	**260 116**	**29 133**	**12.6**
1.按用途分					
生产性建设	万元	166 480	196 529	30 049	18.1
非生产性建设	万元	64 503	63 587	-916	-1.4
#住 宅	万元	25 697	27 338	1 641	6.4
2.按构成分					
建筑工程	万元	131 315	137 747	6 432	4.9
安装工程	万元	16 240	22 880	6 640	40.9
设备、工具、器具购置	万元	55 093	67 201	12 108	22.0
其他费用	万元	26 183	32 288	6 105	23.3
3.按建设性质分					
#新 建	万元	98 032	121 788	23 756	24.4
扩 建	万元	98 392	100 984	2 592	2.6
改 建	万元	15 974	20 105	4 131	25.9
4.按资金来源分					
国家预算内投资	万元	49 926	60 019	10 093	20.2
国内贷款	万元	57 753	81 521	23 768	41.2
利用外资	万元	4 224	5 709	1 485	35.2
自筹资金	万元	75 340	88 636	13 296	17.6
其他资金	万元	43 740	24 231	-19 509	-44.6
二、新增固定资产	**万元**	**127 351**	**144 611**	**17 260**	**13.6**
三、建设项目	**个**	**2 077**	**1 918**	**-159**	**-7.7**
#大中型项目	个	15	18	3	20
建成投产项目	个	1 169	1 053	-116	-9.9
#大中型项目	个	1			
四、房屋建筑面积					
施工面积	万平米	599.78	511.91	-87.87	-14.7
#住 宅	万平米	209.51	196.53	-12.98	-6.2
竣工面积	万平米	321.45	278.76	-42.69	-13.3
#住 宅	万平米	121.56	120.24	-13.2	-1.09
竣工房屋价值	万元	73 506	69 299	-4 207	-5.7

注：1989年投资额按构成分未列出2150万元商品房购置投资。

基本建设项目个数和新增固定资产（一）

（1990年）

行业	施工项目（个）	全投项目（个）	项目建成投产率（%）	新增固定资产（万元）	固定资产交付使用率（%）
总计	**1918**	**1053**	**54.9**	**144611**	**55.6**
一、农、林、牧、渔、水利业	**165**	**103**	**62.4**	**4724**	**41.9**
农业	27	18	66.7	1207	62.7
林业	42	27	64.3	440	27.8
畜牧业	20	13	65.0	362	39.9
渔业	9	4	44.4	69	13.2
水利业	35	18	51.4	2012	39.0
农林牧渔水利服务业	32	23	71.9	634	54.8
二、工业	**306**	**122**	**39.9**	**82881**	**49.4**
三、地质普查和勘探业	**10**	**5**	**50.0**	**885**	**177.0**
四、建筑业	**11**	**6**	**54.5**	**394**	**92.7**
土木工程建筑业	6	4	66.7	328	112.3
勘察设计业	5	2	40.0	66	49.6
五、交通运输、邮电通讯业	**97**	**44**	**45.4**	**7657**	**26.7**
交通运输业	65	31	47.7	5154	21.1
#铁路运输业	2			320	4.6
公路运输业	53	28	52.8	4580	34.7
水上运输业	7	2	28.6	152	28.8
邮电通讯业	32	13	40.6	2503	58.7
六、商业、公共饮食业、物资供销和仓储业	**164**	**102**	**62.2**	**6261**	**86.9**
商业	144	88	61.1	5773	90.8
国内商业	134	80	59.7	5449	89.8
对外贸易业	10	8	80.0	324	109.8
公共饮食业	4	2	50.0	48	94.1
物资供销业	14	12	85.7	430	132.3
仓储业	2			10	2.2
七、房地产管理、公用事业、居民服务业和咨询服务业	**40**	**24**	**60.0**	**1396**	**49.2**
房地产管理业	13	6	46.2	297	34.1
公用事业	17	12	70.6	391	30.7
#市内公共交通业	2	1	50.0	40	67.8
园林绿化业	3	2	66.7	165	97.1
清洁卫生业	2	2	100.0	74	189.7
市政工程管理业	4	2	50.0	25	3.7
其他公用事业	5	4	80.0	70	22.4

基本建设项目个数和新增固定资产（二）

（1990年）

行业	施工项目（个）	全投项目（个）	项目建成投产率（%）	新增固定资产（万元）	固定资产交付使用率（%）
居民服务业	10	6	60.0	708	101.6
旅游业	2				
旅馆业	8	6	75.0	708	107.3
八、卫生、体育和社会福利事业	**125**	**57**	**45.6**	**5 385**	**100.7**
卫生事业	113	48	42.5	2 538	78.8
体育事业	3	2	66.7	1 814	111.0
社会福利事业	9	7	77.8	1 033	208.7
九、教育、文化艺术和广播电视事业	**437**	**248**	**56.8**	**18 314**	**99.0**
教育事业	400	232	58.0	17 338	103.1
#高等教育事业	53	21	39.6	4 646	118.3
中等教育事业	198	120	60.6	6 251	108.6
初等教育事业	115	77	67.0	5 816	98.1
文化艺术事业	31	16	51.6	952	101.7
广播电视事业	6			24	3.2
十、科学研究和综合技术服务事业	**37**	**22**	**59.5**	**1 395**	**99.1**
科学研究事业	25	17	68.0	1 272	104.1
自然科学研究事业	24	16	66.7	1 201	100.7
社会科学研究事业	1	1	100.0	71	244.8
综合技术服务事业	12	5	41.7	123	66.5
#气象事业	6	3	50.0	28	30.8
计量事业	2				
环境保护事业	2	1	50.0	35	184.2
其他综合技术服务事业	1				
十一、金融、保险业	**90**	**55**	**61.1**	**3 525**	**120.3**
金融业	80	47	58.8	3 278	121.0
保险业	10	8	80.0	247	111.3
十二、国家机关、政党机关和社会团体	**418**	**254**	**60.8**	**11 421**	**88.4**
国家机关	360	219	60.8	9 341	87.7
政党机关	33	23	69.7	1 203	121.1
社会团体	9	3	33.3	75	47.2
企业管理机关	16	9	56.2	802	71.9
十三、其他行业	**18**	**11**	**61.1**	**373**	**96.4**

按构成和用途分的基本建设投资（一）

（1990年）

单位：万元

行业	投资完成额	按构成分			按用途分		
		#建筑工程	#安装工程	#设备、工具、器具购置	生产性建设	非生产性建设	#住宅
总计	**260 116**	**137 747**	**22 880**	**67 201**	**196 529**	**63 587**	**27 338**
一、农、林、牧、渔、水利业	**11 262**	**7 319**	**374**	**817**	**9 880**	**1 382**	**517**
农业	1 925	1 035	130	127	1 571	354	68
林业	1 585	381	30	30	1 292	293	207
畜牧业	908	793	43	45	760	148	14
渔业	523	496	17	6	518	5	
水利业	5 164	4 090	141	538	4 729	435	108
农林牧渔水利服务业	1 157	524	13	71	1 010	147	120
二、工业	**167 705**	**59 737**	**20 851**	**63 359**	**152 499**	**15 206**	**9 369**
三、地质普查和勘探业	**500**	**500**			**24**	**476**	**419**
四、建筑业	**425**	**336**		**89**	**89**	**336**	**226**
土木工程建筑业	292	203		89	89	203	172
勘察设计业	133	133				133	54
五、交通运输、邮电通讯业	**28 691**	**22 096**	**673**	**1 917**	**26 794**	**1 897**	**1 549**
交通运输业	24 426	19 677	304	489	22 936	1 490	1 142
#铁路运输业	7 016	5 950		7	6 758	258	258
公路运输业	13 201	11 375	169	305	12 174	1 027	831
管道运输业	3 561	1 944	75	4	3 545	16	16
水上运输业	527	352	15	153	459	68	37
邮电通讯业	4 265	2 419	369	1 428	3 858	407	407
六、商业、公共饮食业、物资供销和仓储业	**7 202**	**6 463**	**137**	**85**	**5 064**	**2 138**	**1 448**
商业	6 361	5 669	120	76	4 483	1 878	1 299
国内商业	6 066	5 374	120	76	4 334	1 732	1 156
对外贸易业	295	295			149	146	143
公共饮食业	51	46	5		45	6	
物资供销业	325	313	12		80	245	144
仓储业	465	435		9	456	9	5
七、房地产管理、公用事业、居民服务业和咨询服务业	**2 840**	**2 520**	**12**	**40**	**155**	**2 685**	**810**
房地产管理业	871	856	5		70	801	730
公用事业	1 272	1 150		28	85	1 187	38
#市内公共交通业	59	57				59	
园林绿化业	170	161		9	4	166	15
清洁卫生业	39	33		6		39	11
市政工程管理业	675	579		4		675	
其他公用事业	312	303		9	81	231	12

按构成和用途分的基本建设投资（二）

（1990年）　　　　单位：万元

行业	投资完成额	按构成分 #建筑工程	#安装工程	#设备、工具、器具购置	按用途分 生产性建设	非生产性建设	#住宅
居民服务业	697	514	7	12		697	42
旅游业	37	27		10		37	7
旅馆业	660	487	7	2		660	35
八、卫生、体育和社会福利事业	**5 349**	**5 109**	**161**	**58**	**41**	**5 308**	**549**
卫生事业	3 220	3 090	81	28	31	3 189	505
体育事业	1 634	1 630	4		10	1 624	
社会福利事业	495	389	76	30		495	44
九、教育、文化艺术和广播电视事业	**18 502**	**17 106**	**262**	**524**	**129**	**18 373**	**4 488**
教育事业	16 815	15 674	234	432	36	16 779	4 217
#高等教育事业	3 927	3 521	63	219	27	3 900	1 470
中等教育事业	5 755	5 320	96	66		5 755	1 437
初等教育事业	5 927	5 890	15	9	9	5 918	1 220
文化艺术事业	936	901	27	7	93	843	218
广播电视事业	751	531	1	85		751	53
十、科学研究和综合技术服务事业	**1 407**	**1 216**	**17**	**137**	**498**	**909**	**343**
科学研究事业	1 222	1 038	10	137	461	761	258
自然科学研究事业	1 193	1 009	10	137	461	732	229
社会科学研究事业	29	29				29	29
综合技术服务事业	185	178	7		37	148	85
#气象事业	91	91			33	58	43
计量事业	30	28	2			30	27
环境保护事业	19	19			4	15	15
其他综合技术服务事业	5	5				5	
十一、金融、保险业	**2 930**	**2 818**	**25**	**12**	**80**	**2 850**	**1 372**
金融业	2 708	2 596	25	12	80	2 628	1 241
保险业	222	222				222	131
十二、国家机关、政党机关和社会团体	**12 916**	**12 158**	**363**	**161**	**1 276**	**11 640**	**6 108**
国家机关	10 648	10 100	214	137	643	10 005	5 374
政党机关	993	964	11	5	10	983	543
社会团体	159	155				159	42
企业管理机关	1 116	939	138	19	623	493	149
十三、其他行业	**387**	**369**	**5**	**2**		**387**	**140**

工业行业基本建设项目个数和新增固定资产

（1990年）

工业行业	施工项目（个）	全投项目（个）	项目建成投产率（%）	新增固定资产（万元）	固定资产交付使用率（%）
总计	**306**	**122**	**39.9**	**82 881**	**49.4**
煤炭采选业	18	4	22.2	11 593	82.9
有色金属矿采选业	11	1	9.1	13 007	38.0
建材及其他非金属矿采选业	1	1	100.0	100	625.0
其他矿采选业	1	1	100.0	23	176.9
木材及竹材采运业	3	2	66.7	137	56.6
自来水生产和供应业	21	7	33.3	1 428	108.7
食品制造业	13	7	53.8	2 257	92.3
饮料制造业	4	1	25.0	1 596	29.8
饲料工业	2	1	50.0	51	92.7
纺织业	26	8	30.8	4 846	95.9
缝纫业	1			204	73.4
木材加工及竹藤棕草制品业	2				
造纸及纸制品业	2			143	2.1
印刷业	3	2	66.7	4 309	463.8
工艺美术品制造业	9	5	55.6	173	50.3
电力、蒸汽、热水生产和供应业	79	31	39.2	25 491	42.3
石油加工业	1			376	22.1
炼焦、煤气及煤制品业	10	5	50.0	1 304	50.5
化学工业	14	6	42.9	9 312	39.9
医药工业	10	4	40.0	871	67.3
化学纤维工业	2			175	14.4
橡胶制品业	1	1	100.0	80	181.8
塑料制品业	2	2	100.0	73	105.8
建材及其他非金属矿物制品业	15	9	60.0	1 432	109.9
黑色金属冶炼及压延加工业	1				
有色金属冶炼及压延加工业	3	1	33.3	133	131.7
金属制品业	2	2	100.0	186	84.2
机械工业	20	9	45.0	2 372	112.2
交通运输设备制造业	13	7	53.8	763	88.8
电气机械及器材制造业	8	2	25.0	250	38.6
电子及通信设备制造业	6	2	33.3	124	82.1
仪器仪表及其他计量器具制造业	2	1	50.0	72	59.0

按构成和用途分的工业行业基本建设投资

（1990年）　　　　单位：万元

工业行业	投资完成额	按构成分			按用途分		
		#建筑工程	#安装工程	#设备、工具、器具购置	生产性建设	非生产性建设	#住宅
总　　计	**167 705**	**59 737**	**20 851**	**63 359**	**152 499**	**15 206**	**9 369**
煤炭采选业	13 981	7 521	1 311	3 623	11 715	2 266	1 534
有色金属矿采选业	34 226	12 789	3 083	15 445	33 027	1 199	756
建材及其他非金属矿采选业	16	15	1		16		
其他矿采选业	13	13			13		
木材及竹材采运业	242	95		47	168	74	72
自来水生产和供应业	1 314	794	265	200	1 129	185	163
食品制造业	2 446	612	400	1 415	2 229	217	164
饮料制造业	5 354	1 484	576	2 978	4 982	372	204
饲料工业	55	27	5	22	55		
纺织业	5 053	1 630	279	2 874	3 960	1 093	627
缝纫业	278	58	17	203	278		
木材加工及竹藤棕草制品业	510	203		282	510		
造纸及纸制品业	6 801	865	1 355	4 491	6 642	159	30
印刷业	929	582	14	277	585	344	84
工艺美术品制造业	344	319		23	142	202	
电力、蒸汽、热水生产和供应业	60 224	21 139	6 338	19 622	58 246	1 978	1 451
石油加工业	1 705	468	297	48	1 250	455	350
炼焦、煤气及煤制品业	2 581	320	1 365	547	2 307	274	54
化学工业	23 336	4 365	4 913	10 909	21 024	2 312	913
医药工业	1 294	858	286	19	1 128	166	124
化学纤维工业	1 219	850	25	74	752	467	197
橡胶制品业	44	33	11			44	44
塑料制品业	69	69				69	19
建材及其他非金属矿物制品业	1 303	876	84	97	1 084	219	163
黑色金属冶炼及压延加工业	152	140	3	9	152		
有色金属冶炼及压延加工业	101	52	33	16	82	19	13
金属制品业	221	165	16	13	182	39	
机械工业	2 114	1 866	147	51	467	1 647	1 331
交通运输设备制造业	859	765		4	125	734	612
电气机械及器材制造业	648	493	25	70	149	499	393
电子及通信设备制造业	151	149	2		20	131	51
仪器仪表及其他计量器具制造业	122	122			80	42	20

基本建设房屋建筑面积

房屋用途	施工面积（万平方米）		竣工面积（万平方米）		房屋竣工率（%）	
	1989年	1990年	1989年	1990年	1989年	1990年
总　　计	**599.78**	**511.91**	**321.45**	**278.76**	**53.6**	**54.5**
厂　　房	75.83	54.62	28.88	16.33	38.1	29.9
仓　　库	21.86	19.86	14.66	15.13	67.1	76.2
商业营业用房	23.82	20.62	13.12	5.95	55.1	28.9
服务业用房	16.95	12.94	8.59	7.93	50.7	61.3
办 公 室	40.23	31.28	24.88	17.4	61.8	55.6
住　　宅	209.51	196.53	121.57	120.24	58.0	61.2
#集体宿舍	25.64	19.73	15.93	13.38	62.1	67.8
教育用房	112.21	89.06	68.99	58.97	61.5	66.2
文化、体育用房	10.99	11.03	3.46	4.91	31.5	44.5
医疗用房	22.54	23.74	6.67	7.37	29.6	31.1
科学实验研究用房	7.82	8.15	2.89	2.07	37.0	25.4
其　　他	58.02	44.08	27.74	22.46	47.8	50.9
#业务用房	23.71	16.21	10.04	7.65	42.3	47.5

基本建设竣工房屋价值

房屋用途	竣工房屋价值（万元）		竣工房屋造价（元／平方米）	
	1989年	1990年	1989年	1990年
总　　计	**73 506**	**69 299**	**229**	**248**
厂　　房	9 262	5 748	321	352
仓　　库	3 367	3 351	230	222
商业营业用房	3 415	1 554	260	261
服务业用房	2 322	3 591	270	453
办 公 室	7 002	5 429	281	312
住　　宅	24 579	26 087	202	217
#集体宿舍	2 983	2 552	187	191
教育用房	11 211	11 021	162	187
文化、体育用房	1 052	2 838	304	578
医疗用房	1 469	2 304	220	313
科学实验研究用房	903	609	313	294
其　　他	8 924	6 767	322	301
#业务用房	3 287	2 331	327	305

各地区基本建设投资

（1990年）

单位：万元

地区	完成投资合计	中央	地方	#地、市、县
总计	**260 116**	**108 115**	**152 001**	**97 144**
南昌市	38 302	7 304	30 998	20 333
景德镇市	5 287	730	4 557	3 041
萍乡市	8 555	5 163	3 392	3 246
九江市	24 859	15 848	9 011	5 964
新余市	10 095	1 287	8 808	5 139
鹰潭市	21 190	1 522	19 668	1 419
赣州地区	14 707	2 625	12 082	11 529
宜春地区	21 594	5 684	15 910	12 275
上饶地区	9 029	611	8 418	7 621
吉安地区	42 457	26 857	15 600	14 456
抚州地区	13 590	629	12 961	12 121
不分地区	50 451	39 855	10 596	

各地区按构成和用途分的基本建设投资

（1990年）

单位：万元

地区	按构成分			按用途分		
	#建筑工程	#安装工程	#设备、工具器具购置	生产性建设	非生产性建设	#住宅
总计	**137 747**	**22 880**	**67 201**	**196 529**	**63 587**	**27 338**
南昌市	25 972	2 134	6 073	19 391	18 911	6 471
景德镇市	3 435	469	754	2 649	2 638	1 184
萍乡市	4 308	1 012	2 260	6 142	2 413	1 199
九江市	10 578	3 136	7 076	19 740	5 119	2 459
新余市	5 018	892	3 417	6 694	3 401	2 019
鹰潭市	5 169	3 909	9 037	17 960	3 230	905
赣州地区	9 969	1 388	2 601	8 106	6 601	2 736
宜春地区	16 030	1 323	2 130	13 871	7 723	4 237
上饶地区	6 427	519	1 653	4 907	4 122	1 703
吉安地区	20 617	1 622	10 250	37 801	4 656	2 125
抚州地区	6 007	1 630	4 959	10 430	3 160	1 260
不分地区	24 217	4 846	16 991	48 838	1 613	1 040

更新改造投资

指标	单位	1989年	1990年	1990年比1989年	
				增减数	增长 %
一、投资总额	**万元**	**155 438**	**175 189**	**19 751**	**12.7**
按用途分					
生产性建设	万元	134 158	157 205	23 047	17.2
非生产性建设	万元	21 280	17 984	-3 296	-15.5
#住宅	万元	11 103	8 153	-2 910	-26.6
按构成分					
建筑工程	万元	61 548	59 290	-2 258	-3.7
安装工程	万元	11 646	15 535	3 889	33.4
设备、工具、器具购置	万元	70 748	88 226	17 478	24.7
其他费用	万元	10 829	12 138	1 309	12.1
按建设性质分					
#新建	万元	9 269	15 279	6 010	64.8
扩建	万元	83 799	88 582	4 783	5.7
改建	万元	57 785	60 859	3 074	5.3
按资金来源分					
#国家预算内投资	万元	5 241	11 318	6 077	116
国内贷款	万元	55 613	78 822	23 209	41.7
利用外资	万元	1 755	450	-1 305	-74.4
自筹资金	万元	74 647	73 861	-1 786	-1.1
其他资金	万元	18 182	10 738	-7 444	-40.9
二、新增固定资产	**万元**	**119 929**	**139 079**	**19 150**	**16.0**
三、施工项目	**个**	**1 949**	**1 797**	**-152**	**-7.8**
#限额以上项目	个	5	5		
建成投产项目	个	1 011	940	-71	-7.0
四、房屋建筑面积					
施工面积	万平方米	294.17	211.19	-82.98	-28.2
#住宅	万平方米	91.03	65.12	-25.91	-28.5
竣工面积	万平方米	161.19	118.51	-42.68	-26.5
#住宅	万平方米	53.22	39.71	-13.51	-25.4
竣工房屋价值	万元	39 920	32 189	-7 731	-19.4

注：1989年投资额按构成分未列出 667万元商品房购置投资。

更新改造项目个数和新增固定资产

（1990年）

行业	施工项目（个）	全投项目（个）	项目建成投产率（%）	新增固定资产（万元）	固定资产交付使用率（%）
总　　计	**1 797**	**940**	**52.3**	**139 079**	**79.4**
一、农、林、牧、渔、水利业	**13**	**11**	**84.6**	**407**	**109.1**
农　　业	7	7	100.0	70	100.0
林　　业	—	—	—	18	100.0
畜 牧 业	1	—	—	60	74.1
渔　　业	1	1	100.0	15	100.0
水 利 业	2	1	50.0	141	111.0
农林牧渔水利服务业	2	2	100.0	103	166.1
二、工　　业	**1 516**	**766**	**50.5**	**123 974**	**79.2**
三、建 筑 业	**1**	**1**	**100.0**	**57**	**109.6**
四、交通运输、邮电通讯业	**94**	**58**	**61.7**	**10 252**	**93.1**
交通运输业	90	55	61.1	9 384	86.9
铁路运输业	75	44	58.7	3 202	70.8
公路运输业	15	11	73.3	6 062	99.1
水上运输业				120	74.1
邮电通讯业	4	3	75.0	868	419.3
五、商业、公共饮食业、物资供销和仓储业	**61**	**43**	**70.5**	**1 590**	**122.9**
商　　业	44	30	68.2	1 179	123.7
公共饮食业	2	1	50.0	138	270.6
物资供销业	11	8	72.7	192	91.9
仓 储 业	4	4	100.0	81	100.0
六、房地产管理、公用事业、居民服务和咨询服务业	**42**	**17**	**40.5**	**892**	**30.5**
房地产管理业	3	2	66.7	60	85.7
公用事业	34	10	29.4	654	24.2
市内公共交通业	—	—	—	77	100.0
园林绿化业	1	—	—	—	—
清洁卫生业	2	2	100.0	148	100.0
市政工程管理业	31	8	25.8	429	17.3
居民服务业	5	5	100.0	178	121.1
旅 馆 业	5	5	100.0	178	121.1
七、卫生、体育和社会福利事业	**7**	**4**	**57.1**	**262**	**109.2**
八、教育、文化艺术和广播电视事业	**9**	**7**	**77.8**	**146**	**55.5**
教育事业	7	6	85.7	131	81.4
中等教育事业	2	1	50.0	15	34.1
初等教育事业	4	4	100.0	104	99.0
学前教育事业	1	1	100.0	12	100.0
文化艺术事业	2	1	50.0	15	14.7
九、科学研究和综合技术服务事业	**3**	**3**	**100.0**	**52**	**100.0**
十、金融、保险业	**14**	**6**	**42.9**	**239**	**33.0**
十一、国家机关、政党机关和社会团体	**36**	**24**	**66.7**	**1 208**	**76.2**
国家机关	32	22	68.8	1 190	76.3
企业管理机关	4	2	50.0	18	66.7
十二、其他行业	**1**	—	—	—	—

按构成和用途分的更新改造投资

（1990年）　　　　　　　　　　　　　　　　　　　　单位：万元

行业	投资完成额	按构成分			按用途分		
		#建筑工程	#安装工程	#设备、工具、器具购置	生产性建设	非生产性建设	#住宅
总计	**175 189**	**59 290**	**15 535**	**88 226**	**157 205**	**17 984**	**8 193**
一、农、林、牧、渔、水利业	**373**	**214**	**43**	**108**	**272**	**101**	**45**
农业	70	19	3	48	45	25	
林业	18			18		18	
畜牧业	81	34	10	37	65	16	3
渔业	15	15				15	15
水利业	127	114		5	123	4	4
农林牧渔水利服务业	62	32	30		39	23	23
二、工业	**156 611**	**48 463**	**15 125**	**81 317**	**145 115**	**11 496**	**6 045**
三、建筑业	**52**	**49**	**1**	**2**	**24**	**28**	**28**
四、交通运输、邮电通讯业	**11 009**	**4 763**	**92**	**5 996**	**10 197**	**812**	**625**
交通运输业	10 802	4 754	2	5 936	9 990	812	625
铁路运输业	4 525	3 973		552	3 755	770	622
公路运输业	6 115	781	2	5 229	6 076	39	3
水上运输业	162			155	159	3	
邮电通讯业	207	9	90	60	207		
五、商业、公共饮食业、物资供销和仓储业	**1 294**	**1 042**	**46**	**192**	**967**	**327**	**207**
商业	953	736	32	177	663	290	175
公共饮食业	51	27	14	10	51		
物资供销业	209	198		5	172	37	32
仓储业	81	81			81		
六、房地产管理、公用事业、居民服务和咨询服务业	**2 925**	**2 162**	**38**	**538**	**328**	**2 597**	**20**
房地产管理业	70	67	3		13	57	20
公用事业	2 708	1 998	29	496	260	2 448	
市内公共交通业	77			77		77	
园林绿化业	6		6			6	
清洁卫生业	148	63		85		148	
市政工程管理业	2 477	1 935	23	334	260	2 217	
居民服务业	147	97	6	42	55	92	
旅馆业	147	97	6	42	55	92	
七、卫生、体育和社会福利事业	**240**	**231**	**1**	**8**	**35**	**205**	
八、教育、文化艺术和广播电视事业	**263**	**247**	**3**	**13**	**15**	**248**	**76**
教育事业	161	161				161	42
中等教育事业	44	44				44	35
初等教育事业	105	105				105	
学前教育事业	12	12				12	7
文化艺术事业	102	86	3	13	15	87	34
九、科学研究和综合技术服务事业	**52**	**32**		**20**	**12**	**40**	**22**
十、金融、保险业	**724**	**551**	**168**	**2**		**724**	**61**
十一、国家机关、政党机关和社会团体	**1 586**	**1 476**	**18**	**30**	**240**	**1 346**	**1 004**
国家机关	1 559	1 476	16	5	214	1 345	1 004
企业管理机关	27		2	25	26	1	
十二、其他行业	**60**	**60**				**60**	**60**

工业行业生产性更新改造投资

（1990年）

单位：万元

工业行业	合计	#增产	#节约能源	#其他节约	#增加品种	#提高产品质量
总计	**157 205**	**74 081**	**4 105**	**791**	**32 616**	**12 349**
工业	145 115	73 049	4 008	791	32 528	12 296
煤炭采选业	4 264	1 482		59	185	264
黑色金属矿采选业	342	53		2	198	
有色金属矿采选业	17 303	10 541	760	6	3 562	301
建材及其他非金属矿采选业	739	544			150	10
采盐业	1 763	1 763				
木材及竹材采运业	237	70	1	2	12	3
自来水生产和供应业	275	103		4		37
食品制造业	6 125	3 191	35	49	1 989	416
饮料制造业	1 634	747	168	3	392	188
烟草加工业	5 234	5 229				5
饲料工业	463	393			28	
纺织业	13 013	3 558	220		2 210	5 953
缝纫业	231	110			90	28
皮革、毛皮及其制品业	71	36	4		5	25
木材加工及竹藤棕草制品业	2 318	1 936		11	274	49
家具制造业	99	18			81	
造纸及纸制品业	3 696	2 230	31		1 197	104
印刷业	423	289		2	46	24
文教体育用品制造业	127	107			20	
工艺美术品制造业	183	30			24	129
电力、蒸汽、热水生产和供应业	2 152	960	17			179
石油加工业	1 699	1 218	201			33
炼焦、煤气及煤制品业	6 921	104				
化学工业	15 514	7 961	793	37	5 340	114
医药工业	4 792	2 379	237	11	1 709	209
化学纤维工业	1 046	271			522	253
橡胶制品业	570	523			47	
塑料制品业	222	137			77	3
建材及其他非金属矿物制品业	9 180	6 804	221	10	1 123	864
黑色金属冶炼及压延加工业	8 757	5 879	232		214	1 093
有色金属冶炼及压延加工业	6 425	978	628	429	915	372
金属制品业	826	153			642	12
机械工业	8 709	3 814	223	41	3 030	807
交通运输设备制造业	3 910	2 977	14		602	173
电气机械及器材制造业	3 308	1 890	215		856	280
电子及通信设备制造业	11 915	4 463	8	118	6 674	300
仪器仪表及其他计量器具制造业	466	108		7	151	68
其他工业	163				163	

工业行业更新改造项目个数和新增固定资产

（1990年）

工业行业	施工项目（个）	全投项目（个）	项目建成投产率（%）	新增固定资产（万元）	固定资产交付使用率（%）
总计	**1 516**	**766**	**50.5**	**123 974**	**79.2**
煤炭采选业	49	16	32.7	3 636	69.8
黑色金属矿采选业	11	5	45.5	281	69.9
有色金属矿采选业	221	107	48.4	12 584	62.2
建材及其他非金属矿采选业	12	6	50.0	588	77.9
采盐业	2			164	9.0
木材及竹材采运业	9	7	77.8	196	62.4
自来水生产和供应业	10	8	80.0	287	93.2
食品制造业	105	54	51.4	5 611	88.5
饮料制造业	45	20	44.4	1 601	85.3
烟草加工业	2			2 837	54.1
饲料工业	14	12	85.7	359	70.9
纺织业	112	60	53.6	10 518	77.5
缝纫业	6	6	100.0	328	130.7
皮革、毛皮及其制品业	5	3	60.0	210	147.9
木材加工及竹藤棕草制品业	18	9	50.0	2 449	91.8
家具制造业	2	2	100.0	99	100.0
造纸及纸制品业	39	25	64.1	3 083	79.4
印刷业	24	12	50.0	593	100.3
文教体育用品制造业	3	2	66.7	127	100.0
工艺美术品制造业	3	3	100.0	197	100.0
电力、蒸汽、热水生产和供应业	67	42	62.7	1 808	73.3
石油加工业	26	4	15.4	246	14.5
炼焦、煤气及煤制品业	7	4	57.1	9 377	135.5
化学工业	123	64	52.0	16 566	103.5
医药工业	49	27	55.1	4 982	99.8
化学纤维工业	8	3	37.5	536	51.2
橡胶制品业	6	3	50.0	456	80.0
塑料制品业	8	5	62.5	333	131.1
建材及其他非金属矿物制品业	94	46	48.9	9 182	95.8
黑色金属冶炼及压延加工业	37	21	56.8	6 064	64.3
有色金属冶炼及压延加工业	110	53	48.2	3 341	45.9
金属制品业	19	6	31.6	476	57.6
机械工业	138	66	47.8	9 099	86.1
交通运输设备制造业	59	32	54.2	4 420	105.5
电气机械及器材制造业	32	16	50.0	4 301	127.8
电子及通信设备制造业	29	12	41.4	5 767	47.4
仪器仪表及其他计量器具制造业	10	3	30.0	1 106	208.7
其他工业	2	2	100.0	166	100.0

按构成和用途分的工业行业更新改造投资

（1990年）

单位：万元

工业行业	投资完成额	按构成分			按用途分		
		#建筑工程	#安装工程	#设备、工具、器具购置	生产性建设	非生产性建设	#住宅
总计	**156 611**	**48 463**	**15 125**	**81 317**	**145 115**	**11 496**	**6 045**
煤炭采选业	5 211	2 502	530	1 704	4 264	947	547
黑色金属矿采选业	402	177	15	101	342	60	30
有色金属矿采选业	20 242	9 965	1 888	6 746	17 303	2 939	1 347
建材及其他非金属矿采选业	755	285	45	407	739	16	2
采盐业	1 823	195	663	925	1 763	60	46
木材及竹材采运业	314	126		188	237	77	67
自来水生产和供应业	308	235	30	41	275	33	23
食品制造业	6 339	1 682	571	3 667	6 125	214	141
饮料制造业	1 876	706	163	938	1 634	242	209
烟草加工业	5 246	212	206	4 739	5 234	12	12
饲料工业	506	217	27	223	463	43	23
纺织业	13 569	3 202	931	8 629	13 013	556	153
缝纫业	251	35	10	199	231	20	
皮革、毛皮及其制品业	142	86	2	54	71	71	47
木材加工及竹藤棕草制品业	2 669	776	157	1 466	2 318	351	90
家具制造业	99	12	3	84	99		
造纸及纸制品业	3 882	1 170	741	1 719	3 696	186	124
印刷业	591	326	17	230	423	168	130
文教体育用品制造业	127		5	102	127		
工艺美术品制造业	197	102	2	90	183	14	
电力、蒸汽、热水生产和供应业	2 467	952	379	1 116	2 152	315	147
石油加工业	1 699	347	741	557	1 699		
炼焦、煤气及煤制品业	6 921	2 826	723	2 596	6 921		
化学工业	16 007	3 169	2 630	8 465	15 514	493	180
医药工业	4 994	1 395	842	2 533	4 792	202	186
化学纤维工业	1 046	810		197	1 046		
橡胶制品业	570	139	61	359	570		
塑料制品业	254	47	20	187	222	32	30
建材及其他非金属矿物制品业	9 583	2 520	667	5 942	9 180	403	217
黑色金属冶炼及压延加工业	9 428	3 639	862	4 782	8 757	671	390
有色金属冶炼及压延加工业	7 278	1 769	734	3 595	6 425	853	299
金属制品业	826	367	22	411	826		
机械工业	10 562	4 301	600	5 008	8 709	1 853	1 235
交通运输设备制造业	4 191	1 671	371	2 046	3 910	281	200
电气机械及器材制造业	3 366	819	107	2 312	3 308	58	31
电子及通信设备制造业	12 174	1 403	340	8 689	11 915	259	96
仪器仪表及其他计量器具制造业	530	265	7	133	466	64	40
其他工业	166	13	13	137	163	3	3

更新改造房屋建筑面积

房屋用途	施工面积（万平方米）		竣工面积（万平方米）		房屋竣工率（%）	
	1989年	1990年	1989年	1990年	1989年	1990年
总计	**294.17**	**211.19**	**161.19**	**118.51**	**54.8**	**56.1**
厂房	138.43	104.24	68.41	50.87	49.4	48.8
仓库	20.86	12.32	12.70	8.56	60.9	69.5
商业营业用房	6.87	3.76	4.73	2.37	68.8	63.0
服务业用房	6.29	3.17	3.17	2.70	50.5	85.2
办公室	6.42	5.43	3.68	3.15	57.3	58.0
住宅	91.03	65.12	53.22	39.71	58.5	61.0
#集体宿舍	12.77	6.4	7.59	5.12	59.5	80.0
教育用房	6.12	3.31	4.58	2.25	74.8	68.0
文化、体育用房	1.15	1.66	0.40	1.01	34.8	60.8
医疗用房	3.05	2.61	1.22	1.28	40.0	49.0
科学实验研究用房	1.62	1.23	0.75	0.76	45.9	61.8
其他	12.33	8.34	8.33	5.85	67.6	70.1
#业务用房	2.97	1.85	1.81	0.83	61.1	44.9

更新改造竣工房屋价值

房屋用途	竣工房屋价值（万元）		竣工房屋造价（元／平方米）	
	1989年	1990年	1989年	1990年
总计	**39 920**	**32 189**	**248**	**272**
厂房	19 645	16 436	287	323
仓库	2 834	1 917	223	224
商业营业用房	1 387	621	293	262
服务业用房	941	775	297	287
办公室	955	705	259	224
住宅	10 797	8 818	203	222
#集体宿舍	1 869	1 029	246	201
教育用房	835	437	182	194
文化、体育用房	102	293	256	290
医疗用房	314	283	257	222
科学实验研究用房	197	283	264	376
其他	1 913	1 621	230	277
#业务用房	512	313	282	376

各地区更新改造投资

（1990年）

单位：万元

地区	完成投资合计	中央	地方	#地、市、县
总计	**175 189**	**39 112**	**136 077**	**82 689**
南昌市	36 645	3 964	32 681	17 606
景德镇市	15 347	712	14 635	5 133
萍乡市	8 907	232	8 675	2 654
九江市	16 274	6 012	10 262	8 616
新余市	10 326	575	9 751	3 259
鹰潭市	6 319	4 356	1 963	1 792
赣州地区	19 622	4 998	14 624	13 198
宜春地区	10 241	70	10 171	7 420
上饶地区	18 344	8 304	10 040	7 700
吉安地区	11 064	—	11 064	8 530
抚州地区	8 387	456	7 931	6 781
不分地区	13 713	9 433	4 280	—

各地区按构成和用途分的更新改造投资

（1990年）

单位：万元

地区	按构成分			按用途分		
	#建筑工程	#安装工程	#设备、工具、器具购置	生产性建设	非生产性建设	#住宅
总计	**59 290**	**15 535**	**88 226**	**157 205**	**17 984**	**8 193**
南昌市	10 582	3 422	20 160	33 674	2 971	513
景德镇市	2 343	953	10 841	15 092	255	86
萍乡市	3 680	902	3 657	7 753	1 154	553
九江市	4 302	1 990	8 722	15 417	857	265
新余市	4 300	588	5 116	9 280	1 046	609
鹰潭市	1 582	562	2 935	5 452	867	171
赣州地区	8 391	1 098	9 210	16 182	3 440	2 221
宜春地区	4 602	752	4 213	8 093	2 148	1 212
上饶地区	8 656	1 854	6 832	15 140	3 204	1 381
吉安地区	2 811	1 976	5 408	10 422	642	304
抚州地区	2 132	910	4 604	8 075	312	100
不分地区	5 909	528	6 528	12 625	1 088	778

全民所有制单位其他固定资产投资和新增固定资产

（1990年）

单位：万元

指标	投资完成额	按构成分 #建筑工程	#安装工程	#设备、工具、器具购置	按用途分 生产性建设	非生产性建设	本年新增固定资产
总计	**7 540**	**6 611**	**220**	**660**	**7 518**	**22**	**5 404**
一、按隶属关系分							
中央	952	720	24	186	950	2	165
地方	6 588	5 891	196	474	6 568	20	5 239
二、按建设性质分							
新建	448	379	9	40	448		167
扩建	478	350		128	478		100
改建	6 614	5 882	211	492	6 592	22	5 137
三、按国民经济行业分							
（一）工业	2 700	1 773	220	658	2 698	2	1 175
煤炭采选业	2 059	1 297	205	510	2 059		1 037
煤炭开采业	2 059	1 297	205	510	2 059		1 037
有色金属矿采选业	641	476	15	148	639	2	138
稀有金属矿采选业	641	476	15	148	639	2	138
（二）交通运输邮电通讯业	4 703	4 703			4 683	20	4 089
交通运输业	4 703	4 703			4 683	20	4 089
公路运输业	4 703	4 703			4 683	20	4 089
（三）商业、公共饮食业、物资供销和仓储业	137	135		2	137		140
公共饮食业	137	135		2	137		140

城镇集体所有制单位固定资产投资和新增固定资产

（1990年）

单位：万元

行业	投资完成额	按构成分			按用途分			本年新增固定资产
		#建筑工程	#安装工程	#设备、工具、器具购置	生产性建设	非生产性建设	#住宅	
总计	**14 567**	**7 357**	**579**	**5 979**	**11 109**	**3 458**	**1 971**	**13 174**
一、农、林、牧、渔、水利业	**35**	**33**	**1**			**35**		
农林牧渔水利服务业	35	33	1			35		
二、工业	**11 144**	**4 243**	**483**	**5 851**	**9 880**	**1 264**	**888**	**10 317**
三、建筑业	**232**	**222**	**2**	**8**	**24**	**208**	**134**	**254**
土木工程建筑业	229	219	2	8	24	205	131	254
线路管道和设备安装业	3	3				3	3	
四、交通运输、邮电通讯业	**686**	**655**		**31**	**633**	**53**	**17**	**170**
交通运输业	686	655		31	033	53	17	170
公路运输业	640	640			587	53	17	79
水上运输业	46	15		31	46			91
五、商业、公共饮食业、物资供销和仓储业	**1 215**	**1 138**	**25**	**36**	**483**	**732**	**484**	**1 422**
商业	1 099	1 023	24	36	478	621	445	1 363
公共饮食业	12	11	1		5	7	7	27
物资供销业	104	104				104	32	32
六、房地产管理、公用事业、居民服务和咨询服务业	**97**	**61**		**36**	**36**	**61**	**50**	**97**
公用事业	81	45		36	36	45	40	51
市内公共交通业	66	30		36	36	30	25	36
清洁卫生业	15	15				15	15	15
居民服务业	16	16				16	10	46
旅馆业	10	10				10	10	
其他居民服务业	6	6				6		46
七、卫生、体育和社会福利事业	**131**	**126**			**10**	**121**	**80**	**72**
卫生事业	121	116				121	80	72
社会福利事业	10	10			10			
八、教育、文化艺术和广播电视事业	**54**	**54**				**54**		**22**
教育事业	54	54				54		22
#中等教育事业	47	47				47		22
初等教育事业	7	7				7		
九、金融、保险业	**298**	**278**				**298**	**129**	**217**
十、国家机关、政党机关和社会团体	**274**	**258**	**8**	**5**	**23**	**251**	**174**	**222**
国家机关	229	216	8	5	19	210	172	210
社会团体	45	42			4	41	2	12
十一、其他行业	**401**	**289**	**60**	**12**	**20**	**381**	**15**	**381**

城镇集体所有制单位按构成和用途分的工业投资和新增固定资产

（1990年）

单位：万元

工业行业	投资完成额	按构成分			按用途分			本年新增固定资产
		#建筑工程	#安装工程	#设备、工具、器具购置	生产性建设	非生产性建设	#住宅	
总　计	**11 144**	**4 243**	**483**	**5 851**	**9 880**	**1 264**	**888**	**10 317**
煤炭采选业	321	126	6	107	254	67	30	90
有色金属矿采选业	26			26	26			26
建材及其他非金属矿采选业	745	49	7	677	735	10	10	727
自来水生产和供应业	16	16				16	16	16
食品制造业	252	109	11	122	248	4		127
饮料制造业	91	33	6	52	79	12	10	68
纺 织 业	2 027	690	85	1 048	1 747	280	191	1 962
缝 纫 业	474	336	1	111	467	7		702
皮革、毛皮及其制品业	359	87	5	267	319	40	40	440
木材加工及竹藤棕草制品业	49	2	1	32	49			32
家具制造业	212	63	19	130	170	42	39	123
造纸及纸制品业	419	114	43	257	419			350
印 刷 业	28	10		18	28			18
文教体育用品制造业	14	1		13	14			14
工艺美术品制造业	351	265	32	48	292	59		153
电力、蒸汽、热水生产和供应业	27			27	27			
炼焦、煤气及煤制品业	50	20	6	23	50			30
化学工业	267	74	45	141	249	18	11	663
医药工业	600	81	82	417	584	16	16	563
橡胶制品业	41	7		33	41			45
塑料制品业	863	263	11	579	839	24	24	648
建材及其他非金属矿物制品业	1 028	529	20	457	958	70	48	1 087
黑色金属冶炼及压延加工业	7			7	7			7
有色金属冶炼及压延加工业	66	13		53	66			21
金属制品业	479	250	27	186	389	90	83	365
机械工业	991	528	2	441	788	203	181	875
交通运输设备制造业	462	275	12	159	371	91	91	346
电气机械及器材制造业	563	186	36	313	491	72	63	435
电子及通信设备制造业	77	35		40	42	35	35	75
仪器仪表及其他计量器具制造业	234	81	25	63	126	108		304
其他工业	5		1	4	5			5

城镇集体所有制单位房屋建筑面积

房屋用途	施工面积（万平方米）		竣工面积（万平方米）		房屋竣工率（%）	
	1989年	1990年	1989年	1990年	1989年	1990年
总　　计	**61.0**	**46.80**	**35.84**	**31.13**	**58.8**	**66.5**
厂　　房	27.89	18.16	16.57	12.19	59.4	67.1
仓　　库	3.77	2.26	2.30	1.14	61.2	50.4
商业营业用房	7.33	3.88	3.18	3.03	43.4	78.0
服务业用房	4.08	1.66	1.40	1.36	34.3	81.9
办 公 室	1.71	2.79	0.91	1.64	53.3	58.8
住　　宅	12.35	14.51	8.49	9.65	68.7	66.5
#集体宿舍	1.77	1.38	1.23	1.0	69.5	72.5
教育用房	1.35	0.73	1.30	0.33	96.0	45.2
文化、体育用房	0.03	0.21	—	—	—	—
医疗用房	0.25	0.16	0.25	0.12	100.0	75.0
科学实验研究用房	0.11	0.24	0.10	0.01	87.3	4.2
其　　他	2.13	2.20	1.34	1.66	63.4	75.5
#业务用房	0.51	0.68	0.29	0.62	56.9	91.2

城镇集体所有制单位竣工房屋价值

房屋用途	竣工房屋价值（万元）		竣工房屋造价（元／平方米）	
	1989年	1990年	1989年	1990年
总　　计	**8 271**	**7 769**	**231**	**249**
厂　　房	4 307	3 406	260	279
仓　　库	493	254	214	222
商业营业用房	749	911	236	300
服务业用房	300	350	215	257
办 公 室	222	402	244	244
住　　宅	1 598	2 020	188	209
#集体宿舍	218	230	177	229
教育用房	242	47	187	144
医疗用房	38	24	149	206
科学实验研究用房	27	5	272	347
其　　他	295	350	219	211
#业务用房	51	136	176	220

全民所有制单位新增生产能力（或效益）

能力（或效益）名称	单位	"七五"时期					
		累计	基本建设	更新改造	#1990年	基本建设	更新改造
炼钢	万吨/年	42		42			
铜采选	万吨/年	670	495	175	175		175
铜电解	吨/年	75 035	75 000	35	35		35
煤炭开采	万吨/年	242.5	183	59.5	84	84	
发电机组容量	万千瓦	67.56	66.82	0.74	12.84	12.24	0.6
#水电	万千瓦	14.12	14.12		12.24	12.24	
输电线路	公里	1 322.93	1 321.70	1.23	285.43	284.20	1.23
变电设备	万千伏安	124.65	122.65	2	59.65	59.65	
烧碱	吨/年	18 300	3 500	14 800	2 500		2 500
合成氨	吨/年	128 000	28 500	99 500	25 500	2 500	23 000
化肥（折合量）	吨/年	94 561	9 400	85 161	48 926		48 926
化学农药	吨/年	4 542.50		4 542.50	3 132.5		3 132.5
塑料	吨/年	22 000	22 000				
硫酸	吨/年	380 000	360 000	20 000	20 000		20 000
水泥	万吨/年	356.4	103.2	253.2	46.7	4	42.7
化学药品（原料药）	吨/年	1 975.30		1 975.30	20		20
化学纤维	吨/年	17 731.5	14 000	3 731.5	1 200		1 200
纤维板	万立方米/年	2.32	1.49	0.83	0.23		0.23
胶合板	万立方米/年	2.21	0.5	1.71	0.51		0.51
汽车制造	辆/年	28 000		28 000			
棉织布机	台	2 772	308	2 464	2 364	38	2 326
棉纺锭	锭	180 465	35 000	145 465	101 700	25 000	76 700
毛纺锭	锭	11 489	4 800	6 689	1 720		1 720
酒	吨/年	213 268	57 516	155 752	39 243	30 000	9 243
机制纸及纸板	吨/年	81 516	13 600	67 916	16 700		16 700
日用陶瓷	万件/年	5 392	1 000	4 392	489		489
合成洗涤剂	吨/年	33 000		33 000	33 000		33 000
卷烟	万箱/年	12		12	12		12
自行车	万辆/年	35		35	15		15
电视机	万台/年	30		30			
市内电话自动交换机	门	50 619	36 619	15 000	22 000	15 000	7 000
商业饮食服务网点	平方米	527 714	445 224	82 490	73 300	54 587	18 713
自来水供水能力	处	473	400	73	130	111	19
	万吨/日	43.48	31.08	12.4	3.01	2.51	0.5

“七五”时期建成投产的大中型建设项目一览

建设项目	地址	开工年月	投产年月	累计完成投资（万元）	累计新增固定资产（万元）	新增生产能力
一、基本建设						
1.全投项目						
江西氨厂扩建工程	南昌市	1985年8月	1987年8月	7 466	7 369	尿素11万吨/年 纯碱4万吨/年 氯化铵4万吨/年
九江化工厂聚氯乙烯工程	九江市	1984年10月	1987年12月	4 515	4 481	聚氯乙烯2万吨/年 电石3.6万吨/年
贵溪电厂	贵溪县	1979年12月	1987年10月	36 697	31 916	发电装机50万千瓦
南昌电厂	南昌市	1985年7月	1987年9月	27 964	27 668	发电装机25万千瓦
江西水泥厂	万年县	1984年4月	1986年11月	20 467	19 368	水泥60万吨/年
庐山水泥厂	九江市	1978年10月	1986年6月	4 610	3 591	水泥26万吨/年
景德镇陶瓷厂	景德镇市	1983年3月	1986年12月	3 822	3 766	釉面砖80万m^2 卫生瓷36万件
景德镇焦化煤气厂	景德镇市	1983年9月	1986年12月	9 876	3 854	煤气14 600万m^3/年 焦炭28万吨
2.单投项目						
江西铜业公司德兴铜矿二期工程	德兴县	1983年8月	1986年11月	24 783	23 844	铜采选495万吨/年
江西铜业公司武山铜矿北铜带工程	瑞昌县	1966年5月	1986年12月	11 596	10 770	铜采选45万吨/年
江西铜业公司贵溪冶炼厂	贵溪县	1979年6月	1986年1月	72 113	69 525	铜冶炼9万吨 电解铜7.5万吨
萍乡矿区白源立井	萍乡市	1983年2月	1990年12月	8 514	8 177	煤炭开采45万吨/年
丰城矿区尚庄三井	丰城市	1983年2月	1986年3月	3 421	3 000	煤炭开采21万吨
丰城矿区山西一井	丰城市	1983年8月	1986年9月	5 064	4 216	煤炭开采30万吨
万安水电站	万安县	1978年5月	1990年12月	99 386	11 359	发电装机10万千瓦
江西送变电工程				28 341	23 009	输电线路1 322公里 变电设备 123万千伏安
南昌罐头啤酒厂	南昌市	1985年12月	1990年5月	6 358	5 394	啤酒3万吨
二、更新改造（限额以上）						
南昌化工原料厂	南昌市	1986年12月	1989年9月	6 615	6 593	白炭黑1万吨 水玻璃5万吨

基本建设大中型项目一览(一)

（1990年）

单位：万元

施工项目	计划总投资	自开始建设至本年底累计			#1990年		
		完成投资	新增固定资产	未完工程投资	计划投资	完成投资	新增固定资产
江西铜业公司							
德兴铜矿	120 000	91 434	28 859	60 609	29 700	29 700	11 928
武山铜矿	5 600	4 930	2 480	2 409	1 300	1 271	391
萍乡矿区	51 673	43 934	36 448	4 194	4 466	4 466	8 185
丰城矿区	25 841	25 841	19 021	2 888	1 073	1 073	545
八景矿区	6 401	5 597	221	5 386	1 312	1 312	153
九江炼油厂	17 034	13 350	7 041	6 054	1 705	1 705	376
贵溪化肥厂	43 737	34 737	1 961	31 738	18 168	18 168	1 532
江西第二化肥厂	12 931	1 307		1 307	1 208	893	
万安水电站	99 386	99 386	11 359	84 732	25 600	25 600	1 430
南昌发电厂	27 964	27 964	27 660		3 366	3 366	3 915
九江发电厂	43 058	14 441	221	13 851	10 000	10 000	114
江西送变电工程	18 223	13 561	10 468	2 599	6 061	5 971	7 630
送电工程	8 989	8 174	6 082	1 996	2 576	2 576	3 244
变电工程	9 234	5 387	4 386	603	3 485	3 395	4 386
鄱阳湖治理工程	32 360	10 139	2 460	7 415	1 850	1 850	805
南昌罐头啤酒厂	7 035	6 358	5 394	259	900	1 985	1 808
抚州造纸厂	15 879	13 688	43	13 645	8 122	6 364	
南昌青云水厂	6 605	465	29	436	1 000	281	29
九江化纤厂	26 747	1 090	175	915	1 300	1 090	175
向吉铁路	32 981	10 650	73	10 363	8 000	6 766	73
南九公路	31 392	9 008	44	8 964	4 100	3 671	44
南昌大桥	18 400	4 901		4 901	6 367	3 529	
萍乡电厂	37 794	573		573	600	563	3
宜春造纸厂	16 649	1 341	1 194		144	144	143
龙潭水电站	10 650	1 854		1 854	1 450	784	

基本建设大中型项目一览(二)

(1990年)

单位：万元

施工项目	建设规模和新增能力(或效益)				
	能力名称	计算单位	建设规模	新增能力	
				自开始建设至本年底累计	#本年
江西铜业公司					
德兴铜矿	铜采选	万吨/年	1980		
	铜精矿	万吨/年	322900		
	精矿含铜	万吨/年	80700		
武山铜矿	铜采选	万吨/年	50		
	铜精矿	万吨/年	28700		
	精矿含铜	万吨/年	4025		
萍乡矿区	煤炭开采	万吨/年	341	326	45
丰城矿区	煤炭开采	万吨/年	300	293	
八景矿区	煤炭开采	万吨/年	132	117	
九江炼油厂	加氢精制	万吨/年	40		
	催化重整	万吨/年	15		
贵溪化肥厂	磷酸	万吨/年	12		
	磷铵	万吨/年	10.50		
江西第二化肥厂	合成氨	吨/年	60000		
	尿素	吨/年	19596		
万安水电站	发电装机	万千瓦	40	10	10
南昌发电厂	发电装机	万千瓦	25	25	
九江发电厂	发电装机	万千瓦	40	20	
江西送变电工程					
送电工程	输电线路	公里	605	415	220
变电工程	变电设备	万千伏安	57	30	30
鄱阳湖治理工程					
南昌罐头啤酒厂	啤酒	吨/年	50000	30000	30000
抚州造纸厂	机制纸及纸板	万吨/年	3.4		
南昌青云水厂	供水	万吨/日	20		
九江化纤厂	粘胶短丝	吨/年	20000		
向吉铁路	铁路	公里	147		
南九公路	二级公路	公里	113		
南昌大桥	公路桥梁	米	8982		
萍乡电厂	发电装机	万千瓦	25		
宜春造纸厂	机制纸及纸板	万吨/年	3.4		
龙潭水电站	发电装机	万千瓦	4		

主要统计指标解释

全社会固定资产投资 固定资产投资是社会固定资产再生产的主要手段。

固定资产投资额是以货币表现的建造和购置固定资产活动的工作量，它是反映固定资产投资规模、速度、比例关系和使用方向的综合性指标。全社会固定资产投资包括全民所有制单位投资、城乡集体所有制单位投资和城乡居民个人投资。按照我国计划管理体制，全民所有制单位固定资产投资总额分为基本建设、更新改造和其他固定资产投资三个部分；城乡集体所有制单位投资包括城镇集体所有制单位投资和农村集体所制单位投资；城乡居民个人投资包括城市、县城、镇、工矿区所辖范围内的个人建房和农村个人建房及购买生产性固定资产（使用年限在二年以上，单位价值在50元以上的生产资料）投资。

基本建设投资 基本建设是全民所有制企业、事业单位扩大生产能力或工程效益为主要目的的新建、扩建工程及有关工作。包括工厂、矿山、铁路、桥梁、港口、农田水利、商店、住宅、学校、医院等工程的建造和机器设备、车辆、船舶、飞机等的购置。

基本建设投资额是以货币表现的基本建设完成的工作量，是反映一定时期内基本建设规模和建设进度的综合性指标。它是根据工程的实际进度按预算价格（预算价格是编制施工图预算时所用的价格）计算的工作量。没有形成工程实体的建筑材料和没有开始安装的设备，都不计算投资完成额。

基本建设投资完成额与基本建设财务拨贷款额和财务支出是含义完全不同的指标，“基本建设投资完成额”是按预算价格计算的工作量；财务拨款贷款额是银行根据国家计划拨给或贷给建设单位用于基本建设的资金；财务支出额是建设单位实际支出的金额。使用时应加以区别。

更新改造投资 更新改造是指全民所有制企业、事业单位对原有设施进行固定资产更新和技术改造，以及相应配套的工程和有关工作（不包括大修和维护工程）。更新改造投资是以货币表现的更新改造完成的工作量。根据我国现行统计制度，基本建设和更新改造的划分是：（1）列入基本建设计划的项目作为基本建设投资，列入更新改造计划的项目作为更新改造投资；（2）更新改造计划与基本建设计划结合安排的项目和未列入计划的项目，根据工程性质分别作为基本建设投资或更新改造投资。属于对企业、事业单位原有设施进行技术改造或更新的项目和增建主要生产车间、分厂等，其新增生产能力或效益尚未达到大中型标准的项目，以及由于城市环境保护和安全生产的需要而进行的迁建工程，作为更新改造投资。

其他固定资产投资 是指按照国家规定不纳入基本建设和更新改造计划管理，其总投资在五万元以上的全民所有制单位的固定资产投资，具体包括：用油田维护费和石油开发基金进行的油田维护和开发工程；矿山、森工等采掘采伐工业用维简费进行的开拓延伸工程；交通部门用公路养路费对原有公路、桥梁进行改建的工程；商贸、粮食、供销部门用简易建筑费建造的仓库。

商品房屋建设投资 商品房屋是指有资格的商品房屋开发公司为了出售而建造的全部商品房屋。具体包括：①在国家固定资产投资计划中单列的商品住宅及配套服务设施投资和虽未列入商品住宅投资规模，但由有资格的房屋开发公司开发建造的商品住宅以及为商品住宅配套的服务设施等。②由有资格的商品房屋开发公司统一开发的厂房、仓库等其他商品房屋建设项目或工程。

固定资产投资的资金来源 根据固定资产投资的资金来源不同，分为国家预算内投资、国内贷款、利用外资、自筹和其他投资四种：

（1）国家预算内投资　指用国家财政预算拨款完成的投资。基本建设国家预算内投资包括国家中央财政中的基本建设基金和地方财政中由国家预算内投资包括中央和地方财政预算内更新改造拨款完成的投资。

（2）国内贷款　指建设单位利用银行基本建设贷款和更新改造贷款以及其他国内贷款完成的投

资。

（3）利用外资　指利用国外资金（包括设备、材料、技术在内）在本国进行固定资产投资。包括由国家财政统借统还的国外贷款完成的投资，利用中国国际信托投资公司筹集的外国资金在国内完成的投资，中外合资项目中的外资，以及无偿捐赠等。但不包括用我国自有外汇购置的国外设备、材料，也不包括由东欧国家记帐进口的国外设备。

（4）自筹和其他投资　指由国务院各部、各省、自治区、直辖市及地（市）、县和企（事）业及行政单位自己筹集的资金和上述各项以外的资金完成的投资。

固定资产投资按国民经济行业分　建设项目归哪个行业按它建成投产后的主要产品或主要用途及社会经济活动性质来确定。基本建设项目划分国民经济行业，更新改造、全民所有制单位其他固定资产投资及城镇集体投资根据整个企业、事业单位所属的行业来划分。一般情况下，一个建设项目或一个企业、事业单位只能属于一种国民经济行业。为了更准确地反映国民经济各行业之间的比例关系，联合企业（总厂）所属分厂属于不同行业的，原则上按分厂划分行业。

固定资产投资按建设性质分　建设项目的性质一般分为新建、扩建、改建、迁建、恢复。基本建设按建设项目划分建设性质，更新改造、全民所有制单位其他固定资产投资及城镇集体投资按整个企业、事业单位的建设情况确定建设性质。目前基本建设和更新改造是根据我国现行的计划管理体制区分的，所以基本建设和更新改造都可以分别按新建、扩建和改建等划分。

（1）新建　一般是指从无到有，“平地起家”新开始建设的单位。有的单位原有的基础很小，经过建设后其新增加的固定资产价值超过原有固定资产价值（原值）三倍以上的也算新建。

（2）扩建　一般是指为扩大原有产品的生产能力，在厂内或其他地点增建主要生产车间（或主要工程）、独立的生产线或总厂之下的分厂的企业；事业单位和行政单位在原单位增建业务用房（如学校增建教学用房、医院增建门诊部或病床用房，行政机关增建办公楼等）也作为扩建。

（3）改建　一般是指现有企业、事业单位为了技术进步，提高产品质量，增加花色品种，促进产品升级换代、降低消耗和成本，加强资源综合利用和三废治理，以及劳保安全等，采用新技术、新工艺、新设备、新材料等对现有设施、工艺条件进行技术改造或更新（包括相应配套的辅助性生产、生活福利设施）。有的企业为充分发挥现有生产能力，进行填平补齐而增建不增加本单位主要产品生产能力的车间等，也属于改建。

固定资产投资按用途分　固定资产投资按工程的经济用途分为生产性建设和非生产性建设。是研究不同用途的固定资产投资之间比例关系的重要指标。基本建设投资、全民所有制单位其他固定资产投资及城镇集体投资的用途按单项工程确定，现有企业、事业单位更新改造投资的用途按更新改造项目确定。

（1）生产性建设　指直接用于物质生产或直接为物质生产服务的建设。它反映了在一定时期内国民经济中物质生产部门的投资规模、水平和结构，对研究经济建设中生产发展和人民生活水平提高之间的比例关系有重要作用。生产性建设包括农、林、牧、渔、水利业建设，工业建设，地质普查和勘探业建设，建筑业建设，交通运输、邮电通讯业建设，商业、公共饮食业、物资供销和仓储业建设和综合技术服务事业建设。企业事业单位更新改造的生产性建设投资，根据更新改造项目的特点，还可细分为增产；节约能源；其他节约；增加品种；提高产品质量；“三废”治理；其他生产性建设。

（2）非生产性建设　指用于满足人民物质和文化生活需要的建设以及其他非物质生产的建设。它反映了一定时期内直接用于改善人民生活状况和发展教育，科研事业的投资规模，对研究国民经济中“骨头”和“肉”的比例关系，研究人民生活水平的提高速度具有重要的意义。非生产性建设包括住宅建设、公用事业、居民服务和咨询服务业建设，卫生体育和社会福利事业建设，教育、文化艺术和广播电影电视事业建设，科学研究建设，金融、保险业建设，国家机关、政党机关和社会团体建设及其他建设。在非生产性建设中的住宅建设是指专供居住使用的房屋，包括职工家属宿舍、职工单身宿舍、学生宿舍等。

固定资产投资按构成分　固定资产投资活动按其工作内容和实现方式分为建筑工程，安装工程，设备、工具、器具购置，其他费用四个部分。

（1）建筑工程（建筑工作量）指各种房屋、建筑物的建造工程。包括各种房屋建造工程；各种用途设备基础和各种工业窑炉的砌筑工程；为施工而进行的各种准备工作和临时工程以及完工后的清理工作等；铁路、道路的铺设，矿井的开凿及石油管道的架设等；水利工程；防空地下建筑等特殊工程。

（2）安装工程（安装工程量）指各种设备、装置的安装工程。包括各种机械设备的安装工程；为测定安装工作质量，对设备进行试运行工作。

在安装工程中，不包括被安装设备本身的价值。

（3）设备、工具、器具购置　指购置或自制达到固定资产标准的设备、工具、器具的价值。固定资产的标准按财务部门规定。新建单位、扩建单位的新建车间，按照设计和计划要求购置或自制的全部设备、工具、器具，不论是否达到固定资产标准均计入“设备、工具、器具购置”中的。

（4）其他费用　指除建筑安装工程和设备、工具、器具购置以外的投资完成额。它包括两种性质的费用，一种是属于增加固定资产的费用，主要有：建设单位管理费、土地、青苗等补偿费和安置补助费、勘察设计费、研究实验费、农林单位牲畜购置费、各种经济林木的营造费、办公和生活家具、器具购置费、引进技术和进口设备项目的其他费用、联合试运转费等；一种是属于不增加固定资产的费用，主要有：施工机构转移费、生产职工培训费、农业开荒费用及报废工程损失费等。

基本建设项目按大中小型划分　基本建设划分大中小型项目原则上应按照上级批准的设计任务书或初步设计所确定的总规模或总投资划分，没有正式批准设计任务书或初步设计的，按国家或省、自治区、直辖市年度基本建设投资计划中所列的总规模或总投资划分。上述两条均不具备的，按本年计划施工工程的建设总规模或总投资划分。生产单一产品的工业项目，按产品的设计能力划分；生产多种产品工业项目，按其主要产品的设计能力划分；品种繁多，难以按生产能力划分的，按全部计划投资额划分。划分标准以国家颁发的《大中小型建设项目划分标准》为依据。国家曾在1958年、1962年、1972年、1977年和1979年先后五次修订《大中小型建设项目划分标准》。因此各历史时期的大中型项目数不完全可比。

施工项目　指报告期内曾进行建筑或安装施工活动的建设项目。包括报告期内新开工项目，报告期以前开工跨入报告期继续施工的项目，报告期施工并在报告期内全部建成投产或停缓建的项目。

全部建成投产项目　工业项目是指设计文件规定形成生产能力的主体工程及其相应配套的辅助设施全部建成，经负荷试运转，证明具备生产设计规定合格产品的条件，并经过验收鉴定合格或达到竣工验收标准，与生产性工程配套的生活福利设施可以满足近期正常生产的需要，正式移交生产的建设项目；非工业项目是指设计文件规定的主体工程和相应的配套工程全部建成，能够发挥设计规定的全部效益，经验收鉴定合格或达到竣工验收标准，正式移交使用的建设项目。

新增生产能力　指通过固定资产投资活动而增加的设计能力或工程效益，它是用实物形态表示的固定资产投资的成果。新增生产能力的计算，是以能独立发挥生产能力或效益的单项工程（或项目）为对象。当单项工程（或项目）建成，经有关部门鉴定合格、正式移交投入生产，即可计算新增生产能力。

新增生产能力的数量一般按设计能力计算。设计文件中规定的在正常情况下能够达到的生产能力，而不论投产后的实际产量如何。以设备数量、建筑物容积、面积、长度等表示的新增生产能力（或效益），则按建成的实际数量计算。

施工和竣工房屋建筑面积　房屋建筑面积是从房屋外墙线算起的各层平面面积的总和，包括房屋结构（如柱、墙）占用的面积和地下室面积。多层建筑按各自然层面积和计算，包括房屋内的楼隔层，突出墙面的眺望间、门斗、有柱雨罩的面积。不包括突出墙面结构的构件、艺术装饰等所占的面积，如台阶等。凹阳台、挑阳台按其水平投影面积一半计算建筑面积。

施工面积　指报告期内施工的全部房屋建筑面积。包括本期新开工的面积和上期开工跨入本期继续施工的房屋面积，以及上期已停建在本期继续施工的房屋建筑面积。

竣工面积　指在报告期内房屋建筑按照设计要求已全部完工，达到住人和使用条件，经验收鉴定合格，正式移交使用单位的建筑面积。

新增固定资产　指通过投资活动所形成的新的固定资产价值。包括已经建成投入生产或交付使用的工程价值和达到固定资产标准的设备、工具、器具的投资及有关应摊入的费用。它是以价值形式表示的固定资产投资成果的综合性指标，可以综合反映不同时期、不同部门、不同地区的固定资产投资成果。

十、商　　业

●1990年，社会商品零售总额181.75亿元，比1985年增长84.8%，“七五”时期平均每年增长13.1%。

●1990年，城乡集市贸易市场2 406个，成交额67.81亿元，分别比1985年增长14.9%和2.4倍。

●1990年，社会农副产品收购总额95.55亿元，其中粮食占34.8%，猪和猪肉占19.1%。

●1990年，社会零售商业、饮食业、服务业机构35.71万个，服务人员93.02万人。平均每万人拥有零售商业、饮食业、服务业网点数由1985年的72个增加到94个。

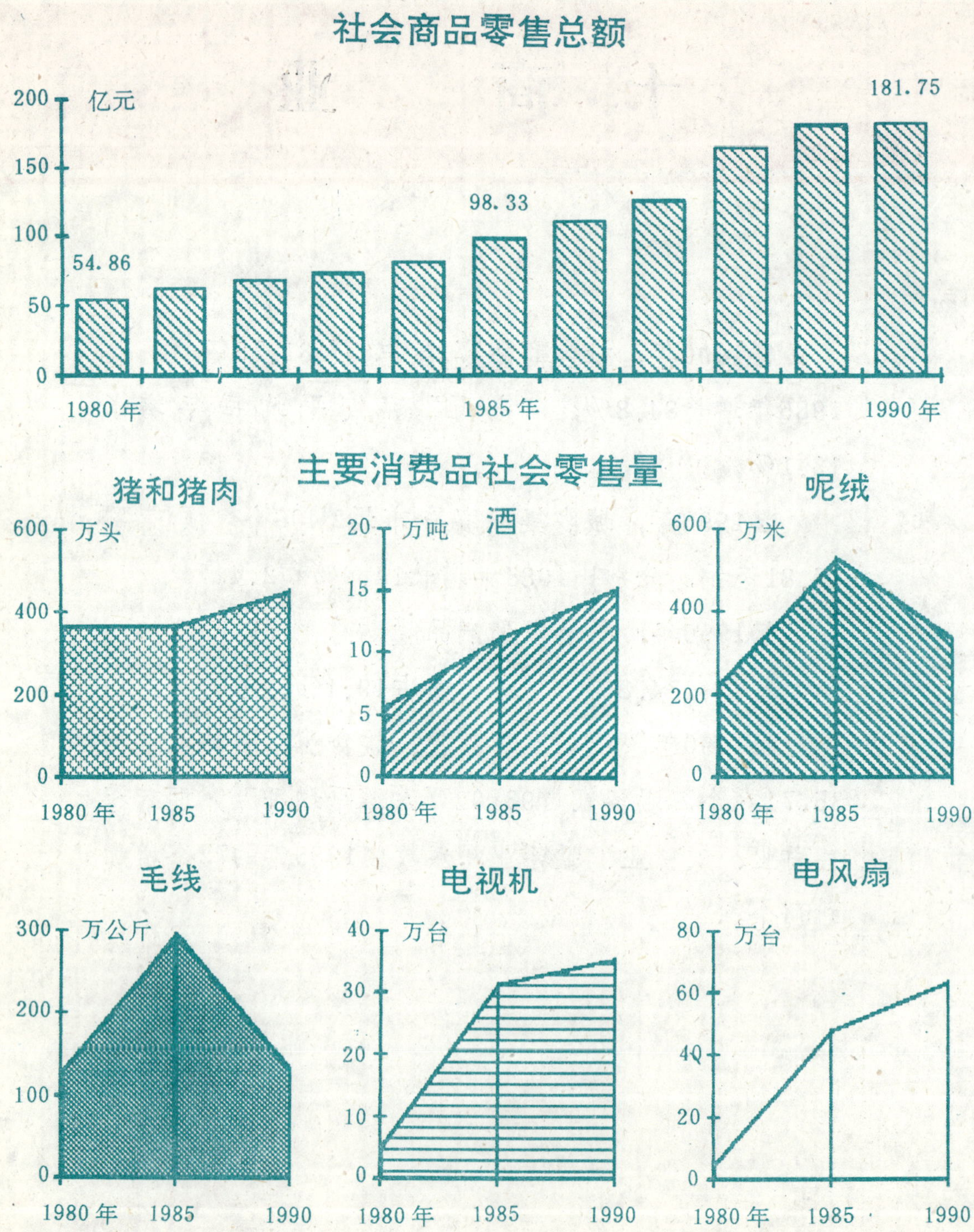
社会商品零售总额
200
亿元
181.75
150
98.33
100
54.86
50
0
1980年
1985年
1990年
主要消费品社会零售量
猪和猪肉
600
万头
400
200
0
1980年
1985
1990
酒
20
万吨
15
10
5
0
1980年
1985
1990
呢绒
600
万米
400
200
0
1980年
1985
1990
毛线
300
万公斤
200
100
0
1980年
1985
1990
电视机
40
万台
30
20
10
0
1980年
1985
1990
电风扇
80
万台
60
40
20
0
1980年
1985
1990

社会商品购买力来源与分配

单位：万元

指标	1989年	1990年	1990年比1989年增长%
一、货币收入总额	**2 395 337**	**2 559 762**	**6.9**
1.全民所有制单位职工工资	486 785	551 602	13.3
2.城镇集体所有制单位职工工资	145 294	150 925	3.9
3.各种合营单位职工工资	798	1 160	45.4
4.城镇个体劳动者净货币收入	29 220	29 000	-0.8
5.其他职业者收入	7 940	9 762	22.9
6.农民从集体统一经营中得到的收入	135 287	132 421	-2.1
7.农民从经济联合体得到的收入	3 368	3 113	-7.6
8.农民出售农副产品的收入	858 281	932 626	8.7
9.农民从事工业和手工业的净货币收入	75 981	65 559	-13.7
10.农民劳务收入	236 015	221 878	-6.0
11.居民从国家财政得到的收入	36 303	37 346	2.9
12.银行和信用社农贷净增加额	13 429	38 342	185.5
13.居民其他货币收入	241 145	259 507	7.6
14.外宾购买消费品的货币	216	1 006	365.7
15.社会集团购买公用消费品的货币	125 275	125 515	0.2
二、货币支出总额	**2 120 601**	**2 142 701**	**1.0**
1.购买商品支出（已实现的购买力）	1 816 389	1 817 497	0.1
（1）居民购买消费品	1 401 956	1 392 830	-0.7
（2）外宾购买消费品	216	1 006	365.7
（3）社会集团购买公用消费品	125 275	125 515	0.2
（4）农民购买农业生产资料	288 942	298 146	3.2
2.非商品性支出	304 212	325 204	6.9
（1）居民文化生活服务支出	140 271	167 708	19.6
（2）居民向国家缴纳的各种税金	28 513	29 606	3.8
（3）居民其他货币支出	101 838	90 391	-11.2
（4）汇（带）往外地货币差额	33 590	37 499	11.6
#在外地实现的购买力差额	15 000	16 000	6.7
三、当年结余货币（购买力）	**274 736**	**417 061**	**51.8**
四、当年形成的购买力总额	**2 091 125**	**2 234 558**	**6.9**
五、当年零售商品货源总额	**2 105 285**	**1 898 428**	**-9.8**
六、年末累计结余货币总额	**1 436 074**	**1 853 135**	**29.0**
居民储蓄存款	1 064 999	1 432 381	34.5
居民手存现金	371 075	420 754	13.4
附：常住居民消费品购买力（万元）	1 416 956	1 408 830	-0.6
非农业人口	581 314	594 560	2.3
农业人口	835 642	814 270	-2.6
常住居民平均每人消费品购买力（元）	386.7	375.4	-2.9
非农业人口	850.1	848.4	-0.2
农业人口	280.4	266.8	-4.9

补充资料：常住居民平均人数3 752.9万人，非农业人口 700.8万人，农业人口3 052.1万人。

注：常住居民消费品购买力中包括在外地实现的购买力（差额）。

社会商业商品购、销、存总额

单位：万元

指　　　　标	1989年	1990年	1990年比1989年增长%
一、国内纯购进总额	**1 324 980**	**1 375 494**	**3.8**
#农副产品	514 700	582 728	13.2
工业品	797 104	777 086	-2.5
二、国内纯销售总额	**1 508 853**	**1 494 113**	**-1.0**
三、年末库存总额	**948 508**	**986 979**	**4.1**

全民所有制商业和供销合作社商品购、销、调、存总额

单位：万元

指　　　　标	1989年	1990年	1990年比1989年增长%
一、国内纯购进总额	**1 322 404**	**1 368 186**	**3.5**
#从生产者购进	1 201 569	1 227 241	2.1
#农副产品购进	470 323	525 641	11.8
工业品购进	838 905	826 865	-1.4
废旧物资购进	13 176	15 680	19.0
二、省外调入总额	**424 473**	**412 415**	**-2.8**
三、国内纯销售总额	**1 357 954**	**1 361 174**	**0.2**
#1.对居民和社会集团的消费品零售额	598 641	572 013	-4.4
对居民的消费品零售额	540 511	511 189	-5.4
对社会集团的消费品零售额	58 130	60 824	4.6
2.对农民的农业生产资料零售额	248 045	262 268	5.7
四、调出省外总额	**293 026**	**362 823**	**23.8**
五、年末库存总额	**882 347**	**910 930**	**3.2**

社会商业主要商品购、销数量(一)

品名	单位	国内纯购进			国内纯销售		
		1989年	1990年	1990年比1989年增长%	1989年	1990年	1990年比1989年增长%
粮食	吨	3 930 268	4 266 565	8.6	2 289 427	2 126 423	-7.1
食用植物油	吨	65 826	66 404	0.9	78 696	77 094	-2.0
猪和猪肉	百头	27 062	30 640	13.2	13 764	18 212	32.3
鲜蛋	吨	6 508	9 181	41.1	6 086	8 666	42.4
水产品	吨	14 398	16 419	14.0	16 730	17 960	7.4
盐	吨	148 194	110 401	-25.5	255 556	208 751	-18.3
食糖	吨	84 701	79 847	-5.7	125 245	124 164	-0.9
卷烟	箱	444 407	485 998	9.4	457 649	552 446	20.7
酒	吨	127 296	135 691	6.6	130 950	127 719	-2.5
茶叶	吨	7 135	5 932	-16.9	2 174	2 187	0.6
棉布	百米	719 573	493 112	-31.5	831 927	543 531	-34.7
棉花化纤混纺布	百米	281 161	409 431	45.6	536 420	409 035	-23.7
化纤布	百米	167 064	116 816	-30.1	256 319	167 520	-34.6
呢绒	百米	22 608	22 598	平	42 221	32 790	-22.3
绸缎	百米	36 441	27 613	-24.2	54 661	40 831	-25.3
汗衫背心	百件	118 480	81 331	-31.4	145 771	93 433	-35.9
棉毛衫裤	百件	75 750	47 992	-36.6	89 808	64 830	-27.8
卫生衫裤	百件	21 535	27 732	28.8	12 486	7 085	-43.3
各种服装	百件	33 021	57 800	75.0	52 007	38 882	-25.2
毛线	百公斤	13 638	7 381	-45.9	22 456	12 494	-44.4
胶鞋	百双	175 166	171 370	-2.2	277 530	260 339	-6.2
火柴	百件	5 917	3 435	-41.9	5 986	4 725	-21.1
肥皂	百箱	10 793	14 362	33.1	14 741	16 059	8.9
洗衣粉	吨	15 106	23 061	52.7	12 804	11 279	-11.9
缝纫机	架	116 211	90 811	-21.9	182 472	149 635	-18.0

社会商业主要商品购、销数量(二)

品　　名	单位	国内纯购进			国内纯销售		
		1989年	1990年	1990年比1989年增长%	1989年	1990年	1990年比1989年增长%
手　　表	百只	4 126	3 906	-5.3	8 949	6 922	-22.7
自 行 车	辆	521 929	405 978	-22.2	761 585	639 310	-16.1
半导体收音机	台	51 407	59 770	16.3	135 256	94 071	-30.4
电 视 机	台	210 218	266 695	26.9	378 584	343 637	-9.2
#彩色电视机	台	34 816	67 261	93.2	60 621	80 871	33.4
录 音 机	台	97 955	94 856	-3.2	179 810	122 092	-32.1
录 像 机	台		49 636			7 439	
照 相 机	架	8 746	10 189	16.5	6 547	11 755	79.5
电 风 扇	台	459 697	510 952	11.1	647 496	588 812	-9.1
洗 衣 机	台	41 446	48 112	16.1	71 581	63 893	-10.7
电 冰 箱	台	32 076	56 909	77.4	54 523	68 364	25.4
汽　　油	吨	113 894	125 205	9.9	443 332	414 165	-6.6
煤　　油	吨	1 439	1 734	20.5	48 668	44 322	-8.9
柴　　油	吨	85 925	102 406	19.2	441 194	417 485	-5.4
润 滑 油	吨	2 801	4 039	44.2	29 266	29 808	1.9
煤　　炭	吨	2 782 122	2 753 778	-1.0	2 695 612	2 602 230	-3.5
化　　肥	吨	2 155 750	1 885 896	-12.5	3 364 179	3 544 073	5.3
化学农药	吨	31 584	25 325	-19.8	37 217	34 412	-7.5
农用塑料薄膜	吨	7 690	4 950	-35.6	6 060	6 047	-0.2
大中型拖拉机	台	353	112	-68.3	273	126	-53.8
手扶拖拉机	台	5 533	7 331	32.5	5 803	6 409	10.4
小四轮拖拉机	台	268	136	-49.3	274	145	-47.1
棉花(皮棉)	吨	42 756	50 696	18.6	43 383	63 244	45.8
熟黄(红)麻	吨	4 779	7 035	47.2	8 847	7 519	-15.0
苎　　麻	吨	6 050	4 176	-31.0	6 981	3 631	-48.0
烤　　烟	吨	6 481	15 613	140.9	5 345	13 741	157.1
晒　　烟	吨	1 911	1 621	-15.2	1 673	1 280	-23.5

全民所有制商业和供销合作社主要商品省外调拨数量

品名	单位	省外调入		调出省外	
		1989年	1990年	1989年	1990年
粮食	吨	538 749	488 987	971 210	1 093 530
食用植物油	吨	36 593	25 604	4 630	11 328
棉花	吨	8 128	13 250	361	520
猪和猪肉	百头	1 550	1 938	13 592	13 257
鲜蛋	吨	113	201	105	211
水产品	吨	2 669	3 082	3 405	2 736
盐	吨	235 310	90 508		
食糖	吨	53 404	56 243	4 227	19 505
卷烟	箱	276 439	259 962	183 170	239 431
酒	吨	6 516	4 846	13 690	13 688
茶叶	吨	587	1 394	771	1 319
棉布	百米	312 863	82 277	117 421	50 521
棉花化纤混纺布	百米	171 113	98 639	85 172	34 809
化纤布	百米	57 464	44 441	17 532	8 451
呢绒	百米	12 885	10 995	2 988	1 686
绸缎	百米	15 214	10 283	4 313	3 091
汗衫背心	百件	52 079	22 996	16 954	3 306
棉毛衫裤	百件	19 141	9 727	3 720	827
卫生衫裤	百件	1 223	455	671	107
各种服装	百件	3 082	2 515	187	144
毛线	百公斤	4 272	1 370	932	318
胶鞋	百双	68 677	58 074	16 266	10 876
火柴	百件	92	44	308	61
肥皂	百箱	1 516	1 566	72	178
洗衣粉	吨	2 276	988	2 196	4 651
缝纫机	架	56 786	38 222	13 058	10 277
手表	百只	4 363	3 118	868	574
自行车	辆	171 334	146 604	46 620	29 598
半导体收音机	台	18 838	25 015	133	3 536
电视机	台	85 089	70 923	9 555	6 886
#彩色电视机	台	22 923	21 942	1 540	2 819
录音机	台	27 434	16 338	2 350	2 301
录像机	台		46 436		49 929
照相机	架	1 831	2 204	9 439	543
电风扇	台	126 967	99 352	19 060	8 393
洗衣机	台	9 972	6 589	1 557	1 800
电冰箱	台	13 282	11 528	1 064	4 790
化肥	吨	1 169 054	1 023 661	57 967	95 411
化学农药	吨	4 298	2 827	1 000	622
农用塑料薄膜	吨	36	26	126	449

注：本表为国合商业总体内部调拨数字。

社会农副产品收购总额和收购量

品　　名	单　位	1989年	1990年	1990年比1989年增长%
一、社会农副产品收购总额	**万元**	**877 907**	**955 510**	**8.8**
二、社会农副产品收购量				
粮　　食	吨	4 156 606	4 534 054	9.1
食用植物油	吨	83 235	93 042	11.8
猪和猪肉	百头	54 152	57 945	7.0
牛和牛肉	百头	1 511	1 773	17.3
羊和羊肉	百头	249	273	9.6
家　　禽	百只	266 753	253 505	-5.0
鲜　　蛋	吨	46 973	54 745	16.5
水 产 品	吨	87 691	96 508	10.1
茶　　叶	吨	15 211	13 680	-10.1
干 鲜 菜	万元	76 885	85 123	10.7
干　菜	万元	13 880	16 509	18.9
鲜　菜	万元	63 005	68 614	8.9
干 鲜 果	万元	29 667	36 379	22.6
#苹　果	吨	12 611	12 176	-3.4
柑　桔	吨	87 351	91 436	4.7
棉　　花	吨	43 046	51 081	18.7
棉 短 绒	吨	3 672	3 785	3.1
黄（红）麻	吨	8 640	9 139	5.8
苎　　麻	吨	13 055	8 339	-36.1
甘　　蔗	吨	902 488	1 139 263	26.2
烤　　烟	吨	6 785	15 826	133.2
晒　　烟	吨	2 443	2 147	-12.1
中 药 材	万元	4 085	3 497	-14.4
桑 蚕 茧	吨	500	944	88.8
蚕　　丝	吨	66	62	-6.1
木　　材	百立方米	13 180	15 208	15.4
毛　　竹	百根	82 907	66 400	-19.9
篙　　竹	百根	8 458	13 257	56.7
棕　　片	吨	654	747	14.2
蜂　　蜜	吨	871	1 208	38.7
生　　漆	吨	45	5	-88.9
牛　　皮	百张	1 749	1 152	-34.1
山 羊 皮	百张	706	217	-69.3
山 羊 毛	吨	4	10	150.0
猪鬃（成品）	箱	2 207	2 572	16.5
猪 肠 衣	万根	158.61	117.29	-26.1
桐油（含籽折油）	吨	1 786	1 898	6.3

注：收购数字按日历年度计算。

各部门社会农副产品收购总额和收购量

（1990年）

品名	单位	合计	商业部门	工业部门	农业及其他部门	非农业居民向农民购买
一、社会农副产品收购总额	**万元**	**955 510**	**582 728**	**70 374**	**30 392**	**272 016**
二、社会农副产品收购量						
粮食	吨	4 534 054	4 266 565	45 349	129 661	92 479
食用植物油	吨	93 042	66 404	6 605	3 825	16 208
猪和猪肉	百头	57 945	30 640	176	1 289	25 840
牛和牛肉	百头	1 773	277	18	28	1 450
羊和羊肉	百头	273	8		13	252
家禽	百只	253 505	16 511	17 742	14 626	204 626
鲜蛋	吨	54 745	9 181	1 951	2 824	40 789
水产品	吨	96 508	16 419	220	9 012	70 857
茶叶	吨	13 680	5 932	6 439	711	598
干鲜菜	万元	85 123	14 578	544	1 155	68 846
干菜	万元	16 509	9 079	1	434	6 995
鲜菜	万元	68 614	5 499	543	721	61 851
干鲜果	万元	36 379	11 820	1 254	1 773	21 532
#苹果	吨	12 176	6 489	8	50	5 629
柑桔	吨	91 436	15 649	6 697	16 080	53 010
棉花	吨	51 081	50 696	187	10	188
棉短绒	吨	3 785	3 725	58	1	1
黄（红）麻	吨	9 139	7 035	1 990	3	111
苎麻	吨	8 339	4 400	3 264	7	668
甘蔗	吨	1 139 263	131	1 116 857	874	21 401
烤烟	吨	15 826	15 654	4		168
晒烟	吨	2 147	1 644			503
中药材	万元	3 497	3 164	154	26	153
桑蚕茧	吨	944	598	221	125	
蚕丝	吨	62	41		21	
木材	百立方米	15 208	66	10 797	3 893	452
毛竹	百根	66 400	14 009	33 792	16 579	2 020
篙竹	百根	13 257	3 126	4 261	5 525	345
棕片	吨	747	625	48	9	65
蜂蜜	吨	1 208	852	152	91	113
生漆	吨	5	5			
牛皮	百张	1 152	269	883		
山羊皮	百张	217	12	205		
山羊毛	吨	10	3	7		
猪鬃（成品）	箱	2 572	188	2 384		
猪肠衣	万根	117.29	17.02	98.72		1.55
桐油（含籽折油）	吨	1 898	1 815	47	15	21

补充资料：1.收购总额中从国营农场收购22 884万元。

2.商业部门中合营、其他集体和个体商业收购61 604万元。

各地区社会农副产品收购总额和收购量

（1990年）

地区	社会农副产品收购总额（万元）	#商业部门	#工业部门	#其他部门	粮食收购量（贸易粮）（吨）	食用植物油收购量（吨）	棉花收购量（吨）	猪和猪肉收购量（百头）
全省	**955 510**	**582 728**	**70 374**	**30 392**	**4 534 054**	**93 042**	**51 081**	**57 945**
南昌市	153 882	94 533	6 782	3 697	690 328	14 686	1 678	6 080
#市区	80 519	36 705	5 743	288	67 344	5 862	150	3 582
景德镇市	25 503	16 068	242	776	90 860	2 022	1 366	1 732
#市区	8 357	4 349	74	18	11 061	901	5	764
萍乡市	16 611	6 296	408	97	34 998	1 398	11	1 294
九江市	112 158	71 087	7 593	4 038	335 169	25 677	33 378	5 765
#市区	24 806	8 129	1 344	33	25 049	818	293	1 435
瑞昌市	7 855	5 141	645	203	13 811	1 916	2 445	220
新余市	27 389	15 679	1 514	1 131	112 125	2 208	4 028	1 809
#市区	20 929	11 888	686	962	80 432	1 893	4 028	1 310
鹰潭市	24 937	16 571	282	1 145	128 739	1 813	1	2 795
#市区	8 031	3 770	23	716	12 333	689	—	1 259
赣州地区	110 651	48 198	19 425	6 289	385 076	21 799	—	8 043
#赣州市	9 494	2 060	2 029	31	17 330	6 781	—	477
宜春地区	154 253	96 671	6 929	4 768	773 965	10 144	5 774	10 388
#樟树市	21 731	12 522	1 546	441	126 839	1 463	111	1 193
上饶地区	103 380	62 839	7 056	3 251	530 854	10 562	3 278	7 644
吉安地区	117 141	74 489	15 636	3 226	580 994	4 669	28	8 311
抚州地区	98 532	69 224	4 507	1 974	687 638	5 770	1 693	6 831
#临川市	22 985	14 902	139	91	148 822	1 013	977	1 163

主要年份社会商品零售总额

单位：万元

指　　　标	1978年	1980年	1985年	1989年	1990年
社会商品零售总额	**412 969**	**548 623**	**983 329**	**1 816 389**	**1 817 497**
一、按商品用途分					
1.对居民和社会集团的消费品零售额	339 281	454 837	857 101	1 527 447	1 519 351
按销售对象分					
对居民的消费品零售额	297 200	409 397	766 580	1 402 172	1 393 836
对社会集团的消费品零售额	42 081	45 440	90 521	125 275	125 515
按销售地区分					
市的零售额				552 336	565 455
县的零售额				423 994	416 650
县以下的零售额				551 117	537 246
2.对农民的农业生产资料零售额	73 688	93 786	126 228	288 942	298 146
二、按经济类型分					
全民所有制	234 338	270 676	394 430	645 032	652 215
供销合作社	145 554	205 247	200 304	356 575	347 436
其他集体所有制	21 952	44 690	171 105	225 306	213 194
合　　营		487	2 118	1 249	1 279
个　　体	573	2 006	115 771	322 873	331 357
农民对非农业居民	10 552	25 517	99 601	265 354	272 016
三、按行业分					
1.商业零售额	358 158	466 745	722 417	1 280 147	1 255 066
全民所有制商业	206 401	239 219	307 226	504 124	496 159
供销合作社商业	142 532	201 716	198 721	354 871	345 747
其他集体所有制商业	8 692	24 140	118 842	154 034	138 844
合营商业		382	313	676	478
个体商业	533	1 288	97 315	266 442	273 838
2.饮食业零售额	12 106	14 716	29 833	64 918	67 288
全民所有制饮食业	7 707	7 813	7 367	9 101	10 375
供销合作社饮食业	3 022	3 531	1 583	1 704	1 689
其他集体所有制饮食业	1 337	2 709	7 998	13 734	14 558
合营饮食业		105	119	30	13
个体饮食业	40	558	12 766	40 349	40 653
3.工业零售额	22 000	33 430	96 379	147 514	159 716
全民所有制工业	10 077	16 953	50 650	83 860	93 602
集体所有制工业	11 923	16 317	40 132	51 183	53 028
合营工业			1 633	543	756
个体工业		160	3 964	11 928	12 330
4.其他行业零售额	10 153	8 215	35 099	58 456	63 411
全民所有制	10 153	6 691	29 187	47 947	52 079
集体所有制		1 524	4 133	6 355	6 764
合　　营			53		32
个　　体			1 726	4 154	4 536
5.农民对非农业居民零售额	10 552	25 517	99 601	265 354	272 016
集市内			87 622	237 259	241 639
集市外			11 979	28 095	30 377

各地区社会商品零售总额

（1990年）

单位：万元

地区	社会商品零售总额	消费品零售额			农业生产资料零售额
		合计	居民	社会集团	
全省	**1817497**	**1519351**	**1393836**	**125515**	**298146**
南昌市	296182	263645	238335	25310	32537
#市区	203934	196331	174213	22118	7603
景德镇市	71316	64172	56937	7235	7144
#市区	40128	38319	32603	5716	1809
萍乡市	79700	73937	69565	4372	5763
九江市	207039	179495	160946	18549	27544
#市区	72224	69618	57084	12534	2606
瑞昌市	13927	12403	11909	494	1524
新余市	60935	48662	43958	4704	12273
#市区	46610	36556	33355	3201	10054
鹰潭市	51468	43739	40558	3181	7729
#市区	26393	23806	22243	1563	2587
赣州地区	244366	203882	190410	13472	40484
#赣州市	36945	35398	32285	3113	1547
宜春地区	263985	206859	190390	16469	57126
#樟树市	34181	23272	22110	1162	10909
上饶地区	205623	172078	159003	13075	33545
吉安地区	178981	140097	130508	9589	38884
抚州地区	157902	122785	113226	9559	35117
#临川市	51503	42386	39234	3152	9117

地区	商业零售额	饮食业零售额	工业零售额	其他行业零售额	农民对非农业居民零售额
全省	**1255066**	**67288**	**159716**	**63411**	**272016**
南昌市	204723	10306	26946	5337	48870
#市区	134912	8362	21289	1588	37783
景德镇市	47150	3005	9822	2922	8417
#市区	25592	1764	7352	1504	3916
萍乡市	55279	4366	8910	1335	9810
九江市	138695	9847	17987	11070	29440
#市区	37225	4827	9247	5625	15300
瑞昌市	9820	435	1189	617	1866
新余市	41385	1779	6330	2376	9065
#市区	31535	1235	4935	1512	7393
鹰潭市	36054	2424	3364	2687	6939
#市区	18396	1736	1438	1301	3522
赣州地区	173517	9476	16383	8251	36739
#赣州市	26220	1396	2661	1294	5374
宜春地区	171393	9326	28095	9286	45885
#樟树市	17636	815	7149	1359	7222
上饶地区	145160	6371	14713	9145	30234
吉安地区	129084	4319	16161	5627	23790
抚州地区	112626	6069	11005	5375	22827
#临川市	38022	1311	3297	1020	7853

主要年份社会消费品分类零售额和构成

类　　别	单位	1978年	1980年	1985年	1989年	1990年
一、社会消费品零售额	**万元**	**339 281**	**454 837**	**857 101**	**1 527 447**	**1 519 351**
食　品　类	万元	166 248	221 051	409 938	785 519	795 320
衣　着　类	万元	67 856	89 603	152 452	236 737	224 042
日 用 品 类	万元	51 910	70 045	139 204	233 456	221 429
文化娱乐用品类	万元	11 875	16 829	43 110	69 096	61 445
书报杂志类	万元	4 750	6 822	14 955	27 560	30 808
药及医疗用品类	万元	12 892	17 284	32 436	54 637	62 172
房屋及建筑材料类	万元	11 886	17 739	40 094	73 060	74 028
燃　料　类	万元	11 864	15 464	24 912	47 382	50 107
二、社会消费品零售额分类构成	**%**	**100.0**	**100.0**	**100.0**	**100.0**	**100.0**
食　品　类	%	49.0	48.6	47.8	51.4	52.4
衣　着　类	%	20.0	19.7	17.8	15.5	14.7
日 用 品 类	%	15.3	15.4	16.2	15.3	14.6
文化娱乐用品类	%	3.5	3.7	5.0	4.5	4.0
书报杂志类	%	1.4	1.5	1.8	1.8	2.0
药及医疗用品类	%	3.8	3.8	3.8	3.6	4.1
房屋及建筑材料类	%	3.5	3.9	4.7	4.8	4.9
燃　料　类	%	3.5	3.4	2.9	3.1	3.3

城乡集市贸易市场个数及成交总额

指　　标	单位	1989年	1990年	1990年比1989年增长%
一、年末城乡集市贸易市场个数	**个**	**2 419**	**2 406**	**-0.5**
1.农村集市贸易市场个数	个	2 131	2 107	-1.1
2.城市集市贸易市场个数	个	288	299	3.8
二、城乡集市贸易成交总额	**万元**	**611 730**	**678 141**	**10.9**
1.农村集市贸易成交额	万元	419 577	455 510	8.6
#农民卖给农民	万元	123 729	146 552	18.4
工业品及其他专业市场成交额	万元	42 908	44 050	2.7
2.城市集市贸易成交额	万元	192 153	222 631	15.9
#农民卖给农民	万元	14 044	16 962	20.8
工业品及其他专业市场成交额	万元	33 903	55 078	62.5

主要消费品社会零售量

品名	单位	1989年	1990年	1990年比1989年增长%
粮食	吨	2 287 076	2 192 375	-4.1
食用植物油	吨	92 556	94 970	2.6
猪和猪肉	百头	40 211	44 983	11.9
牛和牛肉	百头	1 384	1 522	10.0
羊和羊肉	百头	355	399	12.4
鲜蛋	吨	45 711	51 818	13.4
水产品	吨	89 355	97 432	9.0
食盐	吨	233 323	197 070	-15.5
食糖	吨	104 745	105 363	0.6
卷烟	箱	457 649	552 446	20.7
酒	吨	161 292	153 422	-4.9
茶叶	吨	3 225	3 718	15.3
棉布	百米	858 806	546 474	-36.4
棉花化纤混纺布	百米	537 948	415 587	-22.7
化纤布	百米	259 168	172 510	-33.4
呢绒	百米	42 890	33 510	-21.9
绸缎	百米	59 846	46 715	-21.9
汗衫背心	百件	150 044	95 741	-36.2
棉毛衫裤	百件	92 249	66 821	-27.6
卫生衫裤	百件	13 734	9 065	-34.0
各种服装	百件	61 504	46 322	-24.7
毛线	百公斤	24 047	13 177	-45.2
皮鞋	百双	35 083	33 632	-4.1
胶鞋	百双	282 474	264 281	-6.4
火柴	百件	6 058	4 740	-21.8
肥皂	百箱	18 709	24 716	32.1
洗衣粉	吨	13 109	11 590	-11.6
保温瓶	百个	34 011	29 878	-12.2
缝纫机	架	183 704	149 635	-18.5
手表	百只	9 019	7 001	-22.4
自行车	辆	766 445	641 514	-16.3
半导体收音机	台	135 756	100 570	-25.9
电视机	台	392 395	355 902	-9.3
#彩色电视机	台	66 569	89 207	34.0
录音机	台	196 072	132 498	-32.4
录像机	台		7 439	
照相机	架	6 547	11 755	79.5
电风扇	台	687 105	638 325	-7.1
洗衣机	台	71 711	63 893	-10.9
电冰箱	台	60 148	70 639	17.4
煤油	吨	44 420	40 253	-9.4
煤炭	吨	3 811 632	3 489 846	-8.4

注：粮食是贸易粮，食用植物油包括料折油（379—389页各表同）。

1989年煤炭零售量数字作了调整，以此数为准。

各部门主要消费品社会零售量

（1990年）

品名	单位	合计	商业部门	工业部门	农业及其他部门	农民对非农业居民
粮食	吨	2 192 375	1 975 823		124 073	92 479
食用植物油	吨	94 970	75 006		3 756	16 208
猪和猪肉	百头	44 983	17 956	7	1 180	25 840
牛和牛肉	百头	1 522	47	2	23	1 450
羊和羊肉	百头	399	136		11	252
鲜蛋	吨	51 818	8 647		2 382	40 789
水产品	吨	97 432	17 739		8 836	70 857
食盐	吨	197 070	197 070			
食糖	吨	105 363	95 960	9 377	3	23
卷烟	箱	552 446	552 446			
酒	吨	153 422	127 719	24 894	401	408
茶叶	吨	3 718	2 187	272	661	598
棉布	百米	546 474	524 102	22 372		
棉花化纤混纺布	百米	415 587	405 662	9 925		
化纤布	百米	172 510	166 382	6 128		
呢绒	百米	33 510	32 784	726		
绸缎	百米	46 715	40 812	5 903		
汗衫背心	百件	95 741	93 433	2 308		
棉毛衫裤	百件	66 821	64 830	1 991		
卫生衫裤	百件	9 065	7 085	1 980		
各种服装	百件	46 322	38 882	7 440		
毛线	百公斤	13 177	12 494	683		
皮鞋	百双	33 632	27 094	6 538		
胶鞋	百双	264 281	260 339	3 942		
火柴	百件	4 740	4 725	15		
肥皂	百箱	24 716	16 056	8 660		
洗衣粉	吨	11 590	11 279	311		
保温瓶	百个	29 878	29 852	26		
缝纫机	架	149 635	149 635			
手表	百只	7 001	6 922	79		
自行车	辆	641 514	639 310	2 204		
半导体收音机	台	100 570	94 071	6 499		
电视机	台	355 902	343 555	12 347		
#彩色电视机	台	89 207	80 871	8 336		
录音机	台	132 498	122 092	10 406		
录像机	台	7 439	7 439			
照相机	架	11 755	11 755			
电风扇	台	638 325	588 041	50 284		
洗衣机	台	63 893	63 893			
电冰箱	台	70 639	68 364	2 275		
煤油	吨	40 253	40 253			
煤炭	吨	3 489 846	1 669 402	1 820 298		146

全民所有制商业和供销合作社经济效益主要指标

指　　　　　标	单　位	1989年	1990年	1990年比1989年增长%
商品纯销售额	万元	1720944	1845280	7.2
商品销售毛利	万元	232814	194133	-16.6
毛　利　率	%	13.53	10.52	-22.2
商品流通费用	万元	228971	261727	14.3
费　用　率	%	13.30	14.18	6.6
销售税金	万元	28210	24099	-14.6
教育费附加	万元	626	511	-18.4
商品经营利润	万元	-22159	-90893	
利　润　率	%	-1.29	-4.93	
全部企业利润总额（补贴前）	万元	-20186	-98851	
#商业企业利润净额	万元	-30962	-105209	
全部企业利润总额（补贴后）	万元	9132	-57629	
全部亏损企业的亏损额	万元	58054	107275	84.8
#商业亏损企业的亏损额	万元	52253	99873	91.1
已缴所得税、调节税	万元	19644	17436	-11.2
财政已拨补亏损	万元	64954	68466	5.4
全部企业留利	万元	14565	14100	-3.2
全部企业缴纳税金总额	万元	35978	31746	-11.8
商业企业财产损失	万元	4119	4566	10.9
全部企业全部流动资金期末占用额	万元	1271030	1478111	16.3
#商业企业	万元	1154289	1350711	17.0
全部企业全部流动资金平均占用额	万元	1040945	1280600	23.0
#商业企业	万元	948573	1186713	25.1
全部企业全部流动资金利税率	%	4.33	-2.02	
商业企业全部流动资金周转次数	次	1.81	1.55	-14.4
全部企业年末固定资产原值	万元	323046	373332	15.6
#商业企业年末固定资产原值	万元	234887	271806	15.7
全部企业年末固定资产净值	万元	231241	268079	15.9
商业企业职工平均人数	人	287337	293150	2.0
商业企业平均每一职工销货额	元	59893	62947	5.1
商业企业独立核算单位数	个	8652	8768	1.3
#亏损单位数	个	2969	4128	39.0

商业、饮食业、服务业机构和人员数

（年末数）

行业	单位	1989年	1990年	1990年比1989年增长%
一、机构	**个**	**385 587**	**374 202**	**-3.0**
1.商业	个	281 704	270 715	-3.9
企业管理机构	个	5 234	5 258	0.5
企业经营机构	个	275 391	264 320	-4.0
#农副产品采购(供应)机构	个	4 532	4 727	4.0
工业品批发机构	个	2 601	2 653	2.0
零售机构	个	265 575	253 834	-4.4
仓储运输机构	个	1 079	1 137	5.4
2.饮食、服务业	个	103 883	103 487	-0.4
企业管理机构	个	240	233	-2.9
饮食业经营机构	个	44 899	42 915	-4.4
服务业经营机构	个	58 744	60 339	2.7
二、人员	**人**	**1 132 049**	**1 118 848**	**-1.2**
1.商业	人	869 468	856 540	-1.5
企业管理机构	人	74 203	73 563	-0.9
企业经营机构	人	780 195	767 200	-1.7
#农副产品采购(供应)机构	人	44 856	46 641	4.0
工业品批发机构	人	27 549	28 308	2.8
零售机构	人	686 828	669 933	-2.5
仓储运输机构	人	15 070	15 777	4.7
2.饮食、服务业	人	262 581	262 308	-0.1
企业管理机构	人	2 045	2 055	0.5
饮食业经营机构	人	133 639	127 310	-4.7
服务业经营机构	人	126 897	132 943	4.8

商业、饮食业、服务业机构数（一）

（1990年末）　　单位：个

行　　业	合计	市	县	县以下
总　　计	**374 202**	**66 701**	**75 654**	**231 847**
一、商业合计	**270 715**	**48 011**	**52 995**	**169 709**
1.全民所有制商业	16 126	3 821	5 944	6 361
（1）企业管理机构	2 348	463	1 236	649
#兼营业务的	1 185	208	586	391
（2）企业经营机构	13 218	3 188	4 422	5 608
农副产品采购(供应)机构	2 983	210	424	2 349
工业品批发机构	1 305	328	789	188
零售机构	8 476	2 540	2 957	2 979
#国家所有集体经营	935	282	479	174
租赁给经营者经营	224	47	121	56
其他经营机构	454	110	252	92
（3）仓储运输机构	560	170	286	104
2.供销合作社商业	26 369	1 410	2 074	22 885
（1）企业管理机构	1 980	175	374	1 431
#兼营业务的	1 374	97	247	1 030
（2）企业经营机构	23 870	1 170	1 579	21 121
农副产品采购(供应)机构	1 744	110	195	1 439
工业品批发机构	1 348	163	379	806
零售机构	19 115	748	810	17 557
其他经营机构	1 663	149	195	1 319
（3）仓储运输机构	519	65	121	333
3.其他集体所有制商业	15 510	7 147	3 225	5 138
（1）企业管理机构	930	416	263	251
（2）企业经营机构	14 522	6 704	2 939	4 879
#零售机构	13 550	6 296	2 623	4 631
#由全民转为集体所有制	120	110	10	—
（3）仓储运输机构	58	27	23	8
4.合营商业	21	20	1	—
#中外合营	2	2	—	—
#零售机构	4	4	—	—
5.农村代购代销店	744	13	—	731
6.个体有证商业	211 945	35 600	41 751	134 594

商业、饮食业、服务业机构数（二）

（1990年末）　　单位：个

行业	合计	市	县	县以下
二、饮食业、服务业合计	**103 487**	**18 690**	**22 659**	**62 138**
1.企业管理机构	233	79	136	18
2.企业经营机构	103 254	18 611	22 523	62 120
（1）饮食业合计	42 915	8 930	10 837	23 148
全民所有制饮食业	942	245	558	139
#国家所有集体经营	222	41	160	21
租赁给经营者经营	150	16	105	29
供销合作社饮食业	1 165	61	37	1 067
其他集体所有制饮食业	2 273	890	546	837
#由全民转为集体所有制	37	36	1	—
合营饮食业	4	1	3	—
#中外合营	1	1	—	—
个体有证饮食业	38 531	7 733	9 693	21 105
（2）服务业合计	60 339	9 681	11 686	38 972
按经济类型分				
全民所有制服务业	1 166	590	441	135
#国家所有集体经营	216	53	154	9
租赁给经营者经营	74	10	48	16
供销合作社服务业	818	43	43	732
其他集体所有制服务业	2 702	1 109	839	754
#由全民转为集体所有制	38	37	1	—
合营服务业	11	9	2	—
#中外合营	8	8	—	—
个体有证服务业	55 642	7 930	10 361	37 351
按行业分				
旅馆业	5 308	1 437	1 220	2 651
理发业	13 092	2 347	2 686	8 059
浴池业	33	11	14	8
洗染业	69	32	23	14
摄影业	2 496	488	706	1 302
日用品修理业	23 999	3 507	4 557	15 935
其他服务业	15 342	1 859	2 480	11 003

商业、饮食业、服务业人员数(一)

（1990年末）　　单位：人

行业	合计	市	县	县以下
总计	**1 118 848**	**320 474**	**257 792**	**540 582**
一、商业合计	**856 540**	**238 055**	**199 363**	**419 122**
1.全民所有制商业	216 301	79 516	78 982	57 803
（1）企业管理机构	44 770	15 974	21 924	6 872
#兼营业务的	19 732	6 341	9 483	3 908
（2）企业经营机构	159 357	57 627	51 615	50 115
农副产品采购(供应)机构	39 078	3 901	7 197	27 980
工业品批发机构	18 927	7 628	10 016	1 283
零售机构	93 750	43 253	30 781	19 716
#国家所有集体经营	13 116	5 844	5 562	1 710
租赁给经营者经营	962	291	484	187
其他经营机构	7 602	2 845	3 621	1 136
（3）仓储运输机构	12 174	5 915	5 443	816
2.供销合作社商业	115 980	15 905	20 819	79 256
（1）企业管理机构	23 982	3 440	7 150	13 392
#兼营业务的	11 164	1 417	3 179	6 568
（2）企业经营机构	89 226	11 476	12 719	65 031
农副产品采购(供应)机构	7 563	2 072	1 619	3 872
工业品批发机构	9 381	2 067	4 181	3 133
零售机构	65 146	5 080	5 375	54 691
其他经营机构	7 136	2 257	1 544	3 335
（3）仓储运输机构	2 772	989	950	833
3.其他集体所有制商业	125 253	73 664	23 642	27 947
（1）企业管理机构	4 811	2 404	1 470	937
（2）企业经营机构	119 611	70 658	21 988	26 965
#零售机构	112 200	67 091	19 454	25 655
#由全民转为集体所有制	3 698	3 603	95	—
（3）仓储运输机构	831	602	184	45
4.合营商业	259	252	7	—
#中外合营	37	37	—	—
#零售机构	90	90	—	—
5.农村代购代销店	1 177	63	—	1 114
6.个体有证商业	397 570	68 655	75 913	253 002

商业、饮食业、服务业人员数(二)

(1990年末)　　单位：人

行　　业	合　计	市	县	县以下
二、饮食业、服务业合计	**262 308**	**82 419**	**58 429**	**121 460**
1.企业管理机构	2 055	853	1 110	92
2.企业经营机构	260 253	81 566	57 319	121 368
(1)饮食业合计	127 310	36 585	31 711	59 014
全民所有制饮食业	9 957	4 469	4 644	844
#国家所有集体经营	2 373	664	1 540	169
租赁给经营者经营	893	117	629	147
供销合作社饮食业	2 654	240	200	2 214
其他集体所有制饮食业	18 373	10 413	4 065	3 895
#由全民转为集体所有制	920	917	3	—
合营饮食业	108	52	56	—
#中外合营	52	52	—	—
个体有证饮食业	96 218	21 411	22 746	52 061
(2)服务业合计	132 943	44 981	25 608	62 354
按经济类型分				
全民所有制服务业	18 768	13 435	4 407	926
#国家所有集体经营	2 714	1 127	1 482	105
租赁给经营者经营	441	88	279	74
供销合作社服务业	1 350	170	240	940
其他集体所有制服务业	24 236	16 979	3 816	3 441
#由全民转为集体所有制	678	673	5	—
合营服务业	1 087	1 070	17	—
#中外合营	1 064	1 064	—	—
个体有证服务业	87 502	13 327	17 128	57 047
按行业分				
旅馆业	34 610	22 146	6 391	6 073
理发业	22 757	5 029	5 273	12 455
浴池业	306	224	53	29
洗染业	311	182	81	48
摄影业	5 879	2 150	1 624	2 105
日用品修理业	41 083	9 423	7 394	24 266
其他服务业	27 997	5 827	4 792	17 378

社会零售商业、饮食业、服务业机构和人员数

（年末数）

行业	机构（个）		人员（人）	
	1989年	1990年	1989年	1990年
总计	**369 218**	**357 088**	**947 364**	**930 186**
一、按经济类型分				
全民所有制	10 388	10 584	124 882	122 475
#国家所有集体经营	1 462	1 373	17 640	18 203
租赁给经营者经营	438	448	2 795	2 296
供销合作社	20 750	21 098	68 339	69 150
其他集体所有制	20 282	18 525	167 419	154 809
#由全民转为集体所有制	786	195	9 033	5 296
合营	21	19	1 396	1 285
代购代销	1 543	744	2 224	1 177
个体	316 234	306 118	583 104	581 290
二、按行业分				
1.零售商业	265 575	253 834	686 828	669 933
全民所有制商业	8 341	8 476	95 754	93 750
#国家所有集体经营	977	935	12 393	13 116
租赁给经营者经营	212	224	1 224	962
供销合作社商业	18 635	19 115	64 012	65 146
其他集体所有制商业	14 640	13 550	122 460	112 200
#由全民转为集体所有制	673	120	6 751	3 698
合营商业	6	4	132	90
代购代销店	1 543	744	2 224	1 177
个体商业	222 410	211 945	402 246	397 570
2.饮食业	44 899	42 915	133 639	127 310
全民所有制饮食业	931	942	10 629	9 957
#国家所有集体经营	245	222	2 620	2 373
租赁给经营者经营	131	150	972	893
供销合作社饮食业	1 196	1 165	2 801	2 654
其他集体所有制饮食业	2 731	2 273	22 897	18 373
#由全民转为集体所有制	66	37	1 415	920
合营饮食业	5	4	158	108
个体饮食业	40 036	38 531	97 154	96 218
3.服务业	58 744	60 339	126 897	132 943
全民所有制服务业	1 116	1 166	18 499	18 768
#国家所有集体经营	240	216	2 627	2 714
租赁给经营者经营	95	74	599	441
供销合作社服务业	919	818	1 526	1 350
其他集体所有制服务业	2 911	2 702	22 062	24 236
#由全民转为集体所有制	47	38	867	678
合营服务业	10	11	1 106	1 087
个体服务业	53 788	55 642	83 704	87 502

社会零售商业分行业机构和人员数

（年 末 数）

行　　业	1989年				1990年			
	合 计	市	县	县以下	合 计	市	县	县以下
一、机构总计（个）	**265 575**	**44 548**	**50 449**	**170 578**	**253 834**	**45 201**	**48 141**	**160 492**
#五百人以上的大型商店	2	2	—	—	2	2	—	—
粮油商店	1 954	429	397	1 128	2 060	515	392	1 153
副食品商店	4 922	1 325	988	2 609	4 764	1 149	1 058	2 557
其他食品商店	3 819	1 518	558	1 743	3 567	1 624	432	1 511
纺织品商店	1 250	163	154	933	1 310	247	124	939
百货商店	5 398	1 126	894	3 378	5 379	1 290	886	3 203
医药商店	1 129	158	277	694	1 085	185	263	637
书　　店	788	174	185	429	903	194	201	508
日用杂品商店	2 008	368	280	1 360	2 202	464	264	1 474
煤炭商店	225	100	99	26	229	103	94	32
石油商店	291	68	158	65	337	76	170	91
五金、交电、化工商店	2 761	1 320	522	919	2 696	1 322	495	879
农业生产资料商店	2 940	154	239	2 547	3 225	228	308	2 689
其他专业商店	1 919	643	250	1 026	1 629	761	280	588
综合性商店	13 761	2 036	1 637	10 088	12 503	1 443	1 423	9 637
个体有证商业	222 410	34 966	43 811	143 633	211 945	35 600	41 751	134 594
二、人员总计（人）	**686 828**	**190 220**	**132 734**	**363 874**	**669 933**	**184 232**	**131 523**	**354 178**
#五百人以上的大型商店	1 167	1 167	—	—	1 238	1 238	—	—
粮油商店	22 795	6 134	6 301	10 360	23 991	7 054	6 020	10 917
副食品商店	29 175	15 702	6 091	7 382	27 306	13 511	6 597	7 198
其他食品商店	26 731	16 541	3 019	7 171	25 075	16 039	2 619	6 417
纺织品商店	5 227	1 928	1 118	2 181	6 683	3 593	894	2 196
百货商店	44 637	22 667	9 686	12 284	39 674	18 398	9 748	11 528
医药商店	8 706	2 417	2 548	3 741	8 909	2 960	2 552	3 397
书　　店	3 792	1 556	1 332	904	4 160	1 661	1 461	1 038
日用杂品商店	9 162	3 783	1 788	3 591	9 649	4 106	1 537	4 006
煤炭商店	2 897	1 312	1 222	363	3 143	1 659	1 119	365
石油商店	3 546	1 563	1 732	251	4 429	2 106	1 950	373
五金、交电、化工商店	20 373	13 442	4 188	2 743	20 030	13 061	4 224	2 745
农业生产资料商店	11 902	1 564	1 728	8 610	12 996	1 846	2 104	9 046
其他专业商店	13 492	8 028	1 921	3 543	13 180	9 045	1 935	2 200
综合性商店	82 147	27 818	12 783	41 546	73 138	20 538	12 850	39 750
个体有证商业	402 246	65 765	77 277	259 204	397 570	68 655	75 913	253 002

补充资料：工业部门附设的零售门市部1989年2 072个，11 083人；1990年1 995个，10 176人。其他部门附设的零售门市部1989年1 050个，5 246人；1990年860个，4 132人。农工商联合企业附设的零售门市部1989年 324个，1 653人；1990年 271个，1 472人。

社会服务业分行业机构和人员数

（年末数）

行业	机构（个）		人员（人）	
	1989年	1990年	1989年	1990年
总计	**58744**	**60339**	**126897**	**132943**
旅馆业	5409	5308	34928	34610
理发业	10502	13092	19606	22757
浴池业	31	33	253	306
洗染业	149	69	450	311
摄影业	2902	2496	6075	5879
日用品修理业	24277	23999	38828	41083
其他服务业	15474	15342	26757	27997

各地区社会零售商业、饮食业、服务业机构和人员数

（1990年末）

地区	机构数（个）				人员数（人）			
	合计	零售商业	饮食业	服务业	合计	零售商业	饮食业	服务业
全省	**357088**	**253834**	**42915**	**60339**	**930186**	**669933**	**127310**	**132943**
南昌市	34029	24828	4033	5168	124815	89442	13841	21532
景德镇市	12434	9225	2098	1111	29045	20843	4736	3466
萍乡市	12515	9595	944	1976	31071	23205	3958	3908
九江市	44948	31278	5518	8152	115363	80286	16040	19037
#瑞昌市	4266	2839	499	928	8701	5991	1274	1436
新余市	8090	5008	919	2163	19341	12278	3095	3968
鹰潭市	7462	5502	992	968	19272	13974	2584	2714
赣州地区	75955	49964	10443	15548	186541	126285	31213	29043
#赣州市	7599	5298	1168	1133	41086	29626	5668	5792
宜春地区	45628	32256	4931	8441	136951	100602	18780	17569
#樟树市	4976	3346	757	873	14563	11243	2051	1269
上饶地区	42561	34510	3991	4060	98036	80584	9175	8277
吉安地区	44770	30083	5531	9156	99299	68708	14493	16098
抚州地区	28696	21585	3515	3596	70452	53726	9395	7331
#临川市	7564	6228	706	630	20430	16416	2277	1737

零售商业、饮食业、服务业的服务情况

行　　业	单位	1989年	1990年	1990年比1989年增长%
一、平均每一机构服务的人口				
零售商业	人	139	150	7.9
饮食业	人	823	888	7.9
服务业	人	629	632	0.5
二、平均每一机构的零售额				
零售商业	万元	4.82	4.94	2.5
饮食业	万元	1.45	1.57	8.3
三、平均每一人员服务的人口				
零售商业	人	54	57	5.6
饮食业	人	277	299	7.9
服务业	人	291	287	-1.4
四、平均每一人员的零售额				
零售商业	万元	1.86	1.87	0.5
饮食业	万元	0.49	0.53	8.2

南昌百货大楼简介

南昌百货大楼于1958年6月1日建成开业，地处繁华的中山路和八一大道交汇处，现有职工六百余人，营业面积七千余平方米，设有十个商品经营部，一个综合批发部和一个维修中心，经营百货、针纺、家电等十八大类近三万种商品。年销售额逾八千万元，实现利税八百万元，是商业部和全国一、二级站的直接挂钩单位，是江西唯一的全国质协用户委员会产品质量跟踪站、省市消费者协会监督站的所在地，是江西商业信息服务中心。

1988年，大楼进行了全面整修，1989年又增添了中央空调设备，使其更显高雅华贵，富丽堂皇，更加方便了顾客选购商品。

在经营服务中，大楼形成了以经营名、优、特、新产品为主的经营特色，并开展了售前、售中、售后一条龙服务。在管理上，不断深化企业内部改革，推行全面质量管理，实行了服务管理规范化和营业员等级制度，服务质量不断提高。在执行物价政策上，制定了商品进货十不准制度，确保大楼不经销伪劣假冒商品，维护了消费者的利益。

大楼1989年被评为"全国百货、纺织品商业经营管理先进单位"、"全国执行物价政策、法规优秀商店"，1988和1989年连续两年被评为省级先进企业。

总经理：涂秋香　地址：南昌市八一大道中山路口
电话：225461　电挂：2869　邮编：330006

南昌时装大厦简介

南昌时装大厦是南昌地区唯一以销售服装为主的综合性商场，其西临江南三大名楼之一"滕王阁"，东临胜利路和叠山路汇合处，地处商业闹市区，交通十分便利。大厦营业面积为1800平方米，职工200余人。

目前，大厦还兼营针纺织品、鞋帽、辅料、百货、五金交电、服装定制、来料加工，并采取了经销、联销、展销、代销、批发等灵活多样的经营方式，与全国20多个省市的厂商保持频繁的业务往来。

为了方便顾客的选购，大厦设置了南昌地区迄今最大的服装自选厅，以及造型新颖独特的精品屋、童装街、西裤亭等具有现代特色的布局。服装定制、来料加工部优惠为顾客定制各式男女服装，特别受中老年及特殊体形顾客的青睐。

多年来，大厦以"服务质量就是企业的生命"为宗旨，坚持质量第一、信誉至上，深受消费者和社会各界的赞誉，大厦也连续五年被评为东湖区文明单位，今年又被评为市级文明单位，无假冒商品、商品质量信得过企业。

总经理：杨茂棠　熊兴胜　姚光珍
地　址：南昌市胜利路154号
电　话：772890　52492
电报挂号：3051
邮　编：330008

主 要 统 计 指 标 解 释

社会商品零售总额 指各种经济类型的商业、饮食业、工业和其他行业直接售给城乡居民和社会集团的消费品，售给农民的农业生产资料，以及农民直接售给非农业居民的消费品总额。不包括农民之间的商品销售。至于售给国民经济各部门企业、事业单位（包括全民所有制农场）生产经营用的各种原材料、燃料、建筑材料、设备、工具等不包括在社会商品零售总额中。

社会商品购买力 包括城乡居民（含外宾）消费品购买力、社会集团公用消费品购买力、农民农业生产资料购买力三个部分。它与社会商品零售总额的统计范围相适应。当年形成的社会商品购买力等于当年已实现的购买力（即社会商品零售总额）加当年结余购买力（货币）之和。

城乡集市贸易成交额 指在农村集市和城镇集市上买卖双方（包括农民、非农业居民、机关、团体、工商企业、个体商贩）成交的全部商品金额。

社会消费品零售量 指某一种消费品由各行业售给居民生活用和社会集团公共消费用的数量以及农民售给非农业居民数量总和。不包括农民之间的销售产品量。它反映一定时期零售市场上某一种消费品的供应总量，也就是城乡居民和社会集团商品性消费总量。

社会消费品零售量不包括：工业生产用量；服务行业用量；售给外贸部门直接出口和加工出口商品的用量。

社会农副产品收购 包括商业、饮食业、工业和其他部门以及非农业居民直接从农民、国营农场、劳改农场、机关和部队农场等农业生产者收购的农、林、牧、渔业产品，以及从农业生产者收购的这些产品的加工品，如土糖、土纸、草席等。

社会商业商品购、销、存 指以社会商业（包括全民所有制商业、供销合作社、其他集体所有制商业、合营商业、个体商业）为统计总体的国内纯购、纯销及库存。即上述各种经济类型的商业企业对商业部门以外的单位和个人的商品购销，不包括他们相互之间的商品购销。

贸易粮 粮食的收购量和销售量都是按贸易粮计算的。贸易粮计算方法是按规定标准将原粮折合成大米。

社会商业机构 指专门从事工农业产品买卖的各种经济类型的商业企业管理机构、经营机构和仓储运输机构。不包括各级物资供销机构和各工业部门的产品供销机构。

社会饮食业机构 指从事食品的烹饪、调制并直接售给居民的各种经济类型的饮食业机构，包括中西餐馆、饭馆、食堂、各种小吃店、冷饮店、酒馆、茶室等。不包括旅店、招待所的旅客食堂和机关、团体、企事业单位食堂。

社会服务业机构 指提供劳务为居民生活服务的机构，包括旅店、理发、浴池、照相、洗染、日用品修理、租赁和誊写等各种经济类型的服务行业。不包括旅游业、咨询服务业、缝纫业。

社会商业、饮食业、服务业机构，不论大小、不论独立核算还是非独立核算，均按自然网点计算。

社会商业、饮食业、服务业人员 是指在社会商业、饮食业、服务业机构中工作的人员。

十一、对外经济和旅游

●1990年，外贸进出口总额63 118万美元，其中进口总额6 971万美元，出口总额56 147万美元，“七五”时期，出口总额平均每年增长16.9%。

●1990年，利用外资签订合同金额12 292万美元，实际利用外资金额5 141万美元，分别比1985年增长2.8倍和4.0倍。

●1990年，接待海外游客3.50万人，旅游外汇收入2 025.6万元（外汇券），分别比1985年增长1.3倍和4.3倍。

●1990年，对外交流出国人员2 216人次，“七五”期间，累计出国交流1.07万人次。

外贸进出口总额

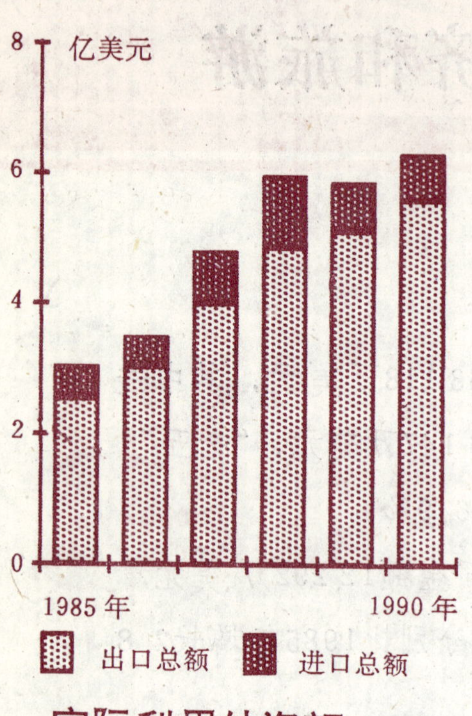

商品出口额中工业制成品与初级产品比例

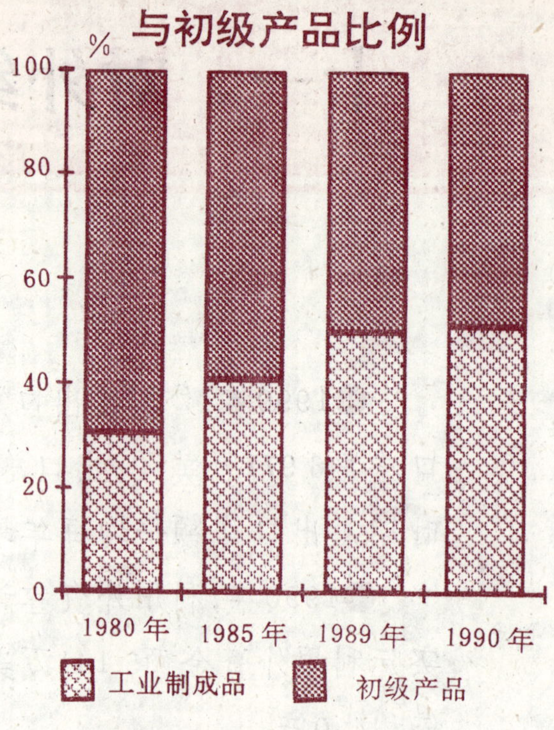

实际利用外资额

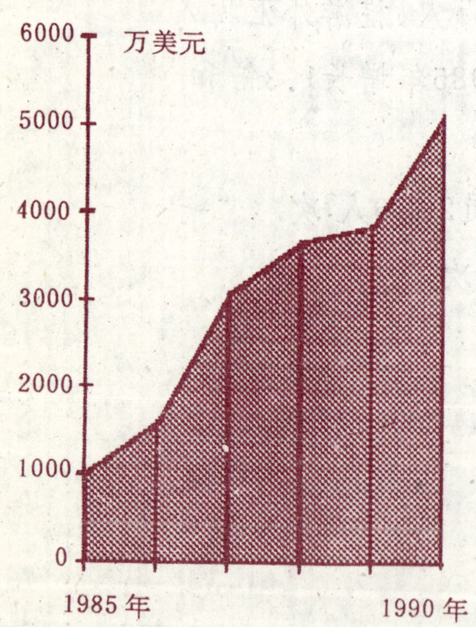

旅游人数与收汇

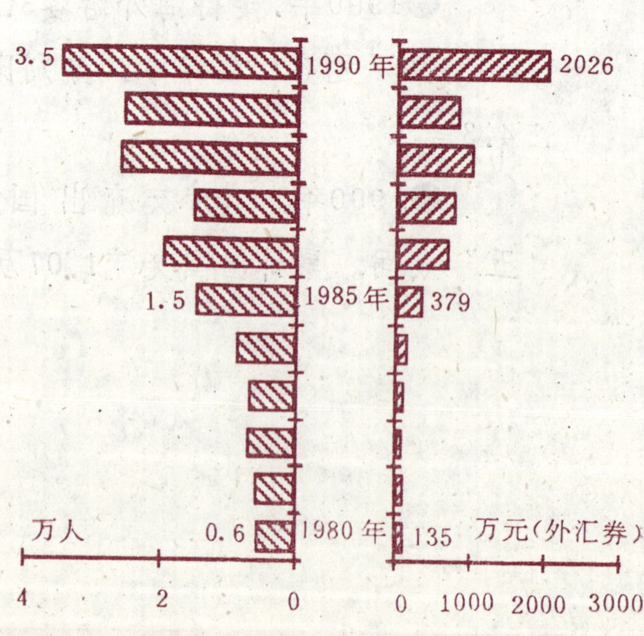

出口商品收购额(一)

(按类别分)

单位：万元

类别	实际金额		计划金额	
	1989年	1990年	1989年	1990年
总计	**247 325**	**270 059**	**187 133**	**213 862**
粮油食品类	42 876	47 162	27 416	32 395
纺织品类	37 630	48 425	29 580	35 893
土畜产品类	54 236	52 131	39 448	37 830
轻工业品类	12 288	13 365	11 090	12 289
工艺品类	22 665	22 558	18 865	18 125
五金矿产类	46 286	48 901	36 710	44 353
化工医药类	11 659	11 858	9 081	10 678
化工	6 060	6 224	4 313	5 070
医药	5 599	5 634	4 768	5 608
机械类	3 667	12 253	3 012	11 844
设备类	9 831	8 907	8 927	8 460
丝绸类	6 187	4 499	3 004	1 995

出口商品收购额(二)

(按地区分)

单位：万元

地区	实际金额		计划金额	
	1989年	1990年	1989年	1990年
总计	**247 325**	**270 059**	**187 133**	**213 862**
南昌市	43 549	52 275	34 454	40 157
景德镇市	8 380	8 763	7 424	7 901
萍乡市	8 937	10 099	5 502	6 786
九江市	29 332	33 196	22 151	23 263
新余市	9 729	11 960	7 023	8 393
鹰潭市	4 036	4 622	3 403	3 988
赣州地区	28 497	28 789	20 720	23 278
宜春地区	29 254	32 326	24 342	25 950
上饶地区	26 571	25 657	18 170	19 835
吉安地区	16 317	18 784	11 638	12 126
抚州地区	12 682	15 289	9 128	11 220
省直	30 041	28 299	23 178	30 965

商品进口额

（按类别分） 单位：万美元

类别	1985年	1989年	1990年	1990年比1985年增长%	1990年比1989年增长%
进口总额（自营进口）	**4 860**	**7 149**	**6 971**	**43.4**	**-2.5**
成套设备及技术引进	797	332	227	-71.5	-31.6
机械类	2 278	1 376	2 183	-4.2	58.6
仪器类	274	53	99	-63.9	86.8
五金矿产类	357	455	215	-39.8	-52.7
化工医药类	463	1 580	2 048	3.4倍	29.6
化工	360	1 361	1 926	4.4倍	41.5
医药	103	219	122	18.4	-44.3
轻工业品类	385	1 645	605	57.1	-63.2
纺织品类	306	1 309	1 360	3.4倍	3.9
粮油食品类	—	208	118	—	-43.3
土畜产品类	—	191	116	—	-39.3

商品出口额

（按类别分） 单位：万美元

类别	1985年	1989年	1990年	1990年比1985年增长%	1990年比1989年增长%
出口总额	**25 725**	**51 578**	**56 147**	**1.2倍**	**8.9**
粮油食品类	4 915	7 646	8 627	75.5	12.8
纺织品类	5 471	12 988	13 940	1.5倍	7.3
土畜产品类	3 661	7 143	8 725	1.4倍	22.1
轻工业品类	754	2 139	3 533	3.7倍	65.2
工艺品类	2 428	4 090	4 754	95.8	16.2
#瓷器	2 005	2 728	2 828	41.0	3.7
五金矿产类	6 631	10 966	9 968	50.3	-9.1
化工医药类	1 280	1 925	2 150	68.0	11.7
化工	983	1 070	1 161	18.1	8.5
医药	297	855	989	2.3倍	15.7
机械类	104	2 773	2 366	21.8倍	-14.7
设备类	434	1 311	1 416	2.3倍	8.0
丝绸类	47	597	668	13.2倍	11.9

按国别和地区分的商品出口额（一）

国别和地区	金额（万美元）		比重（%）	
	1989年	1990年	1989年	1990年
出口总额	**51 578**	**56 147**	**100**	**100**
亚洲	**30 443**	**34 471**	**59.0**	**61.4**
#香港	18 680	20 886	36.2	37.2
澳门	223	410	0.4	0.7
台湾省	26	23	0.1	…
朝鲜民主主义人民共和国	63	68	0.1	0.1
日本	5 856	5 250	11.4	9.4
菲律宾	34	252	0.1	0.5
缅甸	3	—	…	—
泰国	1 149	1 558	2.2	2.8
马来西亚	628	707	1.2	1.3
新加坡	1 347	2 724	2.6	4.9
文莱	1	—	…	—
印度尼西亚	205	778	0.4	1.4
巴基斯坦	344	341	0.7	0.6
孟加拉国	208	229	0.4	0.4
印度	78	67	0.2	0.1
尼泊尔	—	5	—	…
斯里兰卡	950	165	1.8	0.3
阿富汗	—	30	—	0.1
伊朗	20	282	…	0.5
土耳其	57	105	0.1	0.2
塞浦路斯	6	4	…	…
叙利亚	16	22	…	…
黎巴嫩	49	19	0.1	…
约旦	28	15	0.1	…
伊拉克	80	116	0.2	0.2
沙特阿拉伯	221	225	0.4	0.4
科威特	55	21	0.1	…
巴林	6	5	…	…
卡塔尔	1	—	…	—
阿拉伯联合酋长国	109	163	0.2	0.3
阿曼	…	—	…	—
非洲	**583**	**1 541**	**1.1**	**2.7**
#埃及	101	120	0.2	0.2

按国别和地区分的商品出口额（二）

国别和地区	金额（万美元）		比重（%）	
	1989年	1990年	1989年	1990年
苏丹	2	—	….	—
利比亚	52	47	0.1	0.1
突尼斯	—	17	—	….
摩洛哥	309	269	0.6	0.5
加那利群岛	8	—	….	—
毛里塔尼亚	7	204	….	0.3
冈比亚	—	37	—	0.1
几内亚	3	11	….	….
利比里亚	61	206	0.1	0.4
多哥	5	46	…	0.1
喀麦隆	….	…	….	….
卢旺达	—	…	—	…
刚果	1	—	….	—
扎伊尔	2	—	….	—
肯尼亚	7	5	….	….
坦桑尼亚	2	—	….	—
毛里求斯	4	565	….	1.0
留尼汪	5	4	….	….
休达	14	10	0.1	…
欧洲	**13 329**	**13 260**	**25.9**	**23.6**
#苏联	3 073	4 032	6.0	7.2
波兰	231	162	0.5	0.3
匈牙利	144	120	0.3	0.2
捷克斯洛伐克	621	251	1.2	0.4
保加利亚	28	169	0.1	0.3
阿尔巴尼亚	24	11	….	…
罗马尼亚	383	338	0.7	0.6
德意志民主共和国	1 248	3 024	2.4	5.4
德意志联邦共和国	3 115		6.0	
南斯拉夫	27	153	….	0.3
法国	803	656	1.6	1.2
意大利	587	675	1.1	1.2
荷兰	380	494	0.7	0.9
比利时	340	243	0.7	0.4
英国	1 193	1 573	2.3	2.8

按国别和地区分的商品出口额（三）

国别和地区	金额（万美元）		比重（%）	
	1989年	1990年	1989年	1990年
爱尔兰	12	4	…	…
丹麦	293	217	0.6	0.4
芬兰	109	143	0.2	0.3
瑞典	137	281	0.3	0.5
挪威	62	84	0.1	0.2
冰岛	1	2	…	…
瑞士	148	353	0.3	0.6
奥地利	117	44	0.2	0.1
希腊	35	28	0.1	…
马耳他	2	—	…	—
西班牙	191	189	0.4	0.3
葡萄牙	24	14	0.1	…
摩纳哥	1	—	…	—
拉丁美洲	**481**	**590**	**0.9**	**1.1**
#墨西哥	1	6	…	…
危地马拉	—	23	—	0.1
巴拿马	1	3	…	…
古巴	453	505	0.9	0.9
委内瑞拉	—	34	—	0.1
哥伦比亚	2	—	…	—
巴西	5	3	…	…
智利	15	12	…	…
阿根廷	—	3	—	…
乌拉圭	2	—	…	—
圣卢西亚	2	—	…	—
苏里南	—	1	—	…
北美洲	**3 754**	**2 789**	**7.3**	**5.0**
#加拿大	163	132	0.3	0.3
美国	3 591	2 657	7.0	4.7
大洋洲及太平洋岛屿	**441**	**343**	**0.9**	**0.6**
#澳大利亚	387	294	0.8	0.5
新西兰	49	26	0.1	0.1
斐济	5	21	…	…
新喀里多尼亚	—	1	—	…
瓦努阿图	—	1	—	…
其他	**2 547**	**3 153**	**4.9**	**5.6**

主要商品出口数量和金额(一)

金额单位：万美元

品名	单位	1989年		1990年	
		数量	金额	数量	金额
大米	吨	84459	2431	83501	2045
食用油籽	吨	710	64	2603	208
活大猪	头	196235	1865	152116	1728
冻猪肉	吨	2153	324	3272	482
冻家禽	吨	86	11	325	46
腊板鸭	吨	801	254	362	99
鲜蛋	吨	686	49	730	61
水产品	吨	120	117	72	30
水果	吨	3494	123	4236	157
#桔柑橙	吨	2815	119	3477	143
莲子	吨	220	52	237	59
蔬菜	吨	5913	348	5051	258
#水煮笋	吨	5134	300	4317	232
罐头	吨	9126	1100	13057	1401
味素	吨	860	151	1850	368
蜂蜜	吨	4109	324	10532	898
饲料		—	708	—	1390
茶叶	吨	5654	910	5579	1192
柠檬酸	吨	2492	268	2522	219
松香	吨	16269	861	15073	762
鞭炮烟花	箱	551989	1511	480120	1520
猪鬃	箱	3735	101	8340	194
肠衣		—	219	—	105
羽绒制品		—	1152	—	1166
木材		—	16	—	151
中药材		—	128	—	116
桑蚕丝	吨	28	116	40	178
麻袋	万条	1790	433	1363	377
棉纱	件	20294	741	15220	493
化纤纱	件	18509	568	10506	456
麻纱	件	30436	1118	24149	696
棉布	万米	2733	1861	2196	1464
化纤混纺布	万米	2743	1359	4558	2559
苎麻布	万米	285	391	284	411
棉织品		—	774	—	844
棉针织品		—	234	—	672
涤棉针织品		—	233	—	381
人棉针织品		—	677	—	537
棉型晴纶针织品		—	352	—	292
绸缎	万米	193	519	145	528

主要商品出口数量和金额(二)

金额单位：万美元

品名	单位	1989年 数量	1989年 金额	1990年 数量	1990年 金额
丝制品		—	12	—	71
服装		—	2 274	—	3 170
抽纱		—	515	—	511
地毯		—	107	—	149
布胶鞋	万双	136	123	45	44
皮鞋	万双	71	138	70	117
劳保手套	打	408 150	411	454 650	394
塑料编织袋	万条	661	69	1 949	314
玩具		—	53	—	130
磁砖	平方米	478 550	123	351 548	118
电冰箱	台	2 058	72	150	3
彩色电视机	台	2 446	86	40 802	613
黑白电视机	台	2 000	20	7 618	41
照相机	架	11 388	96	18 991	150
瓷器	万件	8 740	2 728	11 336	2 827
工艺毯		—	37	—	107
工艺鞋	万双	185	132	104	94
首饰		—	379	—	401
淡水珠	公斤	4 504	84	10 746	372
草柳竹藤制品		—	279	—	289
钢材	吨	4 316	169	19 802	658
铁合金	吨	13 202	675	12 633	831
锡	吨	99	87	291	195
钨砂	吨	12 476	5 023	7 747	2 503
仲钨酸铵	吨	2 559	1 727	3 186	1 877
稀土金属		—	1 086	—	482
水泥	吨	2 743	26	148 852	586
煤	吨	46 767	146	41 584	129
成品油	吨	20 507	166	22 858	276
活性碳	吨	2 747	222	2 525	205
颜料	吨	2 221	123	2 130	167
抗菌素		—	433	—	438
汽车	辆	1 115	1 898	817	1 358
内燃机		—	128	—	101
金属切削机床	台	860	129	1 437	249
拖拉机	台	674	99	321	58
手扶拖拉机	台	414	45	2 213	95
工具		—	265	—	312
无线电元件		—	271	—	326
显微镜	只	4 134	22	3 462	19

按国别和地区分的商品进口额

国别和地区	金额（万美元）		比 重（%）		国别和地区	金额（万美元）		比 重（%）	
	1989年	1990年	1989年	1990年		1989年	1990年	1989年	1990年
进口总额	**7 149**	**6 971**	**100**	**100**	联邦德国	674	125	9.4	1.8
					民主德国	—		—	
香港	2 883	2 528	40.3	36.3	法国	246	—	3.4	—
澳门	721	889	10.1	12.7	意大利	495	68	6.9	1.0
台湾省	34	—	0.5	—	比利时	13	—	0.2	—
日本	1 579	2 285	22.1	32.8	挪威	—	119	—	1.7
泰国	—	149	—	2.1	瑞士	33	49	0.5	0.7
新加坡	13	—	0.2	—	西班牙	31	—	0.4	—
沙特阿拉伯	—	91	—	1.3	秘鲁	53	—	0.7	—
马里	—	5	—	0.1	加拿大	43	—	0.6	—
加蓬	—	138	—	2.0	美国	168	73	2.4	1.0
苏联	—	452	—	6.5	澳大利亚	163	—	2.3	—

对外交流情况

（1982—1990年）

	1982年	1983年	1984年	1985年	1986年	1987年	1988年	1989年	1990年
外出交流批数	**33**	**60**	**232**	**409**	**339**	**414**	**562**	**489**	**556**
外出交流人次	**311**	**442**	**1 444**	**2 348**	**1 229**	**1 961**	**3 348**	**1 994**	**2 216**
#友好访问	2	6	27	37	66	38	69	66	54
专业考察	16	49	266	711	290	335	426	—	—
科学技术	15	58	148	293	261	269	365	84	144
经济贸易	22	27	100	250	200	387	531	741	914
留学生、学者	—	—	—	3	32	35	75	341	290
参加会议	—	—	—	7	32	38	46	34	38
文化体育	—	—	—	—	—	—	—	32	102

江西与国外结为友好城市一览

国别	城市（州、县）	缔结日期	国别	城市（州、县）	缔结日期
南斯拉夫	马其顿社会主义共和国	1984年3月20日	美国	犹他州	1986年7月10日
德意志联邦共和国	黑森州	1985年4月3日	日本	岐阜县	1988年6月21日
美国	肯塔基州	1985年10月16日			

海关进出口货物总值

年份	按人民币计算（万元）				按美元计算（万美元）			
	进出口总额	出口总额	进口总额	差额 出超(+) 入超(-)	进出口总额	出口总额	进口总额	差额 出超(+) 入超(-)
1989年	232715	174932	57783	117149	62487	46948	15539	31409
1990年	322283	257970	64313	193657	71934	58023	13911	44112

海关进出口货物分贸易方式总值

单位：万美元

贸易方式	1989年			1990年		
	合计	进口	出口	合计	进口	出口
总计	**62487**	**15539**	**46948**	**71934**	**13911**	**58023**
一般贸易	52735	9413	43322	61014	9405	51609
国家间、国际组织无偿援助和赠送的物资	2	2	—	1	—	1
华侨、港澳同胞、外籍华人捐赠物资	27	27	—	29	29	—
补偿贸易	21	14	7	226	159	67
来料加工装配贸易	1934	927	1007	2867	995	1872
进料加工贸易	5926	3337	2589	6949	2475	4474
寄售、代售贸易	—	—	—	—	—	—
其他免费提供的货物	138	138	—	86	86	—
边境地方贸易和小额贸易（边民互市贸易除外）	23	—	23	—	—	—
来料加工装配进口的设备	19	19	—	7	7	—
对外承包工程物资	—	—	—	—	—	—
租赁贸易	7	7	—	—	—	—
外商投资企业作为进口的设备、物品	756	756	—	548	548	—
外商投资企业进口供加工内销产品的料、件	868	868	—	205	205	—
出料加工贸易	—	—	—	—	—	—
其他	31	31	—	2	2	—

海关进口商品分类总值

商品分类	金额（万美元）		构成（%）	
	1989年	1990年	1989年	1990年
进口总额	**15 539**	**13 911**	**100**	**100**
一、初级产品	**2 918**	**1 811**	**18.8**	**13.0**
食品及主要供食用的活动物	53	28	0.3	0.2
#谷类及其制品	—	—	—	—
糖、糖制品及蜂蜜	—	—	—	—
饮料及烟类	—	6	—	0.1
#烟草及制品	—	—	—	—
非食用原料	2 545	1 217	16.4	8.7
#橡胶	71	—	0.5	—
软木及木材	—	—	—	—
纺织纤维（毛条除外）及其废料	835	258	5.4	1.9
金属矿砂及金属废料	1 546	888	9.9	6.4
矿物燃料、润滑油及有关原料	44	433	0.3	3.1
#煤、焦炭及煤砖	—	—	—	—
石油、石油产品及有关原料	44	433	0.3	3.1
动、植物油、脂及蜡	276	127	1.8	0.9
#植物油	262	125	1.7	0.9
二、工业制成品	**12 621**	**12 100**	**81.2**	**87.0**
化学品及有关产品	1 388	3 211	8.9	23.1
#有机化学品	154	377	1.0	2.7
无机化学品	208	138	1.3	1.0
制成肥料	122	2 020	0.8	14.5
人造树脂、塑胶材料、纤维素酯及醚	518	237	3.3	1.7
化学原料及产品	244	279	1.6	2.0
轻纺产品、橡胶制品、矿冶产品及其制品	1 854	1 545	11.9	11.1
#纸、纸板及其制品	114	195	0.7	1.4
纺纱、织物、制成品及有关产品	937	731	6.0	5.3
非金属矿产制品	29	1	0.2	…
钢铁	323	257	2.1	1.8
有色金属	218	130	1.4	0.9
机械及运输设备	8 009	5 987	51.5	43.0
#特种工业专用机械	2 278	2 662	14.7	19.1
办公用机械及自动数据处理设备	8	119	0.1	0.9
电讯器材、收音、录音及重放装置设备	1 280	305	8.2	2.2
电力机械、电器及配件	1 048	426	6.7	3.1
陆路车辆	1 067	1 255	6.9	9.0
其他运输设备	—	2	—	…
杂项制品	442	361	2.9	2.6
#专业、科学及控制用仪器和装置	158	153	1.0	1.1
摄影器材、光学物品及钟表	121	25	0.8	0.2
其他杂项制品	147	162	0.9	1.2
未分类的其他商品	928	996	6.0	7.2

海关出口商品分类总值

商品分类	金额（万美元）		构成（%）	
	1989年	1990年	1989年	1990年
出口总额	**46 948**	**58 023**	**100**	**100**
一、初级产品	**16 924**	**15 961**	**36.0**	**27.5**
食品及主要供食用的活动物	9 027	10 868	19.2	18.7
#主要供食用的活动物	1 763	2 422	3.8	4.2
肉及肉制品	1 096	1 085	2.3	1.9
鱼、甲壳及软体类动物及其制品	70	32	0.1	0.1
谷类及其制品	2 309	2 527	4.9	4.4
蔬菜及水果	1 157	1 523	2.5	2.6
咖啡、茶、可可、调味品及其制品	1 075	1 247	2.3	2.1
饮料及烟类	16	14	…	…
#饮料	16	14	…	…
非食用原料	7 654	4 592	16.3	7.9
#生皮及未硝毛皮	97	145	0.2	0.2
油籽及含油果实	121	254	0.3	0.4
纺织纤维（毛条除外）及其废料	455	336	1.0	0.6
动、植物原料	778	744	1.7	1.3
矿物燃料、润滑油及有关原料	215	431	0.5	0.8
#煤、焦炭及煤砖	34	—	0.1	—
石油、石油产品及有关原料	181	431	0.4	0.8
动、植物油、脂及蜡	12	56	…	0.1
#植物油	—	35	—	0.1
二、工业制成品	**30 024**	**42 062**	**64.0**	**72.5**
化学品及有关产品	8 054	8 700	17.2	15.0
#有机化学品	551	782	1.2	1.3
无机化学品	3 558	3 117	7.6	5.4
医药品及敷料	590	951	1.3	1.6
轻纺产品、橡胶制品、矿冶产品及其制品	13 578	19219	28.9	33.1
#纺纱、织物、制成品及有关产品	8 142	10 303	17.3	17.8
非金属矿产制品	2 906	4 711	6.2	8.1
金属制品	388	604	0.8	1.0
机械及运输设备	1 440	2 619	3.1	4.5
#动力机械及设备	106	220	0.2	0.4
特种工业专用机械	169	297	0.4	0.5
电讯器材、收音、录音及重放装置设备	134	198	0.3	0.3
电力机械、电器及配件	394	916	0.8	1.6
其他运输设备	—	2	—	…
杂项制品	5 887	9 650	12.5	16.7
#服装及衣着用品	3 853	7 386	8.2	12.7
鞋类	484	440	1.0	0.8
摄影器材、光学物品及钟表	31	210	0.1	0.4
其他杂项制品	401	470	0.9	0.8
未分类的其他商品	1 065	1 874	2.3	3.2

对外签订利用外资协议（合同）额

指标	1985年		1989年		1990年	
	项目（个）	金额（万美元）	项目（个）	金额（万美元）	项目（个）	金额（万美元）
合计	**55**	**3 196**	**46**	**8 891**	**101**	**12 292**
一、对外借款	—	—	11	7 143	5	9 211
外国政府贷款	—	—	7	5 174	—	—
国际金融组织贷款	—	—	2	1 800	3	9 076
外国银行现汇贷款	—	—	2	169	2	135
二、外商直接投资	29	2 781	24	513	54	2 855
合资经营	21	1 306	22	449	42	1 720
合作经营	8	1 475	1	51	7	553
独资经营	—	—	1	13	5	582
三、外商其他投资	26	415	11	1 235	42	226
补偿贸易	2	218	9	835	1	1
加工装配	24	197	—	—	41	225
国际租赁	—	—	2	400	—	—

注：本表不包括赠款援款。

实 际 利 用 外 资 额

指标	1985年		1989年		1990年	
	金额（万美元）	比重（%）	金额（万美元）	比重（%）	金额（万美元）	比重（%）
合计	**1 021**	**100**	**3 864**	**100**	**5 141**	**100**
一、对外借款	—	—	2 903	75.1	4 203	81.7
外国政府贷款	—	—	876	22.7	1 733	33.7
国际金融组织贷款	—	—	1 858	48.1	2 335	45.4
外国银行现汇贷款	—	—	169	4.3	135	2.6
二、外商直接投资	517	50.6	587	15.2	621	12.1
合资经营	382	37.4	477	12.3	274	5.3
合作经营	135	13.2	68	1.8	263	5.1
独资经营	—	—	42	1.1	84	1.7
三、外商其他投资	504	49.4	374	9.7	317	6.2
补偿贸易	306	30.0	313	8.1	130	2.5
加工装配	198	19.4	—	—	—	—
国际租赁	—	—	61	1.6	187	3.7

注：本表不包括赠款援款。

投产（开业）"三资"企业一览（一）

企业（项目）名称	投资国别（地区）	经营范围	企业地址	电话号码
洪海电子有限公司	香港	录像带卷制电脑技术开发家用电器维修	南昌市	227755
中华电子有限公司	香港	电脑、电子、电器生产	南昌市	223878
新星投资开发有限公司	香港	生产经营养容机、教学机	南昌市	42130
江西进口汽车维修服务公司	香港	进口、国产汽车维修及零配件出售	南昌市	251059
裕华服务企业有限公司	香港	酒家、商店、旅社、文化娱乐室、摄影	南昌市	52505
永昌国际企业有限公司	香港	生产经营尼龙拉链	南昌市	69291
庐山大厦有限公司	泰国	经营客房及旅游服务	九江市	282178
宜春立昌珍珠制品有限公司	香港	加工珍珠项链及珍珠粉末出口	宜春市	2928
赣新电视有限公司	香港	生 产 彩 电	吉安市	4663
赣港汽车旅游运输公司	香港	旅游运输及进出口汽车维修	赣州市	5469
华盛电子联合有限公司	香港	生产经营金属膜电阻器及电子产品	萍乡市	
萍港贸易开发有限公司	香港	电脑彩照冲印、电子玩具	萍乡市	333168
庐山旅游公司芦林饭店	香港	经营客房及各种服务	九江市	281262
新世界电子通信有限公司	香港	生产卫星电视直播接收机及各种微波通讯设备	南昌市	333621
南昌家电有限公司	香港	经营电冰箱、空调机及收录机	南昌市	771094
江西包装印制有限公司	泰国	商品硬纸盒包装印制及塑料包装复合包装等	南昌市	223806
昌成实业有限公司	香港	生产经营紫云英蜂蜜等食品制品	南昌市	332810
辉海拉链有限公司	香港	生产经营非金属拉链及配件	永修县	771661—451
德荣塑料拉链有限公司	香港	生产经营塑料打装拉链	德安县	2847
江西金祥服装厂	香港	生产西服、时装等	上饶市	225289
江西华丰塑胶企业有限公司	香港	生产经营塑料编织袋及其他塑料制品	宜丰县	2554
井祥玩具有限公司	香港	生产经营中高档电动塑料玩具、生活旅游纪念品	井冈山市	443
江西百益堂酒业股份有限公司	香港	生产经营各种补酒、白酒、黄酒、果酒	全南县	8166
景德镇宾馆企业有限公司	香港	经营客房餐厅商场及其综合性服务	景德镇市	225954
新华有限公司	新加坡	生产经销pvc发光谷染壁纸及提供服务	分宜县	881446
青山湖宾馆有限公司	香港	经营客房、中西餐厅、商场、汽车等有关服务	南昌市	221162
江西联城旅游出租汽车有限公司	香港	汽车旅游运输、进口汽车维修	南昌市	223284
庐山金汇有限公司	香港	宾馆主楼购物中心、酒吧间等	九江市	282060
洪林电器制品公司	香港	生产网罩、机芯、塑料制品	南昌市	225396

投产（开业）“三资”企业一览（二）

企业（项目）名称	投资国别（地区）	经营范围	企业地址	电话号码
新华金属制品有限公司	香港	生产金属制品及延伸产品	新余市	223288
联晖塑料厂	香港	生产塑料背心袋、凹凸袋等塑料制品	抚州市	2432
江西艺得有限公司	香港	生产各类工艺座垫和工艺窗帘等轻工产品	南昌市	331016
江西万德福磁带有限公司	香港	录像磁带、电脑用磁带的生产、销售和技术服务	景德镇市	224496
九江华浔服装有限公司	香港	生产经营风衣、夹克衫、西服及各式服装	九江市	223651
江西林冶卫生筷子有限公司	香港	生产经营木质卫生筷子并开发其他新产品	宁冈县	
赣京皮革制品有限公司	香港	生产再生革、皮箱、皮带	南昌市	224792
华建塑胶企业有限公司	香港	生产PP塑料、PE塑料	新建县	772098
帮林实业有限公司	香港	生产烛枝、香枝	乐安县	2245
瑞港发展有限公司	香港	生产妇婴卫生用品	高安县	2578
江西省锦江包装有限公司	香港	生产淋膜式复合袋和包装袋	万载县	
江西水上动力有限公司	香港	生产舷外机	乐平县	32831
江西华龙陶瓷有限公司	香港	生产各种成品瓷	景德镇市	32800
新龙粘胶制品有限公司	香港	生产opp粘胶带	新余市	441213
江西赣香建筑建材有限公司	香港	生产钢门窗、装饰花板	南昌市	224822
赣加稀土公司	加拿大	生产混合养化稀土	赣　县	6840
江西文友毛笔制造厂	台湾省	生产各类高档毛笔及文具	进贤县	772936
江西大陆电子有限公司	香港	生产经营灯具、玩具、电子电器、工模具零配件	南昌市	227529
海晖羽绒制品有限公司	香港	生产经营羽绒服装制品	南昌市	771661
海强服装有限公司	香港	生 产 服 装	南昌市	771231
南昌海外皮革制品工业有限公司	香港	生产皮夹克及其它日用皮件产品	南昌市	225852
江西华洪电器有限公司	香港	生产汽车点火线圈、点火器等	南昌市	222435
赣丽服装有限公司	香港	生 产 服 装	吉安县	
江西赣建竹木工业有限公司	香港	生产及销售竹席以及日用品	井冈山市	驻昌办事处—214267
江西台宁竹制品有限公司	台湾省	生产神香骨卫生筷等	宁都县	2543
江西3L医用制品有限公司	香港	生产手术巾、瘘袋	南昌市	213201
江西洪梅塑料制品有限公司	台湾省	生产微薄膜制品	南昌市	331524
江西华茂服装有限公司	香港	生产各类服装	赣州市	3704
江西耀丰竹木制品有限公司	台湾省	生产竹筷、肉串等	崇义县	

主要年份旅游情况

指标	1979年	1980年	1985年	1989年	1990年
一、旅游人数（人）	**4 384**	**6 383**	**15 346**	**25 986**	**35 001**
1.外国人	2 486	2 884	4 359	3 742	5 116
#日本	727	890	2 406	1 667	2 594
新加坡	186	26	122	161	258
菲律宾	106	2	35	51	58
泰国	105	—	—	69	137
印度尼西亚	—	—	43	37	45
马来西亚	—	—	27	—	43
印度	—	—	—	—	37
美国	210	676	892	456	528
加拿大	—	46	47	191	147
联邦德国	237	82	157	169	203
民主德国	—	—	—	—	
瑞典	45	69	—	17	7
丹麦	115	—	—	67	43
英国	151	543	126	131	182
荷兰	15	5	7	34	8
比利时	—	29	—	—	22
西班牙	—	—	—	—	6
奥地利	—	—	—	—	15
法国	141	71	77	53	98
瑞士	—	51	42	22	27
意大利	62	5	68	116	86
苏联	—	—	—	30	31
澳大利亚	249	202	61	85	124
新西兰	45	32	—	6	6
2.华侨	1 011	1 016	207	61	137
3.港、澳、台同胞	887	2 483	10 780	22 183	29 748
#台湾同胞			75	16 254	18 073
二、旅游收汇（外汇券万元）	**212.0**	**135.0**	**379.1**	**842.3**	**2 025.6**
#旅游系统收汇	212.0	94.5	250.3	490.1	1 006.0
1.商品性收汇		52.6	116.4	215.7	1 005.6
商品销售收汇			62.9	148.5	881.9
饮食销售收汇			53.5	67.2	123.7
2.劳务性收汇		82.4	262.7	626.6	1 020.0
提供交通收汇			81.0	163.0	327.6
提供住宿收汇			114.8	320.7	476.6
邮电服务收汇			0.6	43.4	35.1
旅游管理收汇			44.0	98.8	160.8
其他收汇			22.3	0.7	19.9

注：1990年联邦德国、民主德国合计203（原表以括号合并）。

主要涉外旅游宾馆、饭店(一)

名　　称	开业时间（年、月）	客房总数（间）	床位总数（张）	地　址	邮政编码
江西宾馆	1961年5月	204	455	南昌市	330006
青山湖宾馆	1986年1月	248	497	南昌市	330006
南昌宾馆	1984年	336	993	南昌市	330003
象山宾馆	1985年4月	93	225	南昌市	330008
江西省外办招待所	1987年8月	55	130	南昌市	330001
景德镇宾馆	1960年2月	95	251	景德镇市	333000
景德镇宾馆企业有限公司	1989年4月	146	289	景德镇市	333000
景德镇饭店	1960年3月	202	500	景德镇市	333000
萍乡宾馆	1970年	161	369	萍乡市	337000
昭萍宾馆	1989年3月	102	220	萍乡市	337055
南湖宾馆	1960年2月	305	644	九江市	332000
实华宾馆	1987年8月	146	385	九江市	332000
紫云饭店	1987年7月	43	139	湖口县	332500
共青茶山宾馆	1987年1月	45	110	德安县	330401
芦林饭店	1985年5月	120	240	庐山	332900
庐山宾馆	1986年6月	92	264	庐山	332900
庐山大厦	1985年12月	222	438	庐山	332900
云中宾馆	1952年5月	136	380	庐山	332900
庐山别墅村	1987年5月	28	72	庐山	332900
牯岭饭店	1970年6月	182	432	庐山	332900
新钢招待所	1958年	179	348	新余市	336501
新余市政府招待所	1962年1月	123	400	新余市	336500
钢城大厦	1986年11月	128	367	新余市	336500

主要涉外旅游宾馆、饭店(二)

名称	开业时间(年、月)	客房总数(间)	床位总数(张)	地址	邮政编码
华侨饭店	1956年3月	95	207	鹰潭市	335000
余江宾馆	1978年9月	27	89	余江县	335200
贵冶宾馆	1981年8月	100	180	贵溪县	335423
赣南宾馆	1954年6月	206	495	赣州市	341000
赣州大厦	1988年1月	136	313	赣州市	341000
西华山宾馆	1983年	23	44	大余县	341500
赣州宾馆	1989年10月	147	262	赣州市	341000
宜春宾馆	1978年10月	100	247	宜春市	336000
丰城宾馆	1985年1月	22	51	丰城市	331100
上高宾馆	1983年9月	41	127	上高县	336400
上饶宾馆	1953年	151	363	上饶市	334000
黄金埠招待所	1982年4月	24	62	余干县	335101
婺源宾馆	1969年	81	263	婺源县	332000
铅山宾馆	1987年10月	90	235	铅山县	334500
三清山宾馆	1987年12月	64	124	玉山县	334700
吉安宾馆	1958年	144	360	吉安市	343000
白鹭宾馆	1957年10月	146	403	吉安市	343000
吉州宾馆	1957年	198	392	吉安市	343000
宁冈宾馆	1960年7月	97	250	宁冈县	343500
井冈山宾馆	1960年5月	158	386	井冈山市	343600
井冈山大厦	1961年7月	162	408	井冈山市	343600
抚州宾馆	1959年10月	131	311	抚州市	344000
南丰宾馆	1985年11月	110	240	南丰县	344500

主要风景名胜一览（一）

名称	地址	简况
滕王阁（653年，唐永徽四年）	南昌市	唐永徽四年，太宗李世民之弟、滕王李元婴都督洪洲时营建，阁以其封号命名。上元二年(675年)九月九日，王勃作《滕王阁序》，成为千古传诵的名篇，序中“落霞与孤鹜齐飞，秋水共长天一色”等佳句更加出名。现阁为1983年第29次重建，主阁于1989年重阳节竣工，高57.5米，为仿宋建筑。滕王阁为江南三大名楼之一。
佑民寺（502—519年，南朝梁天监年间）	南昌市	始建名上兰寺，1929年定名佑民寺。寺内后殿有巨型铜佛，前殿有千佛缸，缸外装饰九十余个佛像。佑民寺殿宇雄伟，是我省著名的古代寺院，在东南亚佛教界有一定影响。
青云谱（321年，东晋大兴四年）	南昌市	始建于东晋大兴四年，为许逊之“净明真境”。明末清初朱良月（即朱耷，号八大山人，明宁献王朱权的九世孙）偕其弟朱秋月（即牛石慧）隐居于此。后人慕其贤，集资改建为“青云圃”。康熙年间，改“圃”为“谱”。八大山人毕生从事绘画，并精于诗书，在艺术上自辟蹊径，对近代大笔写意画派影响很大。解放后，建有《八大山人书画馆》，陈列“八大山人”和牛石慧书画百余幅。
万寿宫（晋）	南昌市	又名铁柱宫。始建于晋，祀东晋蜀郡许逊（号旌阳，又称许真君）。宫左有井，与江水相消长；中有铁柱，传为许逊所铸，以镇蛟螭之害。清代曾多次重修。
绳金塔（904—907年，唐天祐年间）	南昌市	相传建塔时掘地得铁函，函内有金绳四匝，古剑三把，金瓶舍利三百个，故称绳金塔。塔身为砖木结构，七层八面，高59米，周长33.6米，是市内最高的古代建筑物，登上塔顶，可鸟瞰全市。
青山湖风景区	南昌市	湖面开阔，杨柳低垂，景区内设有大型游乐设备，是开展水上运动和游览娱乐的好场所。
百花洲	南昌市	原为水泽之乡，被东湖（旧名东太湖）潆回环抱。南宋绍兴年间，豫章节度使张澄在此建讲武亭以习水军。原建有寺宇，“豫章十景”中的“东湖夜月”、“苏圃春蔬”均在此。解放后，东湖几经疏浚，在湖中筑岛修堤，架桥建亭，为游览胜地。
八一公园	南昌市	原名湖滨公园。1927年南昌起义时，革命军曾在此激战。园内堆山迭石，曲径通幽，花繁木茂，湖波荡漾，富于中国古典园林的风格和乐趣。
苏翁圃	南昌市	在八一公园百花洲上。圃因宋苏云卿于此种菜而得名。俗称三洲苏翁圃。圃在湖中，四面环水，垂柳夹道。现重建凉亭，遍植花草，风景绮丽。
钟鼓楼	南昌市	原名岑楼，创建年代失考。南唐时节度使林仁肇施铜铸巨钟悬楼上。明末毁于兵燹。清初江西巡抚蔡士英复建。楼高十丈，广五丈，飞檐高栋，丛瓴错节，可以俯瞰东湖，远望西山。
杏花楼（唐）	南昌市	即今“水观音亭”，亭周围湖水潆回，荷香四溢，中临水阁。
孺子亭（1522—1566年明嘉靖年间）	南昌市	又名高士亭，南唐时建有“孺子台”，明嘉靖年间，徐樟立亭于高士祠北，以祀其祖先徐穉。1930年重修。孺子亭傍湖挺立，湖畔垂柳成行，“徐亭烟树”古为“豫章十景”之一。
梅岭	南昌市	一名飞鸿山。据传西汉南昌尉梅福（字子真）曾弃官学道于此，梅岭由此得名。其岭岗峦起伏，逶迤数里，秀木翠竹，景色宜人，为旅游避暑胜地。
三村桃花园	南昌市	自清代以来就为南昌市著名桃园。1980年，三村桃园又补种了桃花万余株，更添异彩。
西山	新建县	古称散原山，山上名胜古迹甚多，西山积翠，景色如画。
莲花塘	景德镇市	因满塘盛开莲花而得名。塘呈“吕”字形，四周群山环抱，塘边杨柳低垂，中有凉亭画阁，两旁曲径通幽，是旅游避暑胜地。

主要风景名胜一览(二)

名　　称	地　址	简　　况
龙珠阁	景德镇市	位于珠山之巅，唐称“聚珠亭”，随着时代的变迁有多种称谓，本世纪初重修后始称“龙珠阁”。龙珠阁自唐几度兴毁，是座反映景德镇千年历史的代表性建筑，尤其是明清两代，其与御厂关系甚密，向被人们视为御厂的象征和瓷都的标志。现阁于1987年10月奠基重建，1990年10月落成。
黄泥头古瓷窑遗址（五代—北宋）	景德镇市	五代至北宋时期最有代表性的古窑址，遗物丰富集中，保存良好。
湖田古瓷窑址（五代—明）	景德镇市	窑址反映了景德镇近七个世纪的制瓷技术与艺术及生产规模的发展过程，是研究我国陶瓷发展史的重要珍贵资料。
古陶瓷博览区	景德镇市	建于1979年，位于西郊枫树山的盘龙岗，这里的古代建筑都是严格按照“整旧如旧”的原则搬迁复原的，既有一定的学术价值，又为游人领略古代生活习俗提供了方便。古陶瓷博览区既有景德镇古陶瓷史陈列，又再现古代陶瓷生产方式，是一座反映景德镇陶瓷历史的活的博物馆。东翼的古窑瓷厂是明、清时期烧造皇宫用瓷的御器厂的再现。有坯房十幢，镇窑（即柴窑）一座，这些是我国建筑史极为罕见的古工业建筑，是体系完整的手工业遗址，这里的工人用明、清式的工具及操作方法生产各类传统瓷。厂内环境优雅，风景如画，是观赏制瓷工艺和旅游的好场所。西翼的陶瓷历史博物馆由“清园”和“明间”组成，其内有各具特色的清代和明代的居民住宅多幢。
文庙（唐）	萍乡市	始建于唐武德年间，分前后两殿、左右长廊。各殿的石雕工艺十分精致，现仍保持原貌。
杨岐寺（唐）	萍乡市	又叫普通禅寺。唐代建造，清道光年间重修。北宋时，禅宗高僧方会在此创立杨岐宗，为禅宗下临济宗的一派。
孽龙洞	萍乡市	洞长八公里，洞中有洞，幽深莫测，洞内景点甚多，各种石钟乳和石笋、石柱荟萃交织，构成千姿百态奇丽的景观。长年流水不断的地下河贯穿全洞。
庐山	九江市	又名匡山、匡庐。相传周朝有匡氏七兄弟上山修道，草庐为舍，故名。其飞峙长江边，紧傍鄱阳湖，有“匡庐奇秀甲天下山”之称。庐山为地垒式断块山，多险绝胜景，匡庐瀑布更是名传天下。庐山四季风景如画，夏季凉爽宜人，七月平均气温为摄氏22.6℃，为著名旅游避暑胜地。
庐山植物园（1934年）	庐山	是我国著名的亚热带高山植物园，建于1934年。解放后进行了科学规划和布局，云集国内外三千四百多种植物，为我国普及、提高植物学知识的科学场所和游览园地。
花径	庐山	因唐代诗人白居易在此观赏桃花赋诗而负盛名。1953年建为花径公园，在湖心亭观看湖光山色，画面各异，妙趣横生。
仙人洞	庐山	系悬崖绝壁之天生石洞。园门上刻有“仙人洞”三字。洞口有“佛手岩”石刻，乃南宋宝祐三年（1255年）所刻，洞深约三丈，相传为唐吕洞宾修仙之地。
大天池	庐山	在庐山天池山，御碑亭西。山上有一方池，池水终年不涸。池旁长亭，为东晋僧人慧持所建天池寺原址。寺西平台即文殊台，是观赏云海之地。
小天池	庐山	山上松林覆盖，山顶有一圆形泉池，久旱不涸，久雨不淹，小天池之名由此而得。登天池亭可眺望鄱湖风光和与汉阳峰争雄的大月山。
龙首崖	庐山	其形似两块巨石，一块直立，深不见底，一块横卧其上，直插天池上腰。上覆劲松，下临绝壑，似苍龙昂首，故名。站在崖上，耳边则闻汹涌澎湃的松涛和山泉击石的巨响，声如万马奔腾，鼓角齐鸣，古人称为“奇绝”。
三宝树（晋）	庐山	其中两棵为柳杉，高约40米，树干需四人合抱。另一棵为银杏，古老挺拔，传为晋昙诜和尚自西域带回的树苗，亲手栽于此，距今约一千五百年。

主要风景名胜一览（三）

名称	地址	简况
含鄱口	庐山	海拔1211米，山势高峻，怪石嶙峋，形凹如口，以势含鄱湖、气吞长江而得名。放眼口外，江湖浩荡，千帆竞发，并是看鄱阳湖日出之佳地。
五老峰	庐山	五峰耸立，雄伟陡峻。从山麓明代所建的海会寺仰视群峰，似五个老人并座，故名。
三叠泉	庐山	又名三级泉、水帘泉。站在观山上，可见一缕泉水，垂直飞泻而下，落在大磐石上，发出洪钟般的响声，泉水经过两次折迭散而复聚，再曲折回绕，又往下泻，宛如银河来自天上，蔚为壮观。人称：不到三叠泉，不为庐山客。
秀峰	星子县	其山奇水秀，碑刻如林。古谚云："庐山之美在山南，山南之美数秀峰"。其名有奇峰竞秀之意，为著名旅游胜地。
白鹿洞书院（宋）	星子县	为宋代著名书院，与睢阳、石鼓、岳麓共为当时四大书院，后遭兵火，现存为清道光年间所修，其四山回合，一水中流，泉清石秀，古木参天，环境优美，并有古人石刻书法多处。
东林寺（386年东晋太元十一年）	九江县	是我国佛教净土宗（莲宗）发源地。东晋太元十一年，名僧慧远在此建寺讲学，并创设莲社，倡导弥陀净土法门。寺内有多处古迹和碑刻，历代文人慕名而来者甚多。
狮子洞	九江县	系岩溶洞穴。约有四万平方米，分七个景厅四十多个景点，洞内钟乳石晶莹玉润，步移景换。
涌泉洞	九江县	为大型石灰岩溶洞。因一股清澈的泉水流经整个洞窟而得名，全洞游程1.5公里，面积约一万三千多平方米，洞中有三十二个景点。
龙宫洞	彭泽县	是近年发现的天然溶洞，其景有如传说中的东海龙宫，全长2700米。洞中大量钟乳石、石幔、石笋，形状奇特，别有谐趣。
玉壶洞	彭泽县	在龙宫洞附近，洞深口大，进洞如入厅堂。厅堂两侧各有一个厢洞。右为水洞，内有龙潭长200米，可以行船。左为旱洞，洞顶石钟乳如吊钟、石花、石灵芝等，洞壁似浮雕壁画，在灯光下璀灿夺目。
鄱阳湖候鸟保护区	永修县、星子县	面积约224平方公里，分九个季节性淡水湖泊。从当年十月至次年三月为枯水季节，此时湖滩广阔，水草肥美，鱼、虾、螺、蚌丰富，环境清幽，为越冬候鸟提供了理想的栖息地。据1989年统计，来保护区越冬的鸟类达236种，其中珍禽20余种，白鹤数量达二千六百余只，占世界总数的95%以上，天鹅多达八千余只，每到冬季，保护区吸引了大批国内外鸟类爱好者和旅游者前来考察和观赏。保护区1983年建立，1988年定为国家级自然保护区。
石钟山	湖口县	在鄱阳湖入江之口，长江之南岸。南为上石钟山，北即下石钟山，两山对峙，耸立在鄱阳湖和长江汇合处，合称双钟山。石钟山地形高耸，陡削峥嵘，进可攻，退可守，号称"江湖锁钥"，至今仍有太平天国遗垒。凭栏远眺，匡庐五老峰，如拱如揖。鄱湖、长江，烟波浩渺。湖光山色，风景宜人。
鞋山	湖口县	又称大孤山、大姑山，在鄱阳湖中，为第四纪冰川期形成的大石岛。因状如鞋，故名。
烟水亭（816—818年唐元和十一至十三年）	九江市	原名浸月亭，在九江市甘棠湖中。相传为三国时东吴都督周瑜点将旧址。1972年全面修复，并建曲桥一座，自湖畔蜿蜒接于亭上，以便游人参观。
能仁寺（南朝）	九江市	建于南朝梁武帝年间，后废。现存建筑多为清同治九年（1807年）复建，是九江市现有最大的古建筑群。

主要风景名胜一览（四）

名称	地址	简况
天师府	贵溪县	其临清溪，为历代张天师住地。现重修，院内古木参天，风景优美，古称“江南无双地，西江第一家”。
龙虎山旅游区	贵溪县	本名云锦山，因第一代天师张道陵于东汉永元二年在山下炼丹，有青龙白虎绕山，故名龙虎山，它是我国道教正一派（亦称天师道）的发祥地。其山间峰奇峦秀，悬崖壁立，奇石盘错，流瀑飞溅，古木参天，景色奇秀，有九十九峰、二十四岩、一百六十多个自然风景点、近百处人文景观。此外，仙岩悬崖峭壁间散布的上百座崖棺，是春秋战国时的古迹，国内罕见。
三清山	玉山县、德兴市	因玉京、玉华、玉虚三峰耸峙，如道教所谓三清境之三尊神踞坐而名。其群峦叠嶂，绝壁悬崖，以奇岩秀石、古木异卉、飞瀑流泉、松涛响云、神光岚影为胜，景物二百八十多处，风景面积约五十三点四平方公里。此山历史上是江南道教圣地之一，素有“高凌云汉江南第一仙峰，清绝尘嚣天下无双福地”之誉。
圭峰	弋阳县	其奇峰罗列，各极其态。因一奇石形似圭板朝笏而得名，又因其主峰状如乌龟，亦称龟峰。为旅游疗养胜地。
麻姑山	南城县	山姿奇秀，景色幽美。《事林广记》誉为我国三十六洞天中的第二十八洞天，七十二福地中的第十福地。
白鹭洲	吉安市	形如白鹭得名，方圆数十里。南宋淳祐年间吉安太守江万里为来此讲学的程大中及邵雍、周敦颐、张载、程颢、程颐、朱熹等六君子立祠建书院。宋理宗御赐“白鹭洲书院”五字。经历代修葺扩大，古迹犹存。站在书院顶端，赣江景色，尽收眼底。
青原山	吉安市	海拔316米，峰峦多姿，草木繁茂，岩间泉涌，石上飞瀑，名胜古迹甚多。
井冈山	井冈山市	地处罗霄山脉万洋山北段，平均海拔1000米，山势雄伟险峻，风景秀丽，辟有小井龙潭、茨坪南山、黎坪石燕洞、笔架山等风景区，是进行革命传统教育和旅游、疗养的胜地。
龙潭	井冈山市	景色优美，凉爽宜人，是天然的避暑胜地和游览区。龙潭瀑布来势凶猛，犹如一条白练从天而降，凌空直下龙潭，发出巨吼。
黄洋界	宁冈县	是井冈山五大哨口之一。举目瞭望，数百里群山起伏，尽收眼底，山下白云翻滚，有如一片汪洋大海，故称黄洋界。1928年8月底，著名的黄洋界保卫战在此进行。
八境台（1056—1063年北宋嘉祐年间）	赣州市	在章水、贡水合流处，建于北宋嘉祐年间，是赣州市也是江西省著名古迹之一。台高三层，登台可眺赣州八景，台下辟为八景公园。
郁孤台（763—779年唐广德至大历年间）	赣州市	台高14.1米，面积275平方米。“冠冕一郡之形势，而襟带千里之江山”，隆阜郁然孤峙，故名。1959年又重修，油彩一新，甚为壮观。
通天岩	赣州市	是一座红砂石山。由忘归岩、同心岩、通天岩和翠微岩组成。岩上布满造像、题刻，是一座拥有古刻九十七品，石龛二百七十九座，石刻造像三百四十八尊的艺术宝库。这里岩深谷邃，树木参天，风景秀丽，是赣南避暑胜地之一。
翠微峰	宁都县	又名石鼓峰，为金精十二峰之一。山势险要，自下仰视，如孤剑削空；从上观，则见中高、右缩、左展，迤逦峥嵘，旁无援辅，树木郁深。
云石山	瑞金县	是一座海拔不到100米的石灰岩山。因呈朵朵云状而得名。山岩顶上有座石砌的古庙，庙四周竹树茂盛，高劲挺拔，古庙掩映在树林之中，景色多姿。
梅关	大余县	在梅岭最高处，北宋时置关。登高远望，千山万岭尽收眼底，每逢入冬霜降，梅花盛开，清香扑鼻。

主要统计指标解释

外贸出口商品收购额 指对外贸易企业单位以现金或通过银行划拨等方式，从对外贸易系统以外的单位或个人购进直接供应出口的以及经过加工后再供应出口的商品总额。

外贸进出口总额 对外贸易进出口总额是指从国外（境外）进入国境的进口商品和从国内运出国境的出口商品的总金额，包括一般贸易（含进料加工）、技术和成套设备进口和出口、补偿贸易、来料加工装配、易货贸易以及中外合资、合作和外商独资企业的进口和出口等。外贸进口按到岸价格（CIF）计算，出口按离岸价格（FOB）计算。

海关进出口总额 海关进出口总额指实际进出我国国境的货物总金额，包括对外贸易实际进出口货物，来料加工装配进出口货物，国家间、联合国及国际组织无偿援助物资和赠送品，华侨、港澳同胞和外籍华人捐赠品，租赁期满归承租人所有的租赁货物，进料加工进出口货物，边境地方贸易及边境地区小额贸易进出口货物(边民互市贸易除外)，中外合资经营企业、中外合作经营企业、外商独资经营企业进出口货物和公用物品，到、离岸价格在规定限额以上的进出口货样和广告品（无商业价值、无使用价值和免费提供出口的除外），从保税仓库提取在中国境内销售的进口货物，以及其他进出口货物。进出口总额用以观察一个国家在对外贸易方面的总规模。海关出口货物按离岸价格计算，进口货物按到岸价格计算。

利用外资 是指我国各级政府、部门、企业、中国银行和其他单位通过对外借款、吸收外商直接投资和其他投资方式，使用国外和港澳地区的资金、设备、技术等。不包括赠款、援款。

对外借款 是我国利用外资的主要部分，包括我国通过外国政府贷款、国际金融组织贷款、外国银行商业贷款、出口信贷以及对外发行证券等方式，从国外和港澳地区筹措的资金。

外商直接投资 是指外国企业和经济组织或个人（包括华侨、港澳同胞以及我国在境外注册的企业）按我国有关政策、法规，在我国境内开办外商独资企业、与我国境内的企业或经济组织共同举办中外合资经营企业、合作经营企业或合作开发资源的投资以及外商从企业得到收益的再投资。

外商其他投资 指对外借款和外商直接投资以外，用其他方式吸收的外资，包括补偿贸易、加工装配以及国际租赁等。

旅游人数 是指来我国参观、访问、旅行、探亲、访友、休养、考察、参加会议和从事经济、科技、文化、教育、体育、宗教等活动的外国人、华侨、港澳和台湾同胞的人数。不包括外国在我国的常驻机构，如领使馆、通讯社、企业办事处的工作人员和来我国常住的外国专家和留学生等。

旅游外汇收入 指国内各部门为来我国旅游的外国人、华侨、港澳和台湾同胞提供商品和劳务而得到的外汇收入。包括供应商品、饮食和提供住宿、交通、邮电、文化娱乐、导游等各项服务所得的全部外汇收入。

十二、财政、金融、保险

●1990年，财政收入40.62亿元，比1985年增长91.7%。“七五”时期，财政收入平均每年增长13.9%。

●1990年，财政支出50.76亿元，其中，基本建设支出占6.6%，支援农村支出占6.5%，文教科学卫生事业费占27.4%。

●1990年末，市场货币流通量52亿元。其中，城乡居民手存现金40.13亿元。

●1990年，国内保险业务承保额677亿元，保险业务收入3.17亿元。涉外保险业务承保额5亿美元，保费312万美元。

地方财政预算内收入和支出

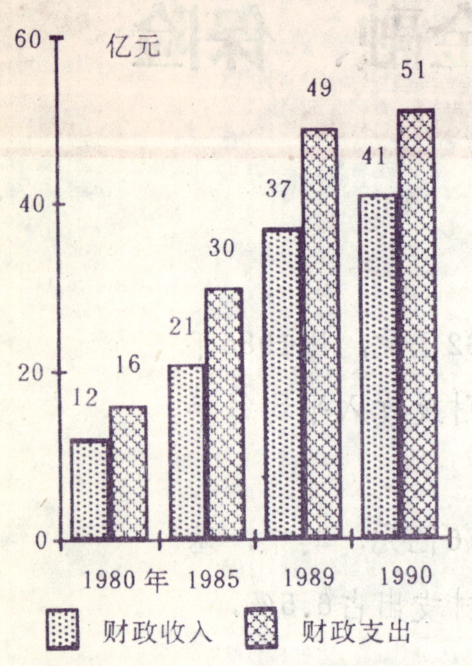

银行存贷款年末数

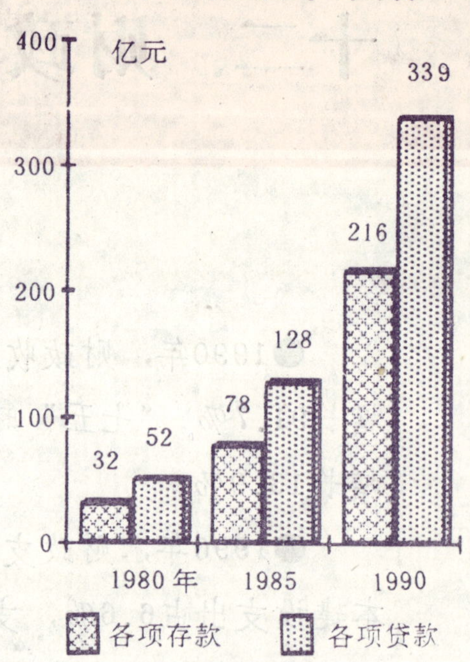

银行现金收入和支出

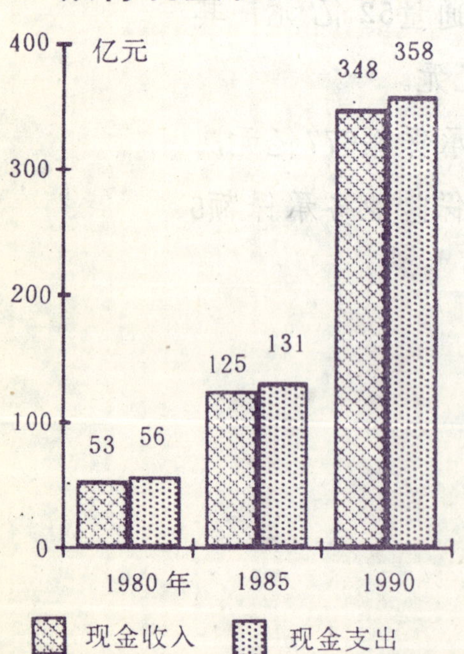

城乡居民储蓄存款年末余额

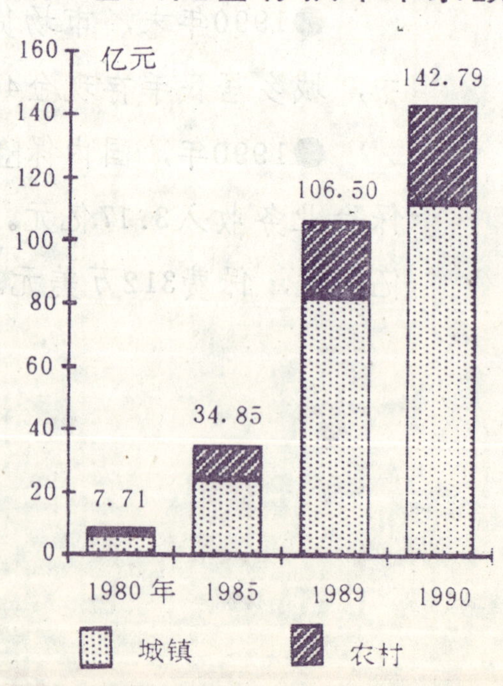

主要年份财政收入

单位：万元

年份	财政收入总计	#企业收入	#工业收入	#各项税收	#工商税收	#农牧业税
1949						
1952	22 861	357	189	17 531	9 222	8 309
1957	33 854	3 898	2 576	27 746	18 359	9 387
1965	66 698	21 681	13 428	41 296	32 443	8 851
1970	88 974	37 109	19 872	51 374	41 071	10 295
1975	78 555	12 412	7 844	65 935	55 578	10 133
1978	122 245	33 166	20 878	82 806	72 594	10 164
1980	124 667	23 784	26 427	97 063	86 948	10 080
1985	211 843	32 816	26 616	174 428	160 013	14 417
1986	240 552	25 735	24 675	208 325	193 115	14 456
1987	282 110	33 042	30 411	235 101	217 828	16 679
1988	322 931	15 235	31 781	279 642	260 550	16 191
1989	374 886	1 318	28 626	335 850	308 808	22 264
1990	406 155	−3 129	23 486	355 541	326 964	22 869

主要年份财政支出

单位：万元

年份	财政支出总计	#基本建设支出	#流动资金	#企业挖潜改造资金	#简易建筑费	#科技三项费	#支援农村支出	#文教科学卫生事业费
1949								
1952	15 211	4 222	1 226				187	3 471
1957	22 967	6 456	454				1 230	6 424
1965	52 727	20 114	1 979	421		1 890	5 280	10 761
1970	107 083	65 793	6 606			1 417	3 239	9 552
1975	102 428	32 148	4 984			2 722	11 121	21 600
1978	162 701	56 090	7 958	9 640	3 568	1 642	20 313	29 257
1980	159 884	40 483	2 625	10 121	1 895	1 222	24 543	40 683
1985	297 263	42 052	500	11 942	1 703	3 121	27 036	78 235
1986	366 258	39 294	487	15 537	1 666	2 904	36 747	91 993
1987	377 878	33 512	1 119	17 314	1 386	3 044	18 201	94 329
1988	423 518	34 314	1 650	18 271	1 535	2 363	20 216	114 471
1989	487 126	35 338	1 453	16 517	1 124	3 547	30 088	127 398
1990	507 559	33 259	250	21 024	1 504	3 020	32 937	139 217

各地区财政收支

（1990年）　　单位：万元

地　　区	财政收入	财政支出	地　　区	财政收入	财政支出
全　省	**406 155**	**507 559**	赣州地区	51 696	60 401
			#赣州市	12 290	5 818
南昌市	101 910	55 090	宜春地区	48 907	56 167
景德镇市	21 333	18 199	#樟树市	10 106	7 648
萍乡市	13 939	14 125	上饶地区	36 609	48 577
九江市	38 889	44 051	吉安地区	29 615	44 752
新余市	25 899	14 095	抚州地区	26 117	34 698
鹰潭市	9 883	12 419	#临川市	3 483	4 666

银行综合信贷收支平衡表

（年末数）　　单位：万元

项　　目	1989年	1990年	1990年比1989年增减额
资金来源总计	**2 823 042**	**3 489 816**	**666 774**
一、各项存款合计	1 649 773	2 164 779	515 006
企业存款	477 354	6 14 132	136 778
财政存款	38 370	82 869	44 499
机关团体部队存款	62 957	87 153	24 196
城镇储蓄存款	821 454	1 118 538	297 084
农村存款	166 096	164 453	−1 643
信托存款	9 121	8 452	−669
其他存款	74 421	89 182	14 761
二、金融债券	10 973	18 867	7 894
三、代理发行债券			
四、信贷基金	139 765	169 578	29 813
五、当年结益	50 951	31 581	−19 370
六、汇兑在途资金	695 147	823 423	128 276
七、其　　他	276 433	281 588	5 155
资金占用总计	**2 823 042**	**3 489 816**	**666 774**
一、各项贷款合计	2 740 195	3 386 919	646 724
流动资金贷款	2 075 696	2 568 067	492 371
#工　　业	805 065	1 010 984	205 919
商　　业	1 100 620	1 368 996	268 376
农业贷款	190 767	238 542	47 775
固定资产贷款	423 266	521 892	98 626
信托贷款	6 187	7 315	1 128
其他贷款	44 279	51 103	6 824
二、购买债券	24 352	36 476	12 124
三、金银占款	3 504	6 451	2 947
四、外汇占款	14 756	19 690	4 934
五、现　　金	29 808	31 394	1 586
六、上交财政税利	10 427	8 886	−1 541

农村信用社存款和贷款

（年末数）

单位：万元

项目	1989年	1990年	1990年比1989年增减额
一、资金来源总计	**408 338**	**480 237**	**71 899**
#（一）各项存款合计	272 516	347 467	74 951
集体存款	31 659	38 108	6 449
乡镇企事业	27 003	31 693	4 690
集体定期	492	1 451	959
其他	4 164	4 964	800
社员储蓄存款	240 857	309 359	68 502
（二）自有资金	17 251	11 755	−5 496
（三）其他资金收入	70 403	71 764	1 361
（四）借入银行款	7 114	5 738	−1 376
二、资金运用总计	**408 338**	**480 237**	**71 899**
#（一）各项贷款合计	142 001	194 908	52 907
乡镇企业贷款	45 745	68 089	22 344
承包户贷款	93 662	122 257	28 595
其他工商企事业贷款	2 594	4 562	1 968
（二）其他资金占款	88 016	78 835	−9 181
（三）转存银行款	104 557	104 306	−251
（四）存款准备金	51 885	48 287	−3 598
（五）调剂资金	17 303	35 428	18 125
（六）特种存款	4 781	6 402	1 621

主要年份市场货币流通量

单位：万元

年份	年末市场货币流通量	#城乡居民手存现金	城镇居民	农村居民	当年投放或回笼(－)数	当年货币净流出
1949	2 640	1 953			2 640	
1952	6 557	4 983			1 495	
1957	13 380	9 271	927	8 344	−20	
1965	28 402	22 425	2 556	19 869	4 413	3 011
1970	34 702	27 202	4 000	23 202	−2 548	1 588
1975	55 000	42 200	6 400	35 800	7 048	7 448
1978	61 500	48 700	7 700	41 000	11 770	8 770
1980	85 000	66 800	10 300	56 500	25 578	12 578
1985	213 000	181 100	27 200	153 900	68 663	26 663
1986	250 000	207 715	33 182	174 533	49 380	12 380
1987	290 000	238 843	39 896	198 786	62 403	22 403
1988	420 000	334 436	65 094	269 342	151 102	21 102
1989	460 000	352 749	66 665	286 084	73 590	33 590
1990	520 000	401 272	79 042	322 230	100 598	40 598

保险业务经济技术指标（一）

指　　　　　标	单　位	1989年	1990年	1990年比1989年增长%
一、国内外业务总计				
业务收入	万元	28 041	33 310	18.8
业务支出	万元	10 796	13 300	23.2
(一) 国内业务				
1.承保额	亿元	563	677	20.2
财产险	亿元	429	511	19.1
人身险	亿元	134	166	23.9
2.保险业务收入	万元	26 905	31 679	17.7
财产险保费	万元	16 593	19 199	15.7
财产险储金	万元	106	300	183.0
人身险保费	万元	3 004	3 507	16.7
人身险储金	万元	7 202	8 673	20.4
#统筹	万元	591	1 415	139.4
3.赔案数	件	227 674	235 221	3.3
财产险已决赔案件数	件	98 415	84 852	−13.8
财产险未决赔案件数	件	1 387	2 058	48.4
人身险已决给付人数	人	127 872	148 311	16.0
4.保险业务支出	万元	12 145	12 653	4.2
财产险赔款	万元	8 718	8 715	…
财产险储金给付	万元	23	26	13.0
团体人身及意外险给付	万元	1 385	1 390	0.4
人身险储金给付	万元	1 795	1 899	5.8
#统筹	万元	461	1 077	133.6
退保金	万元	224	623	178.1
5.财产险未决估损金额	万元	932	749	−19.6
(二) 涉外业务				
1.承保额	亿美元	4	5	25.0
运输险	亿美元	3	4	33.3
出口	亿美元	2	3	50.0
进口	亿美元	1	1	平
各种非水险	亿美元	1	1	平
2.保费	万美元	305	312	2.3
运输险	万美元	255	258	1.2
出口	万美元	223	244	9.4
进口	万美元	32	14	−56.3
船舶险	万美元	3	3	平
各种非水险	万美元	47	50	6.4
航空人身意外险	万美元		1	
3.已决赔案件数	件	263	313	19.0
4.当年已决赔款	万美元	86	124	44.2
运输险	万美元	77	120	55.8
出口	万美元	61	85	39.3

保险业务经济技术指标（二）

指　　　　标	单　位	1989年	1990年	1990年比1989年增长%
进　　口	万美元	16	35	118.8
船舶险	万美元	5		
各种非水险	万美元	4	4	平
二、保险业务收入完成计划	%	121.92	111.03	
国内业务	%	123.16	111.00	
涉外业务	%	98.29	101.03	
三、损　失　率				
国内业务财产险	%	0.21	0.19	
国内家庭财产险	%	0.13	0.13	
种植业险	%	0.01	0.31	
涉外业务运输险	%	0.21	0.34	
四、当年结案率				
国内业务	%	98.74	97.63	
涉外业务	%	100.00	100.00	
五、赔付率（给付率）	%	38.50	38.06	
财　产　险	%	53.29	45.39	
团体人身及意外伤害险	%	46.12	39.67	
返还性人身险	%	25.83	21.90	
涉外业务	%	28.09	36.93	
六、年内平均职工人数	人	2 474	2 646	7.0
七、年末职工人数	人	2 498	2 730	9.3
八、年内费用支出	万元	2 925.00	4012.26	37.2
九、人均保险业务收入	万元	11	13	18.2
十、人均费用	元	11 823	15 728	33.0
十一、增　加　值	万元	6 577	9 580	45.7
工　　资	万元	239	335	40.2
固定资产折旧	万元	246	279	13.4
税　　金	万元	1 209	1 412	16.8
利　　润	万元	4 883	7 554	54.7
十二、人均盈利	万元	2	3	50.0
十三、机　构　数	个	113	117	3.5
省级分公司	个	1	1	平
地市级公司	个	11	11	平
县支公司	个	101	101	平
#市区办事处	个	14	14	平
县（市）辖镇办事处	个		4	
十四、其　　他	个	2 394	2 397	0.1
代办网点	个	2 394	2 394	平
专　　职	个	840	840	平
兼　　职	个	1 554	1 554	
附属机构	个		3	

主要统计指标解释

企业收入 包括各部门所属全民所有制企业、事业单位上交国家的利润和事业收入。

各项税收 包括工商税、工商所得税、盐税、关税、农牧业税、屠宰税、牲畜交易税、集市交易税以及有关罚款补税收入等。

基本建设拨款 是指国家预算内的基本建设拨款，不包括国家预算外自筹的各种基本建设资金。为加强基本建设投资规模的控制，提高资金使用效益，国家从1985年起，对预算内基本建设拨款实行拨款改贷款的新的管理办法。即由原来直接无偿地拨给建设单位。改为拨给建设银行视同信贷基金管理，建设银行根据国家预算安排的基建项目，给予有偿贷款，用投产后新增利润还本付息。因改革之中情况不一，目前仍有一些基建项目未实行拨改贷办法。

文教科学卫生事业费 包括科学、文化、教育、卫生、公费医疗、体育、通讯和广播、地震、海洋、文物、计划生育等方面的事业费。

存款 企业、机关、团体或居民根据可以收回的原则，把货币资金存入银行或其他信用机构保管并取得一定利息的一种信用活动形式。根据存款对象的不同可划分：企业存款、财政存款、机关团体存款、对外贸易存款、城乡居民储蓄存款、农村存款等科目。

贷款 银行或其他信用机构根据必须归还的原则，按一定利率，为企业、个人等提供资金的一种信用活动形式。我国银行贷款，分流动资金贷款、中短期设备贷款以及农户贷款等科目。

承保额 又叫保险金额。它是保险人对被保险人负担损失补偿或约定给付的金额。它是保险合同上的最高责任额，也是计算保费的依据。

保费 被保险人按其得到保险利益的保障程度（保险金额）的一定比率向保险人缴付的费用。

赔款 保险人对财产保险的保险事故给予的经济补偿或对人身保险的保险事故给付的保险金。

十三、物　　价

●1990年，全社会零售物价比1989年上升1.3%，比1985年上升65.5%。

●1990年，职工生活费用价格比1989年上升1.5%，比1985年上升68.3%。

●1990年，农副产品收购价格比1989年下降1.4%，比1985年上升77.8%。

●1990年，消费品零售价格比1989年上升0.9%，其中城镇上升0.3%，农村上升1.5%；食品类下降0.7%，衣着类上升8.3%，日用品类上升1.6%。

全省零售物价总指数

(以上年价格为 100)

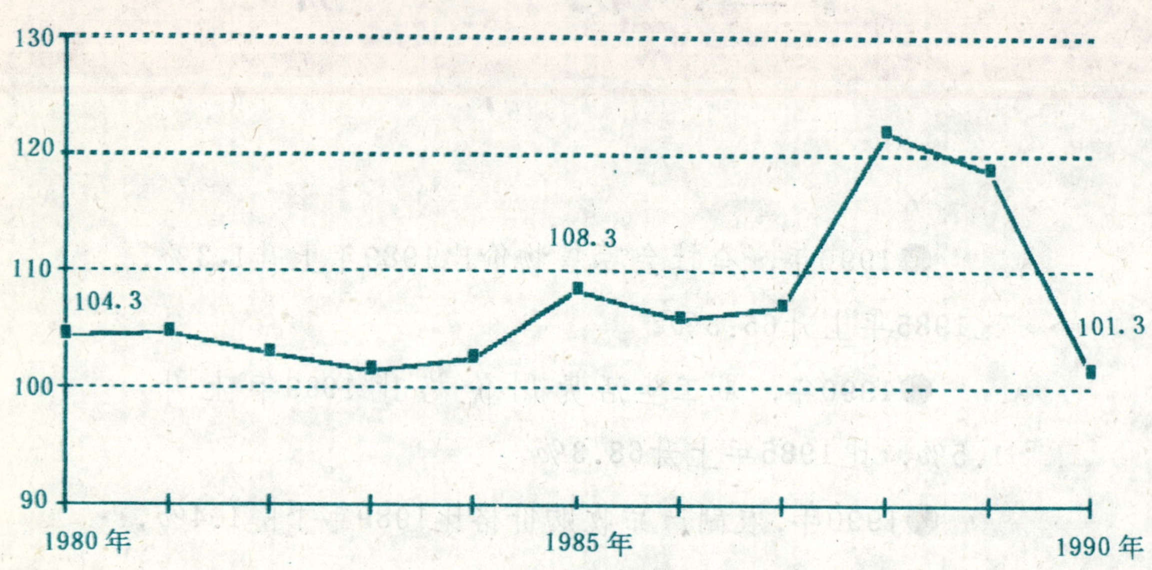

农副产品收购价格总指数

(以上年价格为 100)

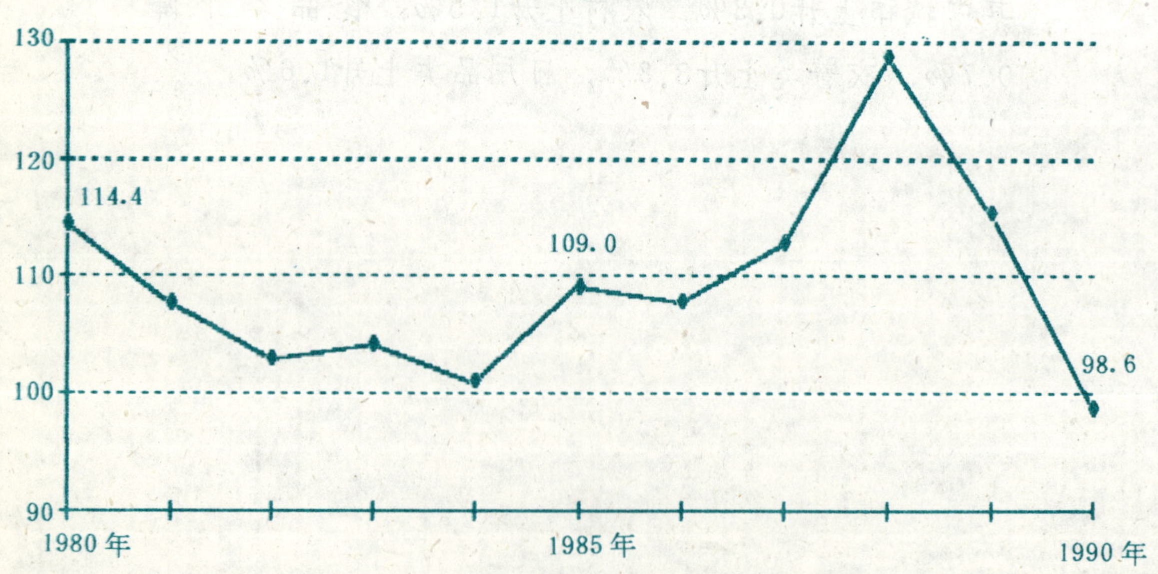

历年各种物价指数

(以上年价格为100)

年份	零售物价总指数	农副产品收购价格总指数	农村工业品零售价格指数	工农业商品综合比价指数(以农村工业品零售价格指数为100)	工农业商品综合比价指数(以农副产品收购价格总指数为100)
1951	113.8	127.2	112.1	88.1	113.5
1952	98.8	97.7	97.8	100.1	99.9
1953	103.4	105.1	100.3	95.4	104.8
1954	102.7	102.3	101.6	99.3	100.7
1955	99.7	98.5	101.2	102.7	97.3
1956	100.4	105.3	99.2	94.2	106.1
1957	101.6	107.2	103.3	96.4	103.8
1958	102.7	101.6	101.3	99.7	100.3
1959	101.3	101.2	101.1	99.9	100.1
1960	101.0	105.1	100.3	95.4	104.8
1961	112.7	126.1	107.1	84.9	117.7
1962	104.6	99.2	104.1	104.9	95.3
1963	92.1	98.7	97.6	98.9	101.1
1964	94.2	99.2	97.4	98.2	101.8
1965	96.8	99.6	95.9	96.3	103.9
1966	99.0	105.8	96.7	91.4	109.4
1967	100.0	101.3	98.8	97.5	102.5
1968	—	100.2	—	—	—
1969	—	100.4	—	—	—
1970	—	99.6	—	—	—
1971	99.9	102.2	99.5	97.4	102.7
1972	99.5	100.7	99.1	98.4	101.6
1973	99.9	100.7	100.0	99.3	100.7
1974	100.0	100.2	100.1	99.9	100.1
1975	100.0	100.3	100.0	99.7	100.3
1976	100.0	100.2	100.0	99.8	100.2
1977	100.2	100.5	100.1	99.6	100.4
1978	100.1	101.6	100.1	98.5	101.5
1979	101.3	126.5	99.9	79.0	126.6
1980	104.3	114.4	100.4	87.8	113.9
1981	104.6	107.6	103.0	95.7	104.5
1982	102.9	102.9	102.5	99.6	100.4
1983	101.4	104.1	100.5	96.5	103.6
1984	102.5	100.9	102.5	101.6	98.4
1985	108.3	109.0	103.9	95.3	104.9
1986	105.8	107.8	103.3	95.8	104.4
1987	106.9	112.8	104.9	93.0	107.5
1988	121.8	128.6	117.1	91.1	109.8
1989	118.6	115.3	119.3	103.5	96.6
1990	101.3	98.6	102.9	104.4	95.8

各种物价指数

（1990年）

基期	全省零售物价总指数	职工生活费用价格总指数	农民出售农副产品价格指数	农副产品收购价格总指数	农村工业品零售价格指数	工农业商品综合比价指数（以农产品价格指数为100） 以出售方算	以收购方算
以1950年价格为 100	276.3	—	709.0	684.6	205.2	28.9	30.0
以1952年价格为 100	255.8	—	590.4	570.0	189.1	32.0	33.2
以1957年价格为 100	234.2	242.8	493.8	476.8	178.8	36.2	37.5
以1965年价格为 100	205.8	216.7	374.9	362.0	168.7	45.0	46.6
以1970年价格为 100	206.9	215.3	251.8	337.3	174.9	69.5	51.9
以1978年价格为 100	210.7	220.9	327.8	316.5	176.6	53.9	55.8
以1980年价格为 100	200.3	204.7	233.8	225.3	176.0	75.3	78.1
以1985年价格为 100	165.5	168.3	181.4	177.8	155.8	85.9	87.6
以1989年价格为 100	101.3	101.5	97.5	98.6	102.9	105.5	104.4

集市贸易价格分类指数

（1990年）

单位：%

类别	以1989年价格为100			以1990年国营商业价格为100		
	全省	城市	县城	全省	城市	县城
总指数	**94.8**	**97.6**	**91.3**	**105.8**	**108.9**	**101.9**
一、消费品价格指数	**95.5**	**97.6**	**92.2**	**106.1**	**108.9**	**101.9**
粮食类	78.9	85.0	76.7	130.7	143.5	126.2
食用植物油	89.4	81.3	96.2	155.6	123.2	191.8
鲜菜类	92.2	95.1	87.9	104.0	104.0	—
干菜类	84.7	87.7	81.1	100.9	103.2	97.9
肉禽蛋类	98.8	100.3	96.0	110.0	118.1	99.3
水产品类	100.1	99.4	100.9	111.2	111.2	—
鲜果类	94.0	96.4	88.9	93.1	87.4	109.3
干果类	91.4	91.3	91.5	94.6	94.5	94.8
日用杂品类	105.7	114.7	103.8	78.1	148.8	70.3
柴草类	104.2	87.1	104.4	163.9	—	163.9
其他类	100.0	106.7	99.3	—	—	—
二、农业生产资料	**87.2**	—	**87.2**	—	—	—
饲料类	83.7	—	83.7	—	—	—
小农具类	96.5	—	96.5	—	—	—
幼禽家畜类	85.0	—	85.0	—	—	—
大牲畜类	80.6	—	80.6	—	—	—
竹木材类	96.9	—	96.9	—	—	—

生活费用价格指数和零售物价分类指数（一）

（1990年，以1989年价格为100）

类别	按全社会价格计算			按国营商业价格计算		
	全省	城镇	农村	全省	城镇	农村
生活费用价格总指数	**102.1**	**101.5**	**102.8**	**102.9**	**103.0**	**102.8**
零售物价总指数	**101.3**	**100.3**	**102.2**	**102.0**	**101.5**	**102.2**
一、消费品零售价格指数	**100.9**	**100.3**	**101.5**	**101.5**	**101.5**	**101.5**
1.食品类	99.3	98.9	100.0	100.1	100.2	100.0
粮食	98.9	98.0	99.7	98.8	97.9	99.7
细粮	99.2	98.6	99.7	99.0	98.2	99.7
粗粮	95.3	84.8	100.2	96.8	88.4	100.2
副食品	99.4	98.9	100.3	100.6	101.1	100.3
食用植物油	98.4	100.2	96.8	97.2	97.7	96.8
鲜菜	93.5	93.5	—	97.8	97.8	—
干菜	98.7	97.4	100.0	99.9	99.7	100.0
肉禽蛋	99.8	100.3	98.5	99.0	100.8	98.5
水产品	99.5	100.7	95.1	97.2	101.4	95.1
调味品	113.7	111.4	114.8	113.4	110.5	114.8
食糖	98.1	100.1	97.1	98.2	100.4	97.1
烟酒茶	99.2	99.8	98.7	99.4	100.6	98.7
烟	97.6	99.1	96.4	97.8	100.4	96.4
酒	100.3	99.8	100.8	100.4	100.0	100.8
茶叶	105.5	107.2	104.6	105.5	107.8	104.6
其他食品	99.9	99.2	101.2	101.4	101.7	101.2
鲜果	95.9	96.2	91.7	96.4	102.1	91.7
干果	94.2	93.2	95.9	94.5	93.4	95.9
糖果	100.6	101.7	100.1	100.7	101.6	100.1
糕点	104.3	104.8	103.9	104.3	104.8	103.9
奶及奶制品	103.7	103.4	104.2	103.7	103.3	104.2
罐头	99.4	99.7	99.1	99.3	99.5	99.1
其他饮料	106.1	105.6	107.0	106.5	106.0	107.0
2.衣着类	108.3	107.8	108.8	108.3	107.8	108.8
棉布	110.8	109.5	111.2	110.8	109.5	111.2
棉花化纤混纺布	109.1	109.3	109.0	109.1	109.3	109.0
化纤布	109.3	108.9	109.4	109.3	108.9	109.4
呢绒	107.3	106.3	107.9	107.3	106.3	107.9
绸缎	107.8	107.9	107.7	107.8	107.9	107.7
针纺织品	107.0	106.6	107.4	107.0	106.6	107.4
服装	107.8	108.4	106.8	107.8	108.4	106.8
鞋	108.5	108.3	108.7	108.5	108.3	108.7
其他衣着	108.2	106.7	110.6	108.2	106.7	110.6

生活费用价格指数和零售物价分类指数（二）

（1990年，以1989年价格为100）

类别	按全社会价格计算			按国营商业价格计算		
	全省	城镇	农村	全省	城镇	农村
3.日用品类	101.6	100.9	102.3	101.6	100.9	102.3
一般日用品	106.5	106.7	106.2	106.5	106.7	106.2
日用机电消费品	96.7	95.6	97.9	96.7	95.6	97.9
家俱	102.9	102.9	102.9	102.9	102.9	102.9
日用杂品	110.4	110.3	110.5	110.4	110.3	110.5
4.文化娱乐用品类	98.0	96.8	98.7	98.0	96.8	98.7
纸张文具	111.4	110.5	111.7	111.4	110.5	111.7
文娱用机电消费品	93.5	93.0	93.8	93.5	93.0	93.8
其他文娱用品	104.2	103.9	104.4	104.2	103.9	104.4
5.书报杂志类	102.4	102.7	102.1	102.4	102.7	102.1
6.药及医疗用品类	103.9	103.6	104.1	103.9	103.6	104.1
中药	98.2	97.4	98.7	98.2	97.4	98.7
西药及医疗用品	109.8	110.1	109.6	109.8	110.1	109.6
7.建筑装璜材料类	92.8	93.4	92.6	92.8	93.4	92.6
8.燃料类	103.6	105.2	101.9	103.6	105.2	101.9
二、生产资料价格指数	**104.8**	—	**104.8**	**104.8**	—	**104.8**
1.小农具	103.9	—	103.9	103.9	—	103.9
铁制小农具	105.0	—	105.0	105.0	—	105.0
竹木制小农具	100.9	—	100.9	100.9	—	100.9
2.半机械化农具	101.1	—	101.1	101.1	—	101.1
3.机械化农具	102.8	—	102.8	102.8	—	102.8
4.化学肥料	105.2	—	105.2	105.2	—	105.2
5.农药及农药械	107.5	—	107.5	107.5	—	107.5
化学农药	108.2	—	108.2	108.2	—	108.2
农药械	104.9	—	104.9	104.9	—	104.9
6.农机用油	103.0	—	103.0	103.0	—	103.0
7.其他	105.1	—	105.1	105.1	—	105.1
三、服务项目价格指数	**114.6**	**113.4**	**116.0**	**114.6**	**113.4**	**116.0**
1.出租	100.2	100.2	100.4	100.2	100.2	100.4
2.水电费	103.4	103.8	103.0	103.4	103.8	103.0
3.交通费	130.4	134.1	127.0	130.4	134.1	127.0
4.邮电费	142.3	137.0	146.1	142.3	137.0	146.1
5.医疗保健费	125.7	126.5	125.5	125.7	126.5	125.5
6.学杂保育费	116.9	116.6	117.3	116.9	116.6	117.3
7.文娱费	107.0	107.6	106.6	107.0	107.6	106.6
8.修理及其他服务费	109.6	110.2	108.3	109.6	110.2	108.3

各市、县职工、农民生活费用价格指数和零售物价指数

（1990年，以1989年价格为100）

市、县	全社会职工生活费用价格指数	全社会零售物价总指数	国营商业零售物价总指数	农民生活费用价格指数	农民零售物价总指数	#消费品价格指数	#农业生产资料价格指数	集市贸易价格指数
南昌市	103.3	101.8	101.3	—	—	—	—	100.3
赣州市	98.0	97.5	99.2	—	—	—	—	94.6
九江市	104.3	103.5	105.1	—	—	—	—	99.1
景德镇市	104.1	103.0	103.4	—	—	—	—	99.6
萍乡市	100.4	99.8	105.9	—	—	—	—	88.8
宜春市	100.3	99.6	100.4	—	—	—	—	94.4
上饶市	104.1	102.6	105.7	—	—	—	—	95.1
吉安市	101.7	100.8	101.5	—	—	—	—	95.8
抚州市	101.5	100.5	102.2	—	—	—	—	96.9
新余市	101.5	100.4	101.6	—	—	—	—	94.8
鹰潭市	103.3	101.4	105.8	—	—	—	—	91.8
井冈山市	102.2	101.6	103.1	—	—	—	—	92.5
信丰县	100.3	99.3	100.6	104.0	104.0	102.9	107.2	88.9
瑞昌县	103.3	102.4	103.0	104.2	103.5	103.1	105.1	97.6
泰和县	102.2	100.9	103.4	104.3	103.2	103.2	103.3	92.9
上高县	99.9	98.6	101.3	104.6	104.7	102.2	111.2	91.0
铅山县	101.0	99.7	103.0	105.7	104.3	104.8	102.8	93.2
东乡县	100.3	98.6	100.0	100.7	101.6	99.1	107.6	87.2
九江县	102.1	100.5	100.5	103.2	103.8	101.5	108.3	98.5
波阳县	102.7	101.5	101.7	103.5	103.2	102.1	106.6	98.9
瑞金县	106.4	105.3	105.6	106.2	105.6	104.9	107.4	93.6
修水县	100.6	99.4	99.6	99.5	99.0	98.7	100.2	97.5
南康县	103.7	101.6	106.7	106.0	104.2	104.5	102.9	96.3

农产品与工业品单项比价

（1990年）

交换品（百公斤）	被交换品							
	食盐（公斤）	白糖（公斤）	纸烟（盒）	白酒（公斤）	棉布（米）	棉花化纤混纺布（米）	肥皂（条）	火柴（盒）
小麦	123.21	30.69	125.11	26.23	31.89	13.40	85.60	137.83
稻谷	90.76	22.60	92.15	19.32	23.49	9.87	63.05	101.53
玉米	109.88	27.37	111.57	23.39	28.44	11.95	76.34	122.92
大豆	200.95	50.05	204.05	42.78	52.01	21.85	139.61	224.80
皮棉	896.55	223.29	910.34	190.88	232.05	97.48	622.86	1 002.92
烤烟	671.68	167.29	682.02	143.00	173.85	73.03	466.64	751.37
黄红麻	285.68	71.15	290.08	60.82	73.94	31.06	198.47	319.58
苎麻	367.20	91.45	372.85	78.18	95.04	39.93	255.11	410.76
花生果	336.91	83.91	342.09	71.73	87.20	36.63	234.06	376.88
油菜籽	206.74	51.49	209.92	44.02	53.51	22.48	143.63	231.27
芝麻	443.18	110.38	450.00	94.35	114.71	48.19	307.89	495.76
甘蔗	18.18	4.53	18.46	3.87	4.71	1.98	12.63	20.34
毛茶	1 107.91	275.93	1 124.95	235.88	286.75	120.46	769.71	1 239.36
肥猪	597.73	148.87	606.92	127.26	154.71	64.99	415.26	668.64
鸡蛋	753.03	187.55	764.62	160.32	194.90	81.88	523.16	842.37
桐油	802.38	199.84	814.72	170.83	207.67	87.24	557.44	897.58

交换品（百公斤）	被交换品							
	煤油（公斤）	化肥（公斤）	缝纫机（台）	自行车（辆）	机械手表（只）	拖拉机（台）	黑白电视机（台）	柴油（公斤）
小麦	88.39	88.39	0.31	0.28	1.54	0.02	0.16	68.92
稻谷	65.11	65.11	0.23	0.21	1.13	0.02	0.12	50.76
玉米	78.83	78.83	0.28	0.25	1.37	0.02	0.14	61.46
大豆	144.16	144.16	0.51	0.46	2.51	0.04	0.26	112.40
皮棉	643.17	643.17	2.29	2.05	11.20	0.17	1.17	501.46
烤烟	481.86	481.86	1.72	1.53	8.39	0.13	0.88	375.69
黄红麻	204.95	204.95	0.73	0.65	3.57	0.05	0.37	159.79
苎麻	263.42	263.42	0.94	0.84	4.59	0.07	0.48	205.38
花生果	241.70	241.70	0.86	0.77	4.21	0.06	0.44	188.44
油菜籽	148.32	148.32	0.53	0.47	2.58	0.04	0.27	115.64
芝麻	317.93	317.93	1.13	1.01	5.54	0.08	0.58	247.88
甘蔗	13.04	13.04	0.05	0.04	0.23	…	0.02	10.17
毛茶	794.80	794.80	2.83	2.53	13.84	0.21	1.45	619.68
肥猪	428.80	428.80	1.53	1.36	7.47	0.11	0.78	334.32
鸡蛋	540.22	540.22	1.92	1.72	9.41	0.14	0.98	421.19
桐油	575.62	575.62	2.05	1.83	10.02	0.15	1.05	448.79

国营商业零售价格分类指数

（1990年）

类别	以1950年价格为100	以1952年价格为100	以1957年价格为100	以1962年价格为100	以1965年价格为100
零售物价总指数	**264.6**	**245.0**	**228.9**	**188.4**	**199.3**
一、消费品零售价格指数	**269.1**	**260.4**	**238.8**	**189.7**	**197.9**
1.食品类	404.5	344.8	298.6	237.2	244.3
粮食	302.7	258.6	234.3	252.2	196.6
副食品	559.0	477.7	388.3	289.0	308.3
#鲜菜	619.8	634.3	564.5	310.6	630.3
肉禽蛋	735.3	702.4	513.1	355.6	381.3
水产品	—	—	474.6	—	388.5
烟酒茶	202.1	210.8	184.5	151.3	159.6
其他食品	223.5	232.2	258.2	205.7	228.8
#鲜果	—	—	—	—	327.9
2.衣着类	151.8	146.3	147.1	144.1	145.4
3.日用品类	180.7	178.6	187.4	138.5	154.9
4.文化娱乐用品类	130.0	111.5	123.0	116.7	119.7
5.书报杂志类	—	—	—	—	—
6.药及医疗用品类	120.7	105.4	168.1	152.1	170.1
7.建筑装璜材料类	—	—	—	—	—
8.燃料类	245.9	173.3	195.5	152.7	181.3
二、农业生产资料价格指数	**212.7**	**255.2**	**195.9**	**146.8**	**178.7**
#化学肥料	—	—	—	—	169.0
三、服务项目价格指数	—	—	—	—	**188.3**
#房租	—	—	—	—	87.2
修理及其他服务费	—	—	—	—	230.2

类别	以1970年价格为100	以1975年价格为100	以1978年价格为100	以1980年价格为100	以1985年价格为100	以1989年价格为100
零售物价总指数	**198.6**	**199.8**	**199.0**	**192.2**	**162.4**	**102.0**
一、消费品零售价格指数	**200.7**	**200.1**	**199.7**	**190.5**	**161.8**	**101.5**
1.食品类	240.3	238.5	237.5	218.9	172.5	100.1
粮食	172.0	172.0	172.0	172.0	152.4	98.8
副食品	309.0	306.9	307.2	265.4	204.8	100.6
#鲜菜	545.9	547.7	506.4	490.0	201.3	97.8
肉禽蛋	378.1	393.5	373.2	285.4	234.2	99.0
水产品	389.6	382.0	381.8	266.9	187.8	97.2
烟酒茶	159.4	158.9	158.5	157.0	129.1	99.4
其他食品	240.4	234.7	227.8	211.3	175.3	101.4
#鲜果	370.0	358.5	328.6	309.2	176.9	96.4
2.衣着类	147.1	147.2	147.1	147.6	149.8	108.3
3.日用品类	162.8	162.2	162.0	159.3	147.9	101.6
4.文化娱乐用品类	126.0	129.8	128.3	124.1	123.8	98.0
5.书报杂志类	—	—	—	—	287.6	102.4
6.药及医疗用品类	241.0	243.5	241.8	229.2	176.6	103.9
7.建筑装璜材料类	—	—	—	169.9	—	92.8
8.燃料类	184.5	190.8	190.7	189.7	167.6	103.6
二、农业生产资料价格指数	**196.9**	**206.0**	**205.9**	**205.2**	**166.8**	**104.8**
#化学肥料	192.3	200.7	200.7	203.0	173.6	105.2
三、服务项目价格指数	**218.4**	**219.7**	**220.7**	**219.6**	**190.2**	**114.6**
#房租	131.4	135.6	135.6	135.6	120.6	100.2
修理及其他服务费	228.7	228.7	228.7	222.6	185.0	109.6

农副产品收购价格分类指数（一）

（1990年）

类　　别	以1950年价格为100	以1952年价格为100	以1957年价格为100	以1962年价格为100	以1965年价格为100
总 指 数	**684.6**	**570.0**	**476.8**	**352.9**	**362.0**
一、粮食类	876.6	745.4	622.8	436.1	431.5
二、经济作物类	481.9	445.6	346.5	303.5	283.1
食用植物油及油料	972.2	1030.1	636.6	479.0	479.0
棉　花	366.4	316.4	320.6	320.6	296.1
麻	83.2	105.4	93.5	69.6	65.2
烟　叶	1052.4	787.9	562.7	475.8	413.7
糖　料	329.2	292.7	274.4	178.3	222.9
茶　叶	1463.2	724.9	481.9	454.5	375.0
三、竹木材类	2178.5	719.8	1036.5	787.6	800.3
四、工业用油漆类	225.0	245.9	202.6	151.1	153.8
#工业用油脂油料	242.9	265.4	218.9	163.3	166.0
五、禽畜产品类	576.9	612.8	487.4	379.4	399.5
#肉　畜	607.8	653.9	523.5	417.4	417.0
禽　蛋	810.0	830.0	550.4	328.7	441.5
皮　张	220.1	204.5	168.9	165.8	178.0
鬃　毛	765.1	583.1	593.5	292.7	301.6
六、蚕茧蚕丝类	—	—	—	—	—
七、干鲜果类	463.7	538.8	366.1	232.5	263.3
八、干鲜菜及调味品类	—	300.9	182.6	144.1	292.8
#鲜　菜	—	400.1	300.2	236.5	553.7
九、药材类	240.7	246.9	215.7	161.2	204.8
十、土副产品类	—	539.6	463.3	226.4	287.3
十一、水产品类	1450.1	1318.3	883.2	396.8	537.8

农副产品收购价格分类指数(二)

(1990年)

类　　别	以1970年价格为100	以1975年价格为100	以1978年价格为100	以1980年价格为100	以1985年价格为100	以1989年价格为100
总指数	**337.3**	**323.5**	**316.5**	**225.3**	**177.8**	**98.6**
一、粮食类	378.5	378.5	377.0	207.9	160.0	96.6
二、经济作物类	282.5	262.8	247.5	172.4	155.4	112.6
食用植物油及油料	479.0	358.6	333.3	194.6	158.7	101.1
棉花	296.1	293.7	267.8	190.4	180.8	125.1
麻	65.2	61.7	61.7	52.3	41.1	103.7
烟叶	409.6	403.1	403.1	370.5	297.1	108.6
糖料	222.9	222.9	222.9	181.4	183.1	101.9
茶叶	363.8	363.8	363.8	304.0	251.8	102.1
三、竹木材类	845.1	652.3	592.3	503.8	174.0	94.3
四、工业用油漆类	153.8	143.6	126.2	129.5	131.9	110.4
#工业用油脂油料	166.0	143.9	126.4	129.8	129.4	110.4
五、禽畜产品类	397.1	383.7	383.7	306.0	217.3	96.6
#肉畜	417.0	406.0	406.0	33.7	232.1	96.4
禽蛋	394.5	337.7	337.7	269.8	188.1	100.4
皮张	183.6	187.9	187.2	143.0	132.8	89.9
鬃毛	305.9	305.9	305.9	305.9	151.6	88.4
六、蚕茧蚕丝类	—	—	—	—	—	—
七、干鲜果类	241.2	230.0	175.6	175.6	169.8	94.7
八、干鲜菜及调味品类	257.5	253.5	257.8	248.4	190.5	97.4
#鲜菜	463.3	465.3	508.3	478.8	219.3	97.5
九、药材类	204.6	203.1	185.8	175.0	153.0	104.0
十、土副产品类	254.3	218.9	208.5	193.5	137.7	93.0
十一、水产品类	537.8	491.8	489.9	327.8	190.5	100.9

主要商品零售混合平均价格

（1990年）

价格单位：元

品名	计量单位	平均价格	品名	计量单位	平均价格
粮食（贸易粮）	万公斤	5 997.7	塑料鞋	百双	361.2
#牌价	万公斤	4 491.5	火柴	件	58.9
食用植物油	万公斤	47 525.0	肥皂	箱	56.7
#牌价	万公斤	28 821.6	香皂	百块	84.2
猪肉	百公斤	577.4	洗衣粉	百公斤	410.2
牛肉	百公斤	721.2	搪瓷口杯	百个	445.0
羊肉	百公斤	596.0	搪瓷面盆	百个	1 049.3
家禽	百公斤	680.6	铝锅	百个	1 217.7
鲜蛋	百公斤	568.3	暖水瓶	百个	1 247.4
鲜菜	百公斤	55.9	电灯泡	百个	68.5
水产品（混合品）	吨	5 246.5	手电筒	百个	375.9
食盐	吨	705.1	手电池	百个	54.4
食糖	吨	2 806.7	钟	个	43.5
卷烟	箱	1 663.3	手表	只	52.8
酒	吨	3 871.6	缝纫机	架	258.3
茶叶	百公斤	1 684.7	自行车	辆	255.6
棉布	百米	343.1	电子管收音机	架	77.7
棉花化纤混纺布	百米	507.6	晶体管收音机	架	28.2
#涤棉混纺布	百米	519.6	电视机	架	1 519.6
化纤布	百米	525.6	录音机	架	170.9
呢绒	百米	3 955.6	电风扇	台	258.0
绸缎	百米	754.0	洗衣机	台	535.3
毛线	百米	6 161.1	电冰箱	台	1 767.0
毛巾	百条	184.7	机制薄纸	吨	3 300.0
线袜	百双	171.4	土纸	吨	1 574.7
锦纶袜	百双	249.4	金笔	百支	1 431.0
汗衫背心	百件	314.8	铱金笔	百支	342.0
棉毛衫裤	百件	755.0	铅笔	万支	1 420.0
卫生衫裤	百件	1 105.0	煤炭	吨	66.7
床褥单	百条	2 885.6	煤油	吨	922.0
絮棉	百公斤	775.2	化学肥料	标准吨	736.0
胶鞋	百双	1 254.7	化学农药	标准吨	9 570.9
皮鞋	百双	2 894.4	农用动力机械	马力	165.4
布鞋	百双	548.5	木材	立方米	645.2

主要农副产品收购混合平均价格

（1990年）　　价格单位：元

品名	单位	平均价格	品名	单位	平均价格
粮食（贸易粮）	万公斤	7 323.70	川芎	百公斤	320.00
#籼稻	万公斤	5 990.00	白术	百公斤	277.70
黄豆	万公斤	13 263.00	白芍	百公斤	289.00
绿豆	万公斤	21 304.00	泽泻	百公斤	287.95
食用植物油	万公斤	47 712.40	银花	百公斤	554.60
#花生果	万公斤	22 236.00	山药	百公斤	128.58
油菜子	万公斤	13 645.00	菊花	百公斤	220.00
茶油	万公斤	51 972.00	牛夕	百公斤	220.00
皮棉	百公斤	591.70	厚朴	百公斤	1 631.42
棉短绒	百公斤	120.00	橘梗	百公斤	686.00
黄红麻（熟麻）	百公斤	188.60	菜牛	百公斤	681.00
苎麻	百公斤	242.40	家禽	百公斤	599.80
烤烟	百公斤	443.80	鲜蛋	百公斤	479.70
晒烟	百公斤	532.50	柑桔	吨	1 024.00
茶叶	百公斤	818.40	梨	百公斤	129.80
#绿毛茶	百公斤	875.43	西瓜	百公斤	47.85
甘蔗	吨	120.00	莲子	百公斤	1 303.67
非食用植物油	万公斤	17 816.37	黑瓜子	百公斤	391.05
#桐油	万公斤	52 957.00	鲜菜	百公斤	38.00
樟脑油	万公斤	112 863.00	笋干	百公斤	454.33
木材	立方米	237.60	蘑菇	百公斤	2 679.05
#松原木	立方米	124.61	牛皮	张	80.20
杉原木	立方米	319.90	山羊皮	张	8.93
杉条木	立方米	200.00	猪皮	百公斤	350.00
毛竹	百根	315.70	家兔皮	张	1.16
篙竹	百根	98.89	狗皮	张	5.84
棕片	百公斤	138.90	兔毛	百公斤	5 728.00
蜂蜜	百公斤	334.40	鸭毛	百公斤	1 430.00
土纸	百公斤	143.15	猪肠衣	万根	23 759.89
木炭	百公斤	28.74	猪鬃	箱	1 207.40
木柴	百公斤	4.52	水产品（混合品）	吨	4 179.00
松脂	百公斤	89.30	#草鱼	吨	510.90
肥猪	百公斤	394.50	鲢鱼	吨	348.72

主要统计指标解释

各种物价总指数包括居民、职工、农民生活费用价格指数，全社会、国营商业零售物价指数，集市贸易价格指数，农村工业品零售价格指数，农副产品收购价格指数，农产品与工业品的综合比价指数，主要商品的零售混合平均价格和主要农产品的收购混合平均价格。

生活费用价格指数　是反映一定时期内城乡居民所购买的生活消费品价格和服务项目价格变动趋势和程度的相对数。利用居民生活费用价格指数，可以观察和分析消费品的零售价格和服务项目价格变动对城乡居民实际生活费用支出的影响程度。

职工生活费用价格指数　是反映城镇职工家庭所购买的生活消费品的价格和服务项目价格变动趋势和程度的相对数。根据职工生活费用价格指数，可以观察和分析消费品的零售价格和服务项目价格变动对职工生活费用支出的影响程度，消除物价变动对职工货币工资的影响，并计算实际工资指数，作为研究职工生活和确定工资政策的依据。

农民生活费用价格指数　是反映农民家庭所购买的生活消费品的价格和服务项目价格变动趋势和程度的相对数。用它可以观察农村消费品的零售价格和服务项目价格变动对农民生活消费支出的影响，直接反映农民生活水平的实际变化情况，为分析和研究农民生活问题提供依据。

全社会零售物价指数　是全面反映市场零售物价总水平变动趋势和程度的相对数。通过它，可以观察国营商业零售牌价、议价和集市贸易价格的总升降水平，说明货币购买力的强弱，以及物价变动对城乡人民生活支出的总影响。

国营商业零售物价指数　是反映国营商业和供销合作社商业商品零售价格变动趋势和程度的相对数。通过它，可以观察和分析国营商业和供销合作社商业商品零售牌价和议价的总变动，及其对城乡居民生活支出和国家财政收入的影响程度。

集市贸易价格指数　是反映城乡集市贸易商品价格变动趋势和程度的相对数。通过集市贸易价格指数，可以观察集市贸易商品价格的变化情况，研究集市价格和国营商业价格的比例关系，以及集市价格变化对农业生产和城镇居民生活的影响程度。

农村工业品零售价格总指数　是反映农村市场工业品零售价格水平变动趋势和程度的相对数。通过农村工业品零售价格指数，可以观察工业品零售价格指数，可以观察工业品零售价格变动对农民货币支出的影响。

农副产品收购价格指数　是反映国家企业、个体商业及有关部门，以各种不同价格形式收购农副产品的价格综合变动趋势和程度的相对数。用其可以观察和研究农副产品收购价格总水平的变化情况及其对农民货币收入和国家、企业、个体商业及有关部门支出的影响，以作为制订和检查农副产品价格政策的依据。

农产品与工业品的综合比价指数　简称工农业商品的综合比价指数，是反映农副产品和工业品交换比价的变化情况的经济指数，用以说明计算期农副产品对工业品的交换量比基期增加了还是减少了。

主要商品的零售混合平均价格和主要农产品的收购混合平均价格　这两种混合平均价格的计算，是以某种商品的零售总量去除它的零售总金额和某种农产品的收购总量去除它的收购总金额。混合平均价格变动，既包括了价格变动的影响，又包括了质量构成变化的影响。它是进行国民经济平衡核算的价格，不是计算物价指数用的价格。

十四、人民生活

●1990年，城乡居民年消费水平652元，比1985年增长15.3%，“七五”时期平均每年增长2.9%。

●1990年，城镇居民人均年生活费收入1 094.24元，比1985年增长1.0倍，“七五”时期平均每年增长14.9%。

●1990年，农民人均年纯收入579.61元，比1985年增长53.6%，“七五”时期平均每年增长9.0%。

●1990年，城镇居民人均居住面积8.77平方米，农村居民人均生活用房面积20.58平方米。

●1990年，城乡居民储蓄存款年末余额142.79亿元，比1985年增长3.1倍。

城乡居民消费水平

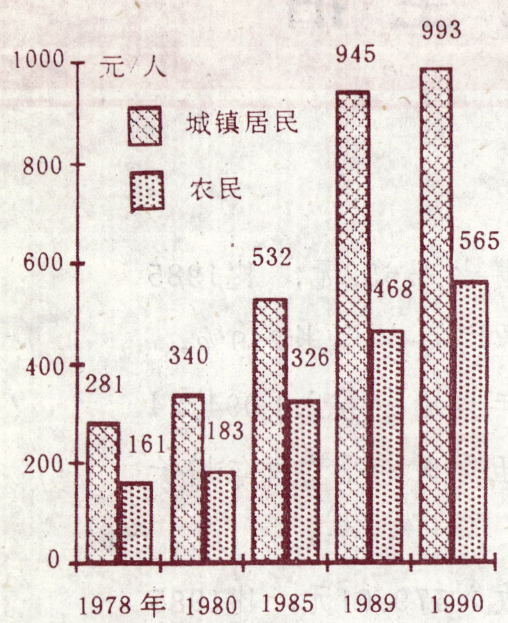

城镇住户生活费收入

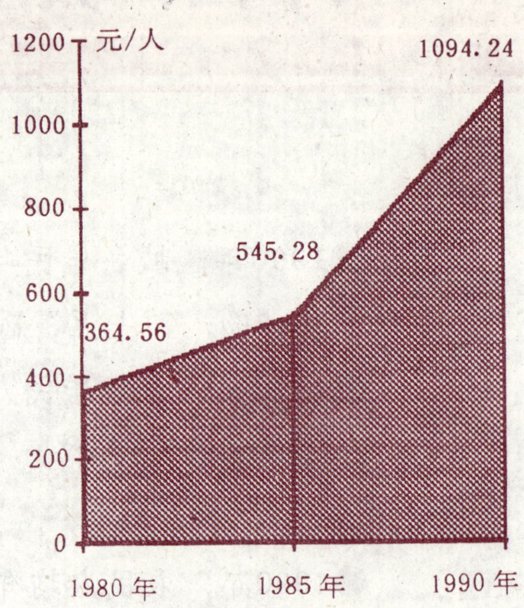

农村住户按人均纯收入水平分组的户数

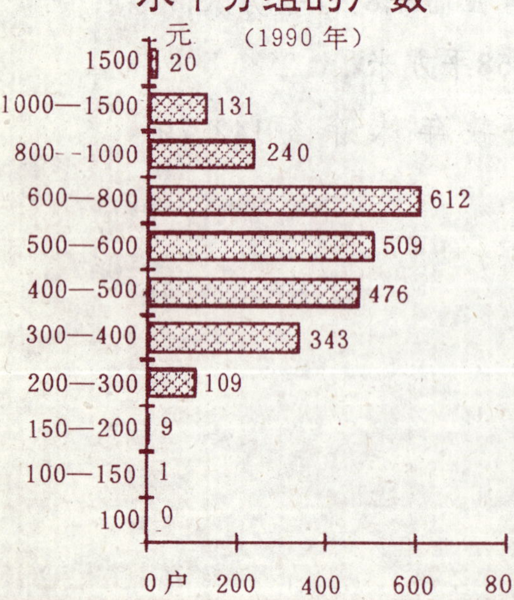

农村住户纯收入

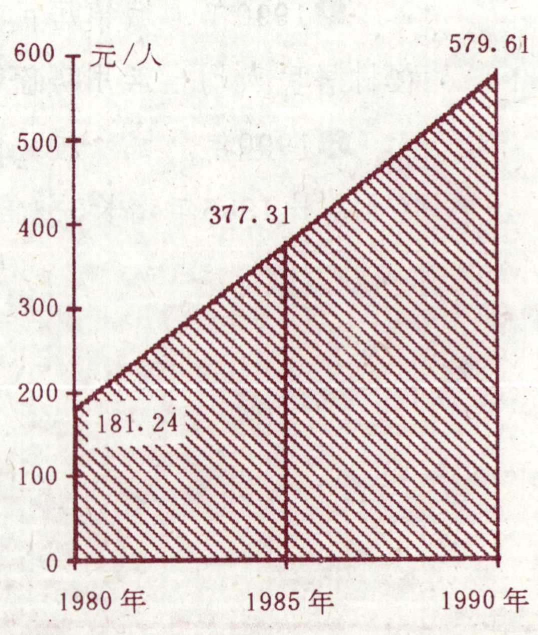

主要年份人民物质文化生活情况

指　　　　　标	单　位	1978年	1980年	1985年	1989年	1990年
一、城乡居民每人年收入						
职工平均工资	元	552	713	997	1 562	1 729
城镇住户生活费收入	元			545.28	997.00	1 094.24
农村住户纯收入	元	140.70	181.24	377.31	558.64	579.61
二、每人年生活消费						
居民消费水平	元	181	211	366	565	652
城 镇 居 民	元	281	340	532	945	993
农 村 居 民	元	161	183	326	468	565
粮　　　食	公斤		207.29	210.84	206.74	202.19
食用植物油	公斤		2.38	3.85	4.74	5.16
猪　　　肉	公斤	6.50	9.65	11.91	16.41	18.90
布	米	8.40	5.81	10.55	6.64	4.20
三、平均每人居住面积						
城 镇 住 户	平方米			7.43	8.48	8.77
农 村 住 户	平方米		9.09	16.20	19.94	20.58
四、交　　通						
城镇住户每百户自行车拥有量	辆			123.16	164.30	172.89
农村住户每百户自行车拥有量	辆		12.12	55.27	99.92	105.27
五、储　　蓄						
平均每人储蓄存款年末余额	元	13.06	23.58	100.72	288.22	374.71
六、科　　学						
平均每万人中有自然科技人员	人	36	43	61	72	73
平均每万人中有地方社会科技人员	人		18	44	93	96
七、教　　育						
学龄儿童入学率	%	94.15	93.66	96.89	97.77	98.24
平均每万人中有大学在校学生	人	6.9	10.9	13.0	14.6	15.0
八、卫　　生						
平均每万人中有医生数	人	9.6	10.0	12.5	13.7	13.6
平均每万人中有病床数	张	22.7	23.5	24.3	24.9	24.2
#医院病床	张	20.5	21.3	21.7	22.2	21.7
九、文　　化						
城镇住户每百户拥有电视机	台			87.58	105.86	109.06
农村住户每百户拥有电视机	台			6.20	32.45	38.20
城镇住户每百户拥有收录机	台			35.47	63.75	65.70
农村住户每百户拥有收录机	台			2.65	12.98	13.71
十、就　　业						
城镇住户每一就业者赡养人数	人			1.88	1.83	1.83
农村住户每一劳动力负担人口	人	2.50	2.36	1.87	1.78	1.76
十一、零售商业、饮食业、服务业						
平均每万人中有网点数	个		18	72	100	94
平均每万人中有人员数	人		72	165	256	244

注：粮食和食用植物油每人年生活消费量是根据城镇住户和农村住户抽样调查数推算的。

主要年份居民消费水平

（按当年价格计算）　　单位：元

年份	年平均消费水平 合计	农业居民	非农业居民	年份	年平均消费水平 合计	农业居民	非农业居民
1949	60	54	99	1980	211	183	340
1952	77	70	117	1985	366	326	532
1957	99	86	163	1986	389	341	576
1965	126	105	203	1987	425	364	666
1970	125	102	228	1988	499	415	836
1975	154	131	260	1989	565	468	945
1978	181	161	281	1990	652	565	993

主要年份城乡居民储蓄存款

单位：万元

年份	储蓄存款年末余额 合计	定期	活期	一、城镇储蓄 合计	定期	活期	二、农村储蓄 合计	定期	活期
1965	9 879			7 814	5 753	2 061	2 065		
1970	10 772			9 206	5 524	3 682	1 566		
1975	26 166			21 850	16 080	5 770	4 316		
1978	41 577			33 776	26 384	7 392	7 801		
1980	77 127			55 224	41 728	13 496	21 903		
1985	348 463	242 277	106 186	243 842	182 472	61 370	104 621	59 805	44 816
1986	480 440	352 393	128 047	343 357	266 941	76 416	137 083	85 452	51 631
1987	646 801	469 971	176 830	471 624	360 926	110 698	175 177	109 045	66 132
1988	811 381	575 035	236 346	614 526	452 972	161 554	196 855	122 063	74 792
1989	1 064 999	824 379	240 620	824 230	665 384	158 846	240 769	158 995	81 774
1990	1 427 897	1 150 788	277 109	1 118 538	931 436	187 102	309 359	219 352	90 007

各地区城乡居民储蓄存款

（1990年末）　　单位：万元

地区	合计	城镇储蓄	农村储蓄
全省	**1 427 897**	**1 118 538**	**309 359**
南昌市	317 442	277 175	40 267
景德镇市	69 596	59 660	9 936
萍乡市	53 832	42 641	11 191
九江市	128 334	105 478	22 856
新余市	57 376	43 568	13 808
鹰潭市	41 520	35 737	5 783
赣州地区	171 842	128 278	43 564
宜春地区	172 976	127 162	45 814
上饶地区	144 284	108 193	36 091
吉安地区	144 607	99 229	45 378
抚州地区	126 088	91 417	34 671

主要年份城镇住户基本情况

指　　标	单位	1977年	1985年	1989年	1990年
调查户数	户	3 722	950	1 280	1 280
家庭人口（按月平均）	人	18 572.78	3 867.47	4 668.66	4 612.26
就业人口（按月平均）	人	7 704.54	2 048.80	2 556.73	2 525.10
平均每户家庭人口数	人	4.99	4.07	3.65	3.60
平均每户就业人口数	人	2.07	2.16	2.00	1.97
平均每户就业面	%	41.48	53.07	54.76	54.72
平均每一就业者赡养人数(含就业者本人)	人	2.41	1.88	1.83	1.83
平均每人每月实际收入	元	21.12	49.95	93.07	102.04
平均每人每月生活费收入	元	17.73	45.44	83.08	91.19
平均每人每月生活费支出	元	17.30	43.40	81.49	81.98

主要年份城市住户基本情况

指　　标	单位	1980年	1985年	1989年	1990年
调查户数	户	270	800	930	930
家庭人口（按月平均）	人	1 212.30	3 203.35	3 355.44	3 305.01
就业人口（按月平均）	人	583.20	1 740.22	1 873.81	1 839.02
平均每户家庭人口数	人	4.49	4.00	3.61	3.55
平均每户就业人口数	人	2.16	2.18	2.01	1.98
平均每户就业面	%	48.11	54.50	55.84	55.77
平均每一就业者赡养人数(含就业者本人)	人	2.08	1.83	1.79	1.79
平均每人每月实际收入	元	36.62	51.18	94.91	104.90
平均每人每月生活费收入	元	30.38	46.48	84.99	94.32
平均每人每月生活费支出	元	31.83	44.13	84.35	84.81

城镇住户基本情况

（1990年）

指标	单位	总计		最低收入户		#更低收入户	
		城镇	城市	城镇	城市	城镇	城市
调查户数	户	1280	930	128	93	71	50
家庭人口（按月平均）	人	4612.26	3305.01	561.68	393.52	309.02	203.94
就业人口（按月平均）	人	2525.10	1839.02	225.68	164.60	112.35	78.35
平均每户家庭人口数	人	3.60	3.55	4.39	4.23	4.35	4.08
平均每户就业人口数	人	1.97	1.98	1.76	1.77	1.58	1.57
平均每户就业面	%	54.72	55.77	40.09	41.84	36.32	38.48
平均每一就业者赡养人数（含就业者本人）	人	1.83	1.79	2.49	2.39	2.75	2.60
平均每人每月实际收入	元	102.04	104.90	56.26	59.85	51.92	55.31
平均每人每月生活费收入	元	91.19	94.32	47.97	51.61	42.34	46.19
平均每人每月生活费支出	元	81.98	84.81	49.76	54.01	48.06	52.62

指标	单位	低收入户		中等偏下户		中等收入户	
		城镇	城市	城镇	城市	城镇	城市
调查户数	户	128	93	256	186	256	186
家庭人口（按月平均）	人	520.84	360.17	994.24	714.25	938.50	678.75
就业人口（按月平均）	人	245.75	172.24	513.08	379.00	543.84	400.67
平均每户家庭人口数	人	4.07	3.87	3.88	3.84	3.67	3.65
平均每户就业人口数	人	1.92	1.85	2.00	2.04	2.12	2.15
平均每户就业面	%	47.17	47.80	51.55	53.13	57.77	58.90
平均每一就业者赡养人数（含就业者本人）	人	2.12	2.09	1.94	1.88	1.73	1.70
平均每人每月实际收入	元	70.46	73.26	83.59	85.68	100.57	101.65
平均每人每月生活费收入	元	62.24	64.61	74.90	77.38	89.85	91.76
平均每人每月生活费支出	元	59.78	62.55	71.79	73.69	81.80	83.48

指标	单位	中等偏上户		高收入户		最高收入户	
		城镇	城市	城镇	城市	城镇	城市
调查户数	户	256	186	128	93	128	93
家庭人口（按月平均）	人	857.42	617.33	381.48	274.07	358.10	266.92
就业人口（按月平均）	人	518.34	372.17	237.91	171.33	240.50	179.01
平均每户家庭人口数	人	3.35	3.32	2.98	2.95	2.80	2.87
平均每户就业人口数	人	2.02	2.00	1.86	1.84	1.88	1.92
平均每户就业面	%	60.30	60.24	62.42	62.37	67.14	66.90
平均每一就业者赡养人数（含就业者本人）	人	1.66	1.66	1.60	1.60	1.49	1.49
平均每人每月实际收入	元	118.43	121.08	143.61	146.77	191.39	193.36
平均每人每月生活费收入	元	107.00	109.51	129.24	131.87	171.41	175.47
平均每人每月生活费支出	元	91.81	95.04	107.88	112.15	142.48	141.65

城镇住户家庭居住情况

（1990年末）

指标	单位	总计 城镇	总计 城市	南昌市	景德镇市	萍乡市	九江市	新余市
调查户数	户	1280	930	200	100	100	100	50
家庭常住人口	人	4707	3370	670	357	380	350	183
居住面积	平方米	41260	28677	5874	2505	3161	3535	1663
居住间数	间	3011	2131	413	198	241	260	119
辅助面积	平方米	20320	12932	2071	1420	1439	855	600
平均每户居住面积	平方米	32.23	30.84	29.37	25.05	31.61	35.35	33.26
平均每人居住面积	平方米	8.77	8.51	8.77	7.02	8.32	10.10	9.09
平均每户居住间数	间	2.35	2.29	2.07	1.98	2.41	2.60	2.38
平均每户辅助面积	平方米	15.88	13.91	10.36	14.20	14.39	8.55	12.00
平均每人辅助面积	平方米	4.32	3.84	3.09	3.98	3.79	2.44	3.28
平均每间居住人数	人	1.56	1.58	1.62	1.80	1.58	1.35	1.54

指标	单位	鹰潭市	赣州市	宜春市	上饶市	吉安市	井冈山市	抚州市
调查户数	户	50	100	50	50	50	30	50
家庭常住人口	人	194	394	189	179	185	106	183
居住面积	平方米	1406	3485	1910	1448	1409	975	1306
居住间数	间	118	251	137	111	101	77	105
辅助面积	平方米	928	1734	1324	593	563	696	709
平均每户居住面积	平方米	28.12	34.85	38.20	28.96	28.18	32.50	26.12
平均每人居住面积	平方米	7.25	8.85	10.11	8.09	7.62	9.20	7.14
平均每户居住间数	间	2.36	2.51	2.74	2.22	2.02	2.57	2.10
平均每户辅助面积	平方米	18.56	17.34	26.48	11.86	11.26	23.20	14.18
平均每人辅助面积	平方米	4.78	4.40	7.01	3.31	3.04	6.57	3.87
平均每间居住人数	人	1.64	1.57	1.38	1.61	1.83	1.38	1.74

指标	单位	信丰县	九江县	瑞昌市	上高县	铅山县	泰和县	东乡县
调查户数	户	50	50	50	50	50	50	50
家庭常住人口	人	211	182	183	175	196	194	196
居住面积	平方米	1606	2144	1773	1413	1954	1973	1720
居住间数	间	117	151	125	111	125	138	113
辅助面积	平方米	1124	565	1572	976	900	1065	1186
平均每户居住面积	平方米	32.12	42.88	35.46	28.26	39.08	39.46	34.40
平均每人居住面积	平方米	7.61	11.78	9.69	8.07	9.97	10.17	8.78
平均每户居住间数	间	2.34	3.02	2.50	2.22	2.50	2.76	2.26
平均每户辅助面积	平方米	22.48	11.30	31.44	19.52	18.00	21.30	23.72
平均每人辅助面积	平方米	5.33	3.10	8.59	5.58	4.59	5.49	6.05
平均每间居住人数	人	1.80	1.21	1.46	1.58	1.57	1.41	1.73

城镇住户平均每人每月现金收支

单位：元

指标	城镇		城市	
	1989年	1990年	1989年	1990年
一、年初手存现金	**59.88**	**73.84**	**63.87**	**77.61**
二、实际收入	**93.07**	**102.04**	**94.91**	**104.90**
全民所有制职工工资	57.98	64.96	58.73	66.22
#奖　　金	9.69	8.83	9.68	8.72
集体所有制职工工资	9.28	9.72	10.79	11.44
#奖　　金	1.00	0.77	1.23	0.95
职工从工作单位得到的其他收入	6.07	6.79	5.75	6.43
个体经营劳动者收入	1.29	1.13	0.97	0.61
被聘用或留用的离退休人员收入	0.35	0.27	0.31	0.27
其他就业者收入	0.56	0.47	0.58	0.51
其他劳动收入	2.04	1.94	1.74	1.87
财产性收入	0.50	0.74	0.53	0.76
转移性收入	9.40	10.68	10.01	11.65
#赡养收入	0.97	0.84	0.70	0.65
离退休金	8.00	9.75	8.93	10.91
价格补贴	0.38	0.04	0.32	0.04
特别收入	5.60	5.34	5.50	5.14
#赠送收入	1.95	1.82	1.85	1.45
亲友搭伙费	1.98	2.10	2.10	2.31
记帐补贴	0.92	0.96	0.88	0.94
出售财物收入	0.25	0.21	0.20	0.13
三、储蓄借贷收入	**18.36**	**15.50**	**18.28**	**14.14**
#提取储蓄存款	13.76	11.65	14.26	11.18
提取储金会款	0.48	0.27	0.48	0.21
借入款	3.30	2.16	3.00	1.56
四、实际支出	**89.35**	**91.04**	**91.80**	**92.66**
#赡养支出	2.04	2.33	2.01	2.05
赠送支出	5.04	5.47	4.93	5.29
五、储蓄借贷支出	**20.98**	**23.43**	**20.33**	**23.11**
#存入储蓄款	13.68	17.82	13.64	18.25
存入储金会款	0.36	0.28	0.36	0.26
归还借款	2.05	2.07	1.80	1.67
借出款	2.55	1.67	2.92	1.97
六、年末手存现金	**73.11**	**110.73**	**76.66**	**116.84**

城镇住户平均每人每月现金收支

（1990年）　　单位：元

指标	总计	最低收入户	#更低收入户	低收入户	中等偏下户	中等收入户	中等偏上户	高收入户	最高收入户
一、年初手存现金	**73.84**	**48.42**	**47.43**	**50.84**	**59.73**	**68.48**	**89.32**	**106.97**	**128.10**
二、实际收入	**102.04**	**56.26**	**51.92**	**70.46**	**83.59**	**100.57**	**118.43**	**143.61**	**191.39**
全民所有制职工工资	64.96	24.43	21.06	39.94	51.61	69.27	83.01	99.14	111.01
#奖　　金	8.83	2.33	2.22	4.25	5.81	8.85	11.63	16.75	18.83
集体所有制职工工资	9.72	13.19	12.26	13.42	11.68	8.21	9.16	4.64	4.19
#奖　　金	0.77	0.64	0.52	0.70	0.72	0.69	1.02	0.76	0.86
职工从工作单位得到的其他收入	6.79	2.50	2.12	3.81	5.08	6.77	8.79	11.96	12.37
个体经营劳动者收入	1.13	1.75	1.16	1.14	1.35	0.67	0.50	2.50	0.85
被聘用或留用的离退休人员收入	0.27	—	—	0.02	0.10	0.04	0.21	0.55	1.91
其他就业者收入	0.47	0.87	0.71	0.46	0.31	0.85	0.11	0.19	0.49
其他劳动收入	1.94	1.21	0.96	1.24	1.50	1.64	1.23	1.96	7.77
财产性收入	0.74	0.16	0.07	0.26	0.28	0.58	0.67	1.36	3.52
转移性收入	10.68	7.51	8.03	7.12	7.71	8.53	9.29	14.48	33.91
#赡养收入	0.84	1.23	1.38	0.76	0.73	0.85	0.47	0.29	2.06
离退休金	9.75	6.12	6.39	6.32	6.92	7.56	8.76	14.12	31.78
价格补贴	0.04	0.02	0.02	0.04	0.05	0.04	0.04	0.07	0.05
特别收入	5.34	4.64	5.55	3.05	3.97	4.01	5.46	6.83	15.37
#赠送收入	1.82	0.93	1.03	0.61	1.29	1.07	1.62	2.52	8.15
亲友搭伙费	2.10	2.74	3.45	1.45	1.48	1.58	2.05	2.55	4.71
记帐补贴	0.96	0.76	0.77	0.82	0.87	0.94	1.04	1.21	1.23
出售财物收入	0.21	0.10	0.15	0.07	0.22	0.23	0.24	0.27	0.40
三、储蓄借贷收入	**15.50**	**6.60**	**7.57**	**6.55**	**10.92**	**15.45**	**16.58**	**23.32**	**44.42**
#提取储蓄存款	11.65	3.94	4.27	4.58	8.11	11.43	12.05	18.42	36.20
提取储金会款	0.27	0.11	0.07	0.08	0.17	0.30	0.30	0.41	0.72
借入款	2.16	2.00	2.86	1.30	1.57	2.24	2.41	2.62	4.03
四、实际支出	**91.04**	**54.76**	**53.70**	**66.13**	**78.36**	**92.18**	**101.38**	**120.20**	**160.56**
#赡养支出	2.33	1.66	2.45	2.02	1.86	2.59	2.47	2.87	3.59
赠送支出	5.47	3.14	2.91	3.94	4.47	5.60	5.87	7.75	10.45
五、储蓄借贷支出	**23.43**	**6.96**	**5.26**	**9.06**	**13.91**	**20.89**	**30.81**	**40.27**	**67.69**
#存入储蓄款	17.82	4.56	2.66	6.78	9.49	15.52	23.40	30.54	56.99
存入储金会款	0.28	0.08	0.05	0.14	0.22	0.29	0.41	0.48	0.46
归还借款	2.07	1.15	1.54	0.59	1.06	1.90	3.62	3.39	3.81
借出款	1.67	0.50	0.36	0.82	1.68	1.39	1.80	3.26	3.37
六、年末手存现金	**110.73**	**62.17**	**53.86**	**72.64**	**86.60**	**103.85**	**123.18**	**184.64**	**218.74**

城市住户平均每人每月现金收支

（1990年）

单位：元

指标	总计	最低收入户	#更低收入户	低收入户	中等偏下户	中等收入户	中等偏上户	高收入户	最高收入户
一、年初手存现金	**77.61**	**51.26**	**53.50**	**56.89**	**65.81**	**69.27**	**94.16**	**111.86**	**123.72**
二、实际收入	**104.90**	**59.85**	**55.31**	**73.26**	**85.68**	**101.65**	**121.08**	**146.77**	**193.36**
全民所有制职工工资	66.22	25.03	21.88	38.39	53.79	70.02	82.32	101.34	114.82
#奖　　金	8.72	2.36	2.42	3.85	5.75	8.79	11.22	16.61	18.62
集体所有制职工工资	11.44	16.00	15.87	17.16	12.62	10.17	10.79	5.76	4.45
#奖　　金	0.95	0.89	0.77	0.86	0.78	0.86	1.29	0.93	1.07
职工从工作单位得到的其他收入	6.43	2.69	2.25	3.49	4.95	6.28	8.31	11.28	10.90
个体经营劳动者收入	0.61	0.73	—	1.04	0.60	0.18	0.66	0.38	1.14
被聘用或留用的离退休人员收入	0.27	—	—	0.02	0.12	—	0.14	0.67	1.98
其他就业者收入	0.51	1.22	1.03	0.54	0.31	0.85	0.16	—	0.49
其他劳动收入	1.87	1.29	1.18	1.34	1.36	1.16	1.07	1.37	8.91
财产性收入	0.76	0.21	0.09	0.30	0.24	0.46	0.69	1.51	3.73
转移性收入	11.65	7.69	7.30	7.95	8.20	8.57	11.06	17.00	35.45
#赡养收入	0.65	0.91	1.05	0.96	0.38	0.44	0.28	0.30	2.41
离退休金	10.91	6.65	6.03	6.95	7.75	7.99	10.72	16.63	32.95
价格补贴	0.04	0.02	0.01	0.04	0.05	0.04	0.04	0.07	0.05
特别收入	5.14	4.99	5.71	3.03	3.49	3.96	5.88	7.46	11.49
#赠送收入	1.45	0.83	0.75	0.62	0.87	1.00	1.77	2.27	4.57
亲友搭伙费	2.31	3.16	3.80	1.43	1.59	1.72	2.32	3.33	4.58
记帐补贴	0.94	0.79	0.81	0.82	0.85	0.91	1.04	1.18	1.17
出售财物收入	0.13	0.12	0.21	0.04	0.07	0.21	0.10	0.33	0.08
三、储蓄借贷收入	**14.14**	**6.80**	**7.68**	**6.16**	**9.74**	**12.45**	**15.54**	**21.31**	**41.32**
#提取储蓄存款	11.18	4.67	5.26	4.42	7.75	9.98	11.55	17.86	34.40
提取储金会款	0.21	0.09	0.07	0.06	0.12	0.25	0.29	0.30	0.49
借入款	1.56	1.58	2.14	1.14	0.99	1.24	1.88	1.92	3.25
四、实际支出	**92.66**	**58.47**	**57.37**	**69.16**	**79.74**	**90.92**	**103.83**	**122.99**	**156.83**
#赡养支出	2.05	0.83	1.18	2.34	1.55	2.04	2.38	2.76	3.34
赠送支出	5.29	3.47	3.34	4.05	4.30	5.22	5.82	7.62	8.80
五、储蓄借贷支出	**23.11**	**7.03**	**5.14**	**8.15**	**13.15**	**19.73**	**30.33**	**37.86**	**70.45**
#存入储蓄款	18.25	5.04	3.40	5.91	9.09	15.29	23.91	30.00	61.30
存入储金会款	0.26	0.06	0.03	0.13	0.18	0.23	0.40	0.47	0.50
归还借款	1.67	0.68	0.71	0.62	0.66	1.59	2.96	2.15	3.96
借出款	1.97	0.64	0.51	0.95	2.14	1.66	1.77	4.10	3.89
六、年末手存现金	**116.84**	**65.03**	**59.24**	**82.19**	**96.13**	**110.56**	**123.71**	**198.75**	**211.35**

城镇住户平均每人每月生活费支出和构成

指标	生活费支出（元）				构成（%）			
	城镇		城市		城镇		城市	
	1989年	1990年	1989年	1990年	1989年	1990年	1989年	1990年
生活费支出	**81.49**	**81.98**	**84.35**	**84.81**	**100**	**100**	**100**	**100**
一、购买商品支出	**74.19**	**73.64**	**77.15**	**76.25**	**91.0**	**89.8**	**91.5**	**89.9**
食　品	47.54	48.42	49.85	51.20	58.3	59.1	59.1	60.3
粮　食	5.05	4.94	5.08	5.04	6.2	6.0	6.0	5.9
副　食	32.98	33.85	35.08	36.32	40.4	41.3	41.6	42.8
烟酒茶	4.06	4.13	3.87	3.97	5.0	5.1	4.6	4.7
其他食品	5.45	5.50	5.82	5.87	6.7	6.7	6.9	6.9
衣着商品	8.45	8.72	8.88	9.21	10.4	10.6	10.5	10.9
日用品	8.71	7.81	9.45	7.88	10.7	9.5	11.2	9.3
文化娱乐用品	3.93	3.05	4.62	3.24	4.8	3.7	5.5	3.8
书报杂志	0.74	0.83	0.74	0.83	0.9	1.0	0.9	1.0
药及医疗用品	0.90	1.14	0.84	1.05	1.1	1.4	1.0	1.2
房屋及建筑材料	1.17	0.91	0.41	0.39	1.4	1.1	0.5	0.5
燃　料	1.47	1.54	1.41	1.54	1.8	1.9	1.7	1.8
其他商品	1.28	1.22	0.95	0.91	1.6	1.5	1.1	1.1
二、非商品支出	**7.30**	**8.34**	**7.20**	**8.56**	**9.0**	**10.2**	**8.5**	**10.1**
房　租	0.72	0.84	0.81	0.95	0.9	1.0	1.0	1.1
水电费	0.96	1.26	1.06	1.41	1.2	1.5	1.3	1.7
煤气费	0.02	0.05	0.03	0.07	…	0.1	…	0.1
交通、邮电费	0.63	0.76	0.63	0.78	0.8	0.9	0.7	0.9
医疗保健费	0.23	0.24	0.24	0.27	0.3	0.3	0.3	0.3
学杂费	1.79	2.53	1.70	2.35	2.2	3.1	2.0	2.8
保育费	0.33	0.26	0.33	0.26	0.4	0.3	0.4	0.3
文娱费	0.19	0.21	0.23	0.24	0.2	0.3	0.3	0.3
修理服务费	1.63	1.45	1.38	1.46	2.0	1.8	1.6	1.7
其他非商品支出	0.80	0.74	0.79	0.77	1.0	0.9	0.9	0.9

城镇住户平均每人每月生活费支出

（1990年）

单位：元

指标	总计	最低收入户	#更低收入户	低收入户	中等偏下户	中等收入户	中等偏上户	高收入户	最高收入户
生活费支出	**81.98**	**49.76**	**48.06**	**59.78**	**71.79**	**81.80**	**91.81**	**107.88**	**142.48**
一、购买商品支出	**73.64**	**44.48**	**43.08**	**53.34**	**63.96**	**73.55**	**82.58**	**97.49**	**129.24**
食品	48.42	33.04	32.11	38.85	43.96	48.65	52.60	60.99	74.83
粮食	4.94	4.34	4.42	4.67	4.77	4.91	4.79	5.99	6.01
副食	33.85	23.85	23.17	27.58	30.90	33.78	36.52	41.23	52.80
烟酒茶	4.13	2.19	2.17	2.94	3.77	4.35	4.70	5.50	6.44
其他食品	5.50	2.66	2.35	3.66	4.52	5.61	6.59	8.27	9.58
衣着商品	8.72	4.00	3.55	5.72	7.19	8.83	11.18	12.65	14.44
日用品	7.81	3.00	2.68	3.53	5.95	7.46	9.62	11.35	19.52
文化娱乐用品	3.05	1.00	1.22	1.43	1.26	3.44	3.75	4.77	9.03
书报杂志	0.83	0.52	0.52	0.76	0.74	0.92	0.87	1.06	1.04
药及医疗用品	1.14	0.80	0.76	0.80	1.07	1.06	1.21	1.73	1.78
房屋及建筑材料	0.91	0.09	0.13	0.13	1.08	0.52	0.54	1.57	4.10
燃料	1.54	1.37	1.42	1.49	1.47	1.54	1.49	1.66	2.00
其他商品	1.22	0.66	0.69	0.63	1.24	1.13	1.32	1.71	2.50
二、非商品支出	**8.34**	**5.28**	**4.98**	**6.44**	**7.83**	**8.25**	**9.23**	**10.39**	**13.24**
房租	0.84	0.54	0.51	0.70	0.71	0.89	0.97	0.99	1.22
水电费	1.26	0.87	0.79	1.01	1.09	1.23	1.48	1.58	1.92
煤气费	0.05	0.05	0.07	0.03	0.03	0.03	0.07	0.10	0.10
交通、邮电费	0.76	0.37	0.37	0.28	0.52	0.74	0.77	1.29	2.23
医疗保健费	0.24	0.09	0.11	0.15	0.25	0.22	0.26	0.47	0.34
学杂费	2.53	2.27	1.99	2.50	3.02	2.51	2.75	2.12	1.63
保育费	0.26	0.11	0.19	0.26	0.19	0.31	0.31	0.23	0.42
文娱费	0.21	0.08	0.09	0.12	0.15	0.24	0.24	0.27	0.46
修理服务费	1.45	0.64	0.58	0.84	1.35	1.27	1.59	1.98	3.52
其他非商品支出	0.74	0.26	0.28	0.55	0.52	0.81	0.79	1.36	1.40

城市住户平均每人每月生活费支出

（1990年）

单位：元

指标	总计	最低收入户	#更低收入户	低收入户	中等偏下户	中等收入户	中等偏上户	高收入户	最高收入户
生活费支出	**84.81**	**54.01**	**52.62**	**62.55**	**73.69**	**83.48**	**95.04**	**112.15**	**141.65**
一、购买商品支出	**76.25**	**48.54**	**47.51**	**56.45**	**65.82**	**75.36**	**85.30**	**100.94**	**127.77**
食品	51.20	36.05	35.35	41.54	46.30	51.27	55.32	64.30	76.59
粮食	5.04	4.44	4.34	4.68	4.89	5.03	4.95	6.19	5.85
副食	36.32	26.51	26.09	30.02	32.94	36.01	38.89	43.94	55.35
烟酒茶	3.97	2.20	2.27	2.79	3.61	4.32	4.49	5.28	5.70
其他食品	5.87	2.90	2.65	4.05	4.86	5.91	6.99	8.89	9.69
衣着商品	9.21	4.54	4.37	6.25	7.50	9.07	11.89	12.75	15.16
日用品	7.88	3.49	3.30	3.35	6.30	7.67	8.89	11.64	18.96
文化娱乐用品	3.24	1.22	1.56	1.76	1.14	2.88	4.26	5.95	9.68
书报杂志	0.83	0.50	0.54	0.74	0.75	0.87	0.94	1.09	1.03
药及医疗用品	1.05	0.77	0.66	0.70	1.01	0.89	1.14	1.79	1.53
房屋及建筑材料	0.39	0.10	0.17	0.07	0.30	0.44	0.37	0.66	1.19
燃料	1.54	1.34	1.17	1.50	1.46	1.52	1.55	1.64	1.98
其他商品	0.91	0.53	0.39	0.54	1.06	0.75	0.94	1.12	1.65
二、非商品支出	**8.56**	**5.47**	**5.11**	**6.10**	**7.87**	**8.12**	**9.74**	**11.21**	**13.88**
房租	0.95	0.64	0.60	0.73	0.78	0.96	1.18	1.08	1.45
水电费	1.41	1.02	0.90	1.13	1.21	1.33	1.66	1.81	2.06
煤气费	0.07	0.07	0.10	0.04	0.04	0.04	0.10	0.14	0.14
交通、邮电费	0.78	0.36	0.34	0.25	0.52	0.73	0.80	1.33	2.32
医疗保健费	0.27	0.08	0.11	0.15	0.30	0.26	0.24	0.63	0.32
学杂费	2.35	2.13	1.84	2.07	2.82	2.22	2.72	1.80	1.79
保育费	0.26	0.10	0.18	0.23	0.25	0.29	0.31	0.23	0.42
文娱费	0.24	0.10	0.11	0.11	0.17	0.28	0.30	0.32	0.45
修理服务费	1.46	0.69	0.62	0.91	1.20	1.27	1.53	2.17	3.60
其他非商品支出	0.77	0.28	0.31	0.48	0.58	0.74	0.90	1.70	1.33

城镇住户平均每人购买主要商品数量

品　　名	单　位	1989年	1990年	品　　名	单　位	1989年	1990年
平均每人每月购买量				**平均每人全年购买量**			
粮　食	公斤	11.82	11.05	棉　布	米	1.21	0.79
鲜　菜	公斤	9.33	9.38	棉花化纤混纺布	米	0.39	0.36
食用植物油	公斤	0.48	0.48	化 纤 布	米	1.28	1.41
猪　肉	公斤	1.68	1.76	呢　绒	米	0.13	0.14
牛 羊 肉	公斤	0.08	0.10	绸　缎	米	0.18	0.21
家　禽	公斤	0.22	0.23	布制服装	件	0.19	0.20
鲜　蛋	公斤	0.29	0.31	化纤布服装	件	0.77	0.86
鱼	公斤	0.69	0.69	呢绒服装	件	0.07	0.07
食　糖	公斤	0.20	0.16	绸缎服装	件	0.02	0.02
卷　烟	盒	2.17	2.04	针织衣裤	件	1.01	0.99
酒	公斤	0.46	0.46	胶　鞋	双	0.33	0.34
肥　皂	块	0.50	0.75	塑 料 鞋	双	0.34	0.38
香 药 皂	块	0.10	0.13	皮　鞋	双	0.35	0.37
煤　炭	公斤	15.32	13.18				

城镇住户平均每百户购买主要商品数量

品　　名	单　位	1989年	1990年	品　　名	单　位	1989年	1990年
大 衣 柜	个	0.31	0.23	洗 衣 机	台	3.44	1.72
写 字 台	张	0.39	0.16	电 冰 箱	台	6.09	4.38
自 行 车	辆	11.48	10.16	电 炊 具	个	4.30	4.84
缝 纫 机	架	1.02	0.47	收 音 机	台	1.64	0.86
手　表	只	16.33	22.03	电 视 机	台	5.47	4.22
电 风 扇	台	12.50	11.48	收 录 机	台	3.13	2.58

城市住户平均每人购买主要商品数量

品名	单位	1989年	1990年	品名	单位	1989年	1990年
平均每人每月购买量				**平均每人全年购买量**			
粮食	公公	11.60	11.01	棉布	米	1.12	0.76
鲜菜	公斤	9.57	9.65	棉花化纤混纺布	米	0.42	0.33
食用植物油	公斤	0.50	0.50	化纤布	米	1.21	1.46
猪肉	公斤	1.77	1.86	呢绒	米	0.13	0.13
牛羊肉	公斤	0.07	0.10	绸缎	米	0.18	0.22
家禽	公斤	0.25	0.27	布制服装	件	0.19	0.17
鲜蛋	公斤	0.32	0.33	化纤布服装	件	0.88	0.98
鱼	公斤	0.70	0.72	呢绒服装	件	0.07	0.08
食糖	公斤	0.18	0.15	绸缎服装	件	0.02	0.02
卷烟	盒	2.03	1.96	针织衣裤	件	0.99	1.03
酒	公斤	0.42	0.40	胶鞋	双	0.33	0.33
肥皂	块	0.47	0.73	塑料鞋	双	0.34	0.37
香药皂	块	0.10	0.14	皮鞋	双	0.37	0.39
煤炭	公斤	14.82	12.65				

城市住户平均每百户购买主要商品数量

品名	单位	1989年	1990年	品名	单位	1989年	1990年
大衣柜	个	0.43	0.32	洗衣机	台	3.23	1.51
写字台	张	0.32	0.22	电冰箱	台	7.10	4.09
自行车	辆	11.83	10.11	电炊具	个	4.09	4.19
缝纫机	架	0.97	0.22	收音机	台	1.83	0.86
手表	只	16.45	21.72	电视机	台	6.24	4.09
电风扇	台	11.61	10.97	收录机	台	2.90	2.37

城镇住户平均每百户主要消费品年末拥有量

品名	单位	城镇			城市		
		1985年	1989年	1990年	1985年	1989年	1990年
毛皮大衣	件	9.68	18.91	19.68	10.00	20.00	21.08
呢大衣	件	83.16	128.05	130.78	90.00	144.52	146.88
毛料服装	件	174.32	222.89	232.42	181.88	248.71	261.40
#西服	件	63.05	98.28	100.23	64.25	113.01	115.16
皮鞋	双	416.32	562.89	656.17	428.38	585.48	676.45
毛毯	条	63.37	116.88	119.92	59.88	119.14	123.76
大衣柜	个	99.89	101.80	101.25	100.88	104.52	103.76
沙发	个	119.05	143.13	146.17	121.75	143.01	145.81
写字台	张	102.63	112.89	113.59	102.25	113.55	114.41
组合家具	套	4.84	3.98	5.00	4.50	4.09	5.16
沙发床	个	3.37	7.58	9.22	3.50	9.25	10.86
自行车	辆	123.16	164.30	172.89	126.25	170.32	178.92
缝纫机	架	70.84	74.14	74.45	71.88	74.30	74.09
机械手表	只	231.68	227.73	230.23	233.00	229.25	230.11
电子手表	只	28.84	56.72	69.22	28.75	57.74	69.89
电风扇	台	114.53	187.50	198.75	118.75	193.55	204.62
洗衣机	台	26.84	61.17	62.73	30.75	70.00	72.37
电冰箱	台	3.26	31.02	36.09	3.88	37.96	43.33
摩托车	辆	0.32	0.86	0.86	0.38	1.08	1.18
收音机	台	67.26	46.64	45.70	66.63	45.38	44.52
彩色电视机	台	7.26	32.73	36.95	8.00	36.77	41.61
黑白电视机	台	80.32	73.13	72.11	82.25	73.33	71.94
立体声收录机	台	18.63	31.48	32.89	18.50	34.73	35.59
普通收录机	台	16.84	32.27	32.81	18.25	33.44	33.87
照相机	架	5.16	13.52	13.20	5.75	15.48	15.05
中高档乐器	件	2.74	8.44	9.06	3.13	9.35	10.75
家用冷风机	台	0.11	1.88	2.19	0.13	2.37	2.69
空调器	台	0.11	—	0.08	0.13	—	0.11
电炊具	个	14.00	37.66	39.69	13.88	34.84	37.63

主要年份农村住户基本情况

年份	调查县数(个)	调查户数(户)	平均每户常住人口(人)	平均每户整半劳动力(人)	平均每个劳动力负担人口(人)	平均每人纯收入(元)	1.从集体得到的(元)	2.从经济联合体得到的(元)	3.家庭经营纯收入(元)	4.其他非生产性收入(元)
1954	30	598	4.39	2.29	1.92	80.60	0.77	—	76.96	2.87
1957	30	578	4.66	2.39	1.95	86.10	46.36	—	35.41	4.33
1965	17	425	4.92	2.29	2.14	140.20	70.90	—	57.90	11.40
1978	12	132	5.68	2.77	2.50	140.70	100.70	—	35.40	4.60
1980	20	520	5.91	2.50	2.36	181.24	106.40	—	62.42	12.42
1985	35	2 450	5.79	3.09	1.87	377.31	20.86	1.19	328.95	26.31
1986	35	2 450	5.72	3.04	1.88	395.63	19.73	1.23	342.22	32.45
1987	35	2 450	5.61	3.02	1.86	429.29	21.98	1.41	382.96	22.94
1988	35	2 450	5.48	3.01	1.82	488.16	24.01	1.18	436.08	26.89
1989	35	2 450	5.38	3.02	1.78	558.64	22.55	1.13	501.26	33.70
1990	35	2 450	5.28	3.00	1.76	579.61	25.06	1.02	516.53	37.00

各地区农村住户基本情况

（1990年）

地区	调查户数(户)	平均每户常住人口(人)	平均每户劳动力(人)	6-11岁人口入学率(%)	12-14岁人口入学率(%)	15-17岁人口入学率(%)	人均经营耕地面积(亩)	人均经营山地面积(亩)	平均每人生活用房面积(平方米)
全省	**6 330**	**5.28**	**3.00**	**76.09**	**83.22**	**49.25**	**1.33**	**1.24**	**20.58**
南昌市	410	5.25	2.95	86.13	80.64	53.16	1.35	0.53	19.50
景德镇市	180	5.17	2.95	73.88	89.50	47.72	1.16	0.07	20.52
萍乡市	120	5.30	3.17	93.72	94.13	68.22	0.57	0.34	23.63
九江市	780	5.22	2.87	85.44	86.65	57.61	1.26	0.27	19.90
新余市	140	4.74	2.79	87.26	96.89	57.16	1.36	0.36	23.92
鹰潭市	180	5.22	2.95	67.62	95.38	63.89	0.99	0.95	22.22
赣州地区	1 260	5.45	3.11	79.19	77.79	44.25	0.86	1.91	18.78
宜春地区	700	4.98	2.79	86.63	87.36	60.72	1.72	1.06	24.29
上饶地区	800	5.26	2.95	76.06	84.92	52.20	1.14	0.65	20.72
吉安地区	940	5.51	2.99	80.08	86.44	53.92	1.61	1.79	22.32
抚州地区	820	5.30	3.01	72.54	81.17	48.72	1.55	1.94	20.70

注：各地市调查户数包括非国家调查县的调查户。

农村住户年末拥有的生产性固定资产

指　　标	单　位	1989年	1990年	1990年比1989年增长%
一、平均每户生产性固定资产原值	**元**	**901.29**	**924.72**	**2.6**
役畜、产品畜	元	359.11	363.67	1.3
大中型铁木农具	元	97.37	106.27	9.1
农林牧渔业机械	元	28.47	37.86	33.0
工业机械	元	24.41	24.91	2.0
运输机械	元	95.60	88.18	-7.8
生产用房	元	255.94	261.42	2.1
其他生产性固定资产	元	40.39	42.41	5.0
二、平均每百户拥有的固定资产				
汽　车	辆	0.22	0.24	9.1
大中型拖拉机	辆	0.14	0.18	28.6
小型和手扶拖拉机	辆	1.11	1.11	平
机动脱粒机	台	2.28	2.93	28.5
胶轮大车	辆	2.44	2.27	-7.0
胶轮手推车	辆	29.11	27.23	-6.5
抽 水 机	台	0.54	1.29	138.9
水　泵	台	0.88	1.06	20.5
机 动 船	条	0.18	0.18	平
役　畜	头	54.72	56.10	2.5
产 品 畜	头	25.00	22.10	-11.6

各地区农村住户劳动力文化程度构成

（1990年）

单位：%

地　区	文盲或半文盲	小学程度	初中程度	高中程度	中专程度	大专程度
全　省	**21.3**	**44.1**	**27.9**	**5.9**	**0.7**	**0.1**
南 昌 市	18.9	41.7	31.7	7.0	0.7	—
景德镇市	34.7	35.7	24.3	4.8	0.4	0.1
萍 乡 市	7.9	41.3	39.0	10.5	1.3	—
九 江 市	25.7	39.7	27.6	6.4	0.5	0.1
新 余 市	24.9	38.2	29.5	6.4	1.0	—
鹰 潭 市	24.7	39.2	26.6	7.4	2.1	—
赣州地区	19.6	43.4	29.1	7.1	0.7	0.1
宜春地区	15.2	46.3	30.6	7.3	0.6	—
上饶地区	25.2	42.8	24.8	6.7	0.5	—
吉安地区	21.3	47.7	23.5	6.6	0.8	0.1
抚州地区	21.8	47.1	26.3	4.5	0.3	—

农村住户住房情况

指 标	单 位	1989年	1990年	1990年比1989年增长%
一、建房户数	**户**	**193**	**93**	**-51.8**
新建房屋占用耕地面积	亩	2.5	2.8	12.0
二、平均每户年内新建房屋间数	**间**	**0.25**	**0.13**	**-48.0**
平均每户年内新建房屋面积	平方米	5.18	3.05	-41.1
#砖木结构	平方米	2.71	1.46	-46.1
钢筋混凝土结构	平方米	1.34	0.89	-33.6
#新建房屋中生活用房面积	平方米	4.10	2.31	-43.7
#新建房屋中楼房面积	平方米	1.00	0.57	-43.0
平均每户年内新建房屋价值	元	365.67	175.68	-52.0
三、平均每户年末使用房屋间数	**间**	**5.85**	**5.90**	**0.9**
平均每户年末使用房屋面积	平方米	124.84	126.10	1.0
生产用房面积	平方米	17.48	17.48	平
生活用房面积	平方米	107.36	108.62	1.2
#砖木结构	平方米	62.87	65.24	3.8
钢筋混凝土结构	平方米	4.09	5.44	33.0
四、平均每人年末使用房屋面积	**平方米**	**23.19**	**23.89**	**3.0**
生产用房面积	平方米	3.25	3.31	1.8
生活用房面积	平方米	19.94	20.58	3.2
#砖木结构	平方米	11.68	12.36	5.8
钢筋混凝土结构	平方米	0.76	1.03	35.5
五、平均每户年末使用房屋价值	**元**	**3 911.40**	**4 186.50**	**7.0**

农村住户总收入

指标	平均每人(元)		构成(%)	
	1989年	1990年	1989年	1990年
全年总收入	**811.09**	**834.27**	**100**	**100**
一、从集体统一经营中得到的收入	**22.55**	**25.06**	**2.8**	**3.0**
从统一核算单位分配的收入	8.62	9.44	1.0	1.1
从乡村企业直接得到的收入	10.28	10.52	1.3	1.3
从公益金中得到的收入	0.82	1.42	0.1	0.2
从集体得到的奖励收入	0.51	0.68	0.1	0.1
从集体得到的其他收入	2.32	3.00	0.3	0.3
二、从经济联合体得到的收入	**1.13**	**1.02**	**0.1**	**0.1**
三、家庭经营收入	**747.63**	**764.78**	**92.2**	**91.7**
农业收入	360.04	384.25	44.4	46.1
#粮食收入	232.03	230.45	28.6	27.6
林业收入	16.89	16.32	2.1	2.0
牧业收入	201.67	194.39	24.9	23.3
渔业收入	12.17	13.73	1.5	1.6
手工业收入	12.56	12.42	1.6	1.5
采集捕猎收入	27.64	33.19	3.4	4.0
工业收入	13.23	13.41	1.6	1.6
#粮食加工收入	4.85	5.47	0.6	0.7
建筑业收入	9.21	7.81	1.1	0.9
运输业收入	16.45	15.06	2.0	1.8
生产性劳务收入	50.29	48.95	6.2	5.9
商业收入	8.28	8.20	1.0	1.0
饮食业收入	6.21	5.32	0.8	0.6
服务业收入	6.36	6.72	0.8	0.8
其他家庭经营收入	6.63	5.10	0.8	0.6
四、其他非生产性收入	**39.78**	**43.41**	**4.9**	**5.2**
在外人口寄回和带回	3.48	4.91	0.4	0.6
职工工资收入	11.91	14.28	1.5	1.7
#从行政、事业单位得到的收入	5.29	6.83	0.7	0.8
从国家财政得到的收入	13.71	15.07	1.7	1.8
农村以外亲友赠送	1.88	2.19	0.2	0.3
其他收入	8.80	6.96	1.1	0.8

农村住户总支出

指标	平均每人(元)		构成(%)	
	1989年	1990年	1989年	1990年
全年总支出	**790.97**	**765.27**	**100**	**100**
一、家庭经营费用支出	**211.63**	**208.26**	**26.8**	**27.2**
农业生产支出	101.24	106.82	12.8	14.0
林业生产支出	1.48	0.86	0.2	0.1
牧业生产支出	81.41	76.46	10.3	10.0
渔业生产支出	2.57	2.60	0.3	0.3
手工业生产支出	2.66	2.82	0.4	0.4
工业生产支出	5.40	4.80	0.7	0.6
建筑业支出	0.21	0.23	…	…
运输业支出	9.70	7.64	1.2	1.0
商业支出	1.05	0.78	0.1	0.1
饮食业支出	3.49	3.05	0.5	0.4
服务业支出	0.93	0.75	0.1	0.1
其他经营支出	1.49	1.45	0.2	0.2
二、购置生产性固定资产支出	**15.42**	**9.69**	**1.9**	**1.3**
三、缴纳税款	**13.34**	**14.80**	**1.7**	**1.9**
四、上交集体的承包任务	**10.24**	**13.51**	**1.3**	**1.8**
五、生活消费支出	**520.27**	**500.14**	**65.8**	**65.3**
生活消费品支出	486.39	462.02	61.5	60.3
非商品支出	33.88	38.12	4.3	5.0
六、其他非生产性支出	**20.07**	**18.87**	**2.5**	**2.5**
寄给和带给在外人口	2.13	2.14	0.3	0.3
赠送农村以外亲友	3.13	4.17	0.4	0.6
其他支出	14.81	12.56	1.8	1.6

农村住户纯收入

指标	平均每人(元)		构成(%)	
	1989年	1990年	1989年	1990年
纯收入	**558.64**	**579.61**	**100**	**100**
一、按纯收入来源分				
从集体统一经营中得到的收入	22.55	25.06	4.1	4.3
#从乡村企业直接得到的收入	10.28	10.52	1.8	1.8
从经济联合体得到的收入	1.13	1.02	0.2	0.2
家庭经营纯收入	501.26	516.53	89.7	89.1
第一产业纯收入	410.17	427.55	73.4	73.7
第二产业纯收入	16.09	15.55	2.9	2.7
第三产业纯收入	75.00	73.43	13.4	12.7
其他非生产性收入	33.70	37.00	6.0	6.4
#从国家财政得到的收入	7.63	8.66	1.4	1.5
二、按纯收入性质分				
生产性纯收入	516.06	531.74	92.4	91.7
农业生产纯收入	410.17	427.55	73.4	73.7
非农业生产纯收入	105.89	104.19	19.0	18.0
非生产性纯收入	42.58	47.87	7.6	8.3

各地区农村住户平均每人年纯收入

(1990年)

地区	纯收入	1.从集体统一经营中得到的	2.从经济联合体得到的	3.家庭经营纯收入	4.其他非生产性纯收入
南昌市	668.43	48.48	0.10	579.70	40.15
景德镇市	575.85	56.32	1.41	483.75	34.37
萍乡市	654.81	125.52	25.81	427.03	76.45
九江市	567.69	26.94	1.67	498.66	40.42
新余市	654.62	55.30	1.38	566.89	34.66
鹰潭市	585.60	36.08	—	518.47	31.05
赣州地区	531.73	14.02	0.54	469.18	47.99
宜春地区	693.50	38.47	1.12	619.19	34.72
上饶地区	536.26	27.79	3.02	470.81	34.64
吉安地区	559.17	15.48	2.34	502.32	39.03
抚州地区	633.32	24.41	2.32	580.35	26.24

农村住户生活消费品支出

指标	单位	合计		商品性		自给性	
		1989年	1990年	1989年	1990年	1989年	1990年
一、平均每人生活消费品支出	**元**	**486.39**	**462.02**	**308.09**	**279.16**	**178.30**	**182.86**
食品	元	295.39	291.65	142.02	137.40	153.37	154.25
#主食	元	90.39	82.73	12.65	13.01	77.74	69.72
副食	元	157.96	161.45	87.59	83.36	70.37	78.09
衣着	元	37.67	35.37	37.29	34.95	0.38	0.42
住房	元	66.84	48.14	65.66	47.59	1.18	0.55
燃料	元	29.06	33.36	6.13	6.11	22.93	27.25
用品及其他	元	57.43	53.50	56.99	53.11	0.44	0.39
二、生活消费品支出构成	**%**	**100**	**100**	**100**	**100**	**100**	**100**
食品	%	60.7	63.1	46.1	49.2	86.0	84.4
#主食	%	18.6	17.9	4.1	4.7	43.6	38.1
副食	%	32.5	34.9	28.4	29.9	39.5	42.7
衣着	%	7.8	7.7	12.1	12.5	0.2	0.2
住房	%	13.7	10.4	21.3	17.1	0.7	0.3
燃料	%	6.0	7.2	2.0	2.2	12.9	14.9
用品及其他	%	11.8	11.6	18.5	19.0	0.2	0.2
三、生活消费品中商品性与自给性比重	**%**	**100**	**100**	**63.3**	**60.4**	**36.7**	**39.6**
食品	%	100	100	48.1	47.1	51.9	52.9
#主食	%	100	100	14.0	15.7	86.0	84.3
副食	%	100	100	55.5	51.6	44.5	48.4
衣着	%	100	100	99.0	98.8	1.0	1.2
住房	%	100	100	98.2	98.9	1.8	1.1
燃料	%	100	100	21.1	18.3	78.9	81.7
用品及其他	%	100	100	99.2	99.3	0.8	0.7

农村住户现金收入

指标	平均每人(元)		构成(%)	
	1989年	1990年	1989年	1990年
全年现金收入	**697.03**	**663.43**	**100**	**100**
一、从集体经营中得到的现金	22.25	24.32	3.2	3.7
从统一核算单位分配的现金	8.58	9.07	1.2	1.4
从乡村企业直接得到的现金	10.09	10.34	1.5	1.6
从公益金中得到的现金	0.82	1.40	0.1	0.2
从集体得到的奖励现金	0.51	0.68	0.1	0.1
其他现金收入	2.25	2.83	0.3	0.4
二、从经济联合体得到的现金	1.13	1.02	0.2	0.2
三、出售产品的现金	409.76	394.90	58.8	59.5
出售农业产品的现金	189.47	183.70	27.2	27.7
#出售粮食的现金	126.79	111.33	18.2	16.8
出售林业产品的现金	10.40	9.96	1.5	1.5
出售牧业产品的现金	172.65	165.50	24.7	24.9
出售渔业产品的现金	9.62	10.97	1.4	1.6
出售手工业产品的现金	12.34	12.32	1.8	1.9
出售采集捕猎产品的现金	5.42	3.83	0.8	0.6
出售工业产品的现金	9.14	8.11	1.3	1.2
出售其他产品的现金	0.72	0.51	0.1	0.1
四、工业加工费的现金收入	3.79	5.18	0.5	0.8
五、建筑业的现金收入	9.16	7.61	1.3	1.1
六、运输业的现金收入	16.44	15.06	2.4	2.3
七、生产性劳务的现金收入	49.76	47.99	7.1	7.2
八、商业的现金收入	8.27	7.95	1.2	1.2
九、饮食业的现金收入	6.21	5.23	0.9	0.8
十、服务业的现金收入	6.35	6.72	0.9	1.0
十一、其他经营的现金收入	5.14	4.15	0.7	0.6
十二、其他非生产性现金收入	61.47	57.23	8.8	8.6
十三、储蓄借贷现金收入	97.30	86.07	14.0	13.0

农村住户现金支出

指　　标	平均每人(元)		构成(%)	
	1989年	1990年	1989年	1990年
全年现金支出	**667.43**	**624.85**	**100**	**100**
一、生产费用支出的现金	172.87	165.60	25.9	26.5
家庭经营费用支出	157.71	156.12	23.6	25.0
农业生产支出	86.79	92.45	13.0	14.8
林业生产支出	1.25	0.63	0.2	0.1
牧业生产支出	43.68	39.47	6.5	6.3
渔业生产支出	2.47	2.39	0.4	0.4
手工业生产支出	2.55	2.82	0.4	0.5
工业生产支出	5.15	4.77	0.8	0.8
建筑业支出	0.21	0.22	…	…
运输业支出	8.90	7.64	1.3	1.2
商业支出	1.05	0.78	0.2	0.1
饮食业支出	3.47	3.03	0.5	0.5
服务业支出	0.92	0.72	0.1	0.1
其他现金支出	1.27	1.20	0.2	0.2
购买生产性固定资产支出的现金	15.16	9.48	2.3	1.5
二、开发性生产投资	0.01	0.16	…	…
三、缴纳税款	10.54	11.33	1.6	1.8
四、上交集体承包任务的现金	9.42	12.62	1.4	2.0
五、生活消费支出的现金	341.94	317.26	51.2	50.8
生活消费品支出	308.09	279.16	46.1	44.7
非商品支出	33.85	38.10	5.1	6.1
六、其他非生产性现金支出	50.66	46.22	7.6	7.4
七、储蓄借贷现金支出	81.99	71.66	12.3	11.5

农村住户非生产性和储蓄借贷现金收支

指　　标	平均每人(元)		1990年比1989年	
	1989年	1990年	增减额(元)	增长(%)
一、非生产性现金收入	**61.47**	**57.23**	**-4.24**	**-6.9**
在外人口寄回和带回的现金	3.46	4.66	1.20	34.7
职工工资收入	11.91	14.28	2.37	19.9
#从行政、事业单位得到的	5.29	6.83	1.54	29.1
从国家财政得到的现金	12.93	14.21	1.28	9.9
出售财物的现金	9.71	5.10	-4.61	-47.5
亲友赠送的现金	17.15	13.63	-3.52	-20.5
#农村内部亲友赠送的	15.56	11.90	-3.66	-23.5
其他现金收入	6.31	5.35	-0.96	-15.2
二、储蓄借贷现金收入	**97.30**	**86.07**	**-11.23**	**-11.5**
从银行信用社得到的贷款	14.97	16.98	2.01	13.4
借　入　款	57.51	47.39	-10.12	-17.6
收回借出款	15.16	9.61	-5.55	-36.6
从银行信用社取回存款	8.52	11.61	3.09	36.3
#兑换国库券的现金	0.10	0.29	0.19	190.0
收回投资款	1.14	0.48	-0.66	-57.9
三、非生产性现金支出	**50.66**	**46.22**	**-4.44**	**-8.8**
寄给和带给在外人口的现金	2.09	2.12	0.03	1.4
赠送亲友的现金	35.88	33.24	-2.64	-7.4
#赠送农村内部亲友的现金	33.96	30.83	-3.13	-9.2
其他现金支出	12.69	10.86	-1.83	-14.4
四、储蓄借贷现金支出	**81.99**	**71.66**	**-10.33**	**-12.6**
归还银行信用社贷款	17.13	15.01	-2.12	-12.4
借　出　款	7.42	7.04	-0.38	-5.1
归还借款	37.10	33.12	-3.98	-10.7
存入银行信用社款	19.56	16.18	-3.38	-17.3
#购买国库券	0.61	0.35	-0.26	-42.6
支出投资款	0.78	0.31	-0.47	-60.3

农村住户平均每人主要实物消费量

品　　名	单　位	1989年	1990年	1990年比1989年增长 %
粮　　食	公斤	335.08	340.85	1.7
#稻谷、小麦	公斤	313.87	323.29	3.0
蔬　　菜	公斤	163.42	166.52	1.9
植物油	公斤	4.15	4.76	14.7
动物油	公斤	1.52	1.56	2.6
猪　　肉	公斤	11.70	11.58	-1.0
牛羊肉	公斤	0.29	0.41	41.4
牛羊奶	公斤	0.03	0.03	平
家　　禽	公斤	1.33	1.31	-1.5
蛋　　类	公斤	1.80	1.95	8.3
鱼　　虾	公斤	2.11	2.02	-4.3
食　　糖	公斤	1.86	1.64	-11.8
卷　　烟	盒	31.04	31.04	平
酒	公斤	5.04	5.15	2.2
茶　　叶	公斤	0.17	0.16	-5.9
糖　　果	公斤	0.30	0.26	-13.3
糕　　点	公斤	1.26	0.96	-23.8
水　　果	公斤	5.06	5.32	5.1
棉　　花	公斤	0.13	0.71	4.5倍
棉　　布	米	0.79	0.63	-20.3
化纤布	米	2.40	2.14	-10.8
呢　　绒	米	0.10	0.08	-20.0
绸　　缎	米	0.02	0.01	-50.0
毛线及毛线织品	公斤	0.08	0.08	平
尼龙衫裤	件	0.04	0.04	平
棉毛衫裤	件	0.12	0.13	8.3
卫生衫裤	件	0.04	0.05	25.0
皮　　鞋	双	0.05	0.05	平
胶鞋、球鞋	双	0.86	0.88	2.3
水　　泥	公斤	20.60	17.85	-13.3
木　　材	立方米	0.03	0.02	-33.3
钢　　材	公斤	2.25	2.51	11.6
玻　　璃	平方米	0.02	0.16	7.0倍
柴　　草	公担	13.64	10.11	-25.9
煤　　炭	公斤	59.59	58.52	-1.8

农村住户按人均纯收入水平分组的户数

分组	调查户数(户)		构成(%)	
	1989年	1990年	1989年	1990年
合计	**2 450**	**2 450**	**100**	**100**
100元以下	—	—	—	—
100—150元	5	1	0.2	…
150—200元	17	9	0.7	0.4
200—300元	145	109	5.9	4.5
300—400元	364	343	14.9	14.0
400—500元	515	476	21.0	19.4
500—600元	483	509	19.7	20.8
600—800元	568	612	23.2	25.0
800—1000元	219	240	8.9	9.8
1000—1500元	120	131	4.9	5.3
1500元以上	14	20	0.6	0.8

农村住户平均每百户耐用物品年末拥有量

指标	单位	1985年	1989年	1990年	1990年比1989年增长%
自行车	辆	55.27	99.92	105.27	5.4
缝纫机	架	18.69	31.55	32.90	4.3
钟	只	32.16	44.94	47.14	4.9
手表	只	122.37	163.47	164.12	0.4
#电子表	只	—	15.39	16.04	4.2
电风扇	台	6.94	38.29	43.76	14.3
洗衣机	台	—	0.82	0.65	-20.7
电冰箱	台	—	0.16	0.08	-50.0
摩托车	辆	—	0.29	0.37	27.6
大型家具	件	292.29	339.55	333.92	-1.7
#沙发	个	8.04	23.02	24.82	7.8
大衣柜	个	65.96	85.76	85.35	-0.5
写字台	张	58.57	79.84	79.55	-0.4
收音机	台	62.57	54.16	47.59	-12.1
黑白电视机	台	6.04	31.31	36.57	16.8
彩色电视机	台	0.16	1.14	1.63	43.0
收录机	台	2.65	12.98	13.71	5.6
照相机	架	0.20	1.59	0.41	-74.2

老区和非老区农村住户基本情况

指标	单位	老区		非老区	
		1989年	1990年	1989年	1990年
一、调查户数	户	1 040	970	1 410	1 480
二、平均每户常住人口	人	5.57	5.51	5.25	5.13
平均每户整半劳动力	人	3.12	3.14	2.95	2.91
平均每个劳动力负担人口	人	1.79	1.75	1.78	1.76
平均每百个常住人口中学龄前人数	人	9.22	8.75	8.89	8.51
平均每百个常住人口中 6—11岁人数	人	11.74	11.14	13.19	12.83
#在校人数	人	8.70	8.15	10.00	10.00
平均每百个常住人口中12—14岁人数	人	9.53	8.69	8.96	8.91
#在校人数	人	7.91	7.08	7.51	7.52
平均每百个常住人口中15—17岁人数	人	8.89	9.48	9.16	9.21
#在校人数	人	3.90	4.48	4.24	4.66
三、平均每人经营耕地面积	亩	1.19	1.15	1.44	1.45
平均每人经营山地面积	亩	2.05	2.16	0.61	0.60
四、劳动力的文化程度					
文盲或半文盲	%	22.12	20.83	23.79	21.66
小学程度	%	45.03	45.50	43.42	43.13
初中程度	%	26.59	27.27	25.96	28.41
高中程度	%	5.40	5.45	6.30	6.29
中专程度	%	0.83	0.89	0.51	0.49
大专程度	%	0.03	0.06	0.02	0.02
五、平均每户拥有生产性固定资产原值	元	850.48	826.30	938.76	989.22
役畜、产品畜	元	320.94	316.72	387.26	394.44
大中型铁木农具	元	87.58	93.58	104.59	114.59
农林牧渔业机械	元	30.87	39.92	26.69	36.51
工业机械	元	25.64	27.85	23.51	22.99
运输机械	元	85.74	44.38	102.88	116.89
生产用房	元	261.78	263.92	251.63	259.77
其他生产性固定资产	元	37.93	39.92	42.20	44.03
六、建房户数	户	70	40	123	53
平均每户年内新建房屋面积	平方米	4.57	3.16	5.64	2.98
平均每人年末使用房屋面积	平方米	23.17	23.82	23.20	23.94
生产用房	平方米	3.40	3.39	3.13	3.25
生活用房	平方米	19.77	20.43	20.07	20.69
#砖木结构	平方米	7.60	7.22	14.87	15.98
钢筋混凝土结构	平方米	0.47	0.54	0.99	1.38

老区和非老区平均每人总收入和纯收入

单位：元

指　　标	老区		非老区	
	1989年	1990年	1989年	1990年
一、全年总收入	**735.33**	**758.38**	**870.37**	**887.72**
1.从集体统一经营中得到的收入	13.76	16.84	33.43	30.85
#从统一核算单位得到的收入	6.10	6.14	14.15	13.46
从乡村企业得到的收入	4.33	6.14	15.37	11.91
从公益金中得到的收入	0.95	1.51	0.73	1.35
2.从经济联合体得到的收入	0.58	0.68	1.55	1.27
3.家庭经营收入	674.91	688.20	800.54	818.70
农业收入	307.14	328.47	397.43	423.56
#粮食收入	191.52	186.17	263.73	261.66
林业收入	22.42	21.84	12.57	12.44
牧业收入	179.79	174.85	218.78	208.13
渔业收入	12.70	12.84	11.75	14.35
手工业收入	12.80	10.65	12.38	13.67
采集捕猎收入	31.65	40.81	24.50	27.82
工业收入	9.52	9.86	16.14	15.90
建筑业收入	7.92	5.95	10.23	9.11
运输业收入	14.43	10.49	18.03	18.28
生产性劳务收入	56.20	53.35	45.67	45.85
商业收入	6.70	6.87	9.52	9.13
饮食业收入	3.78	3.23	8.12	6.63
服务业收入	3.99	4.55	8.21	8.25
其他家庭经营收入	5.87	4.44	7.21	5.58
4.其他非生产性收入	46.08	52.66	34.85	36.90
二、全年纯收入	**519.21**	**540.80**	**589.50**	**613.46**
1.按纯收入来源分				
从集体统一经营中得到的收入	13.76	16.84	33.43	30.85
从经济联合体得到的收入	0.58	0.68	1.55	1.27
家庭经营纯收入	464.74	476.80	525.85	551.01
第一产业纯收入	377.62	393.89	431.73	459.51
第二产业纯收入	13.30	12.11	18.29	17.79
第三产业纯收入	73.82	70.80	75.83	73.71
其他非生产性纯收入	40.13	46.48	28.67	30.33
2.按纯收入性质分				
生产性纯收入	472.34	487.21	548.73	570.59
农业生产纯收入	377.62	393.89	431.73	459.51
非农业生产纯收入	94.72	93.32	117.00	111.08
非生产性纯收入	46.87	53.59	40.77	42.87

老区和非老区平均每人总支出

单位：元

指标	老区		非老区	
	1989年	1990年	1989年	1990年
全年总支出	**709.07**	**704.95**	**855.05**	**801.21**
一、家庭经营费用支出	180.93	177.80	235.65	223.20
农业生产支出	87.00	92.76	112.38	115.41
林业生产支出	2.33	1.39	0.82	0.48
牧业生产支出	68.26	65.63	91.70	78.89
渔业生产支出	2.75	2.89	2.42	2.40
手工业生产支出	2.40	2.76	2.86	2.86
工业生产支出	3.34	2.81	7.01	6.19
建筑业支出	0.24	0.33	0.19	0.17
运输业支出	9.96	5.29	9.49	9.30
商业支出	0.89	0.82	1.18	0.75
饮食业支出	2.11	1.58	4.57	4.09
服务业支出	0.45	0.52	1.30	0.91
其他经营支出	1.20	1.02	1.73	1.75
二、购置生产性固定资产支出	15.68	9.26	15.20	9.98
三、缴纳税款	11.59	14.17	14.71	15.24
四、上交集体承包任务	7.47	9.43	12.41	16.39
五、生活消费支出	474.79	471.11	555.85	520.56
生活消费品支出	441.10	434.60	521.82	481.30
食品	274.39	272.43	311.83	305.17
#主食	84.98	75.94	94.62	87.49
副食	147.29	154.18	166.31	166.56
衣着	34.49	32.17	40.16	37.62
住房	48.78	44.50	80.97	50.70
燃料	27.79	35.71	30.04	31.70
用品及其他	55.65	49.79	58.82	56.11
非商品支出	33.69	36.51	34.03	39.26
文化服务支出	15.63	18.20	16.22	19.13
生活服务支出	18.06	18.31	17.81	20.13
六、其他非生产性支出	18.61	23.18	21.23	15.84

主 要 统 计 指 标 解 释

城镇居民家庭就业人口 指从事社会劳动并取得劳动报酬或经营收入的人口，不论有固定性职业或临时性职业都是就业人口。各学校在校学生在假期参加劳动，虽然领取一定的报酬，但不计算为就业人口。

“就业人口”包括“全民所有制单位职工”、“集体所有制单位职工”、“个体雇主与自营者”、“个体被雇人员”、“被聘用和留用的离退休人员”、“其他就业者”六项。

城镇居民家庭实际收入 指调查户的全部实际的现金收入。包括经常或固定得到的收入和一次性收入。不包括周转性的收入，如提取银行存款，向亲友借入款、收回借出款以及其他各种暂收款。

城镇居民家庭生活费收入 指调查户家庭实际收入中能用于安排日常生活的收入。

即：生活费收入＝实际收入－赡养、赠送支出－记帐补贴－亲友搭伙费

城镇居民家庭生活费支出 指调查户用于日常生活的全部支出，包括购买各种商品支出和文化生活、服务等非商品支出。

城镇居民家庭购买商品支出 指调查户购买商品的全部支出，包括从商店、工厂、饮食业、工作单位食堂、集市以及直接向农民购买各种商品的开支。不论自用的或赠送亲友的都包括在内。

城镇居民家庭居住面积 指调查户家庭成员在调查时点实际居住的住房面积，不包括厨房、厕所、走廊面积和临时搭建房屋的面积。

农村住户常住人口 是指全年经常在家或在家居住6个月以上，而且经济生活和本户连成一体的人口。包括本年7月1日以前出生和迁入的人口，以及把收入带回家中的在外劳动的合同工、临时工、其他副业工；在家居住、生活和本户连成一体的国家职工、退休人员。参军和在外居住的职工则不应计入。

农村住户整半劳动力 整劳动力指男子18～50周岁，女子18～45周岁；半劳动力是指男子16～17周岁，51～60周岁；女子16～17周岁；46～55周岁的同时具有劳动能力的人，在劳动年龄之内，但已丧失劳动能力的人，不应算为劳动力，在劳动年龄以外，但能经常参加劳动，能顶上一个整劳动力或半劳动力的人，也应计入劳动力。常住人口中的职工，若为劳动力，也包括在整半劳动力中。

农民总收入 是指农民家庭通过各种生产和提供劳务活动所获得的全部现金和实物收入，从国民经济和农村外部其他居民阶层获得的收入。借贷性收入、出售原有财物收入和农村内部亲友赠送的收入不包括在内。

其他非生产性收入包括在外人口寄回和带回的收入；职工工资收入；从国家财政得到的收入和农村以外亲友赠送的收入。

农民纯收入 是总收入扣除各项费用支出后，最终归农民所有的收入。它的计算公式是：

纯收入＝总收入－家庭经营费用支出－生产性固定资产折旧－税收－上交集体承包任务－调查补贴。

纯收入是农村住户调查中一个重要指标。它可以用来观察农民实际收入水平、进行扩大再生产和改善生活的能力。

农民生产性纯收入 是指来自农业、工业、建筑业、运输业、商业和饮食业的纯收入。在现行调查方案中，生产性纯收入包括：从统一核算单位分配的收入；从乡村企业直接得到的收入；从经济联合体得到的收入；家庭经营纯收入中的农业纯收入、林业纯收入、牧业纯收入、渔业纯收入、手工业纯收入、采集捕猎纯收入、工业纯收入、建筑业纯收入、运输业纯收入，生产性劳务纯收入、商业纯收入、饮食业纯收入和其他家庭经营纯收入。它的计算公式是：生产性纯收入＝从统一核算单位分配的收入＋从乡村企业直接得到的收入＋从经济联合体得到的收入＋家庭经营纯收入－服务业纯收入。

家庭经营纯收入＝家庭经营收入－家庭经营费用－缴纳税款－生产性固定资产折旧－上交集体的承包任务。

城乡居民储蓄年末余额 包括城镇居民储蓄和农民个人储蓄两部分的年末余额。不包括工矿企业、部队、机关团体等集团存款。

TONGJINIANJIAN

十五、城市建设和环境保护

●1990年，全省市区年末总人口821万人，市区面积1.6万平方公里,其中建成区面积259.5平方公里。

●1990年，城市年末实有铺装道路1 108公里，下水道总长878公里。

●1990年，城市年末自来水生产能力每日410万吨，全年供水总量11.78亿吨。

●1990年，城市年末营运公共交通车1 091辆，全年客运总量27 414万人次。

●1990年，城市园林绿地面积7 044公顷，建成区绿化覆盖率24.3%。拥有公园47个，年游人1 403万人次。

城市竣工住宅建筑面积

(1990年)

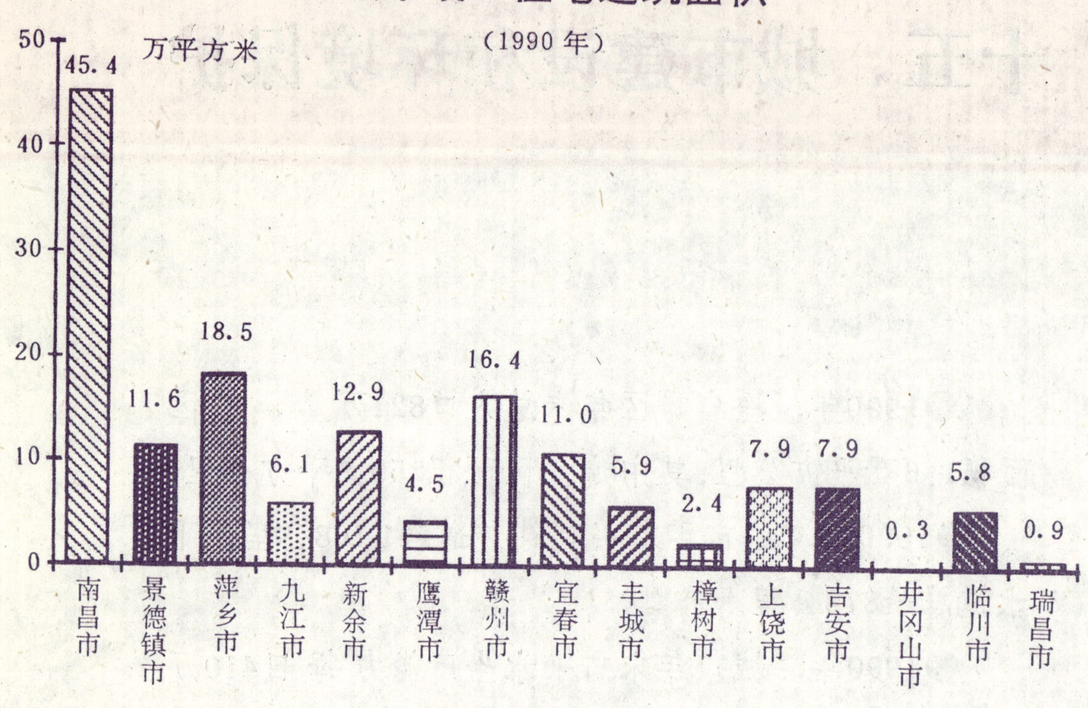

城市市区人口数

(1990年末)

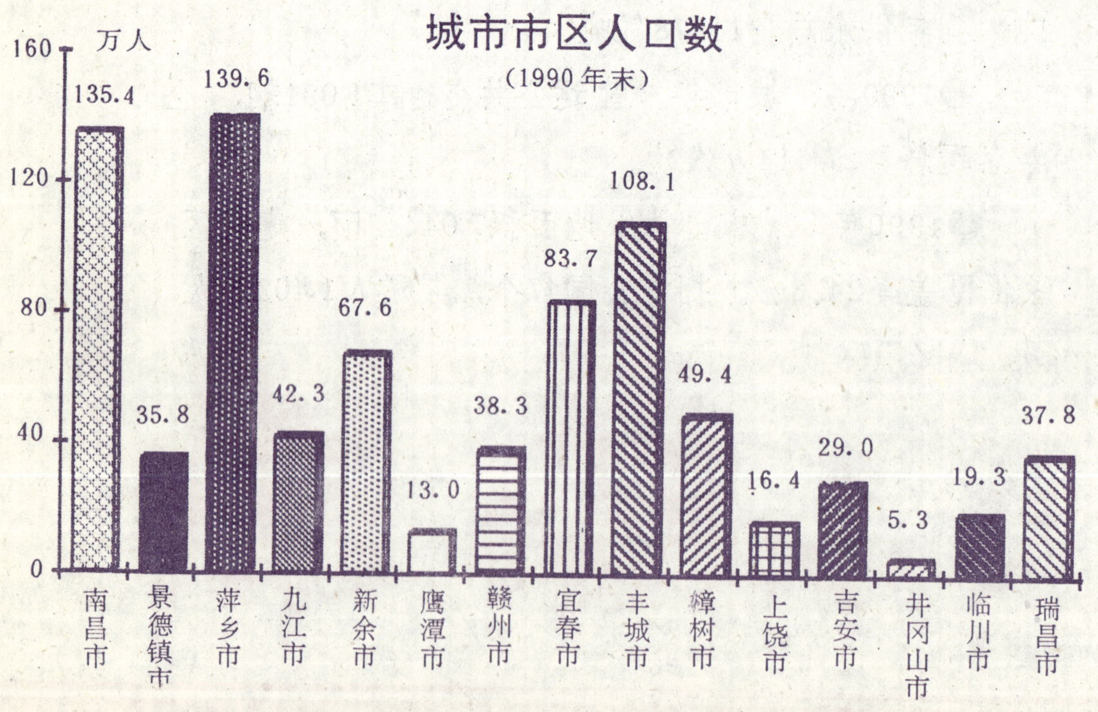

环境保护事业

项目	单位	1989年	1990年	项目	单位	1989年	1990年
一、废水				三、工业粉尘			
废水排放总量	万吨	111 194	103 409	工业粉尘排放量	万吨	32	34
#工业废气	万吨	81 458	77 123	工业粉尘回收量	万吨	41	32
#经过处理的	万吨	23 811	26 656	四、工业固体废物			
符合排放标准的	万吨	41 713	39 937	工业固体废物产生量	万吨	3 238	3 199
#经过处理达标的	万吨	14 699	13 008	工业固体废物处理量	万吨	206	301
二、废气				工业固体废物处置量	万吨	2 207	2 381
废气排放总量	万标立方米	16 421 255	16 596 776	工业固体废物综合利用量	万吨	414	412
#燃料燃烧过程中废气排放量	万标立方米	11 256 046	10 875 588	工业固体废物排放量	万吨	411	105
#经过消烟除尘的	万标立方米	8 905 861	8 083 720	历年工业固体废物堆存总量	万吨	39 849	42 865
#生产工艺过程中废气排放量	万标立方米	5 165 209	5 721 188	工业固体废物占地面积	万平方米	2 187	2 254
#经过净化处理的	万标立方米	2 882 828	3 091 256	#占农田面积	万平方米	90	92
废气中：二氧化硫	吨	322 359	297 845	五、其他			
废气中：烟尘	吨	303 518	298 453	"三废"综合利用产品产值	万元	16 156	12 783
				"三废"综合利用利润	万元	6 230	3 938

城市公用事业基本情况

指标	单位	1989年	1990年	指标	单位	1989年	1990年
				公用煤气、液化气			
自来水全年供水总量	万吨	79 980	117 758	人工煤气全年供气量	万立方米	28 322	1 203
#生活用水量	万吨	19 934	23 297	#家庭用量	万立方米	908	1 007
平均每人生活用水	吨	64.3	71.4	液化气家庭用量	吨	14 519	12 182
用水普及率	%	82.4	84.7	用气普及率	%	13.4	13.5
公共车辆(汽车、电车)总数	辆	1 182	1 091	城市绿化			
平均每万人拥有	辆	3.8	3.3	绿地面积	公顷	7 112	7 044
铺装道路长度	公里	1 141	1 108	平均每万人绿地面积	公顷	21.3	20.2
平均每万人拥有	公里	3.4	3.2	公园、动物园个数	个	45	47
铺装道路面积	万平方米	1 117	1 119	公园、动物园面积	公顷	471	533
平均每万人拥有	万平方米	3.3	3.2	清洁卫生			
下水道长度	公里	874	878	清运垃圾	万吨	62.8	70.2
平均每万人拥有	公里	2.6	2.5	清运粪便	万吨	18	16.6

注1.本表各项数字是按全社会范围计算的（以下各表同）。

2.平均每万人拥有指标按城市人口中的非农业人口计算。

城市规模和建设用地

（1990年）

城市	年末市区人口（万人）	#非农业人口	市区面积（平方公里）	建成区面积（平方公里）	国家建设征用土地（平方公里）	市区人口密度（人／平方公里）
合计	**821.0**	**347.9**	**16 008.3**	**259.5**	**2.0**	**513**
南昌市	135.4	108.6	561.2	65.0	0.9	2 413
景德镇市	35.8	28.1	151.0	30.0	—	2 371
萍乡市	139.6	42.5	2 765.0	20.9	0.1	505
九江市	42.3	29.1	699.0	30.8	0.2	605
新余市	67.6	17.4	1 759.0	16.2	—	384
鹰潭市	13.0	8.0	137.0	10.7	—	949
赣州市	38.3	22.0	478.8	17.4	—	800
宜春市	83.7	15.2	2 532.0	14.8	0.2	331
丰城市	108.1	19.4	2 845.0	4.5	—	380
樟树市	49.4	9.3	1 286.8	6.9	—	384
上饶市	16.4	13.2	64.7	8.9	0.4	2 535
吉安市	29.0	14.9	508.1	13.2	—	571
井冈山市	5.3	1.5	666.6	3.0	—	80
临川市	19.3	12.1	131.1	11.2	0.2	1 472
瑞昌市	37.8	6.6	1 423.0	6.0	—	266

城市房屋建筑和住房情况

（1990年）

城市	年末全市实有房屋建筑面积（万平方米）	年末全市实有住宅建筑面积（万平方米）	年内全市新建房屋竣工建筑面积（万平方米）	#住宅	年末全市住房居住面积（万平方米）	解决缺房户（户）
合计	**8 606**	**4 160**	**279.3**	**157.5**	**2 036.9**	**7 505**
南昌市	2 738	1 287	90.3	45.4	618.1	1 063
景德镇市	839	419	21.7	11.6	201.9	2 320
萍乡市	748	363	25.9	18.5	211.7	1 360
九江市	835	388	8.1	6.1	194.0	415
新余市	463	211	21.6	12.9	110.5	—
鹰潭市	225	106	5.0	4.5	47.2	100
赣州市	680	357	29.7	16.4	155.0	561
宜春市	374	160	15.0	11.0	84.8	151
丰城市	169	59	11.5	5.9	36.6	500
樟树市	201	91	3.5	2.4	50.0	50
上饶市	364	188	14.1	7.9	94.0	601
吉安市	479	241	19.8	7.9	118.1	110
井冈山市	48	20	1.0	0.3	10.2	—
临川市	318	197	8.9	5.8	70.8	260
瑞昌市	125	73	3.2	0.9	34.0	14

城市自来水情况

（1990年）

城市	年末自来水生产能力（万吨／日）	全年供水总量（万吨）	#生产用水	#生活用水	用水人口（万人）	人均日生活用水量（升）
合计	**409.7**	**117 758**	**92 271**	**23 297**	**326.5**	**195.5**
南昌市	81.7	27 292	17 186	9 378	129.7	198.1
景德镇市	11.3	4 916	2 846	1 766	28.5	169.8
萍乡市	12.3	2 649	1 491	1 079	25.0	118.2
九江市	153.0	41 498	39 344	2 060	26.9	209.8
新余市	65.8	20 210	19 180	986	14.8	182.5
鹰潭市	8.5	2 411	1 471	902	8.7	284.0
赣州市	11.5	2 835	1 564	1 120	21.1	145.4
宜春市	12.0	3 659	2 081	1 499	15.0	273.8
丰城市	2.9	832	402	430	6.3	187.0
樟树市	6.5	2 307	1 351	908	8.0	311.0
上饶市	8.1	2 192	1 286	712	12.5	156.1
吉安市	20.5	3 322	2 324	772	13.7	154.4
井冈山市	1.2	333	151	145	1.4	283.8
临川市	11.7	2 442	1 145	1 216	12.5	266.5
瑞昌市	2.7	860	449	324	2.4	369.9

城市市政工程情况

（1990年）

城市	年末实有铺装道路长度（公里）	年末实有铺装道路面积（万平方米）	城市桥梁（座）	城市下水道总长度（公里）	城市路灯（盏）
合计	**1 108**	**1 119**	**207**	**878**	**27 540**
南昌市	273	292	50	269	8 726
景德镇市	73	75	12	66	3 710
萍乡市	38	26	12	39	1 910
九江市	103	94	36	61	2 263
新余市	71	71	14	77	2 146
鹰潭市	77	51	11	40	623
赣州市	133	114	7	65	1 615
宜春市	82	64	12	42	771
丰城市	19	30	2	31	815
樟树市	43	86	2	17	1 000
上饶市	78	63	13	52	1 093
吉安市	43	70	13	46	1 381
井冈山市	13	9	8	15	400
临川市	33	35	9	40	1 087
瑞昌市	29	39	6	18	—

城市公共交通情况

（1990年）

城市	年末营运车数（辆）	营运标准车台数（标台）	营运线路长度（公里）	客运总量（万人次）	出租汽车（辆）
合计	**1 091**	**1 160**	**9 460**	**27 414**	**442**
南昌市	350	478	942	17 804	49
景德镇市	85	91	868	2 516	—
萍乡市	94	94	558	1 816	18
九江市	110	104	586	2 337	318
新余市	78	75	912	642	9
鹰潭市	74	60	231	232	12
赣州市	53	48	78	678	—
宜春市	109	91	2 409	469	20
丰城市	—	—	—	—	—
樟树市	—	—	—	—	—
上饶市	38	39	820	63	16
吉安市	26	27	760	300	—
井冈山市	16	16	997	46	—
临川市	58	37	299	511	—
瑞昌市	—	—	—	—	—

城市园林绿化情况

（1990年）

城市	城市园林绿地面积（公顷）	#公共绿地	人均公共绿地面积（平方米）	建成区绿化覆盖率（%）	公园（个）	年游人量（万人次）
合计	**7 044**	**1 442**	**4.1**	**24.3**	**47**	**1 403**
南昌市	1 239	278	2.6	21.0	12	807
景德镇市	855	178	6.3	29.6	5	60
萍乡市	351	146	3.4	16.8	2	30
九江市	1 068	393	13.5	35.2	4	202
新余市	397	101	5.8	23.5	1	14
鹰潭市	210	10	1.3	22.7	1	33
赣州市	782	54	2.5	34.0	4	109
宜春市	344	44	2.9	16.9	3	48
丰城市	14	4	0.2	5.1	1	11
樟树市	21	14	1.5	3.6	1	7
上饶市	553	60	4.5	27.8	2	18
吉安市	571	52	3.5	20.1	4	22
井冈山市	270	15	10.0	90.0	2	15
临川市	320	79	6.5	24.6	4	27
瑞昌市	49	14	2.1	9.7	1	—

城市清洁卫生情况

（1990年）

城市	清扫面积（万平方米）	生活垃圾清运量（万吨）	粪便清运量（万吨）	环卫机械 总数（辆）	环卫机械 总功率（千瓦）	公共厕所（座）
合计	**823**	**70.2**	**16.6**	**362**	**26401**	**1029**
南昌市	223	18.7	5.5	120	11075	238
景德镇市	92	9.4	2.7	42	3136	170
萍乡市	22	5.4	1.3	29	1634	46
九江市	96	7.2	1.9	30	2036	146
新余市	59	2.3	0.2	15	864	30
鹰潭市	44	2.1	0.7	7	40	50
赣州市	78	5.9	0.7	23	1844	63
宜春市	34	3.7	0.6	20	1284	39
丰城市	23	2.2	0.2	7	195	32
樟树市	25	2.5	0.2	13	630	27
上饶市	39	1.2	—	11	959	71
吉安市	35	3.6	0.4	23	1756	52
井冈山市	8	0.5	—	4	330	8
临川市	30	4.4	2.2	14	488	37
瑞昌市	15	1.1	—	4	130	20

城市设施水平

（1990年）

城市	人均居住面积（平方米）	城市人口用水普及率（%）	城市煤气普及率（%）	每万人拥有公共交通车台（标台）	人均拥有铺装道路面积（平方米）	人均公共绿地面积（平方米）
合计	**6.5**	**84.7**	**13.5**	**3.3**	**3.2**	**4.1**
南昌市	6.9	97.6	19.4	4.4	2.7	2.6
景德镇市	6.6	96.8	—	3.2	2.7	6.3
萍乡市	5.1	56.5	—	2.2	0.6	3.4
九江市	7.0	91.4	24.4	3.6	3.2	13.5
新余市	6.4	79.9	44.8	4.3	4.1	5.8
鹰潭市	5.9	100.0	20.0	7.5	6.4	1.3
赣州市	7.0	94.1	—	2.2	5.2	2.5
宜春市	5.6	90.8	—	6.0	4.2	2.9
丰城市	5.5	30.9	10.3	—	1.5	0.2
樟树市	6.1	80.6	—	—	9.2	1.5
上饶市	7.1	93.9	12.9	3.0	4.8	4.5
吉安市	7.9	90.6	—	1.8	4.7	3.5
井冈山市	6.4	86.7	—	10.7	6.0	10.0
临川市	5.9	95.9	45.5	3.1	2.9	6.5
瑞昌市	8.5	31.8	—	—	5.9	2.1

注：城市人口用水普及率、城市煤气普及率是指城市非农业人口普及情况。

主要统计指标解释

年末自来水生产能力　指年末城建部门管理的自来水厂和社会单位自备水源的取水、净化、送水出厂输水干管等环节的实际生产能力。

年末供水管道长度　指从送水泵至用户水表之间所有管道的长度。

全年供水总量　指公用自来水厂和社会单位自备水源全年的供水总量，包括有效供水量及损失水量。

生活用水量　指居民日常生活与公共福利设施的用水量。包括饮食店、旅馆、医院、理发店、浴池、洗衣店、游泳池、商店、学校、机关、部队等单位的用水量。

年末实有铺装道路长度　指除土路外，路面经过铺装宽度在3.5米以上的道路，包括高级、次高级道路和普通道路。

城市下水道总长度　指所有排水总管、干管、支管及暗渠、检查井、连接井进出水口等长度之和。

年末实有公共汽（电）车辆　指年底可参加营运的全部车辆数，包括年底营运车辆数和库存查封未参加营运的车辆，不包括非营运车辆，如架线车、油罐车、工程车、货车及其他专用车辆和借入的客运车辆。

营运线路长度　指设置的固定营运线路长度，包括郊区营运线路长度。不包括临时行驶的线路长度。

城市园林绿地面积　指城市公共绿地、专用绿地、生产绿地、防护绿地、郊区风景名胜区的全部面积。

公共绿地　指供游览休息的各种公园、动物园、植物园、陵园以及花园、游园和供游览休息用的林荫道绿地、广场绿地。不包括一般栽植的行道树及林荫道的面积。

废水排放总量　包括生产废水和生活污水。生产废水指企、事业单位在生产、科研过程中向外环境排放的所有排放口的废水量总和。生活污水指城镇居民区和企事业单位职工集中居住区排放的污水量。

工业废水排放量　指经过企业所有排放口排到企业外的生产废水总量，包括外排的直接冷却水和矿区超标排放的有毒有害矿井地下水，但不包括外排的间接冷却水（清污不分流的应计算在内）。

符合排放标准的工业废水量　指全面达到国家排放标准的外排工业废水量（包括经过处理和未经过处理的），但不包括虽经处理仍未达到国家排放标准的工业废水。国家尚未正式颁布标准的，以地方制定的标准为准。

工业废水处理量　指经过各种水处理装置净化处理后的外排工业废水量（包括虽经处理仍未达到国家或地方标准的外排工业废水量）。

废气排放总量　指燃料燃烧和生产工艺过程中排放的各种废气总量，以标准状态下每年万标立方米表示。

燃料燃烧过程废气排放量　指燃煤、油、气锅炉及工业窑炉在燃烧过程中所排废气的总量。

生产工艺过程废气排放量　指生产工艺过程中排放的废气总量。

净化处理的废气量　指生产工艺过程中排放的废气经过各种处理装置净化、处理的量。

工业粉尘排放量　指生产工艺过程中排放的固体微粒重量。

工业粉尘回收量　指经过各种回收处理装置回收的工业粉尘和尘泥量（包括干法和湿法）。

工业固体废物产生量　指工矿企业、事业单位在生产（试验）过程中产生的工业固体废弃物总量，不包括矿山开采的剥离废石和掘进废石（煤矸石除外）。

工业固体废物处理量　指以填埋、焚烧等方式最终处理的工业固体废物量。

工业固体废物综合利用量　指已用作农业肥料、造田，生产建筑材料，以及其他方式综合利用的工业固体废物量（不包括填埋和焚烧量）。利用量由原产固体废物的单位统计。

十六、科学、教育、文化

●1990年末，全民所有制单位专业技术人员64.23万人，其中自然科学技术人员27.72万人，社会科学技术人员36.51万人。

●“七五”期间，全省共获国家发明奖11项，国家科技进步奖21项；获省级科技奖422项。

●1990年，学龄儿童入学率98.24%，小学在校学生巩固率98.08%。

●1990年，高等学校30所，在校学生5.66万人。“七五”期间全省高等学校毕业学生累计7.24万人。

●1990年，出版报纸5.89亿份，杂志2714万册，图书1.92亿册。

自然科学技术人员及构成

（1990年）

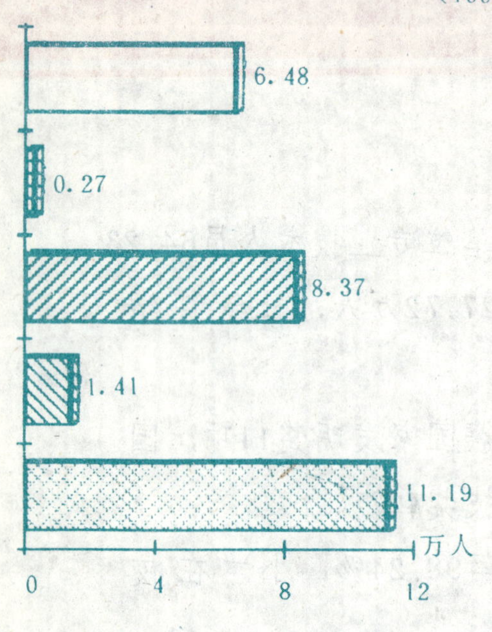

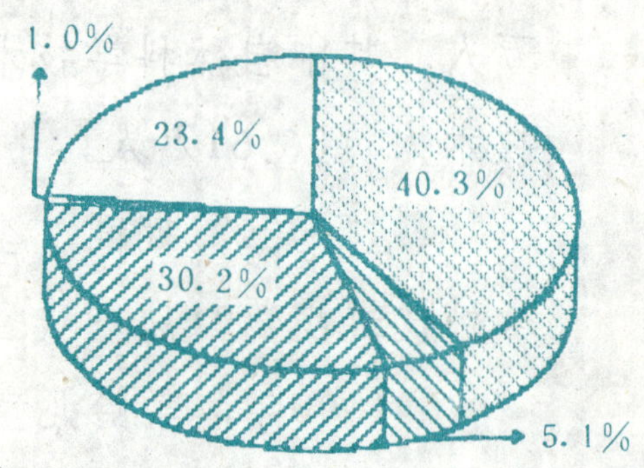

小学学龄儿童入学率

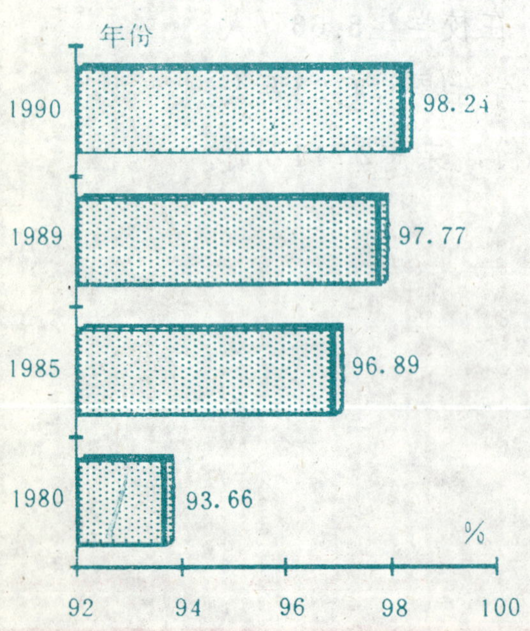

平均每万人中有大学在校学生

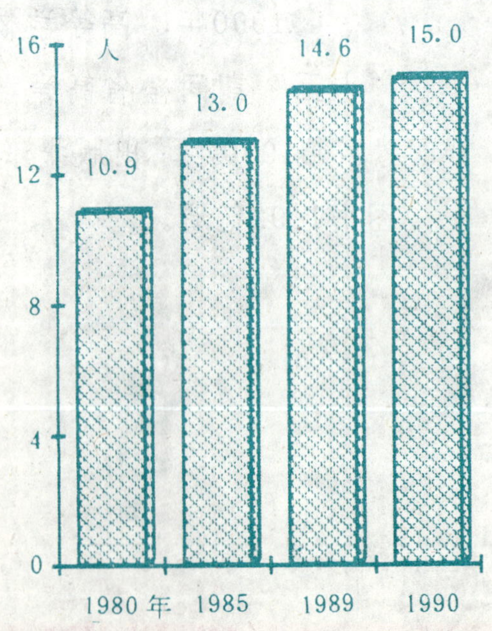

全民所有制单位专业技术人员数

类别	人数（人）		比重（%）		平均每万人中有（人）		平均每万职工中有（人）	
	1989年	1990年	1989年	1990年	1989年	1990年	1989年	1990年
总计	**610 381**	**642 326**	**—**	**—**	**165**	**169**	**2 046**	**2 113**
自然科学技术人员	**264 893**	**277 192**	**100**	**100**	**72**	**73**	**888**	**912**
工程技术人员	104 354	111 923	39.4	40.4	28	29	350	368
农业技术人员	13 766	14 091	5.2	5.1	4	4	46	46
卫生技术人员	79 920	83 741	30.2	30.2	22	22	268	276
科学研究人员	2 617	2 659	1.0	0.9	1	1	9	9
教学人员	64 236	64 778	24.2	23.4	17	17	215	213
社会科学技术人员	**345 488**	**365 134**	**100**	**100**	**93**	**96**	**1 158**	**1 201**
科学研究人员	1 162	941	0.3	0.2	…	…	4	3
教学人员	177 963	186 098	51.5	50.9	48	49	596	612
经济人员	85 918	91 562	24.9	25.1	23	24	288	301
会计人员	49 644	52 764	14.4	14.5	13	14	166	173
统计人员	10 453	10 684	3.0	2.9	3	3	35	35
编辑、记者、播音人员	2 576	2 651	0.8	0.7	1	1	8	9
翻译人员	319	316	0.1	0.1	…	…	1	1
体育教练人员	831	779	0.2	0.2	…	…	3	3
图书、档案、资料人员	6 178	6 545	1.8	1.8	2	2	21	21
工艺美术人员	561	612	0.2	0.2	…	…	2	2
文艺人员	3 194	3 197	0.9	0.9	1	1	11	11
律师（公证）人员	1 094	1 126	0.3	0.3	…	…	4	4
其他人员	5 595	7 859	1.6	2.2	2	2	19	26

注：工程技术人员包括民航飞行技术人员和船舶技术人员（下表同）。

全民所有制单位分行业专业技术人员数

单位：人

行业	合计		自然科学		社会科学	
	1989年	1990年	1989年	1990年	1989年	1990年
总计	**610 381**	**642 326**	**264 893**	**277 192**	**345 488**	**365 134**
农、林、牧、渔、水利业	26 534	30 268	18 338	20 863	8 196	9 405
工业	109 841	121 717	63 382	67 709	46 459	54 008
地质普查和勘探业	8 678	5 960	6 821	4 490	1 857	1 470
建筑业	11 730	11 189	7 291	6 998	4 439	4 191
交通运输、邮电通讯业	14 027	18 165	6 708	8 905	7 319	9 260
商业、公共饮食业、物资供销和仓储业	31 828	34 029	5 155	5 849	26 673	28 180
房地产管理、公用事业、居民服务和咨询服务业	4 017	4 681	1 742	1 956	2 275	2 725
卫生、体育和社会福利事业	67 469	70 891	64 989	67 849	2 480	3 042
教育、文化艺术和广播电视事业	245 362	252 341	64 622	64 988	180 740	187 353
科学研究和综合技术服务业	12 606	12 480	10 660	10 300	1 946	2 180
金融、保险业	35 314	37 254	553	914	34 761	36 340
国家机关、政党机关和社会团体	41 313	40 216	14 505	15 937	26 808	24 279
其他	1 662	3 135	127	434	1 535	2 701

各地区全民所有制单位专业技术人员数

单位：人

地区	合计		自然科学		社会科学	
	1989年	1990年	1989年	1990年	1989年	1990年
总计	**610 381**	**642 326**	**264 893**	**277 192**	**345 488**	**365 134**
1.中央单位	109 896	117 648	45 046	47 334	64 850	70 314
2.省直单位	107 767	113 784	56 334	60 295	51 433	53 489
3.地、市属单位	392 718	410 894	163 513	169 563	229 205	241 331
南昌市	49 857	57 465	22 564	24 805	27 293	32 660
景德镇市	17 071	17 632	7 616	7 853	9 455	9 779
萍乡市	15 400	15 940	6 315	6 408	9 085	9 532
九江市	45 581	46 873	19 333	19 035	26 248	27 838
新余市	11 273	12 067	4 988	5 137	6 285	6 930
鹰潭市	9 736	9 894	3 805	3 806	5 931	6 088
赣州地区	64 732	65 634	25 970	26 287	38 762	39 347
宜春地区	46 066	47 866	20 160	20 745	25 906	27 121
上饶地区	48 232	49 294	16 933	18 963	31 299	30 331
吉安地区	50 160	51 769	21 424	21 486	28 736	30 283
抚州地区	34 610	36 460	14 405	15 038	20 205	21 422

全民所有制单位分行业自然科学专业技术人员数

（1990年）　　　　单位：人

行业	合计	工程技术人员	农业技术人员	卫生技术人员	科学研究人员	教学人员
总计	**277 192**	**111 923**	**14 091**	**83 741**	**2 659**	**64 778**
农、林、牧、渔、水利业	20 863	10 332	9 182	923	33	393
工业	67 709	55 967	297	8 409	27	3 009
地质普查和勘探业	4 490	3 574	6	372	—	538
建筑业	6 998	6 168	6	685	—	139
交通运输、邮电通讯业	8 905	7 494	1	1 154	3	253
商业、公共饮食业、物资供销和仓储业	5 849	5 137	279	336	3	94
房地产管理、公用事业、居民服务和咨询服务业	1 956	1 616	81	249	3	7
卫生、体育和社会福利事业	67 849	169	4	67 296	17	363
教育、文化艺术和广播电视事业	64 988	2 890	156	2 063	433	59 446
科学研究和综合技术服务业	10 300	7 186	491	430	2 086	107
金融、保险业	914	752	8	94	5	55
国家机关、政党机关和社会团体	15 937	10 298	3 541	1 696	40	362
其他	434	340	39	34	9	12

各地区全民所有制单位自然科学专业技术人员数

（1990年）　　　　单位：人

地区	合计	工程技术人员	农业技术人员	卫生技术人员	科学研究人员	教学人员
总计	**277 192**	**111 923**	**14 091**	**83 741**	**2 659**	**64 778**
1.中央单位	47 334	33 208	110	7 225	683	6 108
2.省直单位	60 295	33 222	1 634	15 476	1 501	8 462
3.地、市属单位	169 563	45 493	12 347	61 040	475	50 208
南昌市	24 805	10 689	727	7 531	197	5 661
景德镇市	7 853	2 588	242	2 907	2	2 114
萍乡市	6 408	1 682	171	2 417	25	2 113
九江市	19 035	4 539	1 587	7 162	25	5 722
新余市	5 137	1 797	364	1 619	13	1 344
鹰潭市	3 806	917	320	1 382	14	1 173
赣州地区	26 287	6 814	2 448	9 666	13	7 346
宜春地区	20 745	4 663	1 533	7 126	115	7 308
上饶地区	18 963	3 359	1 361	7 532	11	6 700
吉安地区	21 486	5 274	2 328	8 313	53	5 518
抚州地区	15 038	3 171	1 266	5 385	7	5 209

全民所有制单位分行业社会科学专业技术人员数

（1990年）

单位：人

行业	合计	科学研究人员	教学人员	会计人员	统计人员	编辑、记者、播音人员	翻译人员
总计	**365 134**	**941**	**186 098**	**52 764**	**10 684**	**2 651**	**316**
农、林、牧、渔、水利业	9 405	—	1 472	3 249	389	14	4
工业	54 008	3	8 301	11 377	3 970	249	114
地质普查和勘探业	1 470	—	205	469	50	—	—
建筑业	4 191	—	331	1 165	193	6	6
交通运输、邮电通讯业	9 260	—	612	2 544	586	9	7
商业、公共饮食业、物资供销和仓储业	28 180	—	231	7 479	2 230	18	26
房地产管理、公用事业、居民服务和咨询服务业	2 725	—	36	916	159	27	1
卫生、体育和社会福利事业	3 042	—	217	1 271	165	27	11
教育、文化艺术和广播电视事业	187 353	699	173 534	2 064	173	1 880	14
科学研究和综合技术服务业	2 180	138	70	554	121	72	43
金融、保险业	36 340	2	256	12 270	283	3	3
国家机关、政党机关和社会团体	24 279	87	773	8 584	2 240	256	61
其他	2 701	12	60	822	125	90	26

行业	体育教练人员	经济人员	图书、档案、资料人员	工艺美术人员	文艺人员	律师公证人员	其他人员
总计	**779**	**91 562**	**6 545**	**612**	**3 197**	**1 126**	**7 859**
农、林、牧、渔、水利业	—	4 170	81	15	1	9	1
工业	10	25 942	1 239	338	10	19	2 436
地质普查和勘探业	—	397	32	—	—	3	314
建筑业	1	1 665	71	2	—	1	750
交通运输、邮电通讯业	2	4 386	98	3	—	44	969
商业、公共饮食业、物资供销和仓储业	1	17 810	93	31	2	8	251
房地产管理、公用事业、居民服务和咨询服务业	—	1 187	74	5	—	320	—
卫生、体育和社会福利事业	670	332	152	14	40	—	143
教育、文化艺术和广播电视事业	11	1 636	3 861	107	3 091	8	275
科学研究和综合技术服务业	—	433	201	76	—	39	433
金融、保险业	—	21 597	64	2	1	1	1 858
国家机关、政党机关和社会团体	84	10 691	516	12	48	498	429
其他	—	1 316	63	17	4	176	—

各地区全民所有制单位社会科学专业技术人员数

（1990年）

单位：人

类别	合计	科学研究人员	教学人员	会计人员	统计人员	编辑、记者、播音人员	翻译人员
总计	**365 134**	**941**	**186 098**	**52 764**	**10 684**	**2 651**	**316**
1.中央单位	70 314	73	8 056	17 773	2 125	148	124
2.省直单位	53 489	580	13 165	10 851	2 271	1 135	110
3.地、市属单位	241 331	288	164 877	24 140	6 288	1 368	82
南昌市	32 660	39	17 571	4 211	1 227	221	15
景德镇市	9 779	17	6 107	1 068	271	96	24
萍乡市	9 532	11	7 186	581	174	69	—
九江市	27 838	39	19 302	2 714	620	125	21
新余市	6 930	3	4 324	704	183	79	—
鹰潭市	6 088	—	4 201	715	163	66	—
赣州地区	39 347	57	26 604	4 218	1 267	191	10
宜春地区	27 121	36	18 646	2 316	627	186	2
上饶地区	30 331	6	23 232	2 522	540	117	—
吉安地区	30 283	49	21 712	3 208	738	114	8
抚州地区	21 422	31	15 992	1 883	478	104	2

类别	体育教练人员	经济人员	图书、档案资料人员	工艺美术人员	文艺人员	律师公证人员	其他人员
总计	**779**	**91 562**	**6 545**	**612**	**3 197**	**1 126**	**7 859**
1.中央单位	15	32 828	1 205	48	6	54	7 859
2.省直单位	374	22 637	1 440	147	756	23	—
2.地、市属单位	390	36 097	3 900	417	2 435	1 049	—
南昌市	68	8 028	652	90	429	109	—
景德镇市	31	1 565	221	156	183	40	—
萍乡市	26	1 170	156	10	110	39	—
九江市	30	4 035	433	25	353	141	—
新余市	11	1 379	101	14	76	56	—
鹰潭市	5	763	105	6	29	35	—
赣州地区	67	5 762	623	43	334	171	—
宜春地区	52	4 476	445	23	172	140	—
上饶地区	21	3 038	401	24	321	109	—
吉安地区	40	3 600	411	16	272	115	—
抚州地区	39	2 281	352	10	156	94	—

县以上政府部门属研究与开发机构情况

（1990年）

类别	机构数（个）	职工总数（人）	#科学家工程师	#其他科技人员	经费收入总额（万元）	#政府拨款	经费支出总额（万元）	#劳务费
总计	**115**	**18 078**	**5 186**	**2 587**	**15 106.4**	**7 512.4**	**14 009.0**	**4 038.2**
一、按隶属关系分								
中央属	9	4 730	1 563	602	4 092.5	2 381.6	3 889.3	1 168.9
省属	54	8 896	2 676	1 332	7 360.5	3202.3	6 644.9	1947.2
地市属	52	4 452	947	653	3 653.4	1 928.5	3 474.8	922.1
二、按国民经济行业分								
农、林、牧、渔、水利业	53	9 220	1 270	1 093	7 453.0	2 997.5	6 669.7	1 797.2
工业	38	6 858	2 841	1 031	5 964.5	3 324.9	5 672.3	1 712.8
地质普查及勘探业	1	195	98	27	139.7	136.9	138.6	44.9
建筑业	2	112	53	33	64.6	25.8	57.7	32.5
交通运输、邮电通讯业	3	211	137	38	293.8	200.3	310.6	61.0
商业、饮食业、物资供销和仓储业	2	105	70	20	111.4	56.5	81.6	22.5
卫生、体育和社会福利事业	8	675	337	198	556.2	403.7	531.2	211.0
科学研究和综合技术服务业	7	670	354	141	512.6	356.2	530.2	151.5
其他	1	32	26	6	10.6	10.6	17.1	4.8
三、按学科领域分								
自然科学	7	576	323	83	476.6	408.7	434.0	117.1
工程科学技术	50	7 882	3 365	1 263	6 845.1	3915.4	6 541.3	1 959.0
医学科学	9	779	396	213	617.6	449.4	591.4	237.5
农业科学	49	8 841	1 102	1 028	7 167.1	2 738.9	6 442.3	1 724.6
四、按所在地域分								
南昌市	57	8 366	2 827	1 246	7 041.2	3 210.9	6 348.6	1 861.7
景德镇市	7	2 688	1 033	345	2 782.9	2 005.3	2 685.6	581.7
萍乡市	5	215	62	47	251.0	165.0	238.7	61.9
九江市	9	2 088	286	277	1 048.7	520.0	932.0	403.3
新余市	4	1 292	125	137	1 103.0	211.1	990.5	292.3
鹰潭市	1	9	7	1	7.9	5.5	13.6	2.1
赣州地区	11	1 632	432	229	2 036.5	811.2	1 936.9	425.0
宜春地区	7	486	161	128	309.5	232.8	337.8	160.8
上饶地区	5	406	80	45	156.3	76.9	146.2	103.0
吉安地区	5	606	101	76	230.0	161.0	229.9	91.7
抚州地区	4	290	72	56	139.4	112.7	149.2	54.7

县属自然科学研究与开发机构情况

（1990年）

行业	机构数（个）	职工总数（人）	#科学家工程师	#其他科技人员	经费支出总额（万元）	#来自政府的经费
总计	**155**	**8 656**	**430**	**817**	**3 447.6**	**882.1**
农、林、牧、渔、水利业	130	7 904	221	578	3 050.8	738.2
工业	11	386	80	108	192.1	32.4
建筑业	1	23	5	12	20.8	—
房地产管理、公用事业、居民服务和咨询服务业	1	36	5	8	11.0	11.0
卫生、体育和社会福利事业	3	82	37	34	76.1	21.7
教育、文化艺术和广播电视事业	2	37	27	8	10.6	9.5
科学研究和综合技术服务业	5	153	53	63	73.9	64.7
其他	2	35	2	6	12.3	4.6

各地区县属自然科学研究与开发机构情况

（1990年）

地区	机构数（个）	职工总数（人）	#科学家工程师	#其他科技人员	经费支出总额（万元）	#来自政府的经费
总计	**155**	**8 656**	**430**	**817**	**3 447.6**	**882.1**
南昌市	16	694	149	193	267.8	94.4
景德镇市	5	157	31	23	39.9	25.7
九江市	20	2 019	50	104	283.0	62.0
鹰潭市	7	408	21	29	118.1	43.4
赣州地区	37	1 389	68	150	537.5	257.9
宜春地区	13	669	25	82	146.4	63.2
上饶地区	19	1 607	37	110	1 125.8	135.2
吉安地区	13	503	20	40	194.4	21.2
抚州地区	25	1 210	29	86	734.7	179.1

集体、个体自然科学研究与开发机构情况

（1990年）

行业	机构数（个）	职工总数（人）	#科学家工程师	#其他科技人员	经费收入（万元）	经费支出（万元）
总计	**51**	**1 747**	**1 038**	**425**	**409.7**	**385.2**
一、按经济类型分						
集体	36	898	471	192	357.8	336.1
个体	10	132	43	66	32.7	31.3
其他	5	717	524	167	19.2	17.8
二、按国民经济行业分						
农、林、牧、渔、水利业	12	101	32	23	39.0	38.0
工业	14	482	286	116	83.5	83.2
地质普查及勘探业	1	9	7	1	0.1	0.1
建筑业	1	51	6	3	100.0	96.6
交通运输、邮电通讯业	1	14	3	6	13.5	4.0
房地产管理、公用事业、居民服务和咨询服务业	1	3	2	1	—	—
卫生、体育和社会福利事业	3	33	11	7	5.4	5.4
科学研究和综合技术服务业	12	925	616	230	122.1	111.9
其他	6	129	75	38	46.1	46.0

各地区集体、个体自然科学研究与开发机构情况

（1990年）

地区	机构数（个）	职工总数（人）	#科学家工程师	#其他科技人员	经费收入（万元）	经费支出（万元）
总计	**51**	**1 747**	**1 038**	**425**	**409.7**	**385.2**
南昌市	12	332	141	56	251.9	244.0
景德镇市	5	58	19	23	24.1	23.0
九江市	9	851	591	225	56.3	42.0
鹰潭市	1	287	209	74	0.3	1.0
赣州地区	3	34	9	6	7.0	5.4
上饶地区	5	60	19	11	32.8	32.3
吉安地区	1	14	5	2	2.7	6.7
抚州地区	15	111	45	28	34.6	30.8

大中型工业企业技术开发机构和人员数

（1990年）

单位：人

类别	机构数（个）	技术开发人员合计	#科学家工程师	#技术开发机构人员合计	#科学家工程师
总计	**189**	**20 076**	**7 617**	**7 907**	**3 679**
一、按企业规模分					
大型	48	7 021	3 016	3 670	1 918
中型	141	13 055	4 601	4 237	1 761
二、按轻、重工业分					
轻工业	72	4 737	1 398	1 666	600
重工业	117	15 339	6 219	6 241	3 079
三、按经济类型分					
#全民	187	19 774	7 532	7 869	3 653
集体	1	269	62	5	3
四、按隶属关系分					
中央属	37	3 660	1 876	2 570	1 466
地方属	152	16 416	5 741	5 337	2 213
五、按国民经济行业分					
煤炭采选业	2	96	66	26	19
有色金属矿采选业	10	576	168	276	96
建材及非金属矿采选业	2	49	6	49	6
自来水生产和供应业	—	67	50	—	—
食品制造业	10	140	42	122	31
饮料制造业	2	28	13	17	5
烟草加工业	1	5	1	5	1
纺织业	9	1 116	248	63	31
木材加工及竹藤棕草制品业	3	101	25	57	15
造纸及纸制品业	3	72	18	49	10
印刷业	1	517	27	43	—
电力蒸汽热水生产和供应业	1	230	151	199	129
石油加工业	1	84	48	60	32
化学工业	20	618	256	402	201
医药工业	6	471	159	218	65
化学纤维工业	3	43	30	25	19
橡胶制品业	2	107	45	24	15
塑料制品业	1	35	10	5	3
建材及非金属矿物制品业	15	1 402	297	657	130
黑色金属冶炼及压延加工业	4	1 802	829	478	124
有色金属冶炼及压延加工业	7	228	114	108	54
金属制品业	1	18	9	18	9
机械工业	37	5 843	1 711	1 276	639
交通运输设备制造业	14	2 389	1 369	1 640	1 017
电气机械及器材制造业	13	795	409	428	192
电子及通信设备制造业	16	2 637	1 259	1 256	633
仪器仪表及计量器具制造业	5	607	257	406	203

大中型工业企业技术开发经费筹集情况

（1990年）

单位：万元

类别	合计	上级拨款	专项贷款	企业自筹	接受外单位委托	其他
总计	**25 349.3**	**1 929.0**	**8 145.4**	**12 513.5**	**136.0**	**2 625.4**
一、按企业规模分						
大型	7 618.5	1 087.2	1 002.8	3 513.7	72.9	1 941.9
中型	17 730.8	841.8	7 142.6	8 999.8	63.1	683.5
二、按轻、重工业分						
轻工业	8 472.7	207.9	4 894.5	2 984.5	18.0	367.8
重工业	16 876.6	1 721.1	3 250.9	9 529.0	118.0	2 257.6
三、按经济类型分						
#全民	25 096.2	1 929.0	8 145.4	12 260.4	136.0	2 625.4
集体	74.3	—	—	74.3	—	—
四、按隶属关系分						
中央属	7 231.0	1 136.4	528.5	3 725.1	84.9	1 756.1
地方属	18 118.3	792.6	7 616.9	8 788.4	51.1	869.3
五、按国民经济行业分						
煤炭采选业	279.1	233.5	—	45.6	—	—
有色金属矿采选业	1 162.6	94.0	387.5	669.4	11.7	—
建材及非金属矿采选业	45.0	—	—	40.0	—	5.0
采盐业	40.0	—	—	40.0	—	—
自来水生产和供应业	16.4	—	—	16.4	—	—
食品制造业	1 436.5	—	1 062.0	165.5	—	209.0
饮料制造业	75.4	—	—	42.7	—	32.7
烟草加工业	1.0	—	—	1.0	—	—
纺织业	736.5	—	84.0	626.2	—	26.3
木材加工及竹藤棕草制品业	338.0	2.0	90.0	152.0	3.0	91.0
造纸及纸制品业	141.5	40.0	—	85.0	16.5	—
印刷业	137.1	—	—	137.1	—	—
电力蒸汽热水生产和供应业	352.9	93.4	—	172.5	—	87.0
石油加工业	—	—	—	—	—	—
化学工业	1 097.9	57.2	471.4	510.6	—	58.7
医药工业	386.6	3.7	160.0	222.9	—	—
化学纤维工业	257.7	—	10.0	246.2	1.5	—
橡胶制品业	92.4	—	50.0	41.4	—	1.0
塑料制品业	33.3	—	—	33.3	—	—
建材及非金属矿物制品业	3 976.2	198.7	3 193.2	491.6	50.5	42.2
黑色金属冶炼及压延加工业	1 217.8	23.0	245.0	878.8	—	71.0
有色金属冶炼及压延加工业	2 133.1	8.3	195.0	1 879.5	—	50.3
金属制品业	37.2	—	—	37.2	—	—
机械工业	3 798.3	143.2	760.1	2 617.8	27.0	250.2
交通运输设备制造业	4 486.4	561.8	620.0	1 691.0	22.3	1 591.3
电气机械及器材制造业	800.3	7.8	307.2	479.8	3.5	2.0
电子及通信设备制造业	1 783.5	366.4	465.0	854.4	—	97.7
仪器仪表及计量器具制造业	486.6	96.0	45.0	335.6	—	10.0

大中型工业企业技术开发经费支出情况

（1990年）　　单位：万元

类别	经费支出 合计	技术开发人员工资	原材料	设计、试制、调研费	固定资产购建费	其他支出
总计	**24 475.9**	**3 077.0**	**4 250.2**	**4 285.7**	**8 538.7**	**4 324.3**
一、按企业规模分						
大型	7 668.4	1 017.2	1 613.0	1 164.2	1 076.7	2 797.3
中型	16 807.5	2 059.8	2 637.2	3 121.5	7 462.0	1 527.0
二、按轻、重工业分						
轻工业	7 315.6	659.9	1 003.1	478.6	4 792.3	381.7
重工业	17 160.3	2 417.1	3 247.1	3 807.1	3 746.4	3 942.6
三、按经济类型分						
#全民	24 218.7	3 062.0	4 200.9	4 219.0	8 527.9	4 208.9
集体	78.4	10.4	26.5	21.2	10.8	9.5
四、按隶属关系分						
中央属	8 475.1	758.0	1 418.2	2 744.6	973.3	2 581.0
地方属	16 000.8	2 319.0	2 832.0	1 541.1	7 565.4	1 743.3

大中型工业企业办技术开发机构经费收入情况

（1990年）　　单位：万元

类别	经费收入 合计	本企业拨款	科技专项费	横向技术收入	银行贷款	其他收入
总计	**16 369.3**	**6 356.9**	**1 415.6**	**435.0**	**5 763.2**	**2 398.6**
一、按企业规模分						
大型	5 297.1	1 743.9	928.3	84.4	670.0	1 870.5
中型	11 072.2	4 613.0	487.3	350.6	5 093.2	528.1
二、按轻、重工业分						
轻工业	6 339.8	1 324.0	45.8	12.9	4 597.5	359.6
重工业	10 029.5	5 032.9	1 369.8	422.1	1 165.7	2 039.0
三、按经济类型分						
#全民	16 182.2	6 169.8	1 415.6	435.0	5 763.2	2 398.6
集体	8.3	8.3	—	—	—	—
四、按隶属关系分						
中央属	6 143.0	2 947.1	981.1	89.6	381.5	1 743.7
地方属	10 226.3	3 409.8	434.5	345.4	5 381.7	654.9

注：经费收入不含上年结转。

大中型工业企业技术开发机构经费支出情况

（1990年）

单位：万元

类别	合计	技术开发人员工资	原材料费	设计、试制调研费	固定资产购建费	其他
总计	**16 920.3**	**1 521.3**	**2 825.8**	**3 531.2**	**5 884.2**	**3 157.8**
一、按企业规模分						
大型	5 889.3	706.1	1 289.3	1 020.1	344.9	2 528.9
中型	11 031.0	815.2	1 536.5	2 511.1	5 539.3	628.9
二、按轻、重工业分						
轻工业	5 781.0	298.1	706.4	357.5	4 211.3	207.7
重工业	11 139.3	1 223.2	2 119.4	3 173.7	1 672.9	2 950.1
三、按经济类型分						
#全民	16 730.6	1 515.2	2 802.4	3 485.3	5 878.4	3 049.3
集体	10.9	1.5	0.6	0.4	5.8	2.6
四、按隶属关系分						
中央属	7 564.0	630.1	1 274.5	2 622.2	621.8	2 415.4
地方属	9 356.3	891.2	1 551.3	909.0	5 262.4	742.4
五、按国民经济行业分						
煤炭采选业	274.0	5.0	210.0	35.5	20.0	3.5
有色金属矿采选业	763.1	88.1	189.8	51.3	359.6	74.3
建材及非金属矿采选业	35.0	10.0	11.0	3.0	—	11.0
自来水生产和供应业	—	—	—	—	—	—
食品制造业	1 307.8	21.6	167.9	141.8	914.7	61.8
饮料制造业	24.4	2.1	1.0	0.8	20.0	0.5
烟草加工业	1.0	1.0	—	—	—	—
纺织业	126.6	11.6	27.2	11.4	46.0	30.4
木材加工及竹藤棕草制品业	289.3	15.7	69.0	5.1	193.5	6.0
造纸及纸制品业	68.0	12.6	37.0	13.0	—	5.4
印刷业	7.0	0.2	0.3	—	6.5	—
电力蒸汽热水生产和供应业	253.0	83.0	18.0	99.0	53.0	—
石油加工业	61.7	10.1	9.2	30.6	4.8	7.0
化学工业	590.9	79.5	32.5	32.2	257.7	189.0
医药工业	280.3	42.1	45.3	86.2	81.7	25.0
化学纤维工业	166.3	3.7	158.9	1.8	—	1.9
橡胶制品业	29.1	15.7	1.3	12.1	—	—
塑料制品业	10.9	1.5	0.6	0.4	5.8	2.6
建材及非金属矿物制品业	3 400.0	124.8	104.9	31.0	3 089.8	49.5
黑色金属冶炼及压延加工业	318.7	103.7	130.0	22.0	45.0	18.0
有色金属冶炼及压延加工业	1 855.5	32.7	29.2	1 624.4	167.6	1.6
金属制品业	19.8	1.8	4.4	1.8	6.9	4.9
机械工业	1 668.5	241.6	388.2	337.1	399.0	302.6
交通运输设备制造业	3 850.0	298.0	567.0	687.4	21.3	2 276.3
电气机械及器材制造业	207.6	48.7	24.5	22.1	104.7	7.6
电子及通信设备制造业	866.5	172.1	430.0	140.3	65.3	58.8
仪器仪表及计量器具制造业	445.3	94.4	168.6	140.9	21.3	20.1

大中型工业企业技术开发项目情况

（1990年）　　　　　　项目：个

类别	项目数	项目来源			经费支出（万元）		已完成的项目数	技术转让成交额（万元）
		上级计划	其他单位委托	市场需要自选	本年	累计		
总计	**728**	**323**	**53**	**352**	**15 267.1**	**50 428.4**	**444**	**655.6**
一、按企业规模分								
大型	239	130	12	97	5 254.3	31 965.0	131	7.8
中型	489	193	41	255	10 012.8	18 463.4	313	647.8
二、按轻、重工业分								
轻工业	179	84	11	84	5 798.4	25 711.1	121	345.2
重工业	549	239	42	268	9 468.7	24 717.3	323	310.4
三、按经济类型分								
#全民	715	316	53	346	15 037.9	50 132.0	433	655.6
集体	12	7	—	5	50.4	82.4	10	—
四、按隶属关系分								
中央属	140	63	9	68	4 459.4	13 181.0	83	2.8
地方属	588	260	44	284	10 807.7	37 247.4	361	652.8
五、按国民经济行业分								
煤炭采选业	14	6	1	7	255.1	508.0	6	—
有色金属矿采选业	29	9	1	19	519.4	1 505.7	19	—
建材及非金属矿采选业	4	3	—	1	35.0	80.0	—	—
采盐业	1	—	—	1	40.0	40.0	—	—
自来水生产和供应业	—	—	—	—	—	—	—	—
食品制造业	9	4	—	5	1 266.6	2 033.8	4	—
饮料制造业	2	—	—	2	3.4	3.4	—	—
烟草加工业	—	—	—	—	—	—	—	—
纺织业	39	21	7	11	193.4	294.4	35	340.2
木材加工及竹藤棕草制品业	5	—	—	5	232.7	475.7	5	—
造纸及纸制品业	10	4	1	5	119.4	408.4	5	4.0
印刷业	7	—	—	7	49.5	50.5	7	—
电力蒸汽热水生产和供应业	11	11	—	—	5.1	20.7	7	2.8
石油加工业	2	—	—	2	11.0	11.0	2	—
化学工业	66	35	9	22	778.2	2 368.4	36	1.4
医药工业	23	1	—	22	238.6	280.5	15	1.0
化学纤维工业	5	1	—	4	36.8	36.8	3	—
橡胶制品业	4	1	—	3	71.7	110.0	3	—
塑料制品业	5	3	—	2	27.0	32.0	5	—
建材及非金属矿物制品业	44	13	2	29	3 244.9	4 248.2	21	—
黑色金属冶炼及压延加工业	18	14	—	4	457.5	728.7	6	—
有色金属冶炼及压延加工业	32	14	—	18	256.1	446.1	12	26.0
金属制品业	2	—	—	2	5.3	5.3	1	—
机械工业	162	75	20	67	2 124.2	3 952.5	96	20.0
交通运输设备制造业	55	20	3	32	3 900.8	12 760.7	39	—
电气机械及器材制造业	47	22	2	23	532.0	18 512.1	38	260.2
电子及通信设备制造业	104	61	5	38	601.6	1 106.9	58	—
仪器仪表及计量器具制造业	28	5	2	21	261.8	408.6	21	—

高等学校研究与发展人员和经费

（1990年）

学科分类	研究与发展人员（人）	#高级职称	#中级职称	#初级职称	收入总额（万元）	支出总额（万元）
合　　计	**4 323**	**1 250**	**1 582**	**1 266**	**487.3**	**387.5**
理、工、农、医学科领域	3 370	979	1 243	957	471.6	373.5
自然科学	852	277	275	248		
工程科学	1 004	275	446	235		
医　　学	826	228	301	264		
农　　学	394	140	100	124		
其他科学	294	59	121	86		
人文、社会科学领域	953	271	339	309	15.7	14.0

注：高等学校中研究与发展人员是指本年度从事研究与发展工作时间占本人教学科研工作总时间10%以上的人员。

高等学校理、工、医、农等学科研究与发展机构和人员

（1990年）

学科分类	机构（个）	研究与发展人员（人）	#高级职称	#中级职称	#初级职称
合　　计	**62**	**591**	**178**	**194**	**163**
自然科学	9	134	58	40	31
工程科学	21	202	45	78	49
医　　学	27	167	59	50	56
农　　学	4	64	13	12	20
其他科学	1	24	3	14	7

注：研究与发展机构中的研究与发展人员是高校研究与发展人员的一部分，均已折合为全时人员。

技术市场和科协工作基本情况

项　　　　目	单位	1989年	1990年	1990年比1989年增减数
一、技术市场工作				
1.技术开发服务机构	个	556	366	-190
2.技术开发服务机构人员	人	4 153	6 505	2 352
3.签订技术合同数	个	2 330	3 223	893
#促进工业的发展	个	877	1 263	386
环境保护	个	313	249	-64
农业、林业和渔业的发展	个	300	677	377
能源的生产、储存和分配	个	136	54	-82
社会发展和社会经济服务	个	86	127	41
卫生事业的发展	个	43	33	-10
交通、通讯事业的发展	个	42	100	58
国　　防	个	24	24	平
教育事业的发展	个	7	11	4
陆地、海洋和大气的开发与估价	个	1	4	3
其他目标（民用）	个	501	661	160
4.技术合同实现金额	万元	1 967.6	3 164.9	1 197.3
#技术交易额	万元	1 761.7	2 332.7	571.0
二、科协工作				
1.省、地、县科协	个	113	113	平
工作人员	人	670	666	-4
2.厂矿科协	个	216	197	-19
会员数	万人	3.4	3.6	0.2
3.学会数	个	572	592	20
会员数	万人	24.5	28.3	3.8
4.乡镇专业技术研究会	个	3 041	3 468	427
会员数	万人	4.6	5.2	0.6
5.科协、学会举办科普讲座				
次　　数	次	14 701	18 986	4 285
参加人次	万人次	168.4	150.1	-18.3
6.科协、学会举办科普展览				
次　　数	次	1 166	1 295	129
参加人次	万人次	115.7	139.5	23.8
7.科协、学会举办学术会议				
次　　数	次	2 374	2 020	-354
参加人数	万人次	15.5	14.9	- 0.6
交流科技论文、短文	篇	14 331	20 669	6 338

国内三种专利申请受理量和批准量

单位：项

类别	受理量			批准量		
	1989年	1990年	1990年比1989年增减数	1989年	1990年	1990年比1989年增减数
总计	**414**	**601**	**187**	**207**	**282**	**75**
一、按种类分						
1.发明	80	111	31	15	19	4
2.实用新型	310	440	130	179	245	66
3.外观设计	24	50	26	13	18	5
二、按申请者分						
1.个人	324	435	111	148	224	76
2.大专院校	15	27	12	10	6	-4
3.科研单位	18	32	14	9	16	7
4.工矿企业	42	96	54	36	22	-14
5.机关团体	15	11	-4	4	14	10

获国家级、省级科技奖项数

（1979—1990年）

单位：项

年份	国家级		省级			
	发明奖	科技进步奖	合计	#一等奖	#二等奖	#三等奖
1979	—	—	143	6	17	29
1980	—	—	183	5	22	44
1981	—	—	172	2	14	52
1982	—	—	162	4	21	56
1983	—	—	119	2	16	41
1984	—	—	214	8	35	84
1985	3	7	143	1	16	126
1986	1	—	123	1	16	106
1988	4	4	69	1	10	58
1989	3	8	122	1	21	100
1990	3	9	108	1	16	91

各类全日制学校基本情况

（1990年）　　单位：人

类别	学校数（所）	在校学生数	招生数	毕业生数	教职工数	#专任教师
一、研究生	—	479	137	215	—	—
二、普通高等学校	30	56 608	17 103	13 616	25 561	9 076
三、中等专业学校	102	61 675	22 364	21 040	14 347	6 442
中等技术学校	72	34 921	13 510	11 717	10 678	4 346
中等师范学校	30	26 754	8 854	9 323	3 669	2 096
四、普通中学	2 825	1 810 562	643 425	490 162	127 516	105 196
高中	555	262 279	87 603	83 917		19 251
初中	2 270	1 548 283	555 822	406 245		85 945
五、农业、职业中学	326	116 927	53 912	30 316	12 262	7 474
六、技工学校	72	34 237	13 890	9 457	5 762	2 484
七、小学	29 962	4 504 362	754 079	860 228	238 706	224 149
八、特殊教育	11	1 195	224	98	257	217
盲聋哑学校	7	666	144	76	157	121
弱智儿童教育	4	529	80	22	100	96
九、幼儿园	4 827	362 621			19 798	16 595

注：普通中、小学中均包括私立中小学校，后同。

主要年份各类全日制学校在校学生数

类别	单位	1952年	1978年	1980年	1985年	1989年	1990年
一、研究生	人	—	17	58	271	562	479
二、普通高等学校	人	3 172	21 830	35 623	44 855	53 402	56 608
三、中等专业学校	人	15 262	28 926	40 800	49 426	60 370	61 675
中等技术学校	人	6 001	15 828	25 163	27 292	33 158	34 921
中等师范学校	人	9 261	13 098	15 637	22 134	27 212	26 754
四、普通中学	万人	6.22	169.20	154.86	155.53	175.67	181.06
高中	万人	0.66	38.69	28.01	25.88	26.36	26.23
初中	万人	5.56	130.51	126.85	129.65	149.31	154.83
五、农业、职业中学	万人	—	—	0.51	9.38	10.67	11.69
六、技工学校	人	—	—	13 370	14 472	30 001	34 237
七、小学	万人	139.40	513.77	529.30	572.83	475.65	450.44
八、特殊教育	人	—	489	485	585	1 152	1 195
盲聋哑学校	人	—	489	485	585	654	666
弱智儿童教育	人	—	—	—	—	498	529
九、幼儿园	万人	1.25	10.59	30.61	32.30	33.07	36.26

主要年份各类全日制学校毕业生数

类　　别	单位	1952年	1978年	1980年	1985年	1989年	1990年
一、研究生	人	—	—	—	18	175	215
二、普通高等学校	人	450	2 357	3 363	9 759	15 383	13 616
三、中等专业学校	人	1 822	7 887	11 296	14 761	20 471	21 040
中等技术学校	人	638	3 429	2 898	7 918	11 341	11 717
中等师范学校	人	1 184	4 458	8 398	6 843	9 130	9 323
四、普通中学	万人	0.75	57.54	34.82	36.41	48.89	49.02
高　中	万人	0.09	15.77	15.83	6.82	8.35	8.39
初　中	万人	0.66	41.77	18.99	29.59	40.54	40.63
五、农业、职业中学	万人	—	—	0.12	1.27	3.07	3.03
六、技工学校	人	—	—	297	5 535	7 529	9 457
七、小　学	万人	1.76	72.03	60.89	71.75	86.96	86.02
八、特殊教育	人	—	—	65	43	59	98
盲聋哑学校	人	—	—	65	43	57	76
弱智儿童教育	人	—	—	—	—	2	22

主要年份各类学校教师负担学生数

年　份	高等学校		中等学校		小　学	
	教师数（万人）	平均每个教师负担学生数（人）	教师数（万人）	平均每个教师负担学生数（人）	教师数（万人）	平均每个教师负担学生数（人）
1978	0.43	5.07	8.30	20.73	19.85	25.88
1980	0.53	6.72	7.98	20.15	20.39	25.96
1985	0.80	5.61	8.99	19.05	21.17	27.06
1986	0.88	5.61	9.76	19.15	21.63	26.46
1987	0.92	5.66	10.38	18.99	21.68	25.30
1988	0.92	5.73	11.30	17.38	22.08	23.02
1989	0.94	5.69	11.63	16.78	22.16	21.46
1990	0.91	6.24	12.16	16.64	22.41	20.10

注：中等学校含中等专业学校、普通中学、农职业中学、技工学校。

普通中学基本情况

（1990年）

单位：人

城乡	学校数（所）	在校学生数	招生数	毕业生数	教职工数	#专任教师
总计	**2 801**	**1 807 751**	**643 425**	**490 162**	**127 304**	**105 006**
#女	—	638 762	236 932	175 924	29 178	24 076
城市	313	271 341	89 530	80 557	24 076	19 163
县镇	287	326 478	106 327	101 714	25 561	20 261
农村	2 201	1 209 932	447 568	307 891	77 667	65 582
一、初中	2 246	1 545 499	555 822	406 245		85 755
城市	169	200 804	64 756	58 339		13 748
县镇	95	200 213	65 272	61 728		11 655
农村	1 982	1 144 482	425 794	286 178		60 352
二、高中	555	262 252	87 603	83 917		19 251
城市	144	70 537	24 774	22 218		5 415
县镇	192	126 265	41 055	39 986		8 606
农村	219	65 450	21 774	21 713		5 230

注：未包括私立中学数。

各地区普通中学基本情况

（1990年）

单位：人

地区	学校数（所）	在校学生数	招生数	毕业生数	教职工数	#专任教师
全省	**2 801**	**1 807 751**	**643 425**	**490 162**	**127 304**	**105 006**
南昌市	248	209 744	73 294	57 351	14 809	11 566
景德镇市	109	63 027	21 589	17 503	5 186	4 049
萍乡市	107	79 654	28 506	20 236	6 408	5 241
九江市	413	206 098	71 102	55 037	15 206	13 429
新余市	76	66 251	22 526	18 444	4 416	3 705
鹰潭市	72	43 863	15 554	11 855	3 256	2 753
赣州地区	479	288 607	107 822	77 885	18 335	14 590
宜春地区	340	229 491	81 871	67 168	16 516	14 050
上饶地区	367	222 080	80 458	59 152	17 055	13 892
吉安地区	330	214 847	77 937	55 870	14 029	11 649
抚州地区	249	175 139	59 907	46 654	11 009	9 348
南昌铁路分局	11	8 950	2 859	3 007	1 079	734

注：未包括私立中学数。

农业、职业中学基本情况

（1990年）

单位：人

城乡	学校数（所）	在校学生数	招生数	毕业生数	教职工数	#专任教师
总计	**326**	**116 927**	**53 912**	**30 316**	**12 262**	**7 474**
#女	—	39 266	17 567	10 530	2 574	1 227
城市	54	25 430	10 490	7 300	2 402	1 828
县镇	62	23 165	11 277	5 552	2 164	1 437
农村	210	68 332	32 145	17 464	7 696	4 209
一、初中	46	25 189	10 639	6 450		1 163
城市	—	—	—	—	—	—
县镇	1	1 152	556	274		61
农村	45	24 037	10 083	6 176		1 102
二、高中	280	91 738	43 273	23 866		6 311
城市	54	25 430	10 490	7 300		1 828
县镇	61	22 013	10 721	5 278		1 376
农村	165	44 295	22 062	11 288		3 107

农业、职业中学高中阶段分科学生情况

（1990年）

单位：人

类别	在校学生数	招生数	毕业生数
总计	**91 738**	**43 273**	**23 866**
工科	15 667	6 038	4 473
农科	33 939	17 209	9 074
林科	4 630	2 204	1 197
医药	3 809	1 233	868
师范	1 240	632	300
文科	5 136	2 666	1 036
财经	7 660	3 671	2 188
政法	20	20	—
体育	149	81	124
艺术	2 872	1 374	543
修理、服务	9 268	4 437	2 175
其他	7 348	3 708	1 888

小学、特殊教育、工读学校基本情况

（1990年）

单位：人

类别	学校数（所）	在校学生数	招生数	毕业生数	教职工数	#专任教师
一、小学	**29 894**	**4 502 250**	**754 079**	**860 228**	**238 620**	**224 063**
#女	—	2 023 061			84 372	81 156
1.按城乡分						
城市	436	237 797	44 356	57 219	15 771	14 242
县镇	554	256 245	46 002	60 655	15 041	13 734
农村	28 904	4 008 208	663 721	742 354	207 808	196 087
2.按地区分						
南昌市	1 403	378 590	65 344	79 900	22 424	20 121
景德镇市	1 032	161 819	28 465	25 287	8 149	7 547
萍乡市	760	166 604	27 310	36 092	8 763	7 930
九江市	3 770	531 210	86 082	88 094	28 611	27 949
新余市	498	125 946	21 560	25 971	6 567	6 060
鹰潭市	885	115 890	22 244	19 872	6 023	5 778
赣州地区	5 121	761 638	127 793	171 649	39 090	35 745
宜春地区	3 176	532 365	87 975	91 758	29 254	27 960
上饶地区	6 158	726 619	120 820	123 364	35 711	33 106
吉安地区	3 782	580 536	97 134	117 063	29 806	28 759
抚州地区	3 290	412 459	67 607	79 298	23 512	22 525
南昌铁路分局	19	8 574	1 745	1 900	710	583
二、特殊教育	**11**	**1 195**	**224**	**98**	**257**	**217**
#女	—	399	66	30	179	158
聋哑学校	6	529	102	62	118	88
盲校	1	137	42	14	39	33
弱智儿童教育	4	529	80	22	100	96
三、工读学校	**3**	**57**	**22**	**29**	**89**	**37**
#女	—	—	—	—	19	6

注：小学中未包括私立小学数。

主要年份平均每万人口在校学生数

指标	单位	1978年	1980年	1985年	1989年	1990年
一、各类学校在校学生占全省人口比重	%	21.62	21.21	21.64	18.29	17.28
二、平均每万人口在校学生数						
普通高等学校	人	6.86	10.91	13.04	14.60	14.98
中等学校	人	540.69	491.67	495.05	528.04	530.97
中等专业学校	人	9.09	12.48	14.28	16.34	16.18
普通中学	人	531.60	473.55	449.48	474.72	475.13
农业、职业中学	人	—	1.55	27.11	28.86	30.68
技工学校	人	—	4.09	4.18	8.12	8.98
小学	人	1 614.20	1 618.56	1 655.46	1 286.83	1 182.05

主要年份各类学校学生构成情况

单位：%

类别	1978年	1980年	1985年	1989年	1990年
各类学校学生占学生总数比重	100	100	100	100	100
普通高等学校	0.3	0.5	0.6	0.8	0.9
中等学校	25.0	23.2	22.9	28.9	30.7
中等专业学校	0.4	0.6	0.7	0.9	0.9
普通中学	24.6	22.3	20.8	26.0	27.5
农业、职业中学	—	0.1	1.2	1.6	1.8
技工学校	—	0.2	0.2	0.4	0.5
小学	74.7	76.3	76.5	70.3	68.4

主要年份初中毕业生、小学毕业生升学率及小学在校学生巩固率

年　份	初中毕业生升学率			小学毕业生升学率			小学在校学生巩固率(%)
	初中毕业生数(万人)	高级中等学校招生数(万人)	升学率(%)	小学毕业生数(万人)	初级中等学校招生数(万人)	升学率(%)	
1978	41.77	17.78	42.57	72.03	56.36	78.25	
1980	19.03	10.78	56.65	60.89	41.23	67.71	
1985	30.04	13.42	44.67	71.75	45.50	63.41	97.16
1986	34.07	14.68	43.09	76.41	50.10	65.57	97.55
1987	37.32	15.14	40.57	83.68	52.55	62.80	97.26
1988	40.35	15.46	38.31	88.94	54.07	60.79	97.16
1989	41.18	14.88	36.13	86.96	53.83	61.90	97.66
1990	41.27	15.88	38.48	86.02	56.65	65.86	98.08

主要年份小学学龄儿童数和入学率

年　份	学龄儿童数(万人)	#农　村	已入学学龄儿童数(万人)	#农　村	入学率(%)	#农　村
1978	436.66	391.79	411.10	366.48	94.15	93.50
1980	443.15	397.47	415.07	369.60	93.66	92.99
1985	464.66	412.84	450.19	398.32	96.89	96.48
1986	459.05	409.02	445.54	395.65	97.06	96.73
1987	435.42	385.39	423.66	373.92	97.30	97.02
1988	403.31	355.63	392.06	344.68	97.21	96.92
1989	378.45	328.56	370.01	320.33	97.77	97.50
1990	358.31	318.24	351.99	312.00	98.24	98.04

幼儿园基本情况

（1990年）

单位：人

城乡	园数（所）	在园幼儿数	新入幼儿数	毕业幼儿数	教职工数	#教养员
总计	**4 827**	**362 621**	**208 294**	**175 262**	**19 798**	**16 595**
#女	—	165 142			18 825	15 668
城市	632	86 262			8 086	5 348
县镇	1 306	111 390			5 152	4 833
农村	2 889	164 969			6 560	6 414

各地区幼儿园基本情况

（1990年）

单位：人

地区	园数（所）	在园幼儿数	新入幼儿数	毕业幼儿数	教职工数	#教养员
全省	**4 827**	**362 621**	**208 294**	**175 262**	**19 798**	**16 595**
南昌市	520	46 787	18 900	16 969	4 565	2 859
景德镇市	261	15 730	5 723	4 504	1 433	1 071
萍乡市	131	30 170	19 921	18 447	1 263	1 246
九江市	512	35 874	22 327	15 584	1 683	1 516
新余市	119	11 304	7 201	11 581	538	477
鹰潭市	118	7 447	4 402	3 751	302	298
赣州地区	721	51 775	30 313	25 952	2 278	2 026
宜春地区	653	49 324	31 794	26 199	2 377	2 322
上饶地区	610	42 571	25 699	20 303	1 815	1 676
吉安地区	626	36 476	21 782	15 992	1 426	1 352
抚州地区	542	31 033	18 836	14 926	1 690	1 632
南昌铁路分局	14	4 130	1 396	1 054	428	120

成人教育基本情况

（1990年）　　　　单位：人

类　　别	学校数（所）	在校学生数	招生数	毕业生数	教职工数	#专任教师
一、成人高等学校	28	37 525	14 191	11 156	4 732	2 165
广播电视大学	1	7 479	4 092	1 815	855	489
职工大学	17	4 554	1 529	1 931	1 352	761
普通高等学校办夜大学	—	2 129	696	481		
普通高等学校办函授部	—	10 322	3 497	3 437		
管理干部学院	3	1 556	769	929	1 093	240
教育学院	7	11 485	3 608	2 563	1 432	675
二、成人高等学校其他学生	—	10 551	8 770	6 236（结业）	—	—
三、成人中等学校	279	61 707	36 945	22 947	5 416	2 493
成人中等专业学校	162	28 215	11 318	6 822	4 557	2 493
成人中学	117	33 492	25 627	16 125（含结业）	859	
职工中学	108	31 675	24 723	15 844	836	
农民中学	9	1 817	904	281	23	
四、成人中等专业学校其他学生	—	2 684	1 782	610（结业）	—	
五、成人技术培训学校	484	107 932	89 438	96 023	848	
职工技术培训学校	95	29 617	24 480	22 701	481	
农民技术培训学校	389	78 315	64 958	73 322	367	
六、成人初等学校	4 308	277 810	205 164	122 310	4 159	
职工初等学校	16	1 037	797	670	16	
农民初等学校	4 292	276 773	204 367	121 640	4 143	
#小学班	451	27 030	19 134	15 294	476	
扫盲班	2 771	140 287	120 272	42 098	3 087	

主要年份电影事业

指标	单位	1980年	1985年	1989年	1990年
一、放映单位	个	3 809	5 231	4 791	4 401
1.电影院	个	119	652	704	693
2.放映队	个	2 968	3 465	3 270	2 983
#农村	个	2 340	3 448	3 254	2 969
3.俱乐部	个	722	1 114	817	725
按机型分					
35毫米	个	616	853	840	811
16毫米	个	1 541	2 456	2 875	2 855
8.75毫米	个	1 652	1 922	1 076	735
二、放映场数	万场	125.52	109.93	102.8	103.2
#农村	万场	81.26	71.81	54.9	53.1
三、观众人数	万人次	87 851	68 491	57 278	57 055
#农村	万人次	52 686	46 340	36 268	34 677
四、放映收入	万元	4 010.0	4 221.2	6 387.3	6 796.8
#农村	万元	1 080.0	1 484.6	1 573.5	1 617.2

文化事业

指标	单位数（个）			人数（个）		
	1985年	1989年	1990年	1985年	1989年	1990年
艺术表演团体	105	86	86	5 866	4 551	4 384
话剧、儿童、滑稽剧团	2	2	2	197	161	155
歌剧、舞剧、歌舞团	9	9	9	883	864	850
戏曲剧团	92	73	73	4 644	3 359	3 213
木偶、杂技团	2	2	2	142	167	166
剧场	80	81	77	653	901	874
文化馆（站）	2 038	2 089	2 084	4 292	4 285	5 119
文化馆	103	101	101	1 324	1 428	1 484
文化站	1 935	1 988	1 983	2 968	2 857	3 635
群众艺术馆	12	12	12	324	360	369
图书馆	105	104	104	1 006	1 251	1 277
博物馆	73	82	82	981	1 087	1 134
文物单位	17	30	33	564	584	510
文物商店	4	4	4	101	138	136

各地区文化事业单位数

（1990年）　　单位：个

地区	电影放映单位	艺术表演团体	群艺、文化馆(站)	公共图书馆	博物馆	文物单位
总计	**4 401**	**86**	**2 096**	**104**	**82**	**33**
南昌市	323	13	152	11	8	4
景德镇市	238	4	42	3	2	2
萍乡市	169	2	50	5	2	—
九江市	484	11	267	12	8	7
新余市	88	1	38	3	2	—
鹰潭市	123	1	105	4	2	1
赣州地区	1 073	19	391	18	15	4
宜春地区	457	7	221	10	10	1
上饶地区	699	11	313	12	10	3
吉安地区	410	12	285	14	14	6
抚州地区	337	5	232	12	9	5

新闻和出版事业

指标	出版种数（种）			出版份数（万份）		
	1985年	1989年	1990年	1985年	1989年	1990年
报纸	50	27	28	30 698.2	36 259.2	58 930.0
1.综合报		17	18		22 806.8	38 936.0
2.专业报		10	10		13 452.4	19 994.0
杂志	114	144	141	2 329.4	3 006.3	2 713.9
1.综合	10	1	1	64.8	76.2	54.0
2.哲学、社会科学	22	35	33	304.4	741.3	932.8
3.自然科学、技术	54	68	63	439.3	311.3	240.9
4.文化、教育	8	23	27	534.8	659.3	679.4
5.文学、艺术	18	13	13	699.9	780.2	383.8
6.少年儿童读物	2	3	3	286.3	432.0	417.0
7.画刊	—	1	1	—	6.0	6.0
图书	630	1 014	1 264	13 429.2	16 789.0	19 215.7
1.书籍	556	947	1 105	13 108.6	16 334.1	18 859.5
2.图片	74	67	159	320.6	454.9	356.2

主要年份广播、电视事业

指标	单位	1980年	1985年	1989年	1990年
一、广播					
1.广播台(站)					
广播电台	个	3	6	7	7
广播发射台及转播台	个	17	16	17	17
乡放大站	个	1 681	1 759	1 800	1 819
2.广播人口覆盖率	%	38.5	55.2	62.3	62.3
3.广播专用线路	万杆公里	13.0	7.66	6.40	7.39
城市	万杆公里	—	0.02	0.04	0.02
农村	万杆公里	13.0	7.64	6.36	7.37
4.广播喇叭数	万只	238.1	100.6	97.5	97.8
#农村	万只	164.7	99.7	96.6	97.2
5.广播普及率					
村	%	77.8	53.7	46.0	51.8
农户	%	44.9	17.9	16.0	15.4
二、电视					
1.电视台					
电视台	座	1	7	13	13
一千瓦以上发射台和转播台	座	7	14	22	22
一千瓦以下发射台和转播台	座	51	484	1 022	1 044
2.电视人口覆盖率	%	50.5	72.4	82.0	82.0

重点文物保护单位(一)

文物名称	地　　点	时代	简　　介
一、全国重点文物保护单位11处			
1．"八一起义"遗址			
南昌起义总指挥部	南昌市中山路386号	1927年	原是江西大旅社，"八一起义"时总指挥部设此。
贺龙指挥部	南昌市子固路	1927年	原是基督教圣公会，"八一起义"时贺龙将军部队指挥部驻此。
叶挺指挥部	南昌市二中内	1927年	南昌起义时，叶挺率领的国民革命军第11军指挥部设于此。
朱德同志军官教育团	南昌市花园角	1927年	为"八一起义"前，朱总司令培养革命干部的场所。起义时留在团内的学员参加了武装斗争。
朱德同志旧居（含周恩来同志住处）	南昌市花园角2号及附2号	1927年	南昌起义时为朱德同志住宅。周恩来1927年7月27日到达南昌也住在这里，两位领导在此运筹决策，共商起义大计。
2．井冈山革命遗址			
三湾改编旧址	永新县三湾乡	1927年	包括毛泽东同志旧居、三湾改编后一团团部、士兵委员会、枫树坪等革命旧址。
古城会议会址	宁冈县古城乡	1927年	1927年10月，毛泽东在此主持召开了秋收起义前敌委员会扩大会议。会上总结了秋收起义的经验教训；讨论决定了在罗霄山脉中段建立农村根据地。
茅坪革命旧址	宁冈县茅坪乡	1927—1929年	包括湘赣边界党的"一大"旧址，八角楼毛泽东同志旧居、士兵委员会旧址，湘赣边界前委和特委旧址、湘赣边界工农兵政府旧址。
大井毛泽东同志旧居	井冈山大井村	1927年	1927年10月24日，秋收起义部队抵达大井村，地方武装王佐部让出此屋给起义部队做营房。毛泽东、彭德怀等先后在此居住。
茨坪革命旧址	井冈山茨坪	1927—1929年	包括毛泽东同志旧居、红四军军部旧址、中共湘赣边界特委、红四军军官教导队、红四军军械处、新遂边陲特区公卖处等旧址。
砻市会师旧址	井冈山砻市	第二次国内革命战争时期	1928年毛泽东同志和朱德同志在此会面，通称井冈山会师。
永新湘赣边界特委、红四军军委和永新县委联席会议会址	永新县禾川镇	1928年	1928年6月30日，湘赣边界特委、红四军军委、永新县委联席会在此召开。毛泽东在会上否定了湖南省委关于冒进湘南的左倾路线。
黄洋界哨口	井冈山黄洋界	1928年	1928年夏，红四军在此设置哨口并修筑工事，同年8月30日，红军以不足一营兵力击溃湘赣敌军四个团的进攻，取得了黄洋界保卫战的胜利。

重点文物保护单位(二)

文物名称	地　　点	时　代	简　　　介
白露会议会址	宁冈县柏露乡	1929年	1929年1月，毛泽东在此主持召开前委、特委、红四军、红五军军委、边界各县县委联席会议。会上传达了中央六大精神，讨论通过了前委给中央的报告，为打破敌军的第三次围剿制定了四军主力下山开辟赣南闽西、五军守山的决定。
3.瑞金革命遗址			
叶坪革命旧址	瑞金叶坪	1931年	叶坪是中华苏维埃共和国的诞生地，1931年9月，中国共产党苏区中央局机关迁驻这里，11月在这里召开了中华苏维埃共和国第一次全国苏维埃代表大会，成立了临时中央政府。
沙洲坝革命旧址	瑞金沙洲坝乡	1933年	沙洲坝是中华苏维埃共和国临时中央政府机关1933年4月至1934年7月的驻地，这里还有毛泽东亲自带领机关工作人员为群众开挖的一口井，后人称它为"红井"。
马石耆中华苏维埃共和国中央革命军事委员会旧址	瑞金县沙洲坝乡	1932—1934年	1932年至1934年中央军事委员会设此。选任朱德为主席，周恩来、王稼祥为副主席。
上、下省中共中央政治局旧址	瑞金县沙洲坝乡	1933—1934年	1933年1月至1934年7月中国共产党中央局驻地。博古、张闻天、陈云、李维汉、邓颖超、毛泽东等人在此办公和住宿。
少共中央局旧址	瑞金县沙洲坝乡	1933—1934年	1933年1月至1934年7月少共中央局驻地。在此办公和住宿的有书记何克全、秘书长张爱萍、胡耀邦等。
枣子排中华全国总工会中央执行局旧址	瑞金县枣子排	1933年	中华全国总工会中央执行局于1933年1月从上海迁入瑞金后，在这里办公；1933年6月创办杂志《苏区工人》，在此办公和居住的有刘少奇、陈云等。
4.安源路矿工人俱乐部旧址	萍乡市安源镇	1922年	系安源路矿工人为纪念罢工胜利集资所建，前后二栋，前栋为办公室，后栋为礼堂。
5.湖田古瓷遗址	景德镇市	五代至明	发现青瓷、白瓷、影青、黑瓷甚多。
6.宁都起义总指挥部旧址	宁都县	1931年	1931年12月14日，国民党第26路军，一万余人在赵博生、董振堂、季振同等指挥下发动了起义，改编为中国工农红军第五军团。
7.通天岩石窟	赣州市	宋至明	红砂石岩，自唐、宋迄明雕有石龛佛像348尊，以及名人题刻97处。
8.观音桥	星子县	宋	单孔石桥，桥墩系麻石砌，券拱有公母榫，宋大中祥符七年建。
9.白鹿洞书院	九江市	宋	白鹿洞书院为宋代四大书院之一，朱熹、陆九渊曾在此讲学，有宋至明清游人石刻一百多处，殿堂多处。
10.祥弄集民宅	景德镇市	明	两栋明代住宅均建于明代成化年间，三号宅内雕饰有元代风格，十一号宅梁柱跨度大，雕刻精美，纹饰丰富。

重点文物保护单位（三）

文物名称	地　点	时　代	简　介
11.上饶集中营旧址			
上饶集中营李村叶挺将军囚室	上饶县李村	1941—1942年	叶挺军长曾囚禁于此。
上饶集中营七峰岩高干禁闭室旧址	上饶县七峰岩	1941—1942年	原系国民党第三战区副官处驻地，设有二所禁闭室，新四军叶挺军长及叶庆和等十余人被囚禁于此。
上饶集中营苦工营旧址	上饶市周田村	1941—1942年	苦工营由国民党第三战区政治部特派专员室直接管辖，被俘新四军指战员和爱国人士等经过七峰岩审讯后，送此从事苦工。赤石暴动就是苦工营第六中队的革命同志发动的。
上饶集中营茅家岭监狱旧址	上饶市茅家岭	1941—1942年	经过苦工劳役后，其中革命中坚分子送来此受酷刑。这里曾经发生过举世闻名的茅家岭暴动。
二、省级文物保护单位226处			
安源路矿工人罢工谈判处旧址	萍乡市安源煤矿	1922年	安源路矿工人罢工时，刘少奇同志代表工人与资方代表在此楼上进行谈判，使罢工取得了胜利。
总平巷矿井口（原名镰刀斧头徽帜）	萍乡市安源煤矿	1922年	毛泽东、李立三、刘少奇等同志深入总平巷，向矿工进行宣传组织工作。
中国工农革命军第一师师部旧址（原名红军师部）	宁冈县洋桥湖	1927年	毛泽东同志任中国工农革命军第一师师长时，师部驻此。
中国红军第四军军部旧址（原名红军军部）	宁冈县洋桥湖	1928年	朱德同志任中国红军第四军军长时，军部驻此。
土地革命干部训练班（原名文昌宫）	兴国县城内	1929年	1929年毛泽东同志曾经在这里举办土地革命干部训练班，并制定和颁布了《兴国土地法》。
中华苏维埃共和国中央革命军事委员会旧址(原名军事委员会)	瑞金县洋溪乡	1931—1932年	1931—1932年中华苏维埃共和国中央革命军事委员会驻此。
上饶集中营李村高干禁闭室旧址	上饶县李村	1941—1942年	已列入全国重点文物保护单位
上饶集中营七峰岩高干禁闭室旧址	上饶县七峰岩	1941—1942年	已列入全国重点文物保护单位
上饶集中营苦工营旧址	上饶市周田村	1941—1942年	已列入全国重点文物保护单位
上饶集中营茅家岭监狱旧址（原名活地狱）	上饶市茅家岭	1941—1942年	已列入全国重点文物保护单位
七溪岭战斗指挥所（原名望月亭）	永新县和宁冈县交界处新七溪岭	1928年	1928年6月，红军在这里与国民党军队进行了有名的七溪岭战斗，粉碎了敌人的进攻。朱德同志的指挥所设在亭内。
中国共产党闽浙赣省委员会旧址	横峰县葛源乡	1931—1934年	1931年—1934年，中共闽浙赣省委员会驻此，方志敏同志住此。
中华苏维埃共和国闽浙赣省苏维埃政府旧址	横峰县葛源乡	1931—1934年	1931—1934年中华苏维埃共和国闽浙赣省苏维埃政府驻此。

重点文物保护单位（四）

文物名称	地 点	时 代	简 介
庆祝七溪岭战斗胜利地点—龙源口桥	永新县龙源口	1928年	为庆祝七溪岭战斗的胜利，在龙源口桥举行了庆祝大会。桥为单拱石桥。
中国共产党湘赣省委员会旧址	永新县城内	1931—1932年	中国共产党湘赣省委员会于1931年9月在此成立。
中国工农红军湘赣省军区总指挥部旧址	永新县永新中学内	1931—1934年	1931年中国工农红军湘赣省军区总指挥部驻此。军区政治部主任任弼时同志也在这里居住。
中国共产党江西省委员会旧址	宁都县刘坑乡七里坪	1932—1934年	1932年底至1934年10月，中共江西省委驻此，省委书记李富春和蔡畅同志亦住此。
江西省军区司令部旧址	宁都县刘坑乡李园	1931—1934年	1931年—1934年江西省军区司令部驻此。司令员陈毅等同志也住在这里。
中国共产党湘鄂赣省委员会旧址	万载县仙源乡	1931—1934年	1931—1934年中共湘鄂赣省委员会驻此。
中华苏维埃共和国湘鄂赣省苏维埃政府旧址	万载县仙源乡	1931—1934年	1931—1934年中华苏维埃共和国湘鄂赣省苏维埃政府在此办公。
安源路矿工人补习夜校旧址	萍乡市安源五福巷	1922年	1922年1月，李立三等在这里开办平民小学，工人俱乐部成立后，改为工人补习夜校，向工人讲授文化知识，传播马列主义。
安源路矿工人消费合作社旧址	萍乡市安源老后街	1923年	1922年9月，安源路矿工人罢工胜利后，俱乐部为工人谋福利，扩充消费合作社，号召部员投股集资。1923年2月7日，合作社正式营业。
国民革命军第二十四师叶挺指挥部旧址	九江市171医院院内	1927年	1927年7月中旬，叶挺率领国民革命军第二十四师进驻九江，师部设此。当时中共中央的一些负责人曾在此召开过研究和布置南昌起义的重要会议。此房青砖红瓦，西式迴廊。
二十五师参加南昌起义出发地—马迴岭火车站	九江县马迴岭	1927年	“南昌起义”前夕，聂荣臻到马迴岭和周仕第对国民革命军第二十五师所属三个团进行工作，开进南昌参加起义。
秋收起义军事会议会址	萍乡市安源镇张家湾	1927年	1927年9月初，毛泽东在此主持召开秋收起义的军事会议，传达了湖南省委关于秋收起义的决定，讨论了起义的具体计划。
中国工农革命军第一师三团团部旧址	铜鼓县城肖家祠	1927年	1927年9月10日，毛泽东在此召开三团排长以上干部会议，传达了“八七会议”精神，号召部队参加秋收起义。
工农革命军第一军第一师师部旧址	修水县城内	1927年	1927年8月13日，原国民革命军四集团军第二方面军警卫团到修水，与平江、通城、学场、修水农民自卫军组成工农革命军第一军第一师，举行了秋收起义，师部驻此。
遂川县工农兵政府旧址	遂川县城内	1928年	1928年1月，毛泽东创建的遂川县工农兵政府在此办公。旧址原系万寿宫，1946年被国民党反动派烧毁，1968年重建。

重点文物保护单位（五）

文物名称	地点	时代	简介
小井红军医院旧址	井冈山小井村	1928年	1928年秋，为了反对敌人第三次“围剿”，红军在小井建立医院，又名“红光医院”。后被国民党烧毁。1967年按原貌修复。
平民银行旧址	吉安县东固镇	1928年	1928年，平民银行在东固建立，并发行了中国工农政权的第一张纸币。
“二七”陂头会议会址	吉安县文陂乡	1930年	1930年2月6—9日红四军前委、红五、六军委，中共赣西特委，在此举行了联席会议。讨论了关于政治、土地、红军、党的组织，苏维埃等问题。
寻乌调查旧址	寻乌县城马蹄岗	1930年	1930年5月，毛泽东在此作社会调查，写了《反对本本主义》。此房建于1923年，土木结构，两层楼房，原是美国耶稣教牧师住宅，1933年被烧毁，1972年重修。
峡江会议会址	峡江县城北门	1930年	1930年10月17—19日，红一方面军总前委扩大会议在此召开。会议主要对时局的估量、行动、土地和资本等问题进行了讨论，作了决议。
兴国调查旧址	新余市罗坊乡	1930年	1930年10月底，毛泽东同志在罗坊乡彭家州一家木行里找了兴国来当红军的八人，开了一个星期的调查会，写了《兴国调查》。旧址共六间，砖木结构。1969年修复。
罗坊会议会址	新余市罗坊乡	1930年	1930年10月23日至30日毛泽东同志在此召开了罗坊会议，通过了《目前政治形势与红一方面军及江西党的任务》的决议，反对了李立三“左”倾的错误主张。会址为一厅二间的店房。
红一方面军总前委“黄陂会议”会址	宁都县黄陂乡	1930年	1930年12月，红一方面军在此召开了总前委会议（黄陂会议），批判了“立三路线”，讨论与决定了进一步实施第一次反围剿的战略方针。
红一方面军总司令部旧址	永丰县君埠	1930年	1930年12月29日，毛泽东、朱德同志在君埠万寿宫召开了红军军长以上会议，签发了《攻击龙冈张辉瓒部命令》，取得了第一次反围剿的胜利。
第一次反围剿指挥所旧址	永丰县君埠	1930年	1930年12月30日凌晨，毛泽东、朱德同志在这里指挥第一次反围剿“龙冈战斗”的胜利，指挥所1969年重修。
中共苏区中央局旧址	宁都县小布乡	1931年	1931年1月15日，中共苏区中央局、中华苏维埃中央革命军事委员会在此成立。毛泽东和项英同志曾住此。
宁都起义总指挥部旧址	宁都县城内	1931年	已列入全国重点文物保护单位

重点文物保护单位（六）

文物名称	地点	时代	简介
中央兵工厂旧址群	兴国县兴连乡	1931—1934年	1931年至1934年，中央兵工厂驻此，有厂部、枪炮、弹药、利铁等科（后为枪炮、弹药和杂械三厂）及工人俱乐部，分别驻礼布、陈家祠，文华公祠，万寿宫，围上。
中国工农红军总政治部旧址	瑞金县沙洲坝乡	1932年	1932年2月，中国工农红军总政治部在此办公主管全军的政治思想、宣传教育和组织工作，还创办了《红星》报。
长冈乡调查旧址	兴国县长冈乡	1933年	1933年11月，毛泽东同志率领临时中央政府检查团到长冈乡作调查，并写了《长冈乡调查》。
中华苏维埃共和国中央政府旧址	瑞金县云石山乡	1934年	1934年7—10月，中华苏维埃共和国中央执行委员会和人民委员在此办公。1934年10月10日中央机关从这里开始长征。
中共江西省委旧址	兴国县潋江镇	1931—1932年	1931—1932年，中国共产党江西省委员会驻此（背街牛坑塘）。
江西军区旧址（含红军检阅台）	兴国县五里亭乡	1932—1933年	1932—1933年江西军区驻此。旧址前检阅台，1933年6月1日兴国模范师在此举行上前线誓师大会。
江西省第一次工农兵代表大会会址	兴国县潋江镇	1932年	1932年5月，江西省第一次工农兵代表大会在潋江镇背街陈家祠召开。会址为砖木结构。
中共赣南省委旧址	于都县天主堂	1934年	1934年7月，在于都县城成立了赣南省委，省委设天主堂。旧址为砖木结构。
赣南省苏维埃政府旧址	于都县城北门外	1934年	1934年7月，在于都成立了赣南省，省苏维埃政府驻在县城北门外何屋。1934年9月，毛泽东同志从瑞金来到于都，长征时在此出发。
会寻安中心县委旧址	会昌县筠门岭	1932—1933年	1932年7月在此成立会寻安中心县委，邓小平同志任县委书记。旧址为砖木结构。
中共粤赣省委旧址	会昌县文武坝	1933—1934年	1933年8月粤赣省委在此成立。该房砖木结构。
赣东北苏维埃政府旧址	万年县东源乡	1930年	1930年2月赣东北苏维埃政府驻此并在此召开了特委扩大会议。
中国工农红军学校第五分校旧址	横峰县葛源	1931年	1931年2月，中国工农红军学校第五分校，由弋阳迁此，前后开办了八期，培养红军骨干1500多人，现墙上仍保存有标语。
闽赣省苏维埃政府旧址	黎川县湖坊乡	1933年	1933年5月，闽赣省苏维埃政府在此成立。7月迁黎川县城。
油山游击队交通站一上乐塔	信丰县油山乡	1934—1949年	红军长征后，成立赣粤边特委，上乐塔为特委机关与游击队交通站接头处。在此转递情报、文件，游击队的枪支弹药，亦藏于此。

重点文物保护单位（七）

文物名称	地点	时代	简介
新四军军部旧址	南昌市友竹巷	1938—1939年	1937年抗日民族统一战线形成，南方八省红军游击队编为新四军。1938年1月新四军军部在此成立。此处原为北洋军阀张勋公馆。
太平天国幼天王洪福瑱囚室	石城县琴江镇	太平天国（1864年）	1864年，太平天国幼天王洪福瑱在石城被俘，囚禁于桂花屋之花厅内，同时被俘的还有洪仁玕，尊王刘庆汉，恤王洪犯政，昭王黄文英等。
大井朱德、陈毅旧居	井冈山大井村	1928年	1928年4月底，朱德、陈毅率领部队上井冈山与毛泽东部队会师，部队在井冈山大小五井进行整顿，朱、陈当时住大井。
净居寺	吉安市青原山	清	寺为禅宗七祖道场，始建于唐神龙六年，历代有维修，寺内尚有颜真卿、黄庭坚、李钢和文天祥等人石刻以及清代大钟。唐代鉴真和尚在此启程赴日传法。
青云谱	南昌市青云谱	明、清	始建于西汉、历代均有修建，明代画家八大山人（朱耷）曾居于此。
真如寺及历代僧塔	永修县	唐、宋至近代	寺系近代建筑，有天王殿、虚怀楼、云海楼、钟鼓楼、大雄宝殿、伽兰殿、藏经楼、法堂、功德堂等，有唐、宋以来僧塔几十座。
玉隆万寿宫	新建县西山	清	为纪念晋代水利专家旌阳令许逊而建。
东林寺	九江市东林寺	清	为佛教净土宗发源地，慧远和尚法场。始建于东晋太元九年，清代和现代重建，有唐、宋石雕及柳公权、李邕石碑，十八高贤石版像，经幢六朝时罗汉松、莲池等。
梦山石室	新建县石埠乡梦山	明	梁柱全用石造，明代建。石室供宁王朱权石像。
鹅湖书院	铅山县鹅湖乡	明、清	宋代理学家朱熹，曾在此讲学。并与陆象山兄弟论争，现为明、清时代建筑。
万年桥	南城县万年桥	明	明代崇桢年间所建，为闽、浙、赣三省重要通道。桥有二十三孔，是我省现存最长的一座古代石桥，全长410米。桥墩用红石砌。
鸣水桥和一天门（原名崇真观）	樟树市阁皂山	宋、清	桥为单拱石桥，刻有宋政和元年，“一天门”为山门石造。
御碑亭	庐山仙人洞	明	御碑亭为石构，有梁柱墙围。亭内御碑为朱元璋纪念周颠撰写的传记。碑背面诗文为明初书法家占希源手书。
赐经亭	庐山黄龙寺北	明	石构、四方形有斗拱，歇山顶，有碑一方，明万历年间造，高6米、宽、深各3.5米。
马祖塔亭（原名宝峰寺）	靖安县周坊乡石门山	宋	塔亭为石造，有宋元丰年间刻字，另有道光年间重刻的米芾“天下第一山”石碑。

重点文物保护单位（八）

文物名称	地点	时代	简介
甄叔禅师塔及塔铭	萍乡市杨岐山	唐	甄叔禅师系唐代名僧。唐太和元年（公元832年）文学家王观作铭。塔在普通寺前百余米，石造，塔铭现嵌于普通寺门墙上。
乘广禅师塔及塔铭	萍乡市杨岐山	唐	乘广禅师系唐代名僧、唐元和二年（公元807年）文学家刘禹锡撰书碑文。塔在普通寺左50米处，石造，塔铭现在嵌在普通寺墙上。
观音堂塔	波阳县城内	宋	塔八角九层，砖砌、宋天圣三年所建，高49米。
红塔（又名西塔）	景德镇市朝阳乡隍岭	宋	塔六角七层，砖砌，宋建隆二年所建，高40.5米。
嘉祐寺塔	大余县城东水口山	宋	塔六角五层，砖砌、梁坊斗拱与天籁阁所藏王勃《滕王阁对客挥毫图》中所绘相同。
舍利塔	赣州市塔下寺	宋	塔六角九层，砖砌，高40米，砖有宋“天圣二年”铭文。
玉石塔	赣县田村乡宝华寺	唐	玉石塔即唐技大宝光禅师塔，塔用玉石雕砌，高4.61米，方形。
大圣寺塔	信丰县城北	宋	塔六角九层，砖砌，高51.78米。
无为寺塔	安远县城西门外	宋	塔六角九层，砖砌，高55米。
古南塔	吉安市城南赣江边	宋	塔六角九层，砖砌，第2—5层中空，高28米。
本觉寺塔	吉安县永和圩	宋	塔六角九层，砖砌，塔身1—4层相通，外抹石灰，高25米。
太子塔	宜丰县翰山	唐	塔四角四面，石造，有人物雕刻，上有复钵，仰莲、下有弥勒座。
大胜塔（原名大胜塔及铁佛、石船等）	九江市能仁寺	明	塔六角七层，砖砌，为明建清修，塔高42米。
朱华塔	兴国县埠头乡横石	明	始建于唐，元毁，明重建。八角七层，砖砌，高24.2米，每层砌有龛、龛内有石像三十四尊。
水口塔	宁都县城郊	明	八角九层，砖砌，夹墙有阶梯可通塔顶。
宝福院塔	石城县宝福院内	宋	六角七层，砖砌，有“崇宁壬午”砖铭。
西林寺塔（原名西林寺）	九江市西林寺	明	六角七层，砖砌。
蜚英塔	南昌县麻丘乡	明	六角七层，砖砌，明周著建。
恭乾禅师塔	庐山金竹坪	明	花岗岩砌，上饰莲花六角柱，另有石坊、石船、卧碑、望柱等。
报恩寺塔	永丰县恩江镇西门外	明	四角九层，顶层呈园柱形，明洪武二年建，高30米。

重点文物保护单位（九）

文物名称	地　点	时　代	简　介
崇文塔	万安县百加乡罗塘湾	明	八角九层，砖砌、夹墙，明成化年间造。
东山文塔	安福县城内	明	八角九层，砖砌，明嘉靖年间造，高40米。
南塔	永新县城内	宋	四角九层，砖砌，塔顶铁刹铭文为“大宋至道元年铸造”。
陶靖节祠	九江县沙河街	明	为陶渊明墓的享祠，原在马迴岭面阳山，砖木结构，始建于明嘉靖年间。1982年因故按原貌迁建于九江县沙河街蔡家洼。
官溪胡氏宗祠	玉山县官溪乡	明	明万历四十二年（1614）建，清光绪十年（1884）重修。有大门、正厅、戏台、厢房等，附属建筑有月池、文昌阁、桃源桥及碑刻。
三清山（少华山）古建筑群（含石雕、石刻）	玉山、德兴两县交界处	明	始建于晋升平年间。现存有：晋葛洪的炼丹炉遗址和丹井，以及明代的三清宫，龙虎殿詹碧山藏竹处（墓）、少华门、飞仙台、风雷塔、西华塔及石龛、石雕、摩岩题刻等一百三十多处。
明园、清园古建筑群	景德镇古陶瓷博览区	明至清	由农村迁建的有宗祠、住宅、商店等明、清古建筑群。
叠山书院	弋阳县二中	清	叠山书院是元初虞舜臣为纪念抗元英雄谢枋得建立，早毁。现存为清代建筑，有讲堂、望江楼、文昌阁、桂花园四部分。
信江书院	上饶市信江桥头	清	信江书院始建于康熙初年，现存木结构建筑有书屋、精舍、讲堂、亭、台等十一处。
江湾俞氏宗祠	婺源县江湾乡	清	整个建筑宽15.6米，深42.6米，高10米，占地面积665平方米，分前中后三进，门楼为歇山顶五凤楼，所有梁、枋、驼峰、雀替浮雕人物，禽兽、花卉。
浮梁旧县衙	景德镇昌江区旧城乡	清	为清道光年间建筑，保存完整，房分三进，前有通道。
安福孔庙	安福县城	清	始建于宋元丰四年（1081），明清修建，总面积2148平方米，砖木结构，布局完整。
赣州文庙	赣州市厚德路	清	庙分三进，有迴廊，规制较全。宏伟，保存完整，饰以大量精美木雕。
萍乡孔庙	萍乡市正大街	清	始建于唐武德年间，重建于清雍正十二年（1734）有大成殿、明伦堂等。
京台戏台	安义县石鼻乡	清	戏台属刘氏宗庙，砖木结构，台中藻井具有特色。

重点文物保护单位（十）

文物名称	地点	时代	简介
云章阁、风月楼	吉安市白鹭洲	清	始建于南宋淳祐元年（1241），为白鹭书院的读书和藏著之所，文天祥、刘辰翁曾在此读书，云章阁为明万历二十年（1592）重建，风月楼为清同治七年（1868）重建，砖木结构。
大司马牌坊	宜黄县谭坊乡	明	明万历二年（1574）为表彰谭纶的功绩而建。谭纶曾任福建巡抚，兵部尚书等职，为抗倭名将。牌坊四柱三间，浮雕“二龙戏珠”，“百鸟朝凤”“鲤跃龙门”等，雕工细致，刀法流畅。
昼锦坊理学名贤坊	进贤县七里乡	明	昼锦坊为砖石结构，有永乐纪年；理学名贤坊为木结构，有崇祯纪年，柱下有八只石狮，两坊均为四柱三间，前后平行排列为纪念明代永乐年间任四川右参政陈谟所建。
钟陵节凛冰霜坊	进贤县钟陵乡	明	坊为六柱，青石建筑，榫卯接合，按两个等腰三角形排列，为旌表儒士胡仰庭妻杨氏而建，雕刻精细。
济美石坊	奉新县会卜乡	明	为四方形石质亭式坊，四面上下内外均镂刻精美繁缛的人物、花卉、禽兽图案、并有“圣旨”、“济美”“明万历二十八年庚子中秋吉立”等题记。
水头步蟾坊	于都县岭背乡	明	位于岭背乡水头大屋村，木构建筑。四柱三间歇山顶重檐。系于都县知县王琳等人为于都进士谢宁所建，有明代正统六年（1441）匾额题记。
朗际节孝坊	宁都县肖田乡	清	坊为四柱三间，梁柱式花岗岩结构，通高7.7米，面阔5.7米，通体雕饰花卉图案，坊顶两端倒立鳌鱼。
杨村坊式亭	石城县小松乡	清	此亭前后以两座牌坊为门，中有通道，条石结构，青石拱式圆门，是亭和坊融为一体的建筑，上勒“圣旨”。石雕工艺精细，造型别致。
仰山墓塔群	宜春市洪红乡	唐至清	仰山为佛教沩仰宗发祥地，现存墓塔50多座，唐沩宗慧寂禅师墓塔在此，并建有塔亭。
洞山墓塔群	宜丰县洞山	唐至清	洞山，为佛教曹洞宗发祥地，有良价禅师墓塔及四处墓塔群，共56座。
黄檗山墓塔群	宜丰县黄山	唐至清	黄檗山为佛教临济宗发祥地有希运禅师墓塔及其他墓塔65座。
珠子塔	进贤县三阳乡	元	石塔高1.73米，塔身以四块大小不同的六面体红石，二块六面形腰檐红石砌成，葫芦顶。
宜丰崇文塔	宜丰县城东南部	明	为楼阁式砖塔高45米，七级八面，八合攒尘顶，宝瓶形铜刹。

重点文物保护单位（十一）

文物名称	地点	时代	简介
相山石塔	崇仁县相山镇	明	全石结构，高六米，七层六面，葫芦顶，莲花座。
聚星塔	南城县万年桥头	明	始建于明万历四十二年（1614），乾隆十九年（1750）重修，改名“聚星塔”七级六面，飞檐砖塔，高30米，双梯穿壁逆向，互不见面。
锁江楼塔	九江市区锁江楼	明	始建明万历十四年（1586）塔高25.26米，七级六面，砖石结构石凿斗拱，砖砌牙檐。1986年重修。
龙珠塔	瑞金县象湖镇	明	始建于明万历三十年(1602)，属壁内折上的楼阁式砖塔，九级六面，高34米，外壁粉刷白灰，又名白塔。
玉虹塔	赣州市赤珠岭	明	始建于明万历年间，楼阁式砖塔，九级六面。
绳金塔	南昌市西湖区	清	始建于唐天佑年间，现塔为清同治七年（1868）重建，楼阁式砖塔，七级八面，高49.5米。
观澜阁塔	上高县徐家渡	清	始建于清嘉庆二十一年（1816），砖石结构，三级八面，双檐楼阁式塔，高23.3米，外径7.55米，底层三门，正门对面有神龛，每门两侧上方各有小神龛。每檐双层，上层平台。
石经幢	崇仁县山科乡	明	花岗岩石质，方形，葫芦顶，幢南侧刻有佛象，北面刻有“腌佛……元无量”等字样，并刻有“万历辛丑年（二十九）”纪年。
逢渠桥	宜丰县洞山	宋	单孔，石造，长15米，宽4.7米，桥台呈须弥座，桥拱由七道单券并列组成，用石七十七块，拱肩分立二浮雕武士，宋绍圣戊寅年建。
玉涧桥	星子县白鹿乡	宋	单孔石桥，由四十二块花岗岩构成，有“宋皇佑六年甲午岁正月望日建”题记。
永镇桥	安远县江头乡	清	永镇桥，清顺治九年（1652）建，长38.5米，宽4.33米，二墩三孔，桥墩用青条石砌，全桥用杉木纵横层叠架设，为廊式结构，共九间，二檐滴水，两端有门。
花桥	靖安县西岭乡	清	单孔石桥长20.6米，宽4米，桥上有亭，石柱木架结构，石板18块，浮雕吉祥图案，和乾隆五十七年重修及乐助人名碑刻。桥亭木构件为1980年重修。
赣州古城墙	赣州市沿河	宋	始建北宋嘉祐年间，全长3 664米，历代有维修，现有炮城、踏步、“警铺”、马面等军事设施。
梅关和古驿道	大余县梅关	明	秦时设关，宋立关楼，现楼已毁，关城高5.5、宽6米，砖石结构。驿道开凿于唐，现为明代重修，尚存1875米(含古桥二座)，宽3.5米，为卵石铺路，长条石固边。

重点文物保护单位（十二）

文物名称	地点	时代	简介
九仙山城堡	广丰县岭底乡	明、清	为明末杨文起义军遗址，有城堡、栈道、聚义厅、杨文墓、岩洞及题刻等。
马垱炮台	彭泽县马垱乡	清	始建于道光二十年（1840），太平天国林启荣曾镇守，民国元年（1912年）孙中山题“中流砥柱”，抗日战争时为长江要塞，炮台分山顶一级炮台，山膘二级炮台，矶头三级炮台。
滞里湖遗址	新建县生米乡	新石器时代	1955年发现，有两处堆积，出土有石器和陶片等。
筑卫城遗址	清江县大姑山北坡	新石器时代至东周	遗址有一土城墙，城内高低不平。1974—1977年先后进行过两次发掘，证实为新石器时代至东周的古文化遗址。
牛头城遗址	新干县太洋洲乡牛头城	西周	遗址是一台地，四周有土城，面积约五千平方米。出土有石器、陶器和铜鼎、矛、镞等物。
吉州窑遗址	吉安县永和圩	晚唐至元代	现有24个陶瓷窑包堆积，以生产黑釉瓷为主。还有青釉、乳白釉、绿釉、彩绘、黄釉、雕塑和贴花等瓷器。
白舍窑遗址	南丰县白舍	宋至元	有大小窑包堆积32个，散布于瓦子山、符家山、对门排等处。
七里镇窑遗址	赣州市七里镇	晚唐至元代	有窑包堆积十六处，有青釉、白釉和黑釉瓷。
杨梅亭古窑址	景德镇市竟成乡杨梅亭	唐至宋	地表散存青瓷、白瓷和影青瓷器、窑具等。
涌山洞遗址	乐平县涌山乡	旧石器时代	洞在涌山腰部。1962年曾出土打制石器三件和剑齿象化石。经鉴定为距今50万年前的人类活动遗址。
大源仙人洞遗址	万年县大源乡	新石器时代早期	经1962年和1964年发掘，共获得人类化石、动物化石、石器、陶器、骨器、蚌器、牙器等遗物900余件。发现烧火堆22处。据测定，距今八千年至一万年，属新石器早期遗址。
山背遗址	修水县上奉乡	新石器时代晚期	于1961年调查发现，经试掘，石器有锛斧铲、刀、镞、凿、矛、网坠等，陶器有47、豆、壶、罐、钵、盂、鬲、纺轮等。距今00、年左右，后新石器时代晚期遗址。
神墩遗址	九江县新合乡	新石器时代晚期至商周	面积较大，堆层较厚，是一处新石器时代晚期至商周的文化遗址。
樊城堆遗址	樟树市刘公庙乡	新石器时代晚期	1975年发现，曾经过三次发掘，最厚文化堆积约3米，出土遗物有石器、陶器、玉器等，是一处从新石器时代晚期延续至东周的遗址。

重点文物保护单位（十三）

文物名称	地　点	时　代	简　介
石灰山遗址	德安县聂桥乡	商代	1982年发掘，发现有灶坑、柱洞、水井，以及大量的石器和陶片，还有石质铸范和铜器。定为商代遗址。
吴城商代遗址	樟树市吴城村	商	1973年发现，面积约四平方公里，已经发掘七次，清理出房基、灰坑、墓葬、陶窑、道路等遗迹，出土青铜器、石器、陶器、原始青瓷器、玉器等千余件，还有一百多个刻划文字和符号，距今三千至三千三百年左右。
角山板栗山遗址	鹰潭市月湖区童家乡	商	1983年发现，经试掘清理陶片堆积二处，灰坑三个，探沟七条，遗物有石器、陶器，以及制陶用的陶板，文字和符号等。分角山，板栗山、石牛片和螺丝岭四处。
湖田古粮仓遗址	新干县界埠乡	战国	1975年进行了试掘，探掘出二座大型的粮仓遗址，平面呈长方形长61.5、宽11米，出土了大量的炭化禾粒和绳纹版瓦。
汉鄡金城遗址	新建县铁河乡	汉	该城为赤城古城址的内城，黄土巩高3米，底宽5米，南北300米，东西250米，总面积75000平方米。
汉鄡阳城遗址	都昌县周溪乡	汉	位于四山的东端石虎头，面积节10000平方米，有石器、陶器和版瓦，瓦当有“长乐未央”，有部分城垣。
三国孙虑城遗址	安义县东阳乡	三国	据载：孙权封其第三子孙总建城於此，总面积35192平方米，分东西南北四门，城墙以黄土夯筑，西城残缺，其余完整。
浔阳城遗址	九江县赛城湖	晋至隋	《晋书·地理志》载：“永兴元年(304)分庐江之浔阳，武昌之柴桑二县置寻阳郡”历经东晋、宋、齐、梁、陈，为江州戍守处。隋代因水患迁移，现主要部分在赛城湖中，遗物丰富。
洪州窑遗址	丰城市罗湖	东晋至唐	1979年进行了发掘，出土大量青瓷器和窑具，总计近3 000件，总面积30 000余平方米，定为洪州窑。
上甲古窑址	寻乌县文峰乡	五代至北宋	窑址地处寻乌河与马蹄河汇合处，横直分布约25平方公里，已查出窑包四十四个，瓷片标本多样，多十字支钉。
山堂古窑址	宁都县黄陂乡	宋	窑岭由四个长条形堆积组成，该窑生产青白瓷餐、茶具等，产品胎质坚薄，造型别致，器壁多饰流云，树叶、牡丹、海涛、龙、虎等纹。
吉山古窑遗址	靖安县中原乡	宋	窑址位于中原乡山坪村，总面积约20 000平方米，产青白瓷，多为民用器皿，胎质细腻，釉面光洁，采用覆烧、迭烧法。
蒙山古银矿遗址	上高县蒙山	宋至明	矿址位于蒙山太子壁，宋、元、明三朝开发冶炼，每年产银三万两，现有窿洞十七处，并有封禁石刻，锰里村有炼银渣50万吨。

重点文物保护单位（十四）

文物名称	地　点	时　代	简　介
高岭古瓷矿址	景德镇市鹅湖乡	元至清	我国古代著名瓷用原料产地，亦是世界制瓷粘土通称高岭土的命名地点。高岭密布元、明、清的矿洞遗址和遗物。
陆象山墓	金溪县陆坊乡东岭	宋	陆象山是唯心主义哲学家，著有《陆子文集》。
汤显祖墓	抚州市人民公园	明	汤显祖是明代的戏剧家，著有紫钗、还魂、南柯、邯郸四记等。
朱权墓	新建县石埠乡缑岭	明	朱权为明太祖朱元璋第十六子，封宁王，葬西山缑岭。
杨士奇墓	泰和县上田乡杏岭	明	明代政治家，曾历建文、永乐、洪熙、宣德、正统五朝，居官廉能，有三朝圣论录，奏对录，历代名臣奏议等著作。
谭纶墓	宜黄县二都乡鹿洞村	明	谭纶为明万历兵部尚书，与戚继光共同抗御倭寇，世称谭戚。
岳飞母亲姚太夫人墓	九江县沙河镇陈家垄	宋	宋高宗赐葬岳母于此，墓前有拜台，石马、麻石台阶。
岳飞妻李夫人墓	九江县狮子乡三桥村	宋	李夫人曾居裘株岭、岳飞受陷害时李氏被逐岭南，孝宗为其昭雪，临终嘱葬株岭山。
陶渊明墓	九江县面阳山	南朝	陶渊明为晋代文学家，墓坐北朝南，外壳为椭园形拱顶。
黄庭坚墓	修水县杭口乡双井	宋	黄庭坚为宋代著名文学家、书法家，“江西诗派”始祖。
辛弃疾墓	铅山县陈家寨乡虎头门	宋	辛弃疾为宋代著名文学家，抗金民族英雄，宋绍兴间敕葬于此。
蒋士铨墓	铅山县陈家寨乡董家坞	清	清代著名戏剧家。
仙水岩崖墓群	贵溪县渔塘乡	东周	经发掘清理发现瓷器、竹木器、陶器、纺织工具等，定为东周现尚存有崖墓七十余座。
螺丝岭、保驾峰崖墓群	余江县洪湖乡	汉	罗丝岭有崖墓三处，洞穴口有板栅掩挡，保驾峰有崖墓两处，均有棺木。
吴平古墓群	樟树市中洲乡	西汉至隋	位于吴平故城旁，有西汉至隋代古墓100余座，主要为两汉墓，封土高4—7米。
铁河古墓城	新建县铁河乡	汉	墓城四周有人工沟渠，正中墓堆直径50米，其他墓依次呈阶梯形排列四层，墓城四周筑有土墙，东西长200米，南北宽300米。
百家垅古墓群	奉新县干洲乡	汉至晋	墓葬位于罗家村旁，占地二百五十亩，有墓葬二百余座，封土保存尚好。
三国东吴墓	南昌县小兰乡	东吴	1979年11月发现，十字形砖室。藻井顶结构，出土青瓷陶器等遗物二十三件，整个墓室已复原，砌有围墙保护。

重点文物保护单位（十五）

文物名称	地　点	时　代	简　介
阎立本墓	玉山县武安山	唐	阎立本，唐大臣、著名画家，现存墓址为清乾隆“大唐相国本寺擅越立本阎公之墓”石碑。
刘眘虚墓	靖安县水口乡	唐	刘眘虚，唐代著名诗人，清同治十二年（1873）重修。墓呈马蹄形，碑刻“唐进士刘讳眘虚字全乙号易轩大人墓，”还有晚唐礼部侍郎刘允章题赞。
乐史墓	崇仁县三山乡	北宋	乐史，北宋著名地理学家，文学家，他的代表著作为《太平寰宇记》。墓高1.4米，长7.7米。清道光元年（1821）重立墓碑。
杨万里墓	吉水县黄桥乡	南宋	杨万里，南宋绍兴进士，大文学家，诗人，官至秘书少监，宝谟阁学士。
文天祥墓	吉安县富田乡	南宋	文天祥，南宋大臣，文学家，爱国主义者，至元二十一年（1284年）立墓于富田乡鹫湖大坑。明、清曾奉旨重修。1983年省、县拨款重修。
谢叠山墓	弋阳县港口乡	南宋	谢叠山，南宋抗元志士。至元二十六年（1289）八月葬于玉亭袭源，（现在的下坊村羊角亭）。
解缙墓	吉水县东山亭	明	解缙，洪武二十一年（1388）进士，官至右春坊大学士，入值文渊阁参预机务，主修《永乐大典》。后被冤狱而死。
邓子龙墓	丰城县杜市乡	明	邓子龙，明代副总兵，嘉靖万历间曾转战于闽、广、江、浙、楚，讨平沿海倭患及内乱，援朝抗日中牺牲，墓在杜市乡邓家村。
罗钦顺墓	泰和县上模乡	明	罗钦顺，明代吏部尚书，著《困知记》，为唯物主义哲学家。卒居敕葬。墓地约占3亩，墓前有石人石兽等。
洪门益王家族墓群	南城县洪门乡	明	为明代皇帝朱见深之子益端王系墓葬区，益端王后代皆封为郡王，镇国将军等，大部分子孙均葬于王墓区域内。
岳口益王家族墓群	南城县岳口乡	明	益王朱祐系第三代墓葬区，主要在岳口乡游家巷七宝山。此地葬有该王系的郡王、郡主。镇国将军等。
董裕墓	乐安县招携镇	明	董裕明万历间官至刑部尚书。此墓由工部施工，礼部验收，有皇帝“敕葬”碑刻，神道碑，墓前有石人、石兽，保存尚好。
朱轼墓	高安县村前乡	清	朱轼，清代大臣，乾隆元年（1736）葬。地面现存墓塚神道碑、望柱、石人、石兽和甘汝来书“帝师元老”牌坊等。
文廷式墓	萍乡市杨岐山	清	文廷式，光绪进士，文学家，历史学家，参加戊戌变法。墓前有望柱，墓后有墓表。

重点文物保护单位（十六）

文物名称	地点	时代	简介
罗田岩石刻（原名岳飞石刻）	于都县罗田岩	宋、明	有文天祥、周涟溪、罗洪先、王阳明等宋、明时代石刻多处。
太平观碑	樟树市昌付乡太平圩	唐	碑系唐代江文尉书，字多剥蚀。
天下清规石刻	奉新县西塔乡百丈山	唐	“天下青规”为唐代柳公权所书，刻在花岗岩石上，附近尚有其他石刻。
泷冈阡表	永丰县沙溪乡西阳宫	宋	正面为欧阳修所撰书《泷冈阡表》刻文、背面刻欧阳氏世系。
潮音洞石龛窟	南城县岳口乡伏牛村	明	洞外一龛，洞内泷象二十尊，头部均被砸掉，有一定的石刻艺术。
麻姑山石刻（原名仙都观邓真人墓及石刻造象等）	南城县麻姑山	明、清	现存“一勺之多”、“月泉”、“玉练双飞”。
仁靖真人碑铭	贵溪县天师府	元	元代书法家赵孟頫手书。
玉石岩石刻	龙南县玉石岩	明	有王阳明手书石刻40余条。
仙人洞摩岩石刻	庐山仙人洞	宋、明、近代	摩岩石刻41条，宋代1条，明代7条，近代22条，宋刻“佛手岩”、明刻“大泉洞”、“蟾蜍石”、“竹林寺”、“游仙石”、“讵可抱眠”等。
天池寺附近石刻	庐山天池寺	宋、明	宋1条，明7条，近代5条，待考2条，计15条，明刻“星壑凭虚”、“天池寺”、“照江岩”保存良好。
九十九盘石刻	庐山九十九盘沿途	明	有“白云天际”、“清虚灵台”、“烟霞深处”、“大池”、“南无佛”、“土地”等32条。还有王阳明书欧阳修诗“庐山高”。
黄龙寺摩岩石刻	庐山黄龙寺	明	有“降龙”、“尺五天”等共15条。
秀峰寺摩岩石刻	星子县秀峰寺	唐、宋至明	有宋至明历代石刻70余条，黄庭坚书“七佛碣”、颜真卿“大唐中兴颂（翻刻）、王阳明“记功碑”最为名贵。观音象碑为1983年重刻。
南山岩石刻	修水县城东	宋	宋代书法家黄庭坚手书甚多，如“茶赋”、“赤壁怀古”等。
石钟山石刻	湖口县石钟山	唐至清	有唐代魏徵、宋王安石等历代石刻甚多。
南岩石龛	弋阳县南崖寺	明	有石龛29座、有石雕观音、文殊十八罗汉35座，有明代残缺石刻等。
上清宫铜钟（原名上清宫）	贵溪县天师府	元	铜钟重约万斤。
佑民寺铜钟（原名佑民寺）	南昌市佑民寺侧	五代	有钟楼为民国所建。
鸡应寺铜钟	上饶市长青乡	宋	钟为宋建炎元年所造，重万斤，通高270厘米，口径170厘米，龙首缺三腿，铭文模糊不清。

重点文物保护单位（十七）

文物名称	地　点	时　代	简　介
灵源摩崖石刻	修水县白桥乡	宋	灵源是江南名刹黄龙寺所在地，有黄庭坚手书“灵源”、“黄龙山”等石刻。
醉石馆石刻	星子县温泉乡	宋至明	醉石馆在庐山南麓虎爪崖下，传说为晋陶渊明饮酒醉卧其上，后代文人墨客留下一些题刻。
平茶寮碑	崇义县桶岗村	明	碑为明正德十三年（1518），王守仁平桶岗潭起义军所刻，其文刻于一块高八米，宽十四米的石崖上，碑刻高3.75米，宽1.85米，正文八行183字。
汉仙岩摩崖石刻	会昌县门岭乡	明	该岩位于县南，方园5公里，历代文人名士题咏的摩岩石刻尚存22处。
石门摩崖石刻	上犹县双溪乡	西晋	石刻北临双溪河，高出河床1.5米处，面积为一平方米左右，刻有十四句四字诗一首，落款为建兴二年（314）虞去虎书。
翠微峰摩崖石刻	宁都县翠微峰	北宋至清	共计六处，有楷书，隶书题刻及诗刻，字体端庄。
“永镇江南”题额	兴国县鸟山寺	南宋	大鸟山寺大门及山门有文天祥“永镇江南”和邹元标“鸟山仙境”石刻题额。
五龙岩摩崖石刻	石城县琴江镇	宋	五龙岩位于城西四公里处，岩长150米，最宽处3米，有宋元以来石刻多处。如宋嘉定“清胜五龙岩”。
新庵里摩崖石刻	新建县石埠乡	元	位于红林林场，全石高4.2米，宽2.5米，厚2米，面积8平方米，519字，记有地理学家朱思本踪迹。
洪崖石刻	南昌市湾里区	宋至清	位于洪崖路，山涧石壁上有宋至清代所刻诗词等。
天柱岩石刻	广丰县排山乡	唐至清	有吕祖等历代题刻20余处，以及韩世忠“广福罗汉院”额和周敦颐等名人题联。
圭峰摩岩题刻	弋阳县圭峰	宋至清	有宋元以来题刻20余处。
九江海关姑塘分关	九江市庐山区周岭乡	近代	原是清政府所设的税收关卡，后根据《辛丑条约》第六款划归九江税务司，由英国人管辖收税，以还巨额赔款。
美庐别墅(180)号	庐山	近代	门前有蒋介石亲书“美庐”二字，此房系当年蒋介石在庐山居所，并同其党政要员集会的地方。
美孚洋行旧址	九江市滨江路28号	近代	是“美孚煤油公司”在九江的分公司，为美国人所建，钢筋水泥结构，西式二层。
日本领事馆旧址	九江市盆浦路	近代	为日本人所建，主要从事经济掠夺，日军侵华期间，为日本军事服务，至抗战胜利终止。

主要统计指标解释

自然科学技术人员　指已取得科学技术职称，或大学、中专的理、工、农、医科系毕业，以及国民经济各部门从工作实践中提拔，从事理、工、农、医等自然科学技术的研究、教学、生产（事业）技术方面工作的专业人员和在机关、企业、事业中从事科学技术业务管理工作的专业人员。

工程技术人员　指在国民经济各行业从事工程技术工作的自然科学技术的专业人员，包括：高级工程师、工程师、助理工程师、技术员和未评定职称的技术人员。

卫生技术人员　指在国民经济各行业从事卫生医务工作的自然科学技术的专业人员，包括：正副主任医师、主治医师、医师、医（护）士和未评定职称的技术人员。

科学研究人员　指在国民经济各行业从事科学技术活动的自然科学技术的专业人员，包括：正副研究员、助理研究员、研究实习员、技术员和未评定职称的技术人员。

教学人员　指在国民经济各行业从事自然科学技术方面的教学活动的专业人员，包括：正副教授、讲师、助教、教师和在中学从事自然科学技术方面的教学活动的人员。

社会科学专业人员　系指已取得专业技术职称、或大学、中专的文科、师范、财经、政法、体育、艺术等系毕业，以及国民经济各部门从工作实践中提拔，从事文科、财经、政法、体育、艺术等社会科学技术研究、教学、专业技术方面工作的专业人员和机关、企业、事业中从事专业技术业务管理工作的专业人员。

综合性研究机构　指主要从事揭示客观事物本质，运动规律，提出新发现、新学说和对有重大应用前景的新的产品、工艺、材料、方法等提出新的理论、构思、原理等工作的机构。

企业技术开发机构　指主要从事提供企业第一次出现的新的产品、工艺、材料、方法等和为新的技术成果应用提供完整的技术规范设计图纸、样品和操作规程的机构。

科学家工程师　指大学毕业及以上文化程度和其他具有高、中级职称的从事科技活动人员。

其他技术人员　指中专、大专毕业和具有初级职称的从事科技活动人员。

大中型工业企业技术开发项目　指企业在报告年内列入企业级及以上计划、且经费累计支出在一万元以上的开发项目。

发明　专利法所称的发明是指对产品、方法或者其改进所提出的新的技术方案。

实用新型　专利法所称的实用新型是指对产品的形状、构造或者其结合所提出的适于实用的新的技术方案。

外观设计　专利法所称的外观设计是指对产品的形状、图案、色彩或者其结合所作出的富有美感并适于工业上应用的新设计。

普通高等学校　指按照国家规定的审批程序批准举办，通过全国统一招生考试，招收高级中等学校毕业生和具有同等学历者，实施高等教育，培养高等专门人才的学校。包括：大学、专门学院、专科学校和短期职业大学。

成人高等学校　指按照国家规定的审批程序批准举办，招收在职高中毕业或同等学历者，利用多种形式对成人实施高等教育，培养相当普通高等学校专科或本科毕业水平的专门人才的学校。包括广播电视大学、职工高等学校、农民高等学校、干部管理学院、教育学院、独立函授学院以及普通高等学校举办的函授、夜大学等。

小学学龄儿童入学率　指调查范围内已入小学学习的学龄儿童占校内外学龄儿童总数（包括弱智儿童在内，但不包括盲聋哑儿童）的比重。计算公式是：

$$\text{小学学龄儿童入学率}=\frac{\text{已入学的小学学龄儿童数}}{\text{校内外小学学龄儿童总数}}\times 100\%$$

电影放映单位　指具有放映机器设备、固定或不固定的放映场所与专职或兼职的放映技术人员，经文化行政部门登记批准，经营为一定的观众对象映出电影的机构。包括经批准对外开放进行营业，并与电影发行放映管理机构分帐的专用放映单位。

电影观众人数　指各类型放映单位的观众人数，一个观众连续看了一部长片和短片专场规定的短片，为2人次。

艺术表演团体　指从事戏曲、音乐、舞蹈、杂技等专业艺术表演，有独立帐户，实行单独核算的团体。不包括半工半艺、半农半艺的业余剧团。

TONGJINIANJIAN

十七、卫生、体育、其他

●1990年，全省拥有卫生机构5 632个，病床9.23万张，卫生技术人员11.68万人。

●1990年，全省各级举办运动竞赛会5581次；参加运动会的运动员130万人。

●1990年，江西运动员在第十一届亚运会上，获金牌7枚，银牌5枚，铜牌7枚。“七五”期间，全省运动员在国际国内比赛中共获金牌164枚，银牌182枚，铜牌160枚。

●1990年，全省律师工作者1 908人，比1985年增加1.3倍。

平均每万人中有医生数

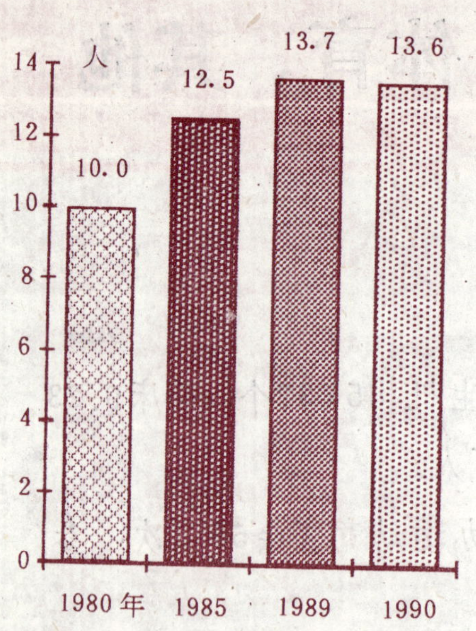

平均每万人中有医院病床数

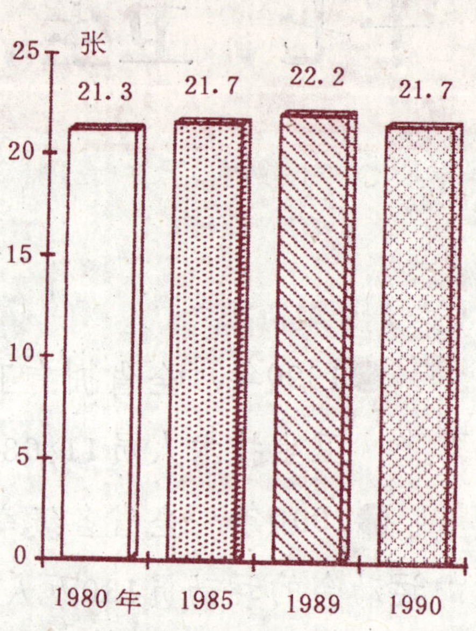

等级运动员发展人数

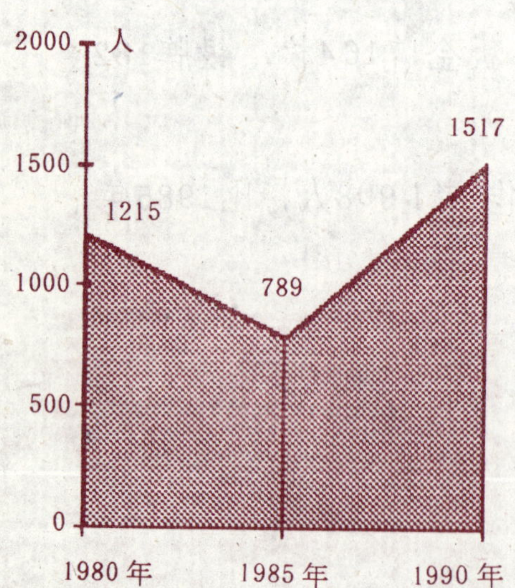

在国际国内体育运动竞赛中获奖牌数

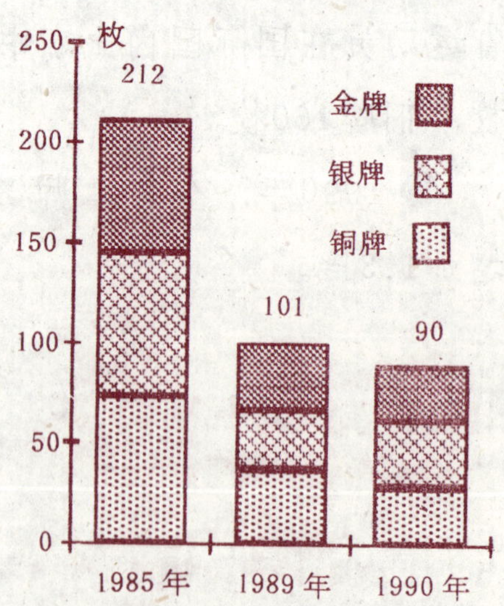

主要年份卫生机构、床位及人员数

年份	机构数（个）	#医院	床位数（张）	#医院	人员数（人）	#卫生技术人员	#医生
1949	141	94	1 940	1 940	3 559	2 875	1 721
1952	1 517	107	7 714	4 256	20 874	17 380	12 312
1957	3 163	129	13 967	7 787	31 496	27 136	14 773
1962	5 783	549	34 169	22 595	49 617	42 149	20 290
1965	5 931	349	41 483	23 947	53 501	45 464	23 287
1970	2 264	1 689	43 262	23 607	51 360	41 538	19 971
1975	4 741	2 004	67 203	54 817	70 956	58 032	26 499
1978	5 178	2 107	72 289	65 237	87 018	70 247	30 430
1980	5 373	2 189	76 924	69 716	97 831	79 014	32 675
1985	5 538	2 206	84 134	75 203	127 679	102 209	43 322
1986	5 597	2 221	86 431	76 779	131 342	105 401	45 012
1987	5 614	2 234	89 227	79 304	134 846	108 065	46 109
1988	5 583	2 253	90 151	80 342	138 238	111 765	48 801
1989	5 613	2 283	92 194	82 059	141 587	114 402	50 525
1990	5 632	2 305	92 274	82 601	144 583	116 786	51 994

卫 生 机 构 数

单位：个

类别	1989年		1990年	
	卫生机构数	#卫生部门	卫生机构数	#卫生部门
总计	**5 613**	**1 991**	**5 632**	**2 028**
一、医院	2 283	1 360	2 305	1 368
1.县及县以上	546	237	562	243
#县医院	80	80	80	80
2.区、乡（镇）卫生院	1 680	1 122	1 682	1 124
3.其他医院	57	1	61	1
二、疗养院、所	22	6	22	6
三、门诊部、所	2 692	25	2 663	26
四、专科防治所、站	124	119	124	121
五、卫生防疫站	118	113	120	115
六、妇幼保健站、所	111	111	113	113
七、药品检验所、室	87	87	89	89
八、其他卫生事业机构	150	147	170	167
九、医学科学研究机构	9	8	9	8
十、高、中等医药院校	17	15	17	15
#高等医药院校	5	4	5	4

卫生机构床位数

单位：张

类别	1989年		1990年	
	卫生机构床位数	#卫生部门	卫生机构床位数	#卫生部门
总计	**92 194**	**62 485**	**92 274**	**63 060**
一、医院	82 059	57 554	82 601	58 341
1.县及县以上	59 356	40 664	60 204	41 647
#县医院	15 555	15 555	15 586	15 586
2.区、乡（镇）卫生院	21 964	16 850	21 650	16 654
3.其他医院	739	40	747	40
二、疗养院、所	4 043	1 110	3 995	1 080
三、门诊部、所	2 140	9	1 979	10
四、专科防治所、站	3 174	3 084	2 952	2 912
五、卫生防疫站	60	60	60	60
六、妇幼保健站、所	510	510	517	517
七、药品检验所、室	—	—	—	—
八、其他卫生事业机构	70	20	50	20
九、医学科学研究机构	138	138	120	120
十、高、中等医药院校	—	—	—	—

主要年份卫生机构人员数

单位：人

类别	1980年	1985年	1989年	1990年
一、总计	**97 831**	**127 679**	**141 587**	**144 583**
#卫生技术人员	79 014	102 209	114 402	116 786
二、卫生技术人员分类	**79 014**	**102 209**	**114 402**	**116 786**
医生	32 675	43 322	50 525	51 994
中医	7 397	12 448	13 578	13 109
西医师	13 569	17 227	29 430	31 369
西医士	11 709	13 643	7 444	7 458
中西医结合高级医师	—	4	73	58
中药人员	5 574	6 555	7 423	7 620
西药师	742	897	3 045	3 168
检验师	393	482	2 442	2 578
其他技师	289	449	1 348	1 323
护师、士	13 582	20 131	29 154	30 858
助产士	2 716	2 877	2 071	1 774
西药剂士	2 440	2 905	2 908	3 024
检验士	2 314	2 794	2 103	2 180
其他技士	1 141	1 305	1 667	1 474
初级卫生技术人员	17 148	20 492	11 716	10 793
三、平均每千人中有卫生技术人员	**2.42**	**2.95**	**3.10**	**3.06**
#医生	1.00	1.25	1.37	1.36

卫生机构人员数(一)

（1990年）

单位：人

类别	卫生机构人员数	#卫生部门	#工业及其他部门	#其他集体所有制
总计	**144 583**	**94 547**	**34 071**	**10 429**
市	67 407	43 263	19 901	3 447
县	77 176	51 284	14 170	6 982
一、医院	107 500	75 732	22 262	9 506
市	47 301	31 841	12 252	3 208
县	60 199	43 891	10 010	6 298
1.县及县以上医院	73 690	51 875	21 400	415
#县医院	17 852	17 852	—	—
2.区、乡（镇）卫生院	32 533	23 835	—	8 698
3.其他医院	1 277	22	862	393
二、疗养院、所	1 569	539	1 030	—
三、门诊部、所	11 736	605	10 245	886
四、专科防治所、站	3 373	3 343	8	22
五、卫生防疫站	5 144	4 956	188	—
六、妇幼保健站	2 239	2 239	—	—
七、药品检验所、室	806	806	—	—
八、其他卫生事业机构	1 338	1 310	13	15
九、医学科学研究所	715	684	31	—
十、高、中等医药院校	4 627	4 333	294	—
#高等院校	2 805	2 610	195	—
十一、个体开业人员	5 536	—	—	—

卫生机构人员数(二)

（1990年）

单位：人

类别	卫生机构人员数	#县	卫生部门	工业及其他部门	其他集体所有制	个体开业
总计	**144 583**	**77 176**	**94 547**	**34 071**	**10 429**	**5 536**
一、卫生技术人员	116 786	65 024	73 904	28 284	9 062	5 536
中医	13 109	8 417	6 861	2 088	1 565	2 595
中药人员	7 620	4 902	5 303	887	1 348	82
西医师	31 369	15 410	20 574	9 109	1 587	99
中西医结合高级医师	58	17	43	15	—	—
西医士	7 458	5 053	3 958	1 897	835	768
护师	14 241	6 008	9 592	4 210	438	1
护士	16 617	8 948	11 127	4 332	1 156	2
助产士	1 774	1 246	1 135	335	291	13
西药剂人员	7 429	4 276	4 932	1 929	549	19
检验人员	5 649	2 998	4 208	1 126	304	11
其他卫生技术人员	11 462	7 749	6 171	2 356	989	1 946
二、其他技术人员	1 229	153	1 070	159	—	—
三、行政管理人员	16 070	8 054	11 920	3 099	1 051	—
四、工勤人员	10 498	3 945	7 653	2 529	316	—

各地区卫生事业基本情况

（1990年）

地　区	机构数（个）	#医　院	床位数（张）	#医　院	卫生机构人员数（人）	#医　院
全　　省	**5 632**	**2 305**	**92 274**	**82 601**	**144 583**	**107 500**
南 昌 市	832	160	16 205	14 351	28 577	18 773
景德镇市	265	88	4 234	3 955	6 723	4 869
萍 乡 市	146	64	3 992	3 791	6 394	5 298
九 江 市	706	325	13 224	10 354	16 255	11 728
新 余 市	117	57	2 668	2 668	4 162	3 683
鹰 潭 市	160	59	1 882	1 861	3 115	2 578
赣州地区	910	430	12 586	11 724	20 780	15 723
宜春地区	597	243	11 637	10 114	17 152	13 133
上饶地区	696	324	10 253	8 766	16 180	12 169
吉安地区	672	325	9 082	8 766	14 457	11 175
抚州地区	531	230	6 511	6 251	10 788	8 371

各地区卫生技术人员数

（1990年）

单位：人

地　区	卫生技术人员	#医　生	#中　医	#西医师	#西医士
全　　省	**116 786**	**51 994**	**13 109**	**31 369**	**7 458**
南 昌 市	21 658	9 632	1 953	6 997	661
景德镇市	5 476	2 409	592	1 432	385
萍 乡 市	5 152	2 147	519	1 126	502
九 江 市	13 227	6 215	1 410	3 963	831
新 余 市	3 509	1 446	359	899	188
鹰 潭 市	2 595	1 219	207	776	233
赣州地区	16 673	7 356	2 155	4 145	1 052
宜春地区	13 866	5 911	1 608	3 034	1 265
上饶地区	13 147	5 809	1 139	3 592	1 066
吉安地区	12 322	5 757	2 010	2 948	796
抚州地区	9 161	4 093	1 157	2 457	479

各类医院机构、床位及人员数

（1990年）

医院类别	机构数（个）	床位数（张）	人员数（人）	#卫生技术人员
总　　计	**2305**	**82601**	**107500**	**87305**
一、县及县以上医院	562	60204	73690	57816
综合医院	432	46068	54974	43626
中医医院	96	6214	8746	7083
医学院附属医院	6	2202	3569	2549
传染病院	2	340	335	256
精神病院	8	2026	1490	1070
妇幼保健院	9	1272	2071	1532
儿童医院	1	410	685	469
职业病院	1	90	136	53
中西医结合医院	2	600	722	482
肿瘤医院	1	500	679	486
其他专科医院	4	482	283	210
二、区、乡（镇）卫生院	1682	21650	32533	28415
三、其他医院	61	747	1277	1074

医院病床使用情况

（1990年）

医院类别	病床周转次数（次）	病床工作日（日）	病床使用率（%）	出院者平均住院日（日）
县及县以上医院	**21.7**	**278.6**	**76.7**	**13.2**
卫生部门	23.7	297.3	81.8	12.9
#综合医院	25.9	296.3	81.5	11.8
中医医院	17.3	256.5	70.6	14.7
妇幼保健院	37.1	331.6	91.2	9.4
儿童医院	42.3	356.0	97.9	9.0
肿瘤医院	10.5	362.4	99.7	36.3
工业及其他部门	14.3	208.5	57.5	14.9
集体所有制	6.9	135.7	37.5	28.5
农村乡卫生院	**34.9**	**145.8**	**40.3**	**4.6**
其他医院	**32.3**	**157.0**	**43.4**	**5.7**

医院诊疗人次和入院人数

（1990年）

医院类别	诊疗人次（万人次）	#门、急诊	入院人数（万人）	每百诊次的入院人数（人）	#门、急诊
总　　计	**3 657.8**	**3 468.6**	**120.4**	**3.3**	**3.5**
县及县以上医院	2 952.5	2 767.2	100.2	3.4	3.6
卫生部门	2 095.7	2 073.1	86.8	4.1	4.2
工业及其他部门	822.5	659.8	13.2	1.6	2.0
集体所有制	34.3	34.3	0.2	0.6	0.6
农村乡卫生院	693.8	689.9	19.8	2.9	2.9
其他医院	11.5	11.5	0.4	3.5	3.5

病人疾病死亡情况

（1990年）

城市			农村		
顺位	死亡原因	占死亡总人数的%	顺位	死亡原因	占死亡总人数的%
1	循环系统疾病	19.6	1	传染病和寄生虫病	20.0
2	肿　　瘤	17.7	2	消化系统疾病	15.4
3	消化系统疾病	12.5	3	损伤和中毒	13.6
4	损伤和中毒	11.8	4	循环系统疾病	12.5
5	传染病和寄生虫病	11.0	5	呼吸系统疾病	11.3
6	呼吸系统疾病	10.5	6	肿　　瘤	7.8
7	起源于围产期的情况	5.4	7	起源于围产期情况	7.6
8	泌尿生殖系统疾病	3.1	8	内分泌、营养和代谢疾病及免疫疾病	2.8
9	神经系统和感觉器官疾病	2.1	9	神经系统和感觉器官疾病	2.3
10	内分泌、营养和代谢疾病及免疫疾病	1.6	10	泌尿生殖系统疾病	2.0
11	体征、病状和不明确情况	1.1	11	妊娠病、分娩病和产褥期併发症	1.3
12	先天异常	1.1	12	先天异常	0.9
13	血液和造血器官疾病	1.0	13	血液和造血器官疾病	0.9
14	妊娠病、分娩病及产褥期併发症	0.5	14	体征、病状和不明确情况	0.8
15	皮肤和皮下组织疾病	0.5	15	皮肤和皮下组织疾病	0.6
16	肌肉骨骼系统和结缔组织疾病	0.4	16	肌肉、骨骼系统和结缔组织疾病	0.2
17	精神病	0.1	17	精神病	…

主要年份体育事业

指　　标	单位	1980年	1985年	1989年	1990年
一、各级举办运动竞赛会	次	818	1251	5206	5581
#省　级	次	16	32	46	37
地市级	次	117	141	231	389
县区级	次	685	959	2104	2331
参加运动会的运动员人数	万人	20.93	23.56	102.69	130.41
二、等级裁判员发展人数	人	1681	2198	1273	2008
三、等级运动员发展人数	人	1215	789	1271	1517
四、《国家体育锻炼标准》及格人数	万人	15.71	88.56	128.17	142.36
五、体育场地数					
运动场	个		50	97	101
体育场	座	8	10	11	12
灯光球场	个	138	223	275	277
游泳池	个	17	28	85	89
六、在国际国内比赛中获奖牌数	枚		212	101	90
金　牌	枚		67	34	28
银　牌	枚		71	30	33
铜　牌	枚		74	27	29

主要年份少年儿童业余体育学校基本情况

指　　标	单位	1980年	1985年	1989年	1990年
一、学校数	所	92	103	142	133
二、在校学生数	人	4996	5277	7202	7122
三、输送到优秀运动队人数	人	82	141	81	57
四、专职教练员人数	人	259	290	374	400

主要年份工会组织情况

年份	工会基层组织数（万个）	全省已建工会组织的基层单位的职工与会员人数（万人）				工会专职工作人员人数（万人）
		职工人数	#女职工	会员人数	#女会员	
1980	1.28	193.33	57.67	162.17		0.70
1985	1.78	260.16	90.84	229.87	77.46	1.55
1986	1.87	265.37	90.04	234.39	79.74	1.28
1987	1.95	274.43	96.85	243.38	84.88	1.29
1988	2.01	283.54	101.39	250.24	89.69	1.29
1989	2.10	293.33	102.66	260.64	93.71	1.45
1990	2.14	299.93	107.36	271.76	97.41	1.56

主要年份共青团和少先队组织情况

年份	基层团支部（万个）	共青团员（万人）	#女团员	专职团干部（人）	少先队员数（万人）	辅导员数（万人）
1978	11.10	133.22	49.87	4 342		
1980	10.56	124.04	41.80	4 732		
1985	6.48	152.69	53.00	6 473	574.05	16.78
1986	6.64	169.37	56.83	6 729	550.80	14.05
1987	6.75	183.48	60.62	6 542	587.38	15.61
1988	6.78	181.34	58.23	6 337	562.21	15.97
1989	6.88	161.66	50.39	6 074	560.87	15.32
1990	6.75	162.03	53.60	6 725	549.83	15.31

主要年份妇联系统组织情况

单位：个

	1986年	1987年	1988年	1989年	1990年
城镇街道基层妇代会		1 938	2 274	2 146	1 843
农村基层妇代会	22 061			21 724	21 098
乡镇企业妇委会		21 697	18 940	4 456	1 289
机关、事业单位妇委会		718	980	1 714	1 555

律师、公证及调解工作基本情况

指　　标	单 位	1985年	1989年	1990年	1990年比1985年增长%	1990年比1989年增长%
一、律师工作						
法律顾问处	个	103	116	118	14.6	1.7
律师工作者	人	838	1 908	1 908	1.3倍	平
#律　师	人	702	1 552	1 820	1.6倍	17.3
专职律师	人	524	524	792	51.1	51.1
兼职律师	人	111	944	944	7.5倍	平
聘请担任常年法律顾问的单位	处	763	4 380	4 124	4.4倍	-5.8
民事代理	件	3 191	12 871	11 688	2.7倍	-9.2
刑事辩护	件	2 350	8 250	7 952	2.4倍	-3.6
非诉讼事件	件	748	51 288	32 652	42.7倍	-36.3
涉外法律事务	件	1	89	22	21.0倍	-75.3
解答法律询问	万件	2.8	9.9	9.2	2.3倍	-7.1
代写法律事务文书	万件	0.9	2.2	2.0	1.2倍	-9.1
二、公证工作						
公 证 处	个	96	100	104	8.3	4.0
公证人员	人	347	543	537	54.8	-1.1
#公 证 员	人	193	307	331	71.5	7.8
助理公证员	人	47	79	74	57.4	-6.3
办理公证文书	万件	4.4	22.7	22.8	4.2倍	0.4
#国内经济合同公证	万件	3.2	16.8	14.2	3.4倍	-15.5
三、人民调解工作						
专职司法助理员	人	1 844	1 326	1 461	-20.8	10.2
人民调解委员会	万个	2.5	2.7	2.7	8.0	平
调解人员	万人	20.7	19.2	20.9	1.0	8.9
调解民间纠纷	万件	21.7	20.0	21.6	-0.5	8.0
#调解成功所占比重	%	93.4	96.4	97.4	4.3	1.0

主要年份婚姻登记情况

年份	准予登记结婚（对）	初婚（人）	再婚（人）	离婚（对）
1978	159 661	150 186	9 475	10 400
1980	148 365	284 253	12 477	10 200
1985	232 469	453 632	11 306	11 113
1986	231 917	453 021	10 813	11 241
1987	258 275	504 338	12 212	12 473
1988	250 353	488 228	12 478	14 063
1989	283 406	551 914	13 075	16 391
1990	334 773	652 052	17 494	17 637

各地区婚姻登记情况

（1990年）

地区	准予登记结婚（对）	初婚（人）	再婚（人）	离婚（对）
合计	**334 773**	**652 052**	**17 494**	**17 637**
南昌市	29 164	56 547	1 781	1 148
景德镇市	15 682	28 815	2 549	472
萍乡市	15 023	29 105	941	324
九江市	26 882	52 146	1 618	1 037
新余市	9 753	18 715	791	251
鹰潭市	8 365	16 294	436	250
赣州地区	55 641	109 878	1 404	1 072
宜春地区	67 158	130 589	3 727	739
上饶地区	51 559	101 134	1 984	555
吉安地区	34 746	68 721	771	373
抚州地区	20 800	40 108	1 492	473

注：分地市离婚人数未包括法院调解、判决离婚人数，故小于总计。

社会福利事业

指标	单位	1985年	1989年	1990年	1990年比1985年增长%	1990年比1989年增长%
一、民政部门办的社会福利单位						
优抚、休养院	个	25	23	24	-4.0	4.3
社会福利院	个	77	90	92	19.5	2.2
精神病福利院	个	2	2	2	平	平
年末收养人数	人	3 390	3 873	3 968	17.1	2.5
二、城镇集体办光荣院、敬老院						
光　荣　院	个	9	21	25	1.8倍	19.0
敬　老　院	个	111	212	298	1.7倍	40.6
年末收养人数	人	2 336	4 225	5 855	1.5倍	38.6
三、农村集体办光荣院、敬老院						
光　荣　院	个	216	240	236	9.3	-1.7
敬　老　院	个	1 493	1 705	1 680	12.5	-1.5
年末收养人数	人	26 743	32 351	32 523	21.6	0.5
四、民政部门办的社会福利生产、经营单位数	个	148	201	212	43.2	5.5
全部职工人数	人	10 197	11 971	12 536	22.9	4.7
#盲聋哑残人数	人	3 914	5 003	4 411	12.7	-11.8
五、集体给予供养散居孤老残幼人数	人	98 092	109 925	160 783	63.9	46.3

县以上企业伤亡人数

单位：人

地区	重伤人数			死亡人数		
	1989年	1990年	1990年比1989年增长%	1989年	1990年	1990年比1989年增长%
总计	**487**	**362**	**-25.7**	**343**	**249**	**-27.4**
一、按经济类型分						
#全民所有制企业	405	321	-20.7	289	217	-24.9
县以上城镇集体所有制企业	76	39	-48.7	43	25	-41.9
二、按地区分						
南昌市	101	81	-19.8	32	24	-25.0
景德镇市	33	29	-12.1	62	15	-75.8
萍乡市	18	15	-16.7	31	20	-35.5
九江市	47	35	-25.5	23	21	-8.7
新余市	42	22	-47.6	11	12	9.1
鹰潭市	8	13	62.5	8	5	-37.5
赣州地区	53	31	-41.5	23	28	21.7
宜春地区	97	70	-27.8	65	49	-24.6
上饶地区	27	10	-63.0	34	43	26.5
吉安地区	41	30	-26.8	30	27	-10.0
抚州地区	20	26	30.0	24	5	-79.2

乡镇企业职工死亡人数

单位：人

地区	1989年	1990年	1990年比1989年增长%
总计	**240**	**147**	**-38.8**
#乡镇煤矿	176	93	-47.2
其他乡镇企业	64	54	-15.6
按地区分			
南昌市	8	10	25.0
景德镇市	35	14	-60.0
萍乡市	58	30	-48.3
九江市	7	1	-85.7
新余市	12	4	-66.7
鹰潭市	2	2	平
赣州地区	10	4	-60.0
宜春地区	54	50	-7.4
上饶地区	23	9	-60.9
吉安地区	28	18	-35.7
抚州地区	3	5	66.7

火灾、交通事故情况

指标	单位	1985年	1989年	1990年	1990年比1985年增长%	1990年比1989年增长%
一、火灾情况						
次数	次	842	522	896	6.4	71.6
死亡	人	59	30	63	6.8	1.1倍
伤人	人	59	46	87	47.5	89.1
损失折款	万元	1148.59	645.09	1139.06	-0.8	76.6
二、交通事故情况						
次数	次	4823	5909	5326	10.4	-9.9
死亡	人	1213	1596	1387	14.3	-13.1
伤人	人	3138	3611	3343	6.5	-7.4
损失折款	万元		620.15	572.86		-7.6

各地区火灾、交通事故情况

（1990年）

地区	次数（次）		死亡（人）		伤人（人）		损失折款（万元）	
	火灾	交通事故	火灾	交通事故	火灾	交通事故	火灾	交通事故
总计	**896**	**5326**	**63**	**1387**	**87**	**3343**	**1139.06**	**572.86**
南昌市	100	1010	18	177	18	525	266.72	88.63
景德镇市	33	310	1	74	5	155	47.98	16.67
萍乡市	34	293	1	40	2	199	14.23	18.45
九江市	94	551	3	128	14	336	105.62	126.87
新余市	47	147	2	32	4	81	25.24	8.42
鹰潭市	44	153	3	37	4	51	17.78	20.84
赣州地区	106	663	7	200	8	490	132.95	47.23
宜春地区	186	436	8	177	16	262	149.67	34.52
上饶地区	95	494	11	183	3	406	231.17	73.60
吉安地区	84	831	4	225	6	534	87.21	97.78
抚州地区	73	438	5	114	7	304	60.49	39.85

主要统计指标解释

医院 指名称为医院，设有固定床位能收容病人住院并能为病人提供医疗、护理服务的医疗机构。包括县及县以上医院、农村乡卫生院、其他医院三部份。按所属性质分为卫生部门、工业及其他部门、集体所有制三类。其中县及县以上医院按业务性质分为综合医院和专科医院。

卫生技术人员 指卫生事业机构支付工资的全部固定职工和合同制职工中现任职务为卫生技术工作人员。包括中医师、西医师、中西医结合高级医师、护师、中药师、西药师、检验师、其他技师、中医士、西医士、护士、助产士、中药剂士、西药剂士、检验士、其他技士、其他中医、护理员、中药剂员、西药剂员、检验员、其他初级卫生技术人员。

医生 指经卫生部门审查合格，从事医疗工作的专业人员。分为中医医生和西医医生，包括卫生技术人员中的中医师、西医师、中西医结合高级医师、中医士、西医士和其他中医。

等级运动员人数 指经考核正式批准授予等级运动员称号的人数。运动员等级分为国际级运动健将、运动健将、一级运动员、二级运动员、三级运动员、少年级运动员。

等级裁判员人数 指经考核正式批准授予等级裁判员称号的人数。裁判员等级分为国际裁判、国家级裁判、一级裁判、二级裁判、三级裁判。

运动场 指有200米跑道（中心含足球场）和固定道牙，跑道6条以上，没有固定看台的室外田径场地。

体育场 指有400米跑道（中心含足球场）和固定道牙，跑道6条以上，并有固定看台的田径场地。以看台容纳观众人数分：甲级25000人以上，乙级15000—25000人，丙级5000—15000人，丁级5000人以下，共四级。

律师工作者 指受聘参加法律顾问处工作，担任法律顾问、刑（民）事代理人、刑事辩护人，办理非诉讼事件、解答法律询问、代写法律事务文书等主要律师业务的专职法律工作者和兼职律师。

公证人员 指在国家公证机关依法办理公证事务的司法人员。包括公证员、助理公证员和在公证处工作的其他人员。

办理公证 指公证处年内办结的公证文书件数。公证文书系按司法部规定或批准的格式制作。包括国内公证和涉外公证两部分。其中国内公证分为经济合同公证和民事法律关系公证两大类。

调解人员 在人民调解委员会担负调解民间一般民事纠纷和轻微违法行为所引起的纠纷的工作人员。包括调解委员会的委员和调解小组的调解员。

调解民间纠纷 指调解委员会依照法律规定，根据自愿原则，用说服教育的方法调解民间发生的有关民事权利和义务的争执，促成当事双方达到协议和谅解，解决纠纷。包括婚姻家庭纠纷，财产权益纠纷等。包括法院管理调解的民事案件数。

社会福利事业单位 指集中收养社会孤、老、残、幼的机构。包括由民政部门管理的社会福利院、儿童福利院、精神病人福利院和城镇集体办的福利院，以及农村集体举办的敬老院。

社会福利事业单位收养人数 包括民政部门管理的和城镇及农村集体举办的社会福利事业单位中收养的老人、少年儿童、缺乏生活自理能力的残疾人员和精神病人。

十八、市、县基本情况

●1990年，全省设6个省辖市，10个县级市，74个县。

●1990年，全省40个重点老区市、县土地面积8.67万平方公里，人口1 593万人，分别占全省的52.0%和41.8%。

●1990年，全省13个商品粮基地县耕地面积838.07万亩，占全省的23.8%；农业机械总动力160.85万千瓦，占全省的24.1%，粮食总产量424.25万吨，占全省的25.6%。

市、县社会经济主要指标

（1990年）

指标	单位	全省总计	40个重点老区市、县	18个扩权市、县	42个山区市、县	27个丘陵市、县	21个平原市、县
年末总人口	万人	3 761.42	1 593.10	660.93	1 347.05	1 211.90	1 202.47
#非农业人口	万人	708.40	215.72	83.50	193.82	205.20	309.39
土地面积	平方公里	166 947	86 729	35 440	87 411	47 308	32 227
国内生产总值（当年价格）	万元	4 195 400	1 332 537	529 866	1 222 404	1 191 408	1 503 418
国民收入（当年价格）	万元	3 540 300	1 186 043	469 342	1 083 431	1 063 049	1 310 335
工农业总产值（1990年不变价格）	万元	7 274 089	2 294 351	968 290	2 009 703	2 301 426	3 007 458
工农业总产值（1980年不变价格）	万元	4 338 644	1 258 087	517 767	1 122 316	1 322 280	1 725 052
工农业总产值（当年价格）	万元	6 809 921	2 094 792	855 945	1 817 251	2 156 569	2 835 184
农业总产值	万元	2 552 437	994 317	412 858	905 908	809 793	836 736
（1）种植业	万元	1 364 881	523 090	222 374	456 252	438 212	470 417
（2）林业	万元	160 118	85 864	34 434	100 313	42 582	17 223
（3）牧业	万元	673 432	248 725	99 339	222 841	214 759	235 832
（4）副业	万元	250 543	105 310	44 043	100 493	85 435	64 615
（5）渔业	万元	103 463	31 328	12 668	26 009	28 805	48 649
工业总产值	万元	4 257 484	1 100 520	443 127	911 348	1 346 816	1 998 448
#村及村以下办工业	万元	675 074	218 656	66 609	173 164	228 417	268 762
粮食总产量	万吨	1 658.20	671.26	297.48	561.89	564.19	552.92
全民独立核算工业企业财务指标							
产品销售收入	万元	2 503 577	617 686	282 952	482 529	794 070	1 226 983
利税总额	万元	213 621	51 911	22 678	58 463	77 095	128 603
资金总额	万元	2 549 383	711 861	281 089	603 073	801 751	1 139 162
固定资产原值年末数	万元	2 338 517	730 157	287 114	588 525	769 434	981 228
工业总产值（1990年不变价格）	万元	2 844 272	691 474	334 248	562 294	922 160	1 360 081
工业总产值（当年价格）	万元	2 717 500	649 962	298 558	516 505	877 811	1 323 558
全民所有制单位基本建设投资	万元	260 116	107 708	55 122	61 344	79 040	101 825
全民所有制单位更新改造投资	万元	175 189	39 240	11 912	43 795	43 151	74 695
城镇集体所有制单位固定资产投资	万元	14 567	4 561	2 168	2 802	6 238	5 519
社会商品零售总额	万元	1 817 497	575 489	252 886	511 034	538 065	768 398
社会农副产品收购总额	万元	955 510	295 913	148 111	254 282	280 585	385 570
粮食收购量（贸易粮）	万吨	453.41	141	73	109	142	184
中等专业学校在校学生数	人	61 675	10 224	2 616	7 674	16 026	38 117
普通中学在校学生数	万人	181.06	67.94	28.15	57.84	58.77	63.62
农业、职业中学在校学生数	人	116 927	40 480	14 824	38 179	33 513	44 759
小学在校学生数	万人	450.44	200.43	82.98	166.46	149.71	139.55
卫生机构数	个	5 632	1 993	844	1 935	1 623	2 074
卫生技术人员数	人	116 786	35 915	13 970	32 906	32 974	50 906
#医生	人	51 994	14 431	5 854	13 515	13 697	21 369
医院病床数	张	82 601	24 297	9 589	22 958	23 890	35 756
职工工资总额	万元	656 975	179 188	68 792	159 581	186 814	305 047
地方财政预算内收入	万元	406 155	98 428	39 393	92 031	119 984	191 726
城乡居民储蓄存款年末余额	万元	1 427 897	408 471	181 137	370 309	412 819	640 174

注：人口数为公安年报数，以下同。

16个城市社会经济主要指标(1—1)

（1990年）

指标	单位	16个城市合计	16个城市占全省比重（%）	南昌市	景德镇市	萍乡市	九江市
一、人口和土地面积							
年末总人口	万人	916.78	24.4	135.41	35.77	139.69	42.38
非农业人口	万人	362.47	51.2	108.61	28.12	42.56	29.12
农业人口	万人	554.31	18.2	26.80	7.65	97.13	13.26
年平均人口	万人	909.17	24.4	134.02	35.54	138.69	41.91
社会劳动者人数	万人	506.46	27.9	85.64	21.36	75.44	39.75
土地面积	平方公里	20 406	12.2	617	408	2 765	699
#建城区面积	平方公里	274		65	30	21	31
二、综合							
工农业总产值（当年价格）	万元	2 810 943	41.3	765 404	158 885	260 460	303 468
工农业总产值（1990年不变价）	万元	3 106 411	42.7	794 980	167 439	266 127	329 839
工农业总产值（1980年不变价）	万元	1 973 576	45.5	568 571	123 878	170 702	184 474
国民收入（当年价格）	万元	1 252 106	35.4	308 550	74 618	114 920	75 897
国内生产总值（当年价格）	万元	1 476 171	35.2	379 714	94 470	135 200	100 366
第一产业	万元	348 325	19.8	11 248	4 836	34 815	4 435
第二产业	万元	641 292	48.0	189 931	54 489	63 210	58 106
第三产业	万元	486 554	44.2	178 535	35 145	37 175	37 825
三、农业							
农业总产值（当年价格）	万元	533 966	20.9	31 212	7 209	48 789	8 928
1.种植业产值	万元	277 885	20.4	16 621	3 848	25 653	4 830
2.林业产值	万元	23 557	14.7	642	220	3 069	200
3.牧业产值	万元	152 028	22.6	10 162	1 789	13 922	2 249
4.副业产值	万元	59 915	23.9	2 195	1 196	4 513	606
5.渔业产值	万元	20 581	19.9	1 592	156	1 632	1 043
农业总产值（1990年不变价格）	万元	570 344	20.1	29 151	7 073	57 308	9 738
农业总产值（1980年不变价格）	万元	254 989	20.5	11 996	2 805	24 760	3 997
乡（镇）劳动力	万人	263.47	18.9	11.72	3.12	51.96	5.87
年末实有耕地面积	万亩	597.27	16.9	18.44	7.79	58.64	10.79
粮食产量（含大豆）	万吨	312.98	18.9	8.12	3.14	37.18	4.33
油料产量（不含油茶籽）	吨	86 610	15.8	578	839	2 647	2 899
油茶籽产量	吨	34 903	25.6	378	20	7 563	122
棉花产量	吨	12 369	21.7	—	8	—	449
蔬菜产量	万吨	160.75		18.09	6.59	22.11	5.08
水果产量	吨	36 514	15.7	962	51	1 699	431
猪、牛、羊肉产量	吨	234 298	22.9	11 334	2 286	29 151	2 618
禽蛋产量	吨	44 909	26.8	5 550	349	2 226	793
水产品产量	吨	84 075	27.4	6 726	525	30 155	2 497
农业机械总动力	万瓦（特）	121 439	18.2	8 961	2 864	48	6 131
有效灌溉面积	万亩	473	17.2	18	7	39	8
农村用电量	万千瓦小时	50 242	31.4	8 938	790	16 077	1 782
农民人平纯收入	元	—	—	884.55	692.84	654.81	694.45

注：各城市数字为市区数，以下同。

16个城市社会经济主要指标(1—2)

（1990年）

指标	单位	16个城市合计	16个城市占全省比重（%）	南昌市	景德镇市	萍乡市	九江市
四、工业							
企业单位数（乡及乡以上）	个	5 463	31.0	1 251	307	647	329
全部工业总产值（当年价格）	万元	2 413 976	56.7	734 191	151 676	211 671	294 540
#城镇个体和城镇合作工业总产值	万元	8 838	52.6	494	1 376	281	1 203
村及村以下办工业	万元	278 160	41.2	68 249	5 061	55 118	9 625
全部工业总产值（1990年不变价格）	万元	2 536 038	57.2	765 829	160 366	208 819	320 101
#村及村以下办工业	万元	277 737	40.8	68 267	5 361	56 845	9 442
全部工业总产值（1980年不变价格）	万元	1 718 587	55.5	556 575	121 073	145 942	180 477
乡及乡以上工业总产值（当年价格）	万元	2 126 948	59.4	665 448	145 239	156 272	283 712
轻工业	万元	884 421	56.5	325 624	73 295	44 534	96 692
重工业	万元	1 242 527	61.6	339 824	71 944	111 738	187 020
全部独立核算工业企业财务指标							
产品销售收入	万元	1 889 294	61.2	598 236	117 990	143 051	254 667
#产品销售税金	万元	135 173	62.9	48 904	6 950	8 733	21 075
教育费附加	万元	2 155	62.3	659	126	146	377
资源税	万元	106	32.7	—	—	9	1
盈利企业的利润总额	万元	100 248	62.0	32 257	5 654	3 815	8 788
亏损企业的亏损总额	万元	78 803	63.3	19 741	2 946	19 609	8 118
固定资产原值年末数	万元	1 524 132	56.9	417 297	115 190	146 686	188 204
固定资产净值年末数	万元	1 021 766	56.2	265 532	76 575	100 417	130 654
定额流动资金年平均余额	万元	739 950	62.9	261 055	61 375	51 846	77 980
工业总产值（1990年不变价格）	万元	2 153 855	60.0	685 708	147 914	148 606	253 355
工业总产值（当年价格）	万元	2 084 015	60.7	654 545	139 993	153 216	278 876
工业净产值（当年价格）	万元	506 187	57.8	174 025	46 509	33 867	52 832
全部职工年平均人数	万人	108.72	55.9	30.91	10.06	13.58	9.56
全民独立核算工业企业财务指标							
产品销售收入	万元	1 565 647	62.5	493 832	95 883	93 257	238 004
#产品销售税金	万元	118 460	64.3	44 002	5 716	5 609	20 321
教育费附加	万元	1 928	64.8	587	108	83	372
资源税	万元	106	54.9	—	—	9	1
盈利企业的利润总额	万元	86 559	63.6	28 319	4 883	2 290	8 402
亏损企业的亏损总额	万元	71 804	65.3	17 867	2 113	17 632	7 774
固定资产原值年末数	万元	1 361 472	58.2	371 145	100 948	113 986	178 249
固定资产净值年末数	万元	914 139	57.8	235 512	68 002	78 728	124 687
定额流动资金年平均余额	万元	619 804	64.1	219 477	52 024	32 024	71 704
工业总产值（1990年不变价格）	万元	1 740 053	61.2	551 056	119 379	87 839	232 158
工业总产值（当年价格）	万元	1 690 965	62.2	526 379	114 563	94 424	257 951
工业净产值（当年价格）	万元	394 042	58.6	138 286	37 526	16 325	47 694
全部职工年平均人数	万人	74.80	57.6	20.92	6.49	7.83	7.92
集体独立核算工业企业财务指标							
产品销售收入	万元	305 776	54.7	102 918	21 821	49 794	16 673
#产品销售税金	万元	16 003	53.5	4 845	1 217	3 124	754

16个城市社会经济主要指标(1—3)

（1990年）

指标	单位	16个城市合计	16个城市占全省比重(%)	南昌市	景德镇市	萍乡市	九江市
教育费附加	万元	234	48.6	72	18	63	5
盈利企业的利润总额	万元	11 784	50.3	3 759	770	1 525	386
亏损企业的亏损总额	万元	6 781	48.9	1 709	821	1 977	344
固定资产原值年末数	万元	157 359	48.0	45 543	13 456	32 700	9 955
固定资产净值年末数	万元	103 861	45.7	29 572	8 430	21 689	5 967
定额流动资金年平均余额	万元	111 275	56.2	39 836	9 167	19 822	6 276
工业总产值（1990年不变价格）	万元	390 254	54.4	133 234	28 251	60 767	21 197
工业总产值（当年价格）	万元	372 753	54.2	126 464	25 093	58 792	20 925
工业净产值（当年价格）	万元	106 608	54.3	35 028	8 912	17 542	5 138
全部职工年平均人数	万人	33.69	52.6	9.94	3.52	5.75	1.64
五、交通、邮电、电力							
铁路客运量（发送量）	万人	1 334	73.0	403	50	131	136
铁路货运量（发送量）	万吨	1 499	57.0	22	126	470	51
公路客运量（发送量）	万人	11 014	48.6	1 796	593	718	690
公路货运量（发送量）	万吨	5 288	38.3	1 288	384	32	323
水运客运量（发送量）	万人	359	66.0	50	—	—	245
水运货运量（发送量）	万吨	504	36.5	90	1	—	233
邮电业务计费总量(1990年不变价格)	万元	16 201	59.0	6 903	912	819	1 771
年末电话机数	部	132 239	58.9	48 665	8 827	14 119	14 915
全年用电量	万千瓦小时	626 459		193 011	29 526	69 493	67 087
#工业用电	万千瓦小时	502 151		147 081	21 911	60 229	55 908
城乡居民生活用电	万千瓦小时	45 421		13 777	5 372	2 951	1 377
六、固定资产投资							
全民所有制单位固定资产投资	万元	250 593	53.1	66 449	12 011	17 462	27 143
#非生产性建设	万元	53 628	49.6	18 600	1 946	3 567	4 016
#住宅建设	万元	23 497	41.6	5 385	839	1 752	1 857
全民所有制单位基本建设投资	万元	143 877	55.3	32 614	3 258	8 555	18 965
#非生产性建设	万元	41 145	64.7	16 066	1 819	2 413	3 621
#住宅建设	万元	18 289	66.9	5 119	798	1 199	1 735
城镇集体所有制单位固定资产投资	万元	8 264	56.7	2 450	619	1 787	34
#非生产性建设	万元	2 263	65.4	350	53	665	1
#住宅建设	万元	1 236	62.7	281	33	164	1
城镇个人固定资产投资	万元	10 785	39.7	2 444	565	2 000	390
#非生产性建设	万元	8 963	33.0	2 444	565	1 050	390
#住宅建设	万元	8 486		2 098	565	1 000	390
本年新增固定资产							
（1）全民所有制单位	万元	165 607	53.1	49 997	10 718	17 563	12 498
（2）城镇集体所有制单位	万元	7 328	55.6	2 128	890	1 258	131
施工住宅建筑面积	万平方米	194.03	46.0	43.26	9.94	16.00	12.08
竣工住宅建筑面积	万平方米	116.46	48.9	21.23	5.64	10.77	6.50

16个城市社会经济主要指标(1—4)

（1990年）

指 标	单 位	16个城市合计	16个城市占全省比重(%)	南昌市	景德镇市	萍乡市	九江市
七、市政公事用业							
年末实有住宅居住面积	万平方米	2 191.66	100.0	684.03	201.90	211.68	194.00
城市居住人口（与居住面积同口径）	万人	341.08	100.0	108.61	30.70	41.89	27.80
平均每人居住面积	平方米	6.43	—	6.30	6.58	5.05	6.98
年末自来水生产能力(包括自备水源)	万吨／日	414.50	100.0	82	11	12	153
全年供水总量	万吨	80 818	68.6	26 564	4 916	2 649	4 998
#生 活 用 量	万吨	24 339	100.0	9 378	2 103	1 079	2 060
生活用水人口	万人	330.22	100.0	129.55	28.50	25.00	26.90
年末实有铺装道路面积	万平方米	1 105	98.7	292	74	26	94
年末实有公共汽（电）车营运车辆	辆	1 010	92.6	350	85	94	100
城市下水道总长度	公里	897	100.0	269	66	39	62
建城区道路绿化覆盖面积	公顷	394	98.0	124	40	23	52
八、商 业							
社会商品零售总额	万元	779 450	42.9	203 934	40 128	79 700	72 224
1.对居民和社会集团的消费品零售额	万元	703 847	46.3	196 331	38 319	73 937	69 618
2.对农民的农业生产资料零售额	万元	75 603	25.4	7 603	1 809	5 763	2 606
城乡集市贸易成交额	万元	288 508	42.5	65 820	9 358	25 063	42 703
零售商业、饮食业、服务业机构	个	101 914	28.5	16 419	6 093	12 515	7 567
零售商业、饮食业、服务业人员	人	366 366	39.4	81 434	16 512	31 071	37 035
社会农副产品收购总额	万元	281 387	29.4	80 519	8 357	16 611	24 806
粮食收购量（贸易粮）	万吨	83	18.3	7	1	3	4
食用植物油收购量	吨	26 735	28.7	5 862	901	1 398	818
棉花收购量	吨	10 249	20.1	151	…	11	293
猪和猪肉收购量	百头	19 086	32.9	3 581	764	1 294	1 434
外贸收购总额（实际价格）	万元	1 74 882	64.8	45 812	20 818	10 099	14 333
九、财政、金融、保险							
地方财政预算内收入	万元	226 821	55.8	85 749	13 376	13 939	18 530
地方财政预算内支出	万元	146 359	28.8	36 061	10 721	14 125	15 636
城乡居民储蓄年末余额	万元	694 558	48.6	231 443	43 524	53 972	44 300
银行现金收入	万元	1 711 299	49.2	547 485	96 661	137 953	138 707
银行现金支出	万元	1 682 758	47.0	475 702	107 799	157 008	133 689
承 保 额	万元	3 404 689	50.3	1 105 580	325 297	252 237	364 848
保 费	万元	14 078	62.1	4 711	1 233	1 054	606
已决赔款	万元	5 353	52.7	2 126	515	477	169
十、劳动工资、人民生活							
全部职工							
年末人数	万人	209.86	54.3	71.36	17.18	20.44	17.78
年平均人数	万人	206.82	54.2	70.42	16.87	20.07	17.63
工资总额	万元	382 100	58.2	130 784	29 235	37 708	32 480
#奖 金	万元	57 493	62.4	19 237	4 387	5 851	4 414

16个城市社会经济主要指标(1—5)

（1990年）

指标	单位	16个城市合计	16个城市占全省比重（%）	南昌市	景德镇市	萍乡市	九江市
工业企业职工							
年末人数	万人	107.88	64.2	35.75	11.00	12.25	8.61
年平均人数	万人	106.05	64.2	35.50	10.76	12.03	8.48
工资总额	万元	195 721	66.2	62 777	18 113	23 758	15 596
#奖金	万元	28 092	66.7	7 759	2 594	3 769	2 138
全民所有制单位全部职工							
年末人数	万人	160.94	52.9	53.18	11.45	13.36	14.89
年平均人数	万人	158.51	52.9	52.54	11.15	13.07	14.76
工资总额	万元	317 405	57.5	106 960	21 231	28 270	28 525
#奖金	万元	50 801	61.9	17 178	3 535	4 863	4 110
全民所有制单位工业企业全部职工							
年末人数	万人	76.65	61.7	23.30	6.57	7.61	7.18
年平均人数	万人	75.38	61.7	23.16	6.34	7.42	7.07
工资总额	万元	155 086	64.3	46 753	12 096	17 525	13 640
#奖金	万元	24 245	65.3	6 569	1 916	3 202	1 942
城市居民人均年生活费收入	元	—	—	1 245.44	1 060.11	1 039.68	1 106.22
城市居民人均年生活费支出	元	—	—	1 085.52	936.06	994.56	958.05
#食品支出	元	—	—	690.92	596.29	603.84	574.43
城市职工生活费用价格指数	%	—	—	103.30	104.10	100.40	104.30
消费品零售物价指数	%	—	—	101.80	103.00	99.80	103.50
#食品价格指数	%	—	—	102.00	102.80	96.40	101.90
十一、教育、科技、文化、卫生							
高等学校在校学生数	人	55 954	98.8	30 939	2 219	999	3 108
中等专业学校在校学生数	人	41 781	67.7	15 994	2 436	2 431	5 499
普通中学在校学生数	万人	54.37	30.1	9.31	2.55	8.05	2.78
农业、职业中学在校学生数	人	37 082	31.7	10 676	2 204	3 671	2 058
技工学校在校学生数	人	27 542	80.4	12 896	1 070	1 103	3 158
小学在校学生数	万人	99.40	22.1	10.56	3.70	16.73	3.88
成人高等学校在校学生数	人	35 888	95.6	24 821	1 818	814	1 723
小学在校学生巩固率	%	—	—	97.80	96.94	99.10	98.90
学龄儿童入学率	%	—	—	99.60	99.11	99.10	99.80
自然科学方面的人员	人	163 471	59.0	70 316	8 985	11 555	11 815
#中级技术职称以上人员	人	58 892	82.0	28 941	2 819	2 392	5 309
社会科学方面的人员	人	164 151	45.0	64 191	8 256	13 153	10 638
#中级职称以上人员	人	40 066	62.6	16 595	3 242	3 263	3 061
电影放映单位	个	982	22.3	155	39	169	70
公共图书馆藏书	千册	6 175	63.5	3 144	465	365	810
医院数	个	520	22.6	66	23	64	43
医院病床数	张	37 849	45.8	9 952	2 538	3 791	3 278
医生数	人	23 091	44.4	7 346	1 438	2 095	2 132

16个城市社会经济主要指标(2—1)

（1990年）

指　　标	单　位	瑞昌市	新余市	鹰潭市	赣州市	宜春市	丰城市
一、人口和土地面积							
年末总人口	万人	37.55	67.58	13.44	38.31	83.75	108.13
非农业人口	万人	6.78	17.35	8.06	22.01	15.16	19.38
农业人口	万人	30.77	50.23	5.38	16.30	68.59	88.75
年平均人口	万人	37.38	67.21	13.25	38.08	83.14	107.02
社会劳动者人数	万人	17.05	35.38	6.75	21.43	41.82	52.82
土地面积	平方公里	1 423	1 776	137	479	2 532	2 845
#建城区面积	平方公里	6	16	11	16	15	5
二、综　　合							
工农业总产值（当年价格）	万元	52 097	303 970	38 224	132 419	15 480	209 747
工农业总产值（1990年不变价格）	万元	56 526	313 952	39 057	137 375	166 368	220 625
工农业总产值（1980年不变价格）	万元	35 680	163 163	23 007	86 678	108 535	131 020
国民收入（当年价格）	万元	29 540	91 565	12 899	59 660	83 487	114 649
国内生产总值（当年价格）	万元	29 667	108 284	18 346	68 341	96 648	129 116
第一产业	万元	14 538	34 533	5 958	9 502	41 702	71 057
第二产业	万元	9 971	43 677	4 318	35 874	28 218	33 567
第三产业	万元	5 158	30 074	8 070	22 965	26 728	24 492
三、农　　业							
农业总产值（当年价格）	万元	19 813	53 576	4 299	12 725	63 710	104 930
1.种植业产值	万元	10 229	30 562	2 503	6 913	27 509	59 819
2.林业产值	万元	1 003	1 460	49	293	5 567	3 190
3.牧业产值	万元	5 557	13 826	1 279	3 273	16 963	28 555
4.副业产值	万元	2 259	6 450	176	1 439	10 919	8 451
5.渔业产值	万元	765	1 278	292	807	2 752	4 915
农业总产值（1990年不变价格）	万元	22 220	54 425	3 960	12 316	70 403	114 346
农业总产值（1980年不变价格）	万元	9 650	23 203	1 594	5 493	33 215	53 526
乡（镇）劳动力	万人	13.06	23.43	2.41	8.02	32.36	41.29
年末实有耕地面积	万亩	28.48	68.85	4.39	12.07	58.89	131.63
粮食产量（含大豆）	万吨	8.35	31.80	2.00	5.03	34.98	69.05
油料产量（不含油茶籽）	吨	8 293	12 513	521	3 114	4 640	14 923
油茶籽产量	吨	827	3 968	30	321	12 634	4 745
棉花产量	吨	3 166	4 914	—	—	2	2 276
蔬菜产量	万吨	6.45	12.63	2.01	8.19	10.97	26.87
水果产量	吨	994	6 636	212	1 214	3 188	2 563
猪、牛、羊肉产量	吨	8 763	20 169	2 070	4 261	27 453	39 250
禽蛋产量	吨	986	3 512	248	653	4 072	13 678
水产品产量	吨	2 500	3 628	902	1 693	5 563	14 650
农业机械总动力	万瓦（特）	6 684	12 005	1 236	2 393	13 266	27 964
有效灌溉面积	万亩	16	60	4	9	44	105
农村用电量	万千瓦小时	658	3 967	221	1 111	2 234	6 471
农民人平纯收入	元	517.41	676.70	562.00	599.85	586.79	671.29

16个城市社会经济主要指标(2—2)

（1990年）

指标	单位	瑞昌市	新余市	鹰潭市	赣州市	宜春市	丰城市
四、工业							
企业单位数（乡及乡以上）	个	154	261	116	289	413	336
全部工业总产值（当年价格）	万元	32 284	250 394	33 925	119 694	88 770	104 817
#城镇个体和城镇合作工业总产值	万元	126	434	172	898	866	302
村及村以下办工业	万元	4 647	24 356	1 555	3 763	22 765	40 415
全部工业总产值（1990年不变价格）	万元	34 306	259 527	35 097	125 059	95 965	106 279
#村及村以下办工业	万元	3 242	23 776	1 437	3 763	23 338	40 294
全部工业总产值（1980年不变价格）	万元	26 030	139 960	21 413	81 185	75 320	77 494
乡及乡以上工业总产值（当年价格）	万元	27 511	225 604	32 198	115 003	65 139	64 100
轻工业	万元	7 796	30 651	15 384	49 644	22 796	17 676
重工业	万元	19 715	194 953	16 814	65 359	42 343	46 424
全部独立核算工业企业财务指标							
产品销售收入	万元	23 034	197 531	30 262	98 821	53 697	55 596
#产品销售税金	万元	816	19 447	520	6 932	2 742	2 305
教育费附加	万元	11	350	11	117	52	36
资源税	万元	—	6	…	—	…	87
盈利企业的利润总额	万元	1 626	4 058	1 596	4 955	3 555	2 469
亏损企业的亏损总额	万元	2 143	9 481	1 098	709	1 022	10 014
固定资产原值年末数	万元	51 391	156 903	13 527	68 372	46 008	80 219
固定资产净值年末数	万元	37 109	100 807	9 323	42 431	31 638	55 222
定额流动资金年平均余额	万元	20 300	58 355	10 786	35 830	23 648	15 693
工业总产值（1990年不变价格）	万元	28 797	234 802	32 700	119 391	67 788	62 702
工业总产值（当年价格）	万元	25 514	225 097	31 441	113 211	61 461	61 505
工业净产值（当年价格）	万元	7 332	38 847	5 801	31 289	18 460	12 463
全部职工年平均人数	万人	2.59	8.15	1.11	5.35	4.11	7.65
全民独立核算工业企业财务指标							
产品销售收入	万元	21 022	181 478	27 528	85 183	37 440	33 107
#产品销售税金	万元	712	18 876	412	6 119	1 750	1 262
教育费附加	万元	11	349	10	115	35	16
资源税	万元	—	6	…	—	…	87
盈利企业的利润总额	万元	1 429	3 201	1 483	4 391	2 906	1 006
亏损企业的亏损总额	万元	2 125	9 150	1 024	633	692	9 627
固定资产原值年末数	万元	49 939	148 700	11 662	63 721	36 493	68 804
固定资产净值年末数	万元	35 965	94 705	7 954	39 251	25 443	47 262
定额流动资金年平均余额	万元	20 300	54 263	9 701	32 378	17 949	10 380
工业总产值（1990年不变价格）	万元	25 629	214 729	28 621	101 097	46 813	37 865
工业总产值（当年价格）	万元	22 334	205 684	27 791	96 698	41 396	34 007
工业净产值（当年价格）	万元	6 420	33 889	4 778	26 938	12 606	3 176
全部职工年平均人数	万人	2.23	6.85	0.74	4.21	2.36	4.30
集体独立核算工业企业财务指标							
产品销售收入	万元	2 012	13 201	2 734	13 569	16 250	22 489
#产品销售税金	万元	104	489	108	779	991	1 043

16个城市社会经济主要指标(2—3)

（1990年）

指　　　标	单位	瑞昌市	新余市	鹰潭市	赣州市	宜春市	丰城市
教育费附加	万元	—	7	1	9	17	20
盈利企业的利润总额	万元	197	525	113	548	649	1 463
亏损企业的亏损总额	万元	18	291	74	76	330	387
固定资产原值年末数	万元	1 452	6 360	1 865	4 478	9 513	11 415
固定资产净值年末数	万元	1 144	4 536	1 369	3 014	6 194	7 960
定额流动资金年平均余额	万元	644	2 789	1 085	3 446	5 696	5 313
工业总产值（1990年不变价格）	万元	3 168	16 005	4 079	18 249	20 966	24 837
工业总产值（当年价格）	万元	3 180	15 428	3 650	16 465	20 057	27 498
工业净产值（当年价格）	万元	912	3 950	1 023	4 333	5 851	9 287
全部职工年平均人数	万人	0.36	1.28	0.37	1.13	1.75	3.35
五、交通、邮电、电力							
铁路客运量（发送量）	万人	—	101	203	—	66	33
铁路货运量（发送量）	万吨	—	186	85	—	85	318
公路客运量（发送量）	万人	223	550	261	399	972	626
公路货运量（发送量）	万吨	144	826	25	496	501	486
水运客运量（发送量）	万人	5	—	—	15	—	19
水运货运量（发送量）	万吨	13		6	29	—	45
邮电业务计费总量(1990年不变价格)	万元	193	790	431	801	714	391
年末电话机数	部	2 306	6 986	2 069	8 923	4 420	2 487
全年用电量	万千瓦小时	2 099	109 620	6 809	30 768	15 071	40 325
#工业用电	万千瓦小时	786	103 652	3 921	25 473	9 117	30 500
城乡居民生活用电	万千瓦小时	512	1 156	1 511	4 310	5 954	1 900
六、固定资产投资							
全民所有制单位固定资产投资	万元	2 973	19 608	2 602	12 291	5 456	6 893
#非生产性建设	万元	406	4 266	1 190	4 361	2 702	2 236
#住宅建设	万元	214	2 257	489	2 860	1 765	1 159
全民所有制单位基本建设投资	万元	1 707	9 815	1 147	5 305	2 661	5 371
#非生产性建设	万元	325	3 162	771	2 097	1 591	2 211
#住宅建设	万元	171	1 835	370	1 262	977	1 159
城镇集体所有制单位固定资产投资	万元	28	142	112	631	619	137
#非生产性建设	万元	7	106	74	154	342	53
#住宅建设	万元	—	50	10	142	293	47
城镇个人固定资产投资	万元	162	1 398	293	487	621	—
#非生产性建设	万元	162	1 042	293	487	621	—
#住宅建设	万元	162	1 042	293	487	555	—
本年新增固定资产							
（1）全民所有制单位	万元	1 897	13 771	2 617	9 778	6 958	4 243
（2）城镇集体所有制单位	万元	28	107	170	753	557	89
施工住宅建筑面积	万平方米	1.19	19.17	12.01	19.49	12.09	6.98
竣工住宅建筑面积	万平方米	0.72	16.08	6.59	10.28	8.19	5.61

16个城市社会经济主要指标(2—4)

（1990年）

指　　标	单　位	瑞昌市	新余市	鹰潭市	赣州市	宜春市	丰城市
七、市政公用事业							
年末实有住宅居住面积	万平方米	34.00	110.50	76.70	155.20	84.50	36.60
城市居住人口（与居住面积同口径）	万人	4.00	17.40	13.00	22.00	15.00	6.60
平均每人居住面积	平方米	8.50	6.35	5.90	7.05	5.56	5.55
年末自来水生产能力(包括自备水源)	万吨／日	3	66	9	12	12	3
全年供水总量	万吨	860	20 210	2 411	2 835	3 659	832
#生活用量	万吨	325	986	902	1 544	1 498	432
生活用水人口	万人	3.60	14.80	9.00	21.10	15.00	6.30
年末实有铺装道路面积	万平方米	39	71	51	114	64	30
年末实有公共汽（电）车营运车辆	辆	—	78	74	53	33	—
城市下水道总长度	公里	18	77	40	65	42	31
建城区道路绿化覆盖面积	公顷	8	6	33	14	13	9
八、商　　业							
社会商品零售总额	万元	13 927	46 610	26 393	36 945	43 682	54 510
1.对居民和社会集团的消费品零售额	万元	12 403	36 556	23 806	35 398	39 271	42 128
2.对农民的农业生产资料零售额	万元	1 524	10 054	2 587	1 547	4 411	12 382
城乡集市贸易成交额	万元	4 785	15 783	4 155	16 393	16 088	19 808
零售商业、饮食业、服务业机构	个	4 267	5 656	2 246	7 611	7 351	9 842
零售商业、饮食业、服务业人员	人	8 713	13 811	6 763	41 181	27 766	38 387
社会农副产品收购总额	万元	7 855	20 929	8 031	9 494	22 251	28 189
粮食收购量（贸易粮）	万吨	1	8	1	2	4	18
食用植物油收购量	吨	1 916	1 893	689	6 781	1 051	1 885
棉花收购量	吨	2 445	4 028	—	—	…	2 228
猪和猪肉收购量	百头	220	1 310	1 260	477	2 271	1 638
外贸收购总额（实际价格）	万元	536	10 840	4 622	20 897	4 841	2 745
九、财政、金融、保险							
地方财政预算内收入	万元	2 493	22 931	2 925	12 290	8 525	8 301
地方财政预算内支出	万元	3 138	10 902	5 337	5 818	7 191	8 450
城乡居民储蓄年末余额	万元	8 456	47 159	20 026	39 806	32 983	32 206
银行现金收入	万元	20 700	116 284	56 468	111 320	79 426	74 502
银行现金支出	万元	24 790	127 802	50 857	98 301	83 471	88 629
承保额	万元	519	334 485	73 235	139 000	88 901	82 281
保费	万元	260	670	409	854	650	601
已决赔款	万元	106	219	117	288	302	163
十、劳动工资、人民生活							
全部职工							
年末人数	万人	4.00	11.99	4.03	11.31	8.03	8.80
年平均人数	万人	3.93	11.75	3.99	11.10	7.91	8.75
工资总额	万元	6 571	25 489	8 107	20 932	13 649	17 310
#奖金	万元	651	4 506	1 875	2 903	1 955	2 746

16个城市社会经济主要指标(2—5)

（1990年）

指标	单位	瑞昌市	新余市	鹰潭市	赣州市	宜春市	丰城市
工业企业职工							
年末人数	万人	2.47	7.75	1.10	5.62	3.35	5.31
年平均人数	万人	2.29	7.57	1.08	5.51	3.29	5.28
工资总额	万元	4 327	17 319	1 750	10 359	5 710	11 151
#奖金	万元	389	3 121	419	1 411	866	1 770
全民所有制单位全部职工							
年末人数	万人	3.45	10.74	3.31	9.42	6.38	6.91
年平均人数	万人	3.38	10.53	3.26	9.25	6.27	6.80
工资总额	万元	5 822	23 617	7 152	18 326	11 622	14 741
#奖金	万元	608	4 158	1 488	2 564	1 758	2 494
全民所有制单位工业企业全部职工							
年末人数	万人	2.18	7.00	0.75	4.51	2.39	4.25
年平均人数	万人	2.15	6.85	0.74	4.43	2.35	4.16
工资总额	万元	3 955	16 191	1 341	8 664	4 554	9 798
#奖金	万元	374	2 891	277	1 185	742	1 669
城市居民人均年生活费收入	元	1 085.64	1 364.18	1 078.05	1 187.28	1 102.62	—
城市居民人均年生活费支出	元	862.44	1 188.37	953.19	1 097.28	994.71	—
#食品支出	元	433.80	641.89	523.68	668.64	564.02	—
城市职工生活费用价格指数	%	103.30	101.50	103.30	98.00	100.30	107.50
消费品零售物价指数	%	102.40	100.40	101.40	97.50	99.60	105.50
#食品价格指数	%	101.70	98.20	99.00	96.70	98.40	102.50
十一、教育、科技、文化、卫生							
高等学校在校学生数	人	—	—	—	6 102	3 217	—
中等专业学校在校学生数	人	—	1 053	1 175	3 951	2 440	—
普通中学在校学生数	万人	2.09	4.66	1.03	2.26	3.33	5.24
农业、职业中学在校学生数	人	1 121	3 609	633	1 960	1 955	2 471
技工学校在校学生数	人	103	1 237	—	4 320	1 582	—
小学在校学生数	万人	5.45	8.98	1.34	2.99	9.84	11.81
成人高等学校在校学生数	人	—	722	494	1 669	2 258	—
小学在校学生巩固率	%	97.20	98.65	99.30	99.03	99.40	98.90
学龄儿童入学率	%	97.90	99.53	99.10	99.42	99.50	98.50
自然科学方面的人员	人	2 416	9 189	1 735	12 061	7 474	5 506
#中级技术职称以上人员	人	442	2 751	837	4 525	2 554	1 231
社会科学方面的人员	人	736	9 301	763	12 811	9 304	8 732
#中级职称以上人员	人	163	1 573	231	2 860	2 179	1 372
电影放映单位	个	59	50	38	59	77	58
公共图书馆藏书	千册	62	111	12	180	133	54
医院数	个	35	35	6	38	33	44
医院病床数	张	1 158	1 949	658	2 836	2 443	1 878
医生数	人	485	1 046	115	1 588	1 246	1 096

16个城市社会经济主要指标(3—1)

（1990年）

指　　标	单　位	樟树市	上饶市	德兴市	吉安市	井冈山市	临川市
一、人口和土地面积							
年末总人口	万人	49.43	16.37	28.29	28.97	5.32	86.39
非农业人口	万人	9.38	13.24	9.08	14.86	1.47	17.29
农业人口	万人	40.05	3.13	19.21	14.11	3.85	69.10
年平均人口	万人	49.13	16.18	28.06	28.61	5.29	85.66
社会劳动者人数	万人	25.00	8.98	14.22	15.29	2.76	42.77
土地面积	平方公里	1 287	65	2 082	509	661	2 121
#建城区面积	平方公里	7	9	5	13	3	21
二、综　　合							
工农业总产值（当年价格）	万元	128 985	54 064	91 803	99 262	15 780	180 895
工农业总产值（1990年不变价格）	万元	133 622	56 039	104 284	108 592	14 037	197 549
工农业总产值（1980年不变价格）	万元	73 954	39 898	59 221	75 652	8 842	120 301
国民收入（当年价格）	万元	66 456	24 338	45 943	43 293	7 540	98 751
国内生产总值（当年价格）	万元	73 223	26 793	50 565	49 625	8 374	107 439
第一产业	万元	39 078	1 312	13 015	8 697	3 738	49 861
第二产业	万元	20 980	12 552	31 086	21 960	2 931	30 422
第三产业	万元	13 165	12 929	6 464	18 968	1 705	27 156
三、农　　业							
农业总产值（当年价格）	万元	56 348	2 448	23 125	12 147	6 594	78 113
1.种植业产值	万元	29 707	1 393	8 654	7 062	2 632	39 950
2.林业产值	万元	902	27	3 734	286	1 609	1 306
3.牧业产值	万元	19 668	758	3 688	3 240	817	26 282
4.副业产值	万元	3 575	169	6 723	612	1 390	9 242
5.渔业产值	万元	2 496	101	326	947	146	1 333
农业总产值（1990年不变价格）	万元	56 963	2 296	24 888	12 488	5 143	87 626
农业总产值（1980年不变价格）	万元	25 021	953	11 532	5 242	2 191	39 811
乡（镇）劳动力	万人	18.47	1.43	9.02	6.68	1.37	33.26
年末实有耕地面积	万亩	63.46	1.82	22.21	20.17	4.97	84.67
粮食产量（含大豆）	万吨	34.25	0.71	11.36	7.97	2.26	52.45
油料产量（不含油茶籽）	吨	17 401	231	3 940	1 951	614	11 506
油茶籽产量	吨	1 741	50	1 321	31	502	650
棉花产量	吨	255	—	10	5	—	1 284
蔬菜产量	万吨	11.78	2.90	4.38	4.14	1.24	17.32
水果产量	吨	10 503	195	1 477	1 345	643	4 401
猪、牛、羊肉产量	吨	29 196	735	5 835	5 024	1 213	44 940
禽蛋产量	吨	3 701	221	481	930	95	7 414
水产品产量	吨	6 603	277	775	2 516	269	4 796
农业机械总动力	万瓦（特）	15 457	903	5 973	3 512	919	13 123
有效灌溉面积	万亩	51	2	16	15	4	75
农村用电量	万千瓦小时	3 725	183	1 303	674	161	1 947
农民人平纯收入	元	691.18	668.61	604.67	686.91	473.01	682.74

16个城市社会经济主要指标(3—2)

（1990年）

指　　标	单　位	樟树市	上饶市	德兴市	吉安市	井冈山市	临川市
四、工　　业							
企业单位数（乡及乡以上）	个	217	188	149	286	69	451
全部工业总产值（当年价格）	万元	72637	51616	68678	87115	9186	102782
#城镇个体和城镇合作工业总产值	万元	240	903	413	602	2	526
村及村以下办工业	万元	17551	2529	3721	1515	907	16383
全部工业总产值（1990年不变价格）	万元	76659	53743	79367	96104	8894	109923
#村及村以下办工业	万元	17461	2578	3720	1452	1045	15716
全部工业总产值（1980年不变价格）	万元	48933	38945	47689	70410	6651	80490
乡及乡以上工业总产值（当年价格）	万元	54846	48184	64544	84998	8277	85873
轻　工　业	万元	44104	28335	8146	53650	6863	59231
重　工　业	万元	10742	19849	56398	31348	1414	26642
全部独立核算工业企业财务指标							
产品销售收入	万元	49858	43891	65845	74382	5312	77121
#产品销售税金	万元	4860	2142	1959	3724	478	3586
教育费附加	万元	78	40	27	55	11	53
资　源　税	万元	—	—	—	—	—	3
盈利企业的利润总额	万元	3699	1480	17414	4580	511	3791
亏损企业的亏损总额	万元	526	594	549	1497	177	579
固定资产原值年末数	万元	25812	28549	87693	42354	6957	48970
固定资产净值年末数	万元	19578	20292	66434	27006	5042	33706
定额流动资金年平均余额	万元	16465	22695	20519	33771	3173	26459
工业总产值（1990年不变价格）	万元	55687	48908	74724	92208	7816	92749
工业总产值（当年价格）	万元	51783	46934	64099	83146	8245	84949
工业净产值（当年价格）	万元	12484	11744	15061	21165	2166	22142
全部职工年平均人数	万人	1.73	2.81	2.67	3.61	0.41	4.42
全民独立核算工业企业财务指标							
产品销售收入	万元	42391	34524	60990	54103	4716	62189
#产品销售税金	万元	4138	1712	1788	2924	441	2678
教育费附加	万元	76	33	25	51	8	49
资　源　税	万元	—	—	—	—	—	3
盈利企业的利润总额	万元	3532	1190	17281	2923	448	2875
亏损企业的亏损总额	万元	224	463	496	1304	172	508
固定资产原值年末数	万元	20898	25149	84526	37545	6264	43443
固定资产净值年末数	万元	16132	18142	64168	23877	4438	29774
定额流动资金年平均余额	万元	12202	18241	18766	24624	3038	22832
工业总产值（1990年不变价格）	万元	46185	35900	67654	65411	6775	72942
工业总产值（当年价格）	万元	42809	35037	57708	61046	7096	66042
工业净产值（当年价格）	万元	10446	9100	13648	14921	1849	16440
全部职工年平均人数	万人	1.11	1.86	2.23	2.56	0.34	2.85
集体独立核算工业企业财务指标							
产品销售收入	万元	7457	8841	4855	7844	386	14932
#产品销售税金	万元	720	417	171	310	23	908

16个城市社会经济主要指标(3—3)

（1990年）

指标	单位	樟树市	上饶市	德兴市	吉安市	井冈山市	临川市
教育费附加	万元	2	7	2	4	3	4
盈利企业的利润总额	万元	167	290	133	293	50	916
亏损企业的亏损总额	万元	301	131	53	193	5	71
固定资产原值年末数	万元	4 890	3 263	3 167	3 502	274	5 527
固定资产净值年末数	万元	3 432	1 956	2 266	2 176	224	3 932
定额流动资金年平均余额	万元	4 263	4 311	1 753	3 112	135	3 627
工业总产值（1990年不变价格）	万元	9 480	12 000	7 070	10 673	471	19 807
工业总产值（当年价格）	万元	8 964	10 767	6 391	9 664	508	18 907
工业净产值（当年价格）	万元	2 035	2 433	1 413	2 891	158	5 702
全部职工年平均人数	万人	0.62	0.91	0.44	1.01	0.05	1.57
五、交通、邮电、电力							
铁路客运量（发送量）	万人	68	111	—	—	—	32
铁路货运量（发送量）	万吨	56	58	—	—	—	42
公路客运量（发送量）	万人	365	242	196	992	61	2 330
公路货运量（发送量）	万吨	91	170	232	114	21	155
水运客运量（发送量）	万人	…	—	—	10	—	15
水运货运量（发送量）	万吨	36	—	1	32	—	18
邮电业务计费总量(1990年不变价格)	万元	248	625	245	565	104	689
年末电话机数	部	2 353	4 387	2 307	4 452	942	4 081
全年用电量	万千瓦小时	15 010	8 981	5 228	13 549	2 323	17 559
#工业用电	万千瓦小时	10 670	4 044	2 549	10 826	1 911	13 573
城乡居民生活用电	万千瓦小时	969	998	1 337	928	311	2 058
六、固定资产投资							
全民所有制单位固定资产投资	万元	4 096	2 919	40 345	14 030	2 188	14 127
#非生产性建设	万元	1 552	1 930	3 380	1 419	239	1 818
#住宅建设	万元	701	1 000	1 744	563	83	829
全民所有制单位基本建设投资	万元	2 128	1 399	30 747	9 097	1 761	9 347
#非生产性建设	万元	1 124	1 340	1 416	1 295	233	1 661
#住宅建设	万元	560	913	781	546	83	781
城镇集体所有制单位固定资产投资	万元	355	656	63	354	—	277
#非生产性建设	万元	92	161	53	65	—	87
#住宅建设	万元	50	3	21	62	—	79
城镇个人固定资产投资	万元	573	1 269	39	276	—	268
#非生产性建设	万元	550	779	39	273	—	268
#住宅建设	万元	550	779	39	273	—	253
本年新增固定资产							
（1）全民所有制单位	万元	4 010	3 759	17 856	3 425	1 876	4 641
（2）城镇集体所有制单位	万元	173	457	—	356	—	231
施工住宅建筑面积	万平方米	4.21	7.20	12.72	5.85	1.06	10.78
竣工住宅建筑面积	万平方米	3.84	3.78	8.65	3.58	0.53	4.47

16个城市社会经济主要指标(3—4)

（1990年）

指　　标	单　位	樟树市	上饶市	德兴市	吉安市	井冈山市	临川市
七、市政公用事业							
年末实有住宅居住面积	万平方米	51.36	94.00	33.25	118.10	10.60	95.44
城市居住人口（与居住面积同口径）	万人	7.26	13.20	3.26	14.86	0.88	14.42
平均每人居住面积	平方米	7.07	7.12	10.20	7.95	12.05	6.62
年末自来水生产能力(包括自备水源)	万吨／日	7	8	0.50	21	2	13
全年供水总量	万吨	2 297	2 192	148	3 322	333	2 592
#生活用量	万吨	908	712	74	863	145	1 330
生活用水人口	万人	6.80	12.50	1.72	13.70	1.40	14.35
年末实有铺装道路面积	万平方米	51	63	—	71	9	56
年末实有公共汽（电）车营运车辆	辆	—	38	—	26	16	63
城市下水道总长度	公里	17	52	5	46	15	53
建城区道路绿化覆盖面积	公顷	5	15	—	28	5	19
八、商　业							
社会商品零售总额	万元	34 181	30 407	14 245	26 889	4 172	51 503
1.对居民和社会集团的消费品零售额	万元	23 272	29 221	12 843	24 482	3 876	42 386
2.对农民的农业生产资料零售额	万元	10 909	1 186	1 402	2 407	296	9 117
城乡集市贸易成交额	万元	15 661	7 932	4 002	6 148	1 605	33 204
零售商业、饮食业、服务业机构	个	4 982	2 463	3 283	3 388	667	7 564
零售商业、饮食业、服务业人员	人	14 594	9 516	6 613	10 760	1 780	20 430
社会农副产品收购总额	万元	21 731	8 800	6 523	11 594	2 712	22 985
粮食收购量（贸易粮）	万吨	13	…	3	2	1	15
食用植物油收购量	吨	1 463	365	371	296	33	1 013
棉花收购量	吨	111	—	—	5	—	977
猪和猪肉收购量	百头	1 193	562	554	1 184	181	1 163
外贸收购总额（实际价格）	万元	4 127	13 155	548	10 366	715	10 428
九、财政、金融、保险							
地方财政预算内收入	万元	10 106	6 284	4 290	7 334	859	8 889
地方财政预算内支出	万元	7 648	4 271	3 809	4 361	1 777	7 114
城乡居民储蓄年末余额	万元	23 775	27 955	16 615	29 524	3 343	39 471
银行现金收入	万元	58 869	68 211	27 468	66 476	9 560	101 209
银行现金支出	万元	57 291	61 694	36 510	62 595	11 049	105 571
承保额	万元	162 740	84 365	142 949	93 360	8 938	145 954
保费	万元	561	585	575	530	79	700
已决赔款	万元	204	87	131	152	48	249
十、劳动工资、人民生活							
全部职工							
年末人数	万人	4.29	7.19	5.09	8.24	1.36	8.77
年平均人数	万人	4.23	7.14	4.97	8.18	1.36	8.52
工资总额	万元	7 343	12 450	9 284	13 934	2 026	14 798
#奖金	万元	1 089	1 871	1 590	1 898	284	2 236

16个城市社会经济主要指标(3—5)

（1990年）

指标	单位	樟树市	上饶市	德兴市	吉安市	井冈山市	临川市
工业企业职工							
年末人数	万人	1.50	2.91	2.17	3.98	0.29	3.82
年平均人数	万人	1.48	2.88	2.06	3.88	0.28	3.68
工资总额	万元	2 510	4 256	4 768	6 485	425	6 417
#奖金	万元	358	510	844	975	97	1 072
全民所有制单位全部职工							
年末人数	万人	3.33	5.17	4.33	6.51	1.28	7.23
年平均人数	万人	3.29	5.15	4.26	6.46	1.27	7.07
工资总额	万元	6 099	9 936	8 358	11 772	1 980	12 994
#奖金	万元	936	1 574	1 490	1 692	278	2 075
全民所有制单位工业企业全部职工							
年末人数	万人	1.12	1.90	1.73	2.93	0.23	3.00
年平均人数	万人	1.12	1.90	1.67	2.84	0.22	2.96
工资总额	万元	2 128	3 064	4 287	5 109	414	5 567
#奖金	万元	339	398	803	835	95	1 008
城市居民人均年生活费收入	元	—	1 014.24	—	1 047.84	1 183.80	999.43
城市居民人均年生活费支出	元	—	988.92	—	974.52	1 100.88	876.05
#食品支出	元	—	602.28	—	547.80	610.79	559.46
城市职工生活费用价格指数	%	102.90	104.10	—	101.70	102.20	101.50
消费品零售物价指数	%	102.10	102.60	—	100.80	101.60	100.50
#食品价格指数	%	100.20	101.30	—	99.60	98.60	100.70
十一、教育、科技、文化、卫生							
高等学校在校学生数	人	—	2 924	—	2 772	—	3 674
中等专业学校在校学生数	人	366	3 005	412	2 001	—	1 018
普通中学在校学生数	万人	2.63	1.09	1.27	1.92	0.39	5.77
农业、职业中学在校学生数	人	1 143	1 454	1 587	1 077	113	1 350
技工学校在校学生数	人	—	550	—	1 161	—	362
小学在校学生数	万人	6.36	1.17	3.66	2.73	0.62	9.58
成人高等学校在校学生数	人		505	81	556	—	872
小学在校学生巩固率	%	98.61	99.15	98.21	98.10	98.90	98.10
学龄儿童入学率	%	99.60	98.50	98.64	98.40	99.40	98.60
自然科学方面的人员	人	2 954	3 247	3 431	5 161	522	7 104
#中级技术职称以上人员	人	855	1 161	801	1 822	126	2 326
社会科学方面的人员	人	3 080	5 110	1 914	6 200	807	9 155
#中级职称以上人员	人	790	930	343	1 651	148	1 665
电影放映单位	个	29	19	46	31	17	66
公共图书馆藏书	千册	53	113	72	255	108	238
医院数	个	21	11	31	19	7	44
医院病床数	张	828	1 386	886	1 847	251	2 170
医生数	人	572	990	470	1 005	131	1 336

省辖市各县社会经济主要指标（1—1）

（1990年）

指　　标	单　位	南昌县	新建县	安义县	进贤县	浮梁县	乐平县
一、人口和土地面积							
年末总人口	万人	92.48	57.94	21.51	65.25	25.64	70.02
非农业人口	万人	10.38	7.25	2.52	8.04	4.53	11.31
农业人口	万人	82.10	50.69	18.99	57.21	21.11	58.71
年平均人口	万人	91.55	57.52	21.37	63.32	25.60	69.40
社会劳动者人数	万人	42.33	27.96	11.61	31.46	12.10	33.07
土地面积	平方公里	1 839	2 338	1 952	656	2 867	1 973
二、综　　合							
工农业总产值（当年价格）	万元	176 071	112 456	30 345	87 467	55 606	101 785
工农业总产值（1990年不变价格）	万元	189 094	121 588	28 113	92 332	55 719	101 229
工农业总产值（1980年不变价格）	万元	115 488	83 298	17 166	57 513	36 749	58 713
国民收入（当年价格）	万元	86 955	57 973	21 880	44 234	33 045	53 978
国内生产总值（当年价格）	万元	98 776	58 897	23 279	45 368	35 564	58 651
第一产业	万元	58 475	29 144	15 657	23 955	15 778	23 764
第二产业	万元	22 701	20 141	4 421	13 511	12 007	25 275
第三产业	万元	17 600	9 612	3 201	7 902	7 779	9 612
三、农　　业							
农业总产值（当年价格）	万元	93 119	42 410	21 025	48 752	23 363	33 660
1.种植业产值	万元	51 728	24 702	11 910	26 568	13 358	21 340
2.林业产值	万元	378	542	516	455	1 748	551
3.牧业产值	万元	30 972	12 956	5 062	14 605	5 123	8 748
4.副业产值	万元	3 212	1 757	2 937	3 447	2 998	1 790
5.渔业产值	万元	6 829	2 453	600	3 677	136	1 231
农业总产值（1990年不变价格）	万元	101 131	46 942	18 273	50 959	24 060	41 041
农业总产值（1980年不变价格）	万元	43 933	20 603	8 773	22 269	9 645	17 662
乡（镇）劳动力	万人	38.03	23.96	10.34	27.15	8.92	26.16
年末实有耕地面积	万亩	108.16	82.96	28.51	85.56	30.87	57.76
粮食产量（含大豆）	万吨	80.15	35.38	14.09	33.07	14.11	29.13
油料产量（不含油茶籽）	吨	8 221	14 045	4 069	13 500	2 427	10 256
油茶籽产量	吨	22	727	318	349	1 134	350
棉花产量	吨	365	265	32	431	3	1 088
蔬菜产量	万吨	21.11	8.19	2.85	9.78	7.48	17.43
水果产量	吨	3 341	1 293	1 500	2 254	1 120	722
猪、牛、羊肉产量	吨	36 028	18 909	5 736	18 731	6 349	15 215
禽蛋产量	吨	12 174	3 069	846	4 450	1 169	3 763
水产品产量	吨	24 971	9 233	2 209	12 013	541	4 015
农业机械总动力	万瓦(特)	34 525	18 654	4 968	16 480	9 080	11 604

省辖市各县社会经济主要指标（1—2）

（1990年）

指　　　　标	单　位	南昌县	新建县	安义县	进贤县	浮梁县	乐平县
有效灌溉面积	万亩	107	67	23	73	24	49
农村用电量	万千瓦小时	11 910	4 469	839	4 542	1 383	2 454
农民人平纯收入	元	614.30	636.32	596.66	540.00	612.77	548.38
四、工　　业							
企业单位数（乡及乡以上）	个	380	346	93	281	208	175
全部工业总产值（当年价格）	万元	82 952	70 046	9 320	38 716	27 054	68 125
#城镇个体和城镇合作工业总产值	万元	—	72	146	—	—	144
村及村以下办工业	万元	19 520	10 860	4 112	16 465	4 470	10 384
全部工业总产值（1990年不变价格）	万元	87 963	74 646	9 840	41 373	31 659	60 188
#村及村以下办工业	万元	19 221	10 750	4 085	16 650	3 768	8 792
全部工业总产值（1980年不变价格）	万元	71 555	62 695	8 393	35 244	27 104	41 051
乡及乡以上工业总产值（当年价格）	万元	63 432	59 114	5 062	22 251	22 584	57 597
轻　工　业	万元	30 218	36 465	2 711	12 452	9 594	29 344
重　工　业	万元	33 214	22 649	2 351	9 799	12 990	28 253
全部独立核算工业企业财务指标							
产品销售收入	万元	53 333	50 445	4 587	18 607	16 414	46 767
#产品销售税金	万元	2 642	2 446	169	1 080	1 035	4 486
教育费附加	万元	34	44	2	18	20	60
资　源　税	万元	—	—	—	—	—	22
盈利企业的利润总额	万元	2 171	2 818	230	827	1 283	6 194
亏损企业的亏损总额	万元	1 092	1 138	9	360	1 018	5 278
固定资产原值年末数	万元	26 562	33 055	1 537	16 064	19 770	67 950
固定资产净值年末数	万元	16 159	23 868	1 158	10 982	13 347	44 996
定额流动资金年平均余额	万元	14 281	25 891	959	8 758	9 224	15 550
工业总产值（1990年不变价格）	万元	67 357	63 738	5 404	22 731	24 482	49 078
工业总产值（当年价格）	万元	61 834	59 028	4 858	20 586	19 078	55 411
工业净产值（当年价格）	万元	14 446	14 800	1 238	6 178	7 054	18 514
全部职工年平均人数	万人	3.43	3.17	0.28	1.80	1.62	4.18
全民独立核算工业企业财务指标							
产品销售收入	万元	32 656	43 953	3 390	10 109	11 521	40 814
#产品销售税金	万元	1 527	2 135	105	606	676	4 087
教育费附加	万元	16	37	2	10	13	55
资　源　税	万元	—	—	—	—	—	22
盈利企业的利润总额	万元	1 283	2 472	125	452	1 171	5 944
亏损企业的亏损总额	万元	732	1 130	9	132	491	5 135
固定资产原值年末数	万元	15 777	28 821	1 168	11 170	14 501	63 878
固定资产净值年末数	万元	9 898	20 712	876	7 678	9 533	41 976
定额流动资金年平均余额	万元	7 997	23 341	742	4 092	6 448	13 057

省辖市各县社会经济主要指标(1—3)

(1990年)

指　　　　标	单　位	南昌县	新建县	安义县	进贤县	浮梁县	乐平县
工业总产值(1990年不变价格)	万元	40 530	54 501	4 088	11 955	17 931	42 620
工业总产值(当年价格)	万元	35 825	50 152	3 525	9 705	13 072	48 742
工业净产值(当年价格)	万元	8 135	12 494	725	2 521	5 086	16 412
全部职工年平均人数	万人	1.31	2.35	0.15	0.69	0.83	3.50
集体独立核算工业企业财务指标							
产品销售收入	万元	20 677	6 492	1 197	8 498	4 398	4 895
#产品销售税金	万元	1 115	311	64	474	343	357
教育费附加	万元	18	7	—	8	7	5
盈利企业的利润总额	万元	888	346	105	367	112	135
亏损企业的亏损总额	万元	360	8	—	228	527	143
固定资产原值年末数	万元	10 785	4 234	369	4 894	3 784	3 188
固定资产净值年末数	万元	6 261	3 156	282	3 304	2 510	2 223
定额流动资金年平均余额	万元	6 284	2 550	217	4 666	2 454	1 496
工业总产值(1990年不变价格)	万元	26 827	9 237	1 316	10 776	5 467	6 023
工业总产值(当年价格)	万元	26 009	8 876	1 333	10 881	5 332	6 246
工业净产值(当年价格)	万元	6 311	2 306	513	3 657	1 891	1 805
全部职工年平均人数	万人	2.12	0.82	0.13	1.11	0.78	0.62
五、交通、邮电、电力							
铁路客运量(发送量)	万人	82	12	—	20	8	27
铁路货运量(发送量)	万吨	138	10	—	51	2	74
公路客运量(发送量)	万人	128	200	307	289	29	152
公路货运量(发送量)	万吨	424	295	88	185	163	265
水运客运量(发送量)	万人	—	—	2	—	—	—
水运货运量(发送量)	万吨	51	130	2	28	—	15
邮电业务计费总量(1990年不变价格)	万元	315	318	99	393	141	233
年末电话机数	部	4 208	1 105	1 127	1 475	1 605	3 064
全年用电量	万千瓦小时	14 456	6 121	1 684	8 325	8 046	38 589
#工 业 用 电	万千瓦小时	3 521	1 102	571	3 021	4 853	25 738
城乡居民生活用电	万千瓦小时	1 428	527	642	991	731	1 086
六、固定资产投资							
全民所有制单位固定资产投资	万元	3 456	2 972	678	1 555	5 751	3 242
#非生产性建设	万元	1 098	1 223	559	488	457	468
#住 宅 建 设	万元	448	687	311	239	290	151
全民所有制单位基本建设投资	万元	2 725	1 124	642	1 197	394	1 655
#非生产性建设	万元	1 052	786	559	448	382	457
#住 宅 建 设	万元	434	368	311	239	290	106

省辖市各县社会经济主要指标（1—4）

（1990年）

指标	单位	南昌县	新建县	安义县	进贤县	浮梁县	乐平县
城镇集体所有制单位固定资产投资	万元	353	78	—	24	110	335
#非生产性建设	万元	24	—	—	—	2	—
#住宅建设	万元	13	—	—	—	—	—
城镇个人固定资产投资	万元	557	528	368	469	61	198
#非生产性建设	万元	557	528	368	469	61	198
#住宅建设	万元	367	313	257	287	61	198
本年新增固定资产							
（1）全民所有制单位	万元	3480	3443	670	1414	1398	1674
（2）城镇集体所有制单位	万元	178	16	—	8	28	335
施工住宅建筑面积	万平方米	3.13	3.03	3.55	1.35	2.06	1.38
竣工住宅建筑面积	万平方米	2.06	2.71	3.55	1.07	1.41	0.60
七、商业							
社会商品零售总额	万元	31820	25074	9382	25972	7714	23474
1.对居民和社会集团的消费品零售额	万元	20750	18619	7000	20945	6407	19446
2.对农民的农业生产资料零售额	万元	11070	6455	2382	5027	1307	4028
城乡集市贸易成交额	万元	11698	7490	2006	12387	1638	5993
零售商业、饮食业、服务业机构	个	7334	3796	2165	4315	1927	4414
零售商业、饮食业、服务业人员	人	17773	10150	5416	10042	3060	9473
社会农副产品收购总额	万元	32837	20127	6261	14138	3625	13521
粮食收购量（贸易粮）	万吨	34	13	5	10	2	6
食用植物油收购量	吨	1300	1114	650	5760	281	840
棉花收购量	吨	521	191	327	489	…	136
猪和猪肉收购量	百头	591	596	176	1135	157	811
外贸收购总额（实际价格）	万元	1913	1262	—	3288	—	1053
八、财政、金融、保险							
地方财政预算内收入	万元	7005	4416	1266	3474	2500	5457
地方财政预算内支出	万元	7610	4978	2279	4162	2014	5464
城乡居民储蓄年末余额	万元	41178	19162	9274	20424	6046	20195
银行现金收入	万元	76734	44517	16933	39856	1188	49912
银行现金支出	万元	92689	51643	20611	58034	2288	52474
承保额	万元	120242	139266	44748	71535	18394	79608
保费	万元	601	359	122	263	125	360
已决赔款	万元	173	202	53	127	40	169
九、劳动工资							
全部职工							
年末人数	万人	3.21	3.01	1.11	3.35	1.96	6.66
平均人数	万人	3.16	2.98	1.10	3.32	1.94	6.68

省辖市各县社会经济主要指标（1—5）

（1990年）

指　　标	单　位	南昌县	新建县	安义县	进贤县	浮梁县	乐平县
工资总额	万元	4 866	4 246	1 468	4 217	2 879	11 589
#奖　　金	万元	604	364	151	376	423	1 883
工业企业职工							
年末人数	万人	0.95	0.71	0.15	0.92	0.87	3.90
平均人数	万人	0.94	0.70	0.15	0.91	0.86	4.05
工资总额	万元	1 117	870	200	1 107	1 656	7 587
#奖　　金	万元	114	70	28	96	328	1 465
全民所有制单位全部职工							
年末人数	万人	2.03	2.18	0.91	2.22	1.66	5.34
平均人数	万人	2.00	2.16	0.90	2.20	1.64	5.41
工资总额	万元	3 347	3 239	1 254	3 100	2 483	9 678
#奖　　金	万元	495	314	138	339	372	1 686
全民所有制单位工业企业全部职工							
年末人数	万人	0.42	0.31	0.12	0.43	0.68	3.39
平均人数	万人	0.41	0.30	0.12	0.42	0.67	3.48
工资总额	万元	561	454	168	604	1 412	6 740
#奖　　金	万元	85	58	26	77	255	1 358
十、教育、科技、文化、卫生							
高等学校在校学生数	人	—	—	—	—	—	—
中等专业学校在校学生数	人	1 832	2 611	—	—	—	—
普通中学在校学生数	万人	4.65	2.79	1.06	3.16	1.11	2.64
农业、职业中学在校学生数	人	3 437	1 378	415	2 098	671	874
技工学校在校学生数	人	904	1 544	—	105	—	—
小学在校学生数	万人	9.44	7.35	2.44	8.07	2.68	9.80
成人高等学校在校学生数	人	272	—	—	—	—	—
小学在校学生巩固率	%	98.24	96.93	96.75	95.97	97.80	97.20
学龄儿童入学率	%	98.30	98.00	98.34	97.84	98.68	98.51
自然科学方面的人员	人	1 727	1 483	641	1 783	2 911	4 195
#中级技术职称以上人员	人	524	394	173	514	830	1 295
社会科学方面的人员	人	3 725	2 219	1 057	3 306	3 265	4 843
#中级职称以上人员	人	565	384	260	569	474	599
电影放映单位	个	60	39	20	50	58	141
公共图书馆藏书	千册	48	50	83	57	—	70
医　院　数	个	28	30	11	25	29	36
医院病床数	张	1 721	1 622	326	730	429	988
医　生　数	人	759	607	218	543	230	529

省辖市各县社会经济主要指标（2—1）

（1990年）

指　　　　　标	单　位	九江县	武宁县	修水县	永修县	德安县	星子县
一、人口和土地面积							
年末总人口	万人	30.35	34.79	70.28	33.41	17.51	21.29
非农业人口	万人	3.00	3.38	5.56	6.80	4.09	2.27
农业人口	万人	27.35	31.41	64.72	26.61	13.42	19.02
年平均人口	万人	30.05	34.46	69.76	33.18	17.18	21.15
社会劳动者人数	万人	14.74	15.14	33.37	16.20	8.25	9.94
土地面积	平方公里	810	3 507	4 504	2 035	927	719
二、综　　合							
工农业总产值（当年价格）	万元	38 623	40 839	60 252	73 176	75 490	21 222
工农业总产值（1990年不变价格）	万元	40 797	46 676	65 328	71 201	75 492	22 551
工农业总产值（1980年不变价格）	万元	23 070	26 130	31 988	42 384	59 957	12 911
国民收入（当年价格）	万元	22 664	23 397	41 006	41 778	27 947	13 300
国内生产总值（当年价格）	万元	24 844	25 481	43 005	44 536	28 493	15 144
第一产业	万元	14 906	15 887	28 463	23 441	7 213	8 594
第二产业	万元	4 102	4 498	8 530	16 448	13 932	3 192
第三产业	万元	5 836	5 096	6 012	4 647	7 348	3 358
三、农　　业							
农业总产值（当年价格）	万元	20 902	24 184	42 135	32 943	10 877	11 882
1.种植业产值	万元	14 693	10 238	21 170	18 510	6 446	6 204
2.林业产值	万元	351	2 782	3 444	1 655	418	212
3.牧业产值	万元	3 779	7 592	13 571	7 517	2 840	3 658
4.副业产值	万元	1 160	2 659	3 592	2 735	576	536
5.渔业产值	万元	919	913	358	2 526	597	1 272
农业总产值（1990年不变价格）	万元	22 007	30 730	48 089	32 308	13 192	12 710
农业总产值（1980年不变价格）	万元	10 294	12 794	20 305	13 912	5 659	5 488
乡（镇）劳动力	万人	11.79	13.78	28.77	10.96	5.33	8.41
年末实有耕地面积	万亩	28.98	31.48	63.64	42.51	15.86	15.35
粮食产量（含大豆）	万吨	8.04	13.88	28.81	18.67	8.69	7.90
油料产量（不含油茶籽）	吨	10 828	7 218	7 857	13 177	4 279	6 307
油茶籽产量	吨	97	2 243	5 169	229	14	21
棉花产量	吨	8 530	460	146	1 833	555	444
蔬菜产量	万吨	5.40	8.00	11.84	10.22	3.06	2.75
水果产量	吨	251	1 518	1 395	811	1 696	1 433
猪、牛、羊肉产量	吨	4 942	11 129	21 811	9 490	4 387	5 600
禽蛋产量	吨	1 552	2 414	2 705	2 719	1 010	488
水产品产量	吨	2 803	2 684	1 057	5 650	2 055	3 004
农业机械总动力	万瓦(特)	7 586	5 365	7 332	8 065	3 809	5 532

省辖市各县社会经济主要指标（2—2）

（1990年）

指　　标	单　位	九江县	武宁县	修水县	永修县	德安县	星子县
有效灌溉面积	万亩	23	22	46	29	13	12
农村用电量	万千瓦小时	995	632	1 378	2 552	541	608
农民人平纯收入	元	612.52	569.63	445.09	621.29	636.05	511.53
四、工　业							
企业单位数（乡及乡以上）	个	127	157	380	227	119	96
全部工业总产值（当年价格）	万元	17 721	16 655	18 117	40 233	64 616	9 340
#城镇个体和城镇合作工业总产值	万元	44	126	182	397	159	99
村及村以下办工业	万元	4 632	5 634	5 206	4 118	5 386	3 124
全部工业总产值（1990年不变价格）	万元	18 790	15 946	17 239	38 893	62 300	9 841
#村及村以下办工业	万元	4 055	5 669	4 835	3 682	5 151	3 061
全部工业总产值（1980年不变价格）	万元	12 776	13 336	11 683	28 472	54 298	7 423
乡及乡以上工业总产值（当年价格）	万元	13 045	10 895	11 729	35 718	59 071	6 117
轻　工　业	万元	9 336	5 511	8 758	18 100	48 670	1 945
重　工　业	万元	3 709	5 384	3 971	17 618	10 401	4 172
全部独立核算工业企业财务指标							
产品销售收入	万元	10 958	9 498	9 709	30 033	36 589	4 922
#产品销售税金	万元	533	446	456	2 524	1 793	262
教育费附加	万元	11	3	5	39	41	3
资　源　税	万元	—	1	—	—	—	—
盈利企业的利润总额	万元	414	316	948	4 670	2 367	204
亏损企业的亏损总额	万元	393	101	242	801	706	154
固定资产原值年末数	万元	8 391	7 982	7 062	55 842	26 383	3 477
固定资产净值年末数	万元	6 397	5 948	5 283	40 717	19 995	2 815
定额流动资金年平均余额	万元	4 532	4 072	2 473	15 390	25 226	2 343
工业总产值（1990年不变价格）	万元	13 759	9 162	10 804	33 128	56 964	6 437
工业总产值（当年价格）	万元	12 128	9 909	11 108	34 135	59 044	5 778
工业净产值（当年价格）	万元	2 454	2 635	4 028	12 126	12 753	1 857
全部职工年平均人数	万人	0.81	0.95	0.99	2.17	1.89	0.75
全民独立核算工业企业财务指标							
产品销售收入	万元	6 175	5 510	4 819	26 858	34 654	3 141
#产品销售税金	万元	395	278	151	2 362	1 705	166
教育费附加	万元	8	2	2	39	40	2
资　源　税	万元	—	1	—	—	—	—
盈利企业的利润总额	万元	274	153	577	4 567	2 307	149
亏损企业的亏损总额	万元	343	61	209	741	668	101
固定资产原值年末数	万元	5 817	5 802	4 135	53 881	24 384	2 277
固定资产净值年末数	万元	4 281	4 381	3 032	39 373	18 436	1 997
定额流动资金年平均余额	万元	3 532	2 901	1 751	14 905	24 312	1 745

省辖市各县社会经济主要指标(2—3)

(1990年)

指标	单位	九江县	武宁县	修水县	永修县	德安县	星子县
工业总产值(1990年不变价格)	万元	7 417	4 968	5 289	29 006	53 795	4 149
工业总产值(当年价格)	万元	6 910	4 918	5 728	30 185	55 778	3 555
工业净产值(当年价格)	万元	1 496	1 315	2 292	10 988	11989	1 141
全部职工年平均人数	万人	0.43	0.48	0.41	1.74	1.60	0.35
集体独立核算工业企业财务指标							
产品销售收入	万元	4 783	3 988	4 890	3 175	1 839	1 781
#产品销售税金	万元	138	168	305	162	82	96
教育费附加	万元	3	1	3	—	1	1
盈利企业的利润总额	万元	140	163	371	103	57	55
亏损企业的亏损总额	万元	50	40	33	60	38	53
固定资产原值年末数	万元	2 574	2 180	2 927	1 961	1 481	1 200
固定资产净值年末数	万元	2 116	1 567	2 251	1 344	1 042	818
定额流动资金年平均余额	万元	1 001	1 171	722	485	756	598
工业总产值(1990年不变价格)	万元	6 342	4 194	5 515	4 122	2 889	2 238
工业总产值(当年价格)	万元	5 218	4 991	5 380	3 950	2 986	2 223
工业净产值(当年价格)	万元	958	1 320	1 736	1 138	687	716
全部职工年平均人数	万人	0.38	0.47	0.58	0.43	0.28	0.40
五、交通、邮电、电力							
铁路客运量(发送量)	万人	20	—	—	28	23	—
铁路货运量(发送量)	万吨	88	—	—	5	11	—
公路客运量(发送量)	万人	118	248	471	278	187	141
公路货运量(发送量)	万吨	57	38	66	69	147	40
水运客运量(发送量)	万人	—	9	—	11	—	—
水运货运量(发送量)	万吨	20	26	3	16	1	7
邮电业务计费总量(1990年不变价格)	万元	129	177	216	205	153	71
年末电话机数	部	1 237	921	1 597	1 935	2 026	563
全年用电量	万千瓦小时	4 506	2 979	4 400	10 287	2 320	2 351
#工业用电	万千瓦小时	2 469	1 114	2 078	7 159	1 469	1 070
城乡居民生活用电	万千瓦小时	749	1 486	1 005	1 096	386	400
六、固定资产投资							
全民所有制单位固定资产投资	万元	598	904	896	6 194	684	552
#非生产性建设	万元	—	247	257	571	336	119
#住宅建设	万元	—	155	83	306	169	23
全民所有制单位基本建设投资	万元	225	219	327	2 932	152	242
#非生产性建设	万元	—	97	153	283	144	108
#住宅建设	万元	—	68	52	126	100	23

省辖市各县社会经济主要指标(2—4)

(1990年)

指标	单位	九江县	武宁县	修水县	永修县	德安县	星子县
城镇集体所有制单位固定资产投资	万元	10	—	—	195	—	—
#非生产性建设	万元	—	—	—	—	—	—
#住宅建设	万元	—	—	—	—	—	—
城镇个人固定资产投资	万元	52	73	14	117	—	75
#非生产性建设	万元	47	73	14	85	—	75
#住宅建设	万元	47	68	14	85	—	75
本年新增固定资产							
(1)全民所有制单位	万元	559	769	190	11 070	474	654
(2)城镇集体所有制单位	万元	10	—	—	237	—	—
施工住宅建筑面积	万平方米	—	1.64	0.91	2.51	0.84	0.15
竣工住宅建筑面积	万平方米	—	1.17	0.53	1.97	0.70	0.15
七、商业							
社会商品零售总额	万元	11 121	12 274	16 799	15 562	11 817	9 047
1.对居民和社会集团的消费品零售额	万元	8 738	10 436	14 291	12 653	9 802	7 505
2.对农民的农业生产资料零售额	万元	2 383	1 839	2 508	2 909	2 015	1 542
城乡集市贸易成交额	万元	2 995	6 895	4 434	6 120	3 018	3 139
零售商业、饮食业、服务业机构	个	2 369	4 317	8 187	4 383	2 065	1 786
零售商业、饮食业、服务业人员	人	5 190	8 732	17 976	9 147	4 823	3 411
社会农副产品收购总额	万元	9 669	6 220	8 872	10 769	6 016	2 158
粮食收购量(贸易粮)	万吨	2	2	4	6	3	2
食用植物油收购量	吨	3 086	1 956	516	1 040	651	3 277
棉花收购量	吨	6 097	253	60	1 484	764	364
猪和猪肉收购量	百头	230	390	732	515	328	512
外贸收购总额(实际价格)	万元	1 119	878	1 401	994	4 635	1 006
八、财政、金融、保险							
地方财政预算内收入	万元	1 458	2 140	2 385	3 184	3 198	943
地方财政预算内支出	万元	2 389	2 857	4 022	3 385	2 813	1 761
城乡居民储蓄年末余额	万元	7 820	6 747	6 437	12 239	9 049	3 082
银行现金收入	万元	17 690	19 269	23 615	30 286	20 802	10 713
银行现金支出	万元	22 338	19 777	24 204	36 732	24 170	11 597
承保额	万元	22 693	26 141	20 372	54 328	59 481	13 498
保费	万元	232	150	215	344	249	65
已决赔款	万元	97	66	55	123	125	37
九、劳动工资							
全部职工							
年末人数	万人	2.28	1.76	2.64	4.47	2.79	1.53
平均人数	万人	2.21	1.75	2.61	4.49	2.77	1.50

省辖市各县社会经济主要指标 (2—5)

（1990年）

指　　标	单位	九江县	武宁县	修水县	永修县	德安县	星子县
工资总额	万元	3 464	2 641	3 741	6 096	4 547	2 194
#奖　金	万元	430	373	457	608	892	205
工业企业职工							
年末人数	万人	0.55	0.61	0.72	1.13	1.03	0.56
平均人数	万人	0.53	0.59	0.73	1.11	1.04	0.56
工资总额	万元	821	864	1 012	1 800	1 828	733
#奖　金	万元	73	144	158	225	269	51
全民所有制单位全部职工							
年末人数	万人	1.94	1.43	2.05	3.94	2.49	1.09
平均人数	万人	1.88	1.42	2.04	3.96	2.47	1.07
工资总额	万元	2 946	2 274	3 076	5 392	4 166	1 712
#奖　金	万元	373	336	413	540	842	191
全民所有制单位工业企业全部职工							
年末人数	万人	0.40	0.49	0.53	0.91	0.92	0.35
平均人数	万人	0.39	0.48	0.54	0.90	0.93	0.35
工资总额	万元	616	761	804	1 561	1 713	524
#奖　金	万元	53	139	148	199	252	51
十、教育、科技、文化、卫生							
高等学校在校学生数	人	—	—	—	—	205	—
中等专业学校在校学生数	人	—	—	858	770	—	—
普通中学在校学生数	万人	1.34	1.57	2.26	2.10	1.26	0.97
农业、职业中学在校学生数	人	3 782	677	2 324	1 255	1 039	1 122
技工学校在校学生数	人	—	—	134	—	—	—
小学在校学生数	万人	3.77	3.49	9.78	4.74	2.35	2.81
成人高等学校在校学生数	人	—	—	—	—	—	—
小学在校学生巩固率	%	97.40	96.90	97.30	97.50	99.30	98.20
学龄儿童入学率	%	97.60	98.70	98.20	98.70	98.60	95.60
自然科学方面的人员	人	1 478	1 295	2 208	2 305	540	876
#中级技术职称以上人员	人	361	341	447	626	148	174
社会科学方面的人员	人	2 335	1 883	3 913	3 574	1 549	1 749
#中级职称以上人员	人	358	363	496	465	113	317
电影放映单位	个	21	62	80	23	17	21
公共图书馆藏书	千册	47	55	94	29	39	8
医院数	个	20	25	60	30	23	15
医院病床数	张	484	538	781	978	593	460
医生数	人	310	312	542	402	281	261

省辖市各县社会经济主要指标(3—1)

(1990年)

指　　标	单　位	都昌县	湖口县	彭泽县	分宜县	贵溪县	余江县
一、人口和土地面积							
年末总人口	万人	60.89	24.82	31.96	29.20	50.90	31.62
非农业人口	万人	4.23	2.85	3.11	5.50	7.94	4.17
农业人口	万人	56.66	21.97	28.85	23.70	42.96	27.45
年平均人口	万人	60.55	24.63	31.68	29.00	50.65	31.39
社会劳动者人数	万人	26.71	12.09	16.36	14.24	22.84	14.29
土地面积	平方公里	1 988	669	1 542	1 388	2 480	937
二、综　　合							
工农业总产值(当年价格)	万元	56 323	33 175	57 194	64 298	163 739	35 125
工农业总产值(1990年不变价格)	万元	61 384	35 263	60 451	65 462	188 113	38 974
工农业总产值(1980年不变价格)	万元	33 884	22 088	38 983	38 685	94 555	23 402
国民收入(当年价格)	万元	33 868	17 059	28 310	30 571	51 267	22 486
国内生产总值(当年价格)	万元	36 458	19 570	29 903	33 611	58 311	23 758
第一产业	万元	24 532	10 693	19 563	13 757	20 882	10 929
第二产业	万元	5 572	4 313	5 290	13 859	29 284	7 127
第三产业	万元	6 354	4 564	5 050	5 995	8 145	5 702
三、农　　业							
农业总产值(当年价格)	万元	37 604	15 485	30 721	22 317	29 274	19 621
1.种植业产值	万元	21 044	9 574	20 584	9 337	16 297	11 195
2.林业产值	万元	603	206	729	1 965	1 712	422
3.牧业产值	万元	8 240	3 672	5 410	4 484	8 969	6 079
4.副业产值	万元	3 148	760	2 059	5 873	1 737	1 300
5.渔业产值	万元	4 569	1 273	1 939	608	559	625
农业总产值(1990年不变价格)	万元	44 390	17 206	30 863	24 026	34 032	23 211
农业总产值(1980年不变价格)	万元	19 129	7 914	14 658	10 158	14 403	9 849
乡(镇)劳动力	万人	24.82	9.86	12.62	10.69	18.31	11.58
年末实有耕地面积	万亩	57.66	25.33	32.68	28.56	53.58	33.47
粮食产量(含大豆)	万吨	23.97	8.20	7.12	12.91	22.56	16.21
油料产量(不含油茶籽)	吨	21 212	11 139	18 653	2 872	6 702	4 810
油茶籽产量	吨	71	6	9	1 977	588	26
棉花产量	吨	4 512	2 758	14 842	—	4	2
蔬菜产量	万吨	7.62	4.04	6.63	3.32	8.76	5.51
水果产量	吨	316	363	467	1 301	2 392	718
猪、牛、羊肉产量	吨	14 718	5 409	7 285	8 006	13 922	11 195
禽蛋产量	吨	1 522	1 285	1 664	813	2 503	1 017
水产品产量	吨	15 432	4 018	4 568	1 758	2 520	2 082
农业机械总动力	万瓦(特)	10 294	4 895	9 108	7 248	6 907	4 919

省辖市各县社会经济主要指标（3—2）

（1990年）

指标	单位	都昌县	湖口县	彭泽县	分宜县	贵溪县	余江县
有效灌溉面积	万亩	44	17	26	18	49	33
农村用电量	万千瓦小时	986	470	1 554	1 207	1 645	1 111
农民人平纯收入	元	527.20	520.34	642.09	633.32	579.00	636.00
四、工　业							
企业单位数（乡及乡以上）	个	154	130	152	142	196	133
全部工业总产值（当年价格）	万元	18 719	17 690	26 473	41 981	134 465	15 504
#城镇个体和城镇合作工业总产值	万元	211	61	39	156	119	53
村及村以下办工业	万元	7 756	4 510	4 250	12 184	3 281	1 831
全部工业总产值（1990年不变价格）	万元	16 994	18 057	29 588	41 436	154 081	15 763
#村及村以下办工业	万元	6 365	4 456	6 106	13 090	3 244	1 807
全部工业总产值（1980年不变价格）	万元	14 755	14 174	24 325	28 527	80 152	13 553
乡及乡以上工业总产值（当年价格）	万元	10 752	13 119	22 184	29 641	131 065	13 620
轻　工　业	万元	6 497	6 522	16 340	4 524	6 815	10 855
重　工　业	万元	4 255	6 597	5 844	25 117	124 250	2 765
全部独立核算工业企业财务指标							
产品销售收入	万元	8 093	10 168	17 483	24 711	118 936	11 473
#产品销售税金	万元	283	452	540	1 745	7 140	995
教育费附加	万元	4	10	25	28	137	3
资　源　税	万元	—	—	—	1	…	…
盈利企业的利润总额	万元	283	317	658	644	8 097	1 655
亏损企业的亏损总额	万元	167	519	134	4 654	762	305
固定资产原值年末数	万元	5 184	8 391	10 378	31 045	123 628	7 512
固定资产净值年末数	万元	3 510	4 857	7 946	19 652	94 576	5 540
定额流动资金年平均余额	万元	2 639	6 545	5 833	7 503	26 091	4 716
工业总产值（1990年不变价格）	万元	9 907	13 769	22 854	26 016	149 802	13 449
工业总产值（当年价格）	万元	10 090	12 805	21 553	27 571	130 068	13 221
工业净产值（当年价格）	万元	2 291	2 701	3 834	3 184	20 306	4 123
全部职工年平均人数	万人	0.77	1.04	1.12	1.47	1.45	0.81
全民独立核算工业企业财务指标							
产品销售收入	万元	4 731	5 617	8 394	21 462	116 090	6 634
#产品销售税金	万元	169	234	358	1 615	6 995	713
教育费附加	万元	2	4	24	27	134	2
资　源　税	万元	—	—	—	1	…	…
盈利企业的利润总额	万元	224	198	472	501	7 833	491
亏损企业的亏损总额	万元	111	431	59	4 543	247	197
固定资产原值年末数	万元	3 289	5 767	7 295	29 365	118 641	3 699
固定资产净值年末数	万元	2 306	3 362	5 827	18 434	90 697	2 520
定额流动资金年平均余额	万元	1 787	4 966	5 011	6 755	24 876	3 337

省辖市各县社会经济主要指标(3—3)

(1990年)

指标	单位	都昌县	湖口县	彭泽县	分宜县	贵溪县	余江县
工业总产值(1990年不变价格)	万元	5316	6423	10578	21845	143531	7377
工业总产值(当年价格)	万元	5268	5882	10529	23652	123726	7346
工业净产值(当年价格)	万元	1384	1269	2456	2032	19159	1667
全部职工年平均人数	万人	0.30	0.44	0.55	1.15	1.01	0.39
集体独立核算工业企业财务指标							
产品销售收入	万元	3362	4551	9095	3249	2846	4839
#产品销售税金	万元	114	218	182	130	145	282
教育费附加	万元	2	6	1	1	3	1
盈利企业的利润总额	万元	59	119	100	143	264	1164
亏损企业的亏损总额	万元	56	88	75	111	515	108
固定资产原值年末数	万元	1895	2624	3083	1680	4987	3813
固定资产净值年末数	万元	1204	1495	2119	1218	3879	3020
定额流动资金年平均余额	万元	852	1579	822	748	1212	1379
工业总产值(1990年不变价格)	万元	4591	7346	12276	4171	6271	6072
工业总产值(当年价格)	万元	4822	6923	11024	3919	6342	5875
工业净产值(当年价格)	万元	907	1432	1378	1152	1147	2456
全部职工年平均人数	万人	0.47	0.60	0.57	0.32	0.44	0.42
五、交通、邮电、电力							
铁路客运量(发送量)	万人	—	—	—	73	78	10
铁路货运量(发送量)	万吨	—	—	—	135	69	10
公路客运量(发送量)	万人	254	223	248	323	285	152
公路货运量(发送量)	万吨	43	48	210	126	396	143
水运客运量(发送量)	万人	7	16	15	—	—	—
水运货运量(发送量)	万吨	41	33	113	—	—	18
邮电业务计费总量(1990年不变价格)	万元	141	113	139	230	333	148
年末电话机数	部	1070	1103	1131	1898	2276	834
全年用电量	万千瓦小时	2680	2031	3102	8992	15498	2673
#工业用电	万千瓦小时	700	1404	925	6945	9299	575
城乡居民生活用电	万千瓦小时	907	262	1849	350	2137	707
六、固定资产投资							
全民所有制单位固定资产投资	万元	277	792	1886	1732	24281	653
#非生产性建设	万元	131	134	265	552	2736	198
#住宅建设	万元	46	66	181	371	550	37
全民所有制单位基本建设投资	万元	229	229	903	280	19829	241
#非生产性建设	万元	131	125	265	239	2288	198
#住宅建设	万元	46	66	181	184	498	37

省辖市各县社会经济主要指标（3—4）

（1990年）

指　　标	单　位	都昌县	湖口县	彭泽县	分宜县	贵溪县	余江县
城镇集体所有制单位固定资产投资	万元	—	41	—	120	60	407
#非生产性建设	万元	—	3	—	120	—	132
#住宅建设	万元	—	—	—	120	—	73
城镇个人固定资产投资	万元	32	6	150	1 169	233	175
#非生产性建设	万元	32	6	150	1 135	233	175
#住宅建设	万元	32	6	150	1 135	233	175
本年新增固定资产							
（1）全民所有制单位	万元	292	844	2 140	2 394	3 679	557
（2）城镇集体所有制单位	万元	—	41	—	120	—	251
施工住宅建筑面积	万平方米	0.42	0.39	1.30	3.28	21.23	6.02
竣工住宅建筑面积	万平方米	0.30	0.24	1.08	1.41	7.46	1.98
七、商　业							
社会商品零售总额	万元	16 279	10 343	17 646	14 325	13 549	11 526
1.对居民和社会集团的消费品零售额	万元	12 479	8 083	13 487	12 106	11 029	8 904
2.对农民的农业生产资料零售额	万元	3 800	2 260	4 159	2 219	2 520	2 622
城乡集市贸易成交额	万元	4 276	3 853	4 827	3 526	3 609	2 830
零售商业、饮食业、服务业机构	个	4 109	2 902	3 026	2 434	3 173	2 067
零售商业、饮食业、服务业人员	人	8 293	6 361	6 030	5 530	7 724	4 963
社会农副产品收购总额	万元	10 475	6 866	18 452	6 460	9 820	7 086
粮食收购量（贸易粮）	万吨	5	2	3	3	8	4
食用植物油收购量	吨	3 277	2 660	9 139	315	438	686
棉花收购量	吨	3 372	2 101	16 145	—	—	—
猪和猪肉收购量	百头	598	424	381	499	739	797
外贸收购总额（实际价格）	万元	6 462	1 313	519	1 119	—	—
八、财政、金融、保险							
地方财政预算内收入	万元	1 769	1 114	1 675	2 968	5 245	1 713
地方财政预算内支出	万元	3 550	1 938	7 562	3 193	4 674	2 408
城乡居民储蓄年末余额	万元	7 010	5 014	9 265	10 784	15 050	5 698
银行现金收入	万元	27 133	16 858	21 863	2 747	33 216	21 006
银行现金支出	万元	27 213	17 812	27 243	3 173	37 304	20 807
承保额	万元	55 244	28 028	48 732	42 889	176 759	28 084
保费	万元	131	85	201	197	501	201
已决赔款	万元	70	28	68	82	142	44
九、劳动工资							
全部职工							
年末人数	万人	2.42	2.03	2.54	2.89	4.26	2.60
平均人数	万人	2.35	2.02	2.42	2.83	4.18	2.57

省辖市各县社会经济主要指标(3—5)

(1990年)

指标	单位	都昌县	湖口县	彭泽县	分宜县	贵溪县	余江县
工资总额	万元	3 335	2963	3 288	5 423	7 724	3 490
#奖金	万元	387	349	318	849	1 826	1 145
工业企业职工							
年末人数	万人	0.53	1.01	0.71	1.29	1.37	0.60
平均人数	万人	0.51	0.74	0.62	1.26	1.29	0.59
工资总额	万元	741	1 091	916	2 561	2 754	785
#奖金	万元	81	137	95	438	781	287
全民所有制单位全部职工							
年末人数	万人	1.65	1.33	1.92	2.47	3.86	2.00
平均人数	万人	1.61	1.32	1.88	2.43	3.76	1.98
工资总额	万元	2 447	2 132	2 598	4 777	7 164	2 775
#奖金	万元	330	273	242	760	1 662	817
全民所有制单位工业企业全部职工							
年末人数	万人	0.31	0.45	0.39	1.18	1.23	0.27
平均人数	万人	0.31	0.46	0.37	1.15	1.15	0.26
工资总额	万元	502	758	618	2 391	2 579	442
#奖金	万元	69	94	63	423	722	70
十、教育、科技、文化、卫生							
高等学校在校学生数	人	—	—	—	—	—	—
中等专业学校在校学生数	人	806	—	—	—	—	—
普通中学在校学生数	万人	2.91	1.28	2.05	1.97	2.27	1.31
农业、职业中学在校学生数	人	1 605	492	1 594	364	671	601
技工学校在校学生数	人	—	—	—	325	600	—
小学在校学生数	万人	8.81	3.05	4.99	3.61	6.98	3.42
成人高等学校在校学生数	人	—	—	—	—	—	—
小学在校学生巩固率	%	98.40	98.00	98.70	98.59	98.06	98.30
学龄儿童入学率	%	98.10	96.00	97.30	98.00	96.12	97.00
自然科学方面的人员	人	3 968	1 223	940	2 034	871	1 200
#中级技术职称以上人员	人	392	353	217	515	280	294
社会科学方面的人员	人	3 171	1 581	2 511	2 422	3 169	2 156
#中级职称以上人员	人	761	318	506	410	600	323
电影放映单位	个	62	31	38	38	89	35
公共图书馆藏书	千册	83	35	19	30	37	70
医院数	个	32	18	24	22	35	18
医院病床数	张	1 073	402	609	719	712	491
医生数	人	465	260	281	313	474	630

赣州、宜春地区各县社会经济主要指标（1—1）

（1990年）

指标	单位	赣县	南康县	信丰县	大余县	上犹县	崇义县
一、人口和土地面积							
年末总人口	万人	48.64	69.83	57.91	25.64	26.07	18.61
非农业人口	万人	3.86	6.32	4.81	6.47	2.70	2.90
农业人口	万人	44.78	63.51	53.10	19.17	23.37	16.71
年平均人口	万人	48.36	69.71	57.39	25.46	25.95	18.45
社会劳动者人数	万人	23.43	33.29	28.64	12.96	13.01	9.29
土地面积	平方公里	2 993	1 845	2 878	1 368	1 544	2 197
二、综合							
工农业总产值（当年价格）	万元	42 842	76 182	58 357	49 195	26 822	41 652
工农业总产值（1990年不变价格）	万元	49 348	91 227	58 148	51 990	27 045	51 662
工农业总产值（1980年不变价格）	万元	25 923	47 146	29 805	30 318	14 674	22 958
国民收入（当年价格）	万元	26 204	49 639	40 725	23 844	19 774	22 956
国内生产总值（当年价格）	万元	30 536	54 232	47 936	27 390	22 034	25 503
第一产业	万元	18 695	25 191	28 496	10 699	12 696	14 019
第二产业	万元	5 593	21 069	9 223	11 865	5 846	7 808
第三产业	万元	6 248	7 972	10 217	4 826	3 492	3 676
三、农业							
农业总产值（当年价格）	万元	26 855	36 017	37 518	14 959	16 354	17 209
1.种植业产值	万元	13 976	18 138	21 795	6 673	7 612	5 244
2.林业产值	万元	1 458	2 179	2 864	1 968	869	5 944
3.牧业产值	万元	6 504	11 409	9 016	3 510	5 387	3 343
4.副业产值	万元	3 822	2 842	1 957	2 503	1 425	1 959
5.渔业产值	万元	1 095	1 449	1 886	305	1 061	719
农业总产值（1990年不变价格）	万元	32 389	40 315	40 256	17 001	17 135	21 469
农业总产值（1980年不变价格）	万元	14 472	17 297	17 218	7 795	7 303	7 636
乡（镇）劳动力	万人	21.63	29.33	25.74	9.58	11.08	7.48
年末实有耕地面积	万亩	37.86	46.71	47.16	17.74	17.08	14.07
粮食产量（含大豆）	万吨	15.71	19.71	23.25	8.93	9.06	6.70
油料产量（不含油茶籽）	吨	5 494	8 142	7 357	4 224	1 708	424
油茶籽产量	吨	4 108	2 597	1 304	321	2 246	1 852
棉花产量	吨	—	—	—	—	—	—
蔬菜产量	万吨	8.85	12.30	11.52	5.21	5.71	3.90
水果产量	吨	3 805	3 777	4 611	1 620	2 400	1 509
猪、牛、羊肉产量	吨	9 138	18 561	12 675	4 259	7 013	4 386
禽蛋产量	吨	1 359	2 125	2 081	555	1 198	530
水产品产量	吨	2 300	3 680	3 710	885	2 439	1 521
农业机械总动力	万瓦(特)	4 624	6 739	6 867	4 739	2 276	3 496

赣州、宜春地区各县社会经济主要指标（1—2）

（1990年）

指标	单位	赣县	南康县	信丰县	大余县	上犹县	崇义县
有效灌溉面积	万亩	29	35	38	15	14	12
农村用电量	万千瓦小时	720	1 451	1 941	993	726	855
农民人平纯收入	元	501.07	488.60	612.21	562.24	491.42	549.20
四、工　业							
企业单位数（乡及乡以上）	个	148	168	208	163	139	157
全部工业总产值（当年价格）	万元	15 987	40 165	20 839	34 236	10 468	24 443
#城镇个体和城镇合作工业总产值	万元	—	47	—	62	—	—
村及村以下办工业	万元	3 678	6 250	6 988	5 272	2 774	9 458
全部工业总产值（1990年不变价格）	万元	16 959	50 912	17 892	34 989	9 910	30 193
#村及村以下办工业	万元	3 739	7 005	5 700	5 696	2 237	13 615
全部工业总产值（1980年不变价格）	万元	11 451	29 849	12 587	22 523	7 371	15 322
乡及乡以上工业总产值（当年价格）	万元	12 309	33 868	13 851	28 902	7 694	14 985
轻　工　业	万元	7 317	29 904	5 655	8 446	1 132	2 663
重　工　业	万元	4 992	3 964	8 196	20 456	6 562	12 322
全部独立核算工业企业财务指标							
产品销售收入	万元	11 099	31 465	11 283	23 948	6 756	9 966
#产品销售税金	万元	665	12 498	857	1 182	534	393
教育费附加	万元	13	126	15	17	7	5
资　源　税	万元	1	—	1	—	—	1
盈利企业的利润总额	万元	446	575	547	1 127	1 669	427
亏损企业的亏损总额	万元	91	94	930	397	71	59
固定资产原值年末数	万元	9 142	11 327	14 211	23 232	12 462	17 278
固定资产净值年末数	万元	6 785	8 421	10 082	12 040	7 288	12 215
定额流动资金年平均余额	万元	3 508	7 027	3 278	8 158	1 302	2 837
工业总产值(1990年不变价格)	万元	12 501	42 412	10 415	26 889	6 938	12 281
工业总产值（当年价格）	万元	11 657	32 400	12 119	26 726	7 014	11 469
工业净产值（当年价格）	万元	3 399	16 261	3 557	8 914	3 635	3 220
全部职工年平均人数	万人	0.80	0.80	1.05	2.04	0.60	0.78
全民独立核算工业企业财务指标							
产品销售收入	万元	9 221	29 508	9 806	19 070	5 663	8 453
#产品销售税金	万元	573	12 402	784	970	486	311
教育附加费	万元	11	125	14	13	6	3
资　源　税	万元	1	—	1	—	—	1
盈利企业的利润总额	万元	383	488	472	901	1 610	332
亏损企业的亏损总额	万元	67	87	860	330	43	4
固定资产原值年末数	万元	6 288	10 221	12 568	20 262	11 693	15 343
固定资产净值年末数	万元	4 329	7 550	8 853	9 798	6 698	10 706
定额流动资金年平均余额	万元	2 897	6 256	2 795	6 486	1 002	2 585

赣州、宜春地区各县社会经济主要指标(1—3)

(1990年)

指标	单位	赣县	南康县	信丰县	大余县	上犹县	崇义县
工业总产值(1990年不变价格)	万元	9 879	39 904	9 310	19 227	5 561	9 821
工业总产值(当年价格)	万元	9 340	30 199	10 413	19 533	5 587	9 565
工业净产值(当年价格)	万元	2 554	15 494	3 038	7 181	3 265	2 700
全部职工年平均人数	万人	0.55	0.55	0.86	1.71	0.48	0.63
集体独立核算工业企业财务指标							
产品销售收入	万元	1 874	1 957	1 477	4 878	1 093	1 437
#产品销售税金	万元	90	96	73	212	48	82
教育费附加	万元	2	1	1	4	1	2
盈利企业的利润总额	万元	63	87	75	226	59	95
亏损企业的亏损总额	万元	21	7	70	67	28	44
固定资产原值年末数	万元	1 239	1 106	1 643	2 970	769	1 872
固定资产净值年末数	万元	896	871	1 229	2 242	590	1 446
定额流动资金年平均余额	万元	569	771	483	1 672	300	252
工业总产值(1990年不变价格)	万元	2 068	2 508	1 105	7 662	1 377	2 334
工业总产值(当年价格)	万元	2 055	2 201	1 706	7 193	1 427	1 819
工业净产值(当年价格)	万元	702	767	519	1 733	370	507
全部职工年平均人数	万人	0.21	0.25	0.19	0.33	0.12	0.14
五、交通、邮电、电力							
铁路客运量(发送量)	万人	—	—	—	—	—	—
铁路货运量(发送量)	万吨	—	—	—	—	—	—
公路客运量(发送量)	万人	175	266	225	171	59	70
公路货运量(发送量)	万吨	95	125	96	89	39	37
水运客运量(发送量)	万人	2	—	—	—	17	—
水运货运量(发送量)	万吨	5	3	…	—	…	—
邮电业务计费总量(1990年不变价格)	万元	144	193	167	162	78	106
年末电话机数	部	900	1 204	1 356	1 867	838	1 037
全年用电量	万千瓦小时	2 073	4 219	3 569	8 592	2 688	3 019
#工业用电	万千瓦小时	712	1 863	1 654	6 837	1 474	1 370
城乡居民生活用电	万千瓦小时	883	969	1 047	1 329	302	993
六、固定资产投资							
全民所有制单位固定资产投资	万元	1 050	3 208	1 331	2 463	1 850	1 215
#非生产性建设	万元	342	285	810	245	414	179
#住宅建设	万元	244	214	121	83	116	171
全民所有制单位基本建设投资	万元	625	212	821	469	1 527	566
#非生产性建设	万元	173	186	741	101	282	112
#住宅建设	万元	122	120	65	11	79	106

赣州、宜春地区各县社会经济主要指标(1—4)

(1990年)

指标	单位	赣县	南康县	信丰县	大余县	上犹县	崇义县
城镇集体所有制单位固定资产投资	万元	—	—	96	59	18	—
#非生产性建设	万元	—	—	64	—	—	—
#住宅建设	万元	—	—	64	—	—	—
城镇个人固定资产投资	万元	153	275	198	78	137	276
#非生产性建设	万元	153	218	198	67	49	161
#住宅建设	万元	153	218	198	67	49	161
本年新增固定资产							
(1)全民所有制单位	万元	1 209	3 560	779	1 504	540	645
(2)城镇集体所有制单位	万元	—	—	96	90	18	—
施工住宅建筑面积	万平方米	1.80	1.76	1.30	0.99	0.55	0.86
竣工住宅建筑面积	万平方米	1.26	1.36	0.78	0.54	0.27	0.86
七、商业							
社会商品零售总额	万元	13 790	19 202	16 366	12 443	8 019	7 691
1.对居民和社会集团的消费品零售额	万元	11 075	15 493	12 356	10 692	6 713	6 697
2.对农民的农业生产资料零售额	万元	2 715	3 709	4 010	1 751	1 306	994
城乡集市贸易成交额	万元	5 066	13 622	11 191	4 744	2 802	3 131
零售商业、饮食业、服务业机构	个	5 371	6 006	5 749	3 371	2 645	2 478
零售商业、饮食业、服务业人员	人	12 009	15 345	9 605	7 267	5 806	4 736
社会农副产品收购总额	万元	6 104	9 257	8 398	4 536	2 509	6 006
粮食收购量(贸易粮)	万吨	3	2	3	1	1	1
食用植物油收购量	吨	3 291	786	648	2 439	209	332
棉花收购量	吨	—	—	—	—	—	—
猪和猪肉收购量	百头	207	873	783	164	291	389
外贸收购总额(实际价格)	万元	468	714	242	1 699	159	348
八、财政、金融、保险							
地方财政预算内收入	万元	2 127	12 028	2 488	1 976	1 079	1 827
地方财政预算内支出	万元	2 906	4 211	3 214	2 532	1 567	1 978
城乡居民储蓄年末余额	万元	8 266	11 174	10 557	8 873	4 450	5 797
银行现金收入	万元	24 954	36 361	29 360	24 650	13 232	15 649
银行现金支出	万元	21 603	34 196	26 817	24 832	12 230	19 584
承保额	万元	34 182	33 298	40 042	38 486	22 958	20 138
保费	万元	189	313	261	235	122	163
已决赔款	万元	91	123	94	78	23	51
九、劳动工资							
全部职工							
年末人数	万人	2.05	2.25	2.39	3.17	1.34	1.34
平均人数	万人	2.00	2.18	2.35	3.14	1.33	1.31

赣州、宜春地区各县社会经济主要指标(1—5)

(1990年)

指标	单位	赣县	南康县	信丰县	大余县	上犹县	崇义县
工资总额	万元	3 369	3 513	4 001	5 673	2 166	2 302
#奖金	万元	391	430	524	1 024	279	407
工业企业职工							
年末人数	万人	0.69	0.62	0.89	1.98	0.55	0.56
平均人数	万人	0.66	0.58	0.84	1.95	0.54	0.55
工资总额	万元	1 033	1 035	1 470	3 706	903	1 049
#奖金	万元	98	98	207	780	136	203
全民所有制单位全部职工							
年末人数	万人	1.47	1.83	2.09	2.72	1.12	1.17
平均人数	万人	1.43	1.78	2.05	2.68	1.12	1.14
工资总额	万元	2 583	3 046	3 611	4 898	1 944	2 057
#奖金	万元	296	402	473	651	264	378
全民所有制单位工业企业全部职工							
年末人数	万人	0.47	0.51	0.83	1.74	0.50	0.50
平均人数	万人	0.44	0.48	0.78	1.71	0.50	0.49
工资总额	万元	788	929	1 418	3 295	865	969
#奖金	万元	76	95	203	429	133	188
十、教育、科技、文化、卫生							
高等学校在校学生数	人	—	—	—	—	—	—
中等专业学校在校学生数	人	550	—	—	—	—	—
普通中学在校学生数	万人	1.79	2.77	2.32	1.30	0.91	0.94
农业、职业中学在校学生数	人	610	2 152	1 054	1 813	736	706
技工学校在校学生数	人	—	—	—	—	—	—
小学在校学生数	万人	4.96	6.80	5.62	2.48	2.76	2.11
成人高等学校在校学生数	人	—	—	31	—	—	40
小学在校学生巩固率	%	98.83	99.23	98.50	99.37	98.38	98.41
学龄儿童入学率	%	98.60	99.66	98.63	99.37	97.23	98.45
自然科学方面的人员	人	1 443	3 456	2 031	1 602	977	1 139
#中级技术职称以上人员	人	323	568	532	416	230	493
社会科学方面的人员	人	2 685	3 758	2 177	2 893	1 993	1 708
#中级职称以上人员	人	433	454	968	443	254	291
电影放映单位	个	76	47	74	44	39	72
公共图书馆藏书	千册	91	74	51	43	45	53
医院数	个	22	28	30	22	21	21
医院病床数	张	409	1 069	578	898	303	416
医生数	人	316	498	347	393	179	220

赣州、宜春地区各县社会经济主要指标（2—1）

（1990年）

指　　　标	单　位	安远县	龙南县	定南县	全南县	宁都县	于都县
一、人口和土地面积							
年末总人口	万人	29.42	26.30	17.32	17.36	63.19	73.71
非农业人口	万人	2.45	3.10	1.87	4.18	6.45	6.98
农 业 人 口	万人	26.97	23.20	15.45	13.18	56.74	66.73
年平均人口	万人	29.23	26.07	17.22	17.31	62.26	72.88
社会劳动者人数	万人	15.75	13.30	8.55	8.85	31.27	34.01
土 地 面 积	平方公里	2 375	1 641	1 316	1 521	4 053	2 893
二、综　　合							
工农业总产值（当年价格）	万元	29 258	26 010	20 485	34 328	55 436	67 731
工农业总产值（1990年不变价格）	万元	33 457	27 592	22 360	37 627	60 073	71 822
工农业总产值（1980年不变价格）	万元	16 913	15 798	12 797	20 572	29 861	37 295
国民收入（当年价格）	万元	19 473	17 158	11 809	18 643	41 028	41 785
国内生产总值（当年价格）	万元	21 593	19 737	14 662	20 389	46 104	47 008
第 一 产 业	万元	14 345	10 429	8 158	10 343	29 906	26 761
第 二 产 业	万元	3 550	5 170	3 622	7 363	7 900	13 334
第 三 产 业	万元	3 698	4 138	2 882	2 683	8 298	6 913
三、农　　业							
农业总产值（当年价格）	万元	19 216	13 467	11 071	13 589	40 571	38 469
1.种植业产值	万元	8 976	6 670	4 866	6 318	23 868	18 756
2.林 业 产 值	万元	3 096	717	2 410	3 071	1 931	1 120
3.牧 业 产 值	万元	4 890	4 378	2 478	2 780	11 499	12 082
4.副 业 产 值	万元	1 706	1 248	950	1 047	2 071	4 612
5.渔 业 产 值	万元	548	454	367	373	1 202	1 899
农业总产值（1990年不变价格）	万元	23 241	15 227	11 812	15 075	45 708	43 189
农业总产值（1980年不变价格）	万元	9 320	6 508	5 034	6 011	19 723	19 694
乡（镇）劳动力	万人	14.01	11.51	7.54	6.51	28.69	31.15
年末实有耕地面积	万亩	20.85	16.10	13.17	14.01	66.70	48.93
粮食产量（含大豆）	万吨	11.16	8.50	5.73	6.56	27.63	20.91
油料产量（不含油茶籽）	吨	841	2 776	685	1 769	15 696	11 546
油茶籽产量	吨	1 307	881	289	942	2 409	2 270
棉 花 产 量	吨	—	—	—	1	—	—
蔬 菜 产 量	万吨	5.90	6.05	4.00	3.42	10.22	13.10
水 果 产 量	吨	6 246	1 400	2 060	2 897	6 144	7 257
猪、牛、羊肉产量	吨	7 524	4 863	3 021	3 559	15 705	16 897
禽 蛋 产 量	吨	897	716	279	400	2 052	3 380
水产品产量	吨	1 406	1 193	703	942	3 218	3 900
农业机械总动力	万瓦(特)	3 833	2 568	1 823	2 866	6 966	8 291

赣州、宜春地区各县社会经济主要指标（2—2）

（1990年）

指标	单位	安远县	龙南县	定南县	全南县	宁都县	于都县
有效灌溉面积	万亩	16	12	9	11	48	35
农村用电量	万千瓦小时	851	539	491	1 090	1 886	980
农民人平纯收入	元	546.11	537.37	504.54	596.10	490.32	518.81
四、工　业							
企业单位数（乡及乡以上）	个	147	97	108	103	175	200
全部工业总产值（当年价格）	万元	10 042	12 543	9 414	20 739	14 865	29 262
#城镇个体和城镇合作工业总产值	万元	—	102	—	—	107	—
村及村以下办工业	万元	3 784	3 934	2 940	3 946	5 466	7 974
全部工业总产值（1990年不变价格）	万元	10 216	12 365	10 548	22 552	14 365	28 633
#村及村以下办工业	万元	3 791	2 938	3 036	3 946	5 022	7 297
全部工业总产值（1980年不变价格）	万元	7 593	9 290	7 763	14 561	10 138	17 601
乡及乡以上工业总产值（当年价格）	万元	6 258	8 507	6 474	16 793	9 292	21 288
轻　工　业	万元	2 044	1 254	1 139	5 049	4 098	5 294
重　工　业	万元	4 214	7 253	5 335	11 744	5 194	15 994
全部独立核算工业企业财务指标							
产品销售收入	万元	3 530	6 636	4 370	9 995	8 928	18 965
#产品销售税金	万元	282	341	114	469	415	994
教育费附加	万元	3	7	1	8	5	37
资　源　税	万元	—	3	—	—	…	—
盈利企业的利润总额	万元	340	616	175	421	465	1 337
亏损企业的亏损总额	万元	191	75	588	506	114	355
固定资产原值年末数	万元	3 588	6 323	6 347	13 060	7 029	18 540
固定资产净值年末数	万元	2 959	4 829	3 111	3 641	5 262	11 129
定额流动资金年平均余额	万元	1 523	2 606	1 630	449	2 946	5 943
工业总产值(1990年不变价格)	万元	4 268	8 054	6 346	13 340	9 336	20 661
工业总产值（当年价格）	万元	4 331	6 821	5 398	11 704	9 284	20 627
工业净产值（当年价格）	万元	1 525	2 523	920	3 745	2 846	7 165
全部职工年平均人数	万人	0.35	0.63	0.40	0.99	0.95	1.90
全民独立核算工业企业财务指标							
产品销售收入	万元	3 131	5 831	4 046	8 544	5 560	15 824
#产品销售税金	万元	259	314	99	408	258	851
教育费附加	万元	2	7	1	7	3	35
资　源　税	万元	—	3	—	—	…	—
盈利企业的利润总额	万元	310	554	163	403	297	1 129
亏损企业的亏损总额	万元	147	38	575	183	70	217
固定资产原值年末数	万元	3 079	5 463	5 621	11 846	4 392	16 020
固定资产净值年末数	万元	2 528	4 188	2 470	2 753	3 269	9 412
定额流动资金年平均余额	万元	1 294	2 335	1 485	3 312	1 816	4 797

赣州、宜春地区各县社会经济主要指标（2—3）

（1990年）

指　　标	单位	安远县	龙南县	定南县	全南县	宁都县	于都县
工业总产值（1990年不变价格）	万元	3 750	7 141	5 605	11 149	5 431	17 370
工业总产值（当年价格）	万元	3 820	5 919	4 756	9 864	5 513	17 055
工业净产值（当年价格）	万元	1 333	2 229	714	3 526	1 520	5 990
全部职工年平均人数	万人	0.27	0.48	0.35	0.86	0.46	1.30
集体独立核算工业企业财务指标							
产品销售收入	万元	399	805	324	1 451	3 368	3 141
#产品销售税金	万元	23	27	15	61	157	143
教育费附加	万元	1	…	—	1	2	2
盈利企业的利润总额	万元	30	62	12	18	168	208
亏损企业的亏损总额	万元	44	37	13	323	44	138
固定资产原值年末数	万元	510	860	726	1 214	2 637	2 520
固定资产净值年末数	万元	431	641	641	888	1 993	1 717
定额流动资金年平均余额	万元	229	271	145	1 107	1 130	1 146
工业总产值（1990年不变价格）	万元	518	913	741	2 191	3 905	3 291
工业总产值（当年价格）	万元	511	902	642	1 840	3 771	3 572
工业净产值（当年价格）	万元	192	294	206	219	1 326	1 175
全部职工年平均人数	万人	0.08	0.15	0.05	0.13	0.49	0.60
五、交通、邮电、电力							
铁路客运量（发送量）	万人	—	—	—	—	—	—
铁路货运量（发送量）	万吨	—	—	—	—	—	—
公路客运量（发送量）	万人	110	93	65	54	179	232
公路货运量（发送量）	万吨	32	41	36	41	49	38
水运客运量（发送量）	万人	—	—	—	—	—	—
水运货运量（发送量）	万吨	—	…	—	—	1	7
邮电业务计费总量(1990年不变价格)	万元	93	101	78	126	163	158
年末电话机数	部	833	691	658	979	1 074	1 502
全年用电量	万千瓦小时	1 430	2 054	5 730	5 843	3 762	5 724
#工业用电	万千瓦小时	286	1 243	3 476	4 154	2 022	2 132
城乡居民生活用电	万千瓦小时	648	636	786	1 056	859	1 026
六、固定资产投资							
全民所有制单位固定资产投资	万元	602	703	1 049	2 318	576	2 128
#非生产性建设	万元	76	152	318	397	222	1 146
#住宅建设	万元	33	20	165	259	134	347
全民所有制单位基本建设投资	万元	53	332	264	1 111	237	935
#非生产性建设	万元	53	136	234	202	196	914
#住宅建设	万元	10	20	94	146	134	235

赣州、宜春地区各县社会经济主要指标 (2—4)

（1990年）

指标	单位	安远县	龙南县	定南县	全南县	宁都县	于都县
城镇集体所有制单位固定资产投资	万元	—	31	91	110	4	25
#非生产性建设	万元	—	—	—	2	—	—
#住宅建设	万元	—	—	—	—	—	—
城镇个人固定资产投资	万元	272	202	82	134	180	360
#非生产性建设	万元	242	197	82	104	130	360
#住宅建设	万元	242	197	82	104	130	360
本年新增固定资产							
（1）全民所有制单位	万元	504	403	581	2 658	696	2 189
（2）城镇集体所有制单位	万元	—	31	47	110	—	25
施工住宅建筑面积	万平方米	0.22	0.15	0.81	1.45	0.84	2.95
竣工住宅建筑面积	万平方米	0.13	—	0.54	1.45	0.44	1.60
七、商业							
社会商品零售总额	万元	8 633	7 923	6 277	7 442	19 271	18 569
1.对居民和社会集团的消费品零售额	万元	6 909	7 021	5 205	6 425	14 367	14 903
2.对农民的农业生产资料零售额	万元	1 724	902	1 072	1 017	4 904	3 666
城乡集市贸易成交额	万元	5 559	2 818	3 127	2 862	11 725	8 055
零售商业、饮食业、服务业机构	个	3 257	2 338	1 758	1 747	5 794	6 036
零售商业、饮食业、服务业人员	人	7 509	6 251	3 529	3 624	10 155	15 088
社会农副产品收购总额	万元	5 218	3 250	2 200	3 271	9 511	7 157
粮食收购量（贸易粮）	万吨	2	1	1	1	6	3
食用植物油收购量	吨	117	244	44	127	790	888
棉花收购量	吨	—	—	—	—	—	—
猪和猪肉收购量	百头	238	172	178	423	947	507
外贸收购总额（实际价格）	万元	849	102	342	701	1 276	291
八、财政、金融、保险							
地方财政预算内收入	万元	1 350	1 196	900	1 392	2 153	2 421
地方财政预算内支出	万元	2 162	1 718	1 377	1 760	4 124	4 215
城乡居民储蓄年末余额	万元	4 623	6 536	3 315	6 497	15 364	11 870
银行现金收入	万元	17 258	16 175	10 493	14 170	37 253	32 227
银行现金支出	万元	18 085	15 324	12 712	14 923	33 055	35 493
承保额	万元	23 823	20 252	16 246	34 498	40 107	54 766
保费	万元	141	174	112	193	337	339
已决赔款	万元	63	74	38	119	130	94
九、劳动工资							
全部职工							
年末人数	万人	1.31	1.53	0.99	2.05	2.31	3.23
平均人数	万人	1.27	1.49	0.98	2.03	2.24	3.14

赣州、宜春地区各县社会经济主要指标(2—5)

(1990年)

指标	单位	安远县	龙南县	定南县	全南县	宁都县	于都县
工资总额	万元	1 961	2 312	1 610	3 329	3 550	5 592
#奖金	万元	223	482	158	342	478	843
工业企业职工							
年末人数	万人	0.34	0.43	0.38	0.94	0.51	1.60
平均人数	万人	0.33	0.40	0.38	0.93	0.50	1.55
工资总额	万元	547	664	628	1 572	753	3 131
#奖金	万元	61	73	46	152	112	553
全民所有制单位全部职工							
年末人数	万人	1.08	1.30	0.89	1.73	1.78	2.69
平均人数	万人	1.05	1.28	0.89	1.72	1.75	2.62
工资总额	万元	1 707	2 106	1 463	2 976	2 897	4 933
#奖金	万元	213	276	143	320	430	778
全民所有制单位工业企业全部职工							
年末人数	万人	0.27	0.37	0.35	0.78	0.39	1.37
平均人数	万人	0.27	0.36	0.35	0.78	0.39	1.32
工资总额	万元	480	627	593	1 406	645	2 881
#奖金	万元	61	71	44	137	107	515
十、教育、科技、文化、卫生							
高等学校在校学生数	人	—	—	—	—	—	—
中等专业学校在校学生数	人	—	902	—	—	965	—
普通中学在校学生数	万人	1.04	1.16	0.79	0.90	2.92	2.68
农业、职业中学在校学生数	人	955	946	822	733	2 505	1 324
技工学校在校学生数	人	—	—	—	—	—	—
小学在校学生数	万人	3.52	2.70	1.75	1.83	7.64	8.34
成人高等学校在校学生数	人	—	—	—	—	29	5
小学在校学生巩固率	%	98.96	99.68	99.21	98.85	98.82	97.96
学龄儿童入学率	%	98.00	99.40	98.66	98.34	98.50	97.75
自然科学方面的人员	人	936	2 036	1 381	712	3 470	2 161
#中级技术职称以上人员	人	235	294	347	289	470	571
社会科学方面的人员	人	1 706	1 537	1 845	1 025	3 081	4 060
#中级职称以上人员	人	275	353	236	187	553	320
电影放映单位	个	77	24	41	26	113	110
公共图书馆藏书	千册	53	22	51	41	76	75
医院数	个	23	20	16	21	27	32
医院病床数	张	387	335	330	494	626	880
医生数	人	225	259	163	268	444	498

赣州、宜春地区各县社会经济主要指标 (3—1)

（1990年）

指　　　标	单　位	兴国县	瑞金县	会昌县	寻乌县	石城县	高安县
一、人口和土地面积							
年末总人口	万人	59.85	51.09	36.57	25.29	25.41	70.56
非农业人口	万人	4.70	4.64	3.40	2.41	2.56	9.93
农业人口	万人	55.15	46.45	33.17	22.88	22.85	60.63
年平均人口	万人	59.61	50.93	36.36	25.09	24.61	69.11
社会劳动者人数	万人	26.44	23.13	17.88	11.27	11.14	33.20
土地面积	平方公里	3 214	2 448	2 722	2 311	1 582	2 439
二、综　　合							
工农业总产值（当年价格）	万元	56 026	41 606	33 697	21 475	25 622	139 349
工农业总产值（1990年不变价格）	万元	60 297	47 715	38 049	26 252	24 524	153 826
工农业总产值（1980年不变价格）	万元	29 356	23 523	19 360	13 406	13 151	90 148
国民收入（当年价格）	万元	38 154	27 958	21 867	15 541	19 156	72 698
国内生产总值（当年价格）	万元	43 528	32 892	23 889	17 403	21 264	79 562
第一产业	万元	27 350	19 532	15 889	11 020	14 609	44 153
第二产业	万元	8 407	6 440	4 231	2 987	2 720	23 552
第三产业	万元	7 771	6 920	3 769	3 396	3 935	11 857
三、农　　业							
农业总产值（当年价格）	万元	37 524	26 969	21 837	15 476	19 328	66 182
1.种植业产值	万元	19 198	15 248	11 298	7 993	11 385	39 185
2.林业产值	万元	2 935	1 265	2 388	979	914	1 185
3.牧业产值	万元	12 119	7 050	5 645	5 310	5 256	18 731
4.副业产值	万元	2 669	2 226	1 682	733	1 364	5 252
5.渔业产值	万元	603	1 180	824	461	409	1 829
农业总产值（1990年不变价格）	万元	41 243	31 186	25 516	18 479	18 240	76 735
农业总产值（1980年不变价格）	万元	17 335	13 007	10 529	7 535	7 902	36 025
乡（镇）劳动力	万人	24.13	20.80	16.19	10.00	9.98	25.71
年末实有耕地面积	万亩	47.79	36.25	31.44	21.35	23.80	102.66
粮食产量（含大豆）	万吨	18.40	15.97	13.76	10.70	9.45	50.82
油料产量（不含油茶籽）	吨	6 963	6 333	1 475	1 966	3 111	25 286
油茶籽产量	吨	6 156	1 940	2 091	682	562	2 340
棉花产量	吨	—	—	—	—	8	3 868
蔬菜产量	万吨	12.60	10.60	6.31	4.58	5.00	15.79
水果产量	吨	3 320	2 783	2 713	4 073	1 157	2 288
猪、牛、羊肉产量	吨	15 414	10 475	7 168	8 384	8 397	32 655
禽蛋产量	吨	2 820	1 545	1 579	1 044	790	6 829
水产品产量	吨	1 450	3 230	1 961	1 054	1 025	5 226
农业机械总动力	万瓦(特)	5 460	4 426	3 684	4 048	3 392	21 946

赣州、宜春地区各县社会经济主要指标（3—2）

（1990年）

指标	单位	兴国县	瑞金县	会昌县	寻乌县	石城县	高安县
有效灌溉面积	万亩	34	26	24	15	17	78
农村用电量	万千瓦小时	1 152	1 024	786	1 721	555	5 743
农民人平纯收入	元	508.91	510.10	547.44	569.44	515.94	638.83
四、工　　业							
企业单位数（乡及乡以上）	个	167	147	143	100	85	328
全部工业总产值（当年价格）	万元	18 502	14 636	11 860	5 999	6 294	73 167
#城镇个体和城镇合作工业总产值	万元	—	—	—	158	—	10
村及村以下办工业	万元	4 223	4 028	2 437	2 538	1 904	21 733
全部工业总产值（1990年不变价格）	万元	19 054	16 529	12 533	7 773	6 284	77 091
#村及村以下办工业	万元	4 062	4 028	2 584	2 574	1 846	23 470
全部工业总产值（1980年不变价格）	万元	12 021	10 516	8 831	5 871	5 249	54 123
乡及乡以上工业总产值（当年价格）	万元	14 279	10 608	9 423	4 303	4 390	51 424
轻　工　业	万元	6 451	5 718	4 017	970	1 497	21 013
重　工　业	万元	7 828	4 890	5 406	3 333	2 893	30 411
全部独立核算工业企业财务指标							
产品销售收入	万元	12 552	10 036	7 798	3 765	3 274	43 733
#产品销售税金	万元	885	90	604	171	158	2 314
教育费附加	万元	16	18	9	4	11	55
资　源　税	万元	1	—	—	2	—	10
盈利企业的利润总额	万元	938	684	645	155	234	2 364
亏损企业的亏损总额	万元	469	313	195	716	155	4 207
固定资产原值年末数	万元	11 910	8 503	7 234	4 361	4 309	48 899
固定资产净值年末数	万元	7 669	5 937	5 275	3 088	3 148	33 560
定额流动资金年平均余额	万元	4 099	2 897	2 179	3 771	1 808	10 448
工业总产值（1990年不变价格）	万元	13 974	12 446	8 835	4 124	4 085	52 180
工业总产值（当年价格）	万元	13 295	10 554	8 466	3 447	4 038	50 087
工业净产值（当年价格）	万元	4 279	3 688	2 875	1 234	1 200	12 768
全部职工年平均人数	万人	1.00	0.92	0.57	0.26	0.31	4.41
全民独立核算工业企业财务指标							
产品销售收入	万元	10 686	7 803	5 223	3 324	1 953	28 127
#产品销售税金	万元	807	783	481	155	102	1 181
教育费附加	万元	15	15	7	3	9	25
资　源　税	万元	1	—	—	2	—	10
盈利企业的利润总额	万元	870	548	407	84	181	1 376
亏损企业的亏损总额	万元	436	265	195	678	92	3 875
固定资产原值年末数	万元	10 571	6 157	5 472	3 557	3 071	37 488
固定资产净值年末数	万元	6 662	4 143	4 028	2 409	2 216	25 484
定额流动资金年平均余额	万元	3 391	2 061	1 455	3 711	929	6 062

赣州、宜春地区各县社会经济主要指标(3—3)

(1990年)

指　　标	单　位	兴国县	瑞金县	会昌县	寻乌县	石城县	高安县
工业总产值(1990年不变价格)	万元	11 543	9 606	5 261	3 485	2 420	31 477
工业总产值(当年价格)	万元	11 182	7 897	5 058	2 927	2 320	29 885
工业净产值(当年价格)	万元	3 614	2 753	1 798	1 053	687	6 467
全部职工年平均人数	万人	0.74	0.53	0.31	0.21	0.17	2.62
集体独立核算工业企业财务指标							
产品销售收入	万元	1 866	2 233	2 575	441	1 321	15 481
#产品销售税金	万元	78	118	123	16	56	1 127
教育费附加	万元	1	3	2	1	2	30
盈利企业的利润总额	万元	68	136	238	71	53	988
亏损企业的亏损总额	万元	33	48	—	38	63	332
固定资产原值年末数	万元	1 339	2 346	1 762	804	1 238	11 327
固定资产净值年末数	万元	1 007	1 794	1 247	679	932	8 008
定额流动资金年平均余额	万元	708	836	724	60	879	4 353
工业总产值(1990年不变价格)	万元	2 431	2 840	3 574	639	1 665	20 563
工业总产值(当年价格)	万元	2 113	2 657	3 408	520	1 718	20 062
工业净产值(当年价格)	万元	665	935	1 077	181	513	6 285
全部职工年平均人数	万人	0.26	0.39	0.26	0.05	0.14	1.79
五、交通、邮电、电力							
铁路客运量(发送量)	万人	—	—	—	—	—	15
铁路货运量(发送量)	万吨	—	—	—	—	—	71
公路客运量(发送量)	万人	247	241	67	73	150	233
公路货运量(发送量)	万吨	106	69	14	43	37	278
水运客运量(发送量)	万人	—	—	—	—	—	—
水运货运量(发送量)	万吨	—	1	4	—	…	7
邮电业务计费总量(1990年不变价格)	万元	157	144	106	99	93	253
年末电话机数	部	1 329	1 171	823	804	768	2 534
全年用电量	万千瓦小时	4 285	3 295	2 016	2 764	1 453	10 172
#工业用电	万千瓦小时	2 389	1 697	677	802	1 081	7 061
城乡居民生活用电	万千瓦小时	1 033	812	451	875	359	826
六、固定资产投资							
全民所有制单位固定资产投资	万元	1 561	844	1 232	622	768	5 601
#非生产性建设	万元	399	334	226	224	228	646
#住宅建设	万元	162	73	76	47	28	416
全民所有制单位基本建设投资	万元	945	449	315	237	304	4 213
#非生产性建设	万元	297	334	226	213	104	565
#住宅建设	万元	124	73	76	36	23	365

赣州、宜春地区各县社会经济主要指标 (3—4)

（1990年）

指　　　标	单　位	兴国县	瑞金县	会昌县	寻乌县	石城县	高安县
城镇集体所有制单位固定资产投资	万元	6	48	160	33	65	292
#非生产性建设	万元	6	24	—	—	14	48
#住宅建设	万元	—	—	—	—	—	23
城镇个人固定资产投资	万元	95	102	123	285	363	346
#非生产性建设	万元	95	82	117	285	325	346
#住宅建设	万元	95	82	117	285	325	346
本年新增固定资产							
（1）全民所有制单位	万元	1 008	367	1 645	398	464	3 371
（2）城镇集体所有制单位	万元	46	52	64	66	65	277
施工住宅建筑面积	万平方米	1.35	0.84	0.42	0.20	0.17	3.29
竣工住宅建筑面积	万平方米	1.04	0.39	0.30	0.24	0.15	2.36
七、商　　业							
社会商品零售总额	万元	18 502	16 157	12 236	7 401	7 499	42 734
1.对居民和社会集团的消费品零售额	万元	15 150	13 495	10 252	5 878	5 853	30 178
2.对农民的农业生产资料零售额	万元	3 352	2 662	1 984	1 523	1 646	12 556
城乡集市贸易成交额	万元	6 020	6 213	4 661	3 039	5 432	14 506
零售商业、饮食业、服务业机构	个	5 274	6 613	4 114	2 685	3 129	5 332
零售商业、饮食业、服务业人员	人	9 753	14 604	7 786	5 675	6 914	13 809
社会农副产品收购总额	万元	9 554	10 116	5 252	3 310	5 508	22 829
粮食收购量（贸易粮）	万吨	3	4	2	1	2	15
食用植物油收购量	吨	2 273	2 153	189	55	453	3 181
棉花收购量	吨	—	—	—	—	—	3 220
猪和猪肉收购量	百头	864	820	212	151	350	1 713
外贸收购总额（实际价格）	万元	462	84	35	66	54	2 760
八、财政、金融、保险							
地方财政预算内收入	万元	2 457	2 046	1 502	978	1 160	5 559
地方财政预算内支出	万元	4 404	3 308	2 387	1 763	2 048	6 436
城乡居民储蓄年末余额	万元	8 668	10 452	6 544	4 556	5 208	22 479
银行现金收入	万元	28 696	26 178	17 150	13 686	17 698	59 352
银行现金支出	万元	28 353	24 982	18 149	12 388	19 752	64 954
承保额	万元	41 646	44 542	39 564	32 919	17 012	80 905
保　　费	万元	200	180	190	179	119	427
已决赔款	万元	73	75	85	71	44	180
九、劳动工资							
全部职工							
年末人数	万人	2.41	2.18	1.48	1.12	1.06	5.20
平均人数	万人	2.35	2.12	1.43	1.13	1.04	5.03

赣州、宜春地区各县社会经济主要指标(3—5)

(1990年)

指　　标	单　位	兴国县	瑞金县	会昌县	寻乌县	石城县	高安县
工资总额	万元	3953	3239	2264	1807	1639	9281
#奖　金	万元	510	368	340	225	207	1615
工业企业职工							
年末人数	万人	0.94	0.74	0.48	0.19	0.26	2.86
平均人数	万人	0.90	0.69	0.46	0.19	0.25	2.72
工资总额	万元	1615	1001	709	274	387	5712
#奖　金	万元	226	127	105	29	49	1068
全民所有制单位全部职工							
年末人数	万人	1.99	1.73	1.10	0.99	0.86	4.46
平均人数	万人	1.93	1.68	1.08	1.00	0.85	4.30
工资总额	万元	3462	2799	1818	1632	1373	8355
#奖　金	万元	482	337	246	209	170	1481
全民所有制单位工业企业全部职工							
年末人数	万人	0.79	0.54	0.33	0.16	0.20	2.58
平均人数	万人	0.75	0.50	0.32	0.16	0.19	2.44
工资总额	万元	1435	823	509	258	311	5404
#奖　金	万元	213	111	69	29	40	1053
十、教育、科技、文化、卫生							
高等学校在校学生数	人	—	—	—	—	—	—
中等专业学校在校学生数	人	674	690	—	—	—	1562
普通中学在校学生数	万人	2.01	1.65	1.18	1.13	1.11	3.86
农业、职业中学在校学生数	人	784	1820	759	922	713	2774
技工学校在校学生数	人	—	—	—	—	—	850
小学在校学生数	万人	6.54	5.77	4.37	3.23	2.75	7.51
成人高等学校在校学生数	人	3	1	—	—	—	—
小学在校学生巩固率	%	98.12	98.37	98.05	99.09	98.88	98.70
学龄儿童入学率	%	98.39	98.07	98.00	98.97	98.65	99.30
自然科学方面的人员	人	2851	2570	1448	789	682	2387
#中级技术职称以上人员	人	513	571	205	209	232	617
社会科学方面的人员	人	3370	5100	1978	1732	1554	2909
#中级职称以上人员	人	525	914	561	276	380	642
电影放映单位	个	34	83	53	56	45	91
公共图书馆藏书	千册	126	104	63	31	18	50
医院数	个	28	23	23	18	17	32
医院病床数	张	596	657	302	334	274	1628
医生数	人	438	371	253	142	182	743

赣州、宜春地区各县社会经济主要指标（4—1）

（1990年）

指　　　　标	单　位	奉新县	万载县	上高县	宜丰县	靖安县	铜鼓县
一、人口和土地面积							
年末总人口	万人	26.06	43.09	30.74	25.59	12.50	13.32
非农业人口	万人	4.59	5.54	6.08	6.23	2.91	3.59
农业人口	万人	21.47	37.55	24.66	19.36	9.59	9.73
年平均人口	万人	25.91	42.79	30.27	25.41	12.46	13.24
社会劳动者人数	万人	12.79	20.31	13.80	12.13	5.98	5.57
土地面积	平方公里	1 642	1 714	1 350	1 935	1 377	1 548
二、综　　合							
工农业总产值（当年价格）	万元	65 327	75 805	82 232	62 894	32 163	36 862
工农业总产值（1990年不变价格）	万元	69 249	84 003	84 929	68 307	35 508	39 815
工农业总产值（1980年不变价格）	万元	39 361	52 904	51 247	38 715	21 762	23 495
国民收入（当年价格）	万元	36 646	42 117	44 800	33 611	17 472	22 380
国内生产总值（当年价格）	万元	39 829	46 845	47 314	38 208	20 016	24 922
第一产业	万元	24 437	25 378	28 758	19 482	9 875	11 481
第二产业	万元	9 232	13 888	10 876	11 435	5 282	10 016
第三产业	万元	6 160	7 579	7 680	7 291	4 859	3 425
三、农　　业							
农业总产值（当年价格）	万元	37 576	35 871	45 531	28 556	14 612	15 558
1.种植业产值	万元	17 912	18 251	22 876	14 403	5 781	3 541
2.林业产值	万元	3 713	2 139	2 444	3 181	3 817	8 365
3.牧业产值	万元	10 317	9 115	14 748	7 642	3 270	2 668
4.副业产值	万元	4 649	5 777	3 413	2 537	1 518	708
5.渔业产值	万元	985	589	2 050	793	226	276
农业总产值（1990年不变价格）	万元	38 826	38 260	46 667	31 442	17 103	17 419
农业总产值（1980年不变价格）	万元	16 787	18 289	20 970	13 602	6 672	6 085
乡（镇）劳动力	万人	9.75	17.83	10.65	8.37	4.30	4.35
年末实有耕地面积	万亩	42.82	38.78	40.03	37.51	15.97	11.78
粮食产量（含大豆）	万吨	24.55	22.21	25.93	19.68	8.24	4.70
油料产量（不含油茶籽）	吨	7 839	5 960	11 279	4 007	2 108	715
油茶籽产量	吨	1 895	2 699	3 078	1 385	1 003	644
棉花产量	吨	16	4	53	5	3	—
蔬菜产量	万吨	5.33	12.98	9.96	4.62	2.71	1.71
水果产量	吨	1 377	1 397	7 762	1 270	1 573	436
猪、牛、羊肉产量	吨	15 302	13 168	23 579	13 216	5 236	4 974
禽蛋产量	吨	2 610	1 927	3 893	1 507	1 080	373
水产品产量	吨	2 405	1 902	5 273	2 260	663	601
农业机械总动力	万瓦(特)	8 342	6 067	8 113	7 128	5 289	2 968

赣州、宜春地区各县社会经济主要指标（4—2）

（1990年）

指标	单位	奉新县	万载县	上高县	宜丰县	靖安县	铜鼓县
有效灌溉面积	万亩	32	30	31	30	13	7
农村用电量	万千瓦小时	2 889	2 092	1 663	3 055	873	394
农民人平纯收入	元	767.74	573.76	776.11	748.44	733.58	767.78
四、工　　业							
企业单位数（乡及乡以上）	个	203	200	207	224	131	115
全部工业总产值（当年价格）	万元	27 751	39 934	36 701	34 338	17 551	21 304
#城镇个体和城镇合作工业总产值	万元	311	108	163	51	41	45
村及村以下办工业	万元	7 088	11 367	10 959	7 196	5 132	4 151
全部工业总产值（1990年不变价格）	万元	30 423	45 833	38 262	36 865	18 405	22 396
#村及村以下办工业	万元	7 051	12 851	11 068	7 196	5 099	4 131
全部工业总产值（1980年不变价格）	万元	22 574	34 615	30 277	25 113	15 090	17 410
乡及乡以上工业总产值（当年价格）	万元	20 352	28 459	25 579	27 091	12 378	17 108
轻　工　业	万元	9 310	21 502	13 576	15 759	6 055	9 990
重　工　业	万元	11 042	6 957	12 003	11 332	6 323	7 118
全部独立核算工业企业财务指标							
产品销售收入	万元	16 382	27 458	21 286	23 868	9 699	13 747
#产品销售税金	万元	824	2 480	1 365	1 328	490	909
教育费附加	万元	12	68	28	22	11	8
资　源　税	万元	—	…	—	3	—	1
盈利企业的利润总额	万元	1 240	1 000	1 018	1 152	769	1 229
亏损企业的亏损总额	万元	814	745	332	617	300	856
固定资产原值年末数	万元	14 797	15 358	17 399	17 787	12 391	15 745
固定资产净值年末数	万元	10 903	10 625	11 691	11 799	9 329	10 541
定额流动资金年平均余额	万元	5 859	12 714	9 175	8 890	3 386	7 727
工业总产值（1990年不变价格）	万元	20 981	32 200	24 652	28 185	11 559	18 090
工业总产值（当年价格）	万元	18 353	27 854	23 240	25 629	10 849	16 983
工业净产值（当年价格）	万元	5 016	9 233	6 944	7 443	3 164	5 555
全部职工年平均人数	万人	1.21	2.19	1.53	1.81	0.78	1.29
全民独立核算工业企业财务指标							
产品销售收入	万元	11 660	9 539	15 922	14 516	6 420	9 883
#产品销售税金	万元	535	843	1 059	814	308	670
教育费附加	万元	5	15	21	14	8	3
资　源　税	万元	—	…	—	3	—	1
盈利企业的利润总额	万元	1 055	581	869	699	719	949
亏损企业的亏损总额	万元	517	284	183	524	235	748
固定资产原值年末数	万元	11 441	7 523	13 786	11 376	10 079	13 294
固定资产净值年末数	万元	8 569	5 235	9 205	7 532	7 647	8 480
定额流动资金年平均余额	万元	4 224	3 487	6 708	5 998	2 390	6 574

赣州、宜春地区各县社会经济主要指标(4—3)

(1990年)

指标	单位	奉新县	万载县	上高县	宜丰县	靖安县	铜鼓县
工业总产值(1990年不变价格)	万元	15 325	11 138	18 340	16 512	6 954	11 162
工业总产值(当年价格)	万元	13 036	9 870	17 071	14 312	6 537	10 215
工业净产值(当年价格)	万元	3 518	3 203	5 119	4 379	2 100	4 304
全部职工年平均人数	万人	0.81	0.67	1.04	1.08	0.42	0.97
集体独立核算工业企业财务指标							
产品销售收入	万元	4 722	16 700	5 364	7 997	3 279	3 810
#产品销售税金	万元	289	1 606	306	450	182	233
教育费附加	万元	7	53	7	8	3	5
盈利企业的利润总额	万元	185	412	149	364	50	280
亏损企业的亏损总额	万元	297	461	149	85	65	108
固定资产原值年末数	万元	3 356	7 409	3 613	5 155	2 312	2 422
固定资产净值年末数	万元	2 334	5 013	2 486	3 313	1 682	2 036
定额流动资金年平均余额	万元	1 635	9 226	2 467	2 619	996	1 144
工业总产值(1990年不变价格)	万元	5 656	19 647	6 312	9 060	4 605	6 837
工业总产值(当年价格)	万元	5 317	16 569	6 169	9 030	4 312	6 677
工业净产值(当年价格)	万元	1 498	5 758	1 825	2 610	1 064	1 241
全部职工年平均人数	万人	0.40	1.48	0.49	0.67	0.36	0.32
五、交通、邮电、电力							
铁路客运量(发送量)	万人	—	—	8	—	—	—
铁路货运量(发送量)	万吨	—	—	54	—	—	—
公路客运量(发送量)	万人	366	348	429	102	148	202
公路货运量(发送量)	万吨	97	251	670	59	49	75
水运客运量(发送量)	万人	—	—	—	—	—	—
水运货运量(发送量)	万吨	…	—	2	—	—	—
邮电业务计费总量(1990年不变价格)	万元	171	129	171	177	134	123
年末电话机数	部						
全年用电量	万千瓦小时	5 261	3 200	4 384	5 314	2 747	1 674
#工业用电	万千瓦小时	3 539	2 050	2 981	4 409	1 615	665
城乡居民生活用电	万千瓦小时	1 324	944	713	905	876	547
六、固定资产投资							
全民所有制单位固定资产投资	万元	1 840	1 314	1 066	1 910	1 457	2 594
#非生产性建设	万元	371	730	378	522	476	458
#住宅建设	万元	154	331	214	257	323	269
全民所有制单位基本建设投资	万元	1 341	651	418	1 524	1 407	1 893
#非生产性建设	万元	325	396	281	490	476	264
#住宅建设	万元	129	191	141	257	323	135

赣州、宜春地区各县社会经济主要指标(4—4)

(1990年)

指标	单位	奉新县	万载县	上高县	宜丰县	靖安县	铜鼓县
城镇集体所有制单位固定资产投资	万元	78	21	159	288	71	152
#非生产性建设	万元	50	—	79	13	—	84
#住宅建设	万元	50	—	50	13	—	70
城镇个人固定资产投资	万元	788	91	33	99	104	14
#非生产性建设	万元	788	91	33	99	104	14
#住宅建设	万元	788	91	33	99	104	14
本年新增固定资产							
(1)全民所有制单位	万元	1 830	1 569	1 247	1 864	636	4 805
(2)城镇集体所有制单位	万元	74	41	84	274	78	205
施工住宅建筑面积	万平方米	1.56	2.66	2.32	1.52	2.29	1.67
竣工住宅建筑面积	万平方米	0.95	1.56	1.17	1.31	1.02	1.46
七、商业							
社会商品零售总额	万元	14 878	18 917	21 258	16 456	9 068	8 301
1.对居民和社会集团的消费品零售额	万元	11 220	16 215	16 646	13 002	7 235	7 692
2.对农民的农业生产资料零售额	万元	3 658	2 702	4 612	3 454	1 833	609
城乡集市贸易成交额	万元	4 298	5 616	9 827	6 431	2 633	3 093
零售商业、饮食业、服务业机构	个	3 087	5 010	3 687	3 001	1 851	1 485
零售商业、饮食业、服务业人员	人	7 311	10 484	8 432	8 479	4 058	3 631
社会农副产品收购总额	万元	13 834	8 359	16 031	11 139	5 483	4 407
粮食收购量(贸易粮)	万吨	7	3	8	6	2	1
食用植物油收购量	吨	1 227	251	660	170	173	83
棉花收购量	吨	—	—	214	—	—	—
猪和猪肉收购量	百头	405	907	1 388	431	260	181
外贸收购总额(实际价格)	万元	1 785	6 911	4 113	2 777	1 019	1 450
八、财政、金融、保险							
地方财政预算内收入	万元	2 801	4 018	3 158	3 020	1 761	2 144
地方财政预算内支出	万元	3 083	3 691	3 571	3 449	1 932	2 351
城乡居民储蓄年末余额	万元	11 485	9 929	12 695	13 872	7 432	7 354
银行现金收入	万元	26 354	27 486	31 872	27 144	16 384	19 083
银行现金支出	万元	31 110	29 400	33 677	31 415	18 595	20 580
承保额	万元	2 646	35 082	3 088	31 724	13 540	26 924
保费	万元	187	320	301	231	115	170
已决赔款	万元	86	203	112	93	55	45
九、劳动工资							
全部职工							
年末人数	万人	2.23	2.45	2.88	2.91	1.40	1.17
平均人数	万人	2.21	2.42	2.85	2.80	1.34	1.14

赣州、宜春地区各县社会经济主要指标（4—5）

（1990年）

指标	单位	奉新县	万载县	上高县	宜丰县	靖安县	铜鼓县
工资总额	万元	3 339	3 908	4 415	4 756	2 120	1 927
#奖金	万元	398	488	530	693	240	328
工业企业职工							
年末人数	万人	0.69	1.06	1.03	1.09	0.54	0.50
平均人数	万人	0.69	1.04	1.02	1.06	0.52	0.50
工资总额	万元	1 013	1 633	1 754	1 971	799	802
#奖金	万元	123	201	225	229	78	160
全民所有制单位全部职工							
年末人数	万人	1.80	1.74	2.44	2.40	1.08	0.98
平均人数	万人	1.79	1.72	2.41	2.29	1.06	0.95
工资总额	万元	2 826	3 082	3 841	4 069	1 737	1 663
#奖金	万元	345	439	478	623	216	289
全民所有制单位工业企业全部职工							
年末人数	万人	0.54	0.66	0.86	0.84	0.41	0.45
平均人数	万人	0.55	0.66	0.85	0.81	0.39	0.45
工资总额	万元	829	1 223	1 555	1 637	673	757
#奖金	万元	108	181	210	197	75	153
十、教育、科技、文化、卫生							
高等学校在校学生数	人	—	—	—	—	—	—
中等专业学校在校学生数	人	—	—	366	—	—	—
普通中学在校学生数	万人	1.59	1.72	1.61	1.66	0.60	0.72
农业、职业中学在校学生数	人	1 141	1 253	960	1 385	400	565
技工学校在校学生数	人	—	—	—	—	—	—
小学在校学生数	万人	3.02	6.22	2.70	2.67	1.60	1.55
成人高等学校在校学生数	人	—	—	—	—	—	—
小学在校学生巩固率	%	98.30	98.20	99.90	99.60	98.80	98.70
学龄儿童入学率	%	99.20	98.31	99.90	99.90	99.70	99.10
自然科学方面的人员	人	2 066	935	1 508	720	490	744
#中级技术职称以上人员	人	413	291	393	192	157	282
社会科学方面的人员	人	1 985	2 976	1 836	2 024	1 529	1 009
#中级职称以上人员	人	331	1 206	307	429	348	102
电影放映单位	个	29	45	38	36	29	25
公共图书馆藏书	千册	53	85	72	61	70	62
医院数	个	17	20	22	23	12	19
医院病床数	张	615	578	722	741	375	264
医生数	人	348	579	270	354	181	136

上饶地区各县社会经济主要指标（1—1）

（1990年）

指标	单位	上饶县	广丰县	玉山县	铅山县	横峰县
一、人口和土地面积						
年末总人口	万人	76.50	68.67	50.73	38.03	17.84
非农业人口	万人	4.41	5.29	4.74	6.25	2.37
农业人口	万人	72.09	63.38	45.99	31.78	15.47
年平均人口	万人	75.95	67.20	50.43	37.83	17.76
社会劳动者人数	万人	34.03	31.48	23.24	17.10	8.49
土地面积	平方公里	2490	1378	1723	2178	655
二、综合						
工农业总产值（当年价格）	万元	53223	47841	46826	62881	22157
工农业总产值（1990年不变价格）	万元	57678	55840	52561	75421	24279
工农业总产值（1980年不变价格）	万元	33918	33981	27379	40231	13506
国民收入（当年价格）	万元	34366	31221	28582	34550	13366
国内生产总值（当年价格）	万元	38275	35000	32712	40610	15816
第一产业	万元	21612	17463	20554	16808	7518
第二产业	万元	8772	8798	7079	16898	4372
第三产业	万元	7891	8739	5079	6904	3926
三、农业						
农业总产值（当年价格）	万元	30894	27421	26705	24079	10982
1.种植业产值	万元	16822	12352	14574	13693	5887
2.林业产值	万元	1495	1927	1384	1841	754
3.牧业产值	万元	8278	7737	6764	4599	3132
4.副业产值	万元	3471	4232	3307	3318	919
5.渔业产值	万元	828	1173	674	628	290
农业总产值（1990年不变价格）	万元	36227	35234	31241	29535	12300
农业总产值（1980年不变价格）	万元	16224	17422	13590	13024	5272
乡（镇）劳动力	万人	30.07	29.27	20.27	13.47	6.83
年末实有耕地面积	万亩	46.74	30.73	33.61	33.39	13.59
粮食产量（含大豆）	万吨	23.34	18.04	18.03	16.73	7.65
油料产量（不含油茶籽）	吨	5852	4743	6598	3480	2304
油茶籽产量	吨	4908	991	3361	1883	2000
棉花产量	吨	263	2	250	4	2
蔬菜产量	万吨	11.39	12.03	10.60	12.25	6.60
水果产量	吨	825	575	2795	786	323
猪、牛、羊肉产量	吨	10907	13044	10501	7343	5026
禽蛋产量	吨	2100	1511	2184	881	393
水产品产量	吨	3186	3910	1997	2300	805
农业机械总动力	万瓦（特）	10777	8609	7199	5376	3263

上饶地区各县社会经济主要指标(1—2)

（1990年）

指　标	单 位	上饶县	广丰县	玉山县	铅山县	横峰县
有效灌溉面积	万亩	37	23	30	28	12
农村用电量	万千瓦小时	2885	1054	1241	970	359
农民人平纯收入	元	527.38	472.55	525.79	540.75	498.00
四、工　　业						
企业单位数（乡及乡以上）	个	140	189	138	193	87
全部工业总产值（当年价格）	万元	22329	20420	20121	38802	11175
#城镇个体和城镇合作工业总产值	万元	—	487	322	515	—
村及村以下办工业	万元	2420	9999	2917	6327	2925
全部工业总产值（1990年不变价格）	万元	21105	20264	21320	45587	11979
#村及村以下办工业	万元	6135	9443	2944	6382	2955
全部工业总产值（1980年不变价格）	万元	17694	16559	13789	27207	8234
乡及乡以上工业总产值（当年价格）	万元	15946	9934	16882	31960	8250
轻　工　业	万元	7302	4950	7300	5236	4962
重　工　业	万元	8644	4984	9582	26724	3288
全部独立核算工业企业财务指标						
产品销售收入	万元	12250	8234	11340	29195	6811
#产品销售税金	万元	545	290	709	1239	496
教育费附加	万元	7	6	14	21	7
资　源　税	万元	6	…	—	1	5
盈利企业的利润总额	万元	805	533	490	4119	322
亏损企业的亏损总额	万元	874	275	170	218	144
固定资产原值年末数	万元	16397	5902	8810	40502	8417
固定资产净值年末数	万元	2427	3855	5810	31617	6130
定额流动资金年平均余额	万元	5406	2467	3192	11030	3195
工业总产值(1990年不变价格)	万元	12566	9429	13522	37724	8578
工业总产值（当年价格）	万元	13692	9028	12431	30806	7889
工业净产值（当年价格）	万元	4528	2610	3624	10598	2448
全部职工年平均人数	万人	1.18	0.98	0.98	1.50	0.74
全民独立核算工业企业财务指标						
产品销售收入	万元	10301	5059	9137	26611	5307
#产品销售税金	万元	466	120	614	1114	318
教育费附加	万元	7	4	13	20	5
资　源　税	万元	6	…	—	1	5
盈利企业的利润总额	万元	651	422	425	3986	282
亏损企业的亏损总额	万元	827	222	99	141	135
固定资产原值年末数	万元	13992	4506	7136	39217	7060
固定资产净值年末数	万元	639	2903	4698	30787	4954
定额流动资金年平均余额	万元	4851	1465	2346	10344	2714

上饶地区各县社会经济主要指标(1—3)

(1990年)

指标	单位	上饶县	广丰县	玉山县	铅山县	横峰县
工业总产值(1990年不变价格)	万元	10482	5773	10896	34795	6739
工业总产值(当年价格)	万元	11462	5405	9944	27896	6171
工业净产值(当年价格)	万元	3630	1504	2821	9624	1997
全部职工年平均人数	万人	0.87	0.42	0.57	0.99	0.56
集体独立核算工业企业财务指标						
产品销售收入	万元	1949	3175	2203	2584	1504
#产品销售税金	万元	79	170	95	125	178
教育费附加	万元	…	2	1	1	2
盈利企业的利润总额	万元	154	111	65	133	40
亏损企业的亏损总额	万元	47	53	71	77	9
固定资产原值年末数	万元	2405	1396	1674	1285	1357
固定资产净值年末数	万元	1788	952	1112	830	1176
定额流动资金年平均余额	万元	555	1002	846	686	481
工业总产值(1990年不变价格)	万元	2084	3656	2626	2929	1839
工业总产值(当年价格)	万元	2230	3623	2487	2910	1718
工业净产值(当年价格)	万元	898	1106	803	974	451
全部职工年平均人数	万人	0.31	0.56	0.41	0.51	0.18
五、交通、邮电、电力						
铁路客运量(发送量)	万人	19	—	45	—	20
铁路货运量(发送量)	万吨	2	—	97	—	110
公路客运量(发送量)	万人	343	419	277	233	117
公路货运量(发送量)	万吨	141	67	159	199	38
水运客运量(发送量)	万人	—	—	—	—	—
水运货运量(发送量)	万吨	—	—	—	—	—
邮电业务计费总量(1990年不变价格)	万元	173	166	184	126	113
年末电话机数	部	1057	1089	1386	1443	793
全年用电量	万千瓦小时	7336	3844	6204	14068	2299
#工业用电	万千瓦小时	3560	2350	4396	12824	1257
城乡居民生活用电	万千瓦小时	1744	965	725	927	667
六、固定资产投资						
全民所有制单位固定资产投资	万元	521	1143	2856	1892	689
#非生产性建设	万元	31	82	350	718	321
#住宅建设	万元	25	—	128	135	129
全民所有制单位基本建设投资	万元	363	794	796	1626	370
#非生产性建设	万元	31	82	264	680	223
#住宅建设	万元	25	—	55	130	81

上饶地区各县社会经济主要指标(1—4)

(1990年)

指　　标	单　位	上饶县	广丰县	玉山县	铅山县	横峰县
城镇集体所有制单位固定资产投资	万元	606	—	94	95	—
#非生产性建设	万元	—	—	52	—	—
#住宅建设	万元	—	—	—	—	—
城镇个人固定资产投资	万元	—	—	65	416	72
#非生产性建设	万元	—	—	52	416	56
#住宅建设	万元	—	—	52	416	56
本年新增固定资产						
(1)全民所有制单位	万元	440	564	2196	1035	389
(2)城镇集体所有制单位	万元	606	—	74	85	—
施工住宅建筑面积	万平方米	0.27	—	0.68	1.38	0.93
竣工住宅建筑面积	万平方米	0.10	—	0.58	0.67	0.93
七、商　业						
社会商品零售总额	万元	20748	14548	19581	14612	6100
1.对居民和社会集团的消费品零售额	万元	17667	12408	16472	11946	5077
2.对农民的农业生产资料零售额	万元	3081	2140	3109	2666	1023
城乡集市贸易成交额	万元	4714	7113	7226	3935	1704
零售商业、饮食业、服务业机构	个	4230	3380	4337	3427	1305
零售商业、饮食业、服务业人员	人	7712	7457	8985	7231	3414
社会农副产品收购总额	万元	4651	5158	11617	7677	3060
粮食收购量(贸易粮)	万吨	3	2	2	4	2
食用植物油收购量	吨	553	725	969	258	149
棉花收购量	吨	197	5	116	—	1
猪和猪肉收购量	百头	598	626	1126	367	266
外贸收购总额(实际价格)	万元	1037	868	1228	595	297
八、财政、金融、保险						
地方财政预算内收入	万元	2336	2001	2531	2742	1141
地方财政预算内支出	万元	3414	3071	3210	3308	1809
城乡居民储蓄年末余额	万元	12440	9410	10580	10747	5417
银行现金收入	万元	24166	25579	30995	21952	10779
银行现金支出	万元	26120	24531	28730	24674	11859
承保额	万元	57461	80790	48285	42527	71595
保费	万元	296	187	274	251	124
已决赔款	万元	111	78	69	68	63
九、劳动工资						
全部职工						
年末人数	万人	3.87	2.02	2.68	3.20	1.52
平均人数	万人	3.85	1.99	2.59	3.14	1.49

上饶地区各县社会经济主要指标(1—5)

(1990年)

指　　　标	单　位	上饶县	广丰县	玉山县	铅山县	横峰县
工资总额	万元	5 377	3 041	3 978	5 055	2 027
#奖　金	万元	455	368	554	589	240
工业企业职工						
年末人数	万人	0.96	0.59	0.94	1.19	0.65
平均人数	万人	0.98	0.58	0.88	1.14	0.64
工资总额	万元	1 652	859	1 353	2 261	980
#奖　金	万元	149	112	221	353	135
全民所有制单位全部职工						
年末人数	万人	3.35	1.62	1.99	2.60	1.25
平均人数	万人	3.34	1.59	1.90	2.58	1.23
工资总额	万元	4 749	2 547	3 075	4 399	1 741
#奖　金	万元	430	317	477	541	224
全民所有制单位工业企业全部职工						
年末人数	万人	0.79	0.44	0.66	0.89	0.56
平均人数	万人	0.81	0.43	0.60	0.88	0.56
工资总额	万元	1 491	652	1 045	1 949	878
#奖　金	万元	143	99	208	318	128
十、教育、科技、文化、卫生						
高等学校在校学生数	人	—	—	—	—	—
中等专业学校在校学生数	人	773	—	—	—	—
普通中学在校学生数	万人	2.55	2.71	1.79	1.41	0.72
农业、职业中学在校学生数	人	2 938	936	695	650	699
技工学校在校学生数	人	—	—	—	—	—
小学在校学生数	万人	8.70	7.15	5.74	4.79	2.07
成人高等学校在校学生数	人	247	338	223	157	91
小学在校学生巩固率	%	96.99	98.53	98.48	98.45	96.82
学龄儿童入学率	%	97.20	97.34	99.11	97.70	97.16
自然科学方面的人员	人	5 058	1 694	3 656	1 721	495
#中级技术职称以上人员	人	895	209	610	676	125
社会科学方面的人员	人	1 820	3 519	3 599	2 812	1 350
#中级职称以上人员	人	522	828	408	426	235
电影放映单位	个	58	70	55	37	40
公共图书馆藏书	千册	37	53	66	54	16
医院数	个	35	30	28	27	14
医院病床数	张	637	512	633	435	596
医生数	人	409	384	479	300	241

上饶地区各县社会经济主要指标(2—1)

(1990年)

指　　标	单　位	弋阳县	余干县	波阳县	万年县	婺源县
一、人口和土地面积						
年末总人口	万人	33.27	76.03	113.52	31.81	32.04
非农业人口	万人	5.09	6.29	14.01	4.04	3.82
农业人口	万人	28.18	69.74	99.51	27.77	28.22
年平均人口	万人	33.06	74.78	112.54	31.65	31.85
社会劳动者人数	万人	15.27	34.26	50.41	14.21	15.23
土地面积	平方公里	1 592	2 331	4 215	1 135	2 947
二、综　　合						
工农业总产值（当年价格）	万元	72 092	53 345	98 034	50 528	36 351
工农业总产值(1990年不变价格)	万元	74 940	59 164	110 055	55 577	48 987
工农业总产值(1980年不变价格)	万元	43 521	31 739	58 323	28 895	25 373
国民收入（当年价格）	万元	31 095	33 402	56 059	28 667	22 654
国内生产总值（当年价格）	万元	33 500	34 500	66 411	32 455	24 113
第一产业	万元	14 652	21 550	35 706	17 379	13 109
第二产业	万元	13 849	5 150	13 623	9 646	7 067
第三产业	万元	4 999	7 800	17 082	5 430	3 937
三、农　　业						
农业总产值（当年价格）	万元	25 571	37 743	69 266	25 408	20 906
1.种植业产值	万元	15 026	19 795	38 515	12 958	8 975
2.林业产值	万元	1 281	476	3 047	413	4 621
3.牧业产值	万元	6 238	9 299	17 223	6 760	2 535
4.副业产值	万元	2 338	4 926	6 390	4 449	4 475
5.渔业产值	万元	688	3 247	4 091	828	300
农业总产值（1990年不变价格）	万元	25 881	45 546	80 008	27 192	32 786
农业总产值（1980年不变价格）	万元	11 144	20 472	35 308	12 838	13 554
乡（镇）劳动力	万人	11.31	30.31	42.48	11.16	11.73
年末实有耕地面积	万亩	35.04	71.17	113.37	32.08	32.07
粮食产量（含大豆）	万吨	17.97	32.07	50.24	16.60	13.52
油料产量（不含油茶籽）	吨	4 390	8 627	28 967	5 586	3 758
油茶籽产量	吨	525	170	52	118	1 450
棉花产量	吨	6	72	2 127	935	13
蔬菜产量	万吨	8.38	13.78	18.86	6.75	4.98
水果产量	吨	1 062	1 765	1 635	811	437
猪、牛、羊肉产量	吨	10 604	14 527	25 608	9 666	6 421
禽蛋产量	吨	2 010	3 030	4 935	1 115	589
水产品产量	吨	1 744	12 839	14 006	2 050	869
农业机械总动力	万瓦(特)	7 613	16 878	24 054	4 845	8 428

上饶地区各县社会经济主要指标(2—2)

(1990年)

指 标	单 位	弋阳县	余干县	波阳县	万年县	婺源县
有效灌溉面积	万亩	29	58	87	28	27
农村用电量	万千瓦小时	1 336	2 069	2 897	1 135	2 790
农民人平纯收入	元	575.89	481.37	463.79	590.05	576.14
四、工 业						
企业单位数(乡及乡以上)	个	145	156	236	159	155
全部工业总产值(当年价格)	万元	46 521	15 602	28 768	25 120	15 445
#城镇个体和城镇合作工业总产值	万元	204	252	416	1 391	—
村及村以下办工业	万元	5 775	6 081	7 279	4 648	3 860
全部工业总产值(1990年不变价格)	万元	49 059	13 496	29 822	27 718	16 246
#村及村以下办工业	万元	5 639	4 802	7 424	5 450	3 918
全部工业总产值(1980年不变价格)	万元	32 377	11 267	23 015	16 057	11 819
乡及乡以上工业总产值(当年价格)	万元	40 542	9 269	21 073	19 081	11 585
轻 工 业	万元	10 457	5 649	16 561	4 996	6 344
重 工 业	万元	30 085	3 620	4 512	14 085	5 241
全部独立核算工业企业财务指标						
产品销售收入	万元	34 627	4 764	16 396	16 447	10 526
#产品销售税金	万元	2 608	194	1 122	1 181	712
教育费附加	万元	45	5	18	22	5
资 源 税	万元	1	—	…	…	…
盈利企业的利润总额	万元	712	77	694	1 477	579
亏损企业的亏损总额	万元	2 567	300	788	364	381
固定资产原值年末数	万元	24 185	6 173	9 196	31 038	8 513
固定资产净值年末数	万元	16 516	3 210	6 443	27 138	5 665
定额流动资金年平均余额	万元	15 653	3 372	6 255	5 442	3 772
工业总产值(1990年不变价格)	万元	40 845	6 689	17 981	19 691	9 306
工业总产值(当年价格)	万元	38 279	6 776	17 689	18 026	8 763
工业净产值(当年价格)	万元	7 645	1 458	4 411	6 400	3 336
全部职工年平均人数	万人	1.64	0.65	1.47	0.80	0.80
全民独立核算工业企业财务指标						
产品销售收入	万元	32 642	3 912	13 583	14 879	9 039
#产品销售税金	万元	2 518	163	1 011	1 125	642
教育费附加	万元	44	3	16	21	3
资 源 税	万元	1	—	…	…	…
盈利企业的利润总额	万元	633	59	588	1 426	544
亏损企业的亏损总额	万元	2 502	276	679	224	331
固定资产原值年末数	万元	23 061	5 427	7 164	29 601	7 473
固定资产净值年末数	万元	15 721	2 663	5 055	25 993	4 988
定额流动资金年平均余额	万元	15 099	2 764	4 959	4 595	3 292

上饶地区各县社会经济主要指标(2—3)

(1990年)

指标	单位	弋阳县	余干县	波阳县	万年县	婺源县
工业总产值(1990年不变价格)	万元	38 198	5 304	14 002	16 584	7 618
工业总产值(当年价格)	万元	35 759	5 322	14 092	15 503	7 320
工业净产值(当年价格)	万元	7 032	1 097	3 452	5 643	2 940
全部职工年平均人数	万人	1.41	0.46	0.89	0.54	0.65
集体独立核算工业企业财务指标						
产品销售收入	万元	1 985	852	2 813	1 568	1 487
#产品销售税金	万元	90	31	111	56	70
教育费附加	万元	1	2	2	1	2
盈利企业的利润总额	万元	79	18	100	51	35
亏损企业的亏损总额	万元	65	24	109	140	50
固定资产原值年末教	万元	1 124	746	2 032	1 437	1 040
固定资产净值年末数	万元	795	547	1 388	1 145	677
定额流动资金年平均余额	万元	554	608	1 296	847	480
工业总产值(1990年不变价格)	万元	2 647	1 385	3 979	3 107	1 688
工业总产值(当年价格)	万元	2 520	1 454	3 597	2 523	1 443
工业净产值(当年价格)	万元	613	361	959	757	396
全部职工年平均人数	万人	0.23	0.19	0.58	0.26	0.15
五、交通、邮电、电力						
铁路客运量(发送量)	万人	33	—	—	14	—
铁路货运量(发送量)	万吨	66	—	—	60	—
公路客运量(发送量)	万人	131	122	325	192	389
公路货运量(发送量)	万吨	70	60	103	230	83
水运客运量(发送量)	万人	—	—	74	4	—
水运货运量(发送量)	万吨	—	41	30	6	—
邮电业务计费总量(1990年不变价格)	万元	143	124	217	116	141
年末电话机数	部	1 466	555	1 050	1 071	934
全年用电量	万千瓦小时	8 331	4 465	14 926	7 723	4 533
#工业用电	万千瓦小时	5 473	1 089	2 661	5 310	2 205
城乡居民生活用电	万千瓦小时	492	309	9 368	1 900	1 667
六、固定资产投资						
全民所有制单位固定资产投资	万元	1 474	2 442	2 442	1 435	583
#非生产性建设	万元	386	426	244	188	64
#住宅建设	万元	96	200	54	81	62
全民所有制单位基本建设投资	万元	257	1 920	1 270	372	328
#非生产性建设	万元	125	350	181	160	64
#住宅建设	万元	10	126	24	66	62

上饶地区各县社会经济主要指标（2—4）

（1990年）

指标	单位	弋阳县	余干县	波阳县	万年县	婺源县
城镇集体所有制单位固定资产投资	万元	108	80	96	41	54
#非生产性建设	万元	20	70	36	—	20
#住宅建设	万元	20	—	11	—	—
城镇个人固定资产投资	万元	8	243	299	48	89
#非生产性建设	万元	8	243	299	48	78
#住宅建设	万元	8	243	299	48	78
本年新增固定资产						
（1）全民所有制单位	万元	1 752	3 013	1 540	648	560
（2）城镇集体所有制单位	万元	455	82	30	28	84
施工住宅建筑面积	万平方米	0.75	1.29	0.40	0.74	0.57
竣工住宅建筑面积	万平方米	0.45	1.11	0.32	0.38	0.21
七、商业						
社会商品零售总额	万元	12 870	14 041	32 798	12 623	13 050
1.对居民和社会集团的消费品零售额	万元	10 762	9 294	25 399	9 828	11 161
2.对农民的农业生产资料零售额	万元	2 108	4 747	7 399	2 795	1 889
城乡集市贸易成交额	万元	2 413	6 998	6 850	2 646	4 111
零售商业、饮食业、服务业机构	个	2 545	3 517	6 625	4 267	3 182
零售商业、饮食业、服务业人员	人	5 222	8 991	15 463	8 807	8 625
社会农副产品收购总额	万元	6 289	13 458	22 182	7 794	6 171
粮食收购量（贸易粮）	万吨	5	12	13	4	3
食用植物油收购量	吨	363	1 023	5 258	233	295
棉花收购量	吨	1	196	1 788	973	—
猪和猪肉收购量	百头	402	742	1 233	976	193
外贸收购总额（实际价格）	万元	771	705	1 167	1 595	3691
八、财政、金融、保险						
地方财政预算内收入	万元	3603	2 113	3626	2 740	2 786
地方财政预算内支出	万元	3497	4 660	6 599	2 731	2 699
城乡居民储蓄年末余额	万元	9 768	8 053	14 623	7 381	11 287
银行现金收入	万元	22 472	34 767	51 921	22 091	19 772
银行现金支出	万元	22 718	37 536	54 268	21 239	21 815
承保额	万元	48 387	46 759	93 329	46 497	34 784
保费	万元	251	210	234	216	222
已决赔款	万元	91	81	97	110	57
九、劳动工资						
全部职工						
年末人数	万人	3.39	3.26	7.05	2.06	2.54
平均人数	万人	3.38	3.20	6.97	2.00	2.52

上饶地区各县社会经济主要指标(2—5)

(1990年)

指标	单位	弋阳县	余干县	波阳县	万年县	婺源县
工资总额	万元	5 193	4 650	10 391	3 215	3 413
#奖金	万元	526	387	707	537	459
工业企业职工						
年末人数	万人	1.31	0.44	0.98	0.76	0.55
平均人数	万人	1.30	0.42	0.98	0.76	0.55
工资总额	万元	2 532	507	1 330	1 355	842
#奖金	万元	293	26	109	299	148
全民所有制单位全部职工						
年末人数	万人	2.83	2.49	5.73	1.54	2.14
平均人数	万人	2.81	2.45	5.67	1.51	2.13
工资总额	万元	4 459	3 719	8 995	2 578	2 933
#奖金	万元	474	322	604	475	415
全民所有制单位工业企业全部职工						
年末人数	万人	1.11	0.31	0.53	0.57	0.45
平均人数	万人	1.10	0.30	0.53	0.57	0.45
工资总额	万元	2 259	397	844	1 164	750
#奖金	万元	274	23	60	279	143
十、教育、科技、文化、卫生						
高等学校在校学生数	人	—	—	—	—	—
中等专业学校在校学生数	人	—	—	532	943	187
普通中学在校学生数	万人	1.42	2.62	3.89	1.48	1.36
农业、职业中学在校学生数	人	1620	1 520	1919	1 105	576
技工学校在校学生数	人	—	—	—	—	—
小学在校学生数	万人	4.38	10.57	16.75	4.22	3.54
成人高等学校在校学生数	人	208	233	412	318	90
小学在校学生巩固率	%	98.57	98.54	98.07	95.90	99.37
学龄儿童入学率	%	99.08	97.21	97.11	98.50	99.23
自然科学方面的人员	人	1648	1490	4 398	568	1 086
#中级技术职称以上人员	人	433	450	978	158	158
社会科学方面的人员	人	3 275	3 120	5 617	1 703	2 310
#中级职称以上人员	人	470	420	756	458	373
电影放映单位	个	42	93	116	72	51
公共图书馆藏书	千册	45	60	60	22	59
医院数	个	28	32	42	21	25
医院病床数	张	497	868	1408	453	455
医生数	人	398	549	781	278	214

吉安地区各县社会经济主要指标（1—1）

（1990年）

指　　标	单　位	吉安县	吉水县	峡江县	新干县	永丰县	泰和县
一、人口和土地面积							
年末总人口	万人	51.07	44.16	14.98	27.76	35.72	46.57
非农业人口	万人	6.22	4.79	2.24	2.77	3.55	5.14
农业人口	万人	44.85	39.37	12.74	24.99	32.17	41.43
年平均人口	万人	50.77	43.95	14.87	27.45	35.34	46.33
社会劳动者人数	万人	23.96	19.16	6.81	13.20	17.82	21.10
土地面积	平方公里	2 751	2 709	1 288	1 248	2 695	2 665
二、综　　合							
工农业总产值（当年价格）	万元	63 354	52 451	22 938	44 809	43 953	57 658
工农业总产值(1990年不变价格)	万元	69 789	53 646	26 516	49 085	49 492	63 510
工农业总产值(1980年不变价格)	万元	37 281	29 235	12 941	24 797	27 464	33 929
国民收入（当年价格）	万元	40 749	34 442	13 634	25 389	23 450	35 620
国内生产总值（当年价格）	万元	44 528	38 421	15 219	28 170	26 440	39 986
第一产业	万元	26 505	24 951	10 248	18 980	16 839	21 045
第二产业	万元	10 437	6 880	2 233	5 595	4 743	9 637
第三产业	万元	7 586	6 590	2 738	3 595	4 858	9 304
三、农　　业							
农业总产值（当年价格）	万元	37 126	36 341	15 738	27 679	26 672	32 277
1.种植业产值	万元	21 272	20 417	10 681	17 429	13 997	19 328
2.林业产值	万元	1 564	2 182	1 212	1 896	4 015	1 875
3.牧业产值	万元	8 693	7 660	2 091	5 398	4 503	7 491
4.副业产值	万元	4 005	3 837	1 191	2 269	3 475	2 532
5.渔业产值	万元	1 592	2 245	563	687	682	1 051
农业总产值（1990年不变价格）	万元	41 409	38 138	17 760	31 316	31 935	37 257
农业总产值（1980年不变价格）	万元	18 623	17 654	7 750	13 165	14 595	16 118
乡（镇）劳动力	万人	21.26	17.01	5.71	11.50	15.78	18.19
年末实有耕地面积	万亩	75.47	66.01	31.55	43.42	52.82	74.99
粮食产量（含大豆）	万吨	26.17	27.66	13.20	22.99	19.33	23.24
油料产量（不含油茶籽）	吨	11 521	6 982	2 129	3 130	2 195	8 605
油茶籽产量	吨	1 420	1 290	1 143	1 837	2 190	1 427
棉花产量	吨	12	3	6	5	1	—
蔬菜产量	万吨	13.62	5.69	2.27	6.14	7.00	8.80
水果产量	吨	869	4 991	2 641	23 010	893	1 262
猪、牛、羊肉产量	吨	13 955	12 696	5 255	9 581	7 349	13 275
禽蛋产量	吨	1 271	581	271	556	507	756
水产品产量	吨	4 452	5 316	2 058	2 058	1 885	3 657
农业机械总动力	万瓦(特)	9 734	7 056	3 580	7 387	6 009	6 762

吉安地区各县社会经济主要指标（1－2）

（1990年）

指标	单位	吉安县	吉水县	峡江县	新干县	永丰县	泰和县
有效灌溉面积	万亩	49	48	25	36	38	56
农村用电量	万千瓦小时	1 181	1 770	1 962	846	1 200	1 128
农民人平纯收入	元	607.74	541.21	729.90	642.26	535.27	546.89
四、工　业							
企业单位数（乡及乡以上）	个	217	240	118	134	151	179
全部工业总产值（当年价格）	万元	26 228	16 110	7 200	17 130	17 281	25 381
#城镇个体和城镇合作工业总产值	万元	68	30	41	171	25	106
村及村以下办工业	万元	6 736	4 337	811	3 695	2 173	5 448
全部工业总产值（1990年不变价格）	万元	28 380	15 508	8 756	17 769	17 557	26 253
#村及村以下办工业	万元	6 764	3 189	863	3 177	2 073	4 596
全部工业总产值（1980年不变价格）	万元	18 658	11 581	5 191	11 632	12 869	17 811
乡及乡以上工业总产值（当年价格）	万元	19 424	11 743	6 348	13 264	15 083	19 827
轻　工　业	万元	8 559	6 477	4 516	8 181	9 650	9 441
重　工　业	万元	10 865	5 266	1 832	5 083	5 433	10 386
全部独立核算工业企业财务指标							
产品销售收入	万元	15 252	9 465	5 167	11 554	13 068	18 199
#产品销售税金	万元	947	385	195	545	643	1 262
教育费附加	万元	17	4	3	27	9	22
资　源　税	万元	9	1	—	—	—	—
盈利企业的利润总额	万元	629	637	283	415	657	826
亏损企业的亏损总额	万元	335	338	32	324	313	316
固定资产原值年末数	万元	18 355	8 898	3 356	7 830	9 274	13 752
固定资产净值年末数	万元	13 049	7 033	2 386	6 013	7 269	9 051
定额流动资金年平均余额	万元	5 261	2 586	1 554	4 556	4 560	5 266
工业总产值（1990年不变价格）	万元	18 820	10 761	7 544	13 419	14 662	21 109
工业总产值（当年价格）	万元	17 406	10 247	6 029	12 258	14 345	19 402
工业净产值（当年价格）	万元	5 325	2 780	1 554	2 667	3 545	5 192
全部职工年平均人数	万人	1.33	0.82	0.37	0.66	0.86	1.29
全民独立核算工业企业财务指标							
产品销售收入	万元	12 972	6 753	4 003	9 372	7 077	15 705
#产品销售税金	万元	816	274	140	430	341	1 138
教育费附加	万元	11	3	3	27	4	22
资　源　税	万元	9	1	—	—	—	—
盈利企业的利润总额	万元	506	484	226	372	394	739
亏损企业的亏损总额	万元	208	176	22	195	256	199
固定资产原值年末数	万元	15 793	7 027	2 406	5 749	5 571	11 984
固定资产净值年末数	万元	11 011	5 533	1 642	4 503	4 167	7 802
定额流动资金年平均余额	万元	3 964	1 766	1 266	3 760	2 220	4 727

吉安地区各县社会经济主要指标（1—3）

（1990年）

指　　　标	单　位	吉安县	吉水县	峡江县	新干县	永丰县	泰和县
工业总产值（1990年不变价格）	万元	15 814	7 729	6 108	10 647	8 058	18 130
工业总产值（当年价格）	万元	14 358	7 180	4 617	9 568	7 560	16 282
工业净产值（当年价格）	万元	4 393	1 793	1 102	1 997	1 753	4 240
全部职工年平均人数	万人	0.97	0.43	0.23	0.42	0.43	0.93
集体独立核算工业企业财务指标							
产品销售收入	万元	2 280	2 712	1 164	2 182	5 991	2 494
#产品销售税金	万元	131	111	55	115	302	124
教育费附加	万元	6	1	—	—	5	—
盈利企业的利润总额	万元	123	153	57	43	263	87
亏损企业的亏损总额	万元	127	162	10	129	57	117
固定资产原值年末数	万元	2 562	1 871	950	2 081	3 703	1 768
固定资产净值年末数	万元	2 038	1 500	744	1 510	3 102	1 249
定额流动资金年平均余额	万元	1 297	820	288	796	2 340	539
工业总产值（1990年不变价格）	万元	3 006	3 032	1 436	2 772	6 604	2 979
工业总产值（当年价格）	万元	3 048	3 067	1 412	2 690	6 785	3 120
工业净产值（当年价格）	万元	932	987	452	670	1 792	952
全部职工年平均人数	万人	0.36	0.39	0.14	0.24	0.43	0.36
五、交通、邮电、电力							
铁路客运量（发送量）	万人	—	—	—	—	—	—
铁路货运量（发送量）	万吨	—	—	—	—	—	—
公路客运量（发送量）	万人	241	176	101	113	185	294
公路货运量（发送量）	万吨	114	92	51	84	53	113
水运客运量（发送量）	万人	—	—	—	—	—	—
水运货运量（发送量）	万吨	5	9	4	7	1	11
邮电业务计费总量(1990年不变价格)	万元	158	160	86	154	124	203
年末电话机数	部	1 167	1 271	717	1 148	1 067	1 898
全年用电量	万千瓦小时	2 828	4 805	1 997	3 173	4 451	3 915
#工业用电	万千瓦小时	1 747	3 592	938	1 355	2 399	2 940
城乡居民生活用电	万千瓦小时	581	920	487	744	927	834
六、固定资产投资							
全民所有制单位固定资产投资	万元	885	949	317	2 207	1 305	1 013
#非生产性建设	万元	179	101	28	162	488	447
#住宅建设	万元	46	70	10	118	82	230
全民所有制单位基本建设投资	万元	250	242	241	424	849	850
#非生产性建设	万元	100	61	8	66	475	442
#住宅建设	万元	26	40	—	41	69	225

吉安地区各县社会经济主要指标（1—4）

（1990年）

指标	单位	吉安县	吉水县	峡江县	新干县	永丰县	泰和县
城镇集体所有制单位固定资产投资	万元	75	35	40	—	483	60
#非生产性建设	万元	27	35	—	—	—	—
#住宅建设	万元	19	—	—	—	—	—
城镇个人固定资产投资	万元	29	1 711	18	59	107	451
#非生产性建设	万元	29	899	14	59	100	451
#住宅建设	万元	29	899	14	59	100	451
本年新增固定资产							
(1) 全民所有制单位	万元	675	827	462	418	1 201	653
(2) 城镇集体所有制单位	万元	75	—	35	—	482	—
施工住宅建筑面积	万平方米	0.21	0.65	0.07	0.69	1.20	1.38
竣工住宅建筑面积	万平方米	0.19	0.35	—	0.58	0.95	1.39
七、商业							
社会商品零售总额	万元	21 089	16 055	8 487	13 001	12 702	17 370
1.对居民和社会集团的消费品零售额	万元	16 617	11 402	5 606	8 187	9 006	13 356
2.对农民的农业生产资料零售额	万元	4 472	4 653	2 881	4 814	3 696	4 014
城乡集市贸易成交额	万元	8 016	4 952	1 284	4 161	3 639	9 823
零售商业、饮食业、服务业机构	个	5 073	3 923	1 744	3 661	4 491	4 542
零售商业、饮食业、服务业人员	人	11 058	9 111	4 279	7 445	8 045	10 793
社会农副产品收购总额	万元	16 663	14 408	7 892	9 605	8 854	13 259
粮食收购量（贸易粮）	万吨	8	9	5	8	6	7
食用植物油收购量	吨	646	873	103	215	272	539
棉花收购量	吨	5	…	4	1	—	2
猪和猪肉收购量	百头	992	624	350	531	161	1 118
外贸收购总额（实际价格）	万元	1 096	467	639	787	1 009	707
八、财政、金融、保险							
地方财政预算内收入	万元	2 825	2 213	1 126	1 676	1 868	2 875
地方财政预算内支出	万元	3 987	3 752	1 913	2 793	3 312	3 712
城乡居民储蓄年末余额	万元	11 918	11 219	7 757	11 796	8 931	12 284
银行现金收入	万元	28 007	27 512	12 340	24 076	21 180	29 347
银行现金支出	万元	29 883	29 685	14 256	24 284	22 257	28 817
承保额	万元	38 569	49 435	17 289	53 857	33 263	57 789
保费	万元	256	224	103	187	201	321
已决赔款	万元	90	100	49	87	71	114
九、劳动工资							
全部职工							
年末人数	万人	2.71	2.05	1.04	1.67	1.96	2.61
平均人数	万人	2.65	2.02	1.05	1.63	1.96	2.52

吉安地区各县社会经济主要指标（1—5）

（1990年）

指　　标	单　位	吉安县	吉水县	峡江县	新干县	永丰县	泰和县
工资总额	万元	4 842	3 247	1 698	2 707	3 085	4 176
#奖　金	万元	691	466	251	428	544	563
工业企业职工							
年末人数	万人	0.95	0.60	0.25	0.48	0.79	0.94
平均人数	万人	0.92	0.60	0.27	0.47	0.82	0.92
工资总额	万元	1 943	844	452	753	1 193	1 553
#奖　金	万元	325	140	62	119	227	224
全民所有制单位全部职工							
年末人数	万人	2.45	1.67	0.85	1.30	1.57	2.26
平均人数	万人	2.39	1.64	0.87	1.26	1.57	2.17
工资总额	万元	4 450	2 692	1 458	2 166	2 584	3 776
#奖　金	万元	653	347	219	350	443	516
全民所有制单位工业企业全部职工							
年末人数	万人	0.94	0.49	0.21	0.36	0.57	0.85
平均人数	万人	0.91	0.49	0.23	0.35	0.60	0.82
工资总额	万元	1 937	719	394	607	914	1 472
#奖　金	万元	325	100	56	100	163	221
十、教育、科技、文化、卫生							
高等学校在校学生数	人	—	—	—	—	—	—
中等专业学校在校学生数	人	—	740	—	—	—	768
普通中学在校学生数	万人	2.42	1.93	1.01	1.78	1.73	2.05
农业、职业中学在校学生数	人	1 532	688	451	1 067	864	849
技工学校在校学生数	人	—	—	—	—	—	—
小学在校学生数	万人	6.58	6.00	2.06	3.46	5.14	7.43
成人高等学校在校学生数	人	—	—	—	—	—	—
小学在校学生巩固率	%	96.80	97.80	98.30	98.00	98.10	97.60
学龄儿童入学率	%	97.10	97.60	98.40	99.30	95.90	98.10
自然科学方面的人员	人	2 095	1 643	845	1 433	1 419	1 719
#中级技术职称以上人员	人	367	358	184	244	311	529
社会科学方面的人员	人	2 690	2 506	926	1 747	1 789	2 768
#中级职称以上人员	人	671	363	140	215	274	514
电影放映单位	个	33	32	26	25	58	51
公共图书馆藏书	千册	114	35	41	27	89	—
医　院　数	个	33	26	17	17	28	30
医院病床数	张	874	596	329	528	612	803
医　生　数	人	451	308	170	330	300	389

吉安地区各县社会经济主要指标（2—1）

（1990年）

指　　标	单　位	遂川县	万安县	安福县	永新县	莲花县	宁冈县
一、人口和土地面积							
年末总人口	万人	47.72	25.56	35.92	42.63	21.89	7.79
非农业人口	万人	3.58	3.03	6.19	4.32	2.14	1.03
农业人口	万人	44.14	22.53	29.73	38.31	19.75	6.76
年平均人口	万人	47.45	25.43	35.83	42.47	21.77	7.71
社会劳动者人数	万人	22.37	11.12	16.87	20.01	10.57	3.76
土地面积	平方公里	3 102	2 046	2 793	2 195	1 062	609
二、综　　合							
工农业总产值（当年价格）	万元	33 680	31 235	54 154	42 558	19 778	8 534
工农业总产值（1990年不变价格）	万元	41 655	35 222	57 179	45 382	23 066	9 450
工农业总产值（1980年不变价格）	万元	19 259	17 003	29 978	23 148	11 723	4 325
国民收入（当年价格）	万元	24 161	22 919	32 546	28 008	11 463	5 807
国内生产总值（当年价格）	万元	26 372	27 754	38 203	31 944	12 853	6 905
第一产业	万元	17 596	15 608	19 024	19 955	8 875	3 883
第二产业	万元	3 969	6 333	10 618	7 006	2 426	1 342
第三产业	万元	4 807	5 813	8 561	4 983	1 552	1 680
三、农　　业							
农业总产值（当年价格）	万元	24 080	22 285	26 228	27 493	12 571	5 108
1.种植业产值	万元	11 798	10 816	14 321	16 039	7 116	2 674
2.林业产值	万元	3 785	1 075	2 904	1 508	866	350
3.牧业产值	万元	5 285	6 954	5 006	6 855	2 515	1 040
4.副业产值	万元	2 430	2 570	2 942	1 415	1 774	920
5.渔业产值	万元	782	870	1 055	1 676	300	124
农业总产值（1990年不变价格）	万元	31 014	26 054	29 955	29 368	14 053	6 014
农业总产值（1980年不变价格）	万元	12 133	11 117	12 652	12 903	6 439	2 656
乡（镇）劳动力	万人	20.59	9.76	13.26	17.73	9.53	2.99
年末实有耕地面积	万亩	40.58	34.75	56.87	42.21	22.34	8.97
粮食产量（含大豆）	万吨	16.65	13.62	21.01	19.54	9.91	3.47
油料产量（不含油茶籽）	吨	2 156	5 161	4 069	14 240	1 947	1 152
油茶籽产量	吨	4 718	2 564	846	4 765	3 170	601
棉花产量	吨	—	5	25	16	5	—
蔬菜产量	万吨	7.40	4.15	6.65	3.27	3.61	1.52
水果产量	吨	3 854	1 990	2 129	1 775	864	477
猪、牛、羊肉产量	吨	9 119	12 355	6 910	9 493	4 596	1 789
禽蛋产量	吨	476	505	552	1 368	302	134
水产品产量	吨	2 364	2 882	2 525	4 418	1 067	458
农业机械总动力	万瓦(特)	4 922	4 070	6 908	4 082	4 611	873

吉安地区各县社会经济主要指标（2—2）

（1990年）

指标	单位	遂川县	万安县	安福县	永新县	莲花县	宁冈县
有效灌溉面积	万亩	30	27	41	33	15	6
农村用电量	万千瓦小时	1460	511	811	1085	613	146
农民人平纯收入	元	489.93	583.57	585.26	499.79	488.11	486.05
四、工　　业							
企业单位数（乡及乡以上）	个	161	127	186	120	139	55
全部工业总产值（当年价格）	万元	9600	8950	27926	15065	7207	3426
#城镇个体和城镇合作工业总产值	万元	81	11	311	36	5	52
村及村以下办工业	万元	3099	1699	4569	2849	2790	615
全部工业总产值（1990年不变价格）	万元	10641	9168	27224	16014	9013	3436
#村及村以下办工业	万元	3186	1670	3431	3028	4367	597
全部工业总产值（1980年不变价格）	万元	7126	5886	17326	10245	5284	2669
乡及乡以上工业总产值（当年价格）	万元	6420	7240	23046	12180	4412	2759
轻　工　业	万元	4386	4218	9737	3566	1656	1451
重　工　业	万元	2034	3022	13309	8614	2756	1308
全部独立核算工业企业财务指标							
产品销售收入	万元	5400	6351	17851	9739	3844	2493
#产品销售税金	万元	362	373	1025	453	228	121
教育费附加	万元	3	6	12	4	3	1
资　源　税	万元	2	—	6	—	1	—
盈利企业的利润总额	万元	433	372	1072	478	290	168
亏损企业的亏损总额	万元	402	176	767	75	1039	55
固定资产原值年末数	万元	6523	7751	15858	11017	8165	2791
固定资产净值年末数	万元	5424	6238	10520	6100	5402	2319
定额流动资金年平均余额	万元	2090	2406	4187	3927	1565	914
工业总产值（1990年不变价格）	万元	7082	7165	19531	13827	4480	2671
工业总产值（当年价格）	万元	6137	6813	19323	11661	4252	2668
工业净产值（当年价格）	万元	1850	1710	5683	4424	995	921
全部职工年平均人数	万人	0.45	0.52	1.64	1.12	0.75	0.27
全民独立核算工业企业财务指标							
产品销售收入	万元	2988	5235	14419	7574	2361	1874
#产品销售税金	万元	162	311	822	336	143	95
教育费附加	万元	2	6	9	4	2	1
资　源　税	万元	2	—	6	—	1	—
盈利企业的利润总额	万元	339	286	870	346	170	129
亏损企业的亏损总额	万元	184	172	756	71	913	51
固定资产原值年末数	万元	3270	6290	14709	10110	6617	2264
固定资产净值年末数	万元	2603	5073	9652	5232	4119	1891
定额流动资金年平均余额	万元	957	1938	3798	3538	1109	759

吉安地区各县社会经济主要指标（2—3）

（1990年）

指标	单位	遂川县	万安县	安福县	永新县	莲花县	宁冈县
工业总产值（1990年不变价格）	万元	3 374	5 718	15 680	9 976	2 774	1 918
工业总产值（当年价格）	万元	2 878	5 316	15 691	9 094	2 719	1 906
工业净产值（当年价格）	万元	803	1 197	4 693	3 560	228	692
全部职工年平均人数	万人	0.20	0.33	1.34	0.75	0.34	0.18
集体独立核算工业企业财务指标							
产品销售收入	万元	2 412	1 116	3 432	2 165	1 483	619
#产品销售税金	万元	100	62	203	117	85	26
教育费附加	万元	1	—	3	—	1	—
盈利企业的利润总额	万元	94	80	202	132	120	39
亏损企业的亏损总额	万元	218	4	11	4	126	4
固定资产原值年末数	万元	3 253	1 461	1 149	907	1 548	527
固定资产净值年末数	万元	2 821	1 165	868	725	1 283	428
定额流动资金年平均余额	万元	1 133	468	389	448	456	155
工业总产值（1990年不变价格）	万元	3 708	1 447	3 851	2 494	1 706	753
工业总产值（当年价格）	万元	3 259	1 497	3 623	2 567	1 533	762
工业净产值（当年价格）	万元	1 047	513	990	864	767	229
全部职工年平均人数	万人	0.25	0.19	0.30	0.37	0.41	0.09
五、交通、邮电、电力							
铁路客运量（发送量）	万人	—	—	34	15	—	—
铁路货运量（发送量）	万吨	—	—	71	41	—	—
公路客运量（发送量）	万人	88	57	243	143	185	41
公路货运量（发送量）	万吨	39	9	137	119	85	10
水运客运量（发送量）	万人	—	—	—	—	—	—
水运货运量（发送量）	万吨	1	5	1	3	—	—
邮电业务计费总量（1990年不变价格）	万元	134	125	162	139	72	55
年末电话机数	部	858	1 096	1 343	943	653	325
全年用电量	万千瓦小时	2 687	1 409	8 388	3 795	1 080	768
#工业用电	万千瓦小时	826	1 093	6 440	3 081	650	315
城乡居民生活用电	万千瓦小时	1 545	223	532	472	330	284
六、固定资产投资							
全民所有制单位固定资产投资	万元	709	25 812	1 748	1 228	405	725
#非生产性建设	万元	180	770	538	490	88	165
#住宅建设	万元	79	591	211	210	16	120
全民所有制单位基本建设投资	万元	406	25 727	1 010	780	157	663
#非生产性建设	万元	167	770	411	396	67	165
#住宅建设	万元	66	591	158	150	10	120

吉安地区各县社会经济主要指标（2—4）

（1990年）

指标	单位	遂川县	万安县	安福县	永新县	莲花县	宁冈县
城镇集体所有制单位固定资产投资	万元	82	10	22	29	—	—
#非生产性建设	万元	—	10	22	17	—	—
#住宅建设	万元	—	10	20	10	—	—
城镇个人固定资产投资	万元	138	30	100	—	46	—
#非生产性建设	万元	138	30	100	—	46	—
#住宅建设	万元	138	30	95	—	46	—
本年新增固定资产							
（1）全民所有制单位	万元	199	1679	692	1519	367	485
（2）城镇集体所有制单位	万元	76	—	30	89	—	—
施工住宅建筑面积	万平方米	0.50	3.09	2.05	2.03	—	0.55
竣工住宅建筑面积	万平方米	0.09	1.14	0.73	0.73	—	0.35
七、商业							
社会商品零售总额	万元	11345	10361	15992	11570	6287	3661
1.对居民和社会集团的消费品零售额	万元	8940	7910	12811	9605	5037	3262
2.对农民的农业生产资料零售额	万元	2405	2451	3181	1965	1250	399
城乡集市贸易成交额	万元	8454	4288	5409	4947	2244	1296
零售商业、饮食业、服务业机构	个	4190	2617	3706	3608	2382	778
零售商业、饮食业、服务业人员	人	9104	5370	7739	6634	5233	1948
社会农副产品收购总额	万元	7138	7342	9091	4871	2503	1209
粮食收购量（贸易粮）	万吨	2	3	3	2	1	1
食用植物油收购量	吨	737	266	341	91	51	206
棉花收购量	吨	2	…	7	1	1	—
猪和猪肉收购量	百头	651	916	529	659	286	130
外贸收购总额（实际价格）	万元	1054	394	1070	218	210	52
八、财政、金融、保险							
地方财政预算内收入	万元	1942	1188	2653	1483	906	441
地方财政预算内支出	万元	2581	2232	2968	2734	1612	1140
城乡居民储蓄年末余额	万元	8109	8909	12528	9721	4823	1908
银行现金收入	万元	25236	23045	24949	18963	1073	5252
银行现金支出	万元	21840	24249	26635	19281	1368	5870
承保额	万元	42742	20087	38940	30253	16062	7344
保费	万元	217	121	212	149	90	42
已决赔款	万元	91	43	75	60	55	26
九、劳动工资							
全部职工							
年末人数	万人	1.71	1.39	3.47	2.24	1.09	0.76
平均人数	万人	1.68	1.38	3.39	2.19	1.09	0.73

吉安地区各县社会经济主要指标（2—5）

（1990年）

指 标	单 位	遂川县	万安县	安福县	永新县	莲花县	宁冈县
工资总额	万元	2648	2233	6083	3621	1702	1116
#奖 金	万元	393	308	885	477	199	153
工业企业职工							
年末人数	万人	0.40	0.43	1.45	0.88	0.37	0.25
平均人数	万人	0.39	0.43	1.42	0.85	0.36	0.22
工资总额	万元	586	712	2887	1513	545	306
#奖 金	万元	111	114	449	216	46	54
全民所有制单位全部职工							
年末人数	万人	1.29	1.17	3.09	2.00	0.99	0.69
平均人数	万人	1.28	1.16	3.02	1.95	0.99	0.66
工资总额	万元	2176	1968	5507	3344	1608	1028
#奖 金	万元	340	295	795	451	192	142
全民所有制单位工业企业全部职工							
年末人数	万人	0.28	0.38	1.38	0.84	0.34	0.23
平均人数	万人	0.28	0.38	1.36	0.81	0.34	0.20
工资总额	万元	450	663	2753	1473	526	283
#奖 金	万元	90	109	415	214	46	52
十、教育、科技、文化、卫生							
高等学校在校学生数	人	—	—	—	—	—	—
中等专业学校在校学生数	人	—	—	—	783	—	—
普通中学在校学生数	万人	1.69	1.17	1.89	1.91	1.09	0.44
农业、职业中学在校学生数	人	464	555	614	455	720	203
技工学校在校学生数	人	—	—	—	—	—	—
小学在校学生数	万人	6.36	3.23	4.72	5.90	2.62	1.22
成人高等学校在校学生数	人	—	—	—	—	—	—
小学在校学生巩固率	%	97.70	97.30	97.70	97.60	98.20	97.10
学龄儿童入学率	%	97.20	98.80	98.90	97.50	97.70	97.10
自然科学方面的人员	人	1245	993	1280	1557	1172	403
#中级技术职称以上人员	人	269	296	344	625	234	92
社会科学方面的人员	人	2491	1595	2058	2547	1455	703
#中级职称以上人员	人	354	279	342	273	248	101
电影放映单位	个	43	29	14	22	13	16
公共图书馆藏书	千册	65	34	85	43	38	10
医 院 数	个	31	20	34	34	18	11
医院病床数	张	472	459	757	755	328	155
医 生 数	人	360	224	437	416	207	88

抚州地区各县社会经济主要指标（1—1）

（1990年）

指　　标	单　位	南城县	黎川县	南丰县	崇仁县	乐安县
一、人口和土地面积						
年末总人口	万人	26.93	21.13	24.10	27.93	31.16
非农业人口	万人	4.77	4.35	3.63	4.60	5.47
农 业 人 口	万人	22.16	16.78	20.47	23.33	25.69
年平均人口	万人	26.78	20.95	23.80	27.46	30.96
社会劳动者人数	万人	12.50	8.89	11.66	13.02	14.98
土 地 面 积	平方公里	1 698	1 729	1 909	1 520	2 413
二、综　　合						
工农业总产值（当年价格）	万元	42 981	32 840	38 213	36 759	40 665
工农业总产值(1990年不变价格)	万元	49 400	35 964	42 764	38 628	45 264
工农业总产值(1980年不变价格)	万元	25 845	20 680	23 297	22 091	23 184
国民收入（当年价格）	万元	26 467	19 830	23 263	22 514	24 612
国内生产总值（当年价格）	万元	30 463	20 004	25 504	24 531	28 400
第 一 产 业	万元	18 091	14 163	16 839	14 794	18 894
第 二 产 业	万元	6 992	4 063	4 467	5 571	4 595
第 三 产 业	万元	5 380	1 778	4 198	4 166	4 911
三、农　　业						
农业总产值（当年价格）	万元	27 207	20 164	24 070	21 908	26 476
1.种植业产值	万元	16 502	10 599	15 568	12 577	12 517
2.林 业 产 值	万元	831	1 560	792	946	5 360
3.牧 业 产 值	万元	6 913	5 198	5 225	5 731	4 447
4.副 业 产 值	万元	2 034	1 957	1 848	1 686	3 620
5.渔 业 产 值	万元	927	850	637	968	532
农业总产值（1990年不变价格）	万元	32 362	22 707	27 627	23 420	30 399
农业总产值（1980年不变价格）	万元	13 960	9 536	11 570	10 645	11 999
乡（镇）劳动力	万人	10.56	7.08	9.80	10.80	12.15
年末实有耕地面积	万亩	28.66	26.78	29.64	33.98	38.71
粮食产量（含大豆）	万吨	21.73	16.58	17.94	18.75	18.16
油料产量（不含油茶籽）	吨	2 574	881	1 654	2 827	1 582
油茶籽产量	吨	98	391	236	331	860
棉 花 产 量	吨	46	—	—	513	30
蔬 菜 产 量	万吨	7.67	4.16	4.62	5.03	6.42
水 果 产 量	吨	13 002	709	25 269	271	810
猪、牛、羊肉产量	吨	12 794	9 133	8 987	8 271	7 114
禽 蛋 产 量	吨	2 619	915	754	995	673
水产品产量	吨	3 220	2 090	1 874	2 200	1 158
农业机械总动力	万瓦(特)	5 053	3 671	3 899	4 812	3 781

抚州地区各县社会经济主要指标（1—2）

（1990年）

指　　标	单位	南城县	黎川县	南丰县	崇仁县	乐安县
有效灌溉面积	万亩	22	17	6	29	25
农村用电量	万千瓦小时	972	754	1 106	825	388
农民人平纯收入	元	711.96	631.15	747.90	616.98	539.31
四、工　业						
企业单位数（乡及乡以上）	个	147	168	142	129	174
全部工业总产值（当年价格）	万元	15 774	12 676	14 143	14 851	14 189
#城镇个体和城镇合作工业总产值	万元	120	—	—	—	—
村及村以下办工业	万元	3 479	2 787	2 919	2 943	3 121
全部工业总产值（1990年不变价格）	万元	17 038	13 257	15 137	15 208	14 865
#村及村以下办工业	万元	3 783	2 839	2 503	2 922	3 078
全部工业总产值（1980年不变价格）	万元	11 885	11 144	11 727	11 446	11 185
乡及乡以上工业总产值（当年价格）	万元	12 175	9 889	11 224	11 908	11 068
轻　工　业	万元	7 341	6 786	6 241	6 602	3 877
重　工　业	万元	4 834	3 103	4 983	5 306	7 191
全部独立核算工业企业财务指标						
产品销售收入	万元	10 440	7 885	10 568	9 944	10 932
#产品销售税金	万元	656	440	590	352	276
教育费附加	万元	5	4	3	5	2
资　源　税	万元	—	—	—	1	—
盈利企业的利润总额	万元	1 038	501	620	403	301
亏损企业的亏损总额	万元	132	257	84	765	1 656
固定资产原值年末数	万元	13 535	6 284	5 859	8 535	25 977
固定资产净值年末数	万元	9 636	4 622	4 300	5 770	11 352
定额流动资金年平均余额	万元	3 083	4 454	2 967	5 375	3 962
工业总产值（1990年不变价格）	万元	12 175	9 666	12 635	11 718	11 447
工业总产值（当年价格）	万元	11 235	9 214	11 224	11 357	10 737
工业净产值（当年价格）	万元	4 048	2 966	2 968	2 607	2 981
全部职工年平均人数	万人	0.82	1.01	0.67	0.96	1.37
全民独立核算工业企业财务指标						
产品销售收入	万元	8 296	4 906	7 252	5 373	8 890
#产品销售税金	万元	574	231	407	152	163
教育费附加	万元	5	1	2	3	2
资　源　税	万元	—	—	—	1	—
盈利企业的利润总额	万元	842	345	512	178	138
亏损企业的亏损总额	万元	111	194	68	682	1 585
固定资产原值年末数	万元	12 250	3 488	4 288	5 635	24 868
固定资产净值年末数	万元	8 619	2 422	3 132	3 778	10 497
定额流动资金年平均余额	万元	2 842	2 955	2 069	2 903	3 571

抚州地区各县社会经济主要指标（1—3）

（1990年）

指　　　标	单位	南城县	黎川县	南丰县	崇仁县	乐安县
工业总产值（1990年不变价格）	万元	9430	5893	8767	5800	8888
工业总产值（当年价格）	万元	8578	5507	7510	5546	8180
工业净产值（当年价格）	万元	3083	1748	1926	733	2264
全部职工年平均人数	万人	0.44	0.49	0.37	0.55	1.08
集体独立核算工业企业财务指标						
产品销售收入	万元	2144	2979	3316	4571	2018
#产品销售税金	万元	82	209	183	200	112
教育费附加	万元	…	3	1	2	—
盈利企业的利润总额	万元	196	156	108	225	163
亏损企业的亏损总额	万元	21	63	16	83	…
固定资产原值年末数	万元	1285	2796	1571	2900	974
固定资产净值年末数	万元	1017	2200	1168	1992	731
定额流动资金年平均余额	万元	241	1499	898	2472	369
工业总产值(1990年不变价格)	万元	2745	3773	3868	5918	2536
工业总产值（当年价格）	万元	2657	3707	3714	5811	2534
工业净产值（当年价格）	万元	965	1218	1042	1874	740
全部职工年平均人数	万人	0.38	0.52	0.30	0.41	0.28
五、交通、邮电、电力						
铁路客运量（发送量）	万人	—	—	—	16	5
铁路货运量（发送量）	万吨	—	—	—	14	9
公路客运量（发送量）	万人	130	145	122	286	150
公路货运量（发送量）	万吨	53	47	48	6	112
水运客运量（发送量）	万人	…	—	—	—	—
水运货运量（发送量）	万吨	4	—	—	—	—
邮电业务计费总量(1990年不变价格)	万元	147	162	156	136	159
年末电话机数	部	960	393	475	922	472
全年用电量	万千瓦小时	2394	1468	1663	2343	2954
#工 业 用 电	万千瓦小时	1057	952	774	1219	1047
城乡居民生活用电	万千瓦小时	1092	350	650	532	990
六、固定资产投资						
全民所有制单位固定资产投资	万元	368	496	497	1400	49
#非生产性建设	万元	218	356	83	154	8
#住 宅 建 设	万元	40	47	30	19	2
全民所有制单位基本建设投资	万元	228	438	97	753	8
#非生产性建设	万元	218	354	63	144	8
#住 宅 建 设	万元	40	47	30	17	2

抚州地区各县社会经济主要指标（1—4）

（1990年）

指　　　　标	单　位	南城县	黎川县	南丰县	崇仁县	乐安县
城镇集体所有制单位固定资产投资	万元	60	32	16	99	—
#非生产性建设	万元	60	20	16	5	—
#住 宅 建 设	万元	40	12	7	5	—
城镇个人固定资产投资	万元	283	140	464	106	78
#非生产性建设	万元	283	140	464	106	78
#住 宅 建 设	万元	233	140	464	106	73
本年新增固定资产						
(1) 全民所有制单位	万元	346	450	489	1 785	6
(2) 城镇集体所有制单位	万元	15	32	16	74	7
施工住宅建筑面积	万平方米	0.79	0.44	0.23	0.75	0.09
竣工住宅建筑面积	万平方米	0.44	0.44	0.23	0.56	—
七、商　　业						
社会商品零售总额	万元	12 016	8 780	13 588	11 499	13 035
1.对居民和社会集团的消费品零售额	万元	8 941	6 648	10 649	8 617	10 734
2.对农民的农业生产资料零售额	万元	3 075	2 132	2 939	2 882	2 301
城乡集市贸易成交额	万元	3 133	1 747	3 959	2 840	3 164
零售商业、饮食业、服务业机构	个	2 612	1 004	3 330	1 320	2 796
零售商业、饮食业、服务业人员	人	6 644	3 405	8 907	3 861	5 516
社会农副产品收购总额	万元	8 648	5 717	10 389	7 120	8 909
粮食收购量（贸易粮）	万吨	14	4	5	6	5
食用植物油收购量	吨	465	235	1 616	257	415
棉花收购量	吨	17	1	2	629	25
猪和猪肉收购量	百头	342	503	822	325	653
外贸收购总额（实际价格）	万元	537	643	301	424	301
八、财政、金融、保险						
地方财政预算内收入	万元	1 793	1 442	1 857	1 694	1 840
地方财政预算内支出	万元	2 534	2 169	2 538	2 516	2 625
城乡居民储蓄年末余额	万元	15 039	6 681	12 608	7 688	10 290
银行现金收入	万元	26 982	16 111	32 058	17 671	20 378
银行现金支出	万元	27 894	17 924	32 104	21 750	23 774
承　保　额	万元	22 324	18 938	22 377	64 423	20 332
保　　　费	万元	188	146	183	202	177
已 决 赔 款	万元	71	47	62	66	48
九、劳 动 工 资						
全 部 职 工						
年 末 人 数	万人	1.73	1.73	1.53	1.98	2.71
平 均 人 数	万人	1.67	1.70	1.46	1.94	2.70

抚州地区各县社会经济主要指标（1—5）

（1990年）

指　　　标	单　位	南城县	黎川县	南丰县	崇仁县	乐安县
工资总额	万元	2 575	2 429	2 263	2 946	4 860
#奖　金	万元	41	275	346	303	402
工业企业职工						
年末人数	万人	0.57	0.36	0.57	0.77	1.32
平均人数	万人	0.54	0.37	0.52	0.75	1.33
工资总额	万元	783	466	767	1 115	2 376
#奖　金	万元	132	39	113	63	122
全民所有制单位全部职工						
年末人数	万人	1.36	1.35	1.15	1.51	2.20
平均人数	万人	1.33	1.32	1.13	1.49	2.19
工资总额	万元	2 151	2 000	1 831	2 266	4 249
#奖　金	万元	321	256	262	237	367
全民所有制单位工业企业全部职工						
年末人数	万人	0.44	0.17	0.38	0.56	1.08
平均人数	万人	0.44	0.17	0.37	0.55	1.08
工资总额	万元	672	266	579	823	2 238
#奖　金	万元	125	32	82	36	121
十、教育、科技、文化、卫生						
高等学校在校学生数	人	14	—	—	—	—
中等专业学校在校学生数	人	864	—	—	931	—
普通中学在校学生数	万人	1.42	0.94	1.17	1.49	1.59
农业、职业中学在校学生数	人	1 323	699	477	313	887
技工学校在校学生数	人	—	—	—	363	—
小学在校学生数	万人	3.36	2.11	3.66	4.22	4.46
成人高等学校在校学生数	人	—	—	—	—	—
小学在校学生巩固率	%	98.60	97.90	98.80	96.00	95.30
学龄儿童入学率	%	97.10	97.80	98.20	99.70	97.50
自然科学方面的人员	人	1 206	878	916	1 146	1 373
#中级技术职称以上人员	人	287	199	251	304	280
社会科学方面的人员	人	1 594	1 700	1 400	2 530	2 527
#中级职称以上人员	人	270	200	184	362	363
电影放映单位	个	27	17	39	24	35
公共图书馆藏书	千册	69	25	60	67	28
医院数	个	18	20	19	22	23
医院病床数	张	486	356	338	388	688
医生数	人	351	181	246	293	366

抚州地区各县社会经济主要指标（2—1）

（1990年）

指　　　　　标	单　位	宜黄县	金溪县	资溪县	东乡县	广昌县
一、人口和土地面积						
年末总人口	万人	19.03	24.74	9.80	36.52	19.18
非农业人口	万人	2.85	3.54	1.99	5.00	2.83
农业人口	万人	16.18	21.20	7.81	31.52	16.35
年平均人口	万人	18.91	24.48	9.72	36.14	19.01
社会劳动者人数	万人	9.09	11.47	4.57	17.68	8.92
土地面积	平方公里	1944	1358	1251	1262	1612
二、综　　合						
工农业总产值（当年价格）	万元	31219	33310	18008	72070	17221
工农业总产值（1990年不变价格）	万元	36498	36467	19747	73527	20741
工农业总产值（1980年不变价格）	万元	18413	19328	9770	41649	11014
国民收入（当年价格）	万元	18727	21272	10401	38077	10240
国内生产总值（当年价格）	万元	19480	22970	12068	38689	12318
第一产业	万元	12509	16832	5850	21902	5661
第二产业	万元	3689	2965	3859	10054	4057
第三产业	万元	3282	3173	2359	6733	2600
三、农　　业						
农业总产值（当年价格）	万元	19113	23767	8436	34302	9866
1.种植业产值	万元	10045	14323	3519	16471	5479
2.林业产值	万元	2327	947	2268	435	981
3.牧业产值	万元	4212	5686	1763	11886	1863
4.副业产值	万元	2129	2227	779	5060	1157
5.渔业产值	万元	400	584	107	450	386
农业总产值（1990年不变价格）	万元	23512	26355	10332	35811	12998
农业总产值（1980年不变价格）	万元	9542	11604	3764	16796	5705
乡（镇）劳动力	万人	7.67	9.62	3.51	14.02	7.50
年末实有耕地面积	万亩	30.33	37.59	10.83	43.52	21.81
粮食产量（含大豆）	万吨	15.72	20.36	5.37	21.49	7.79
油料产量（不含油茶籽）	吨	1181	1672	183	6535	223
油茶籽产量	吨	742	79	141	187	495
棉花产量	吨	2	54	—	1	—
蔬菜产量	万吨	4.76	3.74	1.70	3.32	1.28
水果产量	吨	820	1205	680	406	762
猪、牛、羊肉产量	吨	6531	8258	3020	19217	4401
禽蛋产量	吨	955	795	323	1571	265
水产品产量	吨	970	1700	258	3651	965
农业机械总动力	万瓦(特)	3480	4036	2005	7695	2378

抚州地区各县社会经济主要指标（2—2）

（1990年）

指标	单位	宜黄县	金溪县	资溪县	东乡县	广昌县
有效灌溉面积	万亩	5	26	8	37	15
农村用电量	万千瓦小时	1080	453	220	1080	504
农民人平纯收入	元	654.85	633.87	581.96	615.39	541.69
四、工　　业						
企业单位数（乡及乡以上）	个	119	146	90	140	124
全部工业总产值（当年价格）	万元	12106	9543	9572	37768	7355
#城镇个体和城镇合作工业总产值	万元	38	19	73	—	—
村及村以下办工业	万元	2747	2230	1937	5146	1650
全部工业总产值（1990年不变价格）	万元	12986	10112	9415	37716	7743
#村及村以下办工业	万元	3144	2038	1803	4692	1639
全部工业总产值（1980年不变价格）	万元	8871	7724	6006	24853	5309
乡及乡以上工业总产值（当年价格）	万元	9321	7294	7562	32622	5705
轻　工　业	万元	4167	5851	2140	16886	2829
重　工　业	万元	5154	1443	5422	15736	2876
全部独立核算工业企业财务指标						
产品销售收入	万元	7909	6216	6423	27666	5555
#产品销售税金	万元	380	213	265	691	348
教育费附加	万元	5	1	1	12	5
资　源　税	万元	6	—	—	—	—
盈利企业的利润总额	万元	427	331	611	1021	378
亏损企业的亏损总额	万元	380	222	123	369	158
固定资产原值年末数	万元	7359	3800	3437	20722	4802
固定资产净值年末数	万元	4883	3104	2017	13854	3607
定额流动资金年平均余额	万元	2999	1787	2110	8646	2287
工业总产值（1990年不变价格）	万元	9446	7895	7446	30234	6093
工业总产值（当年价格）	万元	8964	7134	7460	30262	5695
工业净产值（当年价格）	万元	2389	1763	2179	6312	1779
全部职工年平均人数	万人	0.60	0.59	0.41	1.66	0.53
全民独立核算工业企业财务指标						
产品销售收入	万元	6700	3433	5807	26174	4060
#产品销售税金	万元	307	75	223	624	260
教育费附加	万元	3	…	1	11	4
资　源　税	万元	6	—	—	—	—
盈利企业的利润总额	万元	377	188	557	967	291
亏损企业的亏损总额	万元	324	133	96	289	119
固定资产原值年末数	万元	6071	1401	2948	19951	3690
固定资产净值年末数	万元	3927	1006	1644	13356	2697
定额流动资金年平均余额	万元	2861	875	1797	8207	1937

抚州地区各县社会经济主要指标（2—3）

（1990年）

指标	单位	宜黄县	金溪县	资溪县	东乡县	广昌县
工业总产值（1990年不变价格）	万元	7 586	4 378	6 274	28 188	4 271
工业总产值（当年价格）	万元	7 152	3 674	6 283	28 102	3 962
工业净产值（当年价格）	万元	1 853	811	1 675	5 748	1 201
全部职工年平均人数	万人	0.45	0.21	0.30	1.32	0.29
集体独立核算工业企业财务指标						
产品销售收入	万元	1 209	2 783	593	1 492	1 488
#产品销售税金	万元	73	138	41	67	88
教育费附加	万元	2	1	—	1	1
盈利企业的利润总额	万元	50	143	54	54	87
亏损企业的亏损总额	万元	56	89	15	80	39
固定资产原值年末数	万元	1 288	2 399	446	771	1 110
固定资产净值年末数	万元	956	2 098	338	498	908
定额流动资金年平均余额	万元	138	912	246	439	349
工业总产值（1990年不变价格）	万元	1 860	3 517	1 155	2 046	1 816
工业总产值（当年价格）	万元	1 812	3 460	1 160	2 160	1 726
工业净产值（当年价格）	万元	536	952	495	564	576
全部职工年平均人数	万人	0.15	0.38	0.11	0.34	0.24
五、交通、邮电、电力						
铁路客运量（发送量）	万人	—	—	15	36	—
铁路货运量（发送量）	万吨	—	—	8	25	—
公路客运量（发送量）	万人	28	225	110	196	45
公路货运量（发送量）	万吨	45	33	40	127	23
水运客运量（发送量）	万人	—	—	—	—	—
水运货运量（发送量）	万吨	—	3	—	—	—
邮电业务计费总量（1990年不变价格）	万元	146	120	94	219	121
年末电话机数	部	644	346	526	591	526
全年用电量	万千瓦小时	3 236	2 190	1 513	1 737	1 436
#工业用电	万千瓦小时	1 342	843	850	666	610
城乡居民生活用电	万千瓦小时	846	217	325	419	285
六、固定资产投资						
全民所有制单位固定资产投资	万元	1 125	229	917	2 336	433
#非生产性建设	万元	118	38	139	423	117
#住宅建设	万元	50	5	67	224	47
全民所有制单位基本建设投资	万元	1 000	174	564	844	137
#非生产性建设	万元	118	38	139	325	92
#住宅建设	万元	50	5	67	184	37

抚州地区各县社会经济主要指标（2—4）

（1990年）

指标	单位	宜黄县	金溪县	资溪县	东乡县	广昌县
城镇集体所有制单位固定资产投资	万元	—	417	—	85	36
#非生产性建设	万元	—	24	—	85	11
#住宅建设	万元	—	24	—	70	11
城镇个人固定资产投资	万元	264	105	111	61	127
#非生产性建设	万元	264	105	111	61	127
#住宅建设	万元	151	95	100	58	127
本年新增固定资产						
（1）全民所有制单位	万元	271	94	481	2 301	279
（2）城镇集体所有制单位	万元	—	345	—	123	36
施工住宅建筑面积	万平方米	0.24	0.11	0.68	1.75	0.20
竣工住宅建筑面积	万平方米	0.24	0.11	0.68	1.16	0.20
七、商业						
社会商品零售总额	万元	9 685	9 187	5 863	14 635	8 111
1.对居民和社会集团的消费品零售额	万元	7 480	6 342	4 955	9 869	6 164
2.对农民的农业生产资料零售额	万元	2 205	2 845	908	4 766	1 947
城乡集市贸易成交额	万元	1 748	3 215	1 943	4 017	2 941
零售商业、饮食业、服务业机构	个	1 765	2 129	1 384	3 184	1 608
零售商业、饮食业、服务业人员	人	3 392	4 599	3 294	7 145	3 259
社会农副产品收购总额	万元	5 330	8 455	3 705	10 509	6 765
粮食收购量（贸易粮）	万吨	5	7	2	4	2
食用植物油收购量	吨	156	289	222	794	308
棉花收购量	吨	28	14	—	—	…
猪和猪肉收购量	百头	233	354	144	1 980	312
外贸收购总额（实际价格）	万元	548	268	297	1 052	485
八、财政、金融、保险						
地方财政预算内收入	万元	1 616	1 364	1 137	2 601	1 310
地方财政预算内支出	万元	2 305	2 336	1 397	2 963	1 735
城乡居民储蓄年末余额	万元	7 118	5 867	3 946	11 030	6 392
银行现金收入	万元	16 000	19 014	9 911	31 840	18 609
银行现金支出	万元	17 932	23 497	10 836	30 077	20 388
承保额	万元	14 619	24 394	7 795	30 627	16 366
保费	万元	137	145	80	215	133
已决赔款	万元	39	36	17	75	27
九、劳动工资						
全部职工						
年末人数	万人	1.37	1.46	0.98	3.44	1.30
平均人数	万人	1.35	1.42	0.97	3.32	1.27

抚州地区各县社会经济主要指标（2—5）

（1990年）

指标	单位	宜黄县	金溪县	资溪县	东乡县	广昌县
工资总额	万元	2097	1950	1494	5222	1893
#奖金	万元	299	215	221	721	258
工业企业职工						
年末人数	万人	0.52	0.32	0.38	1.08	0.33
平均人数	万人	0.51	0.32	0.38	1.03	0.32
工资总额	万元	755	396	586	2048	468
#奖金	万元	98	39	100	328	57
全民所有制单位全部职工						
年末人数	万人	1.14	1.07	0.80	3.12	1.02
平均人数	万人	1.12	1.05	0.79	3.00	1.00
工资总额	万元	1817	1512	1276	4877	1565
#奖金	万元	279	185	197	674	236
全民所有制单位工业企业全部职工						
年末人数	万人	0.47	0.17	0.35	0.97	0.21
平均人数	万人	0.46	0.17	0.35	0.93	0.21
工资总额	万元	694	226	538	1952	354
#奖金	万元	93	25	87	326	53
十、教育、科技、文化、卫生						
高等学校在校学生数	人	—	—	—	—	—
中等专业学校在校学生数	人	—	—	—	929	—
普通中学在校学生数	万人	0.85	1.09	0.59	1.72	0.88
农业、职业中学在校学生数	人	884	350	301	596	188
技工学校在校学生数	人	—	—	—	300	—
小学在校学生数	万人	2.24	3.03	1.54	4.94	2.11
成人高等学校在校学生数	人	—	—	—	—	—
小学在校学生巩固率	%	97.90	93.80	99.50	97.80	98.40
学龄儿童入学率	%	95.90	95.80	99.10	98.30	98.00
自然科学方面的人员	人	803	1155	589	1296	716
#中级技术职称以上人员	人	205	433	258	350	154
社会科学方面的人员	人	1231	1466	909	2260	1314
#中级职称以上人员	人	175	195	217	321	227
电影放映单位	个	32	13	12	30	42
公共图书馆藏书	千册	62	31	48	44	14
医院数	个	18	18	10	20	18
医院病床数	张	428	332	180	629	256
医生数	人	203	198	131	372	212